中国社会科学院
"普世价值"论批判文选

中国社会科学院 编

中国社会科学出版社

图书在版编目(CIP)数据

中国社会科学院"普世价值"论批判文选/中国社会科学院编.—北京：中国社会科学出版社，2016.6
ISBN 978 - 7 - 5161 - 8297 - 0

Ⅰ.①中… Ⅱ.①中… Ⅲ.①世界观—研究—西方国家 Ⅳ.①B1

中国版本图书馆 CIP 数据核字(2016)第 117472 号

出 版 人	赵剑英
责任编辑	刘志兵　宋燕鹏等
责任校对	李　莉
责任印制	王　超
出　　版	中国社会科学出版社
社　　址	北京鼓楼西大街甲 158 号
邮　　编	100720
网　　址	http://www.csspw.cn
发 行 部	010 - 84083685
门 市 部	010 - 84029450
经　　销	新华书店及其他书店
印刷装订	北京君升印刷有限公司
版　　次	2016 年 6 月第 1 版
印　　次	2016 年 6 月第 1 次印刷
开　　本	787×1092　1/16
印　　张	41.5
插　　页	2
字　　数	620 千字
定　　价	149.00 元

凡购买中国社会科学出版社图书，如有质量问题请与本社营销中心联系调换
电话:010 - 84083683
版权所有　侵权必究

序

世界历史发展的实践证明，选择什么样的指导思想，选择什么样的社会制度，选择什么样的发展道路，将会深刻地影响一个国家、一个民族的前途命运。当前，面对各种思想文化交流交融交锋的新形势，哲学社会科学战线的一项重要任务是自觉坚持以马克思主义为指导，深入批判"普世价值"论、"宪政民主"观、新自由主义、历史虚无主义、民主社会主义等错误思潮，坚定中国特色社会主义道路自信、理论自信和制度自信。

冷战结束以来，在西方所谓"普世价值"论的鼓吹下，一些国家被折腾得不成样子，有的四分五裂，有的战火纷飞，有的整天乱哄哄的……阿富汗、伊拉克、叙利亚、利比亚、也门等国家就是典型案例。西方资本主义价值体系给这些国家带来的显然不是"福音"或"救世良方"，而是无尽的动荡和灾难。这些国家和地区惨痛的教训证明，根本就没有普遍适用于一切社会、一切国家和一切民族的永恒的价值观。价值观念从来都是一定历史条件下具体社会经济政治形态的产物，都是具体的、历史的、变化的，总是与一定的社会经济政治关系相联系，所谓抽象的、超阶级的、超历史的"普世价值"在现实生活中不可能独立存在。一些人宣扬的"普世价值"论，是一个有特定政治含义和具体企图的思想陷阱，其针对我国的目的，就是要取消马克思主义指导地位，而代之以西方资产阶级意识形态，本质上是要否定中国共产党的领导、否定马克思主义的指导地位、否定人民民主专政的国体、否定社会主义制度。

"宪政民主"观是近年在我国意识形态领域涌现的又一股错误思潮。在党中央作出全面推进依法治国重大战略部署的背景下，有人趁机兴风作浪，故意混淆"依法治国"、"依宪治国"、"依宪执政"与西方"宪政民主"的本质区别。"宪政民主"是伴随西方资本主义的产生而发展起来的政治理念，逐渐演变成为西方资产阶级的主流政治和制度主张，完全是西方资产阶级的国家理念、政治模式和制度设计。他们鼓吹的"宪政民主"，实质上是要彻底否定我国社会主义法治、社会主义制度、中国共产党领导下的人民民主专政的社会主义国体，代之以西方资本主义的法治理念和法治模式，搞"三权分立"、"多党制"和"议会制"，一句话，搞资产阶级专政的资本主义国体。"宪政民主"显然绝对不是什么"普世民主"或"普世价值"，不是适用于一切国家的政治制度。我国是具有本国具体历史和现实特点的社会主义国家。我国适合什么样的制度，适用什么样的模式，是由我国国情决定的。照抄照搬他国的政治制度和政治模式行不通，甚至会把国家前途命运葬送掉。中国是一个社会主义的发展中大国，我们需要借鉴国外政治文明有益成果，但绝不能放弃中国特色社会主义政治制度的根本。

新自由主义思潮是随着我国改革开放而渗入进来的。从本质上看，新自由主义是西方资产阶级的意识形态，代表了国际金融垄断资本的核心利益和价值观念，通过鼓吹完全私有化、彻底市场化、绝对自由化和全球一体化，为以美国为首的国际金融垄断资本开辟全球空间。新自由主义先后被英、美金融垄断资产阶级捧上了西方主流经济学的宝座，逐步由经济思潮转化为附带一系列政策、举措的意识形态主张，并迅速向拉美、亚非、东欧等国家地区广泛蔓延。自90年代后期开始，新自由主义的"副作用"开始显现，先后导致一系列引进新自由主义的国家与地区的经济深受重创，社会动荡不安，人民苦不堪言。2007年美国次贷危机全面爆发，随即蔓延为一场全球性的金融危机。这十年来，为了走出金融危机与经济衰退相互拖累的发展困境，以美国为首的西方主要国家被迫采取加大政府开支、扩大基础建设投入等政府干预政策。可以说，世界金融危机这场肇始于美国的"经济灾难"正式宣告了新自由主义的彻底破产。这一破产表明，当代资本主义并没有从根本上解决生产社会化同生产资料私人占有的内在矛盾，周期性经济危机的爆发是资本主义基本矛盾发展的必然产物。正是由于生产资料占有方式的不同，社会主义市场经济的公有制本质决定了经济危机的可规避性、可防范性。中国特色社会主义的成功实践告诉人们，只有将公有制为主体的制度安排与市场经济紧密结合，同时用好"看得见的手"和"看不见的手"，才能使社会主义制度的优越性更好地发挥出来。

当然，对西方意识形态色彩的错误思潮的否定与批判，并不等于全盘否定西方现代文明所创造的一切有价值的、于我有用的看法与做法。中国特色社会主义是在吸取世界先进文明的基础上发展起来的。

以习近平同志为总书记的党中央坚持马克思主义指导，高扬中国特色社会主义伟大旗帜，坚持中国特色社会主义理论自信、制度自信和道路自信，大力加强意识形态工作，对错误思潮予以鲜明的批判和抵制，不断巩固马克思主义的指导地位，巩固全国人民共同奋斗的思想基础。中国社会科学院党组按照党中央的决策部署，积极组织院内外专家学者，围绕错误思潮的源流、本质及其危害等问题，展开了一系列深入研究与批驳，推出了一批较有影响的论著，受到了社会各界的广泛关注和充分肯定。本套文选选编了近年来公开发表的一些重点文章，这些文章积极运用马克思主义的立场、观点、方法，对各种谬论展开了具体而深入的批判。

我们期望这套文选的出版，能够帮助广大干部群众进一步学好马克思主义，学好习近平总书记系列重要讲话，转化为清醒的理论自觉、坚定的政治信念、科学的思维方法，在推动马克思主义中国化、时代化、大众化，推进中国特色社会主义理论体系创新发展，加快构建中国特色哲学社会科学创新体系，巩固和发展中国特色社会主义方面，发挥更为积极的作用。

是为序。

王伟光

2016年6月

目　　录

一　西方普世价值的源流与本质

"普世价值"问题出现的过程、原因及实质 …………… 刘书林（3）
论"普世价值"是否存在及"普世价值"鼓吹者们的
　　政治目的 ……………………………………………… 周新城（5）
我们为什么必须批判抵制"普世价值观" …………… 侯惠勤（15）
关于"普世价值"的追问和思考 ……………………… 李崇富（30）
关于普世价值的研究：问题与争鸣 …………………… 王晓宏（46）
马克思主义是剖析"普世价值"问题的科学思想武器 ………… 王一程（64）
要研究和警惕"普世价值"思潮 ……………………… 郑一明（67）
掀开西方"普世价值"的面纱 ………………………… 卫兴华（69）
认清"普世价值"背后的历史唯心主义 ……………… 田改伟（75）
"普世价值"问题之我见 ……………………………… 王佳菲（87）
抽象人性论、"普世价值"和美国的文化战 ………… 梁　孝（95）
从西方非意识形态化思潮的角度看"普世价值" …… 高立伟（107）
关注"普世价值"思潮新走向 ………………………… 李春华（118）
警惕"普世价值"论"回暖" ………………………… 宁德业（123）
不甘寂寞的西方"普世价值"观 ……………………… 姜胜洪（125）

"普世价值"论隐藏的陷阱 ………………………………… 汪亭友(128)

二 对普世价值谬误的分析

论普世价值与价值共识 ……………………………………… 陈先达(133)

"普世价值"的理论误区和实践陷阱 ………………………… 侯惠勤(146)

怎样认识所谓"普世价值" …………………………………… 冯虞章(156)

"普世价值"是个伪命题 ……………………………………… 汪亭友(168)

价值问题的复杂性与"普世价值"概念的误导性 …………… 马德普(172)

马克思的实践价值论与政治"普世价值"问题 ……………… 张守夫(190)

从价值主体性维度看"普世价值"何以不能 ………………… 刘吉发(203)

普世价值论的理论误区及其人学辨正 ……………………… 梁建新(217)

"自由、平等、人权是人类共同的普世价值"辨析 …………… 徐崇温(229)

抽象的"普世价值"是伪命题 ………………………………… 沈江平(241)

三 对西方政治普世价值的批判

论民主与社会主义民主
　　——关于民主问题的札记 ……………………………… 王伟光(249)

关于民主与普世民主的相关思考 …………………………… 李慎明(261)

美国式的西方民主制度没有普世性 ………………………… 李慎明(317)

如何认识"民主普适论"的实质 ……………………………… 陈红太(323)

西方关于不同制度与民主的新观点 ………………… 邓纯东　冯颜利(325)

西方"民主人权输出"的背后 ………………… 侯惠勤　辛向阳　金民卿(329)

民主与"普世价值" …………………………………………… 田改伟(336)

关于"民主"、"普世价值"与"普世民主"的思考 …………… 肖黎朔(343)

西方宪政民主理论来源探析 ………………………………… 陈德顺(361)

从"占领华尔街"看"美式民主"的非民主本质特征 ………… 宋小川(372)

从列宁对"一般民主"的批判看"普世价值" ………………… 蔡亚志(385)

无效民主与民主化研究背后的美国国家利益 ………………… 张飞岸(405)
既有直接损害也有间接损害
  ——美式民主扩张伤及世界文化遗产 ………… 程恩富 刘志明(417)
斯诺登：西方"普世价值"观的黑色反讽 ………………… 谭扬芳(420)
"普世价值"决非一般价值观念 …………………………… 迟方旭(422)

四 坚定社会主义价值体系自信

马克思主义在中国的伟大胜利 …………………………… 王伟光(427)
坚持人民民主专政，并不输理 …………………………… 王伟光(440)
人民政协是社会主义民主政治制度的伟大创造 ………… 王伟光(451)
让玫瑰花和紫罗兰散发不同的芳香
  ——尊重和维护世界文化与文明的多样性 …………… 李慎明(461)
贯彻科学发展观 坚定不移发展社会主义民主政治 ……… 李慎明(468)
关于"依法治国"十个理论问题的思考
  ——学习习近平总书记系列讲话精神和党的十八届四中
  全会精神的体会 ………………………………………… 李慎明(477)
坚持人民民主专政，完全合理合情合法 ………………… 李崇富(516)
"普世价值"与核心价值观的反渗透 ……………………… 侯惠勤(535)
中国道路的民主经验 ……………………………………… 房 宁(550)
树立科学的马克思主义民主观 ………………… 姜 辉 赵培杰(560)
马克思主义视阈中普世价值争论的基本问题 …………… 赵学琳(572)
社会主义核心价值观与资产阶级"普世价值"的比较
  ——基于马克思主义经典著作 ………………………… 余 斌(584)
从对资产阶级民主政治的剖析探索中国政治体制改革的
  正确道路
  ——访中国社会科学院马克思主义研究院特聘研究员
  李士坤 ………………………………………………… 本刊记者(597)

提升中国文化软实力与反对"普世价值" …………………… 宁德业（609）

马克思主义国家学说的战斗性 ………………………………… 苑秀丽（622）

"普世价值"无法解决中国问题 ………………………………… 杨世利（632）

"普世价值"论追求的是别一种价值 …………………………… 戴立兴（635）

清除"普世价值"对社会科学研究的影响 ……………………… 姜迎春（641）

中国人民的抗震救灾精神不容"普世价值"鼓吹者曲解 ………… 林青（646）

一

西方普世价值的源流与本质

"普世价值"问题出现的过程、原因及实质

刘书林

"普世价值"思潮在我国的泛起有一个过程。2005年10月，境内外敌对势力和个别自由派知识分子就以民主的所谓"普世价值"为理论武器，攻击否定我国的社会主义民主政治建设。从2007年秋天起，在某些报刊和网站的刻意推动下，"普世价值"观开始扩散、传播。今年又借四川汶川大地震抗震救灾和北京举办奥运会、残奥会等机会大肆宣扬炒作，误导了很多群众、青年和党政领导干部，成为一股不可忽视的错误思潮。这种宣扬西方价值的"普世价值"思潮，也引发了学界的较大争论，有许多有识之士和马克思主义理论工作者以高度的政治责任感，站出来研究、批判、抵制这种错误思潮。中央有关领导人也明确指出"普世价值"时髦说法的错误本质。《人民日报》和《光明日报》等中央报刊近期相继刊登转载清华大学冯虞章教授、中国人民大学周新城教授深入剖析批判"普世价值"错误观点的文章。

当前思想舆论界争论的"普世价值"问题不是一个纯学术问题，而是一个意识形态领域斗争的前沿问题。"普世价值"思潮的政治实质是企图改变我国发展民主政治和深化政治体制改革的指导思想和社会主义方向，按所谓"普世价值"即西方政治理念和制度模式改造中国的政治制度；其思想上的指向，是企图废除马克思主义指导地位，以西方资产阶级价值观

为圭臬，干扰社会主义核心价值体系建设，鼓吹指导思想的多元化；在经济制度方面，为全盘私有化制造舆论，企图釜底抽薪，搞垮以公有制为主体的社会主义初级阶段的经济基础；在国家统一问题上，迎合西方敌对势力，支持配合"藏独"、"台独"等分裂势力，站在了国家统一和中华民族整体利益的对立面。要构建社会主义核心价值体系，坚持深化政治体制改革的正确方向，完善发展中国特色社会主义民主政治，必须澄清"普世价值"问题上的是非，揭示"普世价值"观的政治实质，抵制和制止"普世价值"思潮的泛滥。

"普世价值"思潮的流行是在复杂的国际国内条件下出现的一种争夺意识形态主导权的现象，国内因素起主要作用，国际影响起推波助澜的作用。主要原因是：一方面，长久以来，一些理论工作者、党员干部和青年学生淡化意识形态，忽视马克思主义基本理论的学习和应用。在面对国内外出现的复杂社会思潮和社会现象时，不能用马克思主义的基本立场、观点和方法进行分析，辨不清方向，看不清本质，人云亦云、随波逐流，甚至也卷进去参与对错误观点主张的推波助澜。另一方面，长期以来，忽视用阶级分析这样一个马克思主义的基本方法来观察和分析复杂的社会现象。马克思主义的阶级观点和阶级分析方法是历史唯物主义的基本理论观点和思想方法，没有过时，今天仍然是我们观察和分析复杂社会现象和问题的一把钥匙，丢弃了这一科学理论武器，就等于自我解除思想武装，丢掉自己应有的思想立场，丧失透过现象认识本质、辨别是非真伪的思维和判断能力。"普世价值"思潮的出现甚至一度泛滥，与一些党员干部和理论工作者忽视甚至放弃了阶级分析方法，看不清"普世价值"的政治本质，是有直接关系的。

（作者单位：清华大学马克思主义学院）

（原载《政治学研究》2008年第6期）

论"普世价值"是否存在及"普世价值"鼓吹者们的政治目的

周新城

近来,有那么一帮子人使劲地鼓吹"普世价值"。他们说,民主、自由、人权、公平、正义、平等、博爱等是"普世价值"。在"普世价值"面前没有必要区分姓"资"姓"社",中国不应强调特殊性而自外于这些"普世价值"。"30年改革开放的历史功绩"就是重新逐步融入世界文明,"人权、法治、公平、正义、自由、平等、博爱等普世价值日渐成为我们文明中的核心价值"。"改革开放以来中国共产党所走过的历程,就是不断学习和实践人类普世价值的过程。"有人还提出"解放思想应该有核心目标",这个核心目标"就是要确立普世价值"。主张无论是经济、政治,还是社会、文化方面的理论创新,都必须以"普世价值"为尺度,与国际上的民主、宪政等主流观念接轨。一时间,"普世价值"成为时髦的流行语。

他们鼓吹的"普世价值"的实质是什么?它究竟是不是普世的?中国是不是要沿着他们鼓吹的"普世价值"去发展?这些都是事关我国前途、命运的大问题,需要认真探讨。

一 所谓"普世价值"并不是普世的

什么叫"普世价值"?也就是说,价值的"普世性"指的是什么?顾名思义，应该是：第一，这种价值观念适用于所有的人，不管哪个阶级、哪个个人，都赞成并实践这种价值，即它具有普遍适用性；第二，这种价值观念适用于任何社会，不管哪种社会形态，都存在并适用这种价值，即它具有永恒性。使劲鼓吹"普世价值"的人，虽然没有这样明确地给"普世价值"下定义，但他们说的"普世价值"似乎包含着这样的内涵，否则不会说中国必须实行"普世价值"、"不应自外于普世价值"等等这样的话。

如果这样理解"普世价值"，那么，他们关于"普世价值"的论断在逻辑上是自相矛盾的：如果他们说的价值观念是普世的，那么中国早就应该是赞成并实践了的，怎么会"自外于"这种价值观念呢？反过来说，既然拥有十三亿人的中国不赞成，或没有实行他们所说的"普世价值"，这种价值观念怎么能说是"普世"的呢？显然他们所说的"普世价值"并不真正是"普世"的，而只是一部分人的价值观念。

倒是某些西方学者对这一点看得更清楚一些。按照我国鼓吹"普世价值"的人的说法，英、美、法等发达资本主义国家的民主、自由、平等、人权、博爱、法制等等是"普世价值"，中国必须遵行。然而恰恰是这些西方国家的某些学者对这些价值观念的普世性表示怀疑。法国前外长韦德里纳与法国国际和战略关系研究所所长博尼法斯在新近联合出版的新书《全球地图册》中，就谈到了这个问题。有人质疑韦德里纳是否"过于偏激"地放弃了人权、自由和民主等"普世价值"，他对此回答说："我一直坚信和捍卫这些价值，但我不无伤感地告诉您，西方世界10亿人口在全球60亿人口中占少数，我们认定的'普世价值'未必真的就是'普世'的，现在我们没有理由也没有能力强迫别人接受我们的价值观。"显然，得不到大多数人认同的价值不能算是普世的，这一点，连一些西方学者政要也是承认的，而我国某些学者却闭着眼睛不承认这一点。

可见，他们鼓吹的那些价值观念的普世性是自封的，并不真的就是普世的，其目的是想借口"普世性"把那些价值观念强加给当代国人。

二 价值观念从来都是具体的，抽象的共同的价值在现实生活中不可能独立存在

价值，是指客体对主体的意义和作用。同一种事物，对不同的人来说，意义和作用是不一样的，价值因人而异。这是因为，人的基本特性是社会性，人是在社会中进行生产和生活的，脱离社会的个人无法生存。像鲁宾逊那样不同其他人发生社会关系的人，只存在于传奇小说里，现实生活中是找不到的。在生产和生活中，人与人之间必然发生一定的社会关系。由于人们在社会关系中的地位的差异（在阶级社会里就形成不同的阶级），追求的利益也不一样，所以不同的人对同一种事物的价值判断必然也是不同的。这就是说，价值总是具体的。

当然，为了使社会正常运转，在长期的社会生活中人们也会形成一些人人必须遵守的行为规范（这些行为规范或者是约定俗成的，或者是由法律规定的），即存在某种共同的价值观念[①]，但即使是公认的行为规范，不同的人也赋予不同的内涵。鼓吹"普世价值"的人往往把不同阶级、不同人群存在的价值观念中的共同点，抽象出来把它叫做"普世价值"。例如，资产阶级讲民主，无产阶级也讲民主，这两种民主的性质和内容是根本不同的，但两者之间也有一些共同之处，有人就把共同点抽象出来，然后把民主说成是"普世价值"，笼统地说"民主是个好东西"。

但是，这种抽象的民主在现实生活中是不可能独立存在的。从哲学上讲，共性寓于个性之中，没有脱离个性而独立存在的共性，共性总是与个性结合在一起，总是体现在个性中。人们可以在思维中把不同事物的共同点抽象出来，形成概念，但在现实生活中能够看得见、摸得着的只是个性的东西。打一个比方，人们可以从各种各样的具体水果（苹果、橘子、

---

① 顺便说一下，这种必须遵守的社会规范也并不是普世的，即并不是每个人都同意并遵循的，因为总有一些人不赞成并违反这种规范。例如，在汶川地震中的"范跑跑"就反对拯救他人生命这一大家公认的行为规范，而某些人还表示赞成他的这种观点。

梨、香蕉，等等）中抽象出共性的东西，将其概括为水果，但在市场上只能买到具体的水果，而买不到抽象的水果，因为水果这一概念只存在于具体的水果中。同样，在实际的社会生活中，抽象的民主、自由等也是不存在的，毛泽东说过："实际上，世界上只有具体的自由，具体的民主，没有抽象的自由，抽象的民主。在阶级斗争的社会里，有了剥削阶级的剥削劳动人民的自由，就没有劳动人民不受剥削的自由。有了资产阶级的民主，就没有无产阶级和劳动人民的民主。"他还指出："民主自由都是相对的，不是绝对的，都是在历史上发生和发展的。"①

正因为这样，邓小平针对我国存在的民主发扬不够的问题，在提出"继续努力发扬民主，是我们全党今后一个长时期的坚定不移的目标"的同时，强调"我们在宣传民主的时候，一定要把社会主义民主同资产阶级民主、个人主义民主严格地区别开来"。②他明确指出，有的人讲的"民主化"的含义不十分清楚，"资本主义社会讲的民主是资产阶级民主，实际上是垄断资本的民主，无非是多党竞选、三权鼎立、两院制。我们的制度是人民代表大会制度，共产党领导下的人民民主制度，不能搞西方那一套"。③不能抽象地谈论民主，不区分资本主义民主、社会主义民主；更不能说，只要主张民主，不管是什么性质的民主，就都适用于社会主义。

其实，历史上早就有人鼓吹抽象的民主，考茨基就是这样一个典型。考茨基在反对十月革命胜利后建立的无产阶级专政性质的苏维埃政权时，宣传所谓的"纯粹民主"，也就是抽象的、普世的民主。列宁曾一针见血地指出，"如果不是嘲弄理智和历史，那就很明显：只要有不同的阶级存在，就不能说'纯粹民主'，而只能说阶级的民主"。考茨基谈论"纯粹民主"的目的是"蒙骗工人，以便回避现代民主即资本主义民主的资产阶级实质"。④ 近90年过去了，列宁这一论断，今天读来，仿佛就是针对眼前

---

① 《毛泽东文集》第7卷，人民出版社1999年版，第208、209页。
② 《邓小平文选》第2卷，人民出版社1994年版，第176页。
③ 《邓小平文选》第3卷，人民出版社1993年版，第240页。
④ 《列宁选集》第3卷，人民出版社1995年版，第600、601页。

鼓吹"普世价值"的人说的!

很明显,某些人使劲鼓吹的"普世价值",并不是,也不可能是普世的。价值,在阶级社会里是具有阶级性的,只不过他们把特定阶级的价值观念冒充为"普世"的价值观念罢了。这种手法着实也能迷惑人:一宣布是"普世"的,不明底细的人,谁还会反对呢!

三 价值的内涵是由社会经济关系决定的,因而没有永恒的价值

人们对客观事物的价值判断,是一种观念,属于上层建筑的范畴,它的内涵是由经济基础决定的。因此,价值观念的内容、人们的价值判断的标准,是随着社会经济关系的变化而不断改变的。在不同的社会经济关系下,人们赋予同一个价值观念以完全不同的内涵。也就是说,价值是历史的,而不是永恒不变的。从人类社会发展史的角度看,没有普遍地适用于一切社会的永恒的价值。马克思、恩格斯曾针对共产党要废除"一切社会状态所共有的永恒真理,如自由、正义等等"的责难,特地指出,人们的观念、观点和概念,一句话,人们的意识,随着人们的生活条件、人们的社会存在的改变而改变,这难道需要经过深思才能了解吗?"至今的一切社会的历史都是在阶级对立中运动的",所谓的"永恒真理"反映的恰恰是过去各个世纪所共有的、在私有制基础上产生的"社会上一部分人对另一部分人的剥削"这一事实,因此,"共产主义革命就是同传统的所有制关系实行最彻底的决裂:毫不奇怪,它在自己的发展进程中要同传统的观念实行最彻底的决裂"。[①]

人们喜欢谈论公平,把它说成是永恒的、人人都追求的东西,似乎这就是普世的价值观念。试问,有谁不赞成公平呢?然而抽象的、适用于一切社会的公平是不存在的。恩格斯在批评蒲鲁东小资产阶级的"永恒的公

[①] 《马克思恩格斯选集》第1卷,人民出版社1995年版,第292、293页。

平"时,给公平下过一个经典性的定义。他说,公平"始终只是现存经济关系的或者反映其保守方面、或者反映其革命方面的观念化的神圣化的表现。希腊人和罗马人的公平认为奴隶制度是公平的;1789年资产者的公平要求废除封建制度,因为据说它不公平。在普鲁士的容克看来,甚至可怜的行政区域条例也是对永恒公平的破坏。所以,关于永恒公平的观念不仅因时因地而变,甚至也因人而异,这种东西正如米尔柏格正确说过的那样,'一个人有一个人的理解'"。①

马克思在批评拉萨尔的"公平的分配"时,用提问的方式阐述了自己关于公平问题的观点,这一观点同恩格斯是完全一样的。他说:"什么是'公平的'分配呢?难道资产者不是断言今天的分配是'公平的'吗?难道它事实上不是现今的生产方式基础上唯一'公平的'分配吗?难道经济关系是由法的概念来调节,而不是相反,从经济关系中产生出法的关系吗?难道各种社会主义宗派分子关于'公平的'分配不是也有各种极不相同的观念吗?"②

公平,作为人们的一种观念,是经济关系的反映。不存在某种永恒不变的、超越社会经济关系的公平,在不同社会制度下,公平的标准是不一样的。奴隶社会有奴隶社会的公平标准,封建社会有封建社会的公平标准,而资本主义社会则有资本主义社会的公平标准,如果用资本主义社会的公平标准去衡量奴隶社会、封建社会乃至社会主义社会的事情,那是荒唐可笑的。对于民主、自由、人权等等观念,我们也应该这样去理解。社会存在决定社会意识,经济基础决定上层建筑,这是历史唯物主义的基本原理。

鼓吹"普世价值"的人是历史唯心主义者,他们不以社会经济关系来认定价值的内容,而是倒过来,先验地确定了所谓的"普世"的价值观念(这有点像黑格尔的"绝对精神"),然后根据这些"普世"的价值观念来判断现实社会的是与非,进而要求按照这些"普世价值"来规定社会关系。他们往往不明言他们所主张的抽象的、适用于一切社会的"普世价

---

① 《马克思恩格斯选集》第3卷,人民出版社1995年版,第212页。
② 同上书,第302页。

值"是哪儿来的,仿佛这是人一生下来就必然具有的,是人的本性,或者是上帝赋予的,"天赋人权"。其实他们鼓吹的"普世价值"并不是人人所固有的,或上帝赋予的,而是由资本主义的社会经济关系决定的。看一看他们"普世价值"的具体内容,就可以明白这一点。他们正是把西方发达资本主义国家的民主、自由、人权、公平等等称为"普世价值",而这些价值观念的内涵不就是反映了资本主义的政治经济关系吗?他们之所以拼命否认他们所鼓吹的"普世价值"有姓"社"姓"资"的区别,恰恰是因为那里存在着社会主义与资本主义的根本区别。

四 鼓吹"普世价值"目的是想改变我国社会发展的方向

其实,鼓吹"普世价值"并不是什么学术问题,而是有着鲜明的政治图谋。改革开放以来,一直有一股势力,想把我国引向资本主义道路。意识形态领域始终存在着尖锐的斗争,这种斗争的集中表现就是四项基本原则与资产阶级自由化的斗争。由于我国社会主义建设所处的国际国内环境,这种斗争将长期存在,邓小平估计,直到我国实现四个现代化之前这种斗争都不会停息。搞资产阶级自由化的人,手法可以不断变化,可以宣传新自由主义,也可以宣传民主社会主义,最近又冒出个"普世价值",但万变不离其宗,其矛头都是指向四项基本原则。鼓吹"普世价值"的人,把英美等发达资本主义国家的民主、自由、平等、人权等等封为"普世价值",然后用这个标准来衡量中国特色社会主义实践,指责这个不行、那个不行,然后要求按照资本主义的标准改造中国,把中国特色社会主义改成资本主义。他们把西方发达资本主义国家的政党轮流执政制度当作普世的、唯一的民主制度,攻击中国共产党领导的多党合作和政治协商制度,说这是"另搞一套",要求照搬西方政治制度;他们竭力歪曲和攻击无产阶级专政,把它同民主对立起来,鼓吹西方的甚至台湾的所谓的"宪政"制度;他们宣传人的本性是自私的,因而私有制是最合理的、永恒的,私有产权是普世的,要求在经济上实行私有化;他们把资产阶的民主、自由、平等、博爱宣布为人类共同的核心价值，要求放弃以马克思主义为指导的社会主义核心价值体系。如此等等，矛头所向十分清楚。最可笑的是，他们居然把在共产党领导下发挥社会主义制度优越性取得的抗震救灾的伟大胜利，无中生有地说成是学习和实践"普世价值"的结果，宣布中国走到了拐点，即放弃中国特色社会主义，拐到西方的"主流"社会去。这哪里是讨论学术问题，分明是赤裸裸地要求彻底的资本主义化。

有一位领导同志旗帜鲜明地指出了"普世价值"的实质。他说，所谓"普世价值"就是美国的价值，美国想用他们的价值观改造世界。真是一语中的！大量事实证明，美国正在打着民主、自由、人权等旗号，在全世界到处兜售美国的价值观念，把所谓"持不同政见者"组织起来，通过街头政治的办法，搞颜色革命，推翻不符合美国意愿和利益的政府。这就是"普世价值"的功用。这方面的例证，比比皆是，无须赘述。

那么，在社会主义国家里，推行"普世价值"会是什么样的结果呢？苏联东欧原社会主义国家的实践充分展示了这一点。大家知道，戈尔巴乔夫是十分推崇"全人类的共同价值"即"普世价值"的。他认为"新思维"的核心就是"全人类的价值高于一切"。[①] 他把法国1789年资产阶级大革命追求的资产阶级的民主、自由、平等、博爱当作全人类共同的价值，甚至认为俄国伟大的十月社会主义革命不过是法国大革命的回声。他按照"全人类共同价值"改造苏联共产党和社会主义制度，结果造成了亡党亡国的悲剧。苏东剧变充分揭示了他所鼓吹的"全人类共同价值"（即"普世价值"）的实质。这件事情过去不过20年，难道我们就忘了不成？

在苏东剧变以后，以美国为首的西方国家加紧在我国推行"西化""分化"战略，力图使我国发生像苏联东欧国家那样的和平演变。其中一个重要手法就是在我国宣传和推行美国的价值观，进而按照这种价值观改变我国的社会主义制度。国内那些把美国的价值观念当作"普世价值"，并使劲加以鼓吹的人，其作用和目的就是适应西方垄断资产阶级对我国推

[①] 戈尔巴乔夫：《改革与新思维》，新华出版社1987年版，第183页。

行和平演变战略的需要。

五　必须坚持马克思主义的阶级观点和阶级分析方法

当前出现这股使劲鼓吹"普世价值"的歪风，并不是偶然的。一股思潮的出现总有它的根源，我们可以从当前国际国内阶级斗争的形势中找到鼓吹"普世价值"这股风的源头。只要运用马克思主义的阶级观点和阶级分析方法就可以看到鼓吹"普世价值"的实质及其错误所在。但是近来多年不讲马克思主义的阶级观点和阶级分析方法，甚至把它当作宣传思想教育工作的禁区，这就导致很多人看不清"普世价值"的阶级实质，陷入抽象的价值观念的泥坑，分辨不清是非，导致思想混乱，这是"普世价值"得以泛滥的一个认识方面的原因。

有人把坚持马克思主义的阶级观点和阶级分析方法同"以阶级斗争为纲"相混淆，仿佛否定"以阶级斗争为纲"就不能再讲阶级分析了。这是极大的误解。在生产资料所有制社会主义改造基本完成，社会主义制度已经建立，大规模群众性的阶级斗争已经过去的情况下，党的工作以阶级斗争为纲是错误的。然而由于受国际环境和国内各因素的影响，阶级斗争仍将在一定范围内长期存在，在一定条件下还会激化，因此，我们仍然需要坚持马克思主义的阶级斗争学说。江泽民曾经指出："我们纠正过去一度发生的'以阶级斗争为纲'的错误是完全正确的。但这不等于阶级斗争已不存在了，只要阶级斗争还在一定范围内存在，我们就不能丢弃马克思主义的阶级和阶级分析的观点与方法。这种观点与方法始终是我们观察社会主义同各种敌对势力斗争的复杂政治现象的一把钥匙。"[①] 我们应该理直气壮地宣传马克思主义的阶级斗争学说，坚持用马克思主义的阶级观点和阶级分析方法来观察和分析意识形态领域的种种现象。在阶级分析方法面前，

---

① 中共中央文献研究室编：《江泽民论有中国特色社会主义（专题摘编）》，中央文献出版社2002年版，第4页。

那些使劲鼓吹"普世价值"的人就会现出原形,暴露出他们的反对中国特色社会主义的本质。

(作者单位:中国人民大学马克思主义学院)

(原载《政治学研究》2008年第5期)

我们为什么必须批判抵制"普世价值观"

侯惠勤

对于去年以来我国关于"普世价值"的争论，我曾经做过这样一个判断：尽管赞成"普世价值"的人们在立场、观点及动机方面都不尽相同，但决定事物性质的是其矛盾的主要方面，只要不怀敌意和偏见，就不难发现，通过"普世价值"干预我国的民主政治建设，以期颠覆和终结共产党领导的国家权力结构，无疑是引发这一争论的要害，因而其在本质上是当代西方话语霸权及其价值渗透方式的表达。[①] 今天看来，除了继续坚持这一判断，继续围绕抵制西方"西化""分化"我国图谋这一实质进行深入的揭露批判外，还需要对出于各种善意而赞同"普世价值"的观点做出回应，以求在这一事关国家前途命运的重大是非上最大限度地形成共识。从这个意义上说，这篇文章是写给"自己人"看的。

概括地说，不赞成批判"普世价值观"的朋友无非出于以下顾虑：理论上，认为批判"普世价值观"就是违背了事物总是个性共性相统一的原理，割裂了普遍性和特殊性；实践上，认为否定"普世价值观"就失去了抢占"道德制高点"的依托，并在全球化的背景下陷于被动。他们的结论是，提升国家"软实力"，加强社会主义核心价值体系建设，就必须和西方对打"普世"牌。因此，我们的讨论将围绕上述顾虑

[①] 参见侯惠勤《"普世价值观"的理论误区和实践陷阱》，《马克思主义研究》2008年第9期。

展开。

一 关于"普世价值"的本质界定和论争边界

"普世价值"之所以令许多赞成马克思主义和社会主义的人也语焉不详、趑趄不前，就在于它的"能指"十分宽泛，断然拒斥似乎会在许多方面丧失话语权而陷入被动。这种顾虑是正常的，但却是不必要的。说到底，尽管"普世价值"的"能指"十分宽泛（这也是其鼓吹者的叵测居心），其"所指"却十分明确，这就是在政治方向、基本道路和根本制度上对我国进行颠覆，这是当前敌对势力利用价值渗透对我实行"分化""西化"图谋的集中表现。因此，在我国一时走热的"普世价值"有着其特定的背景和确定的政治诉求，我们加以应对的一个基本原则，就是严格界定"普世价值"的本质规定和政治倾向，决不陷入任何既无必要也无可能下定论的抽象争论。

这就是说，我们批判"普世价值"，决不是讨论"有无人类共识"一类认识论意义上的话题。实际上，马克思主义承认客观真理的存在，就在一定意义上承认了绝对真理（或真理的普遍性），这是人类形成共识的认识论根据。尽管社会科学的真理往往由于受一己私利的遮蔽而可能不为某些人所承认，但并不因此而改变其客观普遍的本性。同样，我们批判"普世价值"，也不是讨论"有无人类共同的价值追求"这一类人性论道德论意义上的话题。实际上，马克思主义是历史唯物主义一元论历史观，肯定了历史的方向性和进步规律，也就在一定意义上肯定了文化的历史继承性以及人类共同价值追求的客观可能性。当马克思主义把共产主义视为人类社会发展的必然结果，当然也就确认了它最终将为全人类所接受的理想价值。显然，我们批判"普世价值"，更不是讨论"当代世界有无共同利益"这一类国际政治意义上的话题。当我们确认"和平与发展"已成为时代的主题，当我们把"坚持改革开放"作为发展中国的强国之路，就在一定意义上承认了合作共赢的可能性，而其基础则是某种共同利益。当然，共同利益并不能掩盖利益的分歧以至对立，但是和平与发展是今天的基调则是无疑的。以上话题能否纳入"普世价值"的框架去讨论，对上述话题如何解答，肯定见仁见智，但无疑是可以讨论的。

我们批判的"普世价值"，有着明确的本质界定。概括起来，主要是以下两点：一是从理论上看，"普世价值"以消解共产主义理想、确立资本主义不可超越为前提，其立脚点是资本主义的核心价值及其制度架构是历史的终点，人类在这方面将不可能再有真正的进步和突破。鼓吹"历史的终结"的福山曾经坦言：他和马克思一样，都承认历史有一个终极目标，但这不是马克思所认为的共产主义，而是今天的资本主义，因此，历史在这一制度前终结了。"历史终结并不是说生老病死这一自然循环会终结，也不是说重大事件不会再发生了或者报道重大事件的报纸从此销声匿迹了，确切地讲，它是指构成历史的最基本的原则和制度可能不再进步了，原因在于所有真正的大问题都已经得到了解决。"[①] 这是对"普世价值"的最好注释。它以尖锐的方式，从历史观这一理论根本上提出的挑战是，人类社会的美好未来是共产主义，还是资本主义？马克思主义所揭露和批判的资产阶级"民主、自由、人权"的内在矛盾是否已不复存在？异质于并最终要超越西方民主的社会主义民主是否已经破灭？经由无产阶级专政的国家而导致"国家消亡"及"民主消亡"的历史趋势是否已不复存在？等等。在这些根本问题上的任何闪烁其辞，都必将自乱阵脚。

二是从实践上看，"普世价值"根本否定中国特色社会主义的民主政治建设，完全割裂中国改革开放中经济体制改革和政治体制改革间的内在联系，力图把中国的改革开放引导到"回归西方文明"的方向，把中国的政治体制改革引导到西方"民主化"的陷阱。它把体现西方政党竞争制的"政党轮替"视为民主的制度前提，根本否定共产党领导的多党合作制以及坚持党的领导、人民当家作主和依法治国相统一的民主政治方向；它把

---

① 福山：《历史的终结及最后之人》，黄胜强、许铭原译，中国社会科学出版社2003年版，代序第2—3页。

"三权分立"视为民主的基本制度设计,根本无视其甚至在资本主义国家也并不通用的事实,根本否定在我国行之有效的人民代表大会制度这一根本政治制度;它把民主和人权限制在个人的自由和权利上,因而把民主的实质归结为个人权利与政府公权力之间的博弈,根本否定大多数人的根本利益和人民意志的存在,从而否认民主更为具体丰富的内容和方式。总之,以"普世价值"为思想武器,按西方(主要是美国)的民主模式全面颠覆我国的社会主义政治制度,根本改变我国民主政治建设的社会主义方向,是"普世价值"贩卖者坚定而明确的追求。

我们可以清楚地看到,不是批判"普世价值"妨碍了我国的政治体制改革,而恰恰是宣扬"普世价值"在干扰我们坚持中国特色社会主义,其所谓的推进改革,只能是"忽悠"和"折腾"。我们不搞西方式民主,根本原因不在于国情差异,更不是由于目前的条件不具备,而是基于根本不同的民主理念。马克思主义对于资产阶级民主的虚伪性(仅限于某些形式的、表象的平等权利)及其局限性(保留阶级差别和资本特权)的批判,在今天并没有失效。尽管我们今天在民主的某些形式上还未能高于西方民主(这也是西式民主在我国还有市场的重要原因),但是我们决不认为历史只能止步于"扩大中产阶级"而不能达到"消灭阶级",决不认为人类只能驻足于"投票的民主"而不能达到"国家消亡"(即凌驾于社会之上的特殊公共权力真正向普通的社会公共权力回归);尽管社会主义国家在其民主政治建设中出现过严重的失误,遭遇了严重的挫折,但中国特色社会主义道路的成功开拓,已经向我们展示了既符合中国国情,又合乎人类文明发展潮流,根本区别于现行西方民主模式的民主政治前景,我们没有理由改旗易帜。

二 抽象的人和"普世价值观"是资产阶级社会"抽象化"的产物

敌对势力之所以青睐"普世价值",根本原因就在于它本质上是资产阶级实行思想统治和价值渗透的有效方式。马克思、恩格斯在其标志性著作《德意志意识形态》中，揭示了占统治地位的剥削阶级进行思想统治的一个趋势，就是"占统治地位的将是越来越抽象的思想，即越来越具有普遍性形式的思想"。① 虽然任何统治阶级都力图以全社会利益代表的面貌出现，都使用抽象普遍性的思想观念，然而真正实现了用抽象的普遍观念作为思想统治形式的却是资产阶级社会。"抽象性"在真正意义上构成了资本主义社会的本质。就经济过程而言，资本主义市场经济使得劳动抽象化，"劳动一般"正是这种状况的写照。正如马克思指出的："劳动一般这个抽象，不仅仅是各种劳动组成的一个具体总体的精神结果。对任何种类劳动的同样看待，适合于这样一种社会形式，在这种社会形式中，个人很容易从一种劳动转到另一种劳动，一定种类的劳动对他们说来是偶然的，因而是无差别的。这里，劳动不仅在范畴上，而且在现实中都成了创造财富一般的手段，它不再是同具有某种特殊性的个人结合在一起的规定了。在资产阶级社会的最现代的存在形式——美国，这种情况最为发达……所以，这个被现代经济学提到首位的，表现出一种古老而适用于一切社会形式的关系的最简单的抽象，只有作为最现代的社会的范畴，才在这种抽象中表现为实际上真实的东西。"② 与劳动的抽象化相一致，商品的价值取代了使用价值成为生产的目的，人在这一经济过程中被物化就在所难免。物化的结果是资本的人格化和工人的非人格化，金钱成为万能的神，人们只能对它顶礼膜拜，一句话，人的社会性存在被遮蔽了，资本对于劳动的奴役关系被颠倒了，人被抽象化了。"我们的一切发现和进步，似乎结果是使物质力量具有理智生命，而人的生命则化为愚钝的物质力量。现代工业、科学与现代贫困、衰颓之间的这种对抗，我们时代的生产力与社会关系之间的这种对抗，是显而易见的、不可避免的和无庸争辩的事实。"③

马克思曾把负载着特定生产关系的人称作该社会的"自然基础"，毫

---

① 《马克思恩格斯选集》第1卷，人民出版社1995年版，第100页。
② 《马克思恩格斯选集》第2卷，人民出版社1995年版，第22页。
③ 《马克思恩格斯全集》第12卷，人民出版社1962年版，第4页。

无疑义,"抽象的个人"构成了资本主义社会的"自然基础"。"抽象的个人"是资本主义发展过程中,在唤醒个人、解放个人并使之获得独立性的同时,又因"物的依赖关系"而彰显人的"物性"、隐藏人的社会性,致使个人自我封闭和自我孤立的产物。作为客观存在,这种个人本能地崇拜"自我",把个人视为人的唯一存在和终极实体,把个人等同于"人";而作为主观存在,这种个人本能地崇拜"抽象观念",把个人权利视为"人权",把自我价值视为"普世价值"。自由个人主义就是其典型意识形态。就思维方式而言,由于无法正确地提出和解决"普遍观念"的形成问题,"抽象个人"只能在"思辨的抽象"和"单纯的直观"这两个极端徘徊,这也是其无法超越的狭隘眼界。由于是根植于社会主体自身的局限,因而感性和理性、现象和本质、个性和共性的断裂,在资产阶级社会就是一个永远无法破解的历史之谜。从"抽象的人"到"现实的人",从解释世界到改变世界,从思辨的抽象和单纯的直观到"对具体情况作具体分析"这一马克思主义的精髓,就不仅是思维方式的转变,更是历史主体和阶级立场的转变。不突破资产阶级的狭隘眼界,不树立马克思主义世界观,就不可能超越抽象的人及其思维方式。

因此,当资产阶级在其革命时高举人的解放的旗帜(实际上只是解放市民社会的个人)、打出"自由、平等、博爱"等人类性话语时,虽然也是一切为获得统治权的阶级所必须采取的手段,却也充分预示了这个行将成为统治阶级的阶级将采取何种思想统治形式以及这个正在形成的资产阶级社会的特征所在。社会关系的普遍化以物化的方式实现,使得抽象普遍性观念在资产阶级社会的个人形成中起着重大作用。"个人的这种发展是在历史地前后相继的等级和阶级的共同生存条件下产生的,也是在由此而强加于他们的普遍观念中产生的,如果用哲学的观点来考察这种发展,当然就很容易设想,在这些个人中,类或人得到了发展,或者这些个人发展了人;这样设想,是对历史的莫大侮辱。"[①] 如果说,民主共和国是资产阶

[①] 《马克思恩格斯选集》第1卷,人民出版社1995年版,第118页。

级进行政治统治的"彻底的形式"(恩格斯语)①的话,那么"抽象的个人"和"普世价值"则是资产阶级进行思想统治的彻底的形式;如果说,马克思在政治领域的根本变革是用无产阶级专政的国家取代资产阶级自由制度的话,那么他在哲学世界观上的革命变革,则从根本上说就是实现了从抽象的个人向现实的人的转变。"旧唯物主义的立脚点是市民社会,新唯物主义的立脚点则是人类社会或社会的人类。"②这说明,解决抽象的人的问题,本质上不是认识论问题,而是社会的革命变革问题。

三 马克思主义对抽象的人和"普世价值"的解构和超越

抽象的个人和抽象的普遍观念("普世价值")之所以成为资产阶级思想统治的有效方式,就因为从抽象的人出发,无法做到对现存社会进行批判和超越,人们似乎只能在同样毫无出路的两极徘徊:要么屈从现实,把现存社会关系视为"只能如此"的"自然秩序",此即诉诸"单纯的直观"的产物;要么脱离现实,满足于在自己的"想象"中超越和改变现存的一切,此即诉诸"思辨的抽象"的结果。这就是人道和科学、理想和现实相悖的深层社会背景。也就是说,两个极端对于现存的态度虽有差异,但其思维方式都是"抽象的",其结果都是"解释世界"(即用不同方式承认现存)。说到底,抽象的人把历史活动主体抽象化(似乎存在着亘古不变的"个人"主体),把历史动力抽象化(似乎一切进步根源于普遍观念和人性诉求),把历史任务抽象化(似乎"解放"就是某种抽象观念的实现),因而一切变革不仅不能超出资产阶级统治的范围,而且资产阶级社会本身成为一切变革的范本。历史在抽象的人中的确是"终结"了。

现在我们可以清楚地看到,马克思主义经典作家(例如列宁和毛泽东)都是从辩证法的革命的、批判的精神上提出并从辩证法的精髓、矛盾

---

① 《马克思恩格斯选集》第4卷,人民出版社1995年版,第662页。
② 《马克思恩格斯选集》第1卷,人民出版社1995年版,第57页。

的对立统一上解决个性、共性关系的，而决不是从"常识"或"经验"上去讨论这一问题的。所谓从常识上看问题，就是依赖感性直观，把个性、共性的统一视为当然的，把"普世价值"的存在视为当然的，以为仅靠经验和直观就能解决个性、共性的统一问题。实际上，"常识"眼中的共性，往往只是不同事物最为表象的"共同点"（如男人都有胡子、女人都有辫子一类），并没有涉及问题的实质，即对"普世价值"做具体分析，揭示其存在或不存在的社会历史根据。其实，事物的本质往往隐藏在现象的背后，仅靠经验难以把握；历史的规律往往隐藏在事实的背后，仅靠经验难以发现；普遍的观念往往不能还原为感性存在、仅靠经验难以证伪，如此等等。这充分说明哲学史上唯理论和经验论的长期争论不休并非没有缘由，没有唯物辩证法及其核心对立统一规律的奠立，根本无法超越唯理论和经验论的争论。更为根本的是，没有唯物辩证法，就无法打破"思辨的抽象"和"感性的直观"这个二律背反，无法冲破资产阶级社会"抽象性"思维的桎梏。

列宁曾把"必须具体"概括为马克思主义的基本要求①，但是，要做到具体，首先要创立能够"具体分析"的世界观、历史观和方法论以及相应的概念、范畴，这就是唯物辩证法、历史辩证法及其基本范畴，最为主要的是"生产关系""工人阶级""共产党"等核心范畴。有了生产关系的概念，人类社会的矛盾运动规律才得以发现，生产力和生产关系的矛盾运动这一社会变革的源泉才得以揭示，对于不同社会形态的区分以及深入每一社会形态的具体分析才成为可能。有了"工人阶级"的概念，超越资本主义社会的人类解放才有了现实的实践形式，冲破资产阶级社会"抽象性"的具体分析才有了实践的历史主体，批判资产阶级"普世价值"才有了实质性的具体内容。有了"共产党"的概念，真正区别于一切旧式政党的、人民群众自己解放自己的最高政治形式才得以确立，工人阶级作为自为阶级和历史主体的领导作用才得以实现，足以与资产阶级世界观抗衡的

---

① 参见《列宁选集》第 2 卷，人民出版社 1995 年版，第 692 页。

共产主义思想体系才得以实践。可见，"对具体情况作具体分析"不是任何人、任何思想体系都能做到的，其实质就是实事求是。它是马克思主义和工人阶级世界观的特质和活的灵魂，其锋芒所向，直指资产阶级社会的抽象性，根本颠覆了作为"普世价值"的资产阶级思想统治。因此，"实事求是，是无产阶级世界观的基础，是马克思主义的思想基础"。①

马克思主义创始人在用工人阶级世界观的具体分析颠覆资产阶级世界观的抽象性中，确立了一个原则，就是用现实的普遍性化解抽象的普遍性。以否定"普世价值"就是背离人类文明大道为由指责共产主义，并不是什么新名堂，早在马克思主义诞生之初，资产阶级思想家就提出"存在着一切社会状态所共有的永恒真理，如自由、正义等等。但是共产主义要废除永恒真理，它要废除宗教、道德，而不是加以革新，所以共产主义是同至今的全部历史发展相矛盾的"。什么是人类文明发展的普遍形式？在马克思主义创始人看来，原始社会解体以来，与资产阶级蓄意制造的自由正义的普遍性幻觉相比，阶级斗争要比它更具有普遍性，而且这是历史真实的普遍性。他们就此而在《共产党宣言》中指出："这种责难归结为什么呢？至今的一切社会的历史都是在阶级对立中运动的，而这种对立在不同的时代具有不同的形式。""但是，不管阶级对立具有什么样的形式，社会上一部分人对另一部分人的剥削却是过去各个世纪所共有的事实。因此，毫不奇怪，各个世纪的社会意识，尽管形形色色、千差万别，总是在某些共同的形式中运动的，这些形式，这些意识形式，只有当阶级对立完全消失的时候才会完全消失。""共产主义革命就是同传统的所有制关系实行最彻底的决裂；毫不奇怪，它在自己的发展进程中要同传统的观念实行最彻底的决裂。"② 因此，必须用阶级分析取代"普遍正义"的幻觉，用共产主义世界观取代形形色色的非无产阶级世界观。支配人们头脑的不是"永恒的自由正义"观念，而是阶级意识和统治意识；推动人们创造历史的不是"普

---

① 《邓小平文选》第2卷，人民出版社1994年版，第143页。
② 《马克思恩格斯选集》第1卷，人民出版社1995年版，第292—293页。

世价值"理念，而是促使生产力和生产关系矛盾不断得以解决的实践活动，其主体是代表先进生产力发展要求的先进阶级。在彻底颠覆唯心史观制造的关于普遍观念的幻觉后，问题就有了完全不同的提法。

显然，以唯物史观为基础的理想信念和"普世价值"的幻觉是根本对立的。工人阶级的解放必须摆脱抽象的普遍观念的束缚，"让思想冲破牢笼"绝不是否定理想信念的作用，更不是否定工人阶级的解放要求所具有的道义力量以及其可以获得最广泛认同的世界历史意义，但这不是"普世价值"而是以科学世界观为指导的理想信念。共产主义的理想信念建立在唯物史观对于人类历史发展规律的深刻认识之上，建立在剩余价值学说对于资本主义经济运行的科学再现之上，建立在科学社会主义对于工人阶级历史地位及其解放条件的准确把握之上，因而不是虚幻的想象，而是真实历史必然性的认同。"现代资本主义生产方式所造成的生产力和由它创立的财富分配制度，已经和这种生产方式本身发生激烈的矛盾，而且矛盾达到了这种程度，以致（至）于如果要避免整个现代社会毁灭，就必须使生产方式和分配方式发生一个会消除一切阶级差别的变革。现代社会主义必获胜利的信心，正是基于这个以或多或少清晰的形象和不可抗拒的必然性印入被剥削的无产者的头脑中的、可以感触到的物质事实，而不是基于某一个蛰居书斋的学者的关于正义和非正义的观念。"[1] 我们从中不难得出结论，缺乏"真"的道义力量是软弱甚至有害的，"真"和"善"的统一才能真正赢得群众，才是真正不可抗拒的力量。

四　我们在今天如何抢占"道德制高点"

科学社会主义不仅具有科学性，而且具有道义性，无疑占据着道德制高点。但是，由于道德的吸引力来自其崇高和完美的理想性，其震撼力来自其超越个人的本能和功利目的的奉献精神，不是个人经验所能完全把握

---

[1]《马克思恩格斯选集》第3卷，人民出版社1995年版，第500—501页。

的，因而道德和科学二元论的格局，不仅有社会的需求，而且有其学理上的依据。崇尚抽象普遍价值的人往往自认为很崇高，因为他们具有道德批判性和对于超越现状的追求；而把道德实证化、经验化则容易陷入对于现存事物的崇拜，成为维护现状的保守派。这也是今天一些朋友对于批判"普世价值"心里不踏实的原因之一。但是，如果我们还只能在道德理想主义和道德实证主义之间进行选择，那就说明其本身还没有达到马克思主义的思想高度，因而需要认真领会马克思主义是如何通过克服科学与道德的二元论而占领道德制高点的。

从马克思主义创始人根本颠覆资产阶级意识形态话语的成功实践中，我们可以看到，这种颠覆的实质不是简单否定意识形态（包括其人类性话语体系）的作用，而是要科学阐释意识形态，揭示意识形态与阶级利益诉求的内在一致性，为建立更加真实有效的价值引导体系，归根到底也是更能赢得最大多数人真正认同的思想体系奠定基础。马克思主义对于意识形态的破解，概括起来就是把流行的、占统治地位的思想观念还原为统治阶级意识，并探讨人类解放过程中思想解放的条件。换言之，马克思主义创始人在破除意识形态的普遍性幻觉方面，既不是以幻觉的再造应对幻觉，也不是简单否定普遍性观念、弃用普遍性话语，而是走意识形态和科学相统一之路，用新的阶级意识对抗占统治地位的意识形态。马克思主义在这一方面最为重要的发现，就是形成了以"现代无产阶级（或工人阶级）"概念为核心的新世界观。

马克思在其思想形成之初就提出，德国解放的实际可能性"就在于形成一个被戴上彻底的锁链的阶级，一个并非市民社会阶级的市民社会阶级，形成一个表明一切等级解体的等级，形成一个由于自己遭受普遍苦难而具有普遍性质的领域……社会解体的这个结果，就是无产阶级这个特殊等级"。[①] 他和恩格斯在后来的长期研究和实践中，越来越清晰地表述了下述思想："现代的大工业，一方面造成了无产阶级，这个阶级能够在历史上

[①] 《马克思恩格斯选集》第1卷，人民出版社1995年版，第14—15页。

第一次不是要求消灭某个特殊的阶级组织或某种特殊的阶级特权,而是要求根本消灭阶级;这个阶级所处的地位,使他们不得不贯彻这一要求,否则就有沦为中国苦力的危险。另一方面,这个大工业造成了资产阶级这样一个阶级,它享有全部生产工具和生活资料的垄断权,但是在每一个狂热投机的时期和接踵而来的每次崩溃中,都表明它已经无力继续支配那越出了它的控制力量的生产力;在这个阶级的领导下,社会就像司机无力拉开紧闭的安全阀的一辆机车一样,迅速奔向毁灭。"①

　　工人阶级这一概念的形成,不仅为科学社会主义提供了实践力量,而且使这一学说占据了真正的道德制高点。就理论创新而言,"工人阶级"是科学性和道义性相结合的典范。毫无疑义,工人阶级概念首先是一个科学概念,是充分依据了经验事实并完全经得起实践检验的科学抽象。工人阶级概念依据了以下四大客观事实:一是工人阶级是随着大工业及资本主义世界市场的扩张而形成发展的,是体现社会化大生产这一新生产力的新生阶级;二是工人阶级是人类历史上第一个与生产资料失去了直接联系的阶级,因而其"解放"的方式不是直接占有生产资料,而是以"联合起来"的方式拥有生产资料,是体现了新生产关系的非传统意义上的阶级;三是工人阶级是人类历史上第一个有文化的劳动者阶级,这意味着它可能形成阶级意识,摆脱对于统治阶级的思想依附,由自在阶级成为自为阶级;四是工人阶级经历了异化劳动的严酷磨练,不仅是灾难深重的社会群体,也是坚忍不拔、纪律严明的可组织力量。但是,工人阶级概念赖以成立的四大事实都不是"僵硬"的经验事实,而是过程性的、在历史中不断显现的趋势,这样,工人阶级的解放事业就是与历史进步相一致的正义事业,因而其又具有超越现状的价值导向性和赢得人心的道义力量。

　　因此,在今天抢占道德制高点,关键在于坚持作为工人阶级自我意识的马克思主义的指导地位,加强社会主义核心价值体系建设,首要的是构

---

① 《马克思恩格斯选集》第3卷,人民出版社1995年版,第500页。

建社会主义的核心话语体系。马克思主义之所以能够真正成为挑战资本主义意识形态的精神力量,就在于它在立足于揭示资本主义内在矛盾的同时,形成了可以指导改变世界的实践活动的思想体系和话语体系。它能有效地解释广大人民所关注的几乎所有重大问题,使不同阶层的人都能从中获得历史的方向感。强烈反共的布热津斯基也不能不承认:"共产主义不仅仅是对人们所深切关注的问题的一种情绪激昂的回答,也不仅仅是自以为是的仇视社会的信条,它还是一种通俗易懂的思想体系,似乎对过去和将来都提供了一种独特的见解……因此,共产主义对于头脑简单和头脑复杂的人都同样具有吸引力:每一种人都会从它那里获得一种方向感,一种满意的解释和一种道义的自信。"① 不难看出,抢占道德制高点的关键是占领历史制高点,只有掌握了未来,才能掌握群众。马克思在谈及这点时曾断言:"十九世纪的社会革命不能从过去,而只能从未来汲取自己的诗情。它在破除一切对过去的事物的迷信以前,是不能开始实现自身的任务的。"②

就道德震撼力而言,科学社会主义之所以高于资本主义,就在于其落脚点是高于资本主义的共产主义,其批判锋芒直指资本主义时弊(两极分化和人的异化)。这样,它就能提出比资产阶级在其革命时更为彻底、更能抓住人心的口号,其中最为重要的就是把资产阶级消灭封建阶级特权的要求,推向了消灭阶级本身,使之成为工人阶级的自觉追求。"从消灭阶级特权的资产阶级要求提出的时候起,同时就出现了消灭阶级本身的无产阶级要求——起初采取宗教的形式,借助于原始基督教,以后就以资产阶级的平等论本身为依据了。无产阶级抓住了资产阶级的话柄:平等应当不仅是表面的,不仅在国家的领域中实行,它还应当是实际的,还应当在社会的、经济的领域中实行。尤其是从法国资产阶级自大革命开始把公民的平等提到重要地位以来,法国无产阶级就针锋相对地提出社会的、经济的平等的要求,这种平等成了法国无产阶级所特有的战斗口号。"③ 我们今天

---

① 布热津斯基:《大失败》,军事科学院外国军事研究部译,军事科学出版社1989年版,第3页。
② 《马克思恩格斯全集》第8卷,人民出版社1961年版,第124页。
③ 《马克思恩格斯选集》第3卷,人民出版社1995年版,第447—448页。

就某些阶段性目标而言，或许也可以说"民主"等是"人类的共同追求"，但是站在人类社会发展的更高阶段看，民主绝对不是目的，而只能是手段。随着阶级消灭，国家消亡，民主也将消亡。正因为如此，就目前看来共同追求的某些价值，其实也蕴含着极大的差异，存在着不同的实践方式和路径选择。

站在历史的制高点上，才能把流行的资产阶级话语改造为符合工人阶级和人民大众利益的诉求，才能在流行话语中建立自己的话语权。对于流行的普遍性话语一概排斥不行，无条件接受更不行，唯一可行的是通过自身的核心话语对其重新加以解释。恩格斯对于资产阶级"人权"的修正可视为一个范例。他提出："消灭阶级是我们的基本要求，不消灭阶级，消灭阶级统治在经济上就是不可思议的事。我提议不用'为了所有人的平等权利'代之以'为了所有人的平等权利和平等义务'等等。平等义务，对我们来说，是对资产阶级民主的平等权利的一个特别重要的补充，而且使平等权利失去道地资产阶级的含义。"[①] 可以说，能否对流行的共性话语做出与自身核心话语相一致的解释，是衡量一个思想体系的创新力和渗透力的重要尺度。马克思主义的理论创新，本身就包含着对于共性话语的再解释。这种再解释的前提是坚持高于共性话语的自身核心话语，否则，就可能在对共性话语再解释中被对手所同化。例如，如果离开"消灭阶级"去谈自由，就无法正确解读马克思、恩格斯关于"每个人的自由发展是一切人的自由发展的条件"的论断，就会陷入自由主义的陷阱。今天，中国特色社会主义理论体系之所以能够成功地对"以人为本"等进行再解释，就是因为我们始终坚持了"人民"和"为人民服务"这些核心话语，否则，就会在"话语转换"中丢失思想阵地。

可见，占领历史制高点的关键是科学阐释历史规律，科学社会主义的核心话语就是对历史规律的表述。"普世价值"迷惑人的一点，就是它似乎也有对于未来的某种承诺。在关于两种未来的斗争中，我们不能以幻想

[①] 《马克思恩格斯选集》第4卷，人民出版社1995年版，第409页。

应对幻想,而只能以真理打破幻想。工人阶级在其早期,也曾借助各种空想社会主义表达自身的要求,然而建立在幻想超越之上的新社会,终究只能是资本主义的各种翻版。"靠幻想来对共产主义所作的预见,在实际上只能成为对现代资产阶级社会的预见。"[1] 需要指出,当时是理想主义高扬的年代,人们并不怀疑历史的未来和进步的趋势,因而思想分歧就集中在是科学地还是幻想地表达这种历史规律上。

我们今天处在和马克思主义创始人不同的历史条件下。今天的特点是世界范围内的历史感的模糊并由此而导致的生活意义的丧失,是理想和道德源泉的枯竭。"在晚期现代性的背景下,个人的无意义感,即那种觉得生活没有提供任何有价值的东西的感受,成为根本性的心理问题。我们应该依据对日常生活所提出的道德问题的压制来理解这种现象,但它拒绝任何答案,'生存的孤立'并不是个体与他人的分离,而是与实践一种圆满惬意的存在经验所必需的道德源泉的分离。"[2] 正是现实中道德源泉的匮乏,使得"普世价值"有可能成为一种替代品,以满足人们的幻想需要。抽象人性论之所以受到追捧,就在于它能暂时满足人们的幻想需要。因此,今天的争论就不仅是科学与幻想之争,同时还是科学信仰与自我麻醉间的较量。我们在不断深化对于人类社会发展规律、社会主义建设规律和共产党执政规律的认识中,要特别注重总结我国的实践经验,用生动丰富的感性事实,激发人们的理想热情,坚定中国特色社会主义的共同信念。这才是对"普世价值"作了釜底抽薪式的批判。

(作者单位:中国社会科学院马克思主义研究院)

(原载《马克思主义研究》2009年第3期)

---

[1] 《马克思恩格斯全集》第7卷,人民出版社1959年版,第405页。
[2] 吉登斯:《现代性与自我认同》,赵旭东等译,生活・读书・新知三联书店1998年版,第9页。

关于"普世价值"的追问和思考

李崇富

一 引言

最近几年,"价值哲学"和价值观研究在我国是一门显学,也是一个热点话题。国内学术界原来并不太看重它。20世纪30年代,张东荪先生曾经撰写和出版过一本《价值哲学》,社会反应冷淡,影响不大。在马克思主义著作中,也没有正面和系统地论述过哲学价值问题。它被看作一个不言自明的问题,不是马克思主义要解决的紧迫和核心的理论问题。应该说,哲学价值论研究还是有意义、有理论发展空间的,应当不断地推进和深化。从2007年底到现在,我国思想理论界讨论的一个与此有关的热点问题,就是所谓"普世价值"。我认为,一些人提出和宣扬所谓"普世价值",就是一个思想陷阱,必须追问明白和进一步深思。

二 所谓"普世价值"的所指是什么?

从字义上看,普世价值的能指很广,是"价值哲学"中的一个理论问题,似乎仅仅是一个需要探讨的学术问题。其实并不是这样。从2007年底开始,一些人提出和宣扬这个问题,所指的就是一种特定的意识形态,一种事关中国社会发展方向、事关中国政治体制改革方向的有害的政治主张。

从其本质看，现在有些人所讲的"普世价值"，就是把西方的特别是美国的意识形态中的资产阶级核心价值观中性化、普遍化、神圣化、绝对化为一种超阶级、超时代、超越历史条件的所谓"普世价值"。

1. 有些人崇拜和迷信西方资产阶级的核心价值观和基本制度，说资本主义制度是人类社会"最终的制度进化归宿"。有人说："民主、法治、自由、人权、平等、博爱，是人类社会共同追求的普世价值"，"没有必要去区分是姓'资'还是姓'社'"。认为西方"民主一经产生，就具备了普世意义，从英国、美国推行民主以来，全世界 2/3 的地区都实行了民主，可见其普世的程度"。① 还有人说，资产阶级的"自由、民主、平等和博爱"等意识形态，是"人类文明的核心，是人类在长期进化发展中形成的具有普遍世界意义的价值准则，以及由这些准则所规定的基本制度"，是"最高文明境界"，是"任何民族最终的制度进化归宿"。② 有人甚至说："西方是人类的西方，不是西方人的西方：西方的观念，不仅是西方的，也是全人类的观念。"这些人都把西方资本主义经济制度、政治制度及其意识形态，称为"世界文明的主流"或"人类文明的主流"，公然为"全盘西化论"翻案。③ 有学者说："1980 年代之前，抵制普世民主的手法主要是所谓阶级论，今天这种强词夺理的说法已经不值一驳。后来又捏造一个'全盘西化论'，现在进入第三阶段，要撇开普世民主，自己另搞一套，所谓'协商民主'。"说这是"用'中国特殊论'抵制民主进中国"。④

其实，在当今世界，社会制度及其民主，都是具体的、有阶级性的，只有社会主义制度及其民主，或者资产阶级制度及其民主。这些人宣扬抽象的、超阶级的、超时代的所谓"制度归宿"和"民主"，都是虚伪的欺人之谈，是在中国为资本主义制度和资产阶级民主招魂。

2. 有些人认为中国走社会主义道路是"离开甚至背离了人类近代文明

---

① 《改革内参》2007 年 7 月 1 日；《老干部内参》2007 年第 20 期。
② 《南方周末》2007 年 10 月 25 日。
③ www.book.sina.com.2008—03—20；《南方都市报》2007 年 12 月 30 日。
④ 《南方都市报》2007 年 12 月 30 日。

主流",改革开放是向资本主义的"价值回归"。如有人说:"中国实行改革开放,必须融入人类文明主流,承认民主、科学和法治,是普世价值,同世界文明接轨。"① 又有人说:"经过30年的改革开放中国已经重新融入世界文明,人权、法治、公平、正义、自由、平等、博爱等普世价值,日渐成为我们文明中的核心价值。"② 还有人说:"无论是经济、政治还是社会、文化的理论创新,我们都必须以普世价值为尺度",主张用这个"价值尺度"和"价值准则"来改造中国。③ 这些说法,显然都是对我国社会主义改革开放的歪曲,并企图误导之。

3. 有些人断言我们党提倡"解放思想",就是要"确立普世价值",并把党中央提出的"以人为本",曲解和归结为"普世价值"。有位教授说:"解放思想应该有个核心目标,这个核心目标就是价值体系,解放思想就是要确立普世价值。"他还说:"以人为本是个纲,要贯彻这个纲,就需要民主、自由、人权等一整套普世价值,就是需要价值观的转变。普世价值不能确立起来,就不会是以人为本。所以价值观问题是决定中国命运的一个基础性问题。"④ 于是,一些人筹划出版《大家西学》丛书,来宣扬"普世价值"。有位负责人说,该丛书的主旨就是:"人类的普世价值,中国的观念读本。"⑤

4. 有些人大谈"普世价值",名曰谈"学术",实则是做政治文章,即公开主张中国实行资本主义制度。一是他们张扬"普世价值",就是企图通过所谓"解放思想","要从'用生产资料公有制来界定社会主义'这个观念中解放出来","要从公有制主体的错误观念中解放出来"。有人说:"在所有制结构上,2007年中国非公经济占GDP的比重超过60%,非公经济事实上成为主体,而我们的基本经济制度、我们的宪法仍规定公有制为主体。"有些人对现在的经济改革之所以不满意,说"就是因为这种理论

---

① 《炎黄春秋》2008年第4期。
② 《改革内参》2008年4月20日。
③ 《南方周末》2008年3月27日。
④ 《南方周末》2008年3月27日。
⑤ www.book.sina.com. 2008—03—20.

束缚，因为基本经济制度没有创新"。这种所谓"基本经济制度创新"，就是要抛弃我国现行的"公有制为主体、多种所有制经济共同发展的基本经济制度"，让私有制经济成为我国的经济主体，实现私有化；并且用"人的本性都是自私的"来论证私有化的必要性。二是他们张扬的"普世价值"，主要锁定在"政治体制改革的目标"上，美其名曰"民主宪政"。说"新一轮的政治改革，总的目标当然是宪政。宪政就是民主、法治加人权，就是这三者的结合"。① 他们认为，当今中国社会主义政治制度，即"上层建筑已不适应经济基础"，是"集权制度"和"病态社会"，应改变为与"普世价值"相适应的、附庸于西方资产阶级的"现代民主制度"。② 他们甚至公然要中国共产党"放弃列宁'无产阶级先锋队'的提法"，说"'先锋队'理论已经完全不能适用于在宪法和法律范围内活动的群众性的现代政党"，"中国共产党要获得新生，也必然要走国民党走过的宪政之路"。③

5. 还有一个典型实例，就是有些人所搞的《零八宪章》中更为露骨的所谓"普世价值"。《零八宪章》宣称以西方"普世价值"作为理论基础，认定"自由、平等、人权是人类共同的普世价值"，说"自由是普世价值的核心之所在"，人权是"每个人与生俱来就享有的权利"，每个人的"人格、尊严、自由都是平等的"，"民主宪政"就是"保障公民的基本自由和权利的原则"。主张按照这些"普世价值"来设计中国的未来，断言"21世纪中国走向何方"，就是"认同普世价值、融入主流文明"。而《零八宪章》中所列的政治主张，就是公开反对共产党的领导、反对人民民主专政、反对社会主义制度，要在中国仿效西方资产阶级宪政，"西化"和"分化"中国，主张建立所谓"中华联邦共和国"。这样，《零八宪章》就最清楚明白地表达了一些人宣扬"普世价值"的图谋和实质。

显然，上述所谓"普世价值"的含义，既是指西方资产阶级核心价值观，也是指西方资本主义制度，是这两者的总称和统一。而其实质就在于，

---

① 《南方周末》2008 年 3 月 27 日。
② 《炎黄春秋》2008 年第 1 期。
③ 《领导者》2008 年第 2 期。

他们不是在讲人类思想文化中共有的价值因素的继承问题,而是在宣扬西方资本主义意识形态及其核心价值观,以及它的社会载体即西方资产阶级的社会制度,特别是美国式的资本主义多党制(两党制)和议会民主制,并把它说成"任何民族最终的制度进化归宿",是"最高的文明境界"。其意图是很明确的,就是要以这种"普世价值"作为"价值尺度"、作为"政治准则",来"设计"中国的"基本制度",来曲解中国正在实行的"解放思想"和"改革开放",公开地主张中国从经济、政治、文化上都"融入人类文明主流",实行资本主义制度,走上附庸于西方资本主义的道路。还美其名曰:"应该走向以瑞典为代表的民主社会主义道路。"①

三 "普世价值"的历史根源和政治背景

有些人说,近年来提倡和宣扬"普世价值",是由 2008 年宣传汶川大地震的"抗震救灾精神"、宣传北京奥运会的"奥运精神"而引发和扩展开来的。其实根本不是这样。

早在 2005 年,有位教授在《中西文化论争的内涵和意义》一文中说:"以中国签署联合国两个人权公约和参加 WTO 为标志,中西文化论争在理论上已经终结,中国政府承认现代文明的普世价值。""目前许多东方国家仍在泥淖中打滚,说到底,就是冲不破传统的桎梏,不愿勇敢地接受普世性的文化(民主、法治、宪政等等)","不应以多元文化为藉口,抗拒普世性的文化价值","任何国家和地区的现代化的成败的关键,都与是否接受这些普世性的核心价值息息相关"。② 2007 年 2 月,有人在题为《民主社会主义模式与中国前途》的文章中,赞赏一位学者提出的瑞典民主社会主义经验"具有普世价值,是对于人类文明的伟大贡献","为我们在改革开

---

① 《炎黄春秋》总编吴思:《中国民主要碎步前进》(2008—04—05)[2011—04—03], http://www.st-nn.cc。
② 《炎黄春秋》2005 年第 2 期。

放中坚持社会主义方向,走民主社会主义道路,提供了成功的范例"。①

我认为,这些人由此宣扬的"普世价值",在理论上和政治上都是站不住脚的。这既是同中国特色社会主义、同马克思主义较量的一种新话语和新策略,也是剥削阶级惯用的一种意识形态手法。这不仅与宣传"抗震救灾精神"和"奥运精神"不是一回事,而且还具有其久远的历史根源和现实政治背景。

第一,在几千年的阶级社会中,一切占统治地位的剥削阶级思想和学说,即剥削阶级国家的主流意识形态,往往都是以普世的或以"普遍性的形式"出现。对此,马克思、恩格斯说:"**统治阶级的思想在每一时代都是占统治地位的思想。这就是说,一个阶级是社会上占统治地位的物质力量,同时也是社会上占统治地位的精神力量。支配着物质生产资料的阶级,同时也支配着精神生产资料,因此,那些没有精神生产资料的人的思想,一般地是隶属于这个阶级的。**"但由于统治阶级在社会人口中是极少数,由于他们要以其思想理论来为自己的剥削制度辩护,来论证其统治地位的合法性,就"不得不把自己的利益说成是社会全体成员的共同利益,就是说,这在思想观念上的表达就是:赋予自己的思想以普遍性的形式,把它描绘成唯一合乎理性的、有普遍意义的思想"。② 也就是,他们往往把自己这个剥削阶级、这个统治集团、这个在国家中占支配地位的思想、观念和文化,说成是代表全民的超阶级、超时代、唯一正确和永恒不变的神圣意识。在中外思想史上,这种情况都历来如此,概莫能外。如果说,这种情况对于处于革命时期的剥削阶级来说,多少有一些现实性和进步意义的话,那么,当这个剥削阶级在取得了统治地位以后,就主要是一种统治策略、一种思想欺骗。在中国封建社会中,地主阶级的思想家们就把其思想政治道理,说成人人必须认同和遵守的、永世常存的"天道"和"天理",宣称"天不变,道亦不变","存天理,灭人欲"。如果有人敢于违背和反抗

---

① 《炎黄春秋》2007 年第 2 期。
② 《马克思恩格斯选集》第 1 卷,人民出版社 1995 年版,第 98、100 页。

这种"天道"和"天理",就会大开杀戒。这不就是把封建主义伦理纲常及其核心价值观,说成"普世价值"吗?

第二,一些世界性宗教教义也往往把自己的宗教教条说成是"普世的"。我们从基督教《圣经》中就能读到:"耶稣说过,他到世上来是宣布普世的恩年",说"耶和华的慈爱,从亘古到永远;他的恩义也归于子子孙孙"。中世纪的欧洲,基督教中还有个"普世主义"教派,主张要拯救一切罪恶的灵魂。佛教教义也称"慈悲为怀,普渡众生",认为人人都有"真如佛性",都能够成佛。即使是罪大恶极者,也能"放下屠刀,立地成佛"。据说有个地藏菩萨,自称:"我不入地狱,谁入地狱?"他立誓要拯救一切罪恶鬼魂都出地狱,把它们都渡到西方极乐世界以后,他才出地狱。这不也是在宣传佛教的"普世性"吗?

然而,作为宗教幻想的"普世主义",能成为宣扬现实社会之"普世价值"的理论根据,能成为我国改革开放的价值追求吗?

第三,从现实背景看,"普世价值"也是当代西方的舶来品,是呼应西方资产阶级战略家"西化"和"分化"中国的政治图谋的错误主张。据了解,这至少有两个来源和途径:一是"普世伦理"的启示和联想。在苏东剧变、两德统一后不久,先是西方天主教神学家孔汉思(Hans Kung),在1993年召开的芝加哥世界宗教会议上,起草和通过了《全球伦理宣言》;1995年,德国前总理勃兰特领导一个委员会撰写了名为《天涯若比邻》的研究报告,提倡"全球公民伦理"("global civic ethics");同年,联合国秘书长也呼吁建设"全球公民伦理"("global civic ethics")。联合国教科文组织据此提出了"普世伦理计划",为贯彻这个"计划",在该组织支持下,多次在世界一些城市包括我国的北京先后召开过宣传"普世伦理"的国际学术会议。原想通过这些讨论和呼吁,促成联合国大会通过一个关于提倡"普世伦理"的宣言,但终因与会政治家、哲学家和宗教神学家们思想分歧、争论激烈,无果而终。国内一些人大概就是受"普世伦理"价值的启示才联想到"普世价值"的。二是在苏东剧变前后,以日裔美国学者福山为代表的西方新保守主义战略家们提出并大肆宣传"历史终结论"。他本人就在《美国国家利益》杂志（1989年夏季号）上发表题为《历史的终结》的文章。说苏东国家剧变和退回到资本主义，表明"我们正在见证的不仅是冷战的结束，也不是战后历史这一特殊时期的消逝，而是一种历史的终结"，即"人类思想演进的终点和作为人类最后的政府形式的西方自由民主的普遍化"。这就是美国历届总统宣布要向全球推广"美国价值观"的学术表达。

如果说，西方宗教界和思想界要向全球推广"普世伦理"，为国内一些人提出和张扬"普世价值"提供了思想形式的话，那么，福山等美国垄断资产阶级战略家们提出和宣扬"人类思想进化史"将终结于西方的特别是美国式的"自由民主的政府形式"，则是我国一些人提出和张扬"普世价值"的思想内容和政治实质。可以说，这就是国内有些人提出和张扬"普世价值"的思想来源和政治背景。

四　思想文化的历史继承性与剥削阶级核心价值观的本质区别

首先应该看到，我们生活的当今世界（除了几个社会主义国家以外），在总体上还是一种阶级社会。而在任何阶级社会中，都不存在超阶级、超时代、普世和统一的，并为一切人所认同的价值体系和核心价值观。当今世界的价值观既是多元的，也是有阶级性的。但其核心价值观大体上只有两种：资产阶级核心价值观和无产阶级核心价值观，我们把后者称为"社会主义核心价值体系"。

同时也应承认，在人类历史发展的进程中，属于全人类共有的精神文化财富还是有的。这主要是指一些非意识形态的，诸如自然科学、语言文字、形式逻辑、山水画、无标题音乐，以及其他精神文明中反映人类社会生活若干共性方面的社会意识、思想文化的因素。它们为全社会所共有和认同，或关系到所有的人，因而具有一定意义上的普世性价值因素。在社会现实中，在国内外的各种社会联系和社会交往中，基于一定的利益共同点，为维护世界和平、维持正常的社会和国际秩序所需要，在过去和当今世界不同的国家、阶级和社会集团之间达成一定范围和一定程度的价值共识，还是必要和可能的。不过，即使以正式和权威性的文书形式，达成这类价值共识和政治承诺，不同的国家、阶级和社会集团也会对其有不同理解、不同态度和不同对待方式。

质言之，人类自从进入阶级社会以来，直至阶级完全消灭为止，凡是反映一定社会的经济基础、利益结构和社会关系的经济、政治、文学、哲学和道德等社会意识形式中的核心内容和本质属性，都具有阶级性、时代性和社会形态的质的规定性。同时，在人类历史上，包括阶级社会的思想文化中，即使是作为意识形态的思想文化之间，毫无疑问，都有一定的历史继承性，每个民族都有自己优秀的文化传统。但这种文化继承，必须按照该社会经济基础的性质和该社会发展的基本要求，而加以必要的文化改造、整合和创新，使之融入一种新质的文化和意识形态。即是说，在阶级社会的历史发展中，封建社会对于奴隶社会的，资本主义社会对于封建社会的，特别是社会主义社会对于资本主义及以往一切剥削阶级社会的思想文化，既有一定的历史继承性，同时在新旧社会形态中占统治地位的思想文化之间，又具有性质上的本质区别。一方面，新社会应当继承、改造和吸收旧社会的一切合理和有价值的思想文化成分，作为建设新社会思想文化的一部分思想资料，这体现了历史继承性、过程性和连续性；另一方面，新旧社会形态在思想文化上的新陈代谢和本质区别，是由新的生产关系和新的统治阶级的根本利益所决定的，同时，这也是时代进步的要求，因而具有阶级性和时代性。

所以从根本上看，在阶级社会或存在阶级斗争的社会之间，都根本不存在，也不可能存在包括其社会伦理和政治意识在内的超阶级、超时代、普世的和统一共同的核心价值观。如果说，奴隶社会、封建社会和资本主义社会，都是剥削阶级统治的，是以私有观念作为其意识形态的核心，因此它们在思想文化上会有较多的共同语言，会有较多较为基本的价值观上认同的话，那么，社会主义社会同资产阶级社会，以及同一切剥削阶级社会之间在思想文化及其核心价值观上的区别，更具有根本性和质的差异性。

马克思主义认为，在包括社会主义思想文化在内的、一切社会的意识形态体系中，都是由其一定的历史观和真理观决定其核心价值观的。我国正在建设的"社会主义核心价值体系"，也就是社会主义核心价值观。这种核心价值观，是社会主义公有制的基本经济关系的要求和反映，是以马克思主义为指导的，特别是以其真理观和唯物史观作为理论基础的价值观念的体系。这种核心价值观，同以历史唯心主义占主导地位的剥削阶级核心价值观，特别是资产阶级核心价值观之间，具有根本性、实质性和不容混淆的区别。

资本主义社会或资产阶级的核心价值观，用法国启蒙思想家的话来说，主要是"自由、平等、博爱"等思想观念。现在，有人适应美国等西方资产阶级的战略要求，又有所增加，说"民主、法治、自由、人权、平等、博爱，是人类社会共同追求的普世价值"。这是欺人之谈。

先说其中的"人权"和"民主"。我们知道，最近一些年，美国当局一直在向第三世界，特别是向社会主义国家推行"人权战略"和"民主战略"，其目的就是推行美国霸权主义。这同我国实行和发展社会主义的人权、民主和法制，不是一回事。这个问题，从马克思和恩格斯到列宁和斯大林再到毛泽东和邓小平，都讲得很清楚，认为只有具体的、一定阶级所理解和实行的人权和民主制度，没有抽象的民主和人权。邓小平谈到"人权"时说："这就要问，什么是人权？首先一条，是多少人的人权？是少数人的人权，还是多数人的人权，全国人民的人权？西方世界的所谓'人权'和我们讲的人权，本质上是两回事，观点不同。"他又指出："西方的一些国家拿什么人权、什么社会主义制度不合理不合法等做幌子，实际上是要损害我们的国权。搞强权政治的国家根本没有资格讲人权，他们伤害了世界上多少人的人权！从鸦片战争侵略中国开始，他们伤害了中国多少人的人权！"[①]

---

① 《邓小平文选》第3卷，人民出版社1993年版，第125、348页。

马克思主义谈到"民主"时，历来批评超阶级、普世的民主，即所谓"纯粹民主"。列宁在批评考茨基时指出："如果不是嘲弄理智和历史，那就很明显：只要有不同的阶级存在，就不能说'纯粹民主'，而只能说阶级的民主……'纯粹民主'是自由主义者用来愚弄工人的谎话。历史上有代替封建制度的资产阶级民主，也有代替资产阶级民主的无产阶级民主。"① 邓小平也指出："资本主义社会讲的民主是资产阶级的民主，实际上是垄断资本的民主，无非是多党竞选、三权鼎立、两院制。我们的制度是人民代表大会制度，共产党领导下的人民民主制度，不能搞西方那一套。"② 我国一些讲"普世价值"的人，不是声称拥护邓小平理论吗？为什么却对此视而不见呢？

至于讲到从法国启蒙思想家开始所提倡的"自由、平等、博爱"观念，作为新兴资产阶级的政治理念和核心价值观，曾经在反对封建神学的思想禁锢中，发挥过思想解放和历史进步作用。恩格斯针对资产阶级在革命胜利后按照这些政治理性所建立的国家，指出："现在我们知道，这个理性的王国不过是资产阶级的理想化的王国；永恒的正义在资产阶级的司法中得到实现；平等归结为法律面前的资产阶级的平等；被宣布为最主要的人权之一的是资产阶级的所有权；而理性的国家、卢梭的社会契约在实践中表现为，而且也只能表现为资产阶级的民主共和国。"因为在资产阶级国家中，所谓"自由"只是资本家剥削工人、发财致富的自由；只是工人们出卖劳动力而受剥削、受压迫的自由。所谓"平等"，也是在资产阶级法律面前形式上的平等、在金钱面前的平等；而一旦回到社会现实中，广大受雇佣的工人群众同少数大资本家之间，是没有实际平等可言的。"无产阶级平等要求的实际内容都是消灭阶级的要求。任何超出这个范围的平等要求，都必然要流于荒谬。"③

以"自由、平等、博爱"等思想为主要内容的资产阶级核心价值观，

---

① 《列宁选集》第3卷，人民出版社1995年版，第600—601页。
② 《邓小平文选》第3卷，人民出版社1993年版，第240页。
③ 《马克思恩格斯选集》第3卷，人民出版社1995年版，第356、448页。

还有中国以儒家伦理思想为代表的封建地主阶级的核心价值观，即国内一些人所讲的"普世价值"中最重要的理论基础，就是地主、资产阶级的抽象的人性论和人道主义。而作为其哲学根据的"人性自私"论和"天赋人权"论，在当今就是资本主义经济关系的反映，属于唯心主义历史观。有人却说："自由、平等、民主、法治是普遍人性的体现，自然也属于普世价值。"① 须知，在阶级社会和存在阶级差别的社会中，回避人们的阶级性，而大讲所谓普世的"人性"和"人类之爱"，这是资产阶级的偏见和谎言。

五 所谓"普世价值"在学理上也不能自圆其说

有些人对于从根本上否认"普世的价值"的存在，感到不可理解，认为不符合逻辑。他们往往离开"普世价值"的特定含义和具体所指，总是力图从事物的共性与个性关系方面，从思想文化的历史继承性方面，以及从某些真理（例如马克思主义真理）的普遍性等方面，来论证"普世价值"的存在，为"普世价值"论辩护。持有这类观点的有些学者，其态度也许是真诚和善良的，但却是天真和牵强附会的。即使不考虑其政治意图而仅从学理上看，也同样是错误的，是不能自圆其说的。第一，所谓"普世价值"提法和内容本身，就是自相矛盾、不能自圆其说的。有些人既然把西方的"民主、法治、自由、人权、平等、博爱"，说成"人类社会共同追求的普世价值"，那么，就应当是任何时代、任何地方，都人人赞成、人人维护和人人共享的"普世价值"。然而，他们却说"从英国、美国推行民主以来，全世界三分之二的地区都实行了民主"。这至少是说，英国和美国的资产阶级民主分别产生三百、二百多年至今，世界上还有1/3的地区，没有实行民主。更何况，他们说目前还有一个拥有13亿人口的中国，正在"撇开普世民主，自己另搞一套"，在用"协商民主"、用"中国

---

① 《炎黄春秋》2009 年第 4 期。

特殊论",在"抵制民主进中国"。一个不被13亿中国人民和其他第三世界广大人民赞同的民主,能够算作"普世民主"吗?其实,何止是13亿人不赞同美式民主的"普世价值"!法国前外长韦德里纳和战略关系研究所所长博尼法斯,在近年出版的《全球地图册》一书中,就谈到这个情况。当有人质疑韦德里纳先生是否思想"过于偏激"而放弃了人权、自由和民主等"普世价值"时,他回答说:"我一直坚信和捍卫这些价值。但我不无伤感地告诉您,西方10亿人口在全球60亿人口中只占少数,我们认定的'普世价值'未必真的就是'普世'的,现在我们没有理由也没有能力强迫别人接受我们的价值观。"至于西方的10亿人是否都赞同、都具有西方资本主义的"普世价值",同样是一个问号。"普世价值"不普世,是一个悖论和谬论。

第二,从事物共性与个性的辩证关系看,只能证伪而不能证实"普世价值"。其一,任何事物都是具体的。根据同类事物的共性只能寓于个性之中,共性只是对同类事物的思维抽象,而不能离开该事物及其个性而独立存在的哲学原理,在总体上还是阶级社会的当今世界的不同阶级、阶层、政党、群体及其个人的形形色色价值观中,可能存在某些共同因素或某种范围、某种程度的价值共识,但根本不存在所谓"普世价值",即没有人类共有和统一的核心价值观。其二,事物的分类及其共性是有层次性的。而作为其反映的语词和概念的内涵和外延是成反比的,其外延越大则内涵越贫乏,即必须舍弃的事物质的规定性就越多。例如,哲学上的"物质"和"意识"范畴,就舍弃了大千世界之万事万物在性质上的种种区别,仅仅包含着物质第一性、意识第二性的本体论意义。又如,社会主义各国的民主观念、民主制度和民主体制之间的共性,就在性质上不同于资本主义各国的民主观念、民主制度和民主体制之间的共性,形式上的共性多于实质上的共性。其三,事物的共性的存在,往往是以事物之间的异质性和独立性为前提的。如果离开不同时代、不同阶级的意识形态及其核心价值观之间的个性、差异和本质区别,光讲它们之间的共性和历史继承性,而否认其阶级性和阶级实质,是片面和错误的,是一种逻辑诡辩。就马克思主义基本原理而言，它们是适用于世界各国的普遍真理，但只是国际无产阶级的思想体系和科学世界观，具有鲜明的阶级性。在世界完全消灭阶级以前，它只能受到各国工人阶级和其他劳动阶级的拥护和认同，而往往会受到剥削阶级及其政治代理人的反对、歪曲和围剿。因此，也不能说它们具有"普世价值"。

第三，从思想文化观念发展的历史继承性和历史进步性的辩证关系看，只能证伪而不能证实"普世价值"。在人类历史上，任何一种新的价值观念的形成，当然具有一定的历史继承性。例如，当今中国建设社会主义核心价值体系，其中包含着中华民族优秀思想文化的继承、弘扬和发展。但在这种历史性的继承中，必须伴随有符合历史辩证法的批判、扬弃和改造，即抛弃旧思想文化中的封建主义糟粕，而把其中优秀、合理的思想文化因素，改造成为有利于中国社会主义经济和整个社会主义事业发展、与当今时代精神相适应、属于社会主义性质的思想文化的有机组成部分，而不能简单搬用古代和外国的不同社会形态、不同性质的思想文化体系及其核心价值观。历史虚无主义是错误的，国粹主义也是不现实的。中国和整个世界，都是由原始社会思想文化到奴隶社会思想文化，再由封建社会思想文化到资本主义思想文化，直至社会主义思想文化的发展和转变。这都是社会文明的进步，其间既有历史性的联系和继承，又有新陈代谢和质变性的飞跃，是连续性和阶段性的统一。根本就不存在一个贯穿古今、为整个人类所共有和统一的价值观念的体系。

第四，从思想文化发展的时代性、民族性与阶级性的辩证关系看，只能证伪而不能证实"普世价值"。如同人类历史上任何新兴社会和新兴阶级建设其核心价值观一样，当今中国建设社会主义核心价值体系，当然必须与时俱进，应当具有时代气息和时代精神，当然应当具有中华民族的特点和特色。但它同时也具有工人阶级的阶级性和先进性，是适应社会主义经济基础的上层建筑，是社会主义意识形态的重要组成部分。因此，它必须以马克思主义为指导，必须以社会主义实践为基础，必须是中国工人阶级和全国人民根本利益的正确反映。在阶级社会和存在阶级斗争的社会中，任何进步的核心价值观,都是追求社会美好前景的一种革命的社会意识。因此,它必须是以客观的社会价值关系即价值事实作为现实根据,以其先进性和真理性的认识作为理论前提,以一定的革命阶级及其社会进步力量作为主体的系统化、理论化的一种阶级意识。在近代社会,资产阶级以"自由、平等、博爱"等作为主要内容的核心价值观,在资本主义革命时期,具有反对封建主义的性质,曾经发挥过历史进步作用。但在无产阶级的社会主义价值观产生后,特别是在社会主义国家中,再宣扬和推销资产阶级核心价值观,就是一种历史倒退和反动,更不能称之为所谓"普世价值"。

第五,我们之所以说没有所谓"普世价值"、没有全人类统一的普世价值观,是因为没有这样统一的价值主体。前已指出,所谓"普世价值"的内容,即是西方资产阶级的核心价值观,又是指作为其价值事实的资本主义经济和政治制度。这样的"普世价值"要是能够成立,就必须有一个在世界历史和现实中都存在、认同和共享这种"普世价值"的统一的价值主体。然而,自从人类在原始社会末期产生奴隶主和奴隶的阶级的社会分裂以来,由奴隶社会到封建社会、到资本主义社会、再到社会主义社会消灭阶级以前,都没有也不可能形成全人类统一的"普世价值"的价值主体。

在世界历史和当代现实中,已经发生过和正在发生着的奴隶主阶级对奴隶的人身占有和经济剥削,地主阶级对于农民阶级、资本家阶级对于工人阶级的剥削和压迫,他们讲的是什么"普世价值"?即使是在剥削阶级及其政治集团之间、在各种宗教和各个教派之间,往往也难以形成统一的"普世价值"的价值主体。远的不讲,仅就两次世界大战,以及战后主要是美国以种种堂皇的理由发动的大大小小成百次局部战争而言,都是西方资产阶级,特别是西方垄断资产阶级的政治代理人发动和进行的。他们在打击对手、屠杀人民群众之时,何曾讲过什么"普世价值"?从鸦片战争到新中国成立前,帝国主义列强对于中国人民的掠夺和屠杀,特别是日本帝国主义对于中国人民的掠夺和屠杀,何曾讲过什么"普世价值"?直到今天，美国等西方国家的统治当局，哪里会以"普世价值"为"尺度"和"准则"，来对待中国人民和中国特色社会主义事业？在当今世界，我们国家既要努力维护世界和平、发展和进步事业，不断推进对外开放和国际合作，与此同时，对于西方敌对势力企图"西化"和"分化"中国的战略图谋，我们也应当时刻保持清醒和警惕。

我认为，我国思想理论界之所以会在"普世价值"这类问题上争论不休、缺乏应有共识，一个根本原因就是，许多理论工作者在改革开放的新时期，在停止使用"以阶级斗争为纲"口号的同时，走向另一个极端，即完全抛弃了马克思主义阶级观点和阶级分析方法。应当看到，当代世界总体上还是阶级社会。在我国社会主义初级阶段，在剥削阶级作为阶级消灭以后，阶级斗争已经不是主要矛盾。但由于国内的因素和国际的影响，阶级斗争还将在一定范围内长期存在，在某种条件下还有可能激化。所以，马克思主义的阶级观点和阶级分析方法，并没有过时和失效。对此，江泽民曾经指出："我们纠正过去一度发生的'以阶级斗争为纲'的错误是完全正确的，但这不等于阶级斗争已不存在了。只要阶级斗争还在一定范围内存在，我们就不能丢弃马克思主义的阶级和阶级分析的观点和方法。这种观点和方法始终是我们观察社会主义同各种敌对势力斗争的复杂政治现象的一把钥匙。"[①] 因此，我们必须在坚持和贯彻党在现阶段的"一个中心、两个基本点"的基本路线的前提下，坚持准确地领会、掌握和运用马克思主义阶级观点和阶级分析方法，才能够对于国内外重大的政治问题，有一个正确的和实事求是的看法，以利于推进中国特色社会主义事业。否则，我们就是在自我解除思想理论武装，就难以澄清思想理论上的种种谬误和混乱，难以用社会主义核心价值体系有效地引领各种社会思潮。

（作者单位：中国社会科学院马克思主义研究院）
（原载《重庆邮电大学学报（社会科学版）》2011年第4期）

---

① 《江泽民文选》第3卷，人民出版社2006年版，第83页。

关于普世价值的研究：问题与争鸣

王晓宏

一　问题的源起

20世纪90年代国际上关于普世问题的研究凸显。与此相关，国内学者们自90年代以来掀起了研究普世伦理的热潮；近两年以来，关于普世价值的争论重新成为一个研究热点。如果说90年代学者们对于这个问题的研究源于对国际问题的关注，那么当前关于普世价值的争鸣则有更多的中国因素。20世纪后半期，经济全球化使得世界各国之间互动增多、影响加强，由此产生的不同国家、民族之间的政治冲突、文化冲突和宗教冲突日益突显，文明之间的冲突随着经济的全球扩张得到了前所未有的展现。此外，随着冷战结束，世界的主要矛盾也从两大意识形态的对垒转向民族、宗教、人种、国家之间的多元冲突，国际形势更加复杂。世界各国也都共同面临着核威胁、环境恶化等各种问题。问题在于，冲突的各方有没有在某个方面达成一致的可能？如果说经济全球化已经是一个不争的事实，那么政治、民族、宗教、文化之间是否有某种共通的东西，从而以此为基础使冲突的各方达到某种程度上的一致？

针对这种多元冲突，国际上有两种代表性的观点：一是美国哈佛大学政治学教授亨廷顿1993年提出的文明冲突说；二是德国神学家孔汉思1990年提出的通过对话建立世界普遍伦理的设想。

亨廷顿认为，人类的冲突已经从二元论的构图变成多元论的构图，世界冲突的根本原因已不在意识形态，而在民族文化方面。冷战后的主要国际冲突都（将）来自不同文明或文化交接的断层地带。亨廷顿的"文明冲突说"强调冲突的多样化以及各民族国家之间的差异性。而且，他把中国所代表的儒教文明视为对西方文明的一种威胁。

德国神学家孔汉思则试图在世界的多元冲突中寻求某种普遍的、可供冲突各方共同遵循的东西。他于1990年在《全球责任》一书中提出了世界普遍伦理的构想。1993年在由他发起召开的世界宗教会议上各大宗教代表签署了由美国神学家斯威德勒（Leonard Swidler）起草的《全球伦理普世宣言》（Universal Declaration of Global Ethic）。[①]《宣言》提出的基本原则是在诸多宗教和伦理传统中一直得到肯定的"金规则"，即"你不愿意别人怎样对待你，你就不该怎样对待别人"，或者用正面措辞来说，"你愿意别人怎样对待你，你就该怎样对待别人"。[②]

之后，由联合国教科文组织出面，1997年在巴黎和那不勒斯两次召开关于全球伦理的国际会议；1998年在北京召开"普遍伦理：中国伦理传统的视角"的研讨会；1999年又在汉城召开了亚洲地区的"普遍伦理与亚洲价值"的国际研讨会。与此同时，"普遍伦理"也成为国内学者研讨的热点。

普世价值成为当前学者们热议的问题之一，一方面，有上述原因，另一方面，也与中国的发展现状有密切关系。随着改革开放30年的到来，如何在总结过去的基础上面向未来，成为国人普遍思考的问题。改革开放不再仅囿于物质经济层面，而是已经触及精神文化、价值取向、政治制度等层面。

如果说国内20世纪90年代开始的关于普世问题的研究主要集中在普

[①] 《全球伦理普世宣言》的作者，美国人列奥纳德·斯威德勒在论文《走向全球伦理普世宣言》中特别强调，他使用的是单数的ethic，而不是复数的ethics。单数表示道德原则，而复数则表示道德标准，也应该是能够构成某种行为准则的一系列标准。但笔者认为，从其《宣言》涵盖的内容来看，则更多ethics的意味。

[②] 孔汉思、库舍尔编：《全球伦理》，何光沪译，四川人民出版社1997年版。

世伦理上，且侧重在学理层面进行研究，那么，当前的争论已由普世伦理扩展到普世价值，研究向度也不仅囿于学理层面，而是在实践层面也展开了深入热烈的讨论。

二　普世价值的涵义

普世价值研究从学理上说，是20世纪90年代普世伦理研究的进一步延展。伦理道德是典型的价值现象，它充分符合价值的特殊本质和规律。伦理道德作为人与人之间的一种价值关系，指人的行为对于人们社会关系一定结构、秩序和功能的意义。从哲学角度看，价值是客体与主体发生关系时所产生的作用、效果的特定质态。区别这种质态（正负、好坏及其量的等级）的标准和标志不在于客体，而在于具体的主体。因此，在讨论价值时，区分主体和客体是重要的，不仅要说明是哪方面的价值，还要明确这种价值是对谁而言的。为人们和社会所肯定、接受的价值关系就是道德的、善的；反之，那种不为人们接受的，被否定的价值关系，则是不道德的、恶的。任何伦理学都把寻求普遍的道德原则作为自己的任务和使命。[①]

在关于普世伦理的研究中，普世伦理又被称为"普遍伦理""全球伦理""世界伦理"等。有学者把这几个概念等同起来。[②] 有学者则做了区分，认为"普遍伦理"最恰当，universe之"普遍"是一种逻辑的抽象规定的"普遍"，"全球"（Global）和"世界"（World）中的含义则不具备这种逻辑意义。也有学者根据自己的倾向性选择其中的一个概念使用。

倪梁康认为，全球伦理就是指人类各种文化传统中存在的普遍真实的伦理原则。普遍的人性、理性与逻辑思维法则是全球伦理成立的哲学根据。当代全球伦理可被理解为普遍人性原则、基本人权概念、人的尊严与

[①] 李德顺：《普遍价值及其客观基础》，《中国社会科学》1998年第6期。
[②] 万俊人：《普世伦理及其方法问题》，《哲学研究》1998年第10期。

自由。①

高扬先认为，普遍伦理应该包括两个层面的普遍：一是指为维护全人类共同利益所需要的共同或普遍的伦理规范，如生态伦理、核物理、国防关系等；二是各种不同伦理规范之间（包括同一文化传统下的各种不同伦理规范之间、传统伦理与现代伦理之间的关系）的具有共性意义的普遍价值。前者说明了建立一种适用于全人类新型人际关系的共同道德规范的必要性，后者则说明了共同道德规范之下不同的特殊伦理存在的可能性及其前提意义。前者之"普遍"是给"不同"之中注入"共同"，后者之"普遍"是从"共同"之中输出"不同"。②

在当前的争论中，学者们从各个维度探讨普世价值的涵义，还有些学者或明确或隐含地对普世价值与普世价值观做出了区分。

程恩富认为，现代西方普世价值观属于资本主义或资产阶级价值观，与马克思主义或工人阶级的价值观在用语、表象、途径、模式和性质等某些方面有共同点，但在根本社会实质和阶级实质上是不同的。只有马克思主义或工人阶级关于自由、平等、博爱或仁爱、民主、法制、宪政、人权、人道、和平、和谐、公正、公平、互助、合作、诚信、幸福、快乐、发展、团结、斗争等的价值观，才是应当和最终必然普世的。价值观具有多领域、多层次、历史性、国别性、社会性、阶级性、阶层性、群体性、区域性等特点和内涵，要确立马克思主义辩证的普世价值观。③

李延明认为，普世价值，应该是指普天下的人共同追求的价值而不是只有一部分人追求甚至只有个别人追求的价值。价值观念是人们关于价值和价值关系的观念系统，是价值取向的反映，简称价值观。它主要由对一些基本价值的信念、信仰和理想所构成，起着评价标准、评估原则的作用。他认为，当前争论的实质是关于普世价值观念而非普世价值的争论。普世

---

① 倪梁康：《"全球伦理"的基础——儒家文化传统问题与"金规则"》，《江苏社会科学》2002年第1期。
② 高扬先：《关于建立普遍伦理的思考》，《求索》1998年第5期。
③ 程恩富：《六次思想解放与经济体制改革和发展》，《26位经济学家纵论改革开放》，河南人民出版社2008年版。

价值观念寓于特殊价值观念和个别价值观念之中,普世价值观念离不开特殊价值观念和个别价值观念;另一方面,个别、特殊必须同一般相联系才能够存在。①

甄言认为,从哲学意义上说,没有只具有普遍性而无特殊性的绝对概念。但只要我们承认事物的普遍性,就可以从概念上对普世价值加以描述。普世价值的普世性具有三个层面的语义:第一,这种价值具有普遍适用性(普适性),即不是仅仅适用于个别人、少数人甚至大多数人,而是应适用于所有人;第二,这种价值具有普遍永恒性,不仅适用于一时一地,而是适用于所有时间、所有地点,不以任何条件为转移;第三,这种价值要以具有普遍必然性的命题来表述。他认为,这只是关于普世价值的绝对和抽象意义上的定义,目前的大多数学者是从相对性或者现实的角度来理解普世价值。普世价值只是一种有限度的价值统一,绝对的普世价值事实上是不存在的。②

唐逸认为,只有作为一切价值基础的价值才是普世价值,这就是自由。就人性而言,价值的必要条件就是主体选择的自由。无论我选择什么价值,我必须有主体自由,才能选择。因此,主体自由是一切价值的必要条件和基础。自由是人性的根本需要。而自由也是一种价值,所以,自由就是基础价值或普世价值。③

值得注意的是,1993年世界宗教会议发布的《全球伦理普世宣言》最初的提议是"比较含混的""全球价值"概念,后来才更改为"全球伦理"概念。④ 这种更改并非随意,而是有其深刻含义的。⑤ "全球伦理"的提出就是意欲将一种普世的价值在全球推行。从最初提议的"全球价值"到"全球伦理"的更改,既表明了《全球伦理普世宣言》发布者的初衷,也

---

① 李延明:《关于"普世价值"的争论》,《马克思主义研究》2008年第9期。
② 甄言:《关于"普世价值"的几个认识问题》,《北京日报》2008年6月16日。
③ 唐逸:《什么是普世价值》,《南方周末》2007年8月30日第24期。
④ 孔汉思、库舍尔编:《全球伦理》,何光沪译,四川人民出版社1997年版,第48页。
⑤ 赵汀阳指出,全球伦理其实是一种政治态度,参见赵汀阳《我们和你们》,《哲学研究》2000年第2期。

隐含了关于"全球伦理"问题讨论的实质，亦即，如果全球伦理寻求的是全球普遍适用的道德价值，那么在政治、文化、民族、国家之间是否也存在某种普遍的价值？如果有，那么这种普遍价值的内容是什么？从某种意义上，这也是论争的焦点所在。

三　可能性问题

可能性问题，是指对"普世伦理或普世价值"是否可能存在的一个判断。根据学者们论证角度或侧重点的不同，大致可分为三种观点：（1）普世伦理或价值可能存在，但有一定条件；（2）不可能存在；（3）有存在的可能性。

（一）普世伦理或价值可能存在，但有一定条件

侯惠勤从马克思主义的立场出发，认为，价值论意义上的共性必须以利益共同体或社会生活共同体为支撑，否则就不可能存在。简单地说，价值论意义上的共性就是指共同利益、共同需求和直接交往，而在存在着阶级对立和雇佣劳动的资本主义社会，就全社会而言，是不存在这样的共同体的。真正的共同体将是取代资本主义社会的共产主义社会，这就是"自由联合体"。在此之前，我们只能为建立这种联合体创造条件，不存在真正意义上的人类共同体，当然也就谈不上普世价值。①

李德顺认为，"是否存在全人类普遍价值"的问题和"应该到哪里去寻找回答的根据"的问题是相关联的。相信全人类共同的普遍价值，是人类自古以来就有的一个合理信念。但"全人类普遍价值体系"的确立，要以人类最高主体形态，即"类主体"或"共主体"的客观形成为前提。这里的"类主体"或"共主体"指的是：人类在整体上有必要，并且能够成为一个有相对独立意义的、权利与责任统一的现实主体，使整个人类都能

---

① 侯惠勤：《"普世价值"的理论误区和实践危害》（上），《马克思主义研究》2008年第9期。

够像一个人一样地进行判断和选择。就目前而言，还不具备达成全球普遍一致的价值规范体系的条件。但他并没有因此就否定普遍价值的作用，而是认为，目前我们面临的许多全球性问题，只有站在全人类整体的高度，才能正确地理解和对待。①

赵敦华认为，伦理道德自然是普遍的，如果没有普遍性的道理或规则就谈不上伦理。而普遍伦理的提出是有其现实含义和针对性的。其一是针对当前哲学和思想文化领域流行的价值多元论和道德相对主义；其二是针对全球化引起的一系列各国面临的共同问题，提出各国政府和人们都有义务遵守全人类共同的伦理规范和道德准则。但他强调，第一，普遍伦理还只是一种伦理主张，尚未付诸实践；第二，普遍伦理还只是种种设想，并没有完整的理论。②

倪梁康认为，就《全球伦理普世宣言》是出于社会需要而寻求普适的伦理原则的意图而言，是值得尊重的，但仅仅弘扬这种理论共识仍是不够的，如何将此共识具体地进一步实施更为重要。因此，在"教化"问题上，也就是在现实的层面上，他否认了"金规则"的基础地位，认为在"金规则"之后还有更为原本的伦常意识基础。③

马俊峰从全球化时代人类共同利益作为一种可经验的事实出发，如世界和平问题、能源问题、环境污染问题等等危及整个人类生存和发展的"公事"出发，认为这些问题需要各个民族国家的共同协作，比科学技术更为重要的是确立一种新的价值视野和价值观念。因此，应该提出和倡导一种以人类主体为价值主体的价值体系，这种价值体系是从各民族的价值体系中演绎出来的一些共同的具有普遍性的价值因素和价值观念，从而形成一种基于各民族价值又高于各民族价值的规则体系，形成一种在人类主

---

① 李德顺：《普遍价值及其客观基础》，《中国社会科学》1998年第6期。
② 赵敦华：《关于普遍伦理的可能性条件的伦理学考察》，《北京大学学报》（哲学社会科学版）2000年第4期。
③ 倪梁康：《"全球伦理"的基础——儒家文化传统问题与"金规则"》，《江苏社会科学》2002年第1期。

体层面通行的各个民族主体都能够认同和都应该遵守的形式规则体系。①

高扬先认为,普遍伦理可能性的基础是现实的生活基础,特别是利益基础。其次,建立普遍伦理的基础,还有赖于一定的人性基础和文化基础。人性基础就是人的理性,如果承认人类具有理性这一事实,就要承认普遍伦理的现实可能性。多样化的民族伦理之间共同点的提升和发展,为建立普遍伦理提供了文化资源和历史性文化前提。②

(二) 普世价值不可能存在

李崇富认为,在当今作为整体的世界还是阶级社会的历史条件下,根本不存在所谓普世的、超阶级的价值体系和价值观。应当说,属于全人类共有的精神文化财富还是有的,这在一定意义上具有普世的价值因素。在阶级社会中,作为意识形态的思想文化的历史性继承,同时是与其经济基础和整个社会发展的要求所进行的文化改造和文化创新相统一的,从根本上看,其实不存在,也不可能存在所谓普世价值。③

冯虞章通过回顾和援引恩格斯对于杜林"永恒道德论"的分析批判认为,在历史和道德领域不存在普世价值,侈谈普世价值是没有根据而且站不住脚的。对于在"普世价值"旗号下宣扬的价值观,应当进行历史的阶级的分析。这是承认价值观、道德观的历史性和阶级性的必然要求。不侈谈"普世价值",又要在实践中通过扬弃吸收历史上和外国有进步作用的价值观、道德观的有益内容。只有这样,才能认清它的实质,给予其符合事物本来面目的评价。④

赵汀阳从伦理和文化的全球化倾向出发,认为"伦理—文化—政治—国际政治"是一个综合化了的问题系统。在西方的文化伦理观念系统中,我们要问,这是谁的全球伦理?而且由于需要解决的生活问题在逻辑上优

---

① 马俊峰:《全球化时代应有的价值视野》,《人文杂志》2004年第2期。
② 高扬先:《关于建立普遍伦理的思考》,《求索》1998年第5期。
③ 李崇富:《关于"普世价值"的几点看法》,《马克思主义研究》2008年第9期。
④ 冯虞章:《怎样认识所谓"普世价值"》,《马克思主义研究》2008年第7期。

先于规则的设计，人们面临的社会问题不同，相应的伦理问题也就不同，所以从寻找某些共同的规则入手，在学理上并不合理。①

章启群认为，建立全球伦理的构想是不可能实现的。这是因为：第一，我们的生活并没有全球化，每个人仍然生活在某一具体的文化系统内，根本没有脱离其母体文化。地球村的"村"还处于比喻和象征的意义上。第二，从各种文化的伦理资源中汲取合理的部分来建构全球伦理可能只是一种理想。任何表明相似的伦理观念或规则，背后都掩藏着文化和历史的深刻差异。第三，孔子"己所不欲，勿施于人"可以作为一种"底线伦理"原则，也可以作为一种全球伦理原则。但是，这里的"己"和"人"在哲学意义上说，没有质的规定性和确定性；在人类学和心理学的意义上说，没有"正常"人和"非正常"人的区分；在文化的意义上说，没有任何历史的社会的具体内涵。这里的"己"和"人"都是含糊的。因此，这个原则还只是具有抽象的意义，而没有实践的可能性。解决国际争端，调节战争和冲突，从历史和现实看，都是以实力和强权为后盾的。根本没有全球伦理可言。由于全球一体化而提出全球伦理，是"西方中心论"的一个子论。这种全球伦理其实就是西方伦理。②

（三）普世伦理或普世价值具有存在的可能性

李延明认为，当代的普世价值观念是各个国家、各个民族在长期实践和交往中逐渐形成的，不是一个国家、一个民族独自创造的。这种共同的价值观念，对于各个民族、各个国家的交往、融合、和平共处起的是正作用而不是负作用。③

翟振明从实践理性出发，认为普世价值具有存在的可能性。他区分了道德原则和道德主张，认为，普遍伦理是一种被证明为具有普遍正确性的伦理，而规则本身仅仅是可普遍化的，并不存在是否普遍有效的问题。他

---

① 赵汀阳：《我们和你们》，《哲学研究》2000 年第 2 期。
② 章启群：《全球伦理，可能吗?》，《中国艺术报》2000 年 9 月 29 日第 3 期。
③ 李延明：《关于"普世价值"的争论》，《马克思主义研究》2008 年第 9 期。

从道德原则和由此而推导出正当的行为准则出发,区分了道德原则的普遍有效性与道德主张的可普遍性。道德主张都是可普遍化的。但普遍伦理,不是从道德主张的可普遍化的意义上说的,而是在道德原则的普遍有效、可以被理性地辨明的意义上说的。①

万俊人认为,一种建立在真正的"世界性视景"或者多元文明和文化的平等对话基础上,寻求现代人类的道德共识基础上的某种限度的普世伦理具有现实的可能性。正义是普世伦理的基本理念和原则。如果说人权与道义原则的关系解释揭示了人类普世伦理的道德主体性基础,那么,正义原则的伦理论证,将为普世伦理确立一种可能的世界伦理秩序和普遍性规范基础。因此,我们把伦理正义视为普世伦理得以确立的根本前提。②

四 可能性的证明

如果普世价值可能存在,就必须对其存在的可能性加以论证,也就是证明普世价值之所以可能的必然性,从逻辑上证明普世价值可能存在。学者论证的角度各有不同,如理性人的角度、人性的角度、概念区分的角度和现实实践的角度等。

(一)理性人的角度

邓晓芒分析了"金规则"的三种模式,即"儒教—犹太教理解模式""基督教理解模式"和"康德理解模式",并从理性人的角度出发,认为康德的理解模式是最适合于称为"全球伦理"的基本原则,其特征是严格的形式规范和逻辑上的普遍必然性。这种模式的内容:第一,并不是着眼于具体的行为对象,而是着眼于普遍形式本身;第二,它是建立在普遍人格的合理关系基础上的同一性原则,因而真正"可以成为一条普遍规律的准

---

① 翟振明:《为何全球伦理不是普遍伦理》,冯平译,《世界哲学》2003年第3期。
② 万俊人:《普世伦理及其方法问题》,《哲学研究》1998年第10期。

则"；第三，它建立在普遍道德原则的基础上，因而建立在理性（实践理性）的基础上。这种模式立足于每个人的理性而去掉了一切强制，是一切"有理性者"都必然能够接受的。但它也有自身的限制，即它只适用于视理性为最高原则的人群和时代；由于理性强调的是普遍性形式，因而这种模式永远摆脱不了形式主义的抽象性，有一种"法制化"和导致人性片面化的倾向也是需要救治的，但这些限制属于人性内部的问题，而非外在束缚问题。①

（二）人性的角度

程广云和韩璞庚认为，只要能证明存在普遍的、共同的人性，也就能够证明存在普遍的和共同的普遍价值——普世价值，也就是人同此心（共同的人性），心同此理（普世价值）。但人性中存在着的利他和利己这两种相反的意向，一方面建构着普世价值，另一方面则解构着普世价值。因此，普世价值存在的根据并不是善也不是恶，而是在人们的社会共同体生活中逐步生成着和发展着的普遍理性即公共理性、契约理性或交往理性等。②

（三）概念区分的角度

李延明通过区分普世价值和普世价值观，以民主为例说明把民主作为当代普世价值观念之一是可以成立的。民主作为国家管理形式，表示的是在人群中哪个部分享有主权，它属于人与人的一种关系。而享有主权的人即主权者则是一种实体。关系与实体是截然不同的范畴。实体相互位置的关系性概念也是没有阶级性、民族性、性别性、职业性等等属性的。只要是真正的民主，而不是假的民主，基本方面就不可能有什么不同。在这种意义上把民主作为当代普世价值观念之一是可以成立的。马克思和恩格斯只是认为资产阶级未能真正实现"自由、平等、博爱"，并没有对"自由、

---

① 邓晓芒：《全球伦理的可能性："金规则"的三种模式》，《江苏社会科学》2002年第4期。
② 程广云、韩璞庚：《论普世价值如何可能》，《学术月刊》2002年第5期。

平等、博爱本身持否定态度,所以,认为自由、平等、博爱专属于资产阶级仍然是不懂得马克思主义的表现。

(四)现实实践的角度

赵敦华认为,讨论的可能性,既不是假定普遍伦理的真理性,也不预示它在未来的可行性,而是衡量普遍伦理的合理性和可行性的标准。他提出了六个条件,认为如果一种伦理学满足这些条件,这种伦理学就具有合理性和指导实践的可能性,反之,结论则是否定的。①

万俊人主张一种普遍实践理性的求证方式,即"自下而上"的证明方式。他认为可以从人们日常的生活世界或文化道德事实出发,在道德经验推理的基础上,探讨并求证人们可能或已共享的普遍性伦理规范;从差异性出发,在异中求同;求同存异、和而不同,不排斥差异;这种探求是一个开放的过程。②

郭明俊总结了建构普世价值的四种方式,认为人性论方式、启蒙心态方式、商谈伦理方式都存在着不可克服的内在缺陷,只有实践方式,才是构建普世价值唯一合理可行的方式。③

五 可能之法和应对之策

如果在理论上认为普世价值是可能的,那么通过哪些方法和途径能够使之在实践上成为可能?若普世价值不可能,那么该如何应对呢?对于这些问题,学者们的意见也是见仁见智。

(一)理论上可能的方法和途径

第一,问题优先。

---

① 赵敦华:《关于普遍伦理的可能性条件的伦理学考察》,《北京大学学报》(哲学社会科学版)2000年第4期。
② 万俊人:《普世伦理及其方法问题》,《哲学研究》1998年第10期。
③ 郭明俊:《解构和建构:对普世价值建构方式的理性思考》,《宁夏社会科学》2003年第3期。

赵汀阳提出，假如一定要寻求全球伦理，那么首先需要知道的并不是共同承认的金规则，而毋宁是道德研究。需要明确的是，哪些是共同的问题；这些共同问题是不是各个社会各自最需要解决的问题，或者需要解决的问题的次序是什么；那些确实被共同认可的问题在不同社会中各自有什么样的生成背景，又各自需要什么样的解决方式。

第二，共性促成。

李德顺认为，在具体地维护全球共同利益的前提下，尊重多元文化和生活方式的自主发展，保持彼此间的宽容、理解、合作与交流，在发现和发展现实条件的基础上，采取"内生"而不是"外推"的方式，通过增加实际的共同点来促进"人类共主体形态"的形成，是目前形成、维护和扩大人类普遍价值的根本途径。"外推"总体上都是以"推己及人"的方式来说明伦理道德的普遍性。他认为，"推己及人"的致命弱点就是预先肯定了"人"与"己"之间的质性相同或一致，所以"外推"出来的道德，在生活中必然是"弱势"的。"内生"的道德是从人的生存发展实践本身创生出来的，因此是强势的。"内生"是任何现实的伦理道德产生和发展的主要方式、真实途径。

第三，对话交流。

万俊人主张，通过由多元文化对话到公共理性共识的文化解释——理性推理之二维平行求证方式，寻求道德共识，从而建构一种低限度的可行的普世伦理。在文化多元、政治多极和经济利益主体多样化的实际条件下，建立"弱伦理模式"的普世伦理是唯一可以合理期待的。[①]

高扬先认为，处于不同民族文化背景下的人们的广泛交流和对话，才可能使人类在伦理上达成共识。交流和对话的发生和进行不仅依赖一定的经济社会发展提出的进行交流的需要和人们对这种需要的自觉意识，还依赖交流机会、渠道和工具的出现。此外，还必须依靠具有国际权威的国际性组织、经济和文化组织等各种组织的力量的推动，借助教育、政治、法

---

① 万俊人：《普世伦理如何可能》，《现代哲学》2002 年第 1 期。

律和经济等各种手段,促使全球伦理的建立。①

第四,博采众长。

汤一介认为,普遍伦理要寻求在伦理观念上"最低限度的共识",这要求:一是克服文化上的霸权主义,"全球伦理"应以承认和接受多元文化为前提,充分尊重人类各文明、民族、群体甚至每个人的多样性和差异性。二是克服文化上的相对主义。要反对"公说公有理,婆说婆有理",要看到各种文明和不同民族文化传统中存在的某种伦理观念上的一致性。还要从各个民族文化传统中吸取资源;寻求"全球伦理"必须关注当今人类社会存在的重大问题;"和而不同"应是寻求"全球伦理"的原则。②

第五,中华文明。

大多数学者认为,中国传统文化中也包含有许多优秀的资源,普世价值也该从中汲取合理要素。

叶朗认为,普世价值并非就是西方价值。中国文化的很多方面同样体现了普世价值,如强烈的生态意识、开放性和包容性、强烈的和平意识等。中国传统文化中体现普世价值的内容还有很多,要注重展示中国文化中体现人类普世价值的内容。③

甄言认为,承认普世价值的相对性并不等于否认人类有共同追求的价值观。尽管人们所处的社会、自然环境不同,但人性又有共同的一面。有共性,就能形成一些具有共同性的理论及规则。完全否定共同的价值取向,也就否认了未来走向共产主义、走向世界大同、走向人的自由全面发展阶段的可能性。普世价值并不是某个民族或国家的独特发明,不能把西方的价值观等同于普世价值。中国也应该为丰富人类的共同价值做出自己的贡献。④

---

① 高扬先:《关于建立普遍伦理的思考》,《求索》1998 年第 5 期。
② 汤一介:《"全球伦理"与"文明冲突"》,《北京行政学院学报》2003 年第 1 期。
③ 叶朗:《展示中国文化中的普世价值》,《人民论坛》2008 年第 15 期。
④ 甄言:《关于"普世价值"的几个认识问题》,《北京日报》2008 年 6 月 16 日。

(二) 应对之策

侯惠勤认为,必须坚决拒绝美式的"人道理想"。真正维护崇高的道德理想,必定以肯定不同文化、文明及其相应价值观的平等存在权利为前提,以鼓励多种价值观求同存异、互学互补的良性交流为主旨。社会主义意识形态当然不能排除人类性话语,一方面,社会主义意识形态必须把阶级性话语和人类性话语统一起来,另一方面,社会主义意识形态更不能拒斥阶级性话语,孤立、抽象和无条件地使用人类性话语。[①]

李崇富认为,对于当前关于普世价值的争论,破解之道就是必须坚持党在现阶段的"一个中心、两个基本点"的基本路线的前提下,坚持准确地掌握和正确运用马克思主义的阶级观点和阶级分析方法。[②]

冯虞章认为,宣扬普世价值的典型舆论具有鲜明的政治指向性,对此要有清醒的认识,不应将其当作时髦的用语,随声附和。为了巩固马克思主义的指导地位,做好意识形态工作,在增强社会主义意识形态的吸引力和凝聚力的同时,还必须注意那种把"淡化意识形态"宣扬为普世价值的主张和倾向,认清它的严重危害,消除它的不利影响。价值观念的普遍性,在不同领域和不同问题上情况有所不同。[③]

六 当前普世价值争论的核心

我们已经总结了关于普世价值争论的一般问题,但这些还不足以涵盖当前这场争论的核心问题。这场争论更注重从中国社会发展的实际出发,探讨普世价值争论的实质、普世价值观对于中国社会发展的意义、社会主义核心价值体系与普世价值观的关系等。对于这些问题,学者们观点各异。

[①] 侯惠勤:《"普世价值"的理论误区和实践危害(下)》,《中国社会科学院报》2008年11月13日。
[②] 李崇富:《关于"普世价值"的几点看法》,《马克思主义研究》2008年第9期。
[③] 冯虞章:《怎样认识所谓"普世价值"》,《马克思主义研究》2008年第7期。

(一) 普世价值争论的实质是把中国的改革开放纳入资本主义轨道

侯惠勤认为，把当代中国的改革开放纳入资本主义世界文明的轨道，是热衷传播"普世价值"的人的根本目的。资本主义文明是不可超越的终极存在，是"普世价值"传播者的意识形态前提。通过普世价值干预我国的民主政治建设，以期终结共产党领导的国家权力结构，是这一传播的目的，因而其在本质上是当代西方话语霸权及其价值渗透方式的表达。他剖析了混淆"普世价值"论的几个理论误区："普世价值"论混淆了认识论价值与价值论价值；混淆了政治价值与人性价值；混淆了理想价值与空想价值；混淆了马克思不同语境中的话语价值。他认为，并不存在一个虚幻的普遍性领域；只有从阶级性话语出发才能奠定人类性话语的现实基础；美国人权观宣扬的人道理想，其特点就在于价值观的单一性和时间标准的双重（多重）性。因此必须坚决拒绝美式的"人道理想"。[①]

李崇富认为，现在一些人所讲的"普世价值"，就是把资本主义的意识形态中性化、普遍化、神圣化、绝对化为超阶级和超时代的所谓普世价值。有些人张扬普世价值，名曰谈学术，实际上是在做政治文章。其政治目的，是公开主张中国实行资本主义制度。[②]

周新城认为，鼓吹普世价值并不是什么学术问题，而是有着鲜明的政治目的。改革开放以来，一直有一股势力，想把我国引向资本主义道路。意识形态领域始终存在着尖锐的斗争，这种斗争的集中表现就是坚持四项基本原则与资产阶级自由化的斗争。搞资产阶级自由化的人，其矛头都是指向四项基本原则的。鼓吹普世价值的人，把英美等发达资本主义国家的民主、自由、平等、人权等等封为"普世价值"，然后用这个标准来衡量中国特色社会主义的实践，指责这个不行、那个不行，然后要求按照资本

[①] 参见侯惠勤《"普世价值"的理论误区和实践危害》（上、下），分别载于《中国社会科学院报》2008 年 11 月 11 日和 13 日。

[②] 李崇富：《关于"普世价值"的几点看法》，《马克思主义研究》2008 年第 9 期。

主义的标准改造中国，把中国特色社会主义改成资本主义。①

（二）普世价值的要义是文化复兴或道德重建

唐逸认为，文化的功能是安身立命，制度的功能是权利和利益的安排，社会资源的配置，制度的变革并不影响生活方式及其文化体系。如果有一种合理的普世的制度价值，它就可以适应任何文化体系。普世的制度价值是必然成为一切制度选择的基础的那个价值取向。自由作为普世价值，当然适用于中国文化，包括其传统。自由价值在任何文化体系中所起的作用，只是基础的维持和运作的催化，丝毫不影响该系统的固有特色和特定类型。普世价值不但不会干扰中国固有的文化体系，反而会激发中国人在祖国文化框架之内进行建树和创造的潜能。文化复兴的核心是文化价值的更新，也就是对人和人的价值的看法的转变。自近代以来，人类面临的根本问题就是选择正确的方向，就是普世价值。②

陈家琪认为，无论中哲、西哲还是马哲，在当前所面临的共同问题其实就是一个道德重建与普世价值的问题。这里的道德重建，虽说着眼于个人，但目标不再是个人在道德上的自我成全，而是社会团结，即所谓的信用。没有这一条，社会作为一个共同体就无法实现团结；而信用危机，几乎就是我们生活的现实，也是我们每一个人的切身感受。对现实的不满，归结起来，也就是对道德现状的不满。我们的道德教育之所以在某种意义上是失败的，就是因为我们放弃了价值的普世性而把道德归结为某一阶级的或某一阶段的特殊需要，使之服从于某一阶级或某一阶段的特殊目的。③

（三）普世价值与核心价值体系异中有同

郭明俊认为，社会主义核心价值体系与普世价值观之间既存在着差异，又具有共性和相互融通的一面。两者的不同在于：第一，价值主体不同。

---

① 周新城：《关于"普世价值"的随想》，《马克思主义研究》2008年第9期。
② 唐逸：《普世价值与中国文化复兴》，《社会学家茶座》2008年第4期。
③ 陈家琪：《什么是我们所面临的共同问题》，《开放时代》2008年第2期。

普世价值的价值主体是"类主体"或"人类主体"。社会主义核心价值体系的价值主体是具体主体,即"国家主体""民族主体"。第二,两种价值体系调节和维护的利益不同。普世价值维护的是全人类的共同利益。而中国特色社会主义核心价值体系维护的是中华民族利益和国家利益,维护我国最广大人民群众的根本利益。第三,两种价值观形成的途径不同。普世价值观的形成途径是"文明对话"。社会主义核心价值体系的建构途径是在中国共产党的领导下,运用国家权力自上而下地进行。第四,两种价值观的标准取向不同。普世价值是全球各民族、国家和地区在最低限度的基础上共同遵循的具有最大普遍性的价值原则,具有"底线性"和"基础性",社会主义核心价值体系具有"高度性""先进性""理想性",是一种高要求、高标准。第五,特性不同。普世价值具有普通性的特征即"超越性""人类性"。社会主义核心价值体系内容更为具体,具有鲜明的时代性、民族性、意识形态性。

  作者还认为,这两种价值体系并不是完全不同或对立的。两者的共同之处在于:包容性、开放性、融通性。它们之间具有共同点,又能相互融通。自觉意识到这一点,使我们能够在实践中保持必要的张力,寻求适当的平衡;尤有进者,在今后的社会主义核心价值观的建构过程中,既不能使普世价值凌驾于社会主义核心价值之上,或者用普世价值诟病社会主义核心价值;也不能使社会主义的核心价值与普世价值相抵牾、相背离,或者因失去普世价值的视野而导致划地自限、自小门户。[①]

(作者单位:中国社会科学院马克思主义研究院)
(原载《毛泽东邓小平理论研究》2009年第2期)

[①] 郭明俊:《社会主义核心价值体系与普世价值观》,《求实》2008年第4期。

马克思主义是剖析"普世价值"问题的科学思想武器

王一程

今年是改革开放30周年，围绕总结改革开放30年和下一步应怎样深化改革，特别是应怎样深化政治体制改革、推进民主政治建设，媒体上出现了一些不同观点和主张。"普世价值"思潮的泛起，就是其中一种并不新鲜的政治观点和政治改革主张在这一背景下的又一次顽强表现。早在2005年，流亡美国的敌对分子胡平就在其《简评中共民主白皮书》中宣称："民主就意味着政党轮替，民主就意味着领导权的开放竞争"，"中共一方面承认民主是普世价值，另一方面却又把民主的公认定义和标准撇在一旁而自己提出一套截然不同的定义和标准，这实际上是否认民主的普适性，也就是否认民主本身"。国内也有一些人声称，"不同的国情，有着同样的民主要求，也要有同样的建设努力。国情性的特色路径，最终是要走向普适的民主"，"世界发展到今天，我们应该有已经被绝大多数国家接受实行的民主，有这里所说的普世价值的民主"。近年来还有人宣称："信仰决定中国的未来"，"不同制度的差别在于不同制度背后所包含的信仰，制度的内涵是信仰。这个制度不是别的，正是宪政民主的自由制度！这个信仰不是别的，正是对自由、平等、人权等普世价值的信仰！"

上述境内外的这些人毫不隐讳地宣扬他们所谓的"普世价值"，就是以美国为代表的西方自由主义价值理念和制度模式。他们刻意将这套东西冒称为所谓"普世价值"或"人类文明主流",无非是为了增加欺骗性和减少推销阻力。我们是否应该接受这套鼓吹,事关究竟举什么旗、走什么路,事关国家前途、人民命运,必须深入分析其实质,给予其旗帜鲜明的抵制。

"普世价值"思潮的出现,与学术界理论界存在的"西化"倾向有直接关系。这种倾向最主要的表现,就是在总结中国经验、对策中国问题时,脱离中国实际(包括中国社会制度和国家性质,占中国人口大多数的普通劳动者的利益,中国改革的方向和目标要求),生搬硬套西方理论、概念、方法和思想话语。例如,在行政体制改革领域,用所谓"从全能政府到有限政府"和"从管制型政府到服务型政府"之类似是而非的概念话语,评论我国政府管理的历史和概括改革走向,既不符合新中国成立以来我国政府管理的历史全貌,也不符合科学发展观对我国行政体制改革的全面要求。这种片面的错误评论和概括不仅在学术理论上站不住脚,而且有害于改革实践。最近发生的"三鹿"奶粉事件、缘起于美国的世界"金融海啸"等诸多国内外案例无不说明,政府的服务职能离不开管理、管制职能。把管理、管制与服务对立起来,是新自由主义在相关理论和实践领域发生误导作用的典型表现。在政治体制改革领域,与20世纪80年代相比,现在主张中国应该无条件尽快照搬西方政治制度的言论不多见了,大多数学者都认识到中国的政治体制改革和民主政治建设必须从中国的国情和现实条件出发,但仍有一些人受西方学术理论影响,自觉或不自觉地以西方政治理念和政治制度模式作为标准和最终目标,认为只有渐进演变才能更稳妥、顺利地实现向西方政治理念和政治制度模式的转变。

把西方资本主义国家的政治价值和政治制度模式认同为"普世价值"这一现象说明,"西化"政治主张与"西化"学术倾向之间存在着密切关联。虽然前者是政治问题,后者是学术问题,两者的界限不可混淆,但有必要注意,不克服后者,前者就有土壤和市场。要克服后者即学术理论上的"西化"倾向,仅从政治上批判、揭露其实质和危害是不够的,还需要有针对性地从学理上加强马克思主义的研究,形成真正科学的、有充分说服力的马克思主义研究成果。这就需要学术骨干队伍特别是中青年学术骨干,通过认真学习掌握马克思主义科学理论武器,在新的历史条件和形势下,敢于和善于运用马克思主义的基本原理和方法包括阶级观点和阶级分析方法,观察和分析摆在我们面前的重大现实问题和前沿理论问题。

(作者单位:中国社会科学院政治学研究所)

(原载《政治学研究》2008年第6期)

要研究和警惕"普世价值"思潮

郑一明

关于"普世价值"问题的讨论大致可以分三个层面：第一个层面是纯粹学术的讨论。20世纪90年代初我国就有学者做此类课题研究。他们主要是从儒家发展，从"四小龙"经济成功，从儒家的价值观同资本主义市场经济能够接轨的角度来从事研究，因而这里的"普世价值"主要是指中国的儒学或者说新儒家。这个层面的讨论当时限于学术界或者内部的课题研究。第二个层面则是触及政治领域的探讨。这个层面的讨论显得既活跃又激烈，一些人已经把"普世价值"明确定义为西方民主价值观，有的学者甚至还撰文提出，"自由、民主、博爱，已经成为全人类的普世价值，新一轮的思想解放就是要在这里开始"。第三个层面是一些媒体借抗震救灾将这一问题引到生活中去，引起了大众的讨论，也误导了一些群众。从目前的情况看，"普世价值"问题已经不是一个单纯的学术问题了，而是一个关涉中国政治走向的大问题。从这个角度来讲，我们要研究和警惕这种思潮的进一步泛滥。

人类历史发展已经经历过多个社会形态。每个社会形态都有其特定的核心价值体系，这些价值体系恰恰是其意识形态的集中体现。其中有两个大的价值体系：一个是以中国儒家为代表的具有封建社会意识形态特征的价值体系，它体现为"仁、义、礼、智、信"这种高度的价值观概括。另一种是后来英国、法国等西方国家资产阶级革命之后所形成的"自由、平等、博爱"的价值观和价值体系。从它们在历史上的发生、发展和形成而言,从它们所体现的社会关系和阶级关系来讲,这些价值观与价值体系都是历史的和具体的,不具有"普世价值",而且它们都表现了特定历史时代的意识形态特征,这一点应该是比较明确的。当前,一些人将西方的这套价值体系和价值观当作"普世价值",并主张将其运用于中国。如果完全按这一套东西来构筑未来中国,其结果也就是"西化"中国。另一些人则提出儒家的那套价值体系和价值观是"普世"的,因此,他们认为,未来中国的走向应该按照新儒家的"普世价值"来设定。这种主张实质上就是要"儒化"中国。应该讲,在当前对"普世价值"的批评中,主要警惕的是这两种倾向。

今天,我们要建设好中国特色社会主义,实现中华民族的伟大复兴,在价值问题上,一个重要的任务是大力提高我国文化软实力,宣传、弘扬和践行、落实好社会主义核心价值体系,用社会主义核心价值体系引领多样化的社会思潮。这方面我们需要做很多工作。也只有真正把这项工作做好,才能应对好"普世价值"等错误思潮和问题。

(作者单位:中国社会科学院马克思主义研究院)

(原载《政治学研究》2008 年第 6 期)

掀开西方"普世价值"的面纱

卫兴华

有关"普世价值"的争论，近年来延续不绝。认同西方"普世价值"者认为，西方国家倡导的民主、自由、平等、人权等应是人类共同追求的价值观，怎么能否定呢？我们不是也把民主、自由、平等、公正等作为社会主义核心价值观的内容吗？我们不也讲人权吗？进而提出，谁否定"普世价值"，谁就是站在民主、自由、平等、人权的对立面。这种观点容易引起思想混乱，颇有澄清的必要。澄清"普世价值"的是与非，需分清三个层面的问题：一些西方国家宣扬和推行"普世价值"的实质是什么？西方国家在对内对外实践中是怎样推行其"普世价值"的？西方的所谓"普世价值"是否适用于中国？

一 西方宣扬和推行"普世价值"的实质是什么

西方宣扬"普世价值"，实质是推销西方的所谓"民主国家体系"和"自由体制"。美国原国务卿亨利·基辛格的《论中国》一书，对西方推行"普世价值"多有论述，对我们颇有启示。该书认为，西方国家包括美国声称自己的价值观和体制普世适用，但中国从古至今都有不同于西方的价值观。"中国社会占统治地位的价值观源自一位古代哲学家的教诲，后人称其为孔夫子。"基辛格进一步指出："中国主张独立自主，不干涉他国内政,不向外国传播意识形态,而美国坚持通过施压和激励来实现价值观的普适性,也就是要干涉别国的内政。"该书回顾了1992年9月克林顿在竞选中关于布什政府对华政策的批评:"中国不可能永远抵制民主变革的力量。终有一天,它会走上东欧和苏联共产党政权的道路,美国必须尽其所能,鼓励这一进程。"克林顿上台后,把扩展民主确定为首要外交政策目标。1993年9月,他在联合国大会上宣称,美国的目标是"扩展和加强世界市场民主国家体系"和"扩大生活在自由体制下国家的数量",实现"繁荣的民主世界"。可见,美国毫不掩饰地要把西方的"民主国家体系"和"自由体制"推向世界、推向中国。

通过推行西方价值观,演变与自己价值观不同的国家,是西方国家一贯的政治原则和策略。基辛格指出,老布什和小布什也试图用西方价值观重塑世界面貌。老布什认为美国有能力重塑世界面貌。小布什毫不犹豫地打起美国价值观旗帜,实施外交政策。"小布什的自由议程所规定的是非西方社会极其迅速的演变。"《论中国》一书的最后部分写道:"美国自建国以来笃信自己的理想具有普世价值,声称自己有义务传播这些理想。这一信念常常成为美国的驱动力。"基辛格是一位有世界影响的美国政要和思想家,他对美国通过推行西方价值观来"重塑世界面貌"、"演变"非西方价值观国家,特别是力促中国重蹈苏联东欧覆辙直言不讳的论述,对我国一些不明事实真相、盲目追捧西方"普世价值"的人士来说,是一支"清醒剂"。

西方宣扬和推行"普世价值",是其"和平演变"策略的重要一环。民主、自由、平等、人权等作为价值观,本是人类社会所共同追求的目标,怎么会成为西方国家用来"重塑"和"演变"非西方价值观国家的工具呢?这就需要进一步弄清楚西方价值观的经济社会制度基础。西方价值观是建立在生产资料资本主义私有制基础上的,认为只有资本主义市场经济才能保证民主、自由、平等、人权等价值观的实现。它把资本主义看作人类社会最美好的制度,把资本主义民主、自由、平等、人权等宣扬为"普世价值"。尽管我国也把民主、自由、平等、公正等作为自己的追求和价值原则，但西方并不认同。因为我国坚持中国共产党的领导，实行中国特色社会主义制度，发展以公有制为基础的社会主义市场经济。中国有自己的优秀文化传统，与西方的个人主义相区别。总之，我国积极借鉴西方之长但不照搬西方那一套、不搞西方化，而这些与西方所宣扬的"普世价值"是相左的。西方国家极力向中国推行所谓"普世价值"，其本质是要否定中国共产党的领导、否定马克思主义意识形态、否定以公有制为基础的社会主义制度。这当然要受到我国的抵制。有人不明事情的本质与真相，只从民主、自由、平等、人权等抽象概念和文字表面出发，认同和宣扬西方"普世价值"。这些人应该清醒了。

二　西方国家是怎样实践其"普世价值"的

从西方国家的国内实践看，"普世价值"的口号长期被践踏。一些西方国家长期存在种族歧视、性别歧视、劳资对立、贫富分化、人权无保障等背离民主、自由、平等、人权的严重社会问题。美国1776年《独立宣言》声称"人人生而平等"，但实际上这只适用于男性富人，不包括妇女、穷人、黑人，富人还可拥有黑奴。美国曾长期存在种族隔离制度，践踏人权。直到1965年，才允许黑人享受与白人一样的民权。西方实行以私有制为基础的资本主义制度，存在贫富分化与对立。美国经济学家斯蒂格利茨撰文指出，美国民主的实质就是"1%所有，1%统治，1%享用"。前几年爆发的"占领华尔街"运动，显示的正是99%与1%的对立。上述种种，正是对西方民主、自由、平等、人权等"普世价值"的莫大讽刺。

从西方国家的国际实践看，"普世价值"幌子下掩盖的是侵略、掠夺和灾难。看看高唱民主、自由、平等、人权的西方国家是怎样对待中国的。从19世纪初起，西方列强先是非法向中国贩卖鸦片，毒害中国人民，继而以炮舰入侵中国，杀害中国军民，并逼迫清政府签订不平等条约，开启了灾难深重的中国近代史。1900年，八国联军发动侵华战争，使中国人民跌入苦难的深渊。1840年以后的100多年中，西方列强都参与了对中国的侵略。这就是西方国家送给中国的民主、自由、平等、人权！历史上是这样，现在又如何呢？西方在一些国家操纵的"颜色革命""阿拉伯之春""街头政治"，导致相关国家陷入政治动荡、社会混乱、难民流离、经济衰退。一些国家甚至遭到西方武装入侵，遭受战乱、杀戮、灾难，国无宁日、民不聊生。在事实面前，越来越多的非西方国家不认同西方推行的"普世价值"。

三 西方的"普世价值"是否适用于中国

从总体上说，作为一定社会上层建筑和意识形态的价值观，没有对一切社会制度的普适性。世界上有无在一定时期、一定范围被普遍认同的普世价值？这需要探究。比如联合国所规定、由各国签字认可的某些需要共同遵守的准则，具有一定的普适性，不应简单否定。西方国家实行以私有制为基础的市场经济和以按资（本）分配为核心的按要素所有权分配，是在一切资本主义国家都具有普适性的价值原则；而实行公有制为主体的基本经济制度和按劳分配为主体的分配原则，可以说是社会主义国家需要遵循的普适性价值。但是，这些都是一定时期、一定范围或一定社会制度内的普适性价值，而不是适用于一切时期和一切社会制度的普世价值。不同社会经济制度有不同的价值标准。例如，奴隶制度和农奴制度在今人看来是不公平、不正义、不道德的，但当时的主流价值观却是维护这种制度的。

西方国家所宣扬的"普世价值"名不副实。资本主义民主、自由、平等、人权，作为反对封建制度的价值观是进步的，但它是以私有制的市场经济为基础的。资本与劳动力的等价交换，表面看来是自由、平等的，但这种自由、平等是表面的、虚伪的。一旦从流通领域进入生产领域，"原来的货币所有者成了资本家"，劳动力的出卖者成了雇佣劳动者。"一个笑容满面，雄心勃勃；一个战战兢兢，畏缩不前，像在市场上出卖了自己的皮一样，只有一个前途——让人家来鞣。"在资产阶级及其学者看来，资本创造利润，土地创造地租，劳动创造工资。因此，按生产要素所有权分配是天经地义的，合乎民主、自由、平等、人权价值标准。而马克思批判了这种为资本主义剥削制度辩护的"三位一体公式"。恩格斯在《卡尔·马克思》一文中指出："现代资本家，也像奴隶主或剥削农奴劳动的封建主一样，是靠占有他人无偿劳动发财致富的……只在于占有这种无偿劳动的方式有所不同罢了。""这样一来，有产阶级胡说现代社会制度盛行公道、正义、权利平等、义务平等和利益普遍和谐这一类虚伪的空话，就失去了最后的立足之地。"恩格斯在《社会主义从空想到科学的发展》一文中也指出了资本主义"现存社会制度的不合理性和不公平"。

西方国家内部的许多人士也不认可西方价值观具有普适性。不同国家、不同社会制度、不同历史时期会有不同价值观，这是历史唯物主义的基本观点。我国作为社会主义国家，当然不认同、不接受西方向我国推行的"普世价值"。其实，西方不少学者和社会人士也对西方所谓的"普世价值"提出了质疑和异议。我国热衷于西方"普世价值"的人士应读几本西方学者的相关著作，例如英国的特里·伊格尔顿的《马克思为什么是对的?》，英国的理查德·波斯纳针对2008年国际金融危机的《资本主义的失败》，日本的神谷秀树的《贪婪的资本主义·华尔街的自我毁灭》，等等。美国的查尔斯·德伯写过《马克思的预言：危机中的世界》一书，作者在中译本中对中国读者说："世人对马克思的著作再度兴起兴趣。美国大学中的教授和学生也再次开始展露对马克思更浓厚的兴趣。民调显示美国的年轻人如今对'资本主义'有负面印象，而一半对'社会主义'这个字眼有正面印象。"可见，西方国家的所谓"普世价值"，连其国内不少大学师生和一般年轻人也不认同其普适性。

社会主义核心价值观符合我国国情和经济社会发展需要。我国实行共产党领导的、以公有制为基础的社会主义制度，实行中国特色社会主义经济、政治制度，坚持以马克思主义为指导。因此，我国必须坚持自己的价值标准，不能搞西方化。我国社会主义也讲自由、平等、民主等，但社会主义所要求的平等是劳动人民共同占有生产资料、消灭阶级剥削和对立、消除两极分化、走共同富裕道路的平等；社会主义的自由，是马克思所讲的摆脱了阶级剥削与压迫的以"人的全面而自由的发展"为原则的自由；社会主义的民主，是民主集中制下的人民民主，等等。总之，社会主义有自己不同于资本主义的价值原则，虽然在字面上自由、平等、民主等是相同的，但其内涵是不同的。社会主义核心价值观符合我国历史文化传统、经济社会制度，是我们凝心聚力实现"两个一百年"奋斗目标和中华民族伟大复兴中国梦的基本价值引领。

（作者单位：教育部中国特色社会主义理论体系研究中心）

（原载《人民日报》2015年11月30日）

认清"普世价值"背后的历史唯心主义

田改伟

"普世价值"问题近期成为我国学术界和媒体关注的热点问题,不少观点针锋相对,争论很是激烈。这个问题的争论往往涉及我国基本政治制度和指导思想,与我国政治体制改革有密切联系。因此,弄清楚"普世价值"的主张和真实内涵,对于我们澄清错误理念,保证我国中国特色社会主义民主政治建设的正确方向有着重大的意义。

一 "普世价值"问题争论的由来

"普世价值"本来是一个传统的哲学范畴的命题。把"普世价值"命题引入政治领域是与世界社会主义与资本主义两种制度、马克思主义与资产阶级思想的斗争和此消彼长有着密切关系的。俄国十月革命胜利不久,围绕着如何看待和建设无产阶级专政的政权问题,列宁就与考茨基等人就"一般民主""纯粹民主"等观点进行过激烈的争辩。列宁曾尖锐地指出:只要有不同的阶级存在,就不能说"纯粹民主",而只能说阶级的民主。资产阶级民主在历史上曾经起过进步的作用,但是在资本主义制度下,民主只能是狭隘的、残缺不全的、骗人的民主,实际上是资产阶级的专政。"只有自由主义者才会像考茨基那样忘记资产阶级议会制是有历史局限性的,是有历史条件的。在最民主的资产阶级国家中,被压迫群众随时随地都可以碰到这个惊人的矛盾：一方面是资本家'民主'所标榜的形式上的平等，一方面是使无产者成为雇佣奴隶的千百种事实上的限制和诡计。正是这个矛盾使群众认清了资本主义的腐朽、虚假和伪善。"①

苏联解体、东欧剧变后，经济全球化趋势进一步加强，一些发达资本主义国家力图把西方民主作为"普世价值"，成为它们向外输出价值观和干涉别国内政的理论依据。一些西方学者也加以配合，提出资本主义的民主政治制度和经济制度在全球取得了最终胜利，宣称"意识形态"终结。1999年，诺贝尔经济学奖获得者阿玛蒂亚·森（Amartya Sen）撰文《民主价值观的普适性》，明确把民主与普世价值联系起来，认为民主已经成为世界各国人民普遍认同的"普世价值"。

2005年10月，我国政府发布了《中国的民主政治建设》白皮书，首次以政府文告的形式阐明了中国化的马克思主义民主观，全面介绍了我国社会主义民主政治建设取得的进步和成就。该书开篇提出"民主是人类政治文明发展的成果，也是世界各国人民的普遍要求"。② 白皮书的发表，引起了国内外广泛关注，得到了广大干部和群众的肯定，以及大多数学者和网民的赞同和支持。与此同时，围绕民主是否具有"普世价值"问题，出现了一些针对白皮书、针对我国民主政治理论和实践的质疑、攻击和讨论。

改革开放30多年来，我国社会面貌发生了深刻的变化，中国社会主义民主政治建设取得了巨大的成就的同时，也还存在着一些需要解决的新问题、新矛盾。对这些问题，不同的人从各自的利益出发提出了不同的民主诉求，是从马克思主义的立场、方法解决还是从"普世价值"的标准和方法解决成为争论的焦点。有人提出民主是个好东西，认为中国长期以来不重视民主的共同性问题，也有人主张民主具有"普世价值"，我国建设应该遵循"普世价值"所确立的原则。

2008年是改革开放30周年，如何总结历史经验，在新的历史起点上

---

① 《列宁选集》第3卷，人民出版社1995年版，第605页。
② 中华人民共和国国务院新闻办：《中国的民主政治建设》白皮书，2005年10月。

推动中国民主发展,成为大家关注的理论热点,有人借机宣扬"普世价值",希望中国走"普世民主"之路。有些人借四川汶川特大地震和北京奥运会来宣扬"普世价值",希望"汶川震痛,痛出一个新中国",北京奥运"开出一个新中国",希望中国借机全面融入现代"主流文明"、"承认普世价值"。有些主张"普世价值"的人提出了较为系统的中国走西方发达资本主义国家政治发展道路的主张和纲领。这种错误观点和错误主张得到了党和国家媒体以及国内大多数学者的广泛批评。

2008年以后,伴随着关于"中国模式"的提出、阐述和争论,"普世价值"作为与"中国模式"针锋相对的理论主张,在学术界得到了进一步的阐释。特别是每当出现历史纪念活动时,如2009年新中国成立60周年、2011年中国共产党成立90周年和辛亥革命100周年等,围绕"普世价值"争论就会多一些。

那么,如何认识"普世价值"呢?"普世价值"论究竟主张些什么呢?

二 关于"普世价值"问题的几种主要观点

当前国内关于民主是否具有"普世价值"的观点,概括起来大致有以下三种。

(一)主张实行西方自由民主制度,认为民主、自由、平等具有"普世价值"

这种观点认为:"今日之普世价值是人类对过去数千年的种种错误和愚昧价值的总结,是无数的思想者在野蛮和杀戮中学习到的成果,是人类吸取血与火的惨痛教训所形成。"[①]"包括民主在内的'人权'、'自由'等是人类共同的文明成果,那么就说明它们在这个地球上具有普世性,是一种普世价值。"因为,"民主就是民主,既不需像过去那样划分阶级,也未必

---

① 鲁南:《普世价值与中国改革》,选举与治理网。

需要像今天这样特别强调民族或国别"。① 在当代世界，民主没有东方西方之分，没有阶级之分，只有真假之分、多少之分、有与无之分。"承认不承认、接受不接受普世价值观，是一个国家、民族、社会成熟、进步的标志。"② 这种观点承认，"西方历史上确实不是一直光彩，如今双重标准也依旧存在，但这不是'普世价值'的错"。③ 因为普世价值的实现是受一定历史条件限制的，不能够以某些民主国家的不足之处来批驳民主的普世性。④

这种观点认为，具有"普世价值"的民主的现实表现就是英美式民主，英美民主是人类唯一优秀的政治文明成果。这是因为，民主的普世性就是指"民主就意味着政党轮替，民主就意味着领导权的开放竞争"。我国发展社会主义民主要坚持共产党的领导，就是"中共一方面承认民主是普世价值，另一方面却又把民主的公认定义和标准撇在一旁而自己提出一套截然不同的定义和标准，这实际上是否认民主的普适性，也就是否认民主本身"。⑤ 因此，不能用"中国特色"来排斥民主的普世性。中国如果撇开普世民主、拒绝英美民主、自己另搞一套所谓"协商民主"，"就是用'中国特殊论'抵制民主进中国"。⑥ "中国当前价值观落后的实质就是不能认同普遍人类价值。"⑦ "与普世价值为敌就是与自己为敌"，"拒绝普世价值，如同自拒人类"。⑧

这种观点认为，"改革开放以来中国共产党所走过的历程，就是不断学习和实践人类普世价值的过程"，因此，"普世价值不应成为迁就民族特色的祭品。我们要挖掘我们历史遗产中的积极因素，抛弃那些与普世价值相背离的东西，瞄准由人类文明的普世价值所确认的基本社会经济制度迈开

---

① 邵建：《"中国式"民主还是普世价值的民主》，选举与治理网。
② 仲大军、徐景安：《有没有普世价值、需不需要普世价值？》，中国善网。
③ 盎山：《对普世价值的躲闪抗拒》，选举与治理网。
④ 杜光：《普世价值：一个时代的重大课题》，选举与治理网。
⑤ 胡平：《简评中共民主白皮书》，《北京之春》2005年12月号。
⑥ 朱学勤：《2007：思想在破局，改革要开放》，《南方都市报》2007年12月30日。
⑦ 刘利华：《中国传统中的普世价值资源》，《科学对社会的影响》2008年第1期。
⑧ 邵建：《与普世价值为敌就是与自己为敌》，《拒绝普世价值，如同自拒人类》，选举与治理网。

前进步伐，坚决地将中华民族融入到世界文明的主流中去"。① 还有的认为：我国"社会主义革命所带来的，不是社会主义的胜利，而是专制主义的复辟"。"改革开放三十年来，我们在经济上取得了巨大的成就，但在政治、文化、社会诸领域，却仍然坚持着专制主义的意识形态，严重地阻碍了改革的全面而深入的发展。为什么会这样？最根本的原因是没有找对改革开放的指导思想，没有找准改革开放的前进方向。在某种意义上说，就是没有在指导思想上确立普世价值的观念。"我国"三十年来的改革开放，是一百多年前由洋务运动肇始的民主革命的继续"。"否定普世价值，拒绝民主自由，实质上就是否定改革的民主主义性质，否定民主革命。"② 我国新时期解放思想的核心目标，就是要"确立普世价值"，"无论是经济、政治还是社会、文化的理论创新，我们都必须以普世价值为尺度"。③

一些主张"普世价值"的还认为中国选择"普世价值"是近代以来中国历史发展的必然逻辑。辛亥革命就是一种以"以人为本，自我健全，平等自由博爱的普世价值观作为精神信仰"的社会革命，没有这种遵循"普世价值"的革命，"中国自身自主性的现代性文明建设也就无从谈起"。有的还说什么"回首辛亥革命，要重建我们的价值"，以此来否定社会主义制度。

（二）承认相对"普世价值"，反对把西方民主制度作为唯一的政治模式

这种观点认为，没有绝对的普世价值，只有相对的普世价值。那种所谓的适用于所有人适用于所有时间、所有地点，不以任何条件为转移的、必然性的"普世价值"，事实上是不存在的。"普世价值只能是一种有限度的价值统一。"④ "在阶级社会中虽然不存在绝对的普世价值，但却存在相

---

① 党国英：《立足民族特色 拥抱普世价值》，《南方周末》2007年10月25日。
② 杜光：《普世价值：一个时代的重大课题》，选举与治理网。
③ 《南方周末》2008年3月27日。
④ 甄言：《关于"普世价值"的几个认识问题》，《北京日报》2008年6月16日。

对的'普世价值'。"①

这种观点认为,"普世价值"是世界各个国家和民族共同创造的,"任何单一文明都不能成为真正'普世文明'"。②它是人类在长期的生活实践和交往中,在不同文化的交流碰撞中,逐渐形成的共同价值取向,最后以规范化的形式表述出来。它来源于人类的共性,形成于诸多民族的共同参与之中,只是不同民族、国家对普世价值形成参与的早晚、贡献的大小不同而已。因此,世界上绝大多数国家和民族都是普世性价值的创作者,普世价值不是哪个"优选的民族"独特的发明。③

西方国家有西方对普世价值的贡献,如民主、自由、人权等,中国也有自己对普世价值的贡献,如"仁爱""和谐"等。普世价值的标准也不应该是具体哪个国家可以规定的。"人类社会的政治实践已经表明,不存在统一的民主政体形式。"尽管"各国的民主政体形式不必统一,并不意味着它们之间没有共同性可言"。就是说,"在价值层面,我们毫无疑义地赞成民主;在政体层面,我们赞同民主的共同原则,而不可能赞同某种特定的民主政体形式"。④

"事实上,任何社会都有自己的发展轨迹,它们在一定的经济和政治发展阶段,会产生不同的价值和不同的权利。"我们应该警惕,"西方在承认普世价值存在的同时,也想向其他发展中国家推行这种所谓的'普世价值'"。⑤

主张这种观点的还有人认为"将民主列为普世价值,这是一种思想舞弊。首先民主根本就不是价值,而只是一个政治技术手段,它是用来表达公共选择的一种手段"。"民主被说成普世价值,多半是冷战期间形成的,完全是政治策略,是打击社会主义政治体系的工具。"由"天下"概念发展出来的普世价值才是中国的普世价值。⑥

---

① 李战奎:《"普世价值"研究述评》,《陕西理工学院学报》2005年第3期。
② 《人民日报》2007年12月3日。
③ 甄言:《关于"普世价值"的几个认识问题》,《北京日报》2008年6月16日。
④ 张恒山:《民主的多样性与共同性》,《学习时报》2007年3月28日。
⑤ 郑永年:《不要以"乌托邦"心态看待普世价值》,《国际先驱导报》2008年7月11日。
⑥ 赵汀阳:《民主不是价值,只是政治技术手段》,《环球时报》2009年4月24日。

(三) 认为世界各国都有自身特色的民主建设之路，民主具有"普世价值"的观点是个坑人的骗局

这种观点认为，价值是就客体对主体的有用性来讲的。由于作为价值主体的人在不同历史时期，不同的国家、不同的民族是不同的，那种适用于所有人，适用于所有时间、所有地点，不以任何条件为转移的具有普遍永恒性的普世价值是根本不存在的。"几千年来民主发展史上并没有形成一个共同认可的民主理念和各国通用的民主体制模式。"[1]"普世价值"是资产阶级的一套所谓的"价值体系"，在中国，提倡"普世价值"不过是一些媒体和一些所谓的精英们精心编制的谎言，为的是用来对抗社会主义核心价值体系，是个"坑人的骗局"。[2]

有学者指出："在历史和道德领域不存在'普世价值'，侈谈'普世价值'是没有根据而站不住脚的"，"对于在'普世价值'旗号下宣扬的价值观，应当进行历史的和阶级的分析"。[3]

还有的指出：鼓吹"普世价值"并不是什么学术问题，而是有着鲜明的政治图谋。"普世价值"与宣传新自由主义、民主社会主义一样，是自由化的一种表现形式，其矛头都是指向四项基本原则。[4]

还有人认为：尽管"普世价值"的"能指"十分宽泛，其"所指"却十分明确，这就是在政治方向、基本道路和根本制度上对我国进行颠覆，是当前敌对势力利用价值渗透对我实行"分化""西化"图谋的集中表现。因此，我们批判的"普世价值"，有着明确的本质界定：从理论上看，"普世价值"以消解共产主义理想、确立资本主义不可超越为前提，其立脚点是资本主义的核心价值及其制度架构是历史的终点，人类在这方面将不可能再有真正的进步和突破。从实践上看，"普世价值"根本否定中国特色

---

[1] 张献生：《民主是否具有普世性》，《民主》2008年第2期。
[2] 黎阳：《"普世价值"是个坑人的骗局》，环球视野网。
[3] 冯虞章：《怎样认识普世价值》，《政治学研究》2008年第5期。
[4] 周新城：《论普世价值是否存在及其鼓吹者的政治目的》，《政治学研究》2008年第5期。

社会主义的民主政治建设，完全割裂中国改革开放中经济体制改革和政治体制改革间的内在联系，力图把中国的改革开放引导到"回归西方文明"的方向，把中国的政治体制改革引导到西方"民主化"的陷阱。① 甚至有人判断：倡导"普世价值"其实就是在中国搞"颜色革命"的前奏。

三 "普世价值"是典型的历史唯心主义命题

"普世价值"主张人类存在着普遍适用于任何时间、任何地点的共同价值，实质上不过是把某些国家、民族的价值或某些国家、民族在一定历史时期的价值当作人类普遍永恒的价值追求。很明显，"普世价值"的主张，是带有强烈的西方基督教文化特征的思想，它相信存在着超越时空的、普遍而永恒的价值体系或制度规范，是西方自由主义的主要特征之一，是一个典型的历史唯心主义的命题。民主是否具有"普世价值"，需要用辩证唯物主义和历史唯物主义的世界观方法论来进行深入研究，才能得出正确的认识和结论。作为唯心主义命题，"普世价值"主张有以下明显的特征。

（一）"普世价值"论是典型的历史唯心论

1. 割裂事物的一般性和个别性、普遍性与特殊性。认为民主具有"普世价值"就是割裂民主的一般性和特殊性来看待民主。马克思主义辩证法告诉我们，任何事物都是一般性和特殊性的辩证统一，没有脱离特殊性的一般，也没有脱离一般性的特殊性的存在。主张民主具有普世价值的理论中，只看到了民主的一般性，并且把一般性抽象出来，认为一般性和普遍性是民主的全部和实质，陷入了形而上的认识论陷阱。如何认识民主的一般性和特殊性问题，厘清围绕这个问题的迷雾，马克思主义在这方面给我们提供了科学的方法论。马克思在谈论生产一般的时候，指出："生产一般是一个抽象，但是只要它真正把共同点提出来，定下来，免得我们重复，

---

① 参见侯惠勤《我们为什么必须批判"普世价值观"》，《中国社会科学院报》2009年3月31日。

它就是一个合理的抽象。不过，这个一般，或者说，经过比较而抽出来的共同点，本身就是有许多组成部分的、分为不同规定的东西。其中有些属于一切时代，另一些是几个时代共有的。""对生产一般适用的种种规定所以要抽出来，也正是为了不致因为有了统一……而忘记本质的差别。那些证明现存社会关系永存与和谐的现代经济学家的全部智慧，就在于忘记这种差别。"[①] 这是我们看待一般性和特殊性的科学的方法，按照这种研究方法，我们可以看出，民主具有一般性，这个一般就是把不同类型的民主的共同点抽象出来，如民主都有选举、监督等。但是，即使这些民主的一般本身也是有许多组成部分的、分为不同规定的东西，如，民主思想、民主制度等。因此，古希腊民主不同于资产阶级的，资产阶级的民主不同于无产阶级的，构成民主发展的恰恰是这些不同于民主一般性的民主的差异性。

主张民主具有"普世价值"的错误就在于把民主的一般性与特殊性割裂开、对立起来，认为存在着脱离特殊性的、脱离具体历史发展的民主的一般性。民主作为与"独裁""专制"相对立的政治主张和制度，都承认广大人民群众平等享有管理国家和事务的权利，是国家的主人，而不是个人或几个人独断国家政权，这是其共性。然而，人类不同的发展阶段，在不同的国家和民族，民主的表现形式与民主实际内涵并不一样。我们承认，民主思想在资产阶级反抗封建专治的过程中曾经起到非常积极的作用。然而，阶级性始终是民主的主要属性。

2. "普世价值"论脱离各国实践谈论抽象的价值。对历史上各种具体民主制度的共同性进行科学的抽象，形成民主的一般性，是人们把握这种政治制度的科学方法，并不是一个价值判断。这种抽象便于我们整体认识历史上形成的不同形式的民主的本质，便于把民主制度与其他政治制度相区别。因此，我们不能把民主归结为所谓人类普遍永恒的价值，不能就民主谈民主，为民主而民主，只能把民主放在人类社会发展历程中，放在具体的社会生产关系中，认真考察各种类型民主的差异性，才能科学认识不

[①] 《马克思恩格斯选集》第2卷，人民出版社1995年版，第3页。

同历史时期的民主、不同类型的民主以及民主的功能。

就观念形态而言,无论民主以什么样的形式出现,本身都是一种历史的产物,这一"民主"观念的形成,需要一定的历史条件,而这种条件本身又以长期的以往的历史为前提的,因此,从来没有什么"普世"的民主观和民主制度。我们说"民主是世界各国人民的普遍要求",不是由于民主具有普世价值,而是由于关于民主的思想得到普遍传播,人类对民主的追求仍然合乎时宜。

3. "普世价值"论具有"先验论"的特点。从一个先验的永恒不变的原则出发来分析现实世界,是历史唯心主义的主要特征之一,也是"普世价值"论的特点。历史唯物主义认为,原则不是分析事物的出发点,而恰恰是分析事物的结果。"普世价值"论认为人类有一个先验的价值,用先验的原则、价值来分析现实世界,分析各国政治制度,是历史唯心主义在价值观和政治领域的表现。"普世价值"论一般用抽象的人性论作为这种先验价值存在的理论基础,从一些先验的原则中企图得出不同国家和民族都适用的具体政治道路和政治制度显然是荒谬的,就是在西方,这种思想也受到越来越多学者和民众的批评和质疑。

(二)主张民主具有"普世价值"会把中国引向西方政治道路

"普世价值"是西方观念史发展的产物,它带有浓厚的西方基督教文化特征,被西方自由主义所继承,是近代自由主义的主要特征之一。"普世价值"本身很庞杂,不同历史时期,不同理论家对"普世价值"的内容和强调的重点也不尽相同,没有统一的认识。其实,认为民主具有"普世价值"的各种主张本身,往往也是相互冲突、不能自洽,因此,"普世价值"论是一个自身充满矛盾的理论。

近代以来,普世价值观被西方统治者利用,成为对外输出西方价值观和政治制度,进行意识形态渗透的主要工具。美国著名政治学者亨廷顿就指出:"普世文明是西方文明的独特产物。"它是19世纪以来西方为扩大对非西方社会的政治经济统治作辩护的理论。"普世主义是西方对付非西方社会的意识形态"。① 这一语道破了西方社会鼓吹"普世价值"的真实意图。

在我国,认为民主具有"普世价值"的主张往往带有强烈的政治目的。因为"普世价值"不讲界限、不讲差异、不讲情境、不讲条件,只讲抽象的普遍原则,它极易导致教条主义和政治极端主义。用这种理论衡量中国民主政治的发展,自觉不自觉地就把西方民主当作自然规律一样塞进中国,产生"洋教条"。当中国的民主发展同这种"普世价值"主张不一致时,他们不是认为关于"普世价值"的理念存在问题,而是认为中国的民主实践有问题;当中国决心不照抄、照搬西方政治制度,不搞多党轮流执政、"三权鼎立"、两院制,走有中国特色民主政治发展之路时,就抱怨中国的民主实践没有按照他们的理论来进行,并且要求中国的政治实践生硬地去适应他们的理论。用这种理论指导中国民主政治发展,必然使中国走上西方民主道路,达到"西化"中国的目的,一些人不遗余力地鼓吹民主具有"普世价值"的目的就在于此。

(三) 走出"普世价值"的误区,坚持中国社会主义民主发展道路

人民民主是社会主义的生命,中国共产党在成立之始,就把领导全国人民进行革命斗争,争得民主作为自己的历史使命。在执政后,建立了社会主义基本民主政治制度,为中国民主发展提供制度基础,提出没有民主就没有社会主义,没有民主就没有社会主义现代化,把民主建设提到前所未有的高度。不可否认,我国还存在一些政治制度不完善,与社会主义经济发展的要求、人民当家作主、民主参与的愿望不相适应的地方,对这些问题的解决,就是在坚持我国的人民代表大会制度、共产党领导的多党合作和政治协商制度、民族区域自治制度等基本政治制度的基础上,进行政治体制改革,进一步完善各项制度,使我国的政治上层建筑更加适应社会主义经济基础发展的要求,使人民当家作主得到更好的落实和体现。我们追求的民主、自由、人权等是社会主义的民主、自由、人权,并不是什么

---

① 亨廷顿:《文明的冲突与世界秩序的重建》,新华出版社 1999 年版,第 56 页。

"普世价值"。我们也一定要借鉴人类社会包括西方国家在发展民主政治上的一些有益做法,但是,决不能照抄、照搬西方民主制度。在宣传、发展社会主义民主的时候,一定要跳出"普世价值"的误区。就像邓小平同志曾经指出的:"一定要把社会主义民主同资产阶级民主、个人主义民主严格地区别开来,一定要把对人民的民主和对敌人的专政结合起来,把民主和集中、民主和法制、民主和纪律、民主和党的领导结合起来。"① 反对用西方民主理念和民主制度作为衡量、评价中国民主发展的尺度。

总之,关于民主是否具有"普世价值"的争论,实质上是历史唯心主义与历史唯物主义两种民主观、两种世界观、两种方法论、两种话语体系的争论,是中国民主政治建设和政治体制改革应该以什么思想为指导,走什么路的争论。这种争论是当前我国思想政治理论混乱的表现,反映出在新的历史时期推进我国政治体制改革面临的干扰越来越多、环境越来越复杂。我们只有坚持马克思主义的民主观,努力把握社会主义政治文明建设的规律,坚持正确的前进方向,才能不为干扰所惑,不走邪路、歪路,积极稳妥地推进我国的社会主义民主政治建设。

(作者单位:中国社会科学院政治学研究所)

(原载《中华魂》2012 年第 5 期)

---

① 《邓小平文选》第 2 卷,人民出版社 1994 年版,第 176 页。

"普世价值"问题之我见

王佳菲

"普世价值"问题,是当前理论界的一个热点话题。它所引发的论争,已超出价值哲学的视野,逐渐演化为一场意识形态领域的斗争。

围绕"普世价值"的争论主要有如下几个焦点:其一,"普世价值"是否存在?它是人类已经确立的行动准则[1],还是仍停留在神话阶段[2]?它是全人类文明进步之成果、中国走向未来之必须[3],还是抽象的人道主义鼓吹者、民主社会主义者们为躲闪阶级分析这一利器而炮制出的虚幻肥皂泡?其二,"普世价值"从何而来?它是从先验的抽象人性出发,在具有不同传统的民族、国家和地区的不同价值观念中找到共同点并概括出来的普遍性[4],还是在人们社会交往实践的普遍化进程中,逐步生成着和发展着的契约理性或交往理性[5],抑或西方国家通过殖民化和市场化的强制手段、通过"和平演变"战略的引诱手段,所不遗余力地推行着的西方价值观念的普遍化?[6] 其三,究竟是哪些价值才具备资格贴上"普世价值"标签,指引中国未来的发展方向?是人权、法治、公平、正义、自由、平等、

---

[1] 党国英:《立足民族特色,拥抱普世价值》,《南方周末》2007年10月25日。
[2] 《我们为什么不能移居美国?》,《经济观察报》2008年6月13日。
[3] 徐景安:《普世价值观是中国走向未来之必须》,《经济观察报》2008年7月26日。
[4] 郭明俊:《解构和建构:对普世价值建构方式的理性思考》,《宁夏社会科学》2003年第3期。
[5] 程广云、韩璞庚:《论普世价值如何可能》,《学术月刊》2002年第5期。
[6] 汪信砚:《全球化中的价值认同与价值观冲突》,《哲学研究》2002年第11期。

博爱①,从而中国须与世界一起走向人权、法治、民主的康庄大道②,还是以仁、义、礼、智、信这"五常"为具体表现,关涉人之最基本伦理准则的儒家伦理③,或者是"以人为本""和谐社会""消除贫困""共同富裕"应当成为当今的普世价值?④

显而易见,对于"普世价值"存在的真实性,人们莫衷一是;关于"普世价值"的生发与形成,各家众说纷纭;至于什么才算是"普世价值",更是各执一词。所谓的"普世价值",却实难达成"普世"的认同,这的确耐人寻味。

本文从马克思和恩格斯对意识形态的相关论述中获得启迪,力图阐释"普世价值"观念的缘起、前生与今世,从而去除笼罩于"普世价值"之上的神圣光环,还原其利益斗争的本来面目,并进一步思考如何从中把握主动、倡导符合先进阶级利益的当代普世价值。

一 "普世价值"来自统治阶级特殊利益的"普遍化"

由当前关于"普世价值"问题的争论可知,适用于一切人、一切时代的严格意义上的"普世价值"在人类历史上从来就不曾存在。那么,为什么会有"普世价值"之说呢?

首先必须明确的是,一个国家的"普遍价值"或"全民意志",是建立在"普遍利益"基础之上的;到目前为止,所有的"普遍利益"无非是国家利益,更确切地说,是一国统治阶级利益的体现,这种"普遍利益"并未消除,而是恰恰产生于个人利益与共同利益之间的矛盾。因此,所谓的"普遍价值",只能是反映统治阶级利益的价值。

关于这一点,马克思和恩格斯在《德意志意识形态》中曾作过如此分

---

① 袁绪程:《中国改革开放 30 年回顾与展望》,《改革内参》2008 年第 12 期。
② 《南方周末》编辑部:《汶川震痛,痛出一个新中国》,《南方周末》2008 年 5 月 22 日。
③ 蒋国保:《儒家伦理的普世价值》,《社会科学战线》2007 年第 3 期。
④ 甄言:《关于"普世价值"的几个认识问题》,《北京日报》2008 年 6 月 16 日。

析:"随着分工的发展,产生了个人利益或单个家庭的利益与所有互相交往的人们的共同利益之间的矛盾;同时,这种共同的利益不是仅仅作为一种'普遍的东西'存在于观念之中,而且首先是作为彼此分工的个人之间的相互依存关系存在于现实之中。"正是由于这种矛盾的存在,公共利益才以国家的姿态而采取一种虚幻的共同体的形式。当然,这始终是在各种利害关系的现实基础上,特别是在各阶级利益的基础上发生的。可见,国家内部的一切斗争——民主政体、贵族政体和君主政体之间的斗争,争取选举权的斗争等等,不过是一些虚幻的形式,在这些形式下进行着不同阶级间的真正斗争。因此,每一个力图取得统治的阶级,都必须首先夺取政权,以便把自己的利益说成是普遍的利益。[①]"'共同利益'在历史上任何时候都是由作为'私人'的个人造成的。""所谓'普遍的'一面总是不断地由另一面即私人利益的一面产生的,它决不是作为一种具有独立历史的独立力量而与私人利益相对抗,所以这种对立在实践中总是产生了消灭,消灭了又产生。"[②]

在《柏林"国民报"致初选人》一文中,马克思更鲜明地指出,所谓人民的意志,多数人的意志,就是"唯一的一个阶级和在社会关系即在工业和商业关系方面都从属于这个唯一的统治阶级的其他阶级以及阶级的某些部分的意志",所谓全民意志,就是统治阶级的意志。

由此可见,在一个国家当中,"普遍价值"的产生绝非偶然,它不是人们"恰好"达成的一致,而是建立在相同利益基础上,并通过掌握或依附于政权统治来实现并加强"普遍化"效应的结果。因此,适用于每一个国民的"普遍价值"纯属幻想,只有统治阶级才能享有将自己的意志加以普遍化的特权;同样,适用于每一个时代的"普遍价值"也不会存在,不同的统治阶级会形成不同的"普遍价值"。"普遍价值"的产生过程同时昭示,它本身即为阶级斗争和阶级统治的产物,再动听的名字也无法抹杀其

[①] 《马克思恩格斯全集》第3卷,人民出版社1960年版,第37页。
[②] 同上书,第276页。

阶级属性。即便是随着资产阶级在世界范围内普遍掌握政权和资本主义生产方式在世界范围内占据统治地位，它逐步演化为"普世价值"，实质也依然如此。

二 "普世价值"观念形成于资产阶级价值观的全球"普遍化"

当新兴的资产阶级高擎"人权""自由""平等""博爱"等旗帜，展开反对封建贵族统治的斗争时，资产阶级无疑是当时推动人类历史向前发展的进步力量。资产阶级价值观也成为当时人类社会先进阶级的价值观，获得了反抗封建思想的"普遍性"的面貌，并在资产阶级取得统治地位之后上升为占统治地位的价值观。

马克思和恩格斯指出，在考察历史运动时，"如果完全不考虑这些思想的基础——个人和历史环境，那就可以这样说：例如，在贵族统治时期占统治地位的是忠诚信义等概念，而在资产阶级统治时期占统治地位的则是自由平等等概念。总之，统治阶级自己为自己编造出诸如此类的幻想"。这种历史观必然会碰到这样一种现象："占统治地位的将是愈来愈抽象的思想，即愈来愈具有普遍性形式的思想。"其原因是："每一个企图代替旧统治阶级的地位的新阶级，就是为了达到自己的目的而不得不把自己的利益说成是社会全体成员的共同利益，抽象地讲，就是赋予自己的思想以普遍性的形式，把它们描绘成唯一合理的、有普遍意义的思想。"而它之所以能够作为全社会的代表出现、以社会全体群众的姿态反对唯一的统治阶级，"是因为它的利益在开始时的确同其余一切非统治阶级的共同利益还多少有一些联系，在当时存在的那些关系的压力下还来不及发展为特殊阶级的特殊利益。因此，这一阶级的胜利对于其他未能争得统治的阶级中的许多个人说来也是有利的"[1]。

---

[1] 《马克思恩格斯全集》第3卷，人民出版社1960年版，第53页。

进一步说，随着资产阶级在世界范围内普遍占据统治地位，随着资本主义大工业的扩张、世界市场的拓展、全球化趋势的深化，资产阶级价值观在继它成为各资本主义国家的"普遍价值"之后，再次等到了羽化成"普世价值"的历史机遇。也就是说，资本主义生产方式在全球的扩张，必然要求它将自己的价值观"普遍化"到整个世界。正如马克思和恩格斯所描述的，大工业到处造成了社会各阶级间大致相同的关系，从而消灭了各民族的特殊性。可见，在各国人民被资本主义世界生产体系牢牢掌控之际，抽象的人道主义和资产阶级人权、法治、公平、正义、自由、平等、博爱等观念被塑造成看起来平易可亲、实则居高临下的被神圣化了的"普世价值"。可以说，发达的资本主义生产方式是"普世价值"出现的前提，如果没有大工业，没有世界市场，没有生产力的普遍发展和与此有关的世界交往的普遍发展，就谈不上"普世价值"。

然而，"普世价值"被描绘成仿佛从天堂降临的福音和圣旨，这正说明了资本主义"普世价值"的虚弱。这种价值观越是被神圣化，就越是显示着它的苍白无力，预示着它的末路将至。"当前社会的交往形式以及统治阶级的条件同走在前面的生产力之间的矛盾愈大，由此产生的统治阶级内部的分裂以及它同被统治阶级之间的分裂愈大，那末当初与这种交往形式相适应的意识当然也就愈不真实，也就是说，它不再是与这种交往形式相适应的意识了；这种交往形式中的旧的传统观念（在这些观念中，现实的个人利益往往被说成是普遍的利益）也就愈发下降为唯心的词句、有意识的幻想和有目的的虚伪。但是，这些东西被生活揭穿得愈多，它们对意识本身的作用愈小，那末它们对自身的捍卫也就愈坚决，而这个标准社会的语言也就愈加虚伪，愈加道德化，愈加神圣化。"[①]

更为重要的是，尽管大工业最终会消灭各民族的特殊性，但是每一民族的资产阶级还保持着它的特殊的民族利益。因此，即便是能够将自由贸易在各国之间建立起的世界范围的剥削美其名曰为"普遍的友爱"，但从

---

① 《马克思恩格斯全集》第 3 卷，人民出版社 1960 年版，第 331 页。

根本上说，资本主义的"普世价值"终将无法完全摆脱民族性，它不可能超越国家利益。因此，一相情愿地祈盼"人类本是一个大家庭。一个民族，疆域不论大小，历史无拘长短，只要其告别蒙昧时代、走向文明未来，就必然要尊重人类普世价值，和世界各民族携起手来，共同推动人类历史的进步"①，这若不是过分的天真，就是有意的粉饰。

应当指出，资本主义的"普世价值"具有两面性。一方面，它曾经是攻下贵族统治堡垒的冲锋号，另一方面，它也是对付无产阶级和社会主义国家的精神武器；一方面，它以人权、法治、公平、正义、自由、平等、博爱等美妙的字眼织就虚伪外衣，另一方面，它的实质是为夺取并维护资产阶级的统治地位。

总之，当前盛行于世的"普世价值"只不过是资本主义的"普世价值"。它既不是泽被全人类的"普世"价值，更不是永恒主宰世界的"永世"价值。

三 当代普世价值应当是反映世界无产阶级先进性的价值体系

"普世价值"并非"永世价值"，它应当是世界先进阶级意识形态中的本质价值。如前所述，一个阶级赋予自己的思想以普遍性的形式，往往要经历两个阶段：在初级阶段它是作为力图代替旧统治阶级地位的新阶级，从而"作为全社会的代表出现"；在高级阶段它则利用统治阶级的地位，将自己的意志变成"全民意志"，巩固它所认同的"普遍价值"。从这个意义上看，资产阶级的价值观已经处于高级阶段，并利用社会生产力和生产关系的国际化以及在国际化进程中的主导地位，打造所谓的资本主义"普世价值"。

既然不同的社会形态有着不同的"普遍价值"，那么作为其国际体现

---

① 党国英：《立足民族特色，拥抱普世价值》，《南方周末》2007年10月25日。

的"普世价值",自然也不会是永恒的、绝对的。在无产阶级已成为推动历史进步的主要力量,社会主义制度已经在部分国家建立,并且资产阶级不再具有革命性,资本主义不再处于上升期的情况下,资本主义的"普世价值"必将为无产阶级的普世价值所取代。

这是因为,当社会经济发展到一定水平,"只有随着生产力普遍发展,人们之间的普遍交往才能建立起来;由于普遍的交往,一方面,可以发现在一切民族中同时存在着'没有财产的'群众这一事实(普遍竞争),而其中每一民族同其他民族的变革都有依存关系;最后,狭隘地域性的个人为世界历史性的、真正普遍的个人所代替"。在这个过程中,"当每一民族的资产阶级还保持着它的特殊的民族利益的时候,大工业却创造了这样一个阶级,这个阶级在所有的民族中都具有同样的利益,在它那里民族独特性已经消灭,这是一个真正同整个旧世界脱离并与之对立的阶级"。[①] 这就是已经成为推动历史发展和社会进步主要力量的无产阶级,一个能够真正超越民族利益联合起来、实现世界性的普遍化的阶级。因此,只有建立在全世界无产者共同利益基础上的价值体系,才能够称之为真正的"普世价值"。

我们所要倡导的当代普世价值,正是反映世界无产阶级先进性的价值体系。它分为两个层次:一方面,从本质上看,反对资本主义应当成为当代世界范围内的普世价值,这不仅适用于社会主义国家,也适用于资本主义国家,只不过这已不再是由其统治阶级推行的"普世价值",而是其社会先进阶级秉持的普世价值。正因为如此,团结联合和集体主义构成了当代普世价值的重要内容。另一方面,从现实策略和具体运用上看,由于全球范围内的两种社会制度、两种意识形态还将长期共存,因而既要明确当代普世价值的实质,又要根据实际情况,将这一普世价值转化为可以同资产阶级"普世价值"进行有效斗争和对话、维护社会主义国家利益和安全的价值观念,建立一套较为完整并具有时代特征和开放性的价值体系。例

---

① 《马克思恩格斯全集》第 3 卷,人民出版社 1960 年版,第 68 页。

如，中国所提出的奉行和平共处五项原则，在人权问题上反对将个人人权绝对化、重视个人人权和集体人权的有机统一，"以辛勤劳动为荣，以骄奢淫逸为耻"等等，都是蕴含于这一当代普世价值体系之中的丰富内容。

概括地说，当代普世价值以反对资本主义为本质核心，同时涉及在多个领域的具体表达和灵活运用，是一个内涵丰富并不断发展的价值体系。而无产阶级的当代普世价值与社会主义制度相结合，则形成了社会主义的基本价值体系。我国的社会主义核心价值体系是这一普世价值的核心内容与我国社会主义制度相结合的产物，由马克思主义指导思想、中国特色社会主义共同理想、以爱国主义为核心的民族精神和以改革创新的时代精神、社会主义荣辱观等构成基本内容。

总之，"普世价值"之争事关中国改革方向和前途命运。我们要摒弃资本主义的"普世价值"，弘扬新的符合当代世界先进阶级利益的普世价值。

（作者单位：中国社会科学院马克思主义研究院）

（原载《理论探索》2008年第6期）

抽象人性论、"普世价值"和美国的文化战*

梁 孝

近几年来,"普世价值"① 忽然成了媒体中的热门词汇。一些论者认为,人类文明的核心是一些在人类社会发展中形成的普世的价值准则以及相应的社会基本制度,中国应该拥抱普世价值,抛弃那些与这些普世价值相背离的东西,向由这些价值所确认的基本社会制度前进,融入世界文明主流。换句话说,就是在普世价值的指引下在中国全盘引入西方的政治经济基本制度。而这些普世价值的核心就是"自由、民主和人权"。无疑,自由、民主和人权都是美好的,然而,令人困惑的是,凡是"自由、民主和人权"这样的普世价值在社会主义国家或发展中国家大肆鼓噪之时,也是这些国家动乱开始之日,苏联、南斯拉夫的国家解体和变质,其他东欧国家的剧变,还有在俄罗斯周边国家发生的颜色革命无不如此。这里的奥妙何在呢?实际上,以"自由、民主和人权"为核心的普世价值,不仅是西方的主流意识形态,更是美国维护、扩张其全球霸权的战略工具。

---

* 本文为作者参与的国家社科规划重大项目"用社会主义核心价值体系引领多样化社会思潮研究"(07&ZD034)的阶段性成果。
① 普世价值的争论源自大众传媒,内涵模糊,外延过于宽泛。基本上有三种观点:一、把某些道德规范的共性作为普世价值,如都要遵守交通规则,都要尊老爱幼等;二、指一套永恒的、适合于任何国家、民族、个人的价值体系,如认为儒家思想体系或伊斯兰教思想体系是普世价值;三、专指以"自由、平等、人权"为核心的西方资产阶级的价值体系。本文所讨论的"普世价值"围绕第三种展开。

一 "普世价值"：抽象人性论和启蒙意识形态

以"自由、民主和人权"为核心的"普世价值"是现代西方资产阶级国家的主流意识形态。其基本思想是强调个人的自主地位，个人有至高无上的自主权，而健全社会的道德、法律、制度都建立在个人的自主权之上。这些观念在欧洲文艺复兴时期的人文主义运动中出现，在法国启蒙运动时期得到广泛传播，并在资产阶级革命中得到确立，美国的《独立宣言》、法国的《人权与公民权宣言》标志着其上升为主流意识形态。这些价值观念对于打破欧洲的封建制度，推动资产阶级革命，推动资本主义发展，起到了重大的历史作用。

在法国大革命之后，这种"普世价值"观在英美得到极大的发展，增加了更多的个人主义色彩，强调个人行为不受约束是历史进步的动力。在自由、平等、三权分立式民主、人权的政治自由基础上，加入了经济自由的内容。总的来说，这时的普世价值强调的个人自由、竞争，主张自由放任主义，强调通过自由竞争发挥个人能力，反对政府对个人和社会的自发性进行干预。由于美国历史的特殊性，这种以个人主义为核心的"普世价值"成为美国意识形态的核心。这是与私营企业和自由放任的国际贸易政策相联系的意识形态。我们现在传媒所说的"普世价值"，从内容来说，更多的是美国版的"普世价值"。

"普世价值"的内容虽然随着历史进程有所变化，但它的哲学基础变化不大，仍是以法国启蒙运动时期的抽象的人性观为思想基础。

启蒙哲学把古希腊和罗马时期的自然法加以发展，认为上帝创造了世界，赋予整个世界以秩序和法则，这就是自然法则，它是普遍而神圣的。人是上帝的创造物，人在本性上受自然法则支配，人可以凭借理性认识自然法则。而"自由、平等、博爱……"这些价值观念，正是体现着理性、体现着人性的内在法则、体现着上帝的原则。所以，它是神圣的、永恒的、普遍的。启蒙时期思想家认为，在现实社会中，不同民族的道德准则、法律制度、风俗习惯是多种多样的，但是，在这些表象的深处，人性及其自然法则是不变的。现实的道德原则和法律制度在不同程度上压制着人性及其原则。人类的使命就是遵循理性和自然法则，或者说就是在"自由、平等、博爱"等价值原则基础上，建立符合人性的社会制度。

从抽象的人性论出发论证价值的普世性，其错误显而易见。这种思维方式把社会还原为个人，再把个人还原为某些既定心理特征，如理性、欲望等，然后，再从这些特征出发，构建出理想的价值标准和社会模型，并用它们作为标准来衡量现实的社会。这是一种典型的方法论个人主义。"个人被抽象地描绘成一种既定的人，有着既定的兴趣、愿望、目的、需要等等；而社会和国家则被描绘成或多或少满足个人要求的实际的或可能的社会安排……这种抽象的个人观的关键就在于，它把决定社会安排（世界的或理想的）要达到的目标的有关个人特征，不管是本能、才能、需要、欲望、权利还有别的什么，都设想成既定的、独立于社会和环境的。"①

实际上，这种抽象的个人以及相应的普世价值，本身就是社会的产物。马克思和恩格斯对此都做过精辟的论述。马克思在批判启蒙时期"抽象的人"这种观念时指出："被斯密和李嘉图当作出发点的单个的孤立的猎人和渔夫，属于18世纪的缺乏想象力的虚构……这种18世纪的个人，一方面是封建社会形式解体的产物，另一方面是16世纪以来新兴生产力的产物。"② 而恩格斯精辟地指出了"自由、平等"这些普世价值与资本主义生产关系的内在联系："大规模的贸易，特别是国际贸易，尤其是世界贸易，要求有自由的、在行动上不受限制的商品所有者，他们作为商品所有者来说是有平等权利的，他们根据对他们所有人来说全都平等的（至少在当地是平等的）权利进行交换……而自由和平等也很自然的宣布为人权。"③ 所以，普世价值并非建立在人性基础上的永恒的、普遍的价值，而是在特定

---

① 史蒂文·卢克斯：《个人主义》，阎克文译，江苏人民出版社2001年版，第68页。
② 《马克思恩格斯选集》第2卷，人民出版社1995年版，第1—2页。
③ 《马克思恩格斯选集》第3卷，人民出版社1995年版，第446—447页。

的社会历史阶段产生的，代表新兴资产阶级利益的价值观念。

哲学基础的错误也自然决定了"普世价值"的思维误区。它总是要设想一种超越社会和历史的永恒的价值标准，用这种标准从外部衡量社会，认为任何不符合这种标准的社会都是黑暗的、愚昧的，并要求按照普世价值来改造社会。但是，这种思想缺乏历史的眼光，看不到社会发展的历史脉络，看不到社会现象复杂的现实根源，因此，也看不到现存社会的合理因素。所以，普世价值的批判能力有余，而建设能力不足。这也是由于资产阶级革命时期的历史使命决定的，当时的思想家的目标是否定和批判现实，而不是要探询其历史合理性的一面。

二 作为美国国际战略工具的"普世价值"

第二次世界大战以后，美国代替英国成为资本主义世界体系的霸权国家，美国精英们高呼"美国世纪"的到来。在这一时期，世界政治经济格局复杂多变。一方面，老牌帝国英法日趋衰落而又心有不甘，另一方面，以苏联为首的社会主义阵营形成，而第三世界国家的反帝反殖民运动风起云涌。为了维护自己的霸权地位，把整个世界纳入以美国为中心的世界秩序，美国必须消解苏联在世界范围的影响，消灭社会主义制度，同时控制英法、主导第三世界国家的发展方向。为了完成这个战略部署，美国把自己的个人主义的主流意识形态，也就是我们现在所说的"自由、民主、人权"等普世价值，当作思想武器来争夺文化领导权。通过文化的美国化，实现世界的美国化。

美国历届政要，从杜鲁门、杜勒斯到尼克松，从里根、克林顿到老小布什，对"自由、民主和人权"这一重要的战略武器念念不忘，把守护、传播这些价值作为美国的使命。把这个问题说得最清楚的，无疑是美国前总统尼克松。在《真正的和平》中，他写道："我们有两种强花色牌，即在经济力量和思想力量方面……我们不应当怕搞宣传战，不管是在苏联帝国的内部，还是在世界其他地区。光是谴责共产主义的罪恶是不够的。我们还必须公开宣传自由将带来的好处……甚至在和平时期，思想战将继续进行下去。我们将确保这种宣传战在铁幕的内外同时进行……我们应当充分运用作为西方文明基本特点的精神和文化价值观的影响。不管苏联人是否决意在这些领域竞争，我们都应当用我们掌握的全部力量去竞赛。"① 在《1999年：不战而胜》一书中，他明确指出了"普世价值"的作用，"在与苏联进行意识形态竞争时，我们有一手好牌。我们的自由和民主价值观在世界各地极有魅力。它们的力量在于它们并不规定人应该如何生活，而只是认为个人与民族应能自由地选择他们的生活方式。虽然不是所有的人都有民主管理自己的能力，但几乎所有人都希望民主"。②

美国政府不仅一直高举"自由、民主和人权"的大旗，而且制订了周密的计划，在世界范围内进行文化战，传播普世价值。第二次世界大战结束之后，面对苏联社会主义的国际影响力，美国制定了编号为NSC—68的政府文件，这是冷战的最高指导文件，核心宗旨是"通过建设性措施实施'自由'这个理念，证明其优越性"。③ 而美国的中央情报局是实施这一纲领的主要部门，它是一个"影子文化部"，主导着美国的对外文化战略。中央情报局拥有充足的巨额经费。英国学者弗朗西斯·斯托纳·桑德斯的研究发现，在美国扶植欧洲的"马歇尔计划"中规定，每个接受计划的国家都应当将与该计划提供的外援资金数额相等的资金存入中央银行，作为对应资金。这些资金的5%为美国国有资产，大约有2亿美元，而这一部分成为秘密经费，进入了中央情报局的腰包。④ 凭借着巨额经费，中央情报局在世界范围内操纵着美国价值观的传播。在中央情报局的操纵下，美国价值观念的传播，有三条途径。

第一，大规模的宣传战。即利用现代传媒进行长期的覆盖式宣传，一方面宣传美国的价值观念和生活方式，另一方面揭露当地政府所谓的"黑

---

① 辛灿主编：《西方政界人物谈和平演变》，新华出版社1989年版，第29—31页。
② 同上书，第48页。
③ 弗朗西斯·斯托纳·桑德斯：《文化冷战与中央情报局》，曹达鹏译，国际文化出版公司2002年版，第105页。
④ 同上书，第114页。

暗面"。最典型的是美国之音广播、针对东欧原社会主义国家的自由欧洲电台的广播等。这些宣传明明是政府操纵的，却都是以民间"私人"机构的形式出现。这种文化传播过于直白，相关国家直接以电波干扰的形式对抗。而且，这种传播方式"宣传"色彩过浓，传播的效果自然打了折扣。

第二，以文化交流为掩饰的秘密的文化渗透。第二次世界大战之后，中央情报局在宗教、艺术、文学和社会科学等领域，不断推出美国的文化，争取世界范围的知识分子对美国文化的认同，并通过这些知识分子的辐射作用，影响大众的价值观念。为了掩饰这些活动，中央情报局往往成立一些外围基金会，把资金打入基金会账户，把钱"洗"干净之后，再来资助他们看中的知识分子和由这些知识分子成立的文化组织。另外一些著名的基金会如福特基金会、洛克菲勒基金会等，其领导人与中央情报局有千丝万缕的联系，经常主动为中央情报局排忧解难。以中央情报局操纵的最著名的文化组织"文化自由同盟"为例，该组织的目的就是与苏联在世界范围内争夺人心，宣传美国的价值观念。在60年代中期鼎盛时，该组织影响巨大，在35个国家设有办事处，雇佣280名工作人员，用几十种语言出版20多种有影响的刊物，举办各种艺术展览、音乐会、高水平的国际会议等文化活动。仅1966年这个组织的活动经费就达200万美元。[①] 这在当时已经是巨资了。而这里显露的，只是冰山的一角而已。中央情报局对这些组织的秘密资助和操纵，只有这些组织的核心成员才知道。而许多外围的工作者根本不知道自己的活动是被一只看不见的手所操纵的。

第三，文化商品输出。文化商品输出是传播美国生活方式和价值观念的重要方式。在第二次世界大战之前，美国已经把文化商品输出与国家地缘战略相结合，向拉美地区输出文化产品。第二次世界大战之后，这种手法更加成熟。美国学者赫伯特·席勒认为，美国通过垄断公司推销其文化产品的手段非常巧妙。这些公司实际上是利用传播设施—销售设备—服务

[①] 彼得·科尔曼：《自由派的阴谋——文化自由同盟与战后欧洲人心的争夺》，黄家宁、季宏、许天舒译，东方出版社1993年版，第268页。

承包—生产节目这样的纵向一体化体系进行文化输出。拉美和非洲等第三世界国家为了发展广播传媒事业，要向美国购买传媒设备。但是，设备到位之后，由于资金缺乏无力制作节目。而美国公司往往把销售传播设备、售后服务与文化产品进行捆绑式的销售，而且，由于这些产品在国内已经收回成本，往往以低廉价格外销。这就形成了美国文化产品在世界范围内泛滥，冲击着其他民族的文化。但是，在这种商业行为中，人们往往忽略美国政府的地缘战略目标。

三 "普世价值"在美国国际战略中的作用

美国在世界范围内传播"自由、民主和人权"，其对社会主义国家和其他发展中国家的危害到底在哪里呢？这个问题必须从资本主义世界体系的结构性特征来认识。

在19世纪末和20世纪初，资本主义已经在全球扩张。一些老牌资本主义国家发展为帝国主义强国。而其他国家和地区，由于西方资本主义入侵和渗透，传统社会已经瓦解，但由于帝国主义的竞争和压迫，资本主义无法正常发展起来，被迫成为帝国主义的原料市场和销售市场。这样，在全球范围内，出现资本主义世界体系的"中心—边缘"的等级结构。发达资本主义处于资本主义世界体系的中心位置，而其他国家处于边缘位置。中心国家利用技术垄断、金融垄断、对世界资源的控制、军事力量和意识形态等各种手段，通过与边缘国家的不平等交换，在世界范围获得超额的垄断剩余价值。因此，资本在世界范围内自由流动、全球自由贸易以及思想的自由传播，是这些国家霸权的内在要求。这样，也就可以理解，美国刚刚登上世界霸主的宝座，美国总统杜鲁门便声称："美国人认为有一件事要比和平更重要，那就是自由——信仰自由、言论自由、经营自由。"[①]"自由"不仅仅是价值观念，更是美国全球霸权的基础。

---

① 赫伯特·席勒：《大众传播与美利坚帝国》，刘晓红译，上海世纪出版集团2006年版，第5页。

与此同时，反对资本主义世界体系的运动也风起云涌。这些运动包括以苏联和中国为代表的社会主义运动，第三世界国家追求民族独立和发展的运动。这些运动共同的特点是要摆脱国际资本的剥削与压迫，追求民族的解放和发展。为此，不管是走社会主义道路还是走资本主义道路，都要求发展自己的国民经济体系，发展自己的民族工业。而为了实现这一目标，必须通过强有力的政府，集中有限的资源，在不同程度的统筹计划下发展经济。在这些国家中，国家必然要在经济发展中发挥极其重要的作用。与此相对应，在价值观念上，社会主义国家往往强调集体主义，认为国家和民族高于个人，强调把个人融入集体，个人服从集体，在集体的发展中实现个人利益。从大的历史趋势看，这些价值观念无疑是合理的，也是必要的。但是，这种政府主导下的发展模式和强调集体的价值观念，无疑是美国霸权机制运行的最大障碍。因此，美国通过传播"自由、民主和人权"这样的普世价值，先获得意识形态话语权，置一些发展中国家于"极权"恶名之下，削弱这些国家政权的凝聚力和主导经济能力，进而在其政权中扶植自己的利益代言人，最终要把这些国家变成自己的附庸。

归纳起来，"普世价值"在美国国际战略中的作用有以下三点。

第一，确立"自由民主与专制"的话语权，获得意识形态领导权。美国最初针对的目标是社会主义。为了消除社会主义的影响力，美国在突出自己的"自由民主"价值观的同时，将苏联的计划经济模式称之为极权国家。1956年，赫鲁晓夫在苏共二十大上做了关于斯大林的秘密报告。美国政府抓住这一点，把美国和苏联的冷战描绘为"自由与专制之间的斗争"[①]，丑化社会主义制度，打击社会主义的意识形态的影响力。

在这之后，美国又将"自由民主与专制"这样的话语模式转向其他发展中国家。在这个话语模式中，美国以人权卫士自居，把自己视为自由民主的象征。凡是与美国不同社会制度或体制的国家，不管是社会主义国家还是其他发展中国家，都被不同程度的冠之以"极权""专制"国家，而

---

① 《杜勒斯言论选集》，世界知识出版社1960年版，第242页。

这些国家的任务就是按照美国的标准,不断改进自己的社会制度,从黑暗走向光明。

这样的话语模式为美国的全球霸权行为提供了最好的理论辩护。美国是在世界范围内维护人权、维护人的自由平等、打击独裁政府,任何敢于反抗的政府,都是在向全人类开战。这样,美国高举普世价值的大旗,"替天行道",成功跨越了民族国家主权这一障碍。英国学者彼得·高恩认为,美国"把那些自由民主国家内部的法律体制所用的措词专用于世界政治领域……国际事务变成了一个不带政治色彩的犯罪和司法惩处过程,更重要的是它改变了人们的理解方式,即把这一切看作是一种会产生法律后果的犯罪行为。这样一来,构成全球政治的错综复杂的势力交锋战场,奇迹般地变成了一个受立宪国家制度制约的,并按照自由主义法制理论来管理的世界形象"。① 在这里,美国追求自身国家战略利益的国际政治行为,被转释成美国维护国际正义,打击国际不法分子的行为,而且,美国就是这个大法官。

第二,以"自由民主"制度削弱目标国家的控制能力,使其社会离心化。按照普世价值来建立符合人性的社会制度,本质上就是要移植美国的社会制度。美国的富强源于它在世界体系中的中心地位、在国际分工体系的高端位置。也正是因为这个原因,边缘国家必须通过国家主导的赶超型发展模式,才能获得真正的发展。但是,资本主义世界体系的这种结构性特征往往被人们所忽视,人们总是希望通过复制美国的制度来实现美国式的富裕繁荣。但是,美国输出"自由、民主和人权",不是为了使这些国家走上康庄大道,而是为了削弱这些国家的主导能力,加强美国垄断资本控制这些国家的能力。苏联的解体正说明了这一点。

在戈尔巴乔夫启动民主化、公开性改革时,他可能不知道这意味着什么。但是,美国政治家却清楚地知道这种改革的后果。布热津斯基认为:"苏联及其改革的根本弱点在于它是一个多民族帝国,而一个多民族帝国

---

① 彼得·高恩:《华盛顿的全球赌博》,顾薇、金芳译,江苏人民出版社2003年版,第193页。

实行权力下放往往会导致帝国解体。"①"民族的多样化最终构成了苏联制度的致命弱点。以真正参政为目的的改革计划会轻而易举地演变成大俄罗斯民族同苏联的各非俄罗斯族之间的全面民族冲突……（当改革出现混乱、生活水平下降时）在苏联公民比较习惯于哪怕是参政活动稍有增加的情况之后，他们还会变得敢于大胆发泄自己的不满情绪。到那时，如果人们看到学生闹事、家庭主妇游行示威以及工厂工人举行罢工的公开场面，就不应该感到出乎意料了。"② 正是看准了这一点，他认为，"西方必须制定一项真心诚意地帮助实行系统改革的政策……如果只把金钱倒入苏联和东欧，那不仅仅是浪费，而且会延误需要进行的基本改革。相反，美国、欧洲和日本应该坚持，提供任何实质性援助的互换条件是进行正式制定经济和政治多元化改革。接受长期三边援助的国家必须表明他们正审慎地逐渐采取价格自由机制，又实行政治选择的真正自由"。③ 布热津斯基已经说得再清楚不过了，西方式民主会造成苏联的民族矛盾和社会矛盾，并导致苏联解体，西方政府应该支持、鼓励苏联的民主改革，甚至用经济援助引诱、要挟苏联进行民主化改革。当然，苏联领导人盼望美国式丰裕社会，而美国人却冷眼旁观，静待苏联解体。这就是美国所推销的按照普世价值改革社会制度的真正意图。

第三，以"自由、民主和人权"为武器颠覆别国政府，扶植代理人。自由、民主和人权最核心的精神就是对政府权力的制约，让权力维护公民的福利。但是，在复杂的国际政治中，美国把自由民主制度对权力的制约能力，转变为利用反对派攻击政府，颠覆政府的武器。美国不是从当地民众的福利出发，而是从美国的战略目标出发，扩张自己的势力范围。美国发动的颜色革命，集中体现了这种特征。

苏联解体后，一些加盟共和国虽然独立，也按照西方民主政体进行了改革，但其政府领导大多是苏联时期的领导人，存在着亲俄倾向。而占据

---

① 辛灿主编：《西方政界人物谈和平演变》，新华出版社1989年版，第133页。
② 同上书，第124页。
③ 同上书，第146—147页。

地缘战略要地，遏制俄罗斯重新崛起是美国的既定目标。所以，美国必然向这些国家渗透，扶植美国利益的代言人。"自由、民主和人权"又成了重要的手段。

美国先是在民众中进行意识形态渗透。出面的往往是美国的各种非政府组织，如美国民主党的全国民主研究所、美国共和党的国际问题研究所、国际选举制度基金会、国际共和政体研究所等（这些组织都从美国政府所属的国际开发署拿钱）。它们派出学者、情报人员、知名政要、索罗斯式的财经名人，在目标国家进行活动，建立各种反政府的政治组织，尤其是在青年学生中培养政治积极分子，提供资金和指导，宣传美国的自由民主价值观。同时向报刊传媒渗透，以此为中介，在民众中进行意识形态渗透。一旦时机成熟，在该国进行总统或议会选举时，由反对派宣布拒绝承认有利于政府的选举结果，鼓动或收买民众走上街头，游行示威，甚至煽动示威群众占领政府机构。与此同时，西方国家发动强大的舆论攻势，或者政府声明，或者舆论谴责，这样，其政府当局就在国内国外失去了合法性和权威性，被迫辞职，然后由反对派上台组建政府，美国和西方国家承认新建政府。如此这般，美国扶植的政治势力合法上台。乌克兰、格鲁吉亚、吉尔吉斯斯坦这些发生颜色革命的国家，都是战略地位极其重要的国家。布热津斯基认为："丢掉了乌克兰及其5200多万斯拉夫人，莫斯科任何重建欧亚帝国的图谋均有可能使俄罗斯陷入与在民族和宗教方面已经觉醒的非斯拉夫人的冲突中。"[①] 控制了乌克兰，也就遏制了俄罗斯向欧洲迈进的脚步。格鲁吉亚是黑海石油管道的枢纽，而吉尔吉斯斯坦则处于亚欧大陆中心区。美国通过颜色革命，以低廉的代价实现了英美地缘政治家挺进、遏制欧亚大陆中心地带的战略设想。

总而言之，近20年来，美国以"普世价值"作为战略武器，谋求自己的全球霸权，获得了巨大的战略利益。苏联解体在前，颜色革命喧嚣在后，

---

① 布热津斯基：《大棋局：美国的首要地位及其地缘战略》，中国国际问题研究所译，上海人民出版社2010年版，第77页。

殷鉴不远，在我国改革开放进入关键时期之际，对于"普世价值"，不管是理论研究者还是实践者，都应该有清醒的认识。

（作者单位：中国社会科学院马克思主义研究院）

（原载《马克思主义研究》2009年第7期）

从西方非意识形态化思潮的角度看"普世价值"

高立伟

关于"普世价值"争论的背后潜伏着巨大的现实政治意蕴：它不仅表现了西方非意识形态化思潮当代出场的新面目、新途径、新方式，更预示着西方和平演变社会主义制度的历史心结从未松懈。"普世价值"的出笼向我们昭示：曾经甚嚣尘上的"意识形态终结论""历史的终结""淡化论""去意识形态化"以及"趋同论"等西方非意识形态化思潮正在以更为灵活、更为隐蔽、更为复杂而又精炼浓缩的形式向我国扩张、渗透，企图从演化国家与民族的核心价值基础着手，将社会主义意识形态堡垒彻底摧毁，从而达到"政治同化"与"制度趋同"的本质目的。从这个意义上说，"普世价值"不仅是西方非意识形态化思潮的当代产物及"意识形态终结论"等非意识形态化思潮的改头换面并在当代再次粉墨登场，更是西方非意识形态化思潮的"集成芯片"，其实质是国际垄断资本在全球扩张的理论表现，是资本主义从国家垄断走向国际垄断的思想基础，其本质目的及功能是促使世界社会制度的趋同。

一 "普世价值"：西方非意识形态化思潮的当代产物

非意识形态化"作为一种政治思潮始于20世纪初期，泛滥于20世纪

50年代中后期和80年代中后期"①。也就是说，西方非意识形态化思潮在以上两个时期出现了两次高潮。西方非意识形态化思潮的代表人物主要有丹尼尔·贝尔、弗朗西斯·福山、维尔纳·桑巴特以及其他如李普塞特、布热津斯基、雷蒙·阿隆等。他们的主要思想在其各自的著述中有集中的表现。代表性的有：桑巴特《为什么美国没有社会主义》、贝尔《意识形态的终结》、布热津斯基《大失败——二十世纪共产主义的兴亡》、福山《历史的终结及最后之人》等。在历史背景、理论旨趣上，西方非意识形态化思潮具有鲜明的政治倾向和价值诉求，并主要以"超阶级性"和"价值普世性"的面目呈现。它的理论旨趣和实践用意可以从三个方面考察。首先，从哲学基础上看，非意识形态化思潮以抽象的人性论为基础，具有明显的唯心主义色彩和形而上学倾向，强调所谓的普遍的人道主义和人类共同的价值观，用抽象的"共同人性""人类本性"作为最高的价值标准，否认人的阶级性及社会历史性；其次，在政治倾向上，非意识形态化思潮极力反对马克思主义和社会主义，甚至故意歪曲和攻击，而且将社会主义制度看成是"专制、独裁、乌托邦"，从而强调资本主义制度是社会历史的最高形态，资本主义文明是人类文明不可超越的终极存在，自由民主制度是人类意识形态的终点，也是人类统治的最后形式；在实践诉求上，非意识形态化思潮致力于用强大的精神武器摧毁社会主义意识形态堡垒及其价值观念体系。可以看出，非意识形态化思潮主要强调两点：一是强调人类价值和文明的同一性和普世性；二是鼓吹资本主义是人类社会的终结形态。

近来热议的所谓"普世价值"，其内涵与西方非意识形态化思潮的核心理念是相互契合的。主张民主、自由、人权、平等、博爱的"普世价值"，其哲学基础也是从抽象的人性出发，强调民主、自由、平等的超阶级性，否认人的现实阶级性、社会性及历史性，强调人类共同的价值观和价值体系，其实践追求就是要将人类文明纳入资本主义所建立的所谓普遍

---

① 袁铎：《非意识形态化思潮研究》，中国社会科学出版社2008年版，第1页。

文明的轨道。我们有理由认为,"普世价值"具有鲜明的非意识形态性以及"去意识形态化"和"意识形态终结"的价值诉求和政治倾向,"普世价值"与西方非意识形态化思潮是一脉相承、渊源相连的关系。正是在这个意义上说,"普世价值"是西方非意识形态化思潮的当代产物。

二 "普世价值":西方意识形态终结论的再次粉墨登场

所谓的"普世价值"是丹尼尔·贝尔等西方非意识形态化思潮的主要代表所鼓吹的意识形态终结论思潮在当代的改头换面和再次粉墨登场。1960年,贝尔的《意识形态的终结》正式出版。在该书中,贝尔不仅从理论上系统阐述了其意识形态终结的思想,更从美国社会的独特性出发,并联系1950—1960年代苏联社会主义的现实情况,通过对比分析社会主义意识形态失去号召力的原因和表现,得出所谓以"激进主义"为特征的社会主义意识形态不仅在美国等西方国家没有任何存在的市场和环境,而且在苏联这样的大牌社会主义国家也即将消亡而终结。丹尼尔·贝尔用当时西方世界部分知识分子表现出来的某些政治共识和价值追求来论证意识形态的终结。如,贝尔认为:"在今天的知识分子中间,对如下问题达成共识:接受福利国家,希望分权、混合经济和多元政治体系。从这个意义上说,意识形态的时代也已经走向了终结。"[①] 贝尔还说:"19世纪的意识形态是普世性的、人道主义的,并且是由知识分子来倡导的;亚洲和非洲的大众意识形态则是地区性的、工具主义的,并且是由政治领导创造出来的。"[②] 贝尔一方面宣扬西方世界所持有的意识形态具有普世性,另一方面又诋毁亚非国家的意识形态为狭隘的地方性和阶级构建性。可以看出,贝尔的本质用意在于宣扬亚非社会主义意识形态将走向终结。

弗朗西斯·福山和贝尔的思想本质上是一脉相承的。美国《国家利

---

① 丹尼尔·贝尔:《意识形态的终结:五十年代政治观念衰微之考察》,张国清译,江苏人民出版社2001年版,第462页。
② 同上书,第463页。

益》杂志在1989年第16期刊登了福山的《历史的终结》一文，拉开了第二波非意识形态化思潮涌动的序幕，而且在1990年前后苏联解体、东欧剧变之际达到了高潮。福山认为："西方国家实行的自由民主制度也许是'人类意识形态发展的终点'和'人类最后一种统治形式'，并因此构成了'历史的终结'。"[①] 可以说，福山的思想就是贝尔思想的延续，并予以升华地提出了所谓的"历史的终结"。因为，福山认为存在"世界普遍史"的可能。他借用黑格尔的历史概念，把历史理解为普遍与连续的，而最终终结于自由民主社会的普遍建立。福山认为："如果目前社会的政治组织形式完全满足了人的最基本需要，历史就走到了尽头。"[②] 其意思就是说，资本主义社会建立起来的自由民主制度已经满足了"人的最基本需要"而具有普遍性，为此，社会主义与共产主义就没有存在的必要，历史的发展形态就此可以终结了。

从以上分析可以看出，贝尔和福山等西方非意识形态化思潮的代表人物思想中的一个核心关键词，就是资本主义的"自由民主制度"。而主张民主、自由、人权等观念的"普世价值"就是价值观的资本主义意识形态表达，是西方非意识形态化思潮的话语转换及其价值渗透方式的当代语式，其外在表现形式就是所谓的资本主义"自由民主制度"。福山等鼓吹的历史终结论完全是为了确证这种代表西方资产阶级意识形态的"自由民主制度"的"普世性""永恒性"以及"优越性"。而这种意识形态就是西方非意识形态化思潮改头换面后的当代表现——"普世价值"。这是我们热议"普世价值"必须厘清的前提及事实。

西方非意识形态化思潮在当代为什么要改头换面而粉墨登场？原因有二：一是随着苏联东欧的解体，直接对抗的"冷战"方式结束，西方对社会主义国家的遏制策略随之改变，不再以军事遏制为直接手段，而是以接触与合作为幌子，通过文化交流与大众传播的方式，向社会主义国家输送

---

① 转引自袁铎《非意识形态化思潮研究》，中国社会科学出版社2008年版，第85页。
② 弗朗西斯·福山：《历史的终结及最后之人》，黄胜强、许铭原译，中国社会科学出版社2003年版，第153页。

西方价值观念，以达到和平演变之目的。二是中国改革开放的实践成果展现了马克思主义意识形态在当今世界的旺盛生命力。基于这样的原因，西方非意识形态化思潮已经无法用赤裸裸的政治性话语进行其自由主义意识形态的扩张与渗透，必须找到一种貌似"全球话语"的表达方式，用话语转换的外在形式来掩盖其资产阶级意识形态本质。为此，"普世价值"这种本身就内在蕴含着资产阶级意识形态鲜明特征的所谓"全球话语"就应运而生。而西方非意识形态思潮论者就是试图通过"普世价值"这种非政治性话语来实现他们的政治意图。因此，我们有足够理由相信，所谓的"普世价值"就是西方非意识形态化思潮的改头换面并在当代再次粉墨登场。同时，这种企图用本身就带有明显西方意识形态特征的所谓"普世价值"去宣扬自己的"去意识形态化"思想，也足以证明其理论是何等的混乱和无序。当然，我们不能轻视其对当今思想理论战线所带来的危害。

三 "普世价值"：西方非意识形态化思潮的"集成芯片"

从时间坐标上看，"普世价值"是西方非意识形态化思潮的当代产物；从空间坐标上看，"普世价值"是作为西方非意识形态化思潮主要流派的意识形态终结论在东方社会主义国家的再次粉墨登场。而如果我们从历时和共时的视角出发，将"普世价值"和"非意识形态化思潮"放在当今东方和西方政治、经济、文化的大背景下去分析，那么更值得我们深思并应该引起足够重视的是，"普世价值"这个概念已成为西方非意识形态化思潮的"集成芯片"，并在当下的中国持续发酵、传播，起着话语吸附甚至话语控制的效应和作用。我们知道，在电脑系统中，"芯片"是电脑主板的中枢与核心，或者说是主板的灵魂。而"集成芯片"则是整个电脑系统功能的高度浓缩与集成，使之适应精细化和复杂化的运行环境而提高运行质量和效果。如果我们将西方非意识形态化思潮比作电脑的运行系统，那么"普世价值"就是这个运行系统中主板上的"集成芯片"。由此，可以认为"普世价值"就是西方非意识形态化思潮的当代集成，亦即其灵魂，是这种思潮的高度浓缩版和精炼版。

分析"普世价值"本身,首先,在思维逻辑上,"普世价值"是从观念臆想到现实解释,这纯粹是唯心主义的思维逻辑,这和西方非意识形态化思潮脱离客观现实而作的主观臆断所表现的思维逻辑是一致的,其哲学基础是唯心主义哲学。其次,在价值构成上,"普世价值"将价值主体确定为抽象的"人",将价值客体臆想为超越社会、历史和阶级的自由、民主、人权等抽象的"理念"。从认识论意义上说,这种价值建构是一种满足主体需要的从抽象客体到抽象主体的形而上学式的虚构,其本质是建立在抽象的人性基础之上的满足作为抽象主体的人的需要,因而是反马克思主义的抽象人性论。事实上,价值的内涵是由社会经济关系决定的,价值观从来都是历史的、具体的,而不是永恒或不变的,抽象的、全人类无差别的共同价值观是不存在。再次,在世界历史观上,"普世价值"内在的蕴含着西方非意识形态化思潮论者所宣扬的"世界普遍史"的可能性观念。而这种"世界普遍史"情结以福山的"历史"及"历史的终结"概念为基础,"即把人类社会历史看成是朝着某个价值目标前进的历史,一旦目标实现,历史就宣告终结"[①]。这就反映出,西方意识形态终结论者预想世界史将终结,"普世价值"将成为世界各国人民共同的普遍的核心价值观。

再分析各种西方非意识形态化思潮的流变,我们可以发现其最一般的本质和内涵,就是主张自由、民主、人权等所谓超阶级、超历史及超社会的"普世性价值"。从我国所遭遇的当今非意识形态化思潮的具体表现看,无论是新自由主义,还是消费主义,无论是历史虚无主义,还是民主社会主义等思潮,它们的"非意识形态化"或者"去意识形态化"思想,表现在经济上追求的是市场万能、产权全面私有的自由化取向;政治上追求的是三权分立、议会政治的西方民主化取向;人生观上追求

---

① 参见梁建新《穿越意识形态终结的幻象:西方意识形态终结论思潮评析》,中国社会科学出版社2008年版,第102页。

的是个人主义、享乐主义和拜金主义取向；历史观上坚决否认社会主义国家革命的合理性而宣扬"告别革命论"，反对合理的社会革命，从而否认马克思主义政党执政的合法性；人权观上宣扬天赋、永恒、普遍、不可转让和剥夺的资产阶级"天赋人权"思想而反对马克思主义的非天赋、非永恒的历史和社会经济产物的人权观。西方非意识形态化思潮蕴涵的所有如此种种自由、民主、人权等本质特征，难道不正是"普世价值"所要表达的核心观念吗？正因为如此，如果说"普世价值"是西方非意识形态化思潮的当代产物，是西方意识形态终结论的再次粉墨登场，那么，更应该说，所谓的"普世价值"无疑就是西方非意识形态化思潮的"集成芯片"。

四 社会制度趋同："普世价值"与非意识形态化思潮的根本目的

"普世价值"与西方非意识形态化思潮有着共同的臆想式目的，即社会制度趋同。国内外一些极力鼓吹"普世价值"的声音，目的是要强化这种西方非意识形态化思潮"集成芯片"的功能，促使其作用发挥，履行其"当代使命"，达到东西方社会制度趋同的"美好愿景"。这是鼓吹"普世价值"的本质所在。而这种臆想型"美好愿景"的理论基础来源于作为西方非意识形态化思潮之一的"趋同论"。

"趋同论"思潮兴起于20世纪40—60年代，是西方资产阶级学者提出的具有明显非意识形态化旨趣的社会发展理论之一。1942年，美国经济学家约瑟夫·熊彼特在其《资本主义、社会主义和民主主义》一书中表现了"趋同论"的思想萌芽；1949年，美国社会学家索罗金在其写的《俄国与美国》一书中率先使用此概念，并且索罗金又于1960年发表《美国与苏联相互趋同为混合的社会化类型》的文章，是最具影响力的"趋同论"确证性解释；此后，美国经济学家白金汉、荷兰经济学家丁伯根等都相继出版或发表文章系统论述了各自的"趋同论"思想。西方"趋同论"流派复杂众多，根据各自分析视角的不同，主要有"完全趋同""局部趋同""双向趋同""单向趋同"以及"工业社会""技术官僚社会"趋同论等等，不一而足。20世纪80年代，"趋同论"思想传入我国，产生了较大的影响，引起了国内理论界的广泛争论。"趋同论"的基本理论框架是：以先验目的论为哲学观，相似比较和预测分析法为方法论，科技决定论为逻辑起点，阶级和所有制趋同为本质内容，阐发了所谓社会趋同的一整套理论。在他们所描绘分析的社会里，阶级对抗消失，经济自由发展，科技空前进步，没有经济危机，没有社会不平等，世界将大同于资本主义社会这种"美好图景"。这和贝尔的"意识形态终结论"、福山的"历史终结论"如出一辙。因此，分析作为西方非意识形态化思潮之一的"趋同论"的内涵，我们不难发现，其本质上是"去意识形态化"，作用是资本主义推行和平演变的一个重要理论工具。可以说，"趋同论"以阶级和所有制趋同为核心而抹杀了社会主义与资本主义制度的根本区别，否认资本主义的阶级性质，本质目的是为了促使世界社会制度趋同于奉行民主自由的资本主义制度。"趋同论"的实质是以资产阶级"普世价值"为核心的西方中心论。

而作为西方非意识形态化思潮"集成芯片"的"普世价值"，其本质目的就是致力于价值同一、世界大同而延承着"意识形态终结""历史终结"的"历史责任"，履行着促使社会制度趋同的"当代使命"。而这种"当代使命"的外在表达方式及其实现模式，则是借助价值理论、经济理论、文化理论等非政治性话语形式，并通过各种经济、文化等实践活动广泛的传播和渗透，达到"资产阶级意识形态默化"效果，并最终期望资本主义核心价值观及其制度架构成为历史的终点，实现世界社会制度趋同于资本主义的"美好愿景"。

五　铸造中国价值"芯片"：彰显马克思主义价值魅力

不同意识形态之间的分歧，本质上是不同核心价值观之间的对立。西方敌对势力的意识形态渗透，根本上是资本主义核心价值观的渗透。近年来，意识形态战线的斗争，本质是社会主义价值体系和资本主义价值体系的较量。2009年第13期《求是》署名文章指出："世界范围内各种思想文化交流、交融、交锋日益频繁……意识形态领域渗透和反渗透的斗争仍然十分尖锐复杂，社会思想多元特征明显。"① 这种多元化思潮之于人们思想行为的影响可以用现实生活中的"手表定理"来说明。"手表定理"指一个人有一只表时，可以知道现在是几点钟，而当他同时拥有两只或多只手表时却无法确定准确的时间。两只或多只表并不能告诉一个人更准确的时间，反而会让看表的人失去对准确时间的信心。将"手表定理"引申到思想价值领域，其含义在于我们不能同时秉持两种或多种不同的价值观，否则，思想与行为将陷于混乱。同理，引领一个国家、民族、社会发展的核心价值观只能是一种，而不能多样化。不可否认，当下各种社会思潮正深刻影响着人们文化思想的发展与价值信仰的取向。社会思想多元、多样、多变的趋势更为明显，淡化政治、淡化意识形态的倾向更为突出，马克思主义主流意识形态面临主导性与多样性矛盾的挑战，以"普世价值"为当代出场形态的西方非意识形态化思潮对我国意识形态安全构成了极大威胁。因此，坚持中国特色社会主义核心价值观，铸造中国自身价值"芯片"，引领社会思潮发展，牵引社会价值取向，彰显马克思主义价值魅力就成为必要而紧迫的任务。

中国的主导价值观是社会主义核心价值观。核心价值观是一个社会的思想灵魂和精神依托，形象地说是一个社会精神系统的"芯片"。其在整个社会精神价值系统中处于统摄、支配、引领地位，是一个民族不断繁衍生息的精神凝合剂，是推动社会进步、国家发展、民族团结的内生动力。当代中国社会主义核心价值观以体系化、聚合化的形式出现，即"一种思想、一个理想、两种精神、八大荣辱观"的聚合，具有高度凝练、概括、集约、简洁的特征。但其广泛性、群众性特征不够明显，大众化影响力与

---

① 刘云山：《在新的历史起点上继续推动哲学社会科学繁荣发展》，《求是》2009年第13期。

知晓度以及理解度还不够深。由此，似乎社会主义核心价值观（体系）还没有真正内化为整个社会及其成员的价值"芯片"，还未成为社会的精神向度和信仰追求，从而引领社会思潮、牵引价值取向的作用还未彻底显现与发挥。我们并不怀疑当代中国社会主义核心价值体系的真理性和基石性，但要使之彻底成为整个社会的自觉追求和信仰，从而发挥其凝神聚气、强基固本的功能，还有待进一步铸造其"芯片"与灵魂。

中华民族所形成的东方中国文明是世界上唯一维系了数千年而没有中断的伟大文明。中国所代表的东方传统文化，是世界上历史最为悠久的文化之一。而中国传统文化所倡导的"和为贵""己所不欲，勿施于人"以及人本、和谐、仁爱、公允、包容、诚信等基本理念，是历经几千年历史变迁和社会实践而被证明有利于人类生存发展及社会进步的精神财富，可以成为具有共同性的价值观念。这些观念对于当今世界日益严重的环境、资源、生态以及种族歧视、地区冲突等问题，无疑具有重大现实指导意义。应该说，生于西方的"自由、民主、博爱、人权"等价值观显然不足以应付人类面临的诸多挑战。而同时，作为指导中国革命、建设及改革实践的马克思主义以及当代中国化的马克思主义理论体系，其主要理论观点，如辩证统一、联系发展、矛盾运动以及"实事求是""为人民服务""以人为本""科学发展"等，既是解释世界、发展世界的方法论，更是凝聚人们精神的价值向导。另外，事实胜于雄辩，中国改革开放取得的巨大成就及形成的独特发展模式，是中国社会主义核心价值观的生命力源泉及正当性基础。

笔者以为，马克思主义核心理论观点和中国传统文化中的思想精髓相结合，必将形成具有东方品质和中国特色的"价值芯片"。从这个意义上说，马克思主义理论只有扎根于博大精深的中国东方传统文化之中，同时又运用并发展于中国不断前行的伟大实践中，才能真正凝练并铸造出中国"价值芯片"，彰显马克思主义的价值魅力，增强社会主义意识形态的认同，认清"普世价值"的非意识形态化本质，使我们在当今意识形态领域的严峻斗争中占有强有力的话语权，打赢已见端倪的以"意识形态主导权"为实质的"话语权战争",最终在社会主义价值体系与资本主义价值体系的较量中胜出。

(作者单位:河海大学公共管理学院)
(原载《马克思主义研究》2010年第4期)

关注"普世价值"思潮新走向

李春华

一 "普世价值"思潮借解读中央重大决策之机升温回暖

第一，借解读社会主义核心价值观再度活跃。2013年12月，中共中央办公厅印发《关于培育和践行社会主义核心价值观的意见》，将党的十八大提出的"富强、民主、文明、和谐、自由、平等、公正、法治、爱国、敬业、诚信、友善"，正式确定为培育和践行社会主义核心价值观的基本内容。"普世价值"思潮将社会主义核心价值观与"普世价值"观混为一谈，认为中国的社会主义核心价值观就是"普世价值"观，而绝不是中国特色。他们企图把水搅浑，混淆视听，制造思想混乱。有网络媒体以"中共加强宣传'社会主义核心价值观'纳入普世价值"为题发文称：将西方普世价值中的民主、自由、平等、公正、法治等重要理念都纳入"社会主义核心价值观"，是对中共传统意识形态的一次大胆突破，展示了中共在意识形态和治国理念上试图"与时俱进"的意愿。有的人甚至提出，社会主义核心价值观24个字几乎出现在所有东西方国家的宪法与法律文献中，这毫无疑问地证明，中国的社会主义核心价值观就是"普世价值"。可以肯定，除极少数借助普世价值的概念来包裹"普世价值思潮"特有的"私货"之外，绝大多数人都认为，西方的价值观与我们的社会主义核心价值观是有根本区别的，因而反对照抄照搬西方的价值观。

第二，借解读党的十八届三中全会《决定》再度升温。党的十八届三中全会，明确指明了"全面深化改革的总目标是完善和发展中国特色社会主义制度，推进国家治理体系和治理能力现代化"。"国家治理"概念成为党的十八届三中全会决定的一大亮点，成为学界关注和研究的重点之一，也是"普世价值"借题发挥的重点之一。一些人仅仅遵循西方"治理"概念的含义解释"国家治理"，认为"治理"的概念只是西方政治理论和管理理论的专利，甚至有人认为，"国家治理"这一概念是最接近"普世价值"的概念。

2014年2月17日，习总书记在省部级主要领导干部学习贯彻十八届三中全会精神全面深化改革专题研讨班上的讲话中指出，推进国家治理体系和治理能力现代化，要把"跨越时空、超越国度、富有永恒魅力、具有当代价值的文化精神弘扬起来"。一些人认为，习总书记虽然没有用"普世价值"的提法，但内涵是一样的。他们认为民主和法治是区分现代国家治理体系、治理能力和传统国家治理体系、治理能力的本质所在。在推进国家治理体系和治理能力现代化的过程中，离不开自由、民主、公正、法治这些现代世界普遍认可的价值共识。

应该说，学界绝大多数学者对"国家治理"概念的阐释解读能够坚持正确方向。我们党提出的国家治理体系和治理能力现代化，是紧紧与完善和发展中国特色社会主义制度联系在一起的。因此，全面深化改革，推进国家治理体系和治理能力现代化，必须在坚持中国特色社会主义制度的前提下进行，在完善和发展中国特色社会主义制度的方向上进行。

第三，借解读党的十八届四中全会《决定》再度回暖。最近以来，宪政民主思潮成为普世价值思潮的新变种。一些人认为，作为人类社会政治文明的成果，宪政制度已经成为现代政治制度的基本架构，成为现代文明社会普遍接受的政治法律价值。并由此得出结论：中国要走向现代化，就不能拒绝文明、普世、普适的东西，宪政是社会主义应当继承和发展的普世价值，中国的政治改革必须以实现宪政为目标，通过宪政改革使中国成为一个宪政国家。

党的十八届四中全会提出全面推进依法治国的总目标和重大任务。在全会召开前夕，有学者提出"这个时代仍贯穿着无产阶级与资产阶级、社会主义与资本主义阶级斗争的主线索，这就决定了国际领域内的阶级斗争是不可能熄灭的，国内的阶级斗争也是不可能熄灭的"。由此展开一场"法治"与"专政"的激烈争论。支持者认为，提阶级斗争，不等于倡导搞阶级斗争，尤其不等于重新"以阶级斗争为纲"。"他们很反感阶级斗争的提法，但恰是他们在以阶级斗争的方式追求自己的目标。"批评者认为，这是直接否定十一届三中全会确立的改革开放路线——这届全会停止使用"以阶级斗争为纲"的口号，鼓噪复辟极"左"路线，其实质依然是普世价值思潮的一种表现。

马克思主义认为，在阶级社会中，占统治地位的阶级实行本阶级的专政是不以人的意志为转移的客观规律，也是客观事实。把"专政"和"法治"对立起来，认为有法治就不用专政，有专政就会破坏法治。说到底，就是企图用"法治"来否定、代替人民民主专政，代之以超阶级的"仁者爱人"，这恰恰是"普世价值"的特征。正如有学者已指出的：法治与专政并不矛盾。如果用法治来否定、代替人民民主专政，就上了"普世价值"的当，那法治就会变味，其结果是既得利益者即国际资本和国内买办占尽便宜，而让最广大的人民群众吃亏。当务之急是，不是用法治来代替人民民主专政，而是要进一步加强法治建设。

二 应将批判和抵制错误思潮与解决实际问题紧密结合起来

有效抵制"普世价值"思潮，从根本上有赖于推动改革发展、解决现实中的问题。但要顺利推进改革发展，又必须扫除思想上的障碍，在理论上搞清楚社会主义与西方资本主义在价值观上的本质区别。应区分"普世价值"和"普世价值思潮"或"普世价值论"，正确处理政治问题与学术问题的关系，既要反对披着学术研究隐身衣来宣传西方价值观的"普世价值思潮"，也要反对以政治批判来否定或代替对价值问题进行学术研究的倾向。

马克思主义辩证法揭示了事物都是存在着普遍性与特殊性的统一。人类作为生活在同一个地球上的社会存在物，一定会产生某些共同的需要，进而形成一些共同的价值关系、价值追求和价值观念。2014年春，习近平总书记访欧讲话演讲指出："文明因交流而多彩，文明因互鉴而丰富。文明交流互鉴，是推动人类文明进步和世界和平发展的重要动力。"人类在价值领域存在普遍性或共同性，同时不同文明存在多样性或差异性。正因为如此，不同文明之间的交流借鉴才具有了必要性和可能性，我们才能理解人类文明在历时上的继承关系和共时上的交流借鉴关系。因此，既要尊重不同国家、不同民族在价值观念上存在的差异，不能以自己的价值观为"普世价值"而强加于人；同时也要承认人类文明在相互交流借鉴中，存在着某些共同的价值追求的客观性。从而避免在"普世价值"争论中出现的两个极端：或把普世价值看成是没有任何差别的共同价值，甚至简单地把西方价值当作"普世价值"；或认为人类社会根本不存在任何共同的价值，从而不自觉地造成"中国特色"与人类文明创造的共同价值的矛盾。这样，或许能使我们在这个问题上，更加具有说服力。

应将引领社会思潮与全面深化改革相结合，将批判和抵制错误思潮与解决实际问题紧密结合起来，着力解决现实中存在的重大问题。社会思潮属于社会意识范畴，而社会意识是由社会存在决定的。否则，即使我们在意识形态工作上投入再大，面对现实都是苍白无力的，都无法从根本上消除人们的思想困惑和质疑。思想问题的最终解决，依赖于实际问题的解决。当前，我国的改革开放和中国特色社会主义建设正处在关键时期，我们只有从根本上解决诸如住房教育医疗、贫富差距、腐败、就业、社会和谐等问题，才能使人们从内心深处确立马克思主义信仰、社会主义信念和对党的信任。应该说，党的十八大后，习近平总书记正是这样做的。一方面，强调意识形态领域工作的极端重要性，要求对错误思潮敢于"亮剑"，坚持改革开放的正确方向；另一方面，又积极推进全面深化改革。一方面坚持壮大国有经济，批评私有化思潮，另一方面积极推进国有经济沿着社会主义市场经济方向改革。这种做法也使引领社会思潮取得更有说服力的效果。

理论上的澄清固然很重要，实践上做好自己的事情更重要。理论上的自信最终来自实践上的成功。在批判和抵制"普世价值"思潮的过程中，既要反对脱离实际的空谈现象，也要反对迷失了正确方向的改革。这是有效抵制"普世价值"思潮的关键所在。没有坚实的现实基础，社会主义核心价值观也就失去了根基，只能建设虚无缥缈"空中楼阁"。只有加强我国社会主义核心价值观建设，把我国占主体地位的公有制经济扎扎实实发展好，只有真正解决好社会的公平正义的问题，把我国的政治体制建设搞好，用强有力的事实证明我们的民主比西方的好，社会主义核心价值观的大厦才能在扎扎实实的基础上巍然屹立。

（作者单位：中国社会科学院马克思主义研究院）

（原载《人民论坛》2015 年第 1 期）

警惕"普世价值"论"回暖"

宁德业

提高国家文化软实力、确保我国文化安全、建设社会主义文化强国等问题，日益成为举国上下关注的热点。近来，一股鼓吹西方所谓"民主、自由、人权、平等、博爱"等价值观念思潮的涌入，影响着我国文化软实力的提升。我们必须坚决抵制这种"普世价值"论。

全球化时代的来临，使世界上各个国家和地区之间的经贸往来、人员流动日益频繁，各种文明之间的交流与融合也日渐加速。随之而来的是各国之间综合国力的竞争与较量，不同文化之间的矛盾与冲突日益凸显。尤其是以美国为首的西方文化，利用其资本、技术和市场优势，极力对世界上其他文化加强渗透和控制，通过推行所谓文化"新干涉主义"，谋求世界文化霸权，构建文化帝国主义。这种情况已经影响到了我国及广大发展中国家的文化生存与发展，使我国和世界上一些发展中国家的文化安全问题日益突出地显现出来。这就迫切要求我们高度关注当前我国的文化安全问题，通过大力提升我国文化软实力来实现文化强国，确保更好地承担起中华民族伟大复兴的历史使命。

但是，就在我国人民努力建设社会主义文化强国的关键时刻，一股竭力鼓吹"普世价值"的思潮却在我国社会逐渐传播开来。一些宣扬西方"普世价值"的言论不断见诸报端和一些期刊杂志，从而导致"普世价值"论在我国一度走向衰落后，又有所抬头。更应当引起我们警觉的是，一些人曲解十八大报告明确提出的"富强、民主、文明、和谐""自由、平等、公正、法治""爱国、敬业、诚信、友善"的社会主义核心价值观，重新开始兜售和贩卖所谓的"普世价值"。有人说："中共十八大最大的亮点就是将民主、自由、平等、公正等普世价值列入社会主义核心价值观"，"第一次提出了肯定普世价值的社会主义核心价值观"等等，诸如此类的言论表明，"普世价值"思潮在当前我国社会又呈现出了"回暖"趋势。

其实，这新一轮"普世价值"论的鼓吹者使用的仍然是偷梁换柱的手法，他们从根本上无视十八大倡导的社会主义核心价值观中的民主、自由、平等、公正等概念所具有的阶级属性和意识形态属性，别有用心地将其等同于某些敌对势力企图向全世界推行的以美国为代表的所谓西式"民主、自由、平等、公正"等价值观念。对此，我们决不能受其蛊惑、被其蒙蔽，而应该自觉运用马克思主义阶级分析方法，辩证地把握和认识这种错误论调的本质和危害，对其保持高度警惕。

毛泽东曾经指出："一定的文化（当作观念形态的文化）是一定社会的政治和经济的反映，又给予伟大影响和作用于一定社会的政治和经济；而经济是基础，政治则是经济的集中的表现。"中国文化软实力的提升，需要有物质基础、政治保证、和谐环境等保障条件。但是，那些鼓吹"普世价值"论的人一方面以建立和完善社会主义市场经济体制为借口，竭力抹杀我国市场经济体制的制度属性，企图在经济制度方面为全盘私有化制造舆论；另一方面，这些人想要借我国深化政治体制改革之机，通过大肆宣扬"普选"之类的所谓"普世民主"来实现多党轮流执政。这样发展下去的话，谈何提升我国的文化软实力？

因此，在面对"普世价值"论入侵之时，我们必须坚定政治立场，高度重视意识形态领域的斗争，通过对"普世价值"论的坚决抵制来不断提升我国文化软实力。

（作者单位：湖南大学马克思主义学院）

（原载《中国社会科学报》2013年10月18日）

不甘寂寞的西方"普世价值"观

姜胜洪

一直以来，有一些人将社会主义核心价值观与"普世价值"观混为一谈，认为中国的社会主义核心价值观就是"普世价值"观，而绝不是中国特色。有人歪曲说：十八大报告"第一次提出了肯定普世价值的社会主义核心价值观""将普世价值列入了社会主义核心价值观的范畴"。还有人"分析"："中共十八大的一些新提法也值得关注，其中最大的亮点就是将民主、自由、平等、公正等普世价值列入'社会主义核心价值观'，标志着中共在理念上开始向现代社会靠拢。"在"普世价值"信奉者看来，党的十八大倡导培育的社会主义核心价值观，就是他们一贯所说的"自由、民主、人权"等概念。

而实际上，社会主义核心价值观与以民主、自由、平等、博爱、人权等为代表的西方"普世价值"观有着本质的不同。首先，社会主义核心价值观与"普世价值"观根本内涵不同。社会主义核心价值观具有历史性、具体性及现实性，我们讲的自由、民主、平等、公正，既有社会主义意识形态内涵的规定性，又有社会主义法律的规定性。而"普世价值"观的内容具有抽象性、虚幻性甚至殖民性、侵略性，"普世价值"在现实中根本就不存在。其次，社会主义核心价值观与"普世价值"观的阶级性不同。前者属于社会主义核心价值体系，后者属于资本主义核心价值体系。再次，社会主义核心价值观与"普世价值"观宣扬的价值内容不同。社会主核心价值观是宣扬"社会本位"的爱国主义、集体主义价值观。所谓"社会本位"是指以国家、社会、集体的价值满足为衡量价值和判断道德的准绳。"普世价值"观是以美国为代表的西方发达国家的资本主义价值观,宣扬"个人本位"的个人主义价值观,体现极端个人主义、专制主义、利己主义、拜金主义的思想。

价值观是一定思想理论体系的凝练,因而世界观、历史观决定价值观。以美国为首的西方发达国家从文明习俗、价值观念、精神信仰以及理想道德上抽象地鼓吹自由、民主、人权等,然后对其进行符合自身"文化传统""价值色彩"以及"道德韵味"的因地制宜、因时制宜的解释,把以美国为首的西方发达资本主义国家的文化传统、价值信仰、精神憧憬以及经济政治模式"转换"成为人类共同的理性追求和价值向往,利用其经济、文化影响力和辐射力,吸引其他国家和人民"效仿"甚至"复制",进而使之积极、主动、自觉地成为西方的"信仰者""依附者"以及"跟随者",从而分化、裂化、殖民化这些国家的民族性,并最终达到同化这些国家的民族文化、民族思想、民族理念的目的。其最终目标是推行以美国为首的西方发达资本主义国家的政治制度、民主体制以及文化、道德观念和精神信仰,诋毁、否认民主的具体性和多样性,企图用"美式""欧式""西式"民主改造世界和驾驭全球。从意识形态的反渗透角度看,以核心价值观为突破点,进而根本推倒马克思主义、颠覆社会主义主流意识形态,是当前西方对我进行"西化""分化"战略的新动向。

核心价值观之争,就是思想主导权之争。"普世价值"作为西方向社会主义国家推销的思潮,是不会甘于寂寞的。我国在社会主义文化建设中倡导培育社会主义核心价值观,西方敌对势力必然会趁机扭转提炼社会主义价值观的方向。对此,要始终坚持马克思主义的指导地位,在全社会加强社会主义核心价值观宣传教育,不断增强人们的道路自信、理论自信、制度自信,坚定全面深化改革的意志和决心。用社会主义核心价值观引领社会思潮、凝聚社会共识。当然,在关于社会主义核心价值观如何塑造民众认同的问题上,我们还有很长的路要走,尤其是在青年群体中。这就要求各级党政工团、新闻媒体要发挥传播社会主流价值的主渠道作用，坚持团结稳定鼓劲、正面宣传为主，牢牢把握正确舆论导向，把社会主义核心价值观贯穿到日常形势宣传、成就宣传、主题宣传、典型宣传、热点引导和舆论监督中，弘扬主旋律，传播正能量，不断巩固壮大积极健康向上的主流思想舆论。

（作者单位：天津社会科学院舆情研究所）

（原载《中国社会科学报》2014年3月21日）

"普世价值"论隐藏的陷阱[*]

汪亭友

"普世价值"不是一个单纯的学术概念，在多重学术外衣层层包裹之下是以美国为首的西方发达国家的话语霸权和政治诉求。不认清"普世价值"论的实质，必然会落入陷阱而不自知。

20世纪90年代，西方的一些神学家、伦理学家把某种普遍接受或广泛认同的伦理观念、道德规范称为"普遍伦理"（Universal Ethics）。不久"普世"被引入哲学领域，形成"普世价值"概念，后被泛化到政治学、法学等学科。西方知识界起初对"普世价值"的理解是一种底线价值，是指为大多数人认同的共识价值。但随后，这一概念被西方右翼学者、资产阶级政要赋予了政治使命，改变了原来的学术内涵，成为美国等西方大国推行霸权主义的意识形态工具。

早在20世纪末，美国政治与外交智库的代表人物塞缪尔·亨廷顿就主张用西方的"普世文明""普世主义"对付非西方的文明和非西方社会的意识形态。他提出：普世文明的概念是西方文明的独特产物，然而"西方人眼中的普世主义，对非西方人来说就是帝国主义"。他还说："20世纪末，普世文明的概念有助于为西方对其他社会的文化统治和那些社会模仿西方的实践和体制的需要作辩护。普世主义是西方对付非西方社会的意识

---

[*] 本文系北京市教工委专项研究课题（JGWXJCZX201426）阶段性成果。

形态。"到了 21 世纪初,美国政府把"普世价值"作为维护美国国家利益的新攻势、新概念。2010 年 5 月 27 日,美国政府向国会提交的《美国国家安全战略》中明确指出美国的持久利益有四项,其中的第三项是"在国内和全世界尊重普世价值"。这份报告还明确指出:美国坚信"普世价值",并致力于在世界范围推广。报告还详尽阐述了推进"普世价值"要采取的战略措施,比如认可非民主国家的一切和平民主运动的合法性、为"普世价值"推广者建立一个更广泛的联盟等。

美国政治家和美国政府宣扬的"普世价值",反映的是美国的价值观,目的是消解同美国利益不一致的国家的价值观和意识形态防线,特别是针对中国的社会主义核心价值观和以马克思主义为指导的社会主义意识形态。把西方的民主、自由、人权、宪政等价值观贴上"普世"标签后,就意味着非西方国家不能拒绝,否则就是自外于人类"普世文明"的"地球上的异类"。其目的是诱使社会主义国家陷入两难选择:要么被冠以反"普世价值"的污名,使共产党的领导和社会主义制度失去话语基础和精神支柱;要么乖乖地归顺西方,接受西方价值观念的改造,放弃共产党领导和社会主义制度,成为西方的附庸。

历史上苏联的戈尔巴乔夫就是上了西方的当。他在"全人类的价值高于一切"的口号下完全接受西方的价值观为"普世价值",认为"社会主义选择的意义首先在于它把具有普遍意义的价值观推到首位",并按照西方的价值观和要求决定苏联的对内、对外方针和政策。苏联正是在所谓全人类"普遍价值"的"指导"下,逐步放弃了共产党的领导,放弃了社会主义制度,推行私有化、多党制、议会民主、三权分立和总统制,根本否定马克思列宁主义的指导地位,结果使苏联走上了一条亡党亡国的不归路。可见,被"普世价值"这件华丽外衣所包裹的错误主张,成为苏联亡党亡国的精神毒剂。

与此同时,"普世价值"思潮在我国经历了一个起伏的过程。在 20 世纪 90 年代中后期,只有个别学者在讨论,截至 2006 年,影响主要在学术界。2007 年以来,这一思潮在我国迅速扩散,2009 年至 2013 年达到高潮,2014 年起遭到有力反击,不良影响消退。此间的讨论由学术殿堂登陆报刊、网络，经过互联网的发酵传播，迅速演化成一股社会思潮。受西方的影响，讨论的内容也逐渐偏离了原来的学术轨道，开始有了明确的政治指向和目标诉求。

一些人公开提出，中国实行改革开放，实现现代化，必须承认"普世价值"，并要以"普世价值"为尺度，跟国际上的主流观念接轨。还有人把"普世价值"同社会主义核心价值观联系起来，认为"在当代中国，坚持追求社会主义核心价值，就是真正坚持追求人类的普世价值"；或是反对否定"普世价值"，危言耸听地批评"一味强调特色而拒斥普世价值，不尊重人类社会共存与发展所需的共同评判标准，失去的是作为人类社会正常成员的资格"。毫无疑问，我们弘扬践行社会主义核心价值观，需要吸收世界文明包括西方文明的有益成果，需要体现时代精神和国际潮流。但中国特色社会主义核心价值完全不同于西方所谓的"普世价值"：我们所说的民主，是社会主义的民主，是人民当家作主；我们所说的自由，是人民当家作主前提下的自由，是同纪律有机统一的自由；我们所说的法治，强调党的领导、人民当家作主与依法治国的有机统一，同西方的"宪政"有着本质区别。社会主义核心价值观体现了社会主义本质要求，反映了我国各族人民共同认同的价值观"最大公约数"，是全党全国人民团结奋斗的共同思想基础，它同实质上是西方价值观的"普世价值"显然是截然不同的。

前不久，习近平总书记在全国党校工作会议上强调"党校姓党"，认为这是办好党校的一个重要原则，是党校的灵魂。自觉抵制"普世价值"等错误思潮的侵袭，理应成为党校落实"党校姓党"原则的一项重要要求，贯穿在党校的教学科研等一切活动中。不仅如此，全国教育战线、科研院所以及宣传思想部门也要敢于并善于对错误思潮说"不"，积极主动地亮剑发声，为夺取全面建成小康社会新胜利、实现"两个一百年"的奋斗目标、实现中华民族伟大复兴的中国梦，营造良好的社会思想文化氛围和精神家园。

（作者单位：中国人民大学马克思主义学院）

（原载《中国社会科学报》2015年12月24日）

二
对普世价值谬误的分析

论普世价值与价值共识

陈先达

普世价值与价值共识最易混淆。价值共识可以具有一定程度的普遍性，而普世价值似乎是人人都应该认同的一种价值共识。普世价值是一种以抽象人性论为依据、以绝对的普遍性为方法的唯心主义价值观。在当代，西方和国内少数人借助强势话语霸权，把西方资本主义的核心价值称为普世价值，以达到他们西化和分化的政治目的。我们要揭露西方"普世价值"论的实质，但应充分肯定人类文明进步的成果和通过国际合作与文化交流在一定范围内和一定问题上达到价值共识的可能性。不能因为人类可能具有的价值共识而陷入普世价值的政治陷阱，当然也不能因为反对西方普世价值论而拒绝人类文明进步的积极成果，否定人类的一定程度和范围的价值共识。

一 拒斥西方"普世价值"

在对待普世价值的问题上存在两种不同的观点：一种是西方中心论的普世价值论，即把西方以资本主义私有制为基础、以个人主义为核心的价值观奉为绝对的普世价值；一种是以历史唯物主义为指导的观点，它肯定人类文明进步和文化交流的积极成果。后一种观点是对人类基本价值的肯定，是一种价值共识论。由于代表历史进步的趋向、得到人民比较广泛的认可，这种价值共识具有一定程度的普遍性；而且由于它是人类文明成果的积淀，具有先导性。但价值共识的普遍性和先导性具有历史性、时代性和民族性。

当今西方抽象普世价值论的兴起不是突然产生的：它从宗教的普世主义，到神学家和宗教伦理学家倡导的普世伦理，再到现在成为西方强势话语的所谓普世价值，经历了很长一个历史过程。但是，作为当代强势话语的西方普世价值不同于宗教的普世主义和神学家、宗教伦理学家倡导的普世伦理，因为它具有与全球化中西方资本主义强势地位的扩张相联系的特殊的政治意图。

抽象的绝对的普世价值是不存在的，因为它包含一个不可解决的矛盾，即价值主体与价值本质的矛盾。价值不可能具有绝对的普世性。有放之四海而皆准的普遍真理，而没有放之四海而皆准的绝对的普世价值。这是真理与价值之间最重要的一个区别。因为真理是主客体的认识关系，它涉及的是认识内容的客观性问题，而价值是主客体的一种需要和满足需要的关系，它涉及的是利益、特别是核心利益关系问题。即便是放之四海而皆准的普遍真理，也要与各国实际相结合，否则就是抽象真理，而抽象真理会因为缺失具体性而转化为谬误。真理尚且如此，何况价值？

价值的绝对普世性与价值关系的具体性两者不能兼容。价值观念是主体的判断，而价值关系是不依主体意志为转移的客观关系。《红楼梦》中贾府宝玉手下的高级丫鬟可以对自己地位作出满意的价值认同，但无法改变她们与主子之间实际的价值关系，即主子与奴才的关系。价值认同与实际价值关系背离的情况在阶级社会并不罕见。称颂资本主义、满足于资本主义制度的无产者，已经成为当代西方工人运动的一大障碍。如果社会主义国家把西方的所谓普世价值当成自己的价值追求，就是对自身制度的本质和利益的实际价值关系的背离。

普世价值不可能是绝对的，在当今世界不可能奉行同一种价值观。因为作为这种价值观的共同的统一的主体并不存在。现实中有个体，有由特定关系结合而成的集体，如阶级、社会、民族、国家，因而有个人价值、阶级价值、社会价值、民族价值、国家价值，但当今世界并没有以全世界所有国家为同一主体的普世价值。有人可能会说，虽然国家和民族不同，但都是人构成的，人就是普遍主体，因为人是"类"，"类"可以成为世界主体；只要承认我们都是人，必然有高于和超越各个国家、民族和阶级之上的绝对的普世价值。其实这只是抽象人道主义的老调新弹，是从马克思主义的"现实的人"重新回归"抽象的人"。马克思说："人的本质不是单个人所固有的抽象物，在其现实性上，它是一切社会性关系的总和。"[①] 他批评费尔巴哈把人的本质"理解为'类'理解为一种内在的、无声的、把许多个人自然地联系在一起的普遍性"[②]。这是千百次被引用过的经典名言，用在剖析普世价值问题上同样恰当。

任何人都明白，迄今为止现实的人都是生活在一定国家和民族结构之中，而不是生活在一个以世界为统一主体的整体结构之中。全球化并没有把全世界的人变为统一的主体，泯灭了国家和民族的差别，而是使强国与弱国的对立更加激化。即使是联合国也是各个主权国家的国际组织，而不是无国界的所谓"人"的组织或"类"的组织。对于当今世界人类而言，国家仍然是存在的边界。所以凡是主张绝对普世价值的理论家，都承认有一个抽象的类主体，而且肯定人性的普遍性，由人性的普遍性推论出绝对普世价值。

有人说，不要偷盗、不要奸淫、不准乱伦就是符合人性的绝对普世价值。其实在没有私有制的时代不存在"不要偷盗"的规定，在群婚时代不存在"不要奸淫"的规定，在杂婚时代不存在"不要乱伦"的规定，甚至连"盗窃""奸淫""乱伦"的动机和观念都根本不可能出现。这些作为人类的基本价值的共识，都是社会发展和文明进步的成果。所以，我们否定绝对的普世价值：没有任何一种价值可以脱离历史、超越时代，包括体现人类进步的价值共识也是受历史条件和时代制约的。由此可见，普世价值

[①] 《马克思恩格斯选集》第1卷，人民出版社1995年版，第56页。
[②] 同上。

论的哲学基础有二：一是抽象人性论，它由人性共同性推论出价值的普世性；二是形而上学的价值不变论，它由人性的永恒性断定存在一种永恒不变的价值，这可算是"天不变道亦不变的"的西洋版。

二 重视人类"价值共识"

我们不同意普世价值，但承认人类在一定范围内、一定问题上可以存在某种价值共识。价值共识不是脱离各个民族的价值而独立存在的抽象共相，而是在人类文明进步中、在各民族文化交流中逐步形成的对某些基本价值的认可；它是有条件的、历史的、变化的。例如1948年12月10日联合国通过的《世界人权宣言》，就是对人权这个问题的某种价值共识；它代表宣言的签字国对一些基本的人权的认可。但这并不意味着人权宣言中列举的是超越历史和国家的普世价值。因为它具有时代性，产生于第二次世界大战之后；它表明人们对战争的反省，随着人类社会发展、人的社会地位和政治地位的提高而发生的变化。《世界人权宣言》可以看作是人类历史进步的一种纪录：其中所列举的人的权利是历史的产物，其产生和完善经历了一个历史过程。即使在西方发达国家，所谓自由、民主、人权至今仍然是残缺不全的，并没有成为人人享有的普遍价值。

20世纪下半叶由于生态危机而凸显的人与自然和谐的观念，也不可能是所谓抽象的普世价值。因为在以农业为生产方式的封建社会，甚至资本主义工业化早期，都不存在对人与自然和谐这种价值观念之需要的普遍性和迫切性。人与自然和谐、挽救人类共同居住的地球的观念，只有在当代才能成为基本价值，成为人类的价值共识。可见，人与自然的和谐作为一种价值共识具有我们时代的特点。对中国古代哲学关于天人合一的生态学解释，并不能包括天人合一的原有内容，而是当代工业化所带来的生态恶化状况的一种折光，具有明显的现代性解释特征。这也说明，普世价值是不存在的，实际可能存在的只是对人类基本价值的一种共识。

任何被大多数人认可的价值共识都具有时代性，应该符合时代的要求，是时代和社会自身实践成果在理论上的反映，而不是少数智者对绝对真理的发现，或慈悲家们救世主式地向世人宣示的约定。宗教家可以认定自己的教义具有普世性，它囊括全体世人，是救世的，是普渡众生的，但宗教之间或教派之间的纷争甚至战争证明任何一种宗教都不可能具有普世性。它的普世主义不可能得到认同。任何一种宗教的普世性，只是一种宗教信仰和教义。宗教教义不具有普世性，而且彼此对立、冲突，因而产生了把各种宗教共同认可的东西确定为普世伦理的需要，普世伦理应时而生。其实，这种所谓普世伦理只能是一种底线伦理，是对人类社会规范或人类进步实际成果的一种肯定。如果这些规范具有现实基础，它可以起宣传和警世的作用。但如果企图把它作为全世界都应该遵守的道德规范，那就只能是一种良好的愿望，并无现实可能性，全人类行为是不可能通过道德约定或制定规范或发布宣言来统一的。因为人类的道德自觉，尤其是世界范围内的被认可的道德规范，是一种道德价值共识；这种共识的可能性与现实可行性，与人类社会进步、与各个国家和民族的发展水平和社会状况是不可分的。尽管道德家们、思想家们可以逞抽象思辨之伟力，找出一些似乎是人人都理应赞同和遵守的价值而称之为普世价值或者普世伦理，但它们在现实中并不具有普世性，最多是一种理想，是一种期待。

我们否定普世价值，也不赞同所谓普世伦理，但我们不能否定人类的基本价值及其可能达到的某种共识。人不是以抽象的类作为全球统一主体，也不可能从抽象的普遍人性中引申出普世价值；但人作为社会的主体，无论属于哪一个种族、民族、国家，不仅具有某些共同的自然属性，而且都要解决人与自然、人与人的关系问题，面对某些相同或相似的问题，从而逐步积累一些相似的认识、经验和体验，形成一些对人类的生存和发展具有重要意义的基本价值。它们可以存在于物质文明中，也可以存在于精神文明中。价值共识就是对不同民族创造的物质文明和精神文明中积极合理因素的某种认同。例如在当代，民主、法制、自由、人权、平等、博爱、和谐等观念就是一些价值共识。价值共识不同于普世价值。普世价值强调的是普世性、无差别性；而价值共识的范围则可大可小，共识的程度可高可低，并且价值共识作为一种理论承诺，和它的实际状况并不都吻合。例如法治作为一种政治制度，它的优越性是绝大多数人承认的，但对人类社会而言不具有普遍性，法治理论和制度化只是近代社会的产物。人权承诺也是如此。人权并不是天赋的。尽管参加人权公约表明中国对维护人权与其他签约国具有共同的价值共识，但彼此之间对于什么是完整的人权概念、如何保障人权以及人权状况如何的看法，仍然可以存在差异，即在价值共识中可以存在共识和非共识的矛盾、理论与事实的矛盾。自由、民主、平等以及其他基本价值都是如此，它们既具有一定的普遍性，又具有特殊性。以中国宪法同样保障人民的自由、民主、人权这一点，来证明西方的自由、民主、人权价值的普世性是不对的。自由、民主、人权载入社会主义中国的宪法并不是源于自由、民主、人权是普世价值，而是基于社会主义制度的本质和对人类社会进步成果的一种价值共识。因此，在这种共识中必然存在着不同于西方关于自由、民主、人权观念的东西。以价值共识为依据证明抽象普世价值的存在是不对的；但以价值分歧为依据否定自由、民主、人权作为对当代人类文明共同进步的基本价值的一种共识性，也是不对的。我们应该认识到，以基本价值为依据的价值共识与抽象的绝对的普世价值，是两种不同性质的价值观。

价值共识不是约定的，不是少数天才思想家的发现，而是人类历史和社会进步逐步形成的，具有客观的历史必然性。它并非逻辑、理性必然性的产物，也不是伦理学中的应然或"绝对命令"。价值共识以各民族实际创造的多样文化中的积极因素为依托，存于各种具有民族特性的文化之中。例如，西方人可以从东方人特别是从中国传统文化中吸收一些合理的思想，正如中国人可以从西方文化思想中吸收合理思想一样。孔子的"己所不欲，勿施于人"存在了两千多年，到20世纪末才被宗教家和伦理家们定为普世价值而且是黄金规则。这是现代道德危机和价值失落引发的对东方文化的需要，而非因为天才人物突然发现了它的普世性。当中国处于半封建半殖民社会、处于被压迫被瓜分的状态时，中国传统文化中的优秀东西并未被世界认可、赞扬。尽管孔子的"己所不欲，勿施于人"在当代可以作为一种价值共识，但实际上人们的行为是否都奉行这个原则，尤其在强国与弱国之间是否遵守这个原则，则是另一回事。

当中国向西方寻求真理时，西化被看成中国救亡图存重建中华民族辉煌历史的唯一出路；西方文化中心论成为主流价值观，尤其是它的自由、民主、人权口号对中国人尤其是知识分子具有极大的吸引力。而现在中国人对西方文化中所宣扬的普世价值则具有较为理性的看法。因此，当代被称为普世的价值至多是一种价值共识，它绝不是普世的。

价值共识不是一时形成的，而是在各民族的文化长期交流、传播和相互学习中逐步形成的。无论具有普遍性的基本价值的形成过程如何漫长，尤其是一种理论上的共识变为现实如何艰难，人类文明进步中形成的基本价值都始终是人类文明发展的宝贵精神财富和人类追求的历史性目标。人类的历史就是由野蛮走向文明、由资本主义文明逐步以各种方式和道路走向未来的共产主义文明的历史。在每个历史阶段都会形成具有时代性的基本价值，成为那个时代的先进价值，并在进步人类中形成价值共识。而由马克思主义所设想的人类社会发展的目标，则更是一个漫长的充满矛盾的曲折过程。即使世界大同实现，难道人类就永远不再发展了吗？当然不会。因此不要侈言普世价值，而应该重视人类在历史进程中对价值的创造，重视不同历史时期的价值共识。如积土为山，人类就是这样一步步在创造文明中积累价值。这个过程永远不会结束。

世界上存在不同类型的文明、不同民族的文化，其文学、艺术、哲学、伦理等等价值形态中都蕴涵某些能达到共识的因素，因而跨民族跨文化的交流才是可能的。但没有任何一种单独文化形态可以居于普世的地位，它只包含能为其他民族所认同的因素，因此具有共识性的价值是人类各民族共同创造的积极成果。但各民族的文化并不会因为价值共识而失去它的民族特性。海纳百川，我们无法分辨出其中的各川之水，它们都已完全融为海水。可人类文化不同：人类文化交流不是形成一种独立于各民族之外的具有普世价值的文化，而是各民族立足于自身的文化吸收外来文化，丰富和发展本民族的文化；通过文化融合、吸收，你中有我，我中有你，但不会失去自己文化的民族特色。中国是具有丰富文化传统的国家,中国可以向世界展示其传统文化包括当代中国文化的优秀成果,它具有东方价值的特殊内容、意韵和魅力;但它要为异民族文化认同、吸收和转化,才能体现其中包含的世界价值或人类价值。任何一个民族文化中的人类内容都是潜在的。民族价值中的人类性必须经过文化传播、交流、融合才能溶入世界之中。

我们拒绝西方关于普世价值的话语霸权,但肯定资产阶级自由、民主、人权观念的历史进步性和可供借鉴的因素。从人类历史来看,资产阶级革命和资本主义制度的建立是人类历史上具有革命意义的重大变化。尽管各种文化中都可能包含某些自由、民主、人权观念的萌芽和因素,但这些观念作为一种比较完整的理论、作为一种由法律规定的制度性安排,是与资本主义社会的产生不可分的。我们不要把它奉为普世价值。因为资产阶级启蒙学者关于自由、平等、博爱的理想具有资本主义的阶级性和狭隘性,尽管它是以普遍性的形式出现的;何况资本主义统治的现实,并非自由、平等、博爱社会理想的完美实现。恩格斯在《反杜林论》中说:"同启蒙学者的华美诺言比起来,由'理性的胜利'建立起来的社会制度和政治制度竟是一幅令人极度失望的讽刺画。"[①] 这是差不多一个半世纪前说的话。如果恩格斯目睹当代西方国家推行所谓"价值观外交"、所谓"人权外交",把自由、民主、人权、平等、博爱作为对外扩张的软实力,实现它们的政治图谋,并称之为普世价值,他又将会如何讽刺这一伟大创造!的确,"传播普世价值"比资本主义早期向外扩张时所谓的"传播文明",更具创意。

英国诺丁汉大学"中国政策研究中心"主任郑永年在关于中国在压力中崛起的文章中说,西方在利用军事同盟遏制中国的同时,还利用价值外交:"如果说军事同盟体现的是硬实力,那么价值外交更多体现了软实力,这就是希望把西方的民主和人权价值观融合到西方对华政策的方方面面,

---

[①] 《马克思恩格斯选集》第3卷,人民出版社1995年版,第607页。

尤其是经济贸易。"①"俄新社"在一篇报道中论证西方以人权为武器的实质时说："美国及其欧盟国"企图将民主或人权的标准强加于其他国家，"它与欧洲当年打着传播文明与基督教的旗帜，戕害众多生命或文明如出一辙"；还说，"在美国，为外国谋求人权是一个数亿美元的庞大产业，金钱、激情、意识形态和颠覆活动交织在一起。方法众所周知：倚重许多国家的亲美反对派，或干脆自己出马打造成一个反对党，将之塑造为权利和自由的唯一捍卫者，然后对其公开援助，这即是说，美国养着全球最大的颠覆机器"。②

可见，西方推行的并不是什么普世价值，而是他们自认为的普世价值，即有利于西方的价值外交的特殊价值。国内少数人嚷嚷的普世价值是建立在对中国特色社会主义的丑化基础上的。他们认定中国是极权统治的封建社会，需要重续清代开始的所谓宪政，实行一次如同西方资产阶级革命那样的所谓革命，一切推倒重来，因而西方资产阶级革命时的自由、民主、人权是当代中国必须实行的普世价值。这种普世价值论的政治色彩是不言自明的。

有一种看法认为，似乎民主、自由、人权之所以为绝对的普世价值，因为它是永恒的、符合人性的。例如，民主就是一种"类"概念，古希腊城邦制民主制、资本主义民主制、社会主义民主制都是由之产生的不同方式，是种概念。这是柏拉图和黑格尔的思维方式。实际上在具体民主制度之外并不存在作为"类"的民主，由它派生出各种民主形式。由希腊奴隶制民主到资本主义民主制度、再到社会主义民主制是一个历史进步的过程，这个过程延续了两千多年。人们关于民主的观念是对现实民主制度某些共性的理论概括，而不是由作为类的民主概念产生出作为一种概念的各种具体民主制度的逻辑过程。也就是说，并不是先有作为绝对普世价值的民主，然后才产生出各种各样的现实的民主制度，而是因为有了各种民主制度，

---

① 郑永年：《中国在压力中稳健崛起》，《参考消息》2007年12月27日。
② 俄新社：《人权武器不合时宜》，《参考消息》2009年2月26日。

才产生出民主是人类社会进步基本价值的共识。

　　民主不单是一个政治概念，它还是一种国家制度。各种不同的民主制承载的是不同的国家性质。因此，自由、人权、平等、博爱并不是与民主并列的等价概念，而是受民主制即国家制度制约的。例如，在西方民主制框架下的自由，必然是有利于巩固资本主义制度的自由，因而通过无产阶级政治革命和人类解放而获得的自由，决不包含在资本主义自由概念之中；同样，其平等只能是等价交换中体现的平等，是资本主义法律面前的平等，决不包含消灭阶级意义上的平等；其博爱的最高体现就是资本主义制度下的慈善事业，而不可能"泛爱众"。与社会主义民主相关的自由、平等、人道均会因为民主制的本质区别而具有不同的内涵。西方资本主义国家所宣扬的民主，从本质上说并非是中国人民所需要的民主。我们强调的人民当家作主的民主，也不可能为西方国家所接受。毫无疑问，民主、自由、人权及其某些制度性的安排，作为人类历史发展特定阶段对人类的贡献，包括普选制、少数服从多数、非终身制、废除等级特权、尊重法治以及人民对政治的广泛参与等等，都包含积极的可以吸收和借鉴的东西。但在社会主义社会，作为国家制度的民主制度的实质和内容，以及相关的自由、平等的内容，肯定会发生与社会制度的性质与文化传统相适应的变化。所以，我们对作为人类文明积极成果的自由、民主、人权、平等、法治等等，可以形成一定范围和一定程度的共识；但如果抽象掉它的具体内容，使其变为超越历史和时代的抽象的绝对的普世价值，它们就会失去合理性而变为一种资本主义向外扩张的软实力。

　　"普世价值"并非科学概念，因为它容易制造抽象共相的理论幻觉。西方张扬的永恒不变的绝对"普世价值"是一种关于价值的唯心主义的理论，而"价值共识"具有实践意义和理论意义，它是对人类文明成果和文化交流或文化融合积极因素的肯定。普世价值是以抽象人性为依据的一种对价值的虚拟，价值共识则是对各民族文化实际贡献中有积极意义的基本价值的认可；普世价值是超历史、超时空的，价值共识是历史的、时代性的；抽象普世价值是无条件的、普世的，价值共识是有条件的、有范围的；

抽象普世价值立足于观念，求助于人的理性，亦应然为"绝对命令"，价值共识则立足于实践，求助于各民族实际的文化积累和社会的进步；抽象普世价值外在于其他民族的文化或凌驾于其他民族文化之上，价值共识的因素则存在于各民族文化之中，是在文化交往和传播中逐步达到的；普世价值是一种不可兑现的空头约定，而价值共识是人类社会实践经验的积累和理论升华；普世价值论者沉醉于人类可以统一于西方普世价值的幻想，而价值共识论者以"和而不同"为原则，通过价值共识形成人类的合理的具有一定共性的价值追求，同时又肯定它的差异性和多样性。

普世价值由于它的抽象的普世性而成为没有内涵的抽象共相；构成抽象普世价值内涵的用语不是一个具体概念，而只是一个词语、一个空洞的概念。例如自由、人权、平等之类，作为词语可以存在于各种语言中，但作为具体概念是不可能脱离使用者的国家和民族的实际状况的。列宁在《哲学笔记》中从费尔巴哈的《宗教本质讲演录》中摘录过两段话："我并不否认，……智慧、善良、美；我只是不承认它们这些类概念是存在物，不管它们是表现为神或神的属性的存在物，还是表现为柏拉图的理念或黑格尔的自我设定的概念"；"它们只是作为人们的属性而存在"。列宁对此甚为赞赏，在边注中写道："反对神学和唯心主义。"[①] 普世价值论者正是通过抽象掉概念的具体内容而把它变为一个词、一个在各种语言中都可以使用的词，来证明它的普世性。

价值共识是立足于人类进步和本国情况，是与具体性不可分的具体共性。民主、自由、人权在西方政治家手中之所以能采取双重标准，就是因为它们没有真正以人类基本价值的共识为依据，因而具有主观性、随意性。我们不赞同抽象的普世价值论，但充分认识到各民族的价值观念中包含的可供交流、借鉴和融合的共同因素，承认作为人类社会进步和文明成果的基本价值的普遍意义。我们拒绝西方"普世价值"的话语霸权，但坚持改革开放，坚持借鉴人类文明包括西方文明中的积极成果。

---

① 列宁：《哲学笔记》，人民出版社1973年版，第73页。

三　坚持"社会主义核心价值"

普世价值由于超越了国家和民族，超越了现实，而由地上升入天国，成为与具体相剥离的共相。一个社会的核心价值则不同，它立足于现实社会，植根于这个社会的经济和政治制度之中。有什么样的社会，就会逐步形成与它不可分离的什么样的核心价值。每种社会制度都有自己的核心价值，它是这个社会得以存在的精神支柱，是这个社会从产生到巩固的标志。

核心价值的不同集中表现着社会形态和社会性质的不同。核心价值不是以抽象的人为主体，而是建立在特定的社会的经济和政治制度的基础上，并且起着稳定、巩固和发展自己制度的软实力作用。在任何国家中，处于支配地位的都是它的核心价值而不是所谓普世价值。一个社会的价值可以是多元的，但核心价值则是一元的：它是这个社会制度的主导价值，是该社会统治阶级的价值观。核心价值不一定是全社会的共同价值，但由于它是处于统治地位的价值，因而可以而且必然会通过各种途径和方法在不同程度上为全体社会成员所接受。在阶级社会中，被统治者接受统治阶级的价值观，在不同程度上认同该社会的核心价值，是这个社会处于稳定时期、社会矛盾没有激化的表征。一个社会核心价值的逐步崩溃，是社会矛盾激化、社会行将崩溃的前导。中国封建社会的核心价值，就是以儒家的忠君、爱国、孝悌、仁义即忠孝、仁爱、礼义、廉耻为主要内容的价值观。而资本主义社会的核心价值，则是私有财产制神圣不可侵犯的观念，以及以其为基础的资本主义性质的自由、平等、博爱、人权观念。

社会形态的变化同时也是价值观特别是核心价值观的变化。中国特色社会主义就有自己的核心价值。社会主义核心价值不同于资本主义和封建主义的核心价值。它是以马克思主义为指导、以时代性和民族性为特征、以中国特色社会主义为理想的一种新的社会主义的价值观。它既吸收中国传统文化中的精华，也吸取世界文明的成果，因而它既具有民族性又具有时代性；但它始终是社会主义的核心价值，是与社会主义的经济和政治制度性质相一致的主导价值，而不是普世价值在中国的体现，也不是中国传统价值观的现代版。在社会主义核心价值中，我们会发现人类共用的一些概念，但这并不会改变它的社会主义价值的本质。因为社会主义价值观具有社会主义特性，无论是公平、正义、自由、平等、和谐、爱国、荣耻，都不是一个超越时代和社会制度的抽象概念，而是具体概念，每一个概念中都包含着以马克思主义为指导、以社会主义制度为实质和内容的没有展开的判断；它的社会主义内容正凝集在每个概念尚未展开的特有的判断之中。

在中国特色社会主义建设中，我们的指导思想是马克思主义，是马克思主义与中国实际相结合。中国改革开放30年的伟大成就，是马克思主义与中国实际相结合的胜利，而不是所谓普世价值的胜利；中国未来的走向是通过中国特色社会主义走向共产主义，而不是按照普世价值走向不同制度的趋同。历史并不会以西方的普世价值即自由、民主制度而终结，也不会因经济全球化而导致世界均质化。讨论普世价值问题的最重要意义，就在于由此明确中国特色社会主义的方向和指导原则。我们要坚持社会主义核心价值，不为西方的普世价值错误理论所误导。我以为在对外交流、理论研究特别是在社会主义意识形态的建设中，应该区分普世价值、价值共识和核心价值。我们坚持社会主义核心价值，重视人类文明进步和文化交流中形成的以普遍形式出现的"价值共识"，但拒绝西方中心论的普世价值观，特别要揭穿它的西化和分化的政治图谋，顶住其以资本主义制度及其价值观念作为普世价值而对发展中国家施加的政治压力和舆论攻势。拒绝普世价值，肯定对人类文明和社会进步中的某些基本价值可以存在一定程度和范围的"共识"，坚持核心价值——这应该是我们对待有关普世价值问题争论的基本原则。

（作者单位：中国人民大学哲学院）

（原载《哲学研究》2009年第4期）

"普世价值"的理论误区和实践陷阱

侯惠勤

作为党的十七大已经解决的、在新的历史起点上"举什么旗、走什么路"的重大课题，在一些人看来依然是悬而未决的问题，当下的"普世价值热"就是一些人蓄意挑起这一争论的新由头。把当代中国的改革开放纳入资本主义世界文明的轨道，是他们热衷传播"普世价值"的根本目的。资本主义文明是不可超越的终极存在，是"普世价值"热播者的意识形态前提。因此，我们可以有各种理由来论证"普世价值"的非意识形态性，以及这一讨论如何适应了当代人类发展的愿景，但事情并不以人们的良好愿望为转移。任何事物都具有多重性，但决定其性质的是其主导方面，通过"普世价值"干预我国的民主政治建设，以期终结共产党领导的国家权力结构，是这一讨论的核心，因而其在本质上是当代西方话语霸权及其价值渗透方式的表达。这也促使我们去思考，马克思主义者即便谈论人类的共同价值，能不能从"普世价值"去提出和回答问题？

试图通过"普世价值"这种非政治性话语而达到某种政治意图，本身即具有资产阶级意识形态的鲜明特征，其理论混乱和实践危害也就是其所固有的。一般的说，混淆不同性质事物和问题的界限，利用"此亦一是非"而论证"彼亦一是非"，是任何不敢追求、而只想利用真理的思潮惯用的手法；特殊的说，在改革发展的大政方针已定的当代中国，要改变党的十七大路线意图如果不加掩饰，那是注定要破产的，而把这种意图同那些有一定道理、又看似相关的命题对接，无疑是最有可能在乱中取胜的策略。因此，剖析"普世价值"论首先就要将其加以混淆的理论进行澄清。

一 "普世价值"观混淆了认识论价值与价值论价值

时下对于"普世价值"存在的论证，最多的莫过于从个性和共性的关系上着手。既然事物都以个性和共性两种方式存在，那么"普世价值"就是表现了事物共性的存在，有什么可以指责的呢？况且马克思不是也使用过"劳动一般""价值一般""商品一般"，甚至是"土地一般"这类话语吗？的确，不能否定共性的存在，但是要弄清共性的存在是从什么意义上确定的。无论马克思还是列宁，谈共性、个性关系都是从认识论意义上去把握的，从认识论方面看，一般（共性）只是认识过程中的抽象，但只要这一抽象是合理的，它就反映了事物的存在（一部分，或一方面，或本质）。比如男人总长胡子，血总是热的一类，就是非常表象化的抽象，但如果不停留于此的话，则也是认识的一个阶段，也有价值。而"劳动一般"一类的抽象则不同，它不仅是具体事物的共性，而且是特殊事物的本质，即资本主义劳动的特质。无论是表象的还是本质的抽象，都不是事物本身，而只是它的一个方面。因此，认识论意义上的共性，具有非实体的特征，作为观念的存在，它可以不需要直接对应的事物做支撑。

作为价值论意义上的共性则不然，它必须要以利益共同体或社会生活共同体为支撑，否则就不能存在。简单的说，价值论意义上的共性就是指共同利益、共同需求和直接交往，而在存在着阶级对立和雇佣劳动的资本主义社会，就全社会而言，是不存在这样的共同体的。大家知道，贯穿青年马克思思想历程的一个基本矛盾，就是价值论意义上的理想与现实的矛盾，为理想提供现实支撑是青年马克思的基本理论追求。而马克思之所以与黑格尔（以及后来的费尔巴哈）决裂，就是因为黑格尔把国家视为市民社会的"真理"，视为代表了人类理性和共同利益的"普遍性领域"，其最后却被证明只是"虚幻的普遍性领域"，费尔巴哈诉诸人性的普遍性（"类本质"），也未能走出"虚幻的普遍性领域"。马克思在他完成了历史观的伟大变革后才发现，真正的人类共同体将是取代资本主义社会的共产主义社会，这就是"自由个人的联合体"。"代替那存在着阶级和阶级对立的资产阶级旧社会的，将是这样一个联合体，在那里，每个人的自由发展是一切人的自由发展的条件。"① 在此之前，我们只能为建立这种联合体创造条件，不存在真正意义上的人类共同体，当然也就谈不上"普世价值"。人类性话语和普遍利益的现实表达的唯一可能是通过处在上升时期新阶级的阶级意识，但这种表达本质上是"普世价值"论所反对的阶级性话语。

可见，眼下大谈"普世价值"的做法，理论上的一个错误就是把可以脱离实体而存在的、认识论意义上的抽象普遍性，视为必须依托实体而存在的、价值论意义上的现实普遍性混为一谈。这一混淆的结果，不仅使原本不可能的事情变成了可能，也使原本十分清晰的问题变得模糊不清，起到了搞乱思想、混淆是非的作用。

二 "普世价值"观混淆了政治价值与人性价值

论证"普世价值"存在的又一惯用手法就是关于共同人性的设定。

看起来，这似乎是关于有没有共同人性之争（持"普世价值"观的人也愿意把争论引向这个问题），而实际上，问题在于能否用共同人性去解决特定的政治诉求。为什么抓住共同人性说话，因为这似乎是无法否定的，正所谓"人同此心"嘛。从人的自然性及其与其他物种的区别着眼，说有某种共同的人性也无大错。但人的真正本质在于其社会性，其价值追求不是其自然性的反映，而是其社会性的表现，因而，此种共性一旦具体化，就会出现差异、甚至对立。比如孟子所云"人皆有之"的恻隐、羞恶、是非、恭敬之心，一旦落实到具体人、具体场景，肯定就不那么统一了。什么是可怜、什么人值得可怜、什么人能够去可怜等等，在存在着阶级利益

---

① 《马克思恩格斯选集》第 1 卷，人民出版社 1995 年版，第 294 页。

对立的社会，根本无法统一。"所谓是非善恶是历史地发生与发展的，历史地发展的相对真理与绝对真理的统一，不同阶级的不同真理观，这就是我们的是非论。道德是人们经济生活与其他社会生活的要求的反映，不同阶级有不同的道德观，这就是我们的善恶论。把人性分为自然性、社会性两个侧面，并承认自然性是无善无恶的，就给唯心论开了后门。"①

概括的说，马克思主义不讳言人性，但不诉诸人性。之所以不讳言，就因为科学社会主义不仅具有科学性，而且具有道义性，社会主义在推动社会全面进步的同时，也促进人的自由全面发展，促进人性的不断完善，而资本主义在不断制造了社会对立和社会病态的同时，也不断地造成了人的异化和人性的扭曲。我们在人性问题上并不输理。但是，历史的进步，从根本上说不依靠人性的诉求，而依靠从政治上提出和分析问题。只有不回避现实的矛盾，善于分析和解决通过阶级矛盾而表现出的重大社会矛盾，才能真正推动历史进步。这样我们就不难理解马克思对拒绝政治活动，崇拜爱和抽象人性的"真正的社会主义"何以作了以下评价："他们不代表真实的要求，而代表真理的要求，不代表无产者的利益，而代表人的本质的利益，即一般人的利益，这种人不属于任何阶级，根本不存在于现实界，而只存在于云雾弥漫的哲学幻想的太空。"②

因此，马克思主义从来不反对讲人性，但有两个"底线"：一是人类进入阶级社会以来，人性就不是"均匀"地分布在每个个体上，而是在不同的社会群体（包括其中的个体）呈现出不均衡状态，因此，讲人性和阶级分析并不对立；二是人性并非社会问题的症结所在，相反，人性的修复和不断完善，有赖于社会的改造和历史的发展，因此，讲人性必须置于具体的社会历史过程，不是人性创造历史，而是历史改变人性。恩格斯在谈到夫权制家庭的起源时，一再申明这不是性爱或人性的要求，而是私有制的产物。一般的说，大谈泛爱主义和"普世价值"，对于被统治阶级及其

---

① 《毛泽东文集》第3卷，人民出版社1996年版，第84页。
② 《马克思恩格斯选集》第1卷，人民出版社1995年版，第299页。

政党而言是理论上的贫乏和实践上的软弱，而对于统治阶级及其政党而言，则纯粹是统治伎俩和控制手段。特殊的说，今天我国某些人大谈"普世价值"，既表明了其挑战社会主义主流意识形态而又信心不足的虚弱本质，又表明了其臣服于当代西方强势话语而又极力加以掩饰的矛盾心态。从马克思主义的观点看，"普世价值"论不是变革的武器，而只是辩护的工具；依靠它不可能改造世界，而只能粉饰现存统治秩序。那些希冀通过"普世价值"干预我国改革开放的方向，甚至根本改变我国的社会主义制度的人，显然找错了武器。

有人会问，诉诸阶级和诉诸人性为什么不能兼有，难道无产阶级解放不是同时也体现了"人类解放"的诉求吗？实际上，把人性和阶级性截然对立起来，用"普适性话语"排斥阶级性话语的，首先是抽象人性的崇拜者。这也揭示了一个真理，即只有从阶级性话语出发，才可能奠立人类性话语的现实基础，从而实现两种话语的具体的、历史的统一。马克思主义从来不在淡化自己党性、阶级性的前提下谈"人类解放"，而是始终旗帜鲜明地坚持无产阶级的解放是"人类解放"的政治形式，否则，不是空想，就是骗局。由于阶级社会的利益分化（从世界范围看，我们现在仍然没有超越这一历史阶段），人类性话语和普遍利益的现实表达只能通过处在上升时期的革命阶级的阶级意识，"它之所以能这样做，是因为它的利益在开始时的确同其余一切非统治阶级的共同利益还有更多的联系，在当时存在的那些关系的压力下还不能够发展为特殊阶级的特殊利益"[①]。而工人阶级由于根本区别于以往的任何阶级，因而开拓了一种通过工人阶级的阶级性表达人民性乃至人类性的现实可能。

三 "普世价值"观混淆了理想价值与空想价值

"普世价值"在今天热门，与之迎合了人们的某种心态有关，这就是

[①] 《马克思恩格斯选集》第 1 卷，人民出版社 1995 年版，第 100 页。

当代生活场景的快速切换，使人们实际上难以主宰自己的命运时，对梦、对梦想、对梦境就必然寄予厚望。

"至少我们还有梦""我有一个梦想""和梦一起飞"等，现今已成为励志式的流行语，共同表达了一种超越自我、追求美好的奋斗精神。但是，如果对此作理性的思考，就不能否认，梦想有两种，一是理想，另一是空想，两者的价值并不相同。两者的区别在于，理想是现实的可能性，而空想则是不现实的可能性。对于个人而言，对梦想是否作区分似乎不重要，因为重要的不在于其结果、不在于其是否能够实现，而在于其美好、在于其激励作用。但是，对于一个对人民负责的政党而言，这种区分就大有必要，因为靠空想即便能激发群众的热情，也不可能长久保持这种热情，且最终必然会失去群众。

马克思主义靠科学真理掌握群众，其中最为重要的就是以崇高的理想鼓舞人。正如邓小平指出的："马克思主义的另一个名词就是共产主义。我们多年奋斗就是为了共产主义，我们的信念理想就是要搞共产主义。在我们最困难的时期，共产主义的理想是我们的精神支柱，多少人牺牲就是为了实现这个理想。"[①] 所以，在马克思主义那里，科学和理想是高度的统一，科学是以理想追求为要旨的科学，理想是以科学真理为支撑的理想。马克思主义批判资本主义、主张社会主义和共产主义，不仅在于社会主义比资本主义更美好，而根本在于不搞社会主义就没有出路，概括地说就是"只有社会主义能够救中国"。因此，马克思主义充分肯定各种空想社会主义的价值，更不否定人们通过各种信仰方式超越和完善自我，但是无产阶级政党不能以空想指导实践。共产主义的力量不仅在于其理想性，更在于其客观必然性。

可见，一方面用千百年来人们追求的某些美好愿望注解"普世价值"，另一方面又用"普世价值"去干预现实政治，为推行西方式民主开辟道路，是严重的理论混乱。造成这一混乱的根子在于对西方民主的迷信。在

[①] 《邓小平文选》第3卷，人民出版社1993年版，第137页。

一些人心目中，西方民主的确就是人类千百年来的梦想，是不可超越的神圣力量。实际上，民主作为国家的组织形式决定了它和国家一样，具有结构上的依存性和功能上的有限性。从结构上看，民主和国家一样，都是属于社会的上层建筑，都是一种历史现象，因而都服务于一定的阶级统治、都随着阶级的消灭而消亡，本质上是手段而不是目的。从功能上看，民主绝不是万能的工具，而只是有限的手段，它不能鉴别真理、不能提高效率、不能实现事实平等，因而其本身就是一个悖论，当民主存在的时候，它总不能真正实现，而当它真正实现时，民主也就消亡了。

四 "普世价值"观混淆了马克思不同语境中的话语价值

退到最后，"普世价值"论会抬出马克思。它提出的问题是，马克思除了讲具体的、历史的、阶级的民主外，有没有一般的、形式的、共性的民主？它在给出了肯定的答案的同时，一般作了两个方面的论证：一是大量引证马克思或恩格斯有关一般民主制的论述，以证明在马恩的理论视野中民主是普适性的；二是大量引证马恩有关社会主义民主的举措在今天西方民主制中得到实现的例证，以证明民主在政治实践中同样具有超阶级的普适性。

但是这类引证违背了公认的学术规范。无论何种学派，在引用文本或史料时，总要先对其进行考证和鉴别，以确定这些文本的可信度及实际价值。无论怎样评价马克思、恩格斯的思想演进及其变革成果，他们曾经历了不同的哲学信仰则是学界所公认的，因此，不能不加区分地引证其不同时期的作品就是起码的要求。"普世价值"论关于马克思"民主一般"的引证，大体上出自其早期著作，比如马克思1843年7、8月间写下的手稿《黑格尔法哲学批判》，学界公认这是马克思的"费尔巴哈"时期，关于民主是"类概念"、是"人民的自我规定"等等，都具有浓厚的人本主义印记。如果要最概括地说出马克思早期思想与其成熟时期思想的差别，那就是马克思早期是从哲学、伦理学或信仰追求中直接导出政治或社会变革的结论（这也是西方启蒙学者的通病），而马克思思想成熟后则始终遵循从现实历史的矛盾分析中找到社会变革的出路。迄今还没有关于马克思成熟时期从"政治一般"去谈论民主一类问题的可靠引证，包括一些人热炒的所谓恩格斯晚年转向的论证在内，都经不起严肃的文本考证。

民主问题（即便是一般意义上）在马克思那里和西方一般民主那里仍有完全不同的性质。当"普世价值"论大讲民主需要代表制、民主需要普选制、民主需要社会自治等等这些所谓民主的共性时，它忘记了，这不仅仅是个法律形式或制度形式的问题，而根本上是个社会形态问题。比如，怎么使代表真正代表人民，从形式上看似乎有普选、有监督、有随时撤换的制度机制就行，实际上要真正做到这点，必须具备代表无特殊利益可谋（所以巴黎公社要实行代表领取普通工人工资）、选民无特殊条件限制（除了个人意愿外，不因时间、信息、生计等限制参与）、社会无根本利益冲突（这是共同价值标准和共同意志的基础）。所以，在马克思看来，真正实行了民主制，也就不需要民主制了；所以，民主问题在马克思那里，始终是与消灭阶级、促使国家消亡相联系的，而西方民主制则必然止步于此。所以，断言当代西方的民主政治实践已经突破了资产阶级的局限，具有了人类的共同价值，只能暴露出他们并不认为马克思关于消灭阶级的观点具有实践意义，在这一前提下，他们对于马克思思想的引证自然就是"毫无实事求是之心，唯有断章取义之用"。

所以，"普世价值"论无论是马恩文本的引证，还是对其思想在当代西方民主制中实践的诠释，都是在根本曲解的前提下所为，不能视为是严肃的研究结论。

五 "普世价值"与国际关系中的单边主义和双重标准

任何时代的统治思想都是统治阶级的思想，但在不同的时代统治思想却有不同的思想表达。就今天而言，在个性化人性化的趋势下，统治思想越来越采取"软实力"的方式，"普世价值"就成为其最为理想的选择，其突出表现就是以美国为首的西方国家，大力推行的建立在所谓人道理想上的人权观。

从美国人权观所宣扬的人道理想本身看，其特点就在于价值观的单一性和实践标准的双重（多重）性。在它看来，满足人类生存和发展需要的价值不是多重的，而是单一的；这些价值之间的关系不是矛盾关系，而是简单一致的关系；实现这些价值不是具体的历史的过程，而是超越民族、历史阶段的绝对要求。这样，当它被付诸实践时，就必然产生多重人权标准：它必定不能平等地对待各民族，而是将其划分为"有人权"的和"无人权"的；它必定不能将人权的维护和实现视为各国的平等权利，而是将其划分为"人权维护国"和"受制裁国"；它必定打着"维护人权"的旗号（比如说"反对民族清洗"）践踏人权（剥夺一个民族选择自己制度和生活方式的自由）；等等。美国等的所作所为完全证明了这一分析。它们总以"救世主""人权恩赐者"自居，动辄以"人权状况"制裁甚至侵略他国，而对自己不光彩的人权记录却讳莫如深，毫不改悔，甚至极霸道地让别人闭嘴。给予这种优越性和特权的武器，就是建立在单一价值观上的所谓"人道理想"。

因此，我们必须坚决拒绝这种美式的"人道理想"。真正维护崇高的道德理想，必定以肯定不同文化、文明及其相应价值观的平等存在权利为前提，以鼓励多种价值观求同存异、互学互补的良性交流为主旨。这样才能有生动活泼、安宁统一的世界大家庭，才能有人间的公平公正。我们这样说，内在地包含了人权标准的客观、普遍、绝对方面，这就是人类不分种族一律平等、国家不分大小一律平等，用政治谈判的方式解决国家争端，用民族和解的方式解决民族冲突，用开放和交流的方式解决文化差异，等等。总之，体现人道理想的社会，绝不是由某个国家充当家长、裁判或警察的社会。说人权高于主权，首先不符合事实。在今天的世界现实中，个人的命运还是直接地、紧紧地同民族的命运联系在一起。没有国格就没有人格，没有国权就没有人权。美国人是人、美国人的命宝贵，不就是因为美国强大吗？广大第三世界的人民屡遭强权政治的欺凌，无辜百姓生灵涂炭，不就是国家贫弱吗？因此，第三世界国家决不能上美国人权观一些伪善口号的当，专心致志地发展自己，才能真正扬眉吐气，在世界面前挺直腰杆。

说人权高于主权，其实包藏着不可告人的祸心，这就是整垮社会主义中国，制服第三世界国家，确立以美国为首的西方国家的霸权统治。一个国家的社会制度是否优越，根本在于它能否有效地提高该国的生产力和人民的个体生活水平，其选择权说到底在该国人民，而不在任何一个外国的权力中心（事实上没有也不应有这样一个中心）。因此，借口一种制度违反人权、不合理不合法而干涉内政、损害主权，是强权政治的翻版，也是世界不安宁的根源。这种事情之所以屡屡发生，是美国作为当今世界唯一超级大国的不合理国际秩序现实的结果。要根本改变这种状况，必须大力推动多极化的国际政治经济新秩序的建立。

社会主义意识形态当然不能排除人类性话语，不能孤立、抽象和无条件地使用阶级性话语，而必须根据历史发展的具体实际，把阶级性话语和人类性话语统一起来。另一方面，社会主义意识形态更不能拒斥阶级性话语，孤立、抽象和无条件地使用人类性话语，纠缠于同资本主义大打"普世"牌，比谁的迷魂汤威力更大，这肯定没有出路。适应新的历史条件的变化，我们必须重视人类性话语的使用，但这是策略层面的、有条件的应变，而不是根本理论的混淆和战略性改变。只有保持理论上的自觉，才能拥有思想上的领导权。

（作者单位：中国社会科学院马克思主义研究院）

（原载《马克思主义研究》2008 年第 9 期）

怎样认识所谓"普世价值"

冯虞章

"普世价值"之说渐见流行。或宣扬西方自由主义的"普世价值",或赞颂民主社会主义的"普世价值",或把所谓儒家经典中的"圣心王意""天道性理"奉为"普世价值"。既然是普世价值,似乎就符合世间一切人的利益,凡是世人都应趋而奉之,不会说"不"了。这就不免使人有些神秘感。更有趣的是,有的舆论一面把意识形态性很强的内容说成是"普世价值",一面又把所谓"淡化意识形态"宣扬为"普世价值",叫人摸不着头脑。本文试图对此进行分析讨论。

一

马克思说:"凡是把理论导致神秘主义的神秘东西,都能在人的实践中以及对这个实践的理解中得到合理的解决。"[①] 这为我们观察问题提供了一把重要的钥匙。对于眼下被宣扬者说得有点玄乎的"普世价值"说,我们也不妨首先回到相应的实践中去,这样就比较容易看清它的实质,还其本来面目,使问题得到合理的解释。

就说美国所谓的"普世民主"。在美国当权人物的词汇里,其"民主"

---

① 《马克思恩格斯选集》第1卷,人民出版社1995年版,第60页。

"自由"是上帝赋予他们的一面道德旗帜，是无与伦比的"普世价值"。他们有在全世界推广和实施这种"普世价值"的权利和义务。这一套东西到底意味着什么，这种"普世"外衣包裹着的"民主"究竟是天使还是魔鬼？那就来看看它在伊拉克的实践。第一步，他们为了向一个主权国家输出"普世"民主，作为其"大中东民主计划"的突破口，先编造欺世谎言，为大规模入侵制造借口；第二步，他们用巡航导弹等尖端武器迅雷不及掩耳地摧毁这个国家的防御和设施，随之陆军、空军、海军、海岸警卫队和海军陆战队全面出动；第三步，他们实施大规模地面入侵和全面军事占领，实现政权更迭，按照美式民主要求，举行刺刀下的大选，确立中东民主"样板"。此后，就是几年来有目共睹的军事占领下的"民主"伴随着骇人听闻的暴力活动，教派冲突，腥风血雨，伊拉克人民深陷灾难和恐怖之中。人们会问，这里难道体现了什么"普世价值"吗？显然，这里只有为对外推行"美式民主"而破坏国际法准则的悍然入侵和占领，只有当今唯一的超级大国在"民主"旗号下觊觎伊拉克石油利益和推行霸权主义的恶劣记录。哪里有什么"普世价值"的影子呢？

耐人寻味的是：随着美国在伊拉克遭受重挫及其"民主"计划实践恶果的暴露，美国新保守主义势力从张狂到失势，其中一位著名学者福山的思想悄然演变。

福山在1989年夏提出了"历史终结论"，随后形成专著，名噪一时。他把苏东剧变和国际局势的走向，解释为不仅是冷战的终结，而是"这种历史的终结，即人类思想进化史的终结"，认为"西方的自由主义已没有任何其他对手"，将成为"人类意识形态进步的终点"，"而且西方的自由主义政体将作为政府的最终形式得到普遍推广"，成为"人类统治的最后形态"。既然如此，西方的自由民主当然无可争辩地确立为"普世价值"了。从福山的这种"历史终结论"来看，说他为美国新保守主义势力和美国政府的"民主计划"提供了舆论支持，是不为过的。然而，福山终于"背叛"新保守主义了。伊拉克战争的实践，军事占领和腥风血雨，把"民主计划"鼓吹的一切击得粉碎。攻打伊拉克以后，各国包括美国盟国人民对美国的强烈反感情绪，使福山大感震惊。他从对出兵伊拉克产生怀疑，到认为伊拉克战争在理论上和实践上都是错误的。虽然他抱怨人们误解了他的"历史终结"的观点，但是不得不承认"很多人将我关于历史终结的观点与布什总统的外交政策及美国的战略霸权联系在一起"。于是，形势的发展促使福山不得不与新保守主义公开决裂。

至于西方自由主义的"自由""民主"，福山退而认为，虽然生活在这样一个"现代社会的愿望是普世的"，"但这并不意味着，生活在自由社会……中的普世愿望是存在的"，因为这种愿望是依赖于一定的社会条件和随着一定的社会条件"而产生的现象"。在我们看来，既然接触到了自由、民主的愿望与一定的社会条件相联系，即因不同国家、民族的社会条件的差异而不相同；而民主的发展最终要求付诸一定的"社会自身"，这就不以人的意志为转移地动摇了把西方的自由主义及其政体奉为"终极"的"普世价值"的根基。

众所周知，伊拉克发生的事情，并不是美国"民主计划"的唯一实践。在当代国际关系史上，美国指责不按"美式民主"行事的国家是"独裁""专制""暴政"；把为自身利益发动的战争说成是人道主义干预，实际上是用刺刀输出"民主"；它煽动和介入一些"不民主"国家的政权更迭，而对另一些"不民主"国家却提供军事援助；它打着"民主"的旗帜策动"颜色革命"，支持反对派大搞"街头政治"，或借以颠覆社会主义国家的政权，或使另一些国家非亲美的现政权改变为亲美政权。如果亲美势力不能在选举中获胜，就指责选举"不民主"，抑或采取制裁措施，抑或继续鼓动"街头政治"，等等。这一切事实充分说明，在"普世"旗帜下推广美式民主的实质，是要推行和确立美国的世界霸权。这种"普世民主"的价值，乃是对美国建立世界霸权的价值。

二

为了深入地认识问题，阐明我们在普世价值问题上的基本观点和为什么在历史领域不应侈谈普世价值,在作前面这样的典型剖析的同时,还需要从理论和实际的结合上进一步进行分析和讨论。

为此,我们要回顾和援引恩格斯对于杜林"永恒道德"论的分析批判。

杜林是一个先验主义者和形而上学者。他为了鼓吹人类历史领域也存在着"永恒真理""永恒道德""永恒正义",先确定了他的道德观和正义观适用于一切世界,认为道德的原则凌驾于"历史之上和现今的民族特性的差别之上",而且不容许"对这些原则的绝对适用性表示失望"。他的道德论就是这种普遍适用的"永恒真理"。如果用今天有的人的语言,这些原则显然也就是"普世价值"了。对这种"永恒道德"论,恩格斯进行了深入的剖析和批判。

首先,恩格斯指出道德是具有历史性的。人们的道德观念因历史时代、历史条件的发展变化而变更。就拿道德领域被认为具有绝对意义的善恶来说,其对立就是"在属于人类历史的领域中运动","善恶观念从一个民族到另一个民族、从一个时代到另一个时代变更得这样厉害,以致它们常常是互相直接矛盾的"[①]。因此,不存在超历史的适合于一切民族和时代的善恶观念。其次,恩格斯指出,在阶级产生以后,道德又具有阶级性。不同的阶级有不同的道德。"人们自觉地或不自觉地,归根到底总是从他们阶级地位所依据的实际关系中——从他们进行生产和交换的经济关系中,获得自己的伦理观念。"[②] 因此,不存在超阶级的,对各阶级都"绝对适用"的道德。与此同时,恩格斯还分析了不同阶级的道德论中的某种共性和不同社会形态中某种共同的道德戒律的问题,指出由于"有共同的历史背景",不同阶级的道德论还是有一些共同的东西的。但归根到底,人们总是从他们阶级地位所依据的经济关系中获得伦理观念的,所以各个阶级"都各有自己特殊的道德"。由于"经济发展阶段"的相似或限制,不同的

[①] 《马克思恩格斯选集》第3卷,人民出版社1995年版,第433—434页。
[②] 同上书,第434页。

社会里也会有大致相同的道德论,但这绝不意味着"永恒道德"的存在。从动产的私有制发展起来的时候起,在一切存在着这种私有制的社会里,道德戒律一定是共同的:切勿偷盗。但是,在消灭了私有制、消灭了阶级,从而"在偷盗动机已被消除的社会里",如果有人把切勿偷盗宣布为道德原则,就只会遭到嘲笑了。

所以,恩格斯说:"我们拒绝想把任何道德教条当作永恒的、终极的、从此不变的伦理规律强加给我们的一切无理要求,这种要求的借口是,道德世界也有凌驾于历史和民族差别之上的不变的原则。相反地,我们断定,一切以往的道德论归根到底都是当时的社会经济状况的产物。而社会直到现在是在阶级对立中运动的,所以道德始终是阶级的道德。"他说,在历史发展中,道德方面"总的说是有过进步的。但是我们还没有越出阶级的道德。只有在不仅消灭了阶级对立,而且在实际生活中也忘却了这种对立的社会发展阶段上,超越阶级对立和超越对这种对立的回忆的、真正人的道德才成为可能"。①

我之所以较多地回顾和援引恩格斯对于杜林"永恒道德"的剖析,是因为这里直接涉及对所谓存在着具有"绝对适用性"的道德原则的评析。杜林鼓吹"永恒道德"的借口,就是认为存在着凌驾于历史和民族差别之上的道德原则,即类似于今天一些人所说的历史和道德领域里的"普世价值"。因此可以认为,恩格斯运用辩证唯物主义、历史唯物主义观点对于杜林"永恒道德"论的深入剖析,实际上也为我们今天看待"普世价值"问题提供了重要的思想方法。由此,也可以进而形成我们在这个问题上的基本观点。

(一)在历史和道德领域不存在"普世价值",侈谈"普世价值"是没有根据而站不住脚的

既然前面的剖析已经说明,不存在凌驾于历史和民族差别之上的道德

---

① 《马克思恩格斯选集》第3卷,人民出版社1995年版,第435页。

原则和"永恒道德",其逻辑的结论就是,这个领域并不存在"普世价值"。或者换个角度来说,价值观与道德观具有同一的一面,相互贯通、相互制约。因而,价值观如同道德观一样也具有历史性和阶级性。历史发展中不同阶级的利益主体的价值诉求各不相同,以至相互对立。由此也可以得出结论,超历史、超阶级的"普世价值"是不存在的。何况,人的本质在其现实性上是一切社会关系的总和,只有在一定的历史条件下和一定的社会关系中的具体人性,而没有超历史、超阶级的抽象的"永恒"的"普遍人性",又何来作为这种"普遍人性"的价值取向和观念表现的"普世价值"呢?

诚然,当年资产阶级作为"第三等级"的首领,在同封建贵族的斗争中提出的自由、平等、正义、人权的价值观,不仅代表本阶级的利益,也代表当时劳动阶级的利益。这种状况是由特定的历史背景和资产阶级在当时处于历史发展中进步阶级的地位造成的。尽管如此,资产阶级从它产生的时候起,同自己的对立物的矛盾冲突和不同的价值诉求就存在了。所以,"虽然总的说来,资产阶级在同贵族斗争时有理由认为自己同时代表当时的各个劳动阶级的利益,但是在每一个大的资产阶级运动中,都爆发过作为现代无产阶级的发展程度不同的先驱者的那个阶级的独立运动"①。在资产阶级取得政权以后,更表明了其理性的王国不过是资产阶级理想化的王国,被宣布为主要的人权之一的则是资产阶级的所有权。

(二)对于在"普世价值"旗号下宣扬的价值观,应当进行历史的阶级的分析

这是承认价值观、道德观的历史性和阶级性的必然要求。只有这样,才能认清它的实质,给予其符合事物本来面目的评价。我们以民主问题为例。民主是一种国家制度和阶级统治的形式。不能只看到在不同社会制度下都可采用的某些具体形式和做法,而忘却了事物的本质。事实上,从来

---

① 《马克思恩格斯选集》第 3 卷,人民出版社 1995 年版,第 356—357 页。

就没有什么"一般民主""纯粹民主""普世民主",有的只是在一定历史条件下的阶级的民主。所谓"一般民主""普世民主"等等,是资本主义的辩护士用来掩盖民主的阶级性质,借以欺骗群众和输出资本主义的价值观及社会制度的一种策略。从美国世界霸权的战略来看,苏东剧变后,它在"普世"旗号下推广美式民主的战略重点,指向了中国。美国《时代周刊》网站的一则报道,就明确地说:"美国希望中国将发展成民主国家的这个观点,一直是美国对华政策的基础,是美国与一个不以为然的独裁政权保持密切联系的主要原因。"国内的民主社会主义者把他们鼓吹的那一套说成是"普世价值",把苏东剧变后原苏联的一些加盟共和国和一批东欧国家相继加入欧盟,称颂为"寄托着人类的希望",说这使"全世界那些企图保留他们国家的社会主义前途的改革者们,都把目光转移到民主社会主义运动上来",并声言要促成我们党"向民主社会主义的转变"。这就非常清楚,他们要求奉行其民主社会主义的"普世价值"的实质,是顺应国内外敌对势力"西化"中国、"演变"中国的图谋,力图使中国也走上苏东剧变的道路。

所以,在民主问题上,邓小平一面指出,在发扬民主方面我们在"制度上还有许多不完善",要把发扬民主作为"全党一个长期的坚定不移的目标"。一面又指出,要看到"还有公然反对社会主义制度和共产党领导的所谓'民主派'","对这些所谓'民主派'的总的倾向和真正目的是什么,一定要认识清楚,不要天真"。他告诫:"我们在宣传民主的时候,一定要把社会主义民主同资产阶级民主、个人主义民主严格地区别开来,一定要把对人民的民主和对敌人的专政结合起来,把民主和集中、民主和法制、民主和纪律、民主和党的领导结合起来。"[①] 进入新时期以来,我国社会主义民主法制建设取得了长足的进步。党的十七大进一步指出:"人民当家作主是社会主义民主政治的本质和核心",强调"深化政治体制改革,必须坚持正确的政治方向"。其根本精神,就是要坚持党的领导、人民当

[①] 《邓小平文选》第2卷,人民出版社1994年版,第252—253、176页。

家做主、依法治国有机统一的中国特色社会主义政治发展道路，为党和国家的长治久安提供政治法律制度保证。这里鲜明地体现了在民主问题上马克思主义和社会主义的原则，并非所谓追求"普世价值"。

（三）不侈谈"普世价值"，又要在实践中通过扬弃吸收历史上和外国有进步作用的价值观、道德观的有益内容

人们的价值观念、伦理观念虽然归根到底是当时社会的经济状况的产物，但首先必须从已有的思想材料出发。因此，我们既否定凌驾于历史和民族差别之上的"永恒道德""普世价值"，认为对于道德传统、伦理文化应当进行历史的、阶级的分析，又强调必须立足于今天新的时代实践，通过扬弃、吸收外国文明优秀成果，弘扬祖国传统文化精华。

如关于对待传统文化特别是儒家文化，当今新儒家的代表人物宣扬说："要建立一种强有力的意识形态，把儒学重塑为遍及全球的现代宗教"；认为根据其所谓"天道性理"的一套主张，具有高于其他所有合法性的"超越神圣的合法性"。俨然是"普世价值"，舍我其谁了。新儒家的那一套儒家原教旨主义的主张，历史倒退色彩浓厚且荒唐，而且被他们纳入了"用儒学取代马列主义""儒化的原则，就是和平演变"的意识形态斗争的轨道。这样也就势必曲解传统文化的精华，严重妨害对于真正优秀传统文化的扬弃和利用。

对历史文化遗产包括对伦理文化的扬弃，是一个很复杂的问题。总的来说，就是要看它对于人民的态度如何、在历史上有无进步的意义而分别采取不同的态度，把批判、继承、创新有机地统一起来，从而立足于新的时代实践，造成传统从旧质向新质转化，实现对古代优良传统的批判继承与超越，使之适合今天的历史发展和中国人民今天的实际需要。就对中国历史长期发生影响的孔子的以"仁"为核心的伦理观而言，孔子以"仁爱"释仁，表现了一种宽大的胸襟和道德境界；但他又把"仁"和"礼"相联系，提出"克己复礼为仁"。这表明"仁"的基本含义是要求通过约束个人与他人、个人与社会的关系，来维系旧有的社会秩序和社会制度。

这种伦理观念是同中国封建社会发生、发展的一定时期相适应的，因而在历史上有过进步作用。但即使如此，在封建制度下，这种"仁爱"学说也不能不同它的实践严重脱节。剥削者的"己所不欲"，是不可能不施欲于劳动人民的。当阶级对抗激化时，这种学说就更显示出虚伪性和欺骗性来了。中国共产党人在革命实践中用马克思主义观点对它进行检查时，就发现孔子的"仁""是仁于统治者一阶级而不仁于大众的"，因而对于"孔子的这类道德范畴，应给以历史的唯物论的批判，将其放在恰当的位置"[①]。

"将其放在恰当的位置"，就是要尊重历史的发展，既反对全盘抛弃的历史虚无主义，又反对全盘吸收的文化保守主义，努力在批判继承中实现创新。正是在中国革命的伟大实践中，在对古代文化传统的扬弃中，毛泽东对古代的伦理观念"仁"进行了改造，赋予了它新的内涵，并吸收了古代"民本"思想的有益内容，进而依据唯物史观关于人民群众是历史创造者的原理，提出了"为人民服务"的崭新的伦理观，在党的长期奋斗中形成了"以合乎最广大人民的最大利益，为最广大人民群众所拥护为最高标准"的优良传统。这是在扬弃中融批判、继承、创新于一体的光辉范例。

三

我们讨论"普世价值"问题的意义，在于学习、运用马克思主义的基本观点和方法，廓清在这个问题上的迷雾，确立起我们在这个问题上的基本观点，以有助于更好地揭露在"普世价值"外衣包裹下的错误思潮的实质，主动做好意识形态工作，巩固马克思主义的指导地位。为此，还必须指出以下几点。

[①] 《毛泽东书信选集》，人民出版社1983年版，第148页。

（一）宣扬"普世价值"的典型舆论具有鲜明的政治指向性，对此要有清醒的认识，我们的同志不应把"普世价值"当作时髦的用语，随声附和

鼓吹西方自由主义和民主社会主义的"普世价值"的实质，以及为什么我们应当拒绝把它那一套所谓"普世"的"民主""自由""人权"强加给我们的图谋，而坚持走保障人民当家作主的中国特色社会主义政治发展道路，已大体如前所述。还有人把西方新自由主义经济学主张的私有化和非调控化的市场原教旨主义推崇为"普世价值"。近几年来，宣扬"普世价值"的舆论比较集中在民主、自由、人权和私有化等问题上，这不是偶然的。在我们坚持和通过改革完善、发展社会主义制度的过程中，这是国内外某些势力打着"普世"旗号，把他们那一套全盘西化的主张和要求塞给我们，企图改变我国社会主义制度的一种手段。有人声称："市场经济容纳不了四项基本原则。"因为"市场经济是统一的"，"各国都必须按照国际经济一体化的规则去行事"，"什么又要改革开放，又要四个坚持啊"，"这些都不符合市场经济发展规律的统一要求"。并声言："要实行现代化，就要西化，就是要实行西方那一套。"这里虽然没有"普世价值"的用语；但其逻辑，正是借把自由放任的市场经济奉为"普世价值"而否定四项基本原则，借把全盘西化奉为"普世价值"而否定中国特色社会主义道路。这里触及举什么旗、走什么路的根本方向道路问题。这也使我们进一步看到：国内外某些人宣扬的"普世价值"说，具有极大的政治尖锐性。我们的同志自然不应把"普世价值"当作时髦用语随声附和。有的文章把党的十七大强调的解放思想解读为"我们应该追求'普世价值'"；有的把党的文件中讲的社会主义民主法治、公平正义，以及摆脱贫困、实现现代化等，都随心所欲地解释为所谓选择了"普世价值"；有的甚至说"普世价值不应成为迁就民族特色的祭品"，要转向"普世价值体系"，"拥抱普世价值"。这是一种混乱而错误的观念，是同党的基本理论相悖的，也是违背十七大精神的。我们要注意同用"普世价值体系"取代马克思主义指导的倾向划清界限。

（二）为了巩固马克思主义的指导地位，做好意识形态工作，在增强社会主义意识形态的吸引力和凝聚力的同时，还必须注意那种把"淡化意识形态"宣扬为"普世价值"的主张和倾向，认清它的严重危害，消除它的影响

所谓"淡化意识形态"或"去意识形态化"，是一种国际性的资产阶级性质的思潮，其哲学基础是抽象的人道主义和人性论。由此出发，必然否定、反对马克思主义的阶级观点和阶级分析，用抽象的"共同人性""人类本性"作为最高的价值标准。从而，也就把否定阶级分析的所谓"淡化意识形态""非意识形态化"奉作"普世价值"。

这种观点无疑是很虚伪的。因为"淡化"也好，"去"也好，它要"淡化"和"去"的只是马克思主义的意识形态，并不"去"反马克思主义的意识形态。但是，由于缺少马克思主义理论学习、不能正确总结历史经验教训和西方思想文化渗透等原因，崇尚"淡化意识形态""非意识形态化"的倾向，在党内和社会上一定范围内较为广泛的存在着。并由于抽象人道主义和"告别革命"的历史虚无主义思潮在某些舆论阵地上不断出现而得到加强。这种"淡化意识形态""非意识形态化"的倾向较之前面剖析的在"普世价值"外衣下的错误思潮，是从否定马克思主义观察社会历史现象的基本方法论的层面上提出的问题。从这一点来说，有其特殊的危害性。这种倾向的蔓延，将会严重危害党对意识形态领导的主动权；严重危害社会主义核心价值体系的建设；也将严重危害青年一代的健康成长和社会主义事业接班人的培养。它会对青年学生的成长产生双重不良效应。一方面，由于崇尚"淡化意识形态""非意识形态化"，会大大削弱马克思主义和社会主义意识形态对他们的影响力；另一方面，也由于崇尚"淡化意识形态""非意识形态化"，会对各种渠道来的错误思潮缺乏必要的戒备和鉴别力，而受其污染和侵蚀。那种一面在"普世价值"旗号下宣扬西方主流意识形态，一面又把"淡化意识形态"宣扬为"普世价值"的舆论，是在复杂的国际国内条件下出现的一种现象，应该引起我们的高度重视和警惕，并继续加以研究。

（三）价值观念的普遍性，在不同领域和不同问题上情况有所不同

一种价值观、道德观有多大的普遍适用性，受制于现实世界经济、政治关系中互相联结又互相矛盾的错综复杂的利益主体。即使在现今凸显的一些全球性问题上，也因不同国家的利益矛盾或有的执意采取双重标准等原因，而态度各异以致对立。对于这些问题，我们应采取实事求是的态度，从中国人民和各国人民的利益出发给予正确的应对。

恩格斯在谈到社会生活中某种确定无疑的事实和常识是否"永恒真理"时说，"喜欢对极简单的事物使用大字眼"是不聪明的，这对我们看待"普世价值"问题也有意义。当然，真正的普世价值、普世道德是会有的。但现在我们还没有超出阶级的价值观、道德观。只有在消灭了阶级对立，而且在实际生活中也忘却了这种对立的社会发展阶段上，超越阶级对立和超越这种对立的回忆的、真正的人的道德才成为可能，普世价值、普世道德的发展也才成为可能。这就是人类社会的共产主义时代了。

（作者单位：清华大学人文社会科学院）

（原载《马克思主义研究》2008年第7期）

"普世价值"是个伪命题

汪亭友

继民主社会主义能否救中国之后,"普世价值"问题近来又成为一些人热议的话题。"普世价值"借用了欧洲中世纪的基督教所使用的"普世"概念,被一些人引申出适用于一切时代、一切人的"普世"涵义。把"普世"与"价值"连到一起,意指世界上存在一种适用于一切时代与一切人的所谓的"普世价值"。

那么,有没有这样的具有普遍性而永恒存在的"普世价值"呢?从哲学上来讲,所谓价值,就是指客体对于主体的效用或意义。根据这个概念,客体对主体是否有效用或意义,是由主体进行主观判断的结果,是依据主体的好恶来决定的。这个判断的主体自然是人。既然价值是主体对客体的判断,这里的"价值"应是指价值观。时下一些人所讲的"普世价值",实际上指的是"普世价值"观。而价值观显然是观念或理念的范畴,属于上层建筑。按照马克思主义唯物史观的解释,观念或理念的东西,从来都不是抽象存在的,总是与一定社会的生产关系联系在一起,并由这个社会的经济基础的性质所决定。在私有制社会里,作为价值判断的主体的人,受其经济地位所决定而带有阶级性。社会是划分为阶级的,每个人总要隶属于某个阶级。不同的阶级对同一客体的主观判断的结果,往往是不同的,甚至是截然相反或对立的。

比如在资本主义社会，资产阶级思想家宣扬劳资和谐。他们谎称劳方与资方也存在一致的利益，双方共处于一个利益共同体内。只要劳资双方各做让步，关系协调，就能实现互利互赢，共生共荣。而无产阶级自然是要反对这样的"和谐"观的。因为它根本否定了资本家对工人的剥削和压迫，抹杀资本家与工人在根本利益上的对立性，其实质是欺骗无产阶级放弃革命，以维护资本主义社会的和谐与稳定。1872年，恩格斯在他发表的《论住宅》这篇著作中，就毫不留情地揭穿了劳资和谐的谎言，他说："关于劳资和谐的福音到现在已经宣讲了50年了，资产阶级的慈善家为了通过设立模范设施来证明这种和谐已经花了不少钱，可是我们往下就会看到，实际情形在这50年内丝毫也没有改变。"因此，在有阶级与宗教的社会里，不同的阶级、不同的民族、不同的宗教信仰者对具体的价值认同与评判有很大的差异，自然也就没有适用于一切时代与一切人的"普世价值"观。从这个意义上讲，所谓"普世价值"或"普世价值"观其实是虚假的概念，是一个伪命题。

我们再看看那些鼓吹"普世价值"的人的言论，也就不难得出上述结论。其实，一些人所讲的"普世价值"只是一个泛称，好比一顶帽子。在"普世价值"这顶帽子底下，还有具体的东西。如他们所讲，不外乎自由、民主、平等、公正、人道、人权、宪政等价值观念或理念。而无论是自由、民主、平等，还是公正、人道、人权，在现实社会里哪一样都不是普世的。在阶级社会里，它们总是具体的、历史的，有阶级性的。

以民主为例。民主是一种国家制度和阶级统治的方式。民主的某些具体形式和做法，虽然在不同社会制度下可以相互借鉴甚至效仿。但这没有也不可能抹杀不同社会制度间的本质区别。因此，从来就没有什么"一般民主""纯粹民主"或者"普世民主"。有的只是一定历史条件下的阶级的民主。所以在马克思主义者的语汇里，总是要讲资产阶级的民主、无产阶级的民主，要讲资本主义的民主、社会主义的民主。这些民主前面的限定词，不是可有可无的，它点明了民主的阶级性、民主的本质。所以，邓小平也讲，我们在宣传民主的时候，一定要把社会主义民主同资产阶级民主严格地区分开来。

不仅在理论上没有什么"普世"的、"永恒"的民主，而且在现实世界中也没有什么超越时空、不分国界的"普世"民主。美国自认为是世界上最民主的国家。美国历届总统把向世界推广民主与自由当作己任。然而这个西方世界的民主"样板"，远的不说，单说在冷战后，又干了哪件令世界人民普遍认同的"民主"事情了呢？相反，世界人民越来越看清美国的真面目。为建立世界霸权以维护垄断资产阶级的利益，美国从来没有停止向别国兜售自己的价值观，现在又将这种行为包装上"普世价值"的华丽外衣。如果你拒绝它的价值观，轻则说你不民主、独裁、专制，重则动用武力，用刺刀输出民主，或搞"颜色革命"推翻现政权。冷战后由美国策动或干预的一次又一次的战争，越来越暴露了其帝国主义本质，也教育了越来越多的人。

然而国内某些媒体上和某些人却无视事实，模糊是非。他们不仅称民主、自由、人权、公平、正义、平等、博爱等等是"普世价值"，而且还认为，在这些"普世价值"面前没必要区分姓"资"姓"社"。有人甚至还喊出"解放思想就要确立'普世价值'"的口号，主张无论是经济、政治还是社会、文化方面的理论创新，都必须以"普世价值"为尺度，跟国际上的民主、宪政等所谓的"主流观念"接轨。还有些人甚至荒唐地把我们伟大的抗震救灾的精神与行动，解读成"国家正以这样切实的行动，向自己的人民，向全世界兑现自己对于普世价值的承诺"。不知道我们的国家何时向"自己的人民""向全世界"有过"普世价值的承诺"。从一些人的言论中不难看出，他们宣扬所谓"普世价值"、鼓吹所谓"宪政改革"，实质还是要取消共产党的领导和社会主义制度，走资本主义道路。

马克思说过："理论只要说服人，就能掌握群众；而理论只要彻底，就能说服人。所谓彻底，就是抓住事物的根本。"只有运用马克思主义的唯物史观，坚持马克思主义的阶级观点与阶级分析的方法，科学解释价值观必然具有的历史性、阶级性,彻底拆穿"普世价值"的谎言,才能使我们的改革开放事业免遭错误思潮的误导和破坏,从而更好更快地前进。

(作者单位:中国人民大学马克思主义学院)

(原载《政治学研究》2008年第6期)

价值问题的复杂性与"普世价值"概念的误导性

马德普

近年来，学界关于普世价值问题的争论越来越引起人们的重视。之所以如此，原因就在于这些争论背后所包含的巨大的现实政治意蕴：它不仅反映了人们对现代化和全球化这两个重大历史趋势的不同理解，而且也折射着中国在推进现代化的过程中所面临的种种难题和困境，譬如，如何处理现代性和民族性的关系，如何看待西方文化和中国（东方）文化，如何既向西方学习又能够抵御西方霸权的挑战，如何在融入全球化的过程中选择适合自身国情的发展战略，如何在错综复杂的矛盾和利益冲突中选择适当的改革步骤和改革目标，等等。从更深的哲学层面上讲，这些问题的争论也涉及如何认识价值的问题。因此，积极开展这些学术争论，不仅有助于加深对上述现实政治问题的认识，而且也有利于深化对价值问题本身的理解。

一 价值问题的复杂性

"普世价值"用英语表示就是 universal value（又译为"普适价值""普遍价值"）。按照《美国传统词典》的解释，universal 作为形容词，它的含义主要包括：（1）世界性的：属于、有关、扩展到或影响整个世界或所有世界内的；（2）共同的：包括有关或影响所考虑的等级或群体的所有成员的；（3）普遍的：可用于或共同于所有目的、条件或情况的；（4）宇宙的；（5）通用的；（6）全称的。如果由此可见，所谓普世价值就是指，在任何时空、任何条件下对每个人或每一群体都普遍适用的价值。用维基百科全书的定义就是："普世价值是对所有人或几乎所有人都有相同价值的价值。"[①] 程广云、韩璞庚认为，"普世价值之普世性，一般具有三个层面的语义：第一，这种价值具有普遍适用性（普适性），即不是仅仅适用于个别人、少数人甚至大多数人，而是适用于所有人；第二，这种价值具有普遍永恒性（不变性），它不是仅仅适用于一时一地，而是适用于所有时间、所有地点，不以任何条件为转移；第三，这种价值是以具有普遍必然性的命题（普遍必然判断）来表述的。只有符合以上三个基本要件，才能称为普世价值命题"[②]。这段话可以说比较准确地表达了"普世价值"这个词的基本含义。

由于"普世价值"概念的重点在其普遍适用性，所以，我们对"适用性"这个词也要作进一步的分析。一般来讲，普世价值的适用性有三层不同的含义：第一，指的是这个价值对每个人（或每个群体）都是实际有用的；第二，指的是每个人（或每个群体）都认为该价值有用并因而共同追求的；第三，指的是每个人（或每个群体）都应该追求或应该作为准则去行事的。这三种含义不仅在现实中是有重要区别的，而且从价值理论的角度看也是有重要差异的。第一种情况说明的是价值的客观性，第二种情况说明的是价值的主观性，第三种情况则指的是价值的规范性或应然性。价值之所以有这些不同的特性，那是由"价值"这个概念本身的规定性所决定的。

"价值"这个概念在学界有着各种各样的解释和定义，但按照目前国内学界占主流地位的看法，价值涉及的是一种主客体关系，它指的是外部

[①] 原文是 A value is a universal value if it has the same value or worth for all, or almost all, people. 见英文版维基百科：http://en.wikipedia.org/wiki/Universal_value。

[②] 程广云、韩璞庚：《论普世价值如何可能》，《学术月刊》2002年第5期。

客观世界对于满足人（主体）的需要的意义关系，或者说是客体的属性对于主体需要的意义。然而，主体不仅是有着一系列需要的一种自在的客观性存在，而且也是必须通过认识和行动才能满足需要的一种自为的主观性存在。既然如此，在价值问题上又会包含两个互相联系的方面：一是事物对作为主体的人或群体的客观作用或意义；二是人或群体对事物的意义或有用性的主观评价。这样，人们对价值的认识实际上可以有四个角度，即客体的角度、主体的角度、客观的角度和主观的角度。每一个角度都有其自身的复杂性，从而使得价值问题显得错综诡异，充满冲突。同时，也正因为存在价值的冲突才使得价值的规范性问题显得既重要又复杂。

从客体的角度来看价值，我们主要是要弄清一个具体的价值客体到底有哪些具体的属性，或者不同的价值客体有哪些不同的属性，以及这些属性对主体具有什么样的意义。这里的复杂性主要表现在：一方面，同一个价值客体会有各种各样的不同属性，这些不同属性对于同一主体常常会有不同的、甚至相互冲突的意义，所谓"有一利必有一弊"就是这个意思；另一方面，同样的客体属性对不同的主体可能会有不同的意义。前一种情况就像我们在治病中常常看到的，某一药物的某种属性对治疗病人的某一病症很有疗效，但同时它的另外一种属性可能会给同一个病人带来另一些负面的效用，如伤害他的某个组织或器官，或加重他的另一种病症，等等。后一种情况在治病中也常常可以见到，一种药物对甲这个病人很管用，对乙这个病人可能没有作用，甚至会有负面的作用。所以，中医强调辨证施治，就是只能根据病人的具体情况权衡利弊，做出选择，否则就可能会成为害人的庸医。

从主体的角度来看价值，我们主要是分析认识价值主体的具体需要，以及这些需要与客体属性的关系。这里的复杂性既体现在主体上，又体现在需要上。主体的复杂性表现在，价值主体既可以是单个的人，又可以是一个社会群体或共同体。其中，社会群体在多大程度上能够成为主体这个问题，本身就是充满歧义和争论的①。主体需要的复杂性主要表现在，无论是单个的人还是群体性主体，其需要都是非常复杂且常常是相互冲突的。比如，个人有自然需要和社会需要、物质需要和精神需要、客观需要和主观需要等等的区别。而且，几乎所有的需要都要受到自然环境、历史文化、社会状况和主体的具体境遇的影响，因而会存在巨大的个体差异。即使是阿里森·埃西特（Alison Assiter）所说的所有人都客观上具有的一些基本的物质需要，如食物、水、衣服和住所②，也会因自然境遇的不同而对价值客体有不同的要求。如生活在寒带的人对衣服和住所的要求就与生活在热带的人有所不同；婴儿对食物的要求和成人对食物的要求也有不同。甚至同一个人的同一种需要也因需要已被满足的程度不同而不同，如一个人饥饿时和酒足饭饱时对食物的需要就不同，这就是边际效用存在的原因③。至于个人的社会性和精神性需要，那就更因历史发展、文化传统、社会条件等方面的差异而存在较大的差异。个人需要尚且如此，作为主体的社会群体的需要更要复杂千百倍。社会群体的需要不仅本身就在一定程度上包含着其所有成员的纷繁复杂的需要，包含着不同成员之间相互关联的需要④，而且，它还有因社会整合、社会结构、社会运转等社会因素所产生的复杂需要。更为重要的是，同一主体的不同需要之间，以及不同主体的需要之间常常可能是冲突的，而这种冲突也是酿成许多人间悲剧的主要根源。比如，一个人追求享受的需要和他追求事业成功的需要之间就常常存在冲突；又如，在价值客体（资源）有限的情况下，一个主体满足某种需要的要求也常常和另一个主体满足同样需要或另一种需要的要求之间发生冲突。当今世界国与国之间的资源争夺，以及目前世界上有关粮食危机的争论等，都说明了这一点。

从客观的角度来看价值，就是要认清价值客体和主体需要之间的客观关

---

① 关于这个问题的争论，主要表现为多数自由主义者否定社会群体的主体性，只承认个人的主体性。参见哈耶克《致命的自负》，中国社会科学出版社 2000 年版；诺齐克《无政府、国家与乌托邦》，中国社会科学出版社 1991 年版。笔者不赞同自由主义的这个观点，但因篇幅所限，这里不准备就这个问题展开论述。
② 见 Alison Assiter, *Revisiting Universalism*, Palgrave Macmillan, 2003, p.55。
③ 参见 W. D. 拉蒙特《价值判断》第三章第五节，马俊峰译，中国人民大学出版社 1992 年版。
④ 对此，W. D. 拉蒙特曾区分了联合需要、综合需要、相互竞争的需要和共同需要等范畴。参见 W. D. 拉蒙特《价值判断》第三、四章，中国人民大学出版社 1992 年版。

系。这里的复杂性不仅在于确认二者之间的客观真实关系本身就是一个困难的事情，而且更重要的还在于，由于主体需要的复杂性，特别是主体需要中的社会性、精神性和主观性成分，使得如何认识这种客观关系就变得更加困难，更加不具有确定性。作为一个局外人，人们大体可以判定某个主体在一般意义上客观需要哪些种类的价值，但很难判定他在具体的情境中客观上需要哪些具体的价值，更无法判定如何处理两种客观价值之间的相互冲突。即使是作为主体的个人本身，能否对自己的这种客观需要[①]有正确的理解和认识，也是很难保证的。对于一个群体性主体来说，情况更加复杂。一个社会在当下的客观利益需要是什么，它的根本利益需要和长远利益需要是什么，眼前利益需要和长远利益需要、局部利益需要和整体利益需要、此种利益需要和彼种利益需要的客观冲突如何处理等等，都不是一个简单明了的问题。撇开社会成员在这些问题上必定会存在的高度分歧不说，任何一个人要认识和把握这些问题都需要丰富的阅历和很高的智慧。

从主观的角度来看价值，是一个更为复杂的问题。除了最本能的生物需要以外，大多数人的需要都带有主观的色彩。这样说有两层含义：第一层意思是指人的许多需要特别是精神性需要本身就带有主观的性质，它们的具体内容在很大程度上受主体的主观因素的影响。比如，人的道德情操、审美趣味、认知结构、价值观念甚至经验和习惯等都会影响人的需要。就像施普兰格尔所说的："价值并不是'超主观领域'中的、万古不变的实质，而总是个人精神结构的一部分。"[②]

第二层意思是说，只有主观感受到和认识到的需要才能转换成为价值追求，对于那些已在不同程度上被满足的需要，或者被当下某种紧迫的需要所遮蔽的需要，或者因某种习惯而忽视的需要，由于人们感受不到或认识不到其重要性，因此也就难以转换成为人们的价值要求。第一层意思揭

[①] 我这里用"客观需要"这个概念是有些冒险的，因为在需要问题上，客观和主观是很难区分的。这里主要是出于分析的方便，才不得不采用这个概念。

[②] 施普兰格尔：《价值的等级》，载马斯洛等《人的潜能和价值》，林方主编，华夏出版社1987年版，第23页。

示了价值主体精神性需要的多样性和复杂性，第二层意思则意味着人对自身需要的感知和认识是价值问题不能忽视的一个重要方面。总之，这种主体需要的主观性质进一步加剧了价值问题和价值认识的复杂性。

从上述四个视角来认识价值，我们可以看到，价值的客观性主要表现在客体属性的客观性和主体需要的客观性上；价值的主观性既表现在主体需要的主观性上，也表现在主体对价值关系认知的主观性上；价值的规范性既体现在不同主体特别是个体主体和社会主体之间的价值冲突中，也体现在同一主体由眼前需要和长远需要、生存需要和发展需要、真实需要和虚假需要、低级需要和高级需要等矛盾所形成的价值冲突中。正是这些冲突产生了一种道德义务或价值要求，这种要求虽然和特定主体自身的直接需要、眼前需要或主观上想象的需要不一致或相冲突，它也仍然要求该主体遵循这种道德义务或价值要求，以便有利于其他主体价值需要的满足，或为了实现更高、更大、更紧迫或更重要的价值。从上边的分析来看，价值的这三个特性都包含着极为复杂的内容。

二 "普世价值"——一个空洞的概念

下面我们就从认识价值的这四个角度，来对"普世价值"概念进行一点具体的分析。

首先，我们先从客体的角度来看看"普世价值"一词意味着什么。从客体的角度看"普世价值"，就意味着一些价值客体的某些具体属性对所有的价值主体在任何时空条件下都是具有正面意义的，也即都是能够符合人们需要的。对于每一个人来说，这种最具有普遍性意义的价值客体可能非自身的生命莫属了。因为，任何一个生命有机体的生存，对于作为个人主体的它自身来说，都是具有毋庸置疑的意义的：生命不仅仅是主体的基础，而且在很大程度上就是它的体现，没有生命就没有主体，主体的基本使命之一就是对自身生命的维护。所以，中国古人历来强调"人命关天"，现代社会也把生命权视为最基本的人权。但是，即使这样人人珍爱的、最具普遍性的价值，我们仍然可以看到它自身内部的价值冲突以及与其他价值之间的冲突。比如，为了拯救一个生命而牺牲自己的生命，或为了保护自己的生命而杀死另一些生命（如自卫或战争中的自我保护行为），或为了拯救一个生命而杀死另一个生命（如击毙一个正要杀一个人的杀人犯），或为了献身崇高的事业而牺牲自己的生命，或不能忍受生命之苦而结束自己的生命，如此等等，这些价值的冲突是无法用"生命是普世价值"这个命题就可以说明或解决的。

除了生命以外，能够满足人的衣食住行需要的物质资料可能是最具有普遍性意义的价值客体了。但是，这里我们也会马上遇到这样一种复杂情况：由于主体的具体需要不同，这些价值客体相对于主体的意义也是不同的。比如前面讲到的，由于边际效用的存在，同样的食物对于饥肠辘辘的人和酒足饭饱的人其意义是不同的。吃下一个馒头，能够使一个饥饿的人不再感到饥饿，甚至能拯救一个快要饿死者的生命，但也能够使一个已经吃得很饱的人患上消化不良症。同样，让一个食不果腹、衣不蔽体的流浪汉住进一个豪宅，可能满足了他的居住需要，但是对于当下的他而言，这个豪宅可能没有能够充饥的食物和能够御寒的破衣更有价值。由此可见，客体的属性可能是一样的，但它的价值意义对不同主体的不同需要而言是不同。

不仅同样的客体对不同的主体有不同的意义，而且，就是同一种客体也常常具有利弊不同的多种属性，为了利用它的积极属性，常常需要用另一种东西防止或抵消它的消极属性，或者人们为了获得它的积极属性而不得不忍受它的消极属性。前边讲到的药物和疾病的关系就说明了这一点。社会中的政治或经济体制就像药物一样，也必然具有利弊不同的各种属性，几乎没有一种体制是只有积极价值而没有消极价值的；而且，这些不同的价值在不同的条件下会有不同的表现，在 A 条件下可能是积极的价值有较多的体现，在 B 条件下可能会消极的价值表现得更多。所以，当人们说某种体制（比如市场体制或民主体制）具有普世价值的时候，这种说法就抹杀了它在价值方面的复杂表现，遮蔽了事物的本来面目。在这种情况下，这种说法就只具有意识形态的意义，而没有科学的价值；它既不利于人们认识该事物，也不利于人们利用该事物的价值。

其次，我们再从主体的角度来看"普世价值"的说法意味着什么。前面说过，从主体的角度看价值，就是要分析价值主体的具体需要，以及这些需要与客体属性的关系。根据这一要求，我们可以看到，所谓"普世价值"就是意味着人有共同的需要，或者按一些人的说法就是人有共同的人性，因而人人都希望有某些价值客体来满足这些需要，或者需要有符合共同人性的行为标准。从一般的意义上来讲，人确实有不少共同的人性，比如人人都想望生存，需要有维持生存的物质资料（衣食住所等等），需要生命机体及其所需的物质得到安全的保障，需要性爱、情爱、友谊、自尊、审美等生理和心理需求得到满足，等等。在人类的思想史上，特别是近代以来的思想史上，这些共同的人性被人们进行了大量的探讨，当代的心理学家马斯洛还把这些人性比较全面地概括为人的五种需要。总之，从一般意义上抽象出人的共同需要（或人性）是可以的。

但是，支配特定主体价值选择的并不是抽象的一般意义上的需要，而是他当下情境中的具体需要，而这种需要则是随着具体需要的迫切性程度和满足的程度而不断变化的。在马斯洛看来，人的一般需要并不是同时显现的，只有低一级的需要满足之后，高一级的需要才会出现。他说："有机体仅仅受到尚未满足的需要的支配，产生行为，如果这种需要已经满足，那它在个人当前的动力中就成了不重要的了。"① 因此，"对于一个长期极度饥饿的人来说，乌托邦就是一个食物充足的地方。他往往会这样想，假如确保他余生的食物来源，他就会感到绝对幸福并且不再有任何其他的奢望。生活本身的意义就是吃，其他任何东西都是不重要的。自由、爱、公众感情、尊重、哲学，都被当作无用的奢侈品弃置一边，因为它们不能填饱肚子。"而一旦食物的需要得到满足，"其他（更高级的）需要会立即出现，这些需要（而不是生理上的饥饿）开始控制机体。当这些需要满足之

---

① 马斯洛等：《人的潜能和价值》，华夏出版社1987年版，第164页。

后，又有新的（更高级的）需要出现了，以此类推"①。所以，他说："满足了的要求（want）不再是要求。机体的控制者和行为的组织者只能是未满足的需要。"② 马斯洛的这些思想实际上说明了人的需要的历史性和变化性。正是这种历史的和变化着的人的需要才是人们价值选择的内在动因，而那些抽象出来的人的共同的一般需要，充其量只具有某种有限的认识意义，而不具有指导价值选择的现实意义。因为，用马克思的话说就是，"这些抽象本身离开了现实的历史就没有任何价值"③。换句话说，离开了对人的具体的现实需要的考察，人们就根本无法回答这个人现在应该选择什么价值或事实上需要什么价值的问题。

其实，除了人的需要的变化性以外，还存在着如前所述的需要的冲突性问题。在这种冲突面前，仅仅宣称"共同人性""一般需要"或"普世价值"，也是解决不了这种冲突的。当一个人追求享受的需要和他追求发展的需要发生冲突时，我们无法说，发展的需要是普世价值，享受的需要不是普世价值，因而要牺牲享受服从发展；反之亦然。当有限的资源或条件只能拯救两个生命中的一个生命时，我们也无法用人都想活着这一共同人性，或生命是普世价值这一价值标准，来解决这两个生命之间的价值冲突。面对着日常生活中大量存在的这些价值冲突，"普世价值"概念不仅从根本上是无能为力的，而且它在事实上起了掩盖这些冲突的作用。

不同主体之间的需要冲突是价值冲突的一个深刻根源。以消极自由为例，伯林在《自由四论》的导论中曾经写道："消极自由的信念，与许多大而持久的社会之恶是相容的，并且在这些恶的产生中起过作用（就观念影响行动而言）。……对不干涉的倡导（如'社会达尔文主义'）当然也被用于支持政治与社会中毁灭性的政策；而这些政策正是武装起来的强者、残忍者与缺乏道德原则者反对仁者与弱者，能干者与无情者反对缺少天赋

---

① 马斯洛：《动机与人格》，马良诚译，华夏出版社1987年版，第42、43页。
② 同上书，第43—44页。
③ 《马克思恩格斯选集》第1卷，人民出版社1995年版，第74页。

者与不幸者的武器。狼的自由往往是羊的末日。"① 这段话可以说是同一客体属性对不同主体有不同价值这一事实的一个最经典的例子，也是对"消极自由是普世价值"这种观点的一个有力反驳。

另外，我们从客观的角度来看"普世价值"，就是意味着价值客体和价值主体之间有一些客观的价值关系是普遍的和永恒的，也即某类事物的某种属性对所有人（包括所有世代的人）都是具有同样价值的。那么，在人类社会无数的价值关系中有多少价值关系可以被看作是普遍而永恒的呢？从前边我们的论述中已经可以看到，这样的价值基本上是不存在的。这既是价值客体的属性之复杂性所决定的，也是价值主体的需要之复杂性所决定的。以人的最基本的动物性需要为例，对健康人有益的那些食品、水果等食物，对一个病人来说就未必有益。科学家告诉我们，蛋白质是生命的物质基础，没有蛋白质就没有生命，所以人要多吃高蛋白的食物，但是医学知识又告诉我们，对某些病人如肾炎患者来说则必须限制蛋白的摄入量。医生经常告诫人们要多吃水果，但对糖尿病人来说这样做可能是致命的。对异性的需求被看作是一般的人性需求，但是对同性恋者来说，异性对自己并没有什么吸引力。如果人们以这些价值是"普世价值"为由来把它们强加于人，其结果对这些病人和同性恋者是可想而知的。

一般来讲，越是低级和基本的动物性需要，其相似性就越大，而越是高级和复杂的社会性和精神性需要，其差异性就越大。动物性需要尚有如此之差别，遑论社会性和精神性价值呢？后两类价值不仅价值之间和价值内部都存在着尖锐的冲突，而且它们与社会的历史发展也都有着密切的联系。不同的历史时期，由于社会的发展程度和主体的发展程度不同，其主客体之间的价值关系会有较大的差异。在这里，离开历史的情景去谈"普世价值"，要么是没有现实意义的空谈，要么是借"普世价值"的大词推销自己的价值偏好而已。

最后，如果再从主观的角度来看"普世价值"概念的话，它的空洞性

---

① 以赛亚·伯林：《自由论》，胡传林译，译林出版社2003年版，第42—43页。

就更加显而易见了。由于人的大多数需要都带有主观色彩，即人的道德情操、审美趣味、认知结构、价值观念甚至经验、习惯和境遇等都在影响着人的需要，并且社会的文化传统、时代风尚、民族精神等也对需要有重大影响，所以，"普世价值"概念在这里就显得更加苍白无力。实际上，人们在"普世价值"的争论中所涉及的价值都是社会性的价值。这类价值常因人们主观偏好的不同而使价值冲突显得异常尖锐和复杂。社会上价值观念之间的冲突以公平和效率、自由和平等最为人们所熟悉；价值内部的冲突以消极自由和积极自由、机会平等和结果平等为典型。当人们因价值偏好不同而在这些价值问题上争论不休时，"普世价值"概念是提供不了多少帮助的。

通过上面的分析我们可以看到，"普世价值"概念是一个空洞的概念。除了人们发明的这个词以外，它很难指涉具体的价值，也无视了许许多多重要的价值；它遮蔽了价值的复杂性和冲突性，对于指导人们的价值选择没有多少实质性的意义。

三 "普世价值"——一个容易造成混乱和误导的概念

哈耶克在《致命的自负》中曾经引用孔子的一句话："言不顺……则民无所措手足。"[1] 他想说明的意思可能和孔子的原意有一定的出入，但他告诉了人们这样一个道理，即语言的不当使用会导致错误的观念，并会引起不当的行为。

他对人们常用的许多政治性词汇，如"社会""社会的""私有制""市场经济"等都表示了异议，尤其批评了"社会"一词带来的种种混乱。他认为，在日常的语言实践中，一个群体、一个民族、一个地区的全部人口、一个公司、一个协会、一个团体、一个部落、一个帮派或一个族群，人们都会用"社会"一词来表示，结果，"社会"一词已成为表示几乎任

---

[1] 见哈耶克《致命的自负》，冯克利等译，中国社会科学出版社2000年版，第七章。原文为"名不正，则言不顺；言不顺，则事不成；事不成，则礼乐不兴；礼乐不兴，则刑罚不中；刑罚不中，则民无所措手足"。（《论语》卷七《子路第十三》）哈耶克的引用似乎与孔子的原意不十分相合。

何人类群体的一个方便标签，一个人们在不十分明白自己谈论什么时只图一时方便的用语。在他看来，这种把大小不同和形态各异的群体冠之以相同名称的做法，不仅在事实上造成了误导，而且包含了一种隐藏的愿望，即要用我们感情上所渴望的那种亲密伙伴关系，去塑造那种需要用抽象规则调节的范围广大的扩展秩序。他把这种愿望称为对小团体的本能的怀乡病，并认为是一种乌托邦，甚至会导致专制。[1]

实际上，"普世价值"这个概念就是这样"一个人们在不十分明白自己谈论什么时只图一时方便的用语"，是容易造成混乱和误导的一个概念。

第一，它容易把某一历史阶段形成的价值视为超时空的价值。例如，有许多"普世价值"的倡导者就把自由、平等、民主、人权等现代价值称为普世价值。了解思想史的人都知道，这些价值大都是根植于西方传统并自近代以来才开始占主导地位的观念，而且这些概念的含义在不同时代和不同阶级思想家那里又有着极为不同的解释。以自由这个概念为例，在古希腊，自由被认为是公民和自由民的权利，占人口大多数的奴隶被大多数公民认为不应该有自由。在中世纪，"'自由'首先是一个社团群体获得其应得的自治权的权利"[2]。它在很大意义上是一种特殊的权利（或曰特权），而不是近代观念中平等个人的自由权利。平等的个人观念和个人的主体意识，在很大程度上是近代的产物，人权观念就是这种个人观念的一个结果。在古代和中世纪，与其说是人们对这种观念比较陌生，不如说是这种个人和主体还没有生长出来，因而这种观念以及这种观念所反映的价值关系也还没有真正形成。至于英语中"freedom"和"liberty"所指的意义，在古汉语中就很难找到一个对应词，以至于严复在翻译密尔的《论自由》时，就创造了一个"群己权界"的词汇来代表它们。这两种文化在这个概念上的差异，不是有没有这个词（或概念）的问题，而是两种不同的生存境遇所造成的问题意识和价值关系有不同的问题。

---

[1] 见哈耶克《致命的自负》第七章《被毒化的语言》，中国社会科学出版社2000年版。
[2] Robert Nisbet, *Conservatism*, University of Minnesota Press, 1986, p. 36.

第二，它容易把充满分歧和冲突的价值观念简单化，从而掩盖其中的差异和冲突。由于必须找出一堆"普世价值"以证明这个概念所指对象的存在和重要性，所以一些人就把一些互相冲突的价值，或者不同意识形态虽使用同样的词汇但其含义却大相径庭并充满争议的价值概念，都随意地捡到"普世价值"这个筐里。似乎这些价值概念一进这个筐，一切冲突和争议就会消失。实际上，许多所谓"普世"的价值概念不仅在人类思想史上都经历过巨大的变化[1]，而且这些价值的意义也历来都存在着争议。以民主这一价值为例。民主制度虽然早在古希腊时期就成为一种实践，并受到很多公民的珍视，但是，自希腊城邦危机发生，直到19世纪中期以前的两千多年时间内，民主在主流思想中都被视为不好的政体。甚至自由主义自17世纪诞生以后的很长一段时间内，也都是把共和政体或混合政体看作理想政体，而不是把民主看作理想政体。只是从19世纪中期在西方发生争取普选权的运动以后，特别是普选权逐渐在西方各国实现以后，民主这一价值才逐渐取得合法的和主导的地位。即使如此，这一价值的意义也依然存在诸多的争议。比如，20世纪的精英主义者和一些保守主义者就对一人一票的民主的价值持较多的否定态度，他们认为，这种民主不仅造成了权威的衰落和政府权力的扩张，而且还有形成民主专制主义和民主帝国主义等危险。因此，美国的保守主义者尼斯比特就声称："如果在保守主义思想史中寻找任何类似'一人一票'的观点，那将是徒劳的。"[2] 不仅如此，除了这些价值的意义存在很大分歧以外，这些价值概念的含义也历来众说纷纭。比如，什么是"民主""自由""公正"等，现在就没有一个大家都能达成共识的定义。"平等"这个概念就有"权利平等""机会平等""结果平等""运气平等""权利与义务平等"等等不同的规定，而且这些不同规定还常常是相互冲突的。如果我们排除了这些差异和冲突，所谓这些价值的"普世性"可能就仅仅剩下了用语的共同性了。但是用语的共同性只是表面的，因为它们事实上只

---

[1] 原因是，在语言的发展中，人们常常借用古代的词语来指称与这些词原来指称的事物不同的事物。
[2] RobertNisbet, *Conservatism*, University of Minnesota Press, 1986, p. 40.

具有维特根斯坦所说的"家族相似性"。①

第三，它容易混淆科学问题与价值问题的关系。为"普世价值"概念进行论证的人，不少是从特殊性和普遍性或一般和个别的关系的角度来论证的。在他们看来，既然万事万物都有特殊性和普遍性的关系问题，那么，价值领域就也存在这种关系。于是，他们就用归纳法从一个个个别（特殊）中归纳出一般（普遍）来。比如，有人认为："普世价值观，……是各种价值观念和精神体系的最大公约数。普世价值观和其他意识形态、其他宗教的关系，是共性和个性的关系。"② 但是，正如有的学者所指出的，"在一定意义上，普遍性是一个典型的西方化范畴，其他民族或文明的思想中就没有这类西方意义的普遍性概念和普遍性思想"③。所以，普遍性和特殊性这对范畴是不是适用于一切对象是值得研究的。笔者认为，这对范畴主要适用于自然科学所研究的事实世界，而不太适用于价值世界。因为，事实世界的自然规律是不以人的主观意志为转移的普遍规律，因此人们在一定程度上可以通过对个别的归纳认识一般（普遍规律）。④ 自然科学的品格就是追求普遍性的知识，而西方文化的特征就是注重普遍性的探求，所以，科学在西方就比较发达；中华文化由于不重视普遍性问题，所以科学也就不够发达。但是，价值问题是性质截然不同的问题，价值本质上属于意志领域的问题，是一种人文现象，它涉及的主体方面和主观方面，使得价值研究主要不是为了追求普遍性知识，而是为了帮助（而不是替代）人们进行价值选择以满足人的现实性和超越性的需要，或者创造自己的意

---

① 按照维特根斯坦的"语言游戏说"，任何活动都植根于特定的语言游戏或生活形式中，从而受制于社会的、历史的和文化的情境，所以各个"语言游戏"只具有家族相似性而不具有可通约性；说话者依据一定的规则使用的语词只是一种工具，它本身并没有意义，它的意义是我们在按照自己的目的使用时赋予它的，因此任何语词或命题都不存在唯一的或僵死不变的意义。

② 李民：《尊重普世价值，实现科学发展——兼驳冯虞章先生的"普世价值虚无论"》见新华网，2008年9月17日，http://news.xinhuanet.com/theory/2008-09/17/content_10032093.htm。

③ 陈祥勤：《"普遍主义和普遍性问题"专题研讨综述》，见上海社会科学院哲学研究所网站2007年6月12日的科研报道，http://www.sass.org.cn/zxyjs/articleshow.jsp?dinji=62&artid=18138。

④ 当然即使这种可能性较大的归纳，也是存有争议的。例如波普尔就认为"不存在以重复为根据的归纳法"（卡尔·波普尔：《客观知识——一个进化论的研究》，上海译文出版社1987年版，第7页）在他看来，归纳法用有限事实得出所指无限的结论，这在逻辑上是不对称的。见波普尔《科学发现的逻辑》和《客观知识——一个进化论的研究》两书中对归纳法的批评。

世界。由于价值关系的多样性、情景性和变化性，所以在实践方面，它不像自然科学那样主要是追求齐一性或一致性（如技术规范），而是在情景性和变化性中追求适应性，在多样性中追求整体的协调性（如和谐）。卡西尔在《人文科学的逻辑》中曾经指出，人文科学的"目的并非法则的普遍性；然而亦不是事实与现象之个别性。相对于此两者，人文科学有着其独特的认识上的理想，它所希望认识的乃是形式的整体，而人类的生命即是在这些形式之中展开的"[①]。正是人文科学[②]的这一特点和中国传统思维方式相接近，所以中国传统文化中人文科学就比较发达。由此看来，中西文化传统的差异很大程度上就是和合主义和普遍主义的差异。其实，这里的关键不在于普遍性问题在价值领域存在不存在，而在于这两类研究的致思方向有着根本的差异。即使存在所谓普遍性问题，[③] 也不像在自然科学中那么重要，也不是它所关注的重点。

第四，它对普遍性的过分偏好容易培养非历史地看问题的形而上学思维方法，陷入普遍主义的误区，形成新的教条主义。波普尔曾说："一切语言都是渗透理论的。"[④] 西方文化之所以迷恋于普遍性问题，与自古希腊自然哲学时期形成并绵延至今的普遍主义思想传统有密切的关系。这种普遍主义促进了自然科学的发展，但在人文领域和生活世界却制造了许许多多的问题。从认识上讲，它培养了非历史地看问题的习惯。因为，自然现象虽存在于时间之中，但没有人类历史意义上的那种历史性；长期浸淫于这种非历史的自然现象，就很容易形成静止地看问题的思想习惯和普遍主义的思维方式。这种思维方式没有过程意识、发展意识、条件意识和历史

---

① 恩斯特·卡西尔：《人文科学的逻辑》，关子尹译，上海译文出版社2004年版，第123页。人们常常把整体性和普遍性混同在一起，这是一种错误的认识。

② 我曾在《普遍主义的贫困》一书中谈到，鉴于国人常常从自然科学的意义上理解"科学"的含义，所以最好不用"人文科学"这个概念，而改用"人文学科"这个概念。这里为和引文相适应，沿用了这个传统概念。现在我认为，用"人文学"这个词可能更为合适。

③ 有人可能认为，在价值领域，即使没有实然意义上的普遍性，也存在应然意义上的普遍性。这是个更复杂的问题，由于篇幅所限，这里不展开论述这个问题，有机会时再单独撰文讨论。

④ 卡尔·波普尔：《客观知识——一个进化论的研究》，舒炜光等译，上海译文出版社1987年版，第32页。

意识，喜好从本本和抽象原则出发而不是从现实或实际出发；由于偏好普遍性，由于把普遍性看作是否有价值的标准，所以它讨厌"特色""国情"等概念，不能理解"越是中国的就越是世界的"这句话所包含的深刻道理，并常常把一些实质上是特殊性的东西称为普遍性，或常常要求把未来才能实现的东西塞给条件尚不具备的当下社会，试图在一夜之间建立一个"普遍性"的王国。我把这种普遍主义看作是教条主义的真正病根，它也是社会中许多灾难的一个重要根源。[①]

第五，它容易为专制主义、霸权主义提供借口。有人说，把自由作为普世价值就是为了反对专制。不错，自由就是在和专制主义的斗争中而成为现代社会的一个基本价值的。但是，人们可能没有看到，如果把它作为普世价值来对待，则很容易为"强迫你自由"或用武力"推广自由"打开方便之门，而这种强制和推广只是专制主义的一种变种而已。联系美国在当今世界上到处以传播自由这"普世价值"的旗号侵略扩张，推行霸权，我们已经看到，这一概念在现实中带来的危险了。有人说，美国的行为是美国的政策造成的，普世价值概念和这个问题没有必然的联系。是的，不是一讲这个概念就一定会搞霸权，搞霸权还需要其他条件。但，也不是说二者之间没有任何联系。问题是，这个概念背后所隐含的思想（即普遍主义意识）有一种内在的（逻辑上的）扩张和霸权冲动，一旦其他条件成熟，这种冲动就会变为现实的行动。亨廷顿说："帝国主义是普世主义（即普遍主义——引者注）的必然逻辑结果"[②]，讲的就是这个道理。只要你把自己倡导的或实践的价值看作是普世的，你就会有一种道德优越感和道德使命感，你就会站在道德制高点上向别人指手画脚，而不会愿意和别人平起平坐，倾听他人的愿望和想法，尊重他人和你不同的选择，就像西方国家现在常常做的那样。中国人如果有一天也相信自己追求的价值是普世价值，自己的发展模式是普世的模式——就像华盛顿共识的炮制者那样，

---

① 关于这个问题的更多论述，参见拙著《普遍主义的贫困》第一章，人民出版社2005年版。
② 亨廷顿：《文明的冲突与世界秩序的重建》，周琪等译，新华出版社1998年版，第359页。

终有一天也会走上美国这种霸权主义的老路。然而，这不是我们中华文化哺育的人民所愿意看到的。

有人常常以中国签署了《世界人权宣言》为理由，来为"普世价值"的言说辩护。这里我不想就此展开论述，只想引用日内瓦高级国际问题研究院相蓝欣教授在《"普世价值"还是"共享价值"?》一文中的一段话来说明这个问题。他说：

> 笔者在西方同学者和官员进行过无数次有关中国人权的辩论。在讨论中国国情特点时，西人总是用中国签署的"联合国世界人权宣言"作为中国已经接受"普世价值"的铁证。
>
> 笔者提醒他们，中文从未将这个宣言（英文是 UniversalDeclaration ofHumanRights）翻译为"普世人权宣言"，而将 universal 译为"世界"恰恰反映了民族主权国家体系尚未消亡的事实。
>
> 事实上，国际社会在某些问题上达成共识的应当被称为"共享价值（commonly shared value）"，这是一个表示正在进行的动作过程的概念，而不是神学本体论意义的"普世"价值，或"共同价值"。
>
> 普世价值是西方人发明的东西，是基督教传统特有的表述方式……
>
> 有的学者认为，中国要融入世界，我们就应当接受某些政治含义不强的普世价值，同时也可以摒弃政治意识形态主导的普世价值。这种貌似两全的思路是幼稚的。
>
> 承认任何一种"普世价值"的存在，就必然要接受西方人的论辩模式。这是一个用中华传统思路无法取胜的模式。[①]

哈耶克说过："语言不仅传播智慧，而且传播难以消除的愚昧。……只要我们是用建立在错误理论上的语言说话，我们就会犯下错误并使其长久

[①] 联合早报网（2008—09—03），http://www.zaobao.com/yl/yl080903_501.shtml。

存在。"① "普世价值"这个概念就是建立在价值领域中的普遍主义这种错误理论上的一个语言,它是前启蒙时代的基督教一神论的产物,也是启蒙时代的科学主义和理性主义的产物。为了避免它带来的上述混乱和危险,也为了还价值现象的本来面目,我们应该放弃价值问题上的这种言说方式,改用不易造成混乱和误导的语言,比如,我们可以用"基本价值""核心价值""共享价值"或"共识价值"等概念,来代替"普世价值"概念。这不是无谓的咬文嚼字或简单的概念游戏,而是不同思维方式和不同实践效果的重大差异。这样的替代决不会和文明的进步与历史的发展相抵触,而只会减少它给社会可能带来的危害。

(作者单位:天津师范大学政治与行政学院)

(原载《政治学研究》2009年第1期)

---

① 见哈耶克《致命的自负》第七章《被毒化的语言》,中国社会科学出版社2000年版。

马克思的实践价值论与政治"普世价值"问题

张守夫

一 马克思对两种方法论的批判

自休谟提出"价值"有别于"事实"的"休谟问题"以来，中西方学者对价值的研究主要是从主体论和主客体关系论两个方面进行的。主体价值论者强调价值是因人的理性目的、感情欲望、主观意志、利益偏好或兴趣需要等主体因素而产生的对人的意义、效用、满足或实现等，这种观点主要是西方价值论的主流思想；中国学术界则以价值的主客体关系论者居多，强调价值是客体及其属性和功能等客观因素对人及其需要而产生的满足、效用和意义。但是，这两种理论均走向了极端。具有片面性：前者过分强调主观性而走向主观相对主义价值论，后者过分强调客观性而忽视了价值产生的社会实践、主体创造和历史过程。针对这两方面的缺陷，马克思早在《关于费尔巴哈的提纲》中就已指出："从前的一切唯物主义（包括费尔巴哈的唯物主义）的主要缺点是：对对象，现实，感性，只是从客体的或者直观的形式去理解，而不是把它们当作感性的人的活动，当作实践去理解，不是从主体方面去理解。因此，和唯物主义相反，能动的方面却被唯心主义抽象地发展了，当然，唯心主义是不知道现实的，感性活动本身的。"① "全部社会生活在本质上是实践的。凡是把理论引向神秘主义的神秘东西，都能在人的实践中以及对这个实践的理解中得到合理的解决。"② 所以，我们有必要重新探讨、研究并理解马克思对社会科学研究的两种方法曾进行的批判，这对我们正确认识和分析时下"普世价值"论调有重要的启发意义。

（一）对单纯抽象和普遍定义的概念归纳方法的批判

自古希腊文明以来，西方学术研究就一直遵循着亚里士多德创造的研究方法，即通过"种加属差"的本质定义方法来确定同类事物存在的普遍形式和原因，并以此作为基础和出发点来构建概念和理论的知识体系。这种方法是从考察具体事物出发，从个别、特殊上升到普遍一般为止的，以达到单纯抽象概括为一类事物的共性，从而认为是完成了对事物的本质认识的普遍概念定义方法。

马克思早在《政治经济学批判导言》中批判了这种在研究价值概念时的单纯概念③抽象的归纳方法。马克思认为，这样一条认识道路对社会科学研究来说是错误的。这种方法从实在和具体开始，从现实的前提开始，从表象中的具体达到越来越稀薄的抽象，得到一个混沌的关于整体的表象，直到达到一些最简单的规定为止，就认为万事大吉是错误的。④

一方面，这样一条道路把概念按层次一级一级地向上抽象，当上位概念的抽象度越来越高的时候，概念的内容越来越空乏，因而概念越来越远离人们的生活和社会实践。所以，马克思指出，在抽象的最后阶段，一切事物都成为逻辑范畴，用这种方法把每一个物体的一切所谓偶性（有生命的或无生命的，人的或物的）抽去，认为越远离物体就是日益接近物体和深入事物。因而整个现实世界都淹没在抽象世界之中，即淹没在逻辑范畴

---

① 《马克思恩格斯选集》第1卷，人民出版社1995年版，第54页。
② 同上书，第56页。
③ 同上书，第54页。
④ 《马克思恩格斯选集》第2卷，人民出版社1995年版，第24页。

的世界之中。例如，如果我们抽掉构成某座房屋特性的一切，抽掉建筑这座房屋所用的材料和构成这座房屋特点的形式，结果只剩下一个一般的物体；如果把这一物体的界限也抽去，结果就只有空间了；如果再把这个空间的向度抽去，最后我们就只有同纯粹的数量，即数量的逻辑范畴打交道了。① 又如，就"价值"概念而言，价值作为一种单纯抽象，是对人类具体的实践活动所创造的社会物质、精神和制度文明及其对人类的意义的共同抽象；但是，单就物质文明的价值世界（如商品价值）而言，如果离开了价值的构成要素和在不同历史阶段的表现（如劳动、价格、资本、利润等），那么，对价值的单纯抽象就毫无意义，这样一个简单的定义"价值是无差别的一般人类劳动的凝结"② 就如同一句空话。

另一方面，形而上学家们把通过这样的方法而形成的概念进一步实体化和神秘化，认为这样的概念所表示的事物的本质是真实的、永恒的、普遍的存在。所以，马克思指出，"语言是思想的直接实现。正像哲学家们把思维变成一种独立的力量那样，他们也一定要把语言变成某种独立的特殊王国，这就是哲学语言的秘密，在哲学语言里，思想通过词的形式具有自己本身的内容。从思想世界降到现实世界的问题，变成了从语言降到生活中的问题"③。

这种对概念的单纯抽象方法，把人类的认知和实践演变成一种语言的游戏，偏离和滞后于时代发展的步伐。它的缺陷集中表现为：第一，以这种单纯的抽象局限在抽象共相的普遍形式里，不能进展到对这种共相的特殊化和具体化，这种抽象的单纯性乃是一个异常贫乏的规定，不能据以把握现实生活和社会历史实践的丰富内容；第二，用有限的抽象规定去把握无限变化的对象并将抽象的同一性认作最高的原则；第三，把一般和个别、普遍与特殊、形式和内容对立起来，不承认它们的对立统一；第四，认为理想的、应当的、彼岸的观念是真实存在的，而现实世界因多变而受到轻蔑；第五，最重要的是脱离了人类自己的历史和实践，把抽象的概念神秘

---

① 参见《马克思恩格斯选集》第 1 卷，人民出版社 1995 年版，第 138—139 页。
② 马克思：《资本论》第 1 卷，人民出版社 1991 年版，第 65 页。
③ 《马克思恩格斯全集》第 3 卷，人民出版社 1995 年版，第 525 页。

化。所以，马克思说："哲学家们只要把自己的语言还原为它从中抽象出来的普通语言，就可以懂得，无论思想或语言都不能独自组成特殊的王国，它们只是现实生活的表现。"①

（二）对纯粹思想和概念演绎方法的批判

纯粹思想演绎的方法就是黑格尔的"绝对理念"外化的唯心主义辩证推理方法。事实上，是黑格尔第一个从唯心主义角度批判了自亚里士多德以来传统思维方式的片面性和局限性，只不过是他把与传统方法不同的辩证的历史主义方法引向到纯思的领域。因此，马克思在吸收他的合理思想的基础上扬弃了他的唯心主义基础。

黑格尔在《小逻辑》开篇中通过批判形而上学思维方式的片面性和局限性之后，提出了自己的思辨逻辑方法。黑格尔对形而上学方法的批判主要是：旧形而上学的思维是一种有限的、单纯抽象的思维，它没有意识到思想自身所包含的矛盾和思想自身与信仰的对立，却相信，只靠反思作用即可认识真理。旧方法认为抽象的孤立的思想概念本身就是自足的，它完全可以表达真理并且有效，这是基于一种非理论自觉的、未加分析的、盲目的信仰，即相信思想能够把握存在本身。这种思维方式实际上用亚里士多德的"种+属差"的定义方式，来考察、定义和表达上帝、自然、精神等这样内容丰富的观念，但是，没有什么谓词能够穷尽这些理念。这种形而上学是一种独断论，它们坚决排斥一个事物有两个相反的、自相矛盾论断，并认为这两个命题中，只能有一个是真的，另一个必然是假的。这就是黑格尔所批判的形而上学孤立的、片面的、静止的思维方式。② 但是，黑格尔把他的辩证方法引向了唯心主义。他认为思想与存在是完全同一的，理念是事物的本质，思想之外没有事物的本质，理念内部的普遍性和必然性的矛盾是推动事物发展的动力，各种思想规定性在认识和知识发展过程

---

① 《马克思恩格斯全集》第 3 卷，人民出版社 1995 年版，第 525 页。
② 黑格尔：《小逻辑》，商务印书馆 1997 年版，第 63—187 页。

中具有动态和历史性质,这种方法是客观思想由简单、贫乏、肤浅和片面,辩证地发展到复杂、丰富、深刻和全面的过程。

马克思从实践唯物主义的角度批判黑格尔的唯心主义方法。马克思在《哲学的贫困》中指出,蒲鲁东这样的黑格尔主义者,欲在纯粹的、永恒的、无人身的理性中,寻找和说明形而上学家们的固定不变的永恒的范畴、原理、规律、观念、思想(如分工、信用、货币等资产阶级生产关系)的形成情况和来历,把现实关系看作是人类"纯粹的、永恒的、无人身的理性"①的一些原理和范畴的化身,把现实的人类历史看作是应用的形而上学和逻辑学。这种语言使人觉得这些范畴似乎是刚从充满纯粹理性的头脑中产生的,好像这些范畴单凭辩证运动才互相产生、互相联系、互相交织。但是,既然我们忽略了生产关系的历史发展,既然我们只希望在这些范畴中看到观念、不依赖实际关系而自生的思想,那么,我们就只得到纯理性的运动中去找寻这些思想的来历了。马克思深刻地指出:"黑格尔认为,世界上过去发生的一切和现在还在发生的一切,就是他自己的思维中发生的一切。……他以为他是在通过思想的运动建设世界;其实,他只是根据绝对方法把所有人们头脑中的思想加以系统的改组和排列而已。"②

综上所述,形而上学把不变规律、永恒原理、理想范畴看作是先于人们现实生活的存在,在这一切一成不变的、停滞不动的、普遍的、永恒的存在里是没有历史的;而黑格尔把这些规律、原理、范畴看作是自古以来"人类的无人身的理性"的产物,它是有历史的,但只不过是观念中的历史,即反映在纯理性的辩证运动中的历史。马克思认为:"人们按照自己的物质生产率建立相应的社会关系,正是这些人又按照自己的社会关系创造了相应的原理、观念和范畴。所以,这些观念、范畴也同它们所表现的关系一样,不是永恒的。它们是历史的、暂时的产物。"③

---

① 《马克思恩格斯选集》第 1 卷,人民出版社 1972 年版,第 105 页。
② 《马克思恩格斯选集》第 1 卷,人民出版社 1995 年版,第 141 页。
③ 同上书,第 142 页。

二 "价值一般"必须经实践上升到具体

对马克思来说，"概念一般"作为一种普遍的形式从来都不是真实的具体的历史存在，"概念一般"不过是人类思维抽象力把握世界的一种便捷的方式；而"概念一般"从抽象上升到具体的方法，也只是思维用来掌握具体并把它当作一个精神上的具体再现出来的方式，但绝不是具体产生过程本身。所以，马克思指出：整体，当它在头脑中作为被思维的整体而出现时，是思维着的头脑的产物，这个头脑用它所专有的方式掌握世界；而具体总体作为思维总体，作为思维具体，事实上是思维的、理解的产物，但是，绝不是处于直观和表象之外或驾乎其上而思维着的、自我产生着的概念的产物，而是把直观和表象加工成概念这一过程的产物；只要这个头脑还仅仅是思辨地、理论地活动着，那么，现实世界仍然是在头脑之外保持着它的独立性。① 因此，概念从抽象上升到具体，必须经过人类实践历史活动这一途径，才能去获得它的真实的内容和多样性的统一。

马克思以"交换价值"这个概念为例，阐释了概念抽象经实践上升到具体的这一科学上正确的方法。"交换价值"作为概念，早在人类社会早期就有。但是只有到了现代商品经济社会，交换价值才有了现代意义上的具体内涵：它是以人口，以在一定关系中进行生产的人口为前提，也是以某种形式的家庭、公社或国家等为前提；如果抛开构成人口的阶级，人口就是一个抽象；如果离开了阶级所依据的因素（雇佣劳动、资本等），阶级又是一句空话；而这些因素是以交换、分工、价格等为前提的；当我们通过历史的分析再回到"交换价值"时，这时它已经是一个具有许多规定和关系的丰富的总体了。所以，交换价值只能作为一个既与的、具体的、生动的整体的抽象的关系而存在，所以，马克思说："具体之所以具体，因为它是许多规定的综合，因而是多样性的统一，因此它在思维中表现为

---

① 《马克思恩格斯选集》第 2 卷，人民出版社 1995 年版，第 18—19 页。

综合的过程，表现为结果，而不是表现为起点，虽然它是现实中的起点，因而也是直观和表象的起点。"①

"实践一般"是一个抽象，是人类物质生产活动、精神活动、政治和经济的社会交往活动的共同的抽象和规定；"价值一般"也是一个抽象，是人类实践所创造的物质文明、精神文明和制度文明在价值形态上的共同抽象和规定。这样的抽象是人类思维能力对事物的整体和简便的把握，所以也是一个合理的抽象。但是，构成实践和价值的发展的恰恰是那有别于这个一般和共性的"差别"。② 因此，对"实践""价值"等概念一般所作的种种规定之所以要抽象出来，正是为了不至于因见到"普遍"就忘了概念内容发展的本质的差别。而忘记这种差别的正是那些想证明"普世价值"是一种普遍适用的永恒存在的形而上学家们的全部"智慧"所在。所以，同类事物所共同的被思维当作一般规定而确定下来的规定是存在的，但是用这些抽象的共性，不可能理解任何一个现实的历史的发展阶段。所以，科学合理的思维必须从抽象上升到具体，必须用人类实践的历史去体现和规定概念内容的丰富性和多样性。也就是说，类似价值这样的概念，不仅是一般历史实践的产物，更是特定历史阶段的产物。离开了现实的历史的具体内容，这些一般的抽象概念就没有任何价值。

马克思从实践唯物主义的观点出发，把各种价值形态看作是人类实践活动（体力劳动和脑力劳动）的历史创造和凝结。马克思之所以从劳动价值论开始探讨人类各种类型的价值形态的研究，基于如下事实：归根到底，是人的劳动创造了人类的物质文明、精神文明和政治文明（或制度文明），从而创造了人自己的历史；并且，物质生产活动及其所创造的物的价值世界（商品价值体现着人与人的关系）是人类其他活动的基础，社会意识形态以及与之相配套的政治制度，它们的价值形成和发展是受前者制约和决定的。具体地说，人造的物质产品（如商品）、精神产品和制度产品，其价值存在

---

① 《马克思恩格斯选集》第 2 卷，人民出版社 1995 年版，第 18 页。
② 同上书，第 23 页。

问题主要不是人们的主观好恶的评价和取舍的结果,而是凝结着人类实践活动的历史成果,体现着不同历史阶段人与人的特殊关系,因而,它们的价值是历史选择和创造的产物,具有主体性、客观性、具体性、现实性和历史性的特点;而且,在价值形态上,物质文明所体现的人类社会关系是第一位的,它决定着精神文明和制度文明发展的历史阶段、水平和程度。

马克思在《资本论》中具体研究了价值的二重性理论,区分了使用价值和价值。使用价值强调事物的有用性,是人类具体劳动成果(社会物质、精神和制度财富),对人的意义用"价值"这一抽象概念来判断人类物质、精神和政治交往过程中使用社会各种资源的合理性标准。如某一社会政治制度存在的价值,如果偏离了其所依赖的社会生产力和生产关系的状况,落后或超前占社会主导地位的阶级的经济要求,那么这样的制度存在是脱离了该制度的价值要求的。所以说,马克思的实践价值论对政治价值论来说具有重要的指导意义。显然,任何制度模式都是人类实践的成果,它们对不同历史时期的人们的交往活动具有使用价值;但是,现实制度之适用和存在却有其制度价值的标准(是否适合一定历史阶段的生产力和经济基础的水平),这个标准是对人类历史活动的抽象概括。显然,马克思的价值理论不同于在现代政治哲学中罗尔斯的制度正义的价值标准,罗尔斯所提出的制度正义的普适价值标准——自由和平等的权利原则,是无视历史发展和现实利益的形而上学价值观。

三 西方政治"普世价值"问题的实质

在西方学术界,占统治地位的政治观念、法律观念、道德观念、哲学观念以及其他观念都被归入抽象人学的领域;政治意识、法律意识、道德意识被宣布为具有普世价值的意识,而政治的、法律的、道德的人则被宣布为理性的人和无差别的一般的人。无人身理性的统治被当成了前提。一切占统治地位的政治和经济关系逐渐地都被宣布为人权关系,继而被转化为迷信——对抽象法、抽象正义原则、抽象民主自由和人权的迷信等。整个西方的主流意识到处涉及的都只是"普世价值"的信仰。绝对自由民主在世界越来越大的规模内推广并被圣化了，直到最后完全把普世价值宣布为永恒的、普遍适用的圣物为止。

政治领域中的价值问题显然不是一个纯粹的价值评价问题，而是一个价值实体的问题，即不是一个认识论问题，而是一个实践问题；不是一个是否符合或不符合抽象正义标准的好坏问题，而是一个是否适合或不适合生产力和经济基础的发展水平的实践问题，这个问题最终表现为人类实践历史的选择。然而，人们之所以不能清醒地认识到西方式政治"普世价值"所倡导的资产阶级的自由、平等、人权、民主、法治等观念的虚假性，一方面是因为不能正确辨别这些观念所源起的"古典自然法"理论论证的方法论的正误，另一方面是因为常常忽视了马克思的实践价值论所依据的唯物史观的立场和方法。

（一）古典自然法的"普世价值"的抽象人性论基础

演绎逻辑既是整理人类知识的必要工具，也容易导致误解，导致"前提错误，结论也必然错误"。古典自然法学家们虽然没有意识到以"抽象人性论"为基础的知识体系化的风险（"自然状态"被后来的实证主义斥责为胡说八道），但是，把代表当时人类先进思想的文化给予知识化和理论化的同时，也使其自由、平等、人权、民主、法治等观念形而上学"普世化"，从而导致现代西方政治价值中心论对人类危害的扩大。

在西方政治思想史上，普世价值观直接来源于"古典自然法"学说。随着文艺复兴、宗教改革运动、市场经济的发展，启蒙运动的自然法理论成为资产阶级政治革命的理论武器。以格劳秀斯、霍布斯、洛克、孟德斯鸠、卢梭为代表的启蒙思想家，他们高举"自然法"和"天赋人权"的旗帜，提出人权、自由、平等、博爱、民主、法治主张，参与资产阶级推翻政教合一的封建统治的斗争。这个时期的自然法学说就是"古典自然法"学说。

古典自然法学家的代表人物霍布斯、洛克和卢梭以抽象人性论为基础，设计了自然状态、自然权利（即人权）、自然法则这样的"三自"理论，来论证自然法理念（自由、平等、人权、法治等）的普适性。但是，他们设计的自然状态不同，得出的结论也有所差别：其一，霍布斯从人性恶论出发，把自然状态看作是一种"人对人像狼一样"的战争状态；得出的结论是，人们将自然权利让渡给主权者，君主按契约产生，主权者根据契约不可被推翻。其二，洛克从人性善论出发，把自然状态看作是一种田园牧歌式的幸福生活，人人天生的自由、平等、独立；得出的结论是，人们为了更好地保护自己的自由、人身和财产安全，缔结社会契约，自愿放弃各自单独惩罚权，交国家或政府行使，主权在民，政府是代理人。其三，卢梭是第一个明确提出所谓自然状态的描绘不过是一种假设性前提，只是为了论证的方便而已。他认为，在自然状态下，人们之间自由、平等地生活，是私有财产的出现导致了不平等。卢梭认为这是人类历史发展的必然现象，只有未来的社会才能实现通过人民自由协议而形成的人民主权的国家。我们看到，启蒙思想家基于理性纯演绎地推出自然法，从社会契约理论和自然权利理论出发提出自由、平等、博爱的正义原则以及国家制度正义理论。认为国家不是权利的创造者，而只是公民不可让渡的权利的捍卫者；国家和政府的权力是公民权利部分让渡的产物，不能捍卫公民自然权利的政府，因最终缺少合法性基础，可以被人民有权要求更换。他们以此来证明自然法对人类的永恒性和普遍有效性。这一"主权在民"思想是西方现代政治普世主义的直接理论渊源。

古典自然法的"普世价值"观有以下共同的特点：一是认为自然法源于人的理性，它是正义的准则，它指示任何与我们理性和社会相一致的行为就是道义上公正的行为；反之，就是道义上的罪恶行为；二是认为自然法是永恒不变的，它表现为道德规则的自律原则和政治法律规则的他律原则；三是自然法普适于遵从理性的全人类，人们既然都是平等和独立的，任何人就不得侵害他人的生命、健康、自由或财产；四是把自然法规定为是全体公民的合意和社会契约的产物。总之，西方自然法理论认为，天赋的自由、民主、人权是某种神圣先验的东西的产物，人们之间的政治、经济和一切交往关系以及人们的一切举止行为都受到这种普适价值的束缚和限制，于是他们似乎完全合乎逻辑地向全人类提出一种道德上的绝对命令：每个民族、每个国家都应该如此。

（二）作为西方意识形态的政治"普世价值"的本质

我们可以总结西方政治普世价值观的错误：其一，过度沉迷于那些抽象的普遍概念的思辨，似乎"民主"是盘旋在天空中的实体，从而脱离了这些普遍概念在现实生活中的适用条件；其二，对应该考虑在内的社会利益与个人利益，不同阶级的存在和利益矛盾，以及在使用和发展政治概念过程中所碰到的其他实际问题视若无睹；其三，确信能够认识某一原则或概念的本质和政治结果，全盘脱离实际效用，对概念进行抽象的思考，这导致处理问题时的不着边际——我们凭此可以说，"人权"之类的概念，在事实上，其本质结果就如同现实存在，思想似乎与现实同一；其四，无视政治的目的与效果，并拒绝"政治为什么是这样的历史存在"的设问，在普遍概念的天国中，没有人问"为什么制度会这样生成"，而那些实际的事实，则被逐入到神圣的教条中；其五，在方法上对公理体系进行错误的模仿，以致全部的政治实践成了纯粹普遍公理的运作和计算，并于其中通过逻辑推演获取政治的内涵、政治的生命成了逻辑，而不是历史的实践，社会发展的唯一动力变成了逻辑的演绎。

自18世纪以来，西方资产阶级思想家所共有的这种历史观，必然会把诸如自由、平等、民主、人权等思想越来越抽象化，概念的形式越来越普遍化。因为，他们之所以为自己编造出诸如此类的幻想，把自己的思想赋予以普遍性的形式，并描绘成唯一合乎理性的有普遍意义的思想，是由于他们为了达到自己的目的，不得不把自己的特殊利益说成是社会全体成员的共同利益，从而不得不在观念上把具体的人抽象为一般的人，把某一种思想和概念看作是历史上发展着的一般概念，把一切具体的社会关系看作是人们的一般关系，最终把占统治地位的资本主义社会的政治结构、经济关系和意识形态说成是"永恒规律""普遍真理"和"普世价值"。

所以，马克思明确指出："统治阶级的思想在每一时代都是占统治地位的思想。这就是说，一个阶级是社会上占统治地位的物质力量，同时也是社会上占统治地位的精神力量。……占统治地位的思想不过是占统治地位的物质关系在观念上的表现，不过是以思想的形式表现出来的占统治地位的物质关系。"① 因此，"道德、宗教、形而上学和其他意识形态，以及与它们相适应的意识形式便不再保留独立性的外观了。它们没有历史，没有发展，而发展着自己的物质生产和物质交往的人们，在改变自己的这个现实的同时也改变着自己的思维和思维的产物。不是意识决定生活，而是生活决定意识"②。在思辨终止的地方正是真正的人类实践活动和历史发展开始的地方。关于"普世价值"的空话在不断被各个不同民族和国家的具体的历史实践活动和实际发展过程所代替，现实的历史的发展规律在不会绝对的"普世价值"失去生存环境。各国的历史发展自有它自己的现实逻辑。

结　语

鼓吹"普世价值"的资产阶级一方面承认封建专制的"君权神授"的价值观是有历史的，而另一方面又不承认自己的政治价值（资产阶级自由和民主）是有历史的，由此，我们就可以看出，那些自相矛盾的普世主义玄学家们的真实意图和野心。"普世价值"问题不是一个纯学术问题，"把西方资本主义国家的政治价值和政治制度模式认同为'普世价值'这一现象说明，'西化'政治主张与'西化'学术倾向之间存在着密切关联。……要克服学术理论上的'西化'倾向，仅从政治上批判、揭露其实质和危害是不够的，还需要有针对性地从学理上加强马克思主义的研究，形成真正科学的、有充分说服力的马克思主义研究成果"③。所以，

---

① 《马克思恩格斯选集》第 1 卷，人民出版社 1995 年版，第 98 页。
② 同上书，第 73 页。
③ 王一程：《马克思主义是剖析"普世价值"问题的科学思想武器》，《政治学研究》2008 年第 6 期。

当今天我们致力于建设中国特色社会主义政治文明和社会主义核心价值体系的时候，加强马克思主义理论的研究，坚持马克思主义的实践的、历史的、辩证的唯物主义作为我们的指导思想是多么的重要。基于马克思的实践价值论，中国的政治制度是中国革命和建设的历史产物，是受中国社会的生产力发展水平和中国社会经济结构变迁性质决定的历史产物。中国的政治价值选择应是最符合广大人民群众利益的选择，最符合国情的选择。

（作者单位：山西大学政治与公共管理学院、山西大学科技哲学中心博士后流动站）

（原载《政治学研究》2009 年第 3 期）

从价值主体性维度看"普世价值"何以不能

刘吉发

近期学界关于"普世价值"的讨论仍在继续,并更呈理性的发展态势。然而就目前讨论的总体状况而言,论者多从政治的层面论析"普世价值"的欺骗性和虚伪性,而关于"普世价值"的学理性批判(即关于"普世价值"的抽象性和虚幻性的学术问题)却还不够深入,这将最终导致对"普世价值"的政治性批判也难以彻底。这样,从价值主体性维度分析"普世价值"抽象性和虚幻性的学理视角,就显得不仅必要而且重要了。

一 价值是超越客体性的主体性范畴

关于价值的界说,古今中外曾形成过主观价值论、实体价值论、属性价值论和关系价值论等不同的价值理论学说,这些理论学说的形成不断将价值理论的研究引向深入。虽然从方法论的角度来看,这些理论成果不乏存在其唯心主义和形而上学的理论局限,但其理论视角也存在一定的合理之处,特别是"关系价值论"(即价值主体与客体之间关系的价值论,这一价值论主张价值观非主观的、又非客观的,而是关系的)的提出,为人们认识价值问题提供了一个更为合理的思维视角。然而,"关系价值论"作为我国学界关于价值问题的主流学说,其理论依据还不够充分,其中,关于"'价值关系'究竟为何物"这一命题，仍是一个需要深入讨论的关键性问题。马克思认为，"凡是把理论导致神秘主义的神秘东西，都能在人的实践中以及对这个实践的理解中得到合理的解决"①，为此，马克思对价值的理解也是从实践的角度加以把握的，他把人类价值现象的学理分析置于辩证唯物主义实践观的基础之上，并进一步把"关系价值论"提升到了科学的理论高度，从而为人们正确认识价值问题提供了科学的方法论。

（一）价值是客体的主体化运动

价值是人类所特有的、在一切对象性活动中的普遍存在，是主体与客体相互联系、相互作用的特定形态和产物，是客体属性、结构同主体需要之间以主体为尺度的一种统一。由于价值所描述的是客体依赖主体的需要、欲望、目的的关系属性，所以，"价值"也是人们用来表达主体本质，即把握主体内在尺度的概念。价值表征着客体的主体化运动，这种客体主体化又是以主体客体化为基础的。价值生成于、存在于主客体关系范畴内，而主客体关系是一个动态的运动过程，表现为主客体之间的相互作用。而主客体之间相互作用，本身就是主体客体化与客体主体化的内在统一。因此，在马克思的价值视域中，价值是在主客体的关系中深刻地体现着主体性客观内容和尺度的东西。

主体客体化就是客体作用于主体，主体打上了客体烙印，在主体身上呈现客体的过程；而客体主体化则与此相反，它是主体作用于客体，使客体按照主体自我的意志发生变化，从而构成了客体映现主体的过程。价值的生成不是主体客体化而是客体主体化的必然结果，但客体主体化的发生又以主体客体化为前提条件。亦即客体主体化必须将主体客体化作为内在环节而纳入其中，从而构成其自我实现的基本条件。直观地看，主体要改造客体以实现自身价值，就必先在改造中认识客体，以形成对客体内在本质和发展规律的真理性认识，这就表现为认识客体是改造客体的基本前提。

---

① 《马克思恩格斯选集》第1卷，人民出版社1995年版，第60页。

改造客体是客体主体化的表现形式，而认识客体则是主体客体化的表现形式。因此，主体客体化是客体主体化的逻辑前提。

客体主体化是主体把自身的需要、目的、意志和愿望，通过对象性活动不断赋予客体，使客体按照主体的需求本性发生变化，从而使客体不断成为有利于主体生存和发展的存在物，这就表现为客体向主体的运动，从而在客体身上实现了主体意志。主体以同化客体的方式主宰客体，客体以满足主体需要的方式顺应主体，这是主体能动性对客体自在性的价值超越。因此，价值关系本身就是一种目的与手段的关系，是一种以主体为坐标的主客体关系。客体主体化运动本身就是手段向目的的运动，手段服务于目的并表征着价值的主体性。

（二）实践是价值生成的源泉

价值客观性和主体性特征都根源于人的实践活动。实践既是把主体需要、能力和客体属性、结构相联系、相统一的桥梁，同时也是确定人的主体地位的现实基础。价值是客体的主体化运动，实践是客体主体化运动的客观载体。价值作为一种应然性存在，就必然是一种实践生成物，离开了实践来看待价值，本质上是"价值虚无"。马克思认为："价值是无差别的一般人类劳动的凝结"[①]，这充分说明了人类的劳动实践是价值的创生之源，价值自身的客观确证只有在实践中才能完成。

社会实践是人类社会的存在方式，主体本身就是实践活动的生成物，实践孕育了人的主体性。实践的能动本性，不仅表现为主体的生成，而且也表现为客体的生成。价值客体的生成过程，就在于把客体的"自在性"变成了实现主体意志的"为我性"。价值本身就是主客体关系基础之上的"为我性"存在，"为我性"是价值存在的基本特征。人类正是通过社会实践，把"自在之物"变成"为我之物"，它扬弃了客体的"自在性"，从而实现了呈现于客体的"为我性"，进而创造了人类社会特有的价值世界。

---

① 马克思：《资本论》第1卷，人民出版社1991年版，第65页。

因此，实践既创生了主体，也创生了客体，并形成了主客体关系。作为主客体关系所表征的价值存在，本身就是人类社会实践的创造物，离开了社会实践，价值就成为可望而不可即的"神秘之物"。

价值是人化世界的意义场，主体就是价值场的中心轴。价值场是人化世界的文明成果，人化世界是社会实践的本质所在。人类社会的主体性越强，人化世界的实践能力也就越强，从而生成的这个价值场就越强，价值场正是人的主体性的存在方式。

（三）主体是价值存在的尺度

马克思指出："动物只是按照它所属的那个种的尺度和需要来构造，而人懂得按照任何一个种的尺度来进行生产，并且懂得处处都把内在的尺度运用于对象。"[①] 马克思在这里最早论述了人类活动价值尺度的思想。人类活动有两大尺度：一个是"物的尺度"，而另一个则是"人的尺度"。马克思主义关于"人的尺度"的思想，构成了人们认识价值问题的一把钥匙，从而也就揭示了衡量价值存在与否的"主体尺度"。

如果说，"物的尺度"是一种"客体尺度"，它表征着主体客观化的结果，主要表现在人类认识活动领域，这是相对于主体而言的一种"外在尺度"，其实质是一种不依主体意志为转移的"真理尺度"；那么，"人的尺度"则是一种"主体尺度"，它表征着客体主体化的结果，主要表现在人类实践活动领域，这是相对于主体而言的一种"内在尺度"，其实质是一种以主体需求意志为转移的"价值尺度"。

主体是价值关系的轴心，价值因主体而存在，主体就成为价值存在的唯一尺度。关于价值"主体尺度"的认识，构成了价值认识的基本内容。从古希腊普罗泰戈拉的"人是万物的尺度"，到德国古典哲学康德的"人是目的"；从马克思的"人类历史的第一前提无疑是有生命的个人的存在"，到科学发展观的"以人为本"，都是从不同的维度对"主体尺度"的

[①] 《马克思恩格斯全集》第3卷，人民出版社1995年版，第274页。

理性认同，从而也都在表征着"价值是一种主体性存在"。

二 主体性决定着价值的根本属性

价值是主体性的存在方式，主体性决定着价值的根本属性。价值是一种具有客观性的主客体关系范畴，但它超越了客体的"自在性"，从而实现了客体服务于主体的"为我性"，这种"为我性"就构成了超越客体性的主体性表征。价值的根本特性是主体性：价值与价值本身的特点直接与人、主体的本性与特点相联系，它直接表现和反映着人的本性、目的、需要和能力。由于具体主体（人）的多样性、多层次性，由于不同主体的目的、需要和能力差异，因而价值表现出以主体尺度为尺度、依主体不同而不同、随主体变化而变化的鲜明特性。[①] 主体性是价值的内在本质，主体性决定着价值的基本特征。

（一）主体性的历史演进彰显了价值的历史性

马克思主张"可变性正是价值的特点"[②]。价值主体作为社会历史和实践发展的产物，是一个动态的历史范畴。随着历史的变化和发展，主体在时间维度上彰显出存在的历史性。人类社会的发展史，也是人类主体性的生成史。人的主体性在社会实践中得以生成，又随着人类社会实践的发展而不断增强。人的主体性有认识主体性与实践主体性之分，认识主体性主要存在于认识领域，它是以内在观念形态存在的主观主体性；而实践主体性主要存在于实践领域，它是以外在活动形态存在的客观主体性。实践主体性派生出认识主体性，认识主体性又提升着实践主体性。人的主体性正是在认识主体性与实践主体性互动中得以发展的，从而决定着价值的历史性特征。

[①] 孙伟平：《价值的主体性维度及其意蕴》，《湘潭大学学报》（社科版）2007年第3期。
[②] 《马克思恩格斯全集》第26卷，人民出版社1974年版，第168页。

从时间维度看，人的主体性是一个历史发展的过程，同时也是一个历史提升的过程。人类主体性的历史发展，构成了人类社会不断演进的历史长河。马克思在《1857—1858年经济学手稿》中，明确提出了价值主体存在的三种形态：从"人的依赖关系"到"以物的依赖性为基础的人的独立性"，再到"建立在个人全面发展和他们共同的社会生产能力成为他们的社会财富这一基础上的自由个性"[1]，即从"原始完满的人"到"片面独立的人"再到"全面发展的人"。

人类历史首先是个人存在的历史，人的主体性首先是个体人的主体性。在原始社会，人的主体性的成长环境是宏观相同而微观差异，这种良性的生态环境，孕育了原始社会人类个体差异化的主体性。这种差异化主体性，是原始社会人类劳动实践的微观环境造成的。原始社会的个体主体性整体处于微弱状态，这与原始社会低下的生产力水平是相适应的。

当生产力发展到有剩余产品的时候，剩余产品就成为部分个体主体性增强的物质基础。随着社会分裂为阶级对抗的社会，个体主体性从此进入了片面发展的阶级社会时期。剥削阶级凭借着自己的经济实力，不断提升着对被剥削阶级的控制能力，并且进一步从政治实践的控制能力扩展到政治认识的思维能力，从而使剥削阶级的主体性得到了快速发展。与此同时，被剥削阶级也只有为剥削阶级创造财富的经济实践主体性，他们既没有从事政治管理活动的实践主体性，也不可能有从事政治思维活动的认识主体性。不仅如此，被剥削阶级也只有财富生产的主体性，而没有产品享用的主体性，因而它是一种畸形有限的主体性。剥削阶级的主体性越强，而被剥削阶级的主体性越受到压抑，这是主体性发展过程中强势制约弱势的客观存在境况。

阶级性表征了主体性的对立状态，也构成了价值的根本属性。正是主体性的历史演进，才衍生了价值的历史性。阶级性是价值历史性的具体表现，也是价值历史性进入阶级社会的特殊形态。也就是说，价值的阶级性

---

[1] 《马克思恩格斯全集》第46卷（上），人民出版社1979年版，第104页。

是价值历史性在阶级社会的表现形态。对剥削阶级有价值的东西，对被剥削阶级未必具有价值。可见，在阶级社会，价值具有阶级性，不同阶级的价值追求是不可能"普世"的。在后阶级社会，即共产主义社会，一方面，人实现了全面而自由的发展，其能力和需要都是各式各样和不断变化的，体现共产主义特征的"各尽所能，按需分配"，讲的就是既适应又促进个人能力和需要的多样性和可变性。客体属性和主体需要都在不断变化，作为客体能否满足主体需要的价值，能成为"普世价值"吗？[①] 另一方面，共产主义社会的阶级虽然已经消灭，但是社会的矛盾和冲突仍然存在，为此，恩格斯在《哥达纲领批判》中谈共产主义时，指出："在国和国、省和省甚至地方和地方之间总会有生活条件方面的某种不平等存在，这种不平等……永远不可能完全消除"[②]，同时指出，共产主义"不是一种一成不变的东西，而应当和任何其他社会制度一样，把它看成是经常变化和改革的社会"[③]。因此，在一个存在矛盾、需要改革和发展的社会，怎么可能存在超越时空和主体的"普世价值"呢？

（二）主体性的现实存在彰显了价值的多样性

"价值因主体而异"，不同的价值主体构成了不同的价值关系，从而形成了价值存在的不同考量。在现实生活中，由于具体价值主体的存在方式、活动方式和活动内容是多样化、多层次性的；由于各价值主体尚存在着地理环境、经济发展和文化传统上的差别和对立，存在着根本利益和阶级立场的激烈冲突，存在着不同主体需要和能力上的具体差异，因而，具体的价值标准和价值关系必然是多样化的。[④] 无论从个体来看还是从群体来看，主体性的多样性决定着价值的多样性。个体主体性的多样性是不言而喻的，群体主体性的多样性有两种典型的表现方式：一个是阶级性，另一个是民

[①] 钟哲明：《对"普世价值"问题的几点思考》，《思想理论教育导刊》2009 年第 3 期。
[②] 《马克思恩格斯选集》第 3 卷，人民出版社 1995 年版，第 325 页。
[③] 《马克思恩格斯选集》第 4 卷，人民出版社 1995 年版，第 24 页。
[④] 孙伟平：《价值的主体性维度及其意蕴》，《湘潭大学学报》（社科版）2007 年第 3 期。

族性。

当代社会是一个阶级性社会，资产阶级和无产阶级是两个对立阶级，资产阶级作为强势阶级，不仅表现在经济生活和政治生活中的强势，而且更表现在文化生活中的强势。资产阶级以其自身的强势而推行自己的价值观，并且把自己的价值观说成"普世价值"而到处推广，这本身就是资产阶级观念主体性强势的具体表现。而马克思主义是无产阶级价值观的集中体现。批判资产阶级价值观，树立无产阶级价值观，是无产阶级的根本使命。如果说，资产阶级价值观是资本主义社会意识形态的核心内容，那么，马克思主义价值观则是社会主义核心价值体系的重要构成。

当代民族文化的多样性，表征了不同民族具有不同的文化价值体系，从而彰显了价值存在的多样性特征。不同民族具有不同的历史文化传统，因而也具有不同的文化主体性。这种不同的文化主体性创造了不同的民族文化，而不同的民族文化又构成了不同主体的价值生态，其价值观念的理性升华具有不同的思维路径，其价值生成的运行机制也有不同的实践模式。就现代价值的生成而言，西方有西方的现代化价值生成模式，中国也有中国的现代化价值生成模式，西方价值生成模式不一定适合中国的价值生态。

（三）主体性的实践生成彰显了价值的具体性

从价值生成的逻辑维度来看，认识主体性创造了价值观念，而实践主体性则创造了价值存在，价值观念是价值存在的逻辑前提，价值存在是价值观念的感性延伸。价值观念是一种理想性价值，可称之为隐形价值，以其形式的抽象而内隐；而价值存在则是一种现实性价值，可称之为显形价值，以其内容的具体而显现。实践价值生成的内在本质，表现为隐形价值的显形化过程。从价值关系的角度来看，隐形价值是价值关系的可能形态，而显形价值才是价值关系的现实形态。实践是价值的生成过程，本质上是把可能性价值关系转变为现实性价值关系的过程。这个过程既是扬弃价值关系主观形态的过程，也是获得价值关系客观形态的过程。

作为价值观念的隐形价值，是一种"价值一般"，具有自身的抽象性，因而也具有一定程度的普适性。因为概念内涵的减少和外延的扩大是一个统一的逻辑过程。因此，隐形价值越是普遍也就越是抽象，其与价值存在的距离也就越远，因而其价值内容也就越空洞，"普世价值"充其量是一个十分空洞的"隐形价值"，是一个没有实质性价值内容的"虚幻形式"。

价值实践的能动本性，就在于不断扬弃隐形价值的抽象性，使实践活动的创造性逐渐凝结为价值内涵，推动隐形价值的显形化运动，从而使具体的价值之"形"得以显现。作为价值存在的显形价值，是具有具体价值内涵的价值形态，它是实践创造性的价值沉淀，从而表征着价值关系的现实性存在。实践作为隐形价值显形化的过程，其本质上是可能性价值变成现实性价值的过程。现实性的价值关系是具体的，显形价值表征着具体性的价值存在。因而"普世价值"不是其真实具体的价值存在，而是一种虚幻抽象的"价值幻想"。

三　"普世价值"因主体缺失而不能成立

马克思在论述人活动与动物活动区别时指出："动物只是按照它所属的那个种的尺度和需要来建造，而人却懂得按照任何一个种的尺度来进行生产，并且懂得怎样处处都把内在尺度运用到对象上去。"[①] 可见，人的活动在应遵循由客体物结构、本性、规律等所决定的外在尺度的同时，更重要的是应遵循由主体自身利益、需要所决定人内在尺度。遵循人的内在尺度，也就是应遵循价值原则。因此，凡是谈论价值都存在着是"谁"的价值的问题。当然，"普世价值"的鼓吹者肯定会说，"普世价值是人类共同的价值追求"，这句话表面上看似乎有一点道理，但它经不起逻辑推敲。

（一）"普世价值"的主体是虚幻的"绝对人类"

"普世价值"之"世"，表征着"普世价值"的价值主体，这种价值主

---

① 《马克思恩格斯全集》第42卷，人民出版社1979年版，第97页。

体是超越时空的"绝对人类"。这种"绝对人类"是永恒不变的,它没有演进的时间维度,是一种非历史性存在。马克思认为人不是处在某种虚幻的离群索居和固定不变状态中的人,而是处在现实的、可以通过经验观察到的、在一定条件下进行发展过程中的人[1],而人类则是由有生命的个人的存在[2]所构成的。可见人类本身则是一种现实的历史性存在,是一种源于自然又高于自然的能动存在系统。人类不仅是历史进化的结果,而且也始终处于历史发展的过程之中,这样才形成了古代人类社会、近代人类社会和现代人类社会不同的历史发展阶段。每个阶段的人类,都有其不同的历史需求和活动目的,从而产生了不同历史时期的价值实践,进而创造出不同价值存在的文明形态。因而,"绝对人类"是一种非人类性存在。

这种"绝对人类"也是空洞抽象的,它没有存在的空间维度,是一种非现实性存在。人类本身就是一种实体性的现实性存在,具有其存在的空间维度,因此才有东方人和西方人之分,南方人与北方人之别。不同地域的人群具有不同的生活方式和文化精神,其主体需要和实践指向大相径庭。也就是说,现实存在的人类都是具体的,现实中不存在"人类一般"。而"绝对人类"是抽象的"人类一般",是一种非现实性的存在。"绝对人类"既不是历史中发展着的人类,也不是现实中多样性的人类,而是一种绝对抽象的"人类虚构"。这集中表现了"普世价值"是一个地地道道的"绝对精神",或者说是宗教神学的"万能上帝",这正是"普世价值"的唯心主义本性所在。

"普世价值"鼓吹者们,除了从"非历史性存在"维度的绝对人类为"普世价值"寻找依据外,还从抽象人性出发,在高扬人的共性中剖析"绝对人类",从而为宣扬"普世价值"提供依据。马克思并不否认人性的存在,但又认为人性是具体的,应当对人性作历史的考察。在不同的历史发展时期和不同的社会集团,以及不同的生活环境、文化修养、心理特征

---

[1] 参见马克思、恩格斯《德意志意识形态(节选本)》,人民出版社2003年版,第17页。
[2] 同上书,第11页。

等,人性有它纷繁的演变和分化。① 毛泽东也曾指出:"只有具体的人性,没有抽象的人性,在阶级社会里就是只有带着阶级性的人性,而没有什么超阶级的人性。"②

(二) 人类追求的价值只能是"相对价值"

人类的存在是三维的,离开时间、空间与社会,人是无所谓存在的。人类社会是历时态与共时态的辩证统一。价值源于人的需要,而人的需要本身又是一个不断生成的历史过程,人类在不同历史阶段的价值追求是不同的。需要生成论告诉我们,当初级形态的价值需要得不到满足的时候,就很难产生高级形态的价值需要。人类初级形态价值需要的产生与满足,是高级形态价值需要产生与满足的基本前提。人类价值需要的产生与满足,不可能超越人类生存的历史现状,人类的生存现状是联结人类价值链的中介环节。人类的价值追求本身就是一个不断发展变化的历史过程,人类社会不同阶段的价值追求,不能超越人类社会发展的特定历史阶段,也只有源于客观条件的价值理想,才能构成现实性的价值可能,而主观臆想的价值理想,充其量只是一种抽象性的价值可能。而缺乏客观依据的价值理想,只能是一种永远不可能实现的"价值幻想"。

人类本身就是一个多元个体的有机整合,人类历史首先是有生命的个人的存在,个体的价值追求是人类价值活动的首要前提。我们所说的价值共识,则是以价值观念的方式存在于特定群体的主观世界,从而作为特定群体主体的价值追求。价值共识只是反映了特定群体成员所追求的价值共性,特定群体表征了价值共性的相对内涵。价值共性与价值个性是辩证统一的,价值共性寓于价值个性之中,离开了价值个性,价值共性也难以存在。价值共性表征了特定群体成员共同的价值追求,特定群体是价值共性的价值主体,它有别于"绝对人类"的"普世价值"。因而,价值共性是

---

① 《胡乔木文集》第2卷,人民出版社1993年版,第584页。
② 《毛泽东选集》第3卷,人民出版社1990年版,第827页。

存在于价值个性之中的"价值一般",其本身有其具体的价值内涵和特定的价值主体,是包含特定共性的相对价值,它绝不是永恒绝对的"普世价值"。

恩格斯在对杜林的"永恒道德"进行批判时指出:"善恶观念从一个民族到另一个民族、从一个时代到另一个时代变更得这样厉害,以致它们常常是相互直接矛盾的"[1],"人们自觉地或不自觉地,归根结底总是从他们阶级地位所依据的实际关系中……获得自己的伦理观念"[2]。在此基础上,他明确表示"我们拒绝想把任何道德教条当作永恒的、终极的、从此不变的伦理规律强加给我们的一切无理要求"[3]。可见,超越阶级和民族的永恒道德是不存在的。价值观和道德观具有统一的一面,二者相互贯通,都具有上层建筑和意识形态的特征,因此,价值观和道德观一样具有历史性、民族性和阶级性。在历史发展中,不同时代、不同阶级、不同民族的价值诉求必然各不相同,甚至相互对立。由此可以得出:超历史、超阶级、超民族的"普世价值"是不存在的。既然没有超历史、超阶级的抽象的"永恒的""普遍人性",又何来作为这种"普遍人性"的价值取向和观念表现的"普世价值"呢?[4]

(三)"普世价值"因主体缺失而内容空洞

价值本身是一种现实性的主客体关系范畴,其本质上是客体属性对主体需要的现实性满足,它表征着以主体为价值坐标的主客体统一。没有价值主体的存在,也就没有价值的存在,价值主体是价值的轴心所在。"普世价值"没有现实性的价值主体,因而也就没有主体需要的现实指向性。也就是说"普世价值"既没有现实的价值主体,也缺乏明确的价值客体,现实性价值关系就难成立。而没有现实性价值关系的"普世价值",只能

---

[1] 《马克思恩格斯选集》第 3 卷,人民出版社 1995 年版,第 433—434 页。
[2] 同上书,第 434 页。
[3] 同上书,第 435 页。
[4] 冯虞章:《怎样认识所谓"普世价值"》,《马克思主义研究》2008 年第 7 期。

是内容空洞的"价值躯壳",而绝不是真实的"价值存在"。

价值关系是价值的客体载体,没有价值关系就不是一种现实的价值存在。而"普世价值"并非以客观性的价值关系作为物质载体,因此它是一种非现实性价值存在的观念形态。"普世价值"不仅不是现实性价值存在的观念反映,而且也不是可能性价值存在的观念预设。可能性价值存在的观念反映是一种隐形价值,它具有价值关系可能存在的客观依据,是能够变成显形价值的价值观念。而"普世价值"是没有价值存在客观依据的"价值意志",是一个永远也不能实现的"价值幻想"。

主体需要是价值产生的前提。然而,主体不仅是有着一系列需要的一种自在的客观性存在,而且也是必须通过认识和行动才能满足需要的一种自为的主观性存在。[①] 一方面,主体本身具有个体主体和群体主体之分,且群体本身也存在着界定的难题;另一方面,无论是个体主体还是群体主体,他们的需要都是复杂的,甚至经常是冲突的。他们的需要(特别是精神需要)在很大程度上是主观的,受道德情操、审美情趣、认知结构和文化背景等因素影响。同时,主体是随着时代和环境的变化而不断发展的,其需要也是不断发展的。马斯洛正是基于主体的发展而将需要分为五大层次:生存需要、安全需要、感情需要、尊重需要和自我实现需要。[②] 因此,施普兰格尔认为:"价值并不是'超主观领域'中的、万古不变的实质,而总是个人精神结构的一部分。"[③] 就其本质内容看,"普世价值"意味着一些价值客体的某些具体属性,对所有的价值主体在任何时空条件下都是能够符合人们需要的。但是,特定主体的价值选择标准,并不是一般意义上的抽象需要,而是他当下情境中的具体需要,而这种需要则是随着主体外在环境和自身发展程度而不断变化的。可见,"普世价值"企图将人类的某些共同需要作为其立论依据是行不通的。

[①] 马德普:《价值问题的复杂性与"普世价值"概念的误导性》,《政治学研究》2009 年第 1 期。
[②] 周三多等:《管理学——原理与方法》,复旦大学出版社 2002 年版,第 65 页。
[③] 施普兰格尔:《价值的等级》,转引自马斯洛等著《人的潜能和价值》,华夏出版社 1987 年版,第 23 页。

结 语

  人类社会的共有价值是客观存在的，这种"共有价值"的价值主体是历史发展着的人类自身。人类共有价值是一个不断运动变化的价值过程，是历时态共有与共时态共有的辩证统一。人类社会发展的不同历史阶段，人类共有价值的具体内涵和表现形态都是不同的。人类共有价值是包含多维价值因子的价值共性，它是随着人类社会的不断发展而与时俱进的。现实世界的人类既是一个历史性存在，也是一个多元化存在。这就决定着人类的"共有价值"，既是一个历史的发展过程，也是一个包含着多样性内容的价值共性。人类"共有价值"的实践生成，是一个从主观价值形态而走向客观价值形态的价值运动过程，它本质上是一个从"价值抽象"走向"价值具体"的价值生成过程，这个过程既是一个"主观价值客观化"过程，也是一个"抽象价值具体化"过程。人类社会的"共有价值"是一个不断发展着的客观具体的"价值实有"，是一个多样性形态的价值统一。人类的"共有价值"绝非"普世价值"，"普世价值"的价值主体是一个空洞的"人类虚设"，"普世价值"也因"绝对人类"的"主体虚设"而成为"价值虚构"。"普世价值"不是人类社会的"共有价值"，其本质是资产阶级所宣扬的"绝对意志"，是价值世界永远无法实现的"价值垃圾"。

（作者单位：西安理工大学人文学院）
（原载《政治学研究》2009 年第 5 期）

普世价值论的理论误区及其人学辨正

梁建新

20世纪90年代，苏联的解体，两极格局的终结，使西方政界、学界和民间普遍沉浸于一片冷战胜利后的新自由主义狂欢之中，在柏林墙的废墟与社会主义苏联的残垣断壁上，呈现出一幅资本主义伪黎明的幻象，西方的自由民主理念似乎成为了一种普世的价值追求。弗朗西斯·福山的"历史终结论"就是当时这种"普世价值"情怀的典型表达。他在《历史的终结及最后之人》中写道："我阐述了一个热门话题，内容涉及过去几年中自由民主制度作为一个政体在全世界涌现的合法性，它为什么会战胜其他与之相竞争的各种意识形态……我还认为自由民主制度也许是人类意识形态发展的终点和人类最后一种统治形式，并因此构成历史的终结。"[①]代序第1页福山的历史终结论可以看作是冷战后西方发布的"普世价值"宣言书。2008年，以回眸和反思我国改革开放三十年的历史进程为契机，我国思想理论界爆发了一场关于"普世价值"的争论，这场争论既可以看作是从意识形态的视角对改革开放三十年历史进行的深度解读，也可以视为对中国特色社会主义未来走向进行价值定位的论争。这场论争不但在理论层面展开，而且涉及全球金融危机、北京奥运会、汶川大地震、西藏事件、南方雪灾等诸多现实的重大事件，从而在中国改革开放的"而立之

---

① 弗朗西斯·福山：《历史的终结及最后之人》，黄胜强、许铭原译，中国社会科学出版社2003年版。

年"绘就了一幅扑朔迷离的意识形态图景。价值现象尽管错综复杂,但万变不离其宗,它始终是与人相关联的,离开了人,就无所谓价值,因此,本文试图在马克思主义人学的视域中厘定价值这一基础性概念,进而分析普世价值论的理论误区,在此基础上,对于什么是"普世价值",有没有"普世价值"等问题作出马克思主义的回答。

一 马克思主义人学视域中的价值概念辨析

抽象地去争论"普世价值",或者一相情愿地将某种价值选择贴上"普世价值"的标签都是不得要领的。因为任何价值都是对人而言的价值,人是价值关系中的核心和基准,因此,要回答"普世价值"是否存在、什么是"普世价值"、哪些是"普世价值"等问题,首先必须在马克思主义人学的理论视域中,对价值这一前提性概念进行清晰的辨认。

价值一词源于古代梵文和拉丁文,其本意是"可宝贵、可珍贵、令人喜爱、值得重视"。因此,价值从其源头上来说就是与人相联系的,只有相对于人而言,才能说某物是宝贵的、珍贵的、令人喜爱的、值得重视的,因此,人既是讨论价值问题的出发点,也是落脚点。这也就决定了从人学的学科视角对普世价值论的理论误区进行辨正是一条正确的路径选择。正是基于人类安身立命的价值需求,中国古典哲学中长期存在着义利之争与理欲之辩,其实是一种价值之争,即何者对人的生存和发展更具价值。西方哲学中关于价值问题的讨论源远流长,古希腊以善、美、正义等来表达具体价值,近代价值哲学流派把价值作为一个重要的哲学范畴,现代西方哲学中更是形成了繁富而详密的价值学说。西方哲学中关于价值的讨论也是以人为中心来展开的,但是其哲学基石大多是唯心主义,它们要么把价值视为主观情趣的表达,要么把价值看作是一种超越现实的理想。真正科学揭示价值的本质的是马克思主义哲学。

在马克思的理论视域中,价值概念是在两个学科维度上使用的,一个是经济学意义上的价值,它是指凝结在商品中无差别的人类劳动,这层含义不在本文讨论的范围。一个是人学（或哲学）意义上的价值，马克思指出："'价值'这个普遍的概念是从人们对待满足他们需要的外界物的关系中产生。"[①] 它是"人在把成为满足他的需要的资料的外界物……进行估价，赋予它们以价值或使它们具有'价值'属性"[②]。马克思这一段话非常清晰地揭示了人学上价值概念的基本内涵：

第一，人的需要是价值的核心，外界物的属性是价值的基础，价值是基于外界物的属性满足了人的需要而产生的，它不是反映某种独立存在的实体范畴，也不是反映某种独立存在物存在状况的样式范畴，而是反映人与外界物的关系范畴。一般来说，人是价值主体，外界物是价值客体，外界物只有现实地满足了现实的人的需要，人对此进行"估价"，价值才能生成。离开了价值主体和价值客体，价值就无法生成，因此，价值具有主体性、客观性。只要谈到价值，就必须澄清是对谁有价值，是什么事物有价值，价值来源于客体，决定于主体，对某些主体有价值的事物，对另一些主体来说不一定有价值。

第二，人的需要与客体的属性都是多层次、多方面的，同一个人的同一个需要可以由同一个客体来满足，也可以由多个不同客体来满足；同一个人的不同需要可以由同一客体的不同属性来满足，也可以由不同客体的不同属性来满足。同一个客体也可以满足人的多方面的需要，不同的客体也可以满足人的相同需要。因此，主体的人与客体的物之间形成的价值关系必然具有多维性、具体性。只要谈到价值，从主体的角度来说，就必须具体分析客体的哪种属性满足了主体的哪一种需要，或者说客体的哪些属性满足了主体的哪些需要，形成了什么价值关系；从客体来说，就要弄清是哪些客体的属性满足了主体的需要，或者说是客体的哪些属性满足了主体的需要。

第三，人的需要是发展变化的，客体的属性也是发展变化的，静止不

---

① 《马克思恩格斯全集》第 19 卷，人民出版社 1963 年版，第 406 页。
② 同上书，第 409 页。

变的需要与属性是不存在的。人的需要随人的存在境遇的变化而变化，人的存在境遇的变化包括时间的变化、空间的变化、人自身的身体与心理的变化。客体的属性的变化既有"自变"，也有"他变"，"自变"是由于构成客体的各个要素及其相互关系的变化而导致的事物属性的变化；"他变"是指主体基于自身的需要而改变客体，使之具有满足人的需要的属性，即通常所说的具有合目的性。因此，基于客体属性对人的需要的满足而形成的价值也并非一成不变的。形成价值关系的需要与属性的组合方式主要有八种：其一是旧需要与新客体新属性；其二是新需要与旧客体旧属性；其三是旧需要与旧客体旧属性；其四是新需要与新客体新属性；其五是旧需要与旧客体新属性；其六是旧需要与新客体旧属性；其七是新需要与旧客体新属性；其八是新需要与新客体旧属性。因此，价值具有动态性，不能用静止的观点而必须用发展的观点来看价值。

第四，人的实践本质决定着价值的生成、发展和实现。马克思深刻论证了人的实践本质，他指出："人的本质不是单个人所固有的抽象物，在其现实性上，它是一切社会关系的总和。"而"全部社会生活在本质上是实践的"[①]。因此，人在本质上是实践，或者说人是通过实践来创生自身的本质的。正是人的这种实践本质决定着价值的生成、发展和实现。首先，实践是价值生成的唯一途径。因为价值是客体属性对主体需要的满足，而这种满足不是自动实现的，只有在人类能动地探索和改造世界的实践活动中才能实现，价值才能得以生成。其次，实践是价值发展的根本动力。主体的需要和客体属性都是在实践中产生、发展、变化的，价值也因此而发生错综复杂的变化与发展。再次，实践是一种外界物是否有价值、有怎样的价值的判断标准。既然价值是人对满足其需要的外界物进行"评估"后所赋予的，那么，这种评估就不能凭主观臆想，而必须根据实践的效果做出回答。因此，价值具有鲜明的实践性特征。当然从另一个角度我们也可以说，实践具有鲜明的价值特征，只不过这种价值特性具有主体性效应与

[①] 《马克思恩格斯全集》第19卷，人民出版社1963年版，第60页。

反主体性效应的双重性，一方面，实践的过程就是一个价值追求、价值创造、价值实现的过程，这是一种主体性效应；另一方面，实践的过程往往会造成许多无法料想的与价值创造的愿望背道而驰的反主体性效应。近代工业革命以来诸多全球问题的出现，就是人类实践中所产生的反主体性效应的典型。

二 普世价值论的理论误区

澄清了价值的概念，也就不难理解"普世价值"的含义。从当前普世价值论的倡导者所表达的主要观点来看，有四种主要观点：第一，简单地来说，"普世价值"就是指自由、民主、人权；第二，"普世价值"是指作为一切价值的基础的价值，即自由；第三，"普世价值"是指以人为本、自由、法治、公正、平等、尊重、宽容、和谐、理性、仁爱等；第四，"普世价值"是指是指世界各地的人们普遍赞成，社会各个阶层、各个宗教、各个民族普遍赞成的价值观念。普遍赞成，就是多数人赞成，不是人人赞成，没有人人赞成的东西。这四种观点中前面三种观点讲的是"普世价值"的外延，第四种观点讲的是"普世价值"的内涵。周新城教授从反"普世价值"的角度也提出了一个"普世价值"的概念，他认为："什么叫'普世价值'？也就是说，价值的'普世性'指的是什么？顾名思义，应该是：第一，这种价值观念适用于所有的人，不管哪个阶级、哪个个人，都赞成并实践这种价值，即它具有普遍适用性；第二，这种价值观念适用于任何社会，不管哪种社会经济形态，都存在并适用这种价值，即它具有永恒性。"[①] 其实，如果单纯从字面来分析，假设"普世价值"真的存在，那么至少必须具备以下基本条件：第一，从时间来看，这种价值存在于人类历史发展的任何时期，无论是原始社会、奴隶社会、封建社会、资本主义社会，还是社会主义社会和未来的共产主义社会都是普遍适应的；第二，

---

① 周新城：《关于"普世价值"的随想》，《马克思主义研究》2008 年第 9 期。

从空间上来看，这种价值适应于有人存在的所有国家和地区；第三，从主体的角度来看，这种价值对所有的人都是适应的，无论是对个体的人、群体的人还是人类都具有普遍适应性，或者说，所有的人都具有某种或某些相同的价值需求。根据马克思主义的价值概念与"普世价值"应当具备的四个条件，普世价值论就暴露出难以自圆其说的理论误区：

1. 普世价值论在思维方式上秉承了一条从观念出发来解释现实的唯心主义路线。西方哲学的核心问题是存在论的问题，但这里的"存在"有两种：一种是指具有感性具体的、实实在在的存在，一种是指不具有感性具体的实实在在的存在。那么作为哲学基础与核心的到底是哪一种呢？莎士比亚用一个"哈姆雷特命题"来表达这个问题："to be or not to be, this is the question"，这里的 to be 是指感性意义上的存在，即 existence，not to be 是指非感性意义上的存在。从西方哲学的发展来看，在巴门尼德之前，一直是以 to be 作为哲学的基础与核心，但从巴门尼德之后，哲学的基础与核心逐渐从 to be 走向 not to be，或者说感性意义上的存在被非感性意义上的存在所取代，不具有感性实在意义的、思想性、观念性的"概念"与"范畴"成了哲学中最高、最根本的存在，其典型代表是柏拉图的"理念"与黑格尔的"绝对精神"。

马克思主义哲学的诞生是哲学上的一场革命，这种革命性从根本的意义上来说，就是因为马克思把哲学的阿基米德支点从 not to be 重新拉回到 to be，从虚幻的思想、观念拉回到现实的人的感性实践，从而使哲学范式也实现了从思辨哲学向实践哲学的转换。而与此相适应的是哲学思维方式的转换：从现成论转向生成论。思辨哲学以某种普遍性、同一性的概念与范畴作为其存在之根，这种"根"超越于具体的感性存在，超越于时空之外，其基本特征是"已完成性"，都已经"是其所是"，因而可以追问它"是什么"[1]。因此，如果预先设定一个确定的固定本质，把一切看成是现成的、已完成的、超越时空的，就是一种与思辨哲学相适应的现成论思维

---

[1] 见崔唯航《马克思哲学革命的存在论阐释》，中国社会科学出版社 2005 年版，第 2—7 页。

范式。普世价值论者预先设定人类具有某种超越时空的价值需求，比如自由、民主、人权等，而这种价值是已完成了的，具有确定的固定本质，人类历史的发展就是追求、创造和实现这种价值理念的过程，试问：这种思维方式不是柏拉图、黑格尔唯心主义哲学在当代的翻版又是什么呢？按照这种思维方式，必然把人类历史的发展过程看作是追求某种抽象的价值理念的过程，把人类社会的历史看作是某种先验的价值理念和价值精神不断展开的历史，这是一条典型的从理念、精神出发来解释现实的唯心主义路线，它与马克思主义的唯物主义路线是背道而驰的。

马克思说："全部人类历史的第一个前提无疑是有生命的个人的存在"①，因此，"我们不是从人们所说的、所设想的、所想象的东西出发，也不是从口头说的、思考出来的、设想出来的、想象出来的人出发，去理解有血有肉的人。我们的出发点是从事实际活动人，而且从他们的现实生活过程中还可以描绘出这一生活过程在意识形态上的反射和反响的发展"。② 这一论述为我们考察价值问题提供了一个正确的思维范式，那就是从现实的人出发，从现实的人的现实生活过程出发去考察价值。人的需要在实践中产生，价值也是在人的现实生活的实践中生成、发展和实现的，实践是价值世界的存在之根，并不存在任何先定的、抽象不变的价值，离开现实的人及其现实的实践去抽象地谈论所谓的"普世价值"，无异于缘木求鱼。

2. 从价值的构成要素来看，普世价值论将价值主体定位于抽象的"人类"，将价值客体定位于某些抽象的"理念"，比如自由、民主、人权等，这种由抽象的客体属性对抽象的主体需要的满足只是认识论意义上一个形而上学的虚构，在存在论的意义上，这种"普世价值"的虚构存在着三个重要的"忽略"：

第一，忽视了价值追求路径对预期价值目标的制约。自从人有了第一

---

① 《马克思恩格斯选集》第 1 卷，人民出版社 1995 年版，第 67 页。
② 同上书，第 73 页。

丝自我意识，就开始了价值追求的历程，人类历史发展的过程可以看作是人类基于自身实践的需要而进行价值创造的过程。从整体上来说，每一个人的价值世界是不同的，其预期价值目标也是有差异的。即使是对于某种相同或相似的价值目标的追求，不同的人追求的路径也是不同的，路径不同，最终所达到的价值目标、所产生的价值效果、所形成的价值内涵也就不会相同。孔夫子说，君子爱财，取之有道，在这里，求"财"是一种价值追求，但不同的主体的求财之道是不同的，有的靠诚实劳动来求财，有的靠盗窃抢劫来求财，同样是"财"，不同手段求得的"财"，在价值性质、价值效果上是不同的，有的是违法不义之财，有的是正当得利之财，有的是损人利己之财，有的是利人利己之财。如果简单地把"财"视为"普世价值"，无疑是为不择手段的敛财之举提供合法性论证。

第二，忽视了价值形式对价值内容的制约。内容与形式是一对唯物辩证法的基本范畴，内容是事物存在的基础，形式是事物存在的表现方式，内容决定形式，形式体现和反作用于内容。将这对范畴运用于考察价值时，价值客体属性对价值主体需要的满足是价值的内容，没有这种满足就无所谓价值。但是，这种满足必须通过适合主体需要的恰当形式，形式不当，价值要么无法生成，要么大打折扣，要么适得其反，因此，在不同的价值形式下，价值的内容是不同的。就以被推崇为"普世价值"的民主来说，每一个国家和民族必然要根据自身的历史文化传统、风俗习惯、国民素质、经济社会发展水平来进行民主的制度设计，民主的实现形式不同，满足社会需要的价值效果也必然不同，对于多样化的民主的实现形式及其所产生的价值效果，我们不能简单地称之为"普世价值"，毕竟其价值主体、价值客体、价值效果都是不同的。更不能将某种特定的民主形式如西方式的民主形式不适当地夸大为"普世价值"，这是对人类政治智慧的低估。

第三，忽视了价值客体对价值主体的制约。在谈论价值时，我们比较容易关注到主体按照自身的需要对客体的选择，但容易忽略客体对主体的制约，其实客体对主体的制约是价值形成中的一个重要方面。这种制约包含着两个层面：一是不同境况中的价值主体所能选择的价值客体是不同的；

二是同一个价值客体在不同境况中对价值主体具有不同的价值。在第一个层面里，主体在不同境况中选择的客体不同，形成的价值关系就不同；在第二个层面里，对于主体而言，存在着一个边际价值的选择问题，同一个客体在不同的境况中对主体而言具有不同的价值，比如同样是一杯水，在沙漠中和在家里所具有的价值是不同的，在沙漠里是满足保存生命的需要，在家里是满足保持身体健康的需要。

3. 普世价值论内涵着一种西方学者倡导的世界普遍史的思想，即把人类社会历史看成是朝着某个价值目标前进的历史，一旦目标实现，历史就宣告终结。这种思想对于人类需要与客观世界属性的发展变化视而不见，客观上否认了人的本身是一个不断进行价值超越的存在。西方基督教思想家认为，历史的发展随着神创造人类而开始，随着"神的最后救赎"这一目标的实现而终结。康德把人类历史发展的价值目标定位于"人之自由的实现"。黑格尔认为世界史是自由意识进步的历史，世界历史的发展过程就是把自由平等普遍给予所有人的过程。20世纪90年代的美国学者明确地将世界历史的发展终结于西方的民主自由理念。但是，这种普遍史的情结显然难以自圆其说。因为人是一种超越性的存在，人的需要在人类自由自觉的实践活动中产生，又不断改造和创造着客体的属性，使之不断满足人的需要，价值也就在这种实践中得以不断生成，人的本质在实践中得以确证。因此，在价值不断生成的过程中，如果自以为是地把某些现在的价值目标看成是人类普世的、最终的价值目标，无疑是一种历史的短视，我们又怎么知道我们的子孙后代会追求什么样的价值呢？

三　普世价值论的人学辨正

1. 价值的存在是普遍的，但不存在"普世价值"。在宗教世界中，"普世"的提法由来已久，而且几乎所有的宗教都包含有某种"普世"的思想。汉语中"普世"一词，就源于佛经的汉译，比如：佛经中就有"利养普世"的说法，其含义是"普遍世间""普天之下""全人类"的意思，宣扬的是一种"普遍利益""众生平等"的思想。但是，把这种宗教的"普世"情结不适当地运用于现实世界中人的价值追求，要么是一种别有用心的政治说辞，要么是一相情愿的价值空想，绝不会成为一种能够引领人类文明发展的政治哲学。

　　人是考察价值问题的尺度，一切外界物以及外界物之间的关系是否有价值，关键取决于人的需要。如果说存在某种"普世价值"，这种价值就必须满足不同时空中的所有人的某种或某些需要，否则，就不能称之为"普世价值"。人类未产生之前，世界是一个自在的世界，人类产生之后，世界分裂为自在世界与自为世界，这个自为世界就是人按照自身的需要，通过自由自觉的实践活动所创造的"价值世界"。其他宇宙万物都是消极被动地适应世界，但人永远不会满足于大自然的恩赐，从来到世界的那一刻起，人类就按照自身的尺度开始积极主动地改变这个世界，使世界成为一个对人有意义、有价值的世界。因此，价值与人一样古老，有人存在的地方就存在价值，就存在创造价值的活动，人类的一切自由自觉的活动都可以看作是一种价值创造活动，人类活动已经达到的边界就是价值世界的边界。因而，价值的存在是普遍的，它普遍存在于属人的、为人的、人化的世界中。

　　但是，价值的普遍存在并不意味着存在"普世价值"。要注意：任何价值都是具体的选择者眼里的价值，而选择者是具体的现实的人，并非抽象的人类，一切以"类"、"集体"、"群体"名义作出的选择归根到底是具体的现实的人的选择。但是，每一个具体而现实的人的需要是千差万别的，其心中都有一个理想的价值世界，每一个人都在自身价值观的导引下进行着价值世界的创造，从而形成价值世界里既相互兼容又相互矛盾的图景。因此，"普世价值"之所以不存在，其根源就在于人本身需要的差异性。当然，作为人而言肯定具有某些需要共性，但是即使是同一客体在满足不同主体的相同需要过程中所形成的价值是不同的。比如人都需要吃饭，但有的人吃饭是为了活着，而有的人活着是为了吃饭，在这里，同样是吃饭，但对于前者来说吃饭只是实现价值目标的手段，其本身并非价值目标，对后者而言，吃饭就成了价值目标的本身，仅仅具有生物学意义。

2. 从人的存在论来看，人的存在有三个层面：物质存在、精神存在、社会存在，相应地也有三种需要：物质需要、精神需要、社会需要，满足这三种需要就需要三种外部对象：物质对象、精神对象、社会对象，相应地也有三类价值客体：物质价值客体、精神价值客体、社会价值客体，当这些对象满足了人的相应的需要，也就产生了作为关系范畴的三类价值：物质价值、精神价值、社会价值。[①] 但是，这三个层次的价值只是在认识论意义上对"人类"价值追求的抽象，问题的关键在于不同时空中的人，通过怎样的实践、获得了怎样的物质需要、精神需要、社会需要的满足，从而使客体具有怎样的物质价值、精神价值、社会价值。应该指出，当某一对象满足了人的某一种需要，形成某种价值关系的同时，间接地还会形成附加的价值关系。比如，当某一物质对象满足了人的物质需要，形成物质价值关系的同时，还可能引起人的精神需要和社会需要的满足，从而附加地形成精神价值关系和社会价值关系。也就是说，同一价值客体和主体之间可以形成多个价值关系，同一个主体的同一个需要也可以由多个不同的客体来满足。

3. 任何价值都是在特定的社会历史条件下对特定的人的价值，抽象地谈论"普世价值"是西方的话语霸权在中国的延续。长期以来，西方资产阶级一直以自由、民主、人权等价值理念的捍卫者自居，将资本主义看作是这些价值理念的唯一制度载体。我国也有不少人为这种观点摇旗呐喊。其实这些认识论意义上的价值理念在实现形式和存在形态上是多元化的，只有结合具体的历史条件，相对于特定的主体才能获得具有存在论意义的实现形式，西式的自由、民主、人权模式充其量只是多元化实现形式中的一种，而且其本身也是具体的、历史的。比如，1789年，法国通过了《人权与公民权利宣言》，但那时的"人"和"公民"在法文里，仅仅指男人和男性公民，更确切地说是男性白种人，不包括妇女、有色人种、华人、

---

① 参见王双桥《人学概论》第一、二章，湖南大学出版社2004年版。

穷人。1791年，一位名叫德古吉的法国女性起草了一份《女人和女性公民权利宣言》，结果被送上了断头台，她所希望的妇女投票权，直到一个半世纪后才在法国实现。在西方资本主义发展的历史进程中，曾经将特定资产阶级利益的种族主义、殖民主义、民族主义、国家主义也标榜为普世价值，在这些"普世价值"的幌子下，进行着黑奴贸易、种族灭绝的勾当，普世价值论的虚伪性与阴险性由此可见一斑。西方的普世价值论存在着两个至关重要的混淆：一是将某种价值理念的特定存在形式等同于价值理念本身；二是将西方价值理念的特定存在形式等同于全人类的价值追求，这是一种十足的霸权话语，其危险性是非常严重的。当前如果鼓吹"普世价值"，只会为某些强势国家在捍卫"普世价值"的幌子下干涉别国内政，为某些强势社会集团侵犯弱势群体的利益提供冠冕堂皇的合法性论证。因此，一种价值是否是"普世价值"，关键取决于实践。西方所宣扬的某些"普世价值"其实并非真正的普世价值，只是在特定历史时期，西方特定的社会阶级、阶层与社会集团所认可和追求的价值，如果把这种价值运用到非西方的时空中，其普世的虚伪性就会暴露无遗。就像埃及金字塔中的木乃伊，只要遇到新鲜的空气和阳光就会腐烂一样。在我国只能坚持社会主义核心价值体系，而不能以"普世价值"来取代"核心价值"，否则，我国的主流意识形态就会失去灵魂和方向。

总之，直到今天为止的人类历史还没有生成"普世价值"，至于未来是否存在"普世价值"的问题，不是一个理论命题，而是一个实践命题。现阶段的普世价值论对现实的人而言，除了能扰乱思想，混淆视听之外，没有任何价值。

（作者单位：中国社会科学院马克思主义研究院）
（原载《常熟理工学院学报》2009年第3期）

"自由、平等、人权是人类共同的普世价值"辨析

徐崇温

一段时期以来，在我国的社会生活中，关于"自由、平等、人权是人类共同的普世价值"的鼓噪甚嚣尘上。它时而被当做武器，攻击中国特色社会主义民主政治建设没有搞西方国家那种多党制和三权分立，就是没有实行人类共同的普世价值；时而又被用去曲解中国特色社会主义的理论和实践，把我国抗击汶川地震取得的胜利和成功举办奥运会、残奥会说成是实施人类共同的普世价值的结果，并说要贯彻"以人为本"这个纲，就要确立自由、平等、人权等一整套普世价值，否则就不是"以人为本"；时而又被当做进行思想解放的目标，说无论是经济、政治、社会、文化方面的理论创新，都要以这个普世价值为尺度，才能够跟国际主流观念接轨云云。

那么，这个"自由、平等、人权是人类共同的普世价值"到底是怎么一回事？本文作一些辨析。

一 自由、平等、人权状况在不同时代、社会形态中各不相同

把自由、平等、人权奉为普世价值，其基本前提就是把它们看做是抽

象的、永恒不变的，如其不然，它们怎能成为不同时代、不同阶级的人们所"共同的""普世价值"呢？然而，所有的事实却都说明它们并不是抽象的、永恒不变的，而是历史的、具体的，在不同的时代、不同的社会形态，是各不相同的。

在原始社会，只存在相对平等的原始观念：一切人，作为人来说都有某些共同点，在这些共同点所及的范围内，他们是平等的。但是，在那时，还不存在近代资产阶级所说的一切人应享有平等的政治地位和社会地位的状况。因为在氏族内部，权利和义务还没有任何差别。在社会发展的这个阶段上，还谈不上法律意义上的平等权利。正如恩格斯所说："参与公共事务，实行血族复仇或为此接受赎罪，究竟是权利还是义务这种问题，对印第安人来说是不存在的；在印第安人看来，这种问题正如吃饭、睡觉、打猎究竟是权利还是义务的问题一样荒谬。"

在奴隶社会和封建社会出现了权利问题。恩格斯指出，如果说在野蛮人中间"不大能够区别权利和义务，那么文明时代却使这两者之间的区别和对立连最愚蠢的人都能看得出来，因为它几乎把一切权利赋予一个阶级，另一方面却几乎把一切义务推给另一个阶级"。

这就是说，这时开始有权利问题了，但它是以特权的形式出现的，奴隶主和封建主把持着自己的阶级特权，奴隶不是人，不是权利的主体，而只是奴隶主特权的客体，农奴也是没有人身自由的人，同样谈不上什么人权。所以，在最古老的公社里，平等权利至多只存在于公社成员之间，妇女、奴隶、外人是不在其列的。因此，在希腊人和罗马人那里，受到人们更加重视的并不是平等，而是不平等。在当时占统治地位的意识形态是默认贫穷、不平等和压迫的，而且嗜好奴役、酷刑及战时的残忍和暴虐；基督教也讲平等，但这种平等只是一切人原罪的平等，至多还承认上帝的选民的平等；日耳曼人在西欧的横行，更在几个世纪内消除了一切平等观念，而逐渐建立起空前复杂的社会和政治的等级制度。

只是到了资产阶级登上政治舞台的时候，它才在反对封建制度、发展商品经济的过程中，第一次提出了人权、平等等问题。在《反杜林论》

中，恩格斯曾谈到过人权、自由、平等在历史上产生出来时的一些具体情景：日耳曼人在西欧和中欧第一次创造了牢固的文化区域，并在这个区域内第一次建立了一个由互相影响和互相防范的、主要是民族国家所组成的体系。这样就准备了一个基础，后来只是在这个基础上才有可能谈人的平等和人权的问题。由于人们不再生活在像罗马帝国那样的世界帝国中，而是生活在那些相互平等地交往并且处在差不多相同的资产阶级发展阶段的独立国家所组成的体系中，所以这种摆脱封建桎梏和通过消除封建不平等来确立权利平等的要求，就很自然地获得了普遍的超出个别国家范围的性质，而自由和平等也很自然地被宣布为人权。

在《资本论》中，马克思极其深刻地揭示了资产阶级提出自由、平等、人权要求，同它实行劳动力买卖之间的紧密联系："劳动力的买和卖是在流通领域或商品交换领域的界限以内进行的，这个领域确实是天赋人权的真正乐园。那里占统治地位的只是自由、平等、所有权和边沁。"

所以，从历史上看，自由、平等、人权并不是始终伴随着人类社会的发生发展，为各个时代、各种社会形态下的人们所共有的永恒不变的普世价值，而只是在资产阶级登上政治舞台以后才提出来的。为什么资产阶级不像封建主那样通过界限分明的等级制特权去实现其阶级统治，而要提出自由、平等、人权的要求？应该说，这是由资产阶级的生存条件所决定的：因为资本主义的发展既需要打破封建等级制度所设置的重重障碍，又需要有工人以法律上平等缔约一方的身份出现，自由地出卖其劳动力。在这里，法律上的形式平等是以资本主义赖以发展的交换价值的交换作为现实基础的。如果说经济形式、交换，确立了主体之间的全面平等，那么内容，即促使人们去进行交换的个人材料和物质材料，则确立了自由。所以，平等和自由不仅在以交换价值为基础的交换中受到尊重，而且交换价值的交换是一切平等和自由产生的现实基础。所以，马克思指出："作为纯粹观念，平等和自由仅仅是交换价值的交换的一种理想化的表现；作为在法律的、政治的、社会的关系上发展了的东西，平等和自由不过是另一次方的这种基础而已。"这种意义上的平等和自由恰好是古代的自由和平等的反面，因为古代的自由和平等恰恰不是以发展了的交换价值为基础,相反地是由于交换价值的发展而毁灭,而现代意义上的平等和自由所要求的生产关系,在古代世界和中世纪都还没有实现,古代世界的基础是直接的强制劳动,而作为中世纪的基础的劳动,本身是一种特权。

二 不同阶级、人群的自由、平等、人权要求各各特殊

在人类历史上首次系统提出人权要求的资产阶级时代,由于资产阶级同无产阶级在资本主义社会中所处地位各不相同,它们同现存世界的联系也各不相同,因而它们的自由、平等、人权状况以及由此提出的要求也是各各特殊的。

资产阶级在取代封建主执掌政权以后,就着手消灭国内各现存等级之间一切旧的差别,取消一切依靠专横而取得的特权和豁免权,把选举原则当作自己统治的基础,在原则上承认平等;它还解除了封建君主制度下书报检查官对于报刊的束缚,并为了摆脱在国内形成独立王国的特殊的法官的束缚而实行陪审制,如此等等。就这一切而言,资产阶级确实有点像真正的民主主义者。然而,实际上,资产阶级实行这一切改革,却只是为了用金钱的特权去代替封建主的一切个人特权和世袭特权,因为资产阶级的力量全部取决于金钱,他们执政以后所做的一切,都是为了把封建时代的特权、垄断权合成一个金钱的大特权、大垄断权。

首先,资产阶级提出的种种人权要求,统统是围绕着确保私有财产而旋转的。马克思在剖析1793年法国的《人权和公民权宣言》所列举的各项人权时指出:自由这一人权的实际应用就是私有财产这一人权;私有财产这项人权就是任意地、和别人无关地、不受社会束缚地使用和处理自己财产的权利,这种自由首先就宣布了任意使用和处理自己的财产、自己的收入和自己的劳动及经营的人权;平等无非是上述自由的平等,整个社会的存在都只是为了保证它的每个成员的人身、权利和财产不受侵犯。所以,资产阶级的"人权并没有使人摆脱财产,而是使人有占有财产的自由,人

权并没有使人放弃追求财富的龌龊行为,而只是使人有经营的自由"。

其次,由于资产阶级时代的特征是把法律上的平等应用于在生产资料占有方面不平等的人们,造成事实上的不平等,造成少数资产阶级对于绝大多数被剥削群众的金钱特权。因而,马克思指出,在实行资产阶级民主的地方,"平等原则又由于被限制为仅仅在'法律上的平等'而一笔勾销了,法律上的平等就是在富人和穷人不平等的前提下的平等,即限制在目前主要的不平等的范围内的平等,简括地说,就是简直把不平等叫作平等"。例如,在流通领域,货币的所有者和劳动力的所有者发生的交换关系是按劳动力的价值等价交换的,是自由的、平等的;但一进入生产领域,则是资本家对工人的专制,是资本家无偿地占有工人所制造的远远超过其劳动力价值的剩余价值,所以实质上是不自由、不平等的。在人类历史上,资产阶级的平等要求之所以会有无产阶级的平等要求相伴随,从消灭阶级特权的资产阶级要求提出的时候起,之所以会同时出现消灭阶级本身的无产阶级要求,其根本原因就在这里。

再次,从公民权利的角度来看,尽管资产阶级民主在形式上承认公民一律平等,资产阶级法律规定了公民有言论、出版、集会等自由,可是实际上,出版自由却仅仅是资产阶级的特权,因为出书买书统统要钱,集会自由同样如此。总之,被资产阶级法律赋予每个人的平等权利,是要靠物质资料来支撑的,而在实行生产资料私有制的情况下,广大人民群众所缺乏的,正是支撑这些平等权利所必需的物质资料。"追求幸福的欲望只有极微小的一部分可以靠理想的权利来满足,绝大部分却要靠物质的手段来实现,而由于资本主义生产所关心的,是使绝大多数权利平等的人仅有最必需的东西来勉强维持生活,所以资本主义对多数人追求幸福的平等权利所给予的尊重,即使一般说来多些,也未必比奴隶制或农奴制所给予的多。"

三　资产阶级用各种手段剥夺人民权利

资产阶级一方面在人权宣言和宪法中宣布公民具有各种不受侵犯的绝对权利，另一方面却又通过种种借口剥夺被压迫人民享受这些权利的机会。例如，法国1789年的《人权和公民权宣言》第一条明文规定"在权利方面，人们生来而且始终是自由平等的"，但是，法国资产阶级的第一部宪法却按照财产资格把公民分为"积极公民"和"消极公民"，一下子就使当时法国2600万公民中的2200万不具备财产资格的"消极公民"和妇女丧失了选举权，使得参加普选的只占公民的15%。再如美国1776年的《独立宣言》宣告"人人生而平等，他们都从他们的'造物主'那里被赋予了某些不可让渡的权利，其中包括生命权、自由权和追求幸福的权利"，但千百万黑奴却被排除在这"人人"之外。美国的奴隶制是在经过南北战争之后的1865年才被宣告废除的，而黑人的投票权利则是在1970年废除了种种限制和障碍之后才开始获得的。由此可见，最先承认人权的美国在相当长的时间内，在有色人种中实行奴隶制，把种族特权加以神圣化。

当资产阶级的统治基础受到威胁时，它便毫不犹豫地用步兵、骑兵、炮兵代替自由、平等、博爱，而且资产阶级民主越发达，在发生危及资产阶级统治基础的任何深刻的政治分歧时，血腥镇压或者内战就越容易发生。在颁布《人权和公民权宣言》的法国，在1848年6月工人起义失败后，资产阶级就制造白色恐怖，杀戮受伤起义战士1.1万人，逮捕2.5万人，未经审判就流亡了3.5万人。在1871年5月巴黎公社失败后，资产阶级更枪杀了3万多人，囚禁流放了3.5万人，并迫使千百万人流亡国外，军事法庭的审判一直延续了4年多。在第二次世界大战以后，由于资本主义的运行机制发生了变化，更多地从经济方面强制人们为进行异化的消费而从事异化的劳动，因而资产阶级的统治对内使用暴力镇压的频率有所降低，但资产阶级专政却并未消失。例如，在1968年5、6月间，当法国成千上万的工人和学生掀起"五月风暴"，反对在国家垄断资本主义阶段，决策权日益集中在少数精英手里，广大群众则在日常生活中经历社会反常状态和异化的时候，戴高乐政权就调集了数万名宪兵和警察，并把坦克和伞兵部队开到巴黎近郊，甚至打算把驻德法军调回法国镇压工人和学生，后来只是因为右翼领袖发动的百万人"为总统进军"的心理战瓦解了"五月风暴"，局势才没有进一步发展成为内战。

正因为资产阶级的统治剥削和压榨工人，使无产阶级具有全然不同于资产阶级的自由、平等、人权要求："如果资产者责备无产者说，他的（无产者的）合人情的任务就是每天工作十四小时，那么无产者完全有权用同样的话来回答：他的任务倒是要推翻整个资产阶级制度。"

同样，由于资本主义还剥削和压榨世界上的其他民族，使他们陷于贫穷落后，因而使今天的发展中国家和发达资本主义国家的不同人群，对于自由、平等、人权的认识和理解也是各各特殊的。例如，尽管世界各国谈到人权时都要涉及言论自由，但在广大的发展中国家、特别是最不发达国家中，电视、广播、报刊较少，文盲比重较大，因而人民首先关注的人权问题，就是如何解决好温饱问题，而不是言论自由之类的问题；反之，在一些发达资本主义国家，一些新闻媒介却把言论自由理解为利用他们在物质技术上的优势，不断地对发展中国家施加影响，把自己的政治标准、价值观强加给它们。在这里，哪里有什么"人类共有的""自由、平等、人权"等"普世价值"呢？

四 不同社会制度的国家之间人权的共同标准，体现的是差别的统一、对立的统一

自由、平等、人权的状况在不同的时代和社会形态中各不相同，不同的阶级和人群提出的自由、平等、人权要求各各特殊，但在不同社会制度的国家之间，人权却有着共同的标准。在当代，尽管社会主义国家、发展中国家同发达资本主义国家的自由、平等、人权状况和人权观有着很大的不同，但在它们之间却又存在着人权的共同标准。例如，1945年的《联合

国宪章》第十三条就要求联合国大会"应发动研究,并作成建议","不分种族、性别、语言或宗教,助成全体人类之人权及基本自由之实现";在1948年《世界人权宣言》的序言中,联合国大会更宣称"发布这一世界人权宣言,作为所有人民和所有国家努力实现的共同标准",以期"使这些权利和自由在各会员国本身人民及其管辖下领土的人民中得到普遍和有效的承认和遵行"。

《联合国宪章》《世界人权宣言》是为世界上绝大多数国家所普遍承认和接受的,这些国家在依据本国情况制定宪法和有关法律,就人权和公民权作出规定时,都努力实现或创造条件去实现《联合国宪章》和《世界人权宣言》所提出的人权的"共同标准"。既然不同的阶级、不同社会制度的国家对于人权的理解和要求是各不相同的,那为什么在它们之间又有人权的共同标准?应该怎样理解这种共同标准?

出现这种人权的共同标准的原因,显然不是因为根本就不存在的"人类共同的普世价值",而是因为这些不同的阶级、不同社会制度的国家,在反对共同敌人的斗争中结成了统一战线,或者遇到了共同关心的问题。《联合国宪章》《世界人权宣言》中提出的人权的共同标准,首先是反法西斯国家在反法西斯主义的斗争中结成统一战线的产物,同时又是对这些国家共同关心的人权问题所达成的一种谅解和妥协。正因为这种共同标准本来就是建立在不同社会制度国家不同的、乃至对立的要求的基础上的,因此,这里的共同标准还是包含着差异、矛盾和对立的,是差异的统一,对立的统一。因为这些不同的国家对人权的这种共同标准的理解和贯彻,是受这些不同社会制度国家不同的民族利益所制约的,是受它们不同的价值观所制约的,各国在解释和履行这些共同标准时,也往往各有侧重甚至各持己见乃至各取所需。其实,这种"异"中有"同"的现象在现实生活中是常见的。一个典型的实例,就是抗日战争时期中国共产党和国民党在十大救国纲领的基础上结成的抗日民族统一战线,这个十大救国纲领就是"异"中之"同":抗日救国纲领表现统一,而我们党提出的统一战线中的独立自主原则则表现矛盾,所以既有联合,又有斗争;即使对于抗日的共同纲领，我们党的理解和国民党也并不是完全一致的，所以也不能不既有团结，又有斗争。

正是根据对人权的共同标准的这种理解，我国承认和尊重《联合国宪章》保护与促进人权的宗旨及原则，赞成和支持联合国普遍促进人权与基本自由的努力，并积极参与联合国人权领域的活动，积极参与国际社会对于危及世界和平与安全的行为，对于诸如由殖民主义、种族主义和外国侵略、占领造成的粗暴侵犯人权的行为，以及种族隔离、种族歧视、灭绝种族、贩卖奴隶、国际恐怖组织侵犯人权的严重事件所进行的干预和制止，实行人权的国际保护，如此等等。但是，另一方面，我国又认为，人权问题说到底是属于一国主权范围内的事，属于一国内部管辖的问题，任何国家实现和维护人权的道路，都不能脱离该国家的历史和经济、政治、文化的具体国情，并需要主权国家通过国内立法对人权制度予以确认和保护，因此，我国坚决反对任何国家推行霸权主义和强权政治，利用人权问题推行自己的价值观念、意识形态、政治标准和发展模式，借口人权问题干涉别国、特别是广大发展中国家的内政，使许多发展中国家的主权受到损害。我国认为，只有这样，才符合《联合国宪章》《世界人权宣言》的基本精神，也才能维护人权的共同标准。

五 "自由、平等、人权是人类共同的普世价值"反映西方资产阶级的幻想和霸权主义

既然连不同社会制度的国家之间在人权问题上的共同标准，也并不是超越社会制度和阶级差别的人类共同的普世价值的表现，那么，这个所谓"自由、平等、人权是人类共同的普世价值"究竟源出何处？

这个判断最初源于作为统治阶级的西方资产阶级为自己编造出来的幻想。在《德意志意识形态》中，马克思曾经深刻地揭示过这种幻想的编造机制和过程："每一个企图取代旧统治阶级的新阶级，为了达到自己的目的不得不把自己的利益说成是社会全体成员的共同利益，就是说，这在观

念上的表达就是：赋予自己的思想以普遍性的形式，把它们描绘成唯一合乎理性的、有普遍意义的思想"，"它俨然以社会全体群众的姿态反对唯一的统治阶级。它之所以能这样做，是因为它的利益在开始时的确同其余一切非统治阶级的共同利益还有更多的联系"，但"只要不再有必要把特殊利益说成是普遍利益"，这种情况就会消失。而西方资产阶级却在发展进程中把这种编造幻想的事情变成了习惯性思维。在第二次世界大战以后、特别是冷战结束以后，美国资产阶级更在这种幻想的基础上，依仗自己在科技、经济、军事等方面的优势，把自己的价值观、社会制度强加于别国人民。

这方面的一个典型实例，便是美国资产阶级在"华盛顿共识"的旗号下，把自己的新自由主义模式强加于拉美国家。20世纪80年代，经济全球化对发展中国家工业化的负面影响开始显露，拉美国家普遍地发生了债务危机和经济危机。于是，1985年美国政府就以帮助解决拉美危机为由，提出新自由主义的贝克计划，1989年又提出新自由主义的"布雷迪计划"，约翰·威廉姆森随即把以自由化、市场化、私有化和财政与物价的稳定化为核心内容的这些计划概括为"华盛顿共识"，由国际货币基金组织、世界银行和美国政府一起，利用货币的附加条件，强制拉美国家进行新自由主义的经济改革，结果使拉美国家成为经济重灾区：阿根廷、乌拉圭的新自由主义改革以失败告终；墨西哥因无力偿还到期的100亿美元外债，引发了债务危机；巴西1999年的债务利息占其出口收入的69.3%，阿根廷更引发了由外债引起的"阿根廷金融危机"。

新自由主义的"华盛顿共识"还以"休克疗法"的面目出现在剧变解体以后的原苏东国家，即用急速私有化和大幅度削减公共开支去推行原苏东经济的转轨，导致这些国家重演拉美悲剧，经济衰退，失业剧增，人民生活水平下降，致使俄罗斯2000年的GDP只相当于1989年的三分之二，贫困人口达到总人口的一半。在1997—1998年爆发亚洲金融危机时，国际货币基金组织开出的危机应对方案还是"华盛顿共识"，结果给这些国家的危机雪上加霜。

六 "民主和平论"无任何依据

这方面的又一个典型实例,便是美国资产阶级以"民主和平论"为理论支柱,推行输出民主战略,在一系列中亚国家大搞"颜色革命"。所谓"民主和平论",其主要观点是说,由于西方国家存在民主制度方面、民主规范和文化方面的约束,这就既可监督政府,又可使同属民主制度的国家之间通常不致打仗,从根本上说,倡导和平安全和倡导自由民主是不可分的。据此,美国政府决定推行输出民主战略,在一系列中亚国家发动"颜色革命"。2005年5月,美国总统布什在美国国际共和政体研究所的一次午餐会上宣称:"近18个月来,我们成为'玫瑰革命'、'橙色革命'、'紫色革命'、'郁金香革命'和'雪花革命'的见证人","这还仅仅是开始,在高加索、中亚和大中东地区,人们希望变革,这种变革已为时不远"。

这种所谓"民主和平论"首先是一种不符合客观事实的错误理论,因为古往今来的"民主国家"之间之所以不打仗,并不是因为它们有着类似的民主政治体制,而是因为有共同利益,一旦利益发生冲突,照样是要打仗的。美国宣告独立时的英美之间,不是就发生了战争吗?!而建立在这种虚幻的"民主和平论"基础上的大搞"颜色革命"的输出民主战略,则更是在干涉别国内政,颠覆别国政权,强制推行西方民主制度,建立美国霸权的一统天下。所以,它理所当然地遭到世界上有识之士的广泛抨击。人们指出,这种理论和战略认为西方民主是普遍适用的标准模式,能在任何地方取得成功,能解决当前超越国家界限的难题,能带来和平,把美国当作有效的模范社会去改造世界。可是,实际上,这却是一种低估了复杂性的、故作镇定的危险想法,因为普选并不能保证得到任何特定的政治结果,选举民主也不大可能产生为霸权主义国家或帝国主义国家提供便利的结果,更为严重的是,如果一国用强力去改造世界,那么不论是正直的还是邪恶的帝国都会造成我们这个时代的野蛮化。20世纪的发展历史表明,一个国家是无法改造世界或简化历史进程的。事实说明,在经济全球化、政治格局多极化的历史条件下,只有尊重世界的多样性,才能保证各国的和谐相处、相互尊重。以"民主和平论"为理论支柱,推行输出民主战略,完全是在搞妄图独霸天下的新帝国主义。

至于攻击我国的社会主义民主政治建设没有搞多党制、三权分立,就是没有实行自由、平等、人权这种人类共有的普世价值,这种想用强加西方资产阶级的政治制度、价值观以改变我国社会主义制度的企图,同样是徒劳的、不能实现的。因为事情正如许多有识之士所指出的,世界上并不是只有西方民主一种模式,只要坚持民主的本质即人民当家作主,就是一种有效的民主。与强调竞争的西方民主不同,中国的民主强调人民当家作主,这种民主制度适合中国国情,所以,中国式民主制度正在成为世界民主制度的一种崭新模式,这也就是为什么中国一而再、再而三拒绝西方式民主,但同时又积极努力根据自己的实际情况来发展中国式民主的原因。中国不拒绝民主,但也不简单地输入民主,这是中国发展有序民主的希望所在。如郑永年所说,中国的政治正在发生变化,但这并不是由于西方的或其他外在的压力,也不会朝着西方一些人所希望的方向和模式进行,中国的政治在回应内部社会经济的深刻变化和世界的潮流而发展着,正是因为这个缘故,中国特色社会主义才能在短短的30年中取得举世瞩目的伟大成就。与此同时,又正如德国社会学家韦尔策所指出的:"没有任何迹象表明,醉心于现代化的新兴国家,同时想以西方民主模式为榜样,而越来越多的西方人开始心生疑问:他们是否生活在政治体制最好的国度"。

(作者单位:中国社会科学院哲学研究所)
(原载《中国社会科学院报》2009年3月12日)

抽象的"普世价值"是伪命题

沈江平

何谓"普世"？佛经《等目菩萨所问三昧经》卷下就有"利养普世"的说法，所谓"普世"就是"普遍世间"之意，用世俗的话讲，就是"普天之下""全人类"的意思。在西方，"普世"肇始于普世主义。普世主义源于希腊斯多葛学派的"自然法"（natural law）哲学，在这一哲学看来，世界好比上帝的身体，是一个整体，且内在于一种称之为"逻各斯"的宇宙理性之中。从亚历山大剑指其所到之地到基督教的普世主义教会，普世主义理念不断在实践。

为了廓清人道主义的利益正当性和合法性，契约论和约定主义立足于主体的共同主义，提出社会共同需要和利益，认为"普世价值"的人性基础是普遍理性，即公共理性、契约理性或交往理性。因此，约定论或约定主义的"普世价值观"既不同于独断论，也有别于怀疑论。它以承认多元文化价值为前提和基础，同时认为各种文化之间可以"通约"，从中求得"普世价值"。由于"普世价值"一落入实处就面临困境，为了维护其"普世性"，只得将其解释为纯形式，因而其必然以形式主义的模式被推行。

黑格尔不满于康德所谓"绝对命令""普遍立法""人是目的"和"意志自律"这种纯形式的"普世性"，借助辩证法建构形而上学的"绝对真理"理念。世界因它的多样性而精彩。亨廷顿曾认为："在新的世界中，冲突的根源主要将是文化的而不是意识形态的和经济的。"但是事实真的仅只如此？亨廷顿在《谁是美国人？——美国国民特性面临的挑战》一书中给美国人提出了这样的问题：世界上的美国——是世界主义的，还是帝国性质的？抑或是民族性质的？他最后给出的答案是：绝大多数美国人赞成美国保持和加强自己已有三个半世纪的民族和国家特性。亨廷顿给美国人的忠告是，世界上的美国是民族性质的。美国若成为世界的就不可能仍然是美国。亨廷顿认为美国独特的盎格鲁－撒克逊精神——新教文化和宗教信仰是其立足之根本。姑且不论亨廷顿出于何种目的：保护美国的独特性也好，倡导美国文化中心主义也罢。其言论与"普世价值"无疑是背道而驰的，也就是说，客观上他不承认"普世价值"。因此，那种认为"伊斯兰好斗分子"是现实的敌人、中国是美国"可能的潜在的敌人"等的看法实际上只能是其固有政治立场表现。

自欧洲启蒙运动至今，历史已走过了两百多年。启蒙——穿透一切的理性强光照亮了"普世"的一切领域，堪称是历史上人类最惊骇的思想革命。启蒙的遗产——源于欧洲地缘经验的现代性，自由、平等、博爱，不容置疑地占据着最强势、最活跃的话语空间。

事实上，启蒙释放了无所顾忌的理性自负，理性的狂妄和傲慢带来了启蒙的恐怖和暴虐。两次世界大战源于启蒙的源头——欧洲；资本对落后发展中国家的血腥盘剥；西方文明中心主义对其他文明的奴役和挤压，西式民主价值理念的强势已经蜕变为人类不平等的铁壁掩体。启蒙精神继承者们越来越冷峻、残酷，狂嚣着肆意在全世界推广着业已背离启蒙精神的"民主""自由""人权"等价值理念速成品。1948年12月10日，《世界人权宣言》确立了"自由、平等、博爱"的人道主义原则和"世界人权"的普世原则。"自由""平等""人权"表达了人类追求和平幸福生活的一种美好愿望，而也正因为如此，它们成为西方国家借以干预和掠夺其他国家的屡试不爽的绝妙工具。

我们并不否认，由于全球化，以往仅限于一个国家、一个地区或毗邻国家的问题，成为世界性问题，成为所谓全球性问题，如能源问题、人口问题、生态问题、核战争问题，等等。这才有"华盛顿共识""北京共识"

和《京都议定书》等全球层面的合作。但这并不表明，在这些问题上存在绝对的"共同利益"或者"普世性"的利益。

当今世界主要矛盾仍然是南北问题，发达国家在对待这些全球性的问题时，是以自己国家、民族与阶级的价值和利益为导向，而非所谓的"普世性"价值或绝对共同利益。戈尔巴乔夫畅想"全人类利益高于一切"非但没有感动西方，换来的却是北约东扩到卧榻之侧，换来的是苏联解体，是国家和人民陷于灾难和困境。而一些人以此标榜人类的历史将终结于西方的自由民主价值理念和市场经济发展模式，共产主义失败论、不战而胜论等言论悉数出笼，其言说背后无一不是把西方价值理念作为全人类的"普世性"价值。

现实又如何呢？朝鲜战争、越南战争、海湾战争、阿富汗战争、伊拉克战争、"颜色革命"、"茉莉花革命"、巴以冲突等事实恰恰揭示出，西方所谓民主国家在自由幌子下究竟在做什么。人类渴望和平，我们不禁要问，通过战争谋求甚至损害到他国主权、人民生命的价值是"普世价值"吗？不顾他国国情强制推销他国人民强烈反对的价值理念会是"普世价值"吗？当下对一些国家内乱的处理方式，恰恰映现的是西方民主价值的双重标准，而非"普世性"。

"普世价值"的提出，在话语上是受限的，不能简单地说有，也不能简单地说没有。但有一点很清楚："普世价值"认为西方民主制度是人类"最终的制度归宿"，认为"普世价值"问题决定中国的命运。这就有必要解读"普世价值"的虚假性。

首先，概念与内容不可分。我们必须承认，在认识论层面，人类可以就某些方面的问题达成某些共识，但价值不同于规律，它不可能是全人类都能接受的。规律不以人的意志为转移，而价值则不同，它是相对于主体的满足与否而言。不同的价值主体，他们倡导的价值概念中所具有的内涵迥然相异。以西方资本主义私有制为基础、个人主义为核心的"普世价值"所融会而生的"自由""民主""人权"是一种绝对价值观，刻意淡化差异性、阶级性、民族性。这种用抽象人性的永恒性、形而上学的价值观来看待不同主体对象的价值追求，是有欺骗性的。

其次，价值与制度不可分。"普世价值"往往夸大人性价值而模糊制度的阶级性。当今世界，两种社会制度差异、冲突甚至对立是铁打的事实。东西冷战结束，并不意味着社会主义与资本主义的价值取向走向一致。毫无疑问，"普世价值"问题不是一个纯学术问题，而是一个意识形态领域斗争的前沿问题。价值与制度和学术与政治两者异曲同工，居于社会主义制度的有中国特色社会主义理论价值与居于资本主义制度的所谓"自由""民主""人权"我们能说相同吗？答案是否定的。因此，在政治层面谈论并实现"普世价值"毫无可能。如果认识不到这一点，就容易被某些别有用心的阶级、国家所牵制，从而沦落为其附庸。

最后，主体与选择不可分。判断某一价值在特定历史时期"普世"与否，并不取决于宣传者的词句，而是取决于这一时期主体之间的关系问题。怀揣着马克思主义理想的中国人民在选择一条属于自己国情的中国道路。主体的差异、所处境况的不同，注定其选择的动机、目标值、结果不可能一样。历史常常有惊人的相似，但同样的历史不可能再出现一次。历史证明必将继续证明，作为历史主体的中国人民选择了中国共产党，选择了社会主义，才有今日之中国。中国道路是中国人民明智选择的结果。

启蒙所倡导的自由、平等、民主和博爱等规范具有普遍的意义，也就是说，在中国现代性的目标值上，启蒙精神价值具有普遍的意义。即使这种普遍性在起源上同西方有关联，也不必当作西方的东西加以反对，正如不能因为别人先说出真理，我们就一定要反对他一样，但是西方的价值实践模式却并非天经地义的。自由、民主、平等的模式选择决定着启蒙的基本价值目标的实现形式，决定着中国自由民主的民族特征。现代性所倡导的自由、民主、人权、平等与民族性骨肉相连，合则两利，分则两害。

抽象地谈论"普世价值"，永远是伪命题。因此，对于现代性还不完善的人类社会，每个要创造历史、实现对人类未来社会担当的国家、民族来说，真正的使命在于，要对各种抽象价值和姿态进行批判分析，抛弃那种直接的、可供操作的"普世性"的"价值"和"模式"，应在坚持重视人类文明进步和文化交流中形成的"价值共识"的基础上，追寻适合本民族、本国家发展的自由、民主、人权理念。西方推行所谓的"普世价值"，显而易见并非真正为了他国人民的生命和权利，而是将"普世价值"变成了一种工具，国内一些人士所说的"普世价值"，潜意识中无非是以西方为标准。历史发展已经证明，任何照搬或者移植都是水中花、镜中月。脱离了本国历史实践和文化传统的"复制"，其可取性从何谈起，这种"普世性"，究竟是谁的"普世性"？从自身看，中国近代史实就是一个最好的注脚；从国外看，苏东解体早已敲响这种"普世性"之殇的晚钟。

"普世价值"——谁之"普世性"？"普世价值"的宣扬者和辩护者以所谓"人类文明中一切美好的东西就是'普世价值'"为遮掩，只谈主义，不谈问题，把自己认可的立场、观念、价值作为普遍的形式要求人们遵守，实际上是以学术自由之名行思想专制之实。在文化霸权之外，在话语权依然是"西强东弱"的时下世界格局中，注入东方元素或中国元素的可能性甚微。那些被西方强行民主化的国家现状是这一问题的最佳诠释。试看这些国家，战祸、疾病、饥饿、生命安全问题，更勿谈国家荣誉、外交。是谁说要给他们"普世性"的民主、自由、平等、人权？现在，没有人来回答这个问题，也没有人愿意承担这个责任。因为，价值不是赐予、不是施舍，而是靠自己争取。

笔者认为，对责任意识的崇尚当下最为欠缺，无论哪个国家、哪个民族、哪个政党，如果它真正把人民利益放在首位，承担起政党、政府、国家的责任，那么它就具有"普世性"。关注民生、让老百姓活得有尊严，这些就是我们需要的现阶段价值目标值。我们是马克思批判精神的继承者，既不是见"西"就迷，更不是见"西"就反。我们应打破"二元对立"思维模式，对与"普世价值"相关话语进行系统科学的批判，赋予其特定的时代、民族特色；唯有如此，我们才能既有效地抵御西方的"话语霸权"，又能充分地进行我国的社会主义民主政治建设,而不至于落入西方话语体系的迷魂阵,迷失自己前进发展的方向。

(作者单位:中国人民大学)
(原载《中国社会科学报》2012年4月24日)

三

对西方政治普世价值的批判

论民主与社会主义民主

——关于民主问题的札记

王伟光

一 民主政治有鲜明的政治性

民主，无论是在我国社会主义政治生活领域，还是在国际社会政治生活领域，都是一个极其重大而又敏感的理论与现实问题。一般来说，民主可以有三种不同的内涵：

一是作为国家政治制度层面的民主，就是通常所说的民主政治。民主就是政治，民主带有鲜明的阶级性、政治性、意识形态性。社会主义民主与资本主义民主是两种根本不同的政治制度，属于上层建筑领域。社会主义民主政治为社会主义经济基础服务，资本主义民主政治为资本主义经济基础服务。我国作为社会主义制度的国家，实行人民民主专政，对人民实行最广泛的民主，对少数敌对分子实行强有力的专政。全国人民代表大会制度是我国的根本政治制度，中国共产党领导的多党合作和政治协商制度、民族区域自治制度以及基层群众自治制度等都是基本政治制度。从这个意义上来说，民主是指国家政治制度。

二是作为具体组织形式、机构、机制、操作层面的民主，就是通常所说的民主政治的具体组织形式、运行体制、机构、机制和具体运作程序、原则、规则。它是为一定的国家制度、一定的政治、一定的阶级服务的，为什么服务，就从属于什么，就具有什么性质。一般说来，它本身没有特定的政治性、阶级性和意识形态性。例如，是议会还是人民代表大会，是总统还是国家主席，并不能说明国家制度的性质。再如，少数服从多数的原则是民主的通常规则，本身不具有明确的政治性、阶级性和意识形态性。

三是作为民主价值观、民主思想、民主作风的民主。如对民主的价值追求、价值判断等价值观，关于民主的理论、观点、认识等思想，密切联系群众、多听不同意见的民主作风。这些作为观念形态的民主，是有意识形态性、阶级性的。同样的民主理论，可以是资产阶级的民主观，也可以是工人阶级的民主观。

三种不同的民主相互联系，相辅相成，相得益彰。比如社会主义民主，必然实行民主集中制的原则。实行民主集中制，坚持社会主义民主政治，必然要求领导干部具有"公仆意识""取消一切特权"等优良的民主作风和民主思想。三者也是相互区别的，第一种、第三种民主的政治属性不能混淆，而第二种的民主则可借鉴，如民主政治的一些具体组织形式、机构、体制、机制，操作原则、程序和规则，既可以为社会主义民主制度所采用，也可以为资本主义民主制度所采用。

作为国家政治制度的民主政治，是具体的、历史的、变化的，从来就没有抽象的、超阶级的、超历史的、永恒的、普世的民主政治。在人类社会发展史上，原始社会是无阶级社会，在原始社会晚期，人们创造了原始的民主议事制度以及相应的组织形式、机制。可以说，这是由原始社会公有制所决定的原始公社内部的民主政治，是原始公社内部最广泛的民主制度。奴隶社会是人类历史上的第一个阶级社会，奴隶社会制度带有极其鲜明的阶级性，奴隶社会的国家政治制度是少数人对多数人的专制统治，奴隶主阶级对奴隶阶级拥有绝对的统治权、剥削权，奴隶社会不可能有什么民主政治。但是，在奴隶制的希腊城邦社会，也产生了一种城邦民主政治，无疑该民主也只是奴隶主统治阶级内部的民主，只是少数人的民主，是少数人对多数人专政的民主。封建社会是专制制度，是与民主政治根本对立的封建政治制度。中国长达几千年的封建社会建立了与民主政治根本不同的封建君主专制政治制度。在半封建半殖民地的中国，实行的仍然是黑暗的专制独裁制度。

资产阶级是在专制的封建社会内部产生的新生阶级，代表新的生产力发展方向，资产阶级要建立资本主义生产关系，解放和发展受封建生产关系束缚的生产力，必然要冲破封建地主阶级的专制政治，建立与私有制市场经济发展要求相适应的资产阶级民主政治，从根本制度上保证资产阶级的利益要求，这就发生了以民主制度来代替专制制度的资产阶级民主革命。应该说，与资本主义市场经济发展需求相适应，资产阶级创造了适应人类历史进步的资产阶级民主政治。资产阶级民主在资本主义上升期是具有进步性和革命性的。

然而，资本主义民主同时具有两重性、两面性。一方面，相对于封建主义来说，有其进步性和革命性，但其进步性和革命性是暂时的、历史的、有局限性的；另一方面，相对于工人阶级来说，又有其欺骗性、反动性的一面。资产阶级民主从一开始就是少数人的民主，是以少数人对多数人的统治为前提的民主，是以保护资产阶级私有制经济利益为条件的民主，因而资产阶级民主在资本主义上升时具有进步性和革命性的同时，就具有局限性、有限性、反动性、虚伪性和欺骗性。对无产阶级和劳动人民来说，它实行的并不是真正的民主，以表面的全民性作为伪装，掩盖其对多数人实行统治、压迫的阶级实质。随着资产阶级革命的成功和资本主义制度的确立，资本主义民主逐渐丧失其进步性和革命性。

当今时代是作为新生事物的社会主义力量与资本主义力量博弈的时代，显现出两种历史趋势、前途和命运的反复较量。资产阶级革命成功的同时，资产阶级民主的虚伪性、反动性也愈益显现。资本主义在以社会制度的形式确立下来的同时，资产阶级就造就了它的对立面——工人阶级，资本主义社会内部开始孕育否定、替代资本主义制度的社会主义因素。当社会主义作为最终战胜资本主义的力量，以社会制度的形式诞生以后，就一直遭到资本主义运用经济的、政治的、意识形态的乃至军事的力量的围攻。

资产阶级在其革命时期，民主、人权、自由、平等、博爱等是它战胜封建势力的思想政治武器，它所追求的民主、人权、自由、平等、博爱的思想政治武器的确比封建专制主义的思想武器强，这些思想政治武器一度成为向封建专制主义开展斗争的舆论工具。但随着资产阶级上升期的结束，资产阶级在运用民主巩固其经济基础，运用民主、人权、自由、平等、博爱等思想武器为其存在保驾护航的同时，也运用民主、人权、自由、平等、博爱等思想武器向社会主义国家发起意识形态的进攻，企图西化、分化社会主义国家。社会主义制度实行广泛的人民民主，是建立在社会主义公有制基础上的民主制度。当然，社会主义是新生事物，社会主义民主也有一个逐步完善的过程，作为新型民主，它还有很多缺憾和不足。在当今时代对民主的选择上，必然表现为社会主义与资本主义两种民主政治的生死博弈。

二 民主是具体的、历史的，表现为一个过程

2008年爆发的由美国次贷危机引发的全球金融风暴，刮起了欧债危机狂潮。政治是经济的集中表现，由此引发了西方发达资本主义国家的"占领华尔街"运动乃至"占领伦敦"运动，导致了此起彼伏的罢工、示威、游行活动。经济危机转化为社会危机，继而转化为意识形态危机。生活在西方的许多人，上至一些政治家和理论家，下至不少平民百姓，站在不同的立场上，从不同的角度，开始反思西方资本主义制度，质疑西方资本主义民主政治。美国前国家安全顾问、著名国际问题专家布热津斯基说："今天的问题是，在失控和可能仅为少数人自私地谋取好处的金融体系下，在缺乏任何有效框架来给予我们更大、更雄心勃勃的目标的情况下，民主是否还能繁荣，这还真是一个问题。"[①] 对现行西方民主提出严重质疑，"西方民主真是一个问题"，这不啻对鼓吹西方民主具有"普世价值"的说法的一记重棒。

[①] 参见《参考消息》2012年4月3日第10版《西方民主还真是一个问题》。

民主是具体的、历史的，表现为一个一个具体的、特殊的过程，没有抽象的、超历史、超时空、超国情、永恒、静止、普世的民主。所谓民主是具体的，就是说民主是一个一个特殊的、具体的客观社会存在，如中国特色社会主义民主政治、美式资产阶级民主政治、英式资产阶级民主政治等，没有离开具体民主而单独存在的抽象的、普世的民主。所谓历史的，就是说民主是一定历史条件下的产物，是随着时代的发展、历史的变迁、实践的推移而不断变化发展的，民主表现为一个历史过程，没有永恒的、固定的、不变的、绝对的民主。民主，作为政治制度的民主政治，作为观念形态的民主思想，作为从属于民主政治制度的具体形式、程序和规则，都是一定历史时代、一定特殊国情、一定具体条件的产物，它是历史地形成的，有一个生成、完善的过程，是与某一具体国家、具体政党、具体阶级、具体人群相伴随的。

每一种具体的民主政治、民主思想、民主形式、程序和规则，都具有其内在的、与其他民主相比较而共同具有的属性。民主是有其共性、一般性和普遍性的，但现实生活中并没有离开具体民主而单独存在的抽象的、超历史、超时空、普世的民主，这就是民主的个性与共性、特殊与一般、个别与普遍的辩证关系问题，我们可以统称之为民主特殊与民主一般。民主特殊，就是指现实生活中存在的个别的、具体的、历史的民主，如中国共产党的党内民主、西方资产阶级的政党民主等；民主一般，就是指寓于民主特殊之中的民主的共同属性。民主一般只是存在于民主特殊之中，是一个一个具体的民主相比较而体现出来的共同的属性，是具体民主的一般表现。从哲学认识论上来讲，民主特殊与民主一般就是"个性"与"共性"、"特殊"与"一般"、"个别"与"普遍"的关系问题。所谓民主政治、民主思想、民主规则，都存在于具体的国家、具体的阶级、具体的政党、具体的人群乃至具体的个人之中，离开具体的国家、具体的阶级、具体的政党、具体的人群、具体的个人的所谓民主一般是不单独存在的。这就好比离开活生生的具体的个人的所谓灵魂是根本不存在的一样。

当然，不能因为民主的具体性、特殊性、个别性和历史性而否认不同民主的共性、一般性和普遍性。我们只是反对把民主一般说成是脱离民主特殊的所谓超历史的、超阶级的、普世的民主，并不反对说每个具体的民主都具有共性、一般性和普遍性。

如果离开具体的历史条件、时空环境、发展过程，而把某一历史阶段的民主制度作为适用于一切历史阶段的民主，把某一国家的民主制度作为适用一切国家的民主，是不现实的。普遍适用于一切历史时代、一切国度、一切阶级、一切政党、一切群众的民主制度是不存在的。"橘生淮南则为橘，生于淮北则为枳"，离开了具体土壤、具体的环境、具体的条件、具体的过程，橘就不是橘，而为枳了。美式民主是根据美国国情、美国资本主义发展需要和美国资产阶级要求，以及美国人民可接受程度，在美国民族解放和独立战争以来所逐步形成的以两党议会制为特点的民主，不要说它与社会主义国家的民主不同，就连与同是资本主义的英式民主也不同。英式民主是君主立宪制民主政治，是英国资产阶级不彻底革命的妥协的历史产物。英式民主政治与美式民主政治同样是资产阶级民主，但由于历史条件不同，它们也是不尽相同的。当然，无论美式民主与英式民主，它们都具有资本主义民主政治的共性。所以，把某一特定条件下的民主说成是完全绝对的东西，是一成不变的永恒的东西，适用于一切，是不现实的。任何特定条件下的民主都有其产生和存在的必然性，同时也有其历史条件的局限性和需要在新的历史实践中不断加以完善的必要性。

如果把具体民主抽象成一般民主原则套用一切、剪裁一切，不过是玩弄抽象的民主概念，把自家民主强加于别国而已。一些西方政治家、理论家把美式民主、西式民主说成具有普世价值的民主，拿着民主大棒，在全世界到处挥舞。在美国政客看来，美式民主是世界上最好的民主，具有普世价值，是全世界的样板，在全世界到处推销，企图把它硬套给一些它认为不满意的国家，当作打人的狼牙棒到处敲打与他们不同的国家。看谁不顺眼，就采取双重标准，凡是它不满意的国家，它就给人家扣上"专制"、"独裁"、"邪恶"的帽子，必欲除之而后快。比如，对俄罗斯的大选，他们竭力捣乱破坏，对普京当选，他们怒火燃烧。而对自己任意干涉别国内政，蛮横地制裁、勒索他国，甚至武装入侵他国的暴力行为，则披上输入"普世民主"的外衣。

实际上，这次金融风暴已经让许多西方人开始觉醒，开始反思西方民主的虚伪性。有人就形象地把西方民主称之为金钱民主，认为"金钱是民主的母乳"，一语道破了西方民主的实质。据埃菲社2012年1月27日报道，参加世界社会论坛的一些知名学者认为："欧洲民主已经被贪婪的金融市场绑架，而且这个没有底线的市场现在已经威胁到了人权和政治权。"葡萄牙社会学家阿·德·桑托斯说："欧洲的民主和宪法都不合格，现在主宰它们的是高盛公司。"目前的危机让人"有理由认为资本主义是反民主的"。法国著名经济学家保罗·若里翁2011年12月对法国《论坛报》记者说："选举改变不了什么。……在这个逐渐衰落的制度面前，政客们已经没有任何回旋余地。无论身在哪个阵营，他们唯一能做的是假装还控制着局面。解决问题的希望只可能来自那些明白问题本质的人。"[①] 在这里，思考的人们提出了一个深刻的问题：西方民主有什么弊端？西方民主是不是像有人所鼓吹的那样是"普世的、完美的、永恒的民主"？只让少数人发大财而带不来大多数人的幸福，这种民主是人们所需要的吗？可见，具体到被称为具有"普世价值"的西式民主，也是一个势必退出历史舞台的历史产物。

三 人民民主是社会主义民主的本质要求

社会主义民主是在本质上完全不同于资本主义民主的最广泛的人民民主。资产阶级创造了人类历史上不同于封建专制的，优于历史上其他阶级政体形式的资产阶级民主。该民主的特点，一是结束了人类社会历史上封建专制统治，带有鲜明的反对封建专制的特性；二是适应资本主义市场经济的需要，对资本主义经济社会发展起到了促进作用；三是相对奴隶社会、

---

① 参见《参考消息》2012年4月3日第10版《西方民主还真是一个问题》。

封建社会等以往阶级社会形态来说，赋予社会各阶级、各阶层以较多的自由、平等、人权，如承认每一位公民的选举权与被选举权，但这只是在资产阶级所容许的范围和限度内；四是形成了与其民主政治相适应的资产阶级民主思想、民主理论，以及一整套比人类历史上以往任何民主政治都要成熟的民主形式、程序、规则，为今后更先进、更合理、更高级的社会主义民主思想、理论、形式、程序、规则提供了前提和资以借鉴的经验……这些都是资本主义民主的长处。然而，任何历史阶段的民主、任何剥削阶级的民主，都有其历史的和剥削阶级的局限性。利益起决定性作用。任何时代的剥削阶级都是少数人，该剥削阶级所创造的民主必然首先服从于并服务于该少数阶级的利益，是少数阶级的民主，这是毋庸置疑的铁定事实。当然，在满足、维护资产阶级少数人利益的同时，为了保证该阶级少数人的整体利益和长远利益，也会兼顾其他阶级、阶层的利益需求，相比它之前的剥削阶级来说，会给予其他阶级、阶层以较多宽限和较为广泛的民主。资产阶级在实施民主的同时，从来没有忘记并丢弃专政。民主与专政是一对孪生兄弟，有民主就有专政，强化民主的同时也要强化专政，资本主义国家为了保护资本主义的民主，就要建立和保持强大的专政工具，资本主义民主是在强力专政基础上实现的民主。

资本主义民主在资产阶级革命时期具有强烈的革命性和进步性。为了能够团结工人阶级、农民阶级、小资产阶级以及其他阶级阶层，资产阶级更需要借助民主的大旗，把他们所主张的民主说成是全民民主、普世民主，给其他阶级许诺更多的民主、自由、平等的权利，在资本主义国家建立的早期也是如此。资产阶级民主具有革命性的同时，亦带有极大的虚伪性和欺骗性。资产阶级民主自我标榜为全民民主，但其实质和最终目的是为少数剥削阶级的民主，披着民主外衣，打出普世的标牌，在形式上做更多的民主文章，有很强的两面性。当然，资本主义民主也不完全都是骗人的，的确较以往的剥削阶级来说，会给予其他阶级较多的民主要求，满足较多的民主诉求。然而，资本主义民主的进步性会随着资本主义的发展、没落而越来越少，欺骗性越来越大，形式上的民主越来越多会增加其反动性。

社会主义民主与资本主义民主有三个重要区别：一是社会主义民主是历史上真正多数人的民主，是被压迫、被剥削、被统治阶级多数人的民主；二是社会主义民主在实行民主的同时亦实现专政，科学社会主义经典作家称之为无产阶级专政，在我国即人民民主专政；三是社会主义民主公开宣称自己是绝大多数人的人民民主，不排除对极少数人的专政，而不像资产阶级那样把自己的民主伪称为"全民的""普世的"民主。

孙中山领导的旧民主主义辛亥革命，采用资产阶级上升期反对封建专制统治的民主理论武器，试图建立资产阶级民主共和国，从而推动中国走向独立、解放、富强的强国之路。孙中山领导的资产阶级民主革命是进步的，其资产阶级民主理论武器唤起了多少仁人志士为此前仆后继。然而，中国的半殖民地半封建社会的国情、世界已经进入帝国主义时代、列强已将世界殖民地分割完毕的世界格局，不允许中国独立自主地走资本主义民主强国之路。中国软弱的民族资产阶级也不可能像革命时期的西方资产阶级那样领导资产阶级民主革命成功，结果是孙中山领导的旧民主主义革命在中外反动势力的围攻下半途而废。蒋介石集团自称是孙中山的继承者，但他所推行的独裁统治使半殖民地半封建社会的中国愈加国之不国、民不聊生，把旧中国进一步引向内战与黑暗，中国人民的悲惨命运并没有改变。中国共产党人继承和发展了孙中山的民主主义革命理想和思想，以马克思主义为武器，提出适合中国国情的新民主主义民主纲领，展开新民主主义革命。新民主主义革命是在中国共产党领导下的新型的资产阶级民主革命，它与旧民主主义革命不同：首先，它是工人阶级及其政党领导的，而不是资产阶级及其政党领导的；其次，它是以工农联合为基础，包括资产阶级及一切爱国人士在内的最广泛的民主革命统一战线；再次，新民主主义革命成功之后，要不间断地过渡到社会主义革命，建立社会主义制度。

中国共产党领导的新民主主义革命要建立新民主主义经济、政治、文化，而新民主主义政治就是新民主主义民主。新民主主义民主不是旧式的资产阶级民主，而是中国共产党领导的以工农联盟为基础的最广泛的民主。新民主主义民主还要过渡到建立社会主义民主政治，建立具有中国特色的社会主义民主政治。

中国共产党的民主主张是适合中国国情的，是迄今为止中国历史上最先进的民主思想。中国共产党提出的新民主主义民主主张既继承了孙中山的旧民主主义思想，又超越和发展了孙中山旧民主主义思想；今天的社会主义民主既是对新民主主义民主的继承，又是新民主主义民主的发展。

新民主主义民主是中国共产党人从中国国情出发而提出并设计的，是符合中国国情需要的，它有机地包括两个方面：对人民实行最广泛的民主，对少数人民的敌人实行最有效的专政，新民主主义民主的实质就是实行人民民主专政。毛泽东同志在《新民主主义论》中全面论述了新民主主义的民主政治的制度、体制、程序和规则，构成了毛泽东思想关于民主问题的马克思主义创新观点。新民主主义民主与我们党进一步要实行的社会主义民主是不可分割的。新民主主义民主是社会主义民主的前提和准备，社会主义民主是新民主主义民主的继续和进步。

我国社会主义制度的建立，为社会主义民主的建立提供了根本制度保证。中国共产党人为社会主义民主政治建设进行了艰苦卓绝的探索，主张社会主义民主必须坚持中国共产党的指导，坚持马克思主义指导的社会主义方向；必须有助于巩固生产资料公有制制度和人民民主专政政治制度；必须实行民主集中制，实现广泛民主与集中领导的统一；必须建立和实行一整套适合中国国情的民主体制、民主法治、民主形式、民主规则和程序；以执政党党内民主建设来推进社会主义民主建设。在社会主义民主政治建设实践中，党成功地领导建立了人民代表大会制度、民族区域自治制度、共产党领导的多党合作制度和政治协商制度……这些理论和实践的探索，成功地开创了我国社会主义民主制度的新局面，为中国特色社会主义民主政治建设奠定了理论和实践基础。

社会主义民主应当是比资本主义民主更广泛、更先进的民主，但由于社会主义民主政治建设并无现成模式可供借鉴，中国如何建设社会主义民主，我们党也经过了一个认识、实践、再认识、再实践的过程。我国目前实行的民主政治还有待于进一步发展和完善。同时，中国又是一个封建主义遗毒深远的国家。我国社会主义民主政治建设一度也走过一段弯路，如"文化大革命"对民主与法制的破坏。

1978年党的十一届三中全会以来，我国进入改革开放新时期，党恢复了实事求是的思想路线，确立了"一个中心、两个基本点"的正确路线，形成了中国特色社会主义理论体系，开创了中国特色社会主义的正确道路。与社会主义市场经济体制改革和确立相一致，党领导人民致力于中国特色社会主义民主政治的建设。

中国特色社会主义民主政治，要批判地继承人类社会一切优秀的民主成果，包括资本主义民主所创造的积极成果，抛弃资产阶级民主的糟粕，继承新民主主义民主的优秀传统，总结国际共产主义运动社会主义各国民主政治建设的经验教训，总结新中国成立以来党领导的社会主义民主政治建设的经验教训，创造出具有中国特色的社会主义民主。

中国特色社会主义民主首先是社会主义性质的民主，是未来向社会主义更高阶段直至共产主义社会过渡的民主；是适合中国目前正处于社会主义初级阶段国情的民主，是与该阶段公有制为主体、多种所有制并存，按劳分配为主、多种分配形式并存的经济基础相适应的民主；是以工人阶级为领导的，以工人、农民、知识分子为主体的，包括一切爱国的阶级、阶层在内的最广泛的人民民主；是以中国特殊历史形成的坚持中国共产党领导的多党合作和政治协商制度为基本特征的民主；是对多数人实行民主、对少数人实行专政的民主。由于现阶段的中国是从半封建半殖民地转变来的，发扬人民民主、肃清封建主义影响格外重要；又由于中国正处于成熟的西方资本主义民主影响下，一方面防止西方民主的侵入，另一方面也有向西方民主学习的任务；中国特色社会主义民主是一个过程，是一个逐步建立、逐步完善、逐步成熟的历史过程。

新中国成立以来，党领导人民已经创造了一整套适合中国国情的民主政治，但距离应实现的目标尚很远，需要共同努力。实现中国特色社会主义民主既不要一切照抄照搬西方民主政治的做法，又不要脱离现阶段国情而超越时代，不能认为社会主义民主的发展是一个长远的过程，而放弃一步一步扎扎实实的努力,不能为今天我们的民主尚待完善而自我否定、自我矮化,更不能把资产阶级民主说成是千年文明而主张全盘接受,实行民主西方化。当然,也不能放弃中国特色社会主义民主的不断推进、不断完善。须知,资本主义的民主发展至今已经经历了几百年的构造,而中国特色社会主义民主才刚刚开始,刚刚开始的新生事物尽管不完美,但它的未来永远是光明的、美好的。

(作者单位:中国社会科学院)

(原载《红旗文稿》2012年第12期)

关于民主与普世民主的相关思考

李慎明

研究、弄懂民主问题并区分各种不同性质的民主，具有极端重要的意义。民主，实质上是一种国家形式或国家形态。世界上从来没有抽象的、纯粹的民主，而只有具体的、历史的民主。因此，根本就不可能有什么全人类共同享有的民主、自由、平等与人权。目前西方少数强国的民主制度没有"普世性"。以美国为首的当今国际垄断资产阶级的民主、自由、人权理论，是对自由资本时代资产阶级的自由、平等、博爱等理论的继承和发展。我们不能简单地否认各种具体民主形式上的普遍性，但也不承认西方民主从形式到内容的"普世价值"。发展社会主义民主，加强社会主义政治文明建设，必须深入贯彻落实科学发展观，坚定不移地走中国特色社会主义民主政治道路。

不久前，在各种报刊、杂志和互联网上以及在各种研讨会、报告会上，关于普世价值、民主和普世民主的讨论十分热烈。美国金融危机乃至全球金融危机的发生，使这一讨论和大家对这一讨论的关注被冲淡。但随着美国金融乃至经济危机在全球的蔓延，人们寻求全球经济危机这一重大现象的深层次根源时，却很自然地又与普世价值、民主和普世民主联系在一起。

一 关于探讨民主与普世民主的重要意义

1850年,马克思在《新莱茵报》发表评论,批驳英国作家托马斯·卡莱尔"不管我们怎样设想普遍民主,它是我们这个时代必不可免的事实"的观点时说:"民主是什么呢?它必须具备一定的意义,否则它就不能存在。因此,全部问题在于确定民主的真正意义。如果这一点我们做到了,我们就能对付民主,否则我们就会倒霉。"[1] 这充分说明,研究、弄懂民主问题并区分各种不同性质的民主,具有极端重要的意义。

1917年,列宁在《国家与革命》中明确指出:民主是国家形式,是国家形态的一种。[2] 我认为,这一定义包含两个方面:一方面,民主是国家形式,是指民主意味着在形式上承认公民一律平等,承认大家都有决定国家制度和管理国家的平等权利;另一方面,民主是国家形态的一种,是指在有阶级的社会里,不可避免地存在着一个阶级对另一个阶级的专政。

遵循"民主是国家形式,是国家形态的一种"这一理论逻辑,我们还可以从下面列宁关于国家的相关论述中,进一步认识探讨民主问题的极端重要性。1919年7月11日,列宁应邀到斯维尔德洛夫大学作关于国家问题的讲演。他在这次演讲开始时便说:"国家问题是一个最复杂最难弄清的问题,也可以说是一个被资产阶级学者、作家和哲学家弄得最混乱的问题。"[3] "这是全部政治的基本问题,根本问题。"[4] "这个问题所以被人弄得这样混乱,这样复杂,是因为它比其他任何问题更加牵涉到统治阶级的利益(在这一点上它仅次于经济学中的基本问题)。国家学说被用来为社会特权辩护,为剥削的存在辩护,为资本主义的存在辩护,因此,在这个问题上指望人们公正无私,以为那些自称具有科学性的人会给你们拿出纯

---

[1] 《马克思恩格斯全集》第7卷,人民出版社1959年版,第304页。
[2] 《列宁全集》第31卷,人民出版社1985年版,第96页。
[3] 《列宁全集》第37卷,人民出版社1986年版,第59页。
[4] 同上书,第60页。

粹科学的见解，那是极端错误的。"① 他还说：对国家问题"必须再三研究，反复探讨，从各方面思考，才能获得明白透彻的了解"②。

当前，国内外意识形态领域在民主问题上的争论，本质上都是从民主是国家形式和国家形态的一种这个层面和内涵上展开的。本文所涉及的民主，也主要是从作为国家形式和国家形态的一种而展开的。在探讨民主之时，有时可能会涉及与民主相关的自由、人权等概念。

今天，经济全球化深入发展，政治多极化初显端倪，科技革命日新月异，各种新机遇新挑战层出不穷。在这样一种情势之下，我们又面临着"全部问题在于确定民主的真正意义"和"必须再三研究，反复探讨，从各方面思考"民主"这个时代必不可免的事实"。

一是从国内看。改革开放30年来，我国的经济建设取得了令世人瞩目的成就与辉煌。与此同时，我国的社会主义民主政治建设也有得到广泛公认的发展与进步：我们党带领人民积极探索适应时代潮流、符合中国国情的社会主义民主政治发展道路，坚持并不断完善社会主义民主政治制度，人民的各项民主权利得到保障，安定团结的政治局面得到巩固，等等。我国成功举办2008年奥运会及残奥会、神舟七号载人航天飞船成功发射并返回等举世公认的巨大成就，无疑向世人展示了我国日益增强的综合国力，从一定意义上讲，也充分彰显了中国特色社会主义民主政治的优越性，并使其具有一定的世界意义。例如，在奥运会开幕前夕，一位美国学者便惊叹我国各项准备工作的周密和完美程度："人们不得低估中国的意识和能力，特别是当中国全民一致、共同努力的时候"，"北京奥运会的信息是，中国的政治制度不仅使其可以游刃有余地化解国际事务危机，而且，'中国道路'甚至应当认为高于民主制度。中共坚持不懈的努力无疑将会带来持续的经济增长、确保政治稳定并且产生重大的全球支持"③。

但我们也要清醒地看到，我国的社会主义民主政治建设与经济社会发

---

① 《列宁全集》第37卷，人民出版社1986年版，第61页。
② 同上书，第60页。
③ 爱德华·弗里德曼：《北京夺金牌》，《韩国时报》2008年8月4日。

展的要求还不完全相适应，还需要我们继续深化政治体制改革，进一步完善中国特色社会主义的根本政治制度和基本政治制度，努力探索社会主义民主的实现形式，不断扩大党内民主和人民民主。这是因为，随着我国经济体制从计划经济向市场经济转变，我国社会日益呈现出多元化的发展趋势，各种不同的利益群体越来越期望党和国家能为其提供更加有效、畅通的利益表达机制和利益博弈机制，维护和扩展自身的经济利益，深化政治体制改革逐步成为各个阶层普遍的政治诉求。随着社会各阶层发育渐趋成熟，各种不同的政治诉求也正在沿着两个根本不同的方向演进：其一，积极借鉴西方政治制度中的有益成分，积极稳妥地推进我国政治体制改革，不断完善中国特色社会主义根本政治制度和基本政治制度，继续走中国特色社会主义民主政治发展道路，进一步巩固人民当家作主的地位；其二，希望建立和实行西方民主政治体制，在我国全盘推行私有化，与西方社会"全面接轨"，让资本甚至让国际垄断资本在我国"当家作主"。在这其中，我们也必须充分看到，持第一种政治诉求的人占绝大多数，其用心是好的，但对于其中重大问题的认识却往往不甚清楚；持第二种政治诉求的人是极少数，但对于这极少数人的能量我们却不能低估。

二是从国际看。随着我国经济实力的不断壮大和综合国力的明显增强，国内外敌对势力意识到依靠"硬实力"在我国要达到他们目的的希望越来越渺茫，因此，就把希望寄托在运用包括民主、自由、人权和新自由主义等"软实力"上。2008年8月，我们在欧洲访问时，曾与英国国家战略研究所负责跨国威胁和政治风险事务的负责人进行交谈。当我提出，能否用简洁的语言告诉我们，美国对中国的战略是什么时？他本不愿回答，后来在我们执意追问下，他说，可以用这样简洁的语言表述：中国若"硬实力"崛起，美国则十分欢迎；中国若"软实力"崛起，美中之间将可能发生直接全面的激烈冲突。他的回答意味深长，值得我们认真思考。我认为，他所说的"软实力"，主要是指包括政治制度、文化观念、发展模式和社会价值观念，当然也包括民主、自由、人权等这些政治意识形态。

长期以来，国内外、党内外都高度关注我国政治体制改革问题。特别是某些西方国家对我国的政治体制改革异常"热心",给我们开出了各式各样的"药方",总是希望我们也实行"一、二、三、多和'两杆子'",即一个总统、两院制、三权分立、多党制和新闻自由(笔杆子)、军队国家化(枪杆子),妄图把我国的政治体制改革引向全盘西化的道路。

江泽民同志曾明确指出,目前的经济全球化,是以美国为主导的全球化。我们国家将长期处于社会主义初级阶段,实行的又是以公有制为主体、多种所有制经济共同发展的基本经济制度,所以在国家政治生活中,在社会主义民主政治建设中,要特别注意防止国内外资本利用各种形式对人民政治权力的侵蚀,譬如,一些地方和单位特别是基层民主选举过程中出现的"贿选"现象,尤其在西部偏远地区,国外资本已经通过各种非政府组织等形式向我们的基层民主选举渗透。这值得我们高度警惕。西方敌对势力不断攻击我们不搞政治体制改革,原因就是我们搞的政治体制改革与他们寄予"期望"的政治体制改革截然不同。他们所希望的改革,目的就是要从根本上颠覆共产党的领导、人民民主专政和社会主义制度,实行西方发达资本主义国家的政治制度和政治体制。对此,我们要保持高度的警觉。当然,我们反对照抄照搬其他国家的政治制度和政治体制,并不妨碍我们对其属于人类文明发展成果的有益成分的吸收和借鉴。

三是从理论界到人民群众的认识和理解看。由于民主、自由、人权等与国家的发展前景和人们的日常生活息息相关,所以一直是理论界和人民群众关注的热点和焦点问题之一。近年来,关于民主、自由、人权等问题的学术论文和专著汗牛充栋,这既为我们深入研究这些问题提供了较充足的资料,也使得在中国民主政治建设的方向性认识上产生了分歧。如,在中国的民主政治建设问题上,学术界就分为本土派和引进派,这两个派别的区别不在于要不要民主,而是在于民主是否具有普世性,尤其是美国的民主制度是否具有普世性,民主的存在是否要以资产阶级的"三权分立""多党制"为前提等。这一系列问题,都是攸关中国民主政治建设进程的路径、方向和前途的重大问题。另外,在对民主本身的理解上,也出现了多样的认识。比如,一说"民主是个好东西";二说"讲民主是个好东西,但不是说民主没有问题没有局限性",即说"民主是个不坏的东西";三说"民主是个好东西,但搞不好是个坏东西";四说"对当代中国来说,人民民主是个好东西,资产阶级民主是个坏东西"。这四种说法,都各自有着不同的认同群体,但哪一种或几种更为科学呢?

最近一个时期,理论界和媒体上关于民主、自由、人权是否属于"普世价值"的争论比较热烈。持赞同态度的人中,有的说,"民主是人类的普世价值,但实现这种价值的道路却不是唯一的";也有的说,"民主、法治、自由、人权、平等、博爱,是整个世界在漫长的历史过程中共同形成的文明成果,是人类社会共同追求的普世价值,不是资本主义所特有的","从英国、美国推行民主以来,全世界三分之二的地区都实现了民主,可见其普世程度","人类文明的普世价值是永恒的,而民族特色是会变化的……普世价值不应该成为迁就民族特色的祭品";还有的说,"民主政治作为普世价值已经成了世界的潮流和政治文明的标杆","现代民主政治往往是一种各个党派自由竞争的政党政治","民主政治是普世的价值,既然是普世的价值,这就意味着民主政治是可以移植的","西方民主可以移植到世界各地","文化差异和国情不能成为抗拒民主政治的理由","要民主就必须搞资本主义"等。

还有人认为,"第三次思想大解放,就是要确立到普世价值上来",并把党中央提出的"以人为本"归结为"普世价值";有人说:"以人为本是个纲,要贯彻这个纲,就需要民主、自由、人权等一整套普世价值,就是需要价值观的转变。普世价值不能确立起来,就不会是以人为本。所以价值观问题是决定中国命运的一个基础性问题";还有的说,资产阶级的自由、民主、平等和博爱等意识形态,是"人类文明的核心,是人类在长期进化发展中形成的具有普遍世界意义的价值准则,以及由这些准则所规定的基本制度",是"最高文明境界",是"任何民族最终的制度进化归宿"。

因此,无论从国内或是从国际,或是从理论界和人民群众对西方民主和社会主义民主政治建设的认识、理解和把握上看,真正弄清民主、自由和人权等,以大力宣传中国特色社会主义民主政治理论和政治制度,都是一项紧迫而重要的政治任务。

胡锦涛同志在党的十七大报告中明确指出："人民民主是社会主义的生命。发展社会主义民主政治是我党始终不渝的奋斗目标。政治体制改革作为我国全面改革的重要组成部分，必须随着经济社会发展而不断深化。深化政治体制改革，必须坚持正确的政治方向，以保证人民当家作主为根本，以增强党和国家活力、调动人民积极性为目标，扩大社会主义民主，建设社会主义法治国家，发展社会主义政治文明。"[1] 胡锦涛同志的讲话，一方面把民主作为社会主义的生命提到了前所未有的高度，表示了我党支持人民当家作主的坚强决心。另一方面，强调政治体制改革必须坚持正确的方向，表示了我党对中国特色社会主义民主模式的认同和信心，从而否定了中国政治体制改革的资本主义方向。

可以说，民主及其相关问题是一个十分重大的理论和实践问题。它在各种不同的理论体系包括马克思主义理论体系中都占有十分重要的位置。它也是当前国际国内意识形态领域争论的一个焦点。

二 我所认为的民主的马克思主义定义

可以从不同角度和不同方面对民主下定义。但是，本文所探讨的主要是从政治制度和政治意识形态层面对民主所下的定义。

如本文开始所说，本文所探讨的民主，是指社会政治制度层面上的民主，亦即列宁所说的作为国家形式或国家形态的一种。它不是指人民权利层面的广义的民主权利或管理层面的民主管理原则，不是指思想观念层面的民主精神或民主观念，也不是指行为方式层面的民主作风和民主的工作方法等。现在理论界所争论不休的民主，其实质都是从社会政治制度和政治意识形态层面展开的。

---

[1] 胡锦涛：《高举中国特色社会主义伟大旗帜 为夺取全面建设小康社会新胜利而奋斗》，人民出版社2007年版，第28页。

马克思说:"'民主的'这个词在德语里意思是'人民当权的'";① "国家是抽象的东西。只有人民才是具体的东西。"② 恩格斯说:"民主这个'概念'……每次都随着人民的变化而变化";"资产阶级统治的彻底形式正是民主共和国。"③ 马克思又指出:"显而易见,如果主权存在于君主身上,那么谈论同它相对立的存在于人民身上的主权就愚蠢了,因为主权这个概念本身不可能有双重的存在,更不可能有对立的存在";"二者之中有一个是不真实的,虽然已是现存的不真实。"④

列宁把无产阶级革命理论付诸实践,成功地建立了苏维埃政权。他对民主有过大量精辟的论述。他认为,"任何民主和任何政治上层建筑一样(这种上层建筑在阶级消灭之前,在无阶级社会建立之前,是必然存在的),归根到底是为生产服务的,并且归根到底是由该社会中的生产关系决定的"⑤。"民主就是承认少数服从多数的国家,即一个阶级对另一个阶级、一部分居民对另一部分居民有系统的使用暴力的组织。"⑥ 列宁还进一步论述说,民主同任何国家一样,也是有组织有系统地对人们使用暴力,这是一方面。但另一方面,民主意味着形式上承认公民一律平等,承认大家都有决定国家制度和管理国家的平等权利。⑦ 但是,"只要有不同的阶级存在,就不能说'纯粹民主',而只能说阶级的民主"。"资产阶级民主无论在何时何地都保证公民不分性别、宗教、种族、民族一律平等,但是它无论在什么地方也没有实行过。"⑧ 极少数人享受民主,富人享受民主——这就是资本主义社会的民主制度。⑨ "无产阶级民主(苏维埃政权就是它的一种形式)在世界上史无前例地发展和扩大了的,正是对大多数居民即对

---

① 《马克思恩格斯选集》第 3 卷,人民出版社 1995 年版,第 312 页。
② 同上书,第 38 页。
③ 同上书,第 661—662 页。
④ 同上书,第 38 页。
⑤ 《列宁全集》第 40 卷,人民出版社 1985 年版,第 276 页。
⑥ 《列宁全集》第 31 卷,人民出版社 1985 年版,第 78 页。
⑦ 同上书,第 96 页。
⑧ 《列宁选集》第 3 卷,人民出版社 1995 年版,第 700 页。
⑨ 同上书,第 189 页。

被剥削劳动者的民主。"①

毛泽东说："实际上，世界只有具体的自由，具体的民主，没有抽象的自由，抽象的民主。在阶级斗争的社会里，有了剥削阶级剥削劳动人民的自由权利，就没有劳动人民不受剥削的自由，有了资产阶级的民主，就没有无产阶级和劳动人民的民主"②。

江泽民说："世界上的民主，都是具体的、相对的，而不是抽象的、绝对的。任何一种民主的本质、内容和形式，都是由本国的社会制度所决定的，并且都是随着本国经济文化的发展而发展的。"③

马克思主义上述关于这种狭义民主的含义，主要揭示的是在阶级或有阶级的社会里，以国家形态所表现的民主的特殊本质。因此，民主的本意应该是多数人的统治，即"少数服从多数的国家"，这就揭示了民主与国家在本质上的一致性。它一方面是有组织有系统地对部分人使用暴力，另一方面也意味着在形式上承认公民（人民）一律平等。"民主"这两个字中，关键在"民"字，就是我们通常所说的人民或公民。在不同的历史时期，在相同历史时期的不同历史阶段，人民具有不同的规定性。在奴隶民主制下，奴隶在法律上是物品，并不是人，只有奴隶主才是享有充分权利的公民。在封建民主制下，农民已不算地主直接占有的物品，他可以把一部分时间放在自己的土地上为自己劳动，但他们不享受其他社会权利，只有地主才是享有充分权利的公民。在资产阶级民主制下，从形式上看，无产阶级和其他劳动大众都是"民"，实行的是"一人一票"的选举制，是多数人当家作主，但实质上是有产者少数人当家作主。资产阶级民主的实质"就是容许被压迫者每隔几年决定一次究竟由压迫阶级中的什么人在议会里代表和镇压他们！"④ 这就是资产阶级民主制下形式与内容、名与实的严重背离，是资产阶级民主制不可克服的内在矛盾，也是一切私有制条件

---

① 《列宁选集》第3卷，人民出版社1995年版，第605页。
② 中共中央文献研究室：《毛泽东著作选读》（下），人民出版社1986年版，第760页。
③ 江泽民：《十五大以来重要文献选编》（上），人民出版社2000年版，第687页。
④ 《列宁全集》第31卷，人民出版社1985年版，第84页。

下的民主制度不可克服的内在矛盾。

只有在真正的社会主义条件下，民主的多数人的统治才能变为现实，从而也才能实现民主的形式与内容、名与实的高度有机统一。

有人说，民主的实质是人民当家作主，这就是民主的定义。我认为，这是对民主的一般意义上的定义。并没有讲清它实质性的内涵，即"人民"的具体内涵。我认为，可以对民主下这样一个定义：任何民主和任何政治上层建筑一样（这种上层建筑在阶级消灭之前，在无阶级社会建立之前，是必然存在的），归根到底是为生产服务的，并且归根到底是由该社会中的生产关系决定的。民主，实质是一种国家形式或国家形态。世界上从来没有抽象的、纯粹的民主，而只有具体的、历史的民主。不同的社会形态，有着发展着的不同社会类型和程度不同高下的民主。

广义民主的含义，指的是各种社会形态下社会生活各个领域民主所具有的基本特征，它适用于国家形态的民主，也适用于非国家形态的民主，还适用于国家形态下各个不同阶级内部的民主。原始社会没有国家形态的民主，但是有非国家形态下的民主的存在。恩格斯曾明确肯定原始社会有过"古代自然形成的民主制"[①]。列宁也明确肯定过人类历史上曾经存在过的"'原始的'民主制"[②]。现在我们常说的党内民主、企业民主、村民自治、小区民主、学术民主、军事民主等都是广义民主中国家形态下的人民内部民主精神的体现。

我们通常所说的建设中国特色社会主义民主政治，既包括国家形态的民主，也包括非国家形态的民主，而注意力是在国家制度上。

民主是国家形式和国家形态的一种，其实质就是阶级的统治，是社会上层建筑中最核心的部分。而所谓的自由、人权都是在一定国家形式形态下公民权利的特定表现。所以，从一定意义上说，在民主、自由、人权的关系中，民主是前提、是核心。只有有了民主，才可能有自由和人权。这

---

① 《马克思恩格斯选集》第4卷，人民出版社1995年版，第103页。
② 《列宁选集》第3卷，人民出版社1995年版，第148页。

就如同一棵大树，民主是大树的树干，自由与人权是这棵树干上的枝杈，枝杈是依附于树干的，自由与人权是依附于民主的。只有有了一定的国家形式或形态，其阶级或个人的自由和人权才有可靠的保障。所以，只要讲清楚了一定的民主，自由、人权等也就顺理成章的比较容易讲清楚。

民主、自由和人权，都是在人类历史发展一定阶段形成的概念。无论是在阶级社会，还是在从阶级社会向无阶级社会过渡的相当长的一个历史阶段里，或是在世界上依然存在霸权主义和强权政治的情况下，根本就不可能有什么全人类共同享有的民主、自由、平等与人权。资产阶级是打着民主、自由、平等和人权的旗号上台的，它们的政府从来都把自己标榜为全体公民的代表。但是，实践早已揭穿了资产阶级的这类谎言。在资本主义社会里，有了资产阶级的民主、自由、平等与人权，就绝不会有无产阶级的民主、自由、平等与人权。当然，马克思主义绝不排斥抽象思维中的认识论意义上的民主、自由、人权的一般。但是，必须准确把握和揭示民主、自由、人权的内涵与实质，以利广大工人阶级和劳动人民争取自己的民主、自由与人权。争得这些权利，本来就是无产阶级和社会主义革命的一个重要目标。

三　关于普世价值与普世民主

综上所述，民主如同自由与人权一样，都是在人类历史发展一定阶段形成的概念。在不同社会形态里，不仅民主发展程度的高下不同，而且民主的性质也有着根本的不同，从来就没有什么全人类所共同享有的、抽象的、纯粹的或曰"普世的"民主，在阶级社会或从阶级社会向无阶级社会过渡的历史阶段尤其如是。要讲清有无普世的民主，首先需要厘清有无普世的价值。

关于普世。能否达成如下共识：一是这里指的是人类社会和人的世界。动物不能跻身我们这里所说"人的世界"。二是天地四方曰宇，古往今来曰宙。也就是说，从横向上说，在天地四方的空间里，从纵向上说，在古往今来的时间里，不分种族、民族、国家、阶级及阶层、文化、宗教等异同，凡是有人群的地方，都应该被普世价值中的"普世"所覆盖。

关于价值。政治经济学对价值的定义是凝结在商品中无差别的人类劳动。马克思曾说："'价值'这个普遍的概念是从人们对待满足他们需要的外界物的关系中产生的"，是"这些物能使人们'满足需要'的这一属性。"① 马克思在这里所谈到的价值，显然是商品"使用价值"概念的直接延伸。因此，从这个意义上可以说，价值是指客体对于人或人类这一主体所具有的意义和作用。

那么，从上述意义上讲，一些人所说的所谓普世价值，就应该是指古今中外概莫能外的历史上和现实中所有的人都普遍需要和适用的东西。

根据经典作家的相关论述，笔者认为，价值观这一范畴不是抽象的，而是具有特定的社会属性。一切已往的价值观、道德观归根到底都是当时的社会经济状况的产物；在阶级社会里，人们自觉或不自觉地总是从他们阶级地位所依据的实际关系中，汲取并形成自己的价值观和道德观。

马克思、恩格斯说：对资产者来说，只有一种关系——剥削关系——才具有独立自主的意义，这种利益的物质关系表现就是金钱，它代表一切事物，人们和社会关系的价值。② 恩格斯还说，在资本主义社会里，"金钱确定人的价值"③。因此，我们不仅应避免把政治经济学对价值的定义简单地引入政治和意识形态领域，更应该避免把资产阶级的金钱即价值、有用即真理的极端自私自利和庸俗实用的价值观作为我们共产党人的价值观。真正的共产党人的价值，应该是眼前利益与长远利益、局部利益与全局利益、国家利益与全人类利益、最低纲领与最高纲领的有机统一。我们的最低纲领是建设中国特色社会主义，我们的最高纲领是实现共产主义，是实现一切人的自由而全面的发展。我们共产党人没有自己所追求的特殊利益，在现阶段，我们的利益是与最广大人民群众的根本利益即根本价值相一致

---

① 《马克思恩格斯全集》第19卷，人民出版社1963年版，第405—406页。
② 《马克思恩格斯全集》第3卷，人民出版社1960年版，第480页。
③ 《马克思恩格斯全集》第2卷，人民出版社1957年版，第565页。

的；从最高目标看，我们的根本利益即根本价值就是要与传统的所有制关系和传统的所有制观念实行最彻底的决裂，最终实现共产主义，实现每一个人的自由而全面的发展。因此，在当今时代，资本主义与社会主义、资产阶级与工人阶级和最广大人民群众是不可能有统一的普世的价值观念的。

有人说，有；比如吃喝、食物与水、空气等对所有人都具有普世价值。马克思说："吃、喝、生殖等等，固然也是真正的人的机能。但是，如果加以抽象，使这些机能脱离人的其他活动领域并成为最后的和唯一的终极目的，那它们就是动物的机能。"[①] 恩格斯也说"人来源于动物界这一事实已经决定人永远不能完全摆脱兽性"[②]。应该说，认为吃喝、食物与水、空气等对所有人都具有普世价值，这是犯了基本的常识性错误。因为"吃、喝、生殖"等只是人和动物共通的生理机理，是全人类一切人与一切动物一样所具有的生物性，这并不是人类一切人所特有的普遍属性，也不是人世间所特有的"普世价值"。如果承认了吃、喝、生殖等对所有人都具有"普世价值"，就是让动物跻身于人类，或者是说让人类降低到动物的水平。

有人说，如果人类没有一个普世的价值，那不同民族、不同阶级的人为何能产生一见钟情的"纯真爱情"？这里需要弄清四点：一是不同民族、特别是不同阶级的人产生的一见钟情的"纯真爱情"，往往是活跃在文学作品之中。我们知道，文学作品应当尤其是那些反映社会生活本质的经典名著也都是来源于生活而高于生活的，这比普通的实际生活更高，更强烈，更有集中性，更典型，更理想，因此就更带普遍性。这就是为什么即使我们读的不是与我们同一时代或同一种文化的作品时，却依然能够从中发现自己生活的影子，这也是这一作品能够打动我们的根本原因。但有的文学作品却是误解甚至歪曲了社会生活的本质，是作者脱离现实社会生活的情感抽象或寄托，而涉世不深的少男少女也往往从这类文学作品中寻找或寄

---

① 《马克思恩格斯选集》第1卷，人民出版社1995年版，第44页。
② 《马克思恩格斯选集》第3卷，人民出版社1995年版，第442页。

托着自己的梦想。二是这种脱离现实社会生活的情感抽象，在社会生活中有时可能会变成一瞬间的现实。但是，在阶级社会里，这男女双方所谓一见钟情的"纯真爱情"，一旦置身现实社会，就往往要受到自身所处的一定的社会经济文化条件的根本性制约，便往往与社会现实生活发生种种碰撞而发生衰变、裂变甚至异化，一见钟情时所立下的"山无陵，江水为竭，冬雷震震，夏雨雪，天地合，乃敢与君绝"的山盟海誓便往往不能兑现，很难爱它个地老天荒。三是不排除个别有挣脱上述制约，把这种"纯真爱情"进行到底的现象，但套用马克思的话，如果对不同民族特别是不同阶级之间所谓的"纯真爱情"加以抽象，使性爱等这些机能脱离人的其他活动领域并成为最后的和唯一的终极目的的，那往往仍然是动物的机能。有人往往把这种动物的机能误认成"纯真爱情"。四是爱情与性爱尽管有联系，但决不能画等号。爱情是只有人类才具有的高尚情感，很难设想动物也具备这种情感。我们也决不否认人世间有上述冲破社会经济文化等根本性制约的樊篱而要获得自己希冀爱情的"爱情至上主义"现象，但这种现象在现实的社会生活中毕竟是极少数，也根本不具备普世的意义。

有人说，人类中杰出人物所创造的一些非意识形态的如自然科学、语言文字、形式逻辑、山水画、无标题音乐等反映人类社会生活与精神现象的东西，也可以为全人类一切人共同学习或欣赏，等等。人类社会是以能制造生产工具从事生产劳动相区别于动物社会的。从能制造生产工具从事生产劳动这一点上说，这是人区别于动物的"一切人共有的东西"的"现实普遍性"[①]。人都能制造生产工具，并能共同欣赏如自然科学、语言文字、形式逻辑、山水画、无标题音乐等一些反映人类社会生活与精神现象的非意识形态的东西，这在形式上看，似乎有了一定意义上的普世性。但是，"一切人共有的""现实普遍性"决不能脱离人的社会性，即一定社会的生产关系和交换关系而单独存在。随着阶级社会的诞生，随着人的社会性的增强，"一切人共有的""现实普遍性"便会被稀释，有时甚至荡然无

[①] 《马克思恩格斯全集》第 3 卷，人民出版社 2002 年版，第 52 页。

存。比如，随着剥削的产生，少部分人由于逐渐脱离了生产劳动领域，进入了专事压迫剥削他人的食利者阶层行列，这样便使其区别于动物的从事生产劳动的能力逐渐蜕化。比如，在现实生活中，无论从作者创作和受众的角度讲，也确实存在不少毫无任何意识形态色彩的山水画、无标题音乐等文艺作品，这也可以被称之为"一切人共有的""现实普遍性"。但也要看到，也有不少从形式和表面上看确实存在的毫无任何意识形态色彩的一些山水画、无标题音乐等文艺作品，但作者在创作时，有时却是带着强烈的感情色彩甚至是强烈的意识形态色彩的。不同的受众，会从相同的作品中，读出不同的情感甚至意识形态的色彩来，这就叫"一百个读者有一百个哈姆雷特"。无论从作者还是受众角度讲，这都可以叫作"托物言志"。比如，由于对所有制的关系不同和分得的多寡不同，人们所接受教育的程度便有所不同，同为一部小说或喜或悲这些共通或相似的情感和认知，是要建立在不是文盲或有闲读书这一共同的基础之上的。另外，维也纳金色大厅新年音乐会上的无标题音乐并不是所有愿意聆听的人都能购得起昂贵的门票的。"喜怒哀乐，人之情也"，从形式上，这也是一切人的"普遍性"或叫"普世性"。但是，鲁迅说得好："穷人决无开交易所折本的懊恼，煤油大王哪会知道北京捡煤渣老婆子身受的酸辛，饥区的灾民，大约总不去种兰花，像阔人的老太爷一样，贾府上的焦大，也不爱林妹妹的。"① 鲁迅虽然讲的是旧中国，但对试图把资产阶级统治者的价值观作为普世价值的人，是不是一个有力的回答呢？这能不能说，名称上同曰为喜怒哀乐，穷国与富国、穷人与富人往往有着实质内容的不同，有时甚至有完全截然相反的内涵呢？

有人说，人类除了各自的个性和特定群体的共性外，还存在着超越于一切差别的共同性，就是通常说的"人性"。例如珍惜生命、同情他人、尊老爱幼、"和而不同""己所不欲、勿施于人"等，正是这些共同的本性，产生了对社会生活的共同追求：民主、自由、平等、博爱等这些普世

---

① 《鲁迅全集》第4卷，人民文学出版社1973年版，第164页。

价值。我们在讨论一些抽象的理论时，往往费了很多口舌仍无法理论清楚，但一回到现实，问题往往便不难解决。我们看两个事例。一是一个个体：2008年5月我国四川汶川大地震中的"范跑跑"只是珍惜自己以及女儿的生命，连其老人和妻子的生命也全然不顾，谈何尊老，谈何同情他人。二是一个国家：从2003年美国发动伊拉克战争开始到2008年7月8日，美军已死亡4114人，这还不包括死亡数万人的雇佣军。截至2007年底，战争还造成近70万伊拉克平民死亡。请问，美国当局和而不同了吗？飞机枪炮勿施于人了吗？同情珍惜本国士兵与伊拉克人民的生命了吗？"己所不欲、勿施于人"，美国当局并不希望自己的国土遭受炮火连天，可是，冷战结束之后，美国却放开手脚，在海外连续发动海湾、南联盟、阿富汗、伊拉克四场规模较大的战争。可以说，珍惜生命、同情他人、尊老爱幼、"和而不同""己所不欲、勿施于人"等，或仅仅是部分国家或人们的优秀文化传统，或仅仅是一些人的良好愿望，或仅仅是少数人企图使他人甘受奴役的麻醉剂而已。但绝不是全人类各个国家各个阶级各个人所共同承认并遵循的所谓"普世价值"。

有人说，解决环境污染、反对恐怖主义、打击贩毒吸毒等全球性问题可以被称之为"普世价值"或"全人类所共有的价值"。说到底，人们或国家的价值观念，是由人们或国家的经济利益所决定的。治理大气污染，无疑涉及全人类和各个国家乃至每个人的共同利益。1985年人类开始认识到二氧化碳的增温作用。但由于各个国家的经济利益并由此带来占主导地位的价值观念的不同，但在采取实际行动时，这一"普世价值"往往被虚化和虚幻。美国以占全球5%的人口消费着全球25%的能源，在过去的20年，美国的人均碳排放量是中国的9倍。但美国却"果断"地拒绝加入全球任何就减排达成一致的国际协议，也不签署将于2012年到期的《京都议定书》。至于"反恐怖主义"，现在各个国家及各个阶级对其定义都极不统一甚至截然相反。有的实质上为世界上最大的恐怖主义国家却借着反恐为名，公然到处践踏联合国宪章和公认的国际关系法准则，肆意侵犯他国主权甚至赤裸裸入侵他国。至于贩毒吸毒，之所以成为全人类肌体上很难愈合的顽疾，同样是由于特定国家的社会制度及特定集团、人群的特殊利益所决定的。至于绝大多数国家和绝大多数人在经济社会生活中形成的共有利益和共有价值观念，这无疑在现实社会生活与观念形态中存在。但这与有的人所说的普世价值也有着根本的不同。在存在霸权主义和强权政治为主导的经济全球化的时代里，在阶级社会里，为一切国家和一切阶级、一切人所共同接受的普世价值从根本上就是不存在的。

有人说，奥运会倡导的"更高、更快、更强"的奥林匹克精神和北京奥运会确立的"同一个世界，同一个梦想"的主题超越了国家政治的局限，具有普世价值。实际上，奥运会的上空总弥漫着浓厚的政治对立空气。且不说1916年的柏林奥运会、1940年的东京奥运会和1944年的伦敦奥运会因为两次世界大战被取消，1936年的柏林、1956年墨尔本、1968年墨西哥、1972年慕尼黑等奥运会都没有摆脱被政治化的命运。1980年莫斯科奥运会的政治化达到顶峰，美国带头对这届奥运会进行抵制，而四年后洛杉矶奥运会时，苏联则率领东欧社会主义阵营国家进行抵制，奥运会成为冷战的延伸战场。北京奥运会圣火在境外传递屡遭干扰。奥运会前夕西方一些媒体上铺天盖地的是对中国所谓"西藏问题""人权问题"喋喋不休的指责。北京奥运会举办前，各国报名到北京参加报道的记者达万人之多，其中有相当数量是因为预测北京奥运会举办期间将会发生各种重要事件的西方记者；而当预测北京奥运会可能会举办得十分成功时，来到北京参加奥运会的记者却只有三四千人。由此可见，一些西方记者对报道奥运会运动场内任何一条打破世界纪录的精彩赛事和"更高、更快、更强"的奥林匹克精神并未有多大兴趣。2008年8月8日，北京奥运会开幕的日子，也应当是世界休战日，而格鲁吉亚却选择在这一天对南奥塞梯发动进攻。北京奥运会的开幕式上布什与普京"谈笑风生"，而却在数千公里之外暗暗进行着政治军事的角力。"同一个世界，同一个梦想"的口号，集中体现了奥林匹克精神，充分反映了中国和世界各国广大人民的共同理想和强烈愿望，但却未成为当今国际社会的普世价值。

因此，我们完全可以说，在阶级社会或阶级社会向无阶级社会过渡的相当长的历史阶段内,具体的人、集团和阶级总是在不同的所有制形式和生存的社会条件产生不同情感、价值观念、思想方式和世界观的。其经济、政治、文学、哲学和道德等社会意识形式的内容主体和本质属性,都反映着一定社会的经济基础、利益结构和社会关系,都具有鲜明的阶级性、时代性和社会形态的质的规定性,根本不存在所谓的"普世价值"。普世价值的争论实质上是普世价值观的争论。如果有人一定要讲"普世价值",其实质是想把他们的特定价值定为普世价值。有人引用胡锦涛同志指出的"中国共产党85年的历史,就是为中华民族的独立、解放、繁荣,为中国人民的自由、民主、幸福而不懈奋斗的历史"的讲话,企图证明自由、民主、幸福是全人类的普世价值,这是没有道理的。胡锦涛同志在讲话中明确作出了"中国人民的自由、民主、幸福"的质的规定性。这对有的人借此论证全人类的普世价值的存在不仅毫无裨益,而恰恰说明了"自由、民主、幸福"的阶级和国家的本质属性,是对"自由、民主、幸福"所谓普世性的否定。

在阶级社会和阶级社会向无阶级社会过渡的相当长的历史阶段内,探讨清楚了并不存在所谓的普世价值,那么,作为从形式到内容完全具有强烈意识形态色彩的国家形式或形态的民主也就更加失去了所谓的普世性。

关于民主的普世性,现在媒体上讨论得极为热烈。其中一种观点认为,各种不同民主政治的历史背景、阶级属性、实现形式有着很大甚至根本的不同,但是,它们之间总是存在着一些具有共性的东西,也就是所谓民主的一般特征,亦即民主的普世性或普适性。这些特征包括:(1)主权在民,即人民当家作主;(2)在自由与平等的基础上进行协商;(3)按照多数人的意志进行决定;(4)程序化;(5)保护少数。当然,民主还有其他各种原则,譬如代议制原则、权力制约的原则、选举的原则等。而上述几个原则,则是其中最主要的原则,是民主普世性或普适性的集中体现。

我认为,上述说法似乎有一定道理,但值得商榷。

其一,任何事物都是形式与内容的有机统一。形式是我们区别客观世界各种现象的外部标志之一,是事物运动的外在方式。而内容,就是事物矛盾运动的本身，是构成这一事物的一切要素的总和。事物的性质，本质上是由其内容所规定的。相同的事物，可能有不同的外在表现形式；不同的事物，也可能有相同的外在表现方式。在人类进入阶级社会以来的历史中，各种不同民主政治的历史背景、阶级属性、实现形式有着很大甚至根本的不同，但是，不同民主的外在表现形式上也存在着一些相同的东西。我们也可以把这称之为各种不同民主的外在形式的一般特征，但还不能称之为民主的普世性或普适性。因为，任何形式与内容都紧密联系在一起并须臾不可分离。而且，更为重要的是，内容决定形式，内容决定事物的性质。离开民主的根本性质，仅凭性质根本不同的民主在形式上的某些相似之处，就把某种特定时代、特定阶级、特定国家的民主视为全世界普遍适用的民主制度，是很不妥当的。

我们可以按照马克思主义对"个别和一般"的思想方法来看一下"普世民主"。当我们把各种不同形式和形态的民主概括在民主这一概念下的时候，我们是把它们的质的差异撇开了。因此，民主这一概念本身与各种不同形式与形态的、特定的、实存的民主不同，它在社会历史的实际生活中并不是感性的存在。民主一般仅仅是民主的一切时代有某些共同标志、共同规定性的一个合理的抽象。经过比较而抽出来的民主一般的共同点，本身就是有许多组成部分的、分为不同规定的东西。其中有些属于一切时代，另一些是几个时代共有的。有些规定是最新时代和最古时代共有的。没有它们，任何民主都无从设想；但是如果说最发达的民主和最不发达的民主具有一些规律和规定，那么，构成民主发展的恰恰是有别于这个一般和共同点的差别。对民主一般适用的种种规定所以要抽出来，也正是为了不致因为有了统一而忘记本质的差别。那种证明现存的某种民主制度具有"普世性"并将永存的人、集团或国家，就在于忘记了这种本质的差别。正是从这个意义上说，一切时代民主所共有的、被思维当作一般规定而确定下来的规定，是存在的，但是所谓一切民主的一般条件，不过是这些抽象要素，用这些抽象要素不可能理解任何一个现实的历史的民主。因此，一说到民主，应该总是指在一定社会发展阶段上的历史的、具体的民主。

比如说，所谓"普世性民主"中的"主权在民"的第一个原则，是在公元前6世纪初开始的雅典民主制中逐渐确立的。创立这一民主制的伯里克利明确宣称："我们的政治制度之所以被称为民主政治，是因为政权是在全国公民手中，而不是在少数人手中。"① 毫无疑问，古希腊民主是人类古代民主的灯塔，但它的民主制的辉煌成就是建立在奴隶制基础上的。据相关统计，在伯罗奔尼撒战争发生时，雅典成年公民为4万人，其家属14万，异邦人7万，奴隶在15万—40万之间。其家属、异邦人和奴隶是不享受公民权的，真正享有公民权的仅有十几分之一。② 古希腊哲学家柏拉图在《理想国》中曾明确指出："民主……是一种迷人的政府形式，变化多端、杂乱无章，给同等者和不同等者都分配以某种形式的平等。"③ 此后的法国资产阶级启蒙思想家鲁索又提出了"人民主权"理论，但他又说："从民主这个词的严格意义上说，真正的民主从未存在过，而且永远也不会存在。"④

现在，多数人也都认为民主是多数人的统治。我们从民主的构词上也可以看出民主的本质是人民自己作主，它的对立面不仅仅是君主，而且还有资本主义民主即资本主导下的民主。这就是说，在资本主义制度下，主权在民即人民当家作主原则，体现和实现的实际上是资产者作主的原则；在自由与平等的基础上进行协商、按照多数人的意志进行决定等原则，主要是在资产者内部实现的。广大劳动人民这个"绝大多数"实际上没有任何地位。至于整个社会中有时候真正多数人享有的民主权利并不是天赋的，也不是别人恩赐的，而是靠工人阶级和广大劳动者自己的斗争争得的，比如，八小时工作制、"三八"妇女节、"五一"劳动节等。也可能会有同志说，他们有"选举中的神圣一票"。其实，这神圣的一票仅是表面和形式上的。笔者在后面将专门涉及这个问题。

---

① 修昔底德：《伯罗奔尼撒战争史》，谢德风译，商务印书馆1960年版，第130页。
② 应克复等：《西方民主史》，中国社会科学出版社1997年版，第48页。
③ 丹尼尔·B. 贝克：《权力语录》，凤凰出版传媒集团、江苏人民出版社2008年版，第21页。
④ 同上书，第23页。

资本主义虽然有口号上与形式上的平等,但要看到,资本主义既有一人一票这样的形式上的平等,又有经济上的实际不平等和随之而来的社会的不平等。列宁把这称之为"资本主义的基本特点之一",并说"这是资产阶级的拥护者自由派用谎言掩盖的而小资产阶级民主派却不了解的一个特点"①。口头上主张竞争自由、贸易自由、金融自由和信仰自由、宗教自由的人与国家,是否就不独裁和专制了呢?我们作判断,决不能依据他们口头上说什么,而更要看他们做什么。正因如此,列宁明确指出:"在最民主的资产阶级国家中,被压迫群众随时随地都可以碰到这个惊人的矛盾:一方面是资本家'民主'所标榜的形式上的平等,一方面是使无产阶级成为雇佣奴隶的千百种事实上的限制和诡计。"② 他们形式上有"选举中的神圣一票",但选举之后,便千方百计排斥他们,千方百计地把他们排除在管理国家之外。资产阶级议会对劳动人民群众来说,是资产者压迫无产者的工具。这是资产阶级民主的实质内容。列宁在批判谢德曼派和考茨基派总是谈论"一般'民主'"时,曾尖锐地指出:"剥削者营垒总是把资产阶级民主冒充为一般'民主'而一切庸人,一切小资产者,直到……社会民主党的大部分领袖,都跟着这个营垒随声附和"③;"他们一谈到'多数'时,总以为选票的平等是被剥削者同剥削者平等,工人同资本家平等,穷人同富人平等,饥饿者同饭食者平等";"善良、诚实、高尚、和气的资本家,从来就没有利用过财富的力量、金钱的力量、资本的权力、官僚政治和军事独裁的压迫,而真正是'按多数'来决定事情的!"列宁还说,他们如此对资产阶级民主进行粉饰,"一半是由于虚伪,一半是由于几十年从事改良主义活动所养成的极端愚蠢"④。列宁当年对考茨基等"一般'民主'""纯粹民主"的批判,对于我们今天讨论"普世民主"难道没有强烈的现实意义吗?

---

① 《列宁全集》第38卷,人民出版社1986年版,第203页。
② 《列宁选集》第3卷,人民出版社1995年版,第605页。
③ 《列宁全集》第37卷,人民出版社1986年版,第203页。
④ 同上书,第207页。

其二，和任何其他事物一样，民主也具有普遍性和特殊性，或者说共性和个性。共性寓于个性之中，并通过个性体现出来。民主的共性是从各种民主的国家管理形式或国家管理制度中抽象、概括出来的。但这种共性与个性一样，都是同时存在于每一种具体民主的历史形态之中的。如资产阶级民主和社会主义民主，既包含有某些共同的特点，但更具有根本不同属性的个性；前者反映了民主形式的某些普遍性或共性，后者反映了民主本质的特殊性或个性。不能因为民主形式的某些普遍性而否认民主本质的特殊性，也不能因为民主的本质特殊性而否认民主形式的某些普遍性。需要强调的是，"普遍性"和"普世性"也不是一回事。"普遍性"是哲学用语，是自在的、内生的，存在于事物内部普遍性与特殊性相统一的客观存在的规律性；而普世性从概念的来源看，是个宗教用语，它强调的是社会及人类的共同价值观念。从原意上理解，是超越尘世，其真理性来自上帝赋予的启示。因此，是一个不需要前提和证明的虚幻。但它会被现实中的一些人、集团、国家所利用，它不仅是虚幻的主观意愿，而且更是想把这一愿望变成所谓"普度众生"的现实。因此，是否可以说，以美国为首的西方国家极力鼓吹的所谓"民主的普世性"，实际上是新帝国主义对外侵略扩张和西化、分化、规制化中国并最终把我们殖民化的政治主张和理论武器。

因此，我们决不能把需要借鉴和汲取的各种具体民主的形式中的某些普遍性，误认成需要把这种民主从形式到内容都要全部、整体地照抄照搬过来。资产阶级的民主，在形式上汲取了奴隶制民主和封建制民主的精华，并在其民主的形式上进行变革创新，以适应资产阶级自身的需要。对西方资产阶级民主的形式中包含的所有精华，我们应大胆吸收和借鉴。在这上面，我们决不能重犯"左"的错误。由于其历史的局限性和阶级的狭隘性，资产阶级民主根本不具有"普世价值"。我们不能简单地否认各种具体民主形式上的普遍性，但也不承认西方民主从形式到内容的"普世价值"，否则，我们在民主问题上，就会出现偏差而陷入被动，甚至如马克思所说的"就会倒霉"！

列宁在批判考茨基的所谓"纯粹民主"时还说:"考茨基迷恋于民主的'纯粹性',无意中犯了一切资产阶级民主派常犯的那个小小的错误:把形式上的平等(在资本主义制度下是彻头彻尾虚伪骗人的)当作事实上的平等!"①

邓小平曾说:"我们在宣传民主的时候,一定要把社会主义民主同资产阶级民主、个人主义民主严格区别开来,一定要把对人民的民主和对敌人的专政结合起来,把民主和集中、民主和法制、民主和纪律、民主和党的领导结合起来。"②

邓小平还说:"关于民主,我们大陆讲社会主义民主,和资产阶级民主的概念不同。……我们一定要切合实际,要根据自己的特点来决定自己的制度和管理方式。"③ 因为,"资产阶级日甚一日地消灭生产资料、财产和人口的分散状态。它使人口密集起来,使生产资料集中起来,使财产聚集在少数人的手里。由此必然产生的结果就是政治的集中"④。财产集中必然带来政治集中,政治集中必然带来意识形态的集中。这就是从经济基础集中到上层建筑集中的必然路径。本来,民主是要彰显各类个性,结果却来了个"普世民主"的"统一"。一些国家为了推行"普世民主",甚至不惜动用战争手段。民主虽然是一个颇为动听的词汇,但在西方民主的辞典里,民主就是反共。从一定意义上甚至可以讲,"普世民主"就是专制或专政,是与民主的本义完全相悖的。

人民民主或社会主义民主是与资产阶级民主相比较而存在的。不讲清楚资产阶级民主,就无法讲清楚人民民主或社会主义民主。资产阶级民主和社会主义民主都在自己的旗帜上写着多数人的民主或统治,都倡导多数人的平等。但在现实的经济政治社会生活中,资产阶级民主却是少数人享有的民主,大多数人处于被剥削被压迫者的地位。而社会主义民主从内容

---

① 《列宁全集》第35卷,人民出版社1985年版,第253页。
② 《邓小平文选》第2卷,人民出版社1994年版,第176页。
③ 《邓小平文选》第3卷,人民出版社1993年版,第220—221页。
④ 《马克思恩格斯选集》第1卷,人民出版社1995年版,第277页。

到形式都是人民当家作主，都是多数人之间的平等。我们讲，没有民主就没有社会主义，在这里所说的民主，已经不是所谓抽象的、纯粹的民主了，而是有着其具体的规定性，是对社会主义民主的省略或约定俗成。这里的本意与实质是指社会主义条件下的人民民主或最广大人民群众的民主。如果不省略，这句话的全部表述是：没有人民民主就没有社会主义。美国等发达西方国家的民主，主要是垄断资产阶级的民主，是垄断资本主导下的民主，与我们的人民民主或社会主义民主的性质是完全不同的。

对工人阶级和劳动大众而言，说资产阶级民主虚伪，也就是说，他们在政治旗帜上写的是"人民民主"，而在现实的经济和政治生活中，工人阶级和劳动大众却被排斥在民主之外，处于被剥削和被压迫的地位。如1960年戴维·布尔克利在美国民主党全国代表大会的讲话中所说："这是空间时代的首次大会——在这个时代，竞选者能够向月亮作出承诺，并能兑现承诺。"[1] 再如，1989年1月20日，曾担任过美国政府驻中国联络处主任的乔治·布什在就任美国总统后发表就职演说时明确表示，他在担任总统期间要"为人民服务"[2]。乔治·布什的此"为人民服务"与毛泽东的彼"为人民服务"字面上是完全相同，但其本质内涵是完全不同甚至是截然相反的。这就正如同资产阶级的"民主"与我们的社会主义的"民主"一样。这里还需要指出的是，我们说资产阶级民主是虚伪的，是指对于工人阶级和劳动大众的虚伪，而对于资产阶级本身来说确是真实的。当然，资产阶级的共和制、议会和普选制，从社会发展来看，同农奴制和君主制相比，毫无疑问是一大进步。但是，在资本占统治地位的国家，不管怎样民主，都是资本主义国家，而且这种共和国越"民主"，资本的统治就越隐蔽、越巧妙、越厉害，也就越无耻。

如果承认了一些人所说的"普世民主"，也就等于承认了存在绝对的、超阶级的民主。列宁曾经指出："这种错误观念的根源就是从资产阶级那

---

[1] 丹尼尔·B. 贝克：《权力语录》，凤凰出版传媒集团、江苏人民出版社2008年版，第44页。
[2] 张海涛：《再说美国》，北京出版社1991年版，第67页。

里继承下来的偏见","从无产阶级的观点看来,问题只能这样提:是不受哪个阶级压迫的自由?是哪一个阶级同哪一个阶级的平等?是私有制基础上的民主,还是废除私有制的斗争基础上的民主?如此等等"[①]。任何民主,与任何政治上层建筑一样,这种上层建筑在阶级消灭之前,在无阶级社会建立之前,是必然存在的。在此之前,讲什么所谓的普世民主,就必然是愚弄人民的谎言。正如列宁在批判考茨基鼓吹的"纯粹民主"的言论时所说:"如果不是嘲弄理智和历史,那就很明显:只要有不同的阶级存在,就不能说'纯粹民主',而只能说阶级的民主。"[②] 因此,一旦承认民主具有"普世性"或"普适性",即是承认有考茨基所说的"纯粹民主",就是有意无意重复一些人企图用来愚弄人民的谎言。

我认为,民主没有抽象的"普世性",但在其类型上分高下。奴隶民主制是对原始社会"古代自然形成的民主制"的进步,封建君主制是对奴隶民主制的进步,资本主义民主制是对封建君主制的进步,社会主义民主制又是对资本主义民主制的进步。社会主义民主制是人类历史上新的更高类型的民主。而一些人在社会主义问题上,总是否定其共性,而高扬其个性;在民主问题上,却总是否定其个性,而大肆彰显其共性。这实质是在理论逻辑上的双重标准。

有人说,"民主是人类政治文明发展的成果,也是世界各国人民的普遍要求"。正因为民主没有抽象的"普世性",但在其类型上分高下,因此,上述这句话,是否可以改为这样的表述:民主是人类在不同地域、不同民族、不同国家,在社会发展的不同阶段上共同创造和积累的政治文明的成果,追求新的更高的民主也是世界各国人民的普遍要求。

四 以美国为首的西方强国的民主制度没有普世性

一些人所说的"普世价值",实质上是美国的民主制度具有"普世

[①] 《列宁全集》第37卷,人民出版社1986年版,第277页。
[②] 同上书,第243页。

价值"。

我们应当看到,在私有制条件下,以美国为首的西方强国资产阶级民主政治具有以下几个明显的不可克服的内在矛盾。

(一) 资产阶级民主政治口号上标榜平等但是实际上不平等

比如1776年美国《独立宣言》一开始便宣称:"我们认为这一真理是不言而喻的:人人生而平等,造物主赋予他们若干不可剥夺的权利,其中包括生命权、自由权和追求幸福的权利。"[1] 这就是著名的"天赋人权"说。而实际上,当时签署宣言的却是清一色的白人绅士,他们笔下和心目中的人,并不包括黑人与妇女。1920年美国妇女才有选举权,1965年美国黑人才真正拥有投票资格。资产阶级在宪法的旗帜上讲民主,而在宪法的细节里却是赤裸裸的专政;在宪法这个母法里讲民主,而在子法即工厂法典中,却通过私人立法确立了对工人的专制。同样是专制社会,只是奴隶监督者的鞭子被监工的罚金簿代替了,一切处罚都简化成为罚款和扣工资。在资本主义国家,情况往往是这样,即你可以游行示威,可以骂总统,但你对你的老板却必须绝对地服从。无论是在传统还是现代意义上的工厂或公司里,老板或总裁总是对工人或职员实行专制的"奴隶主"或"皇帝"。

在奴隶和封建专制社会,在熊彼特所说的"精英民主"的资本专制社会,它们有着共同的普遍性,这就是对少数人的民主,对多数人的专政,即是对统治集团内部少数人的民主,而对其他或是广大奴隶或是广大农民或是广大无产阶级的专政。只有在社会主义社会,民主才是对工人阶级和最广大劳动人民的多数人的民主,是对敌视破坏社会主义事业的少数人的专政。当然,也不排除一些打着社会主义招牌,实质是少数人对多数人的专政的情况出现。只要稍有政治常识的人都会承认,在阶级社会里,不是对绝大多数人的专政,就是对极少数人的专政,所谓全民国家和所有成员的民主是不存在的。在现代资本主义社会,从本质上讲,多党制不过是统

---

[1] 陆镜生:《美国人权政治》,当代世界出版社1997年版,第126页。

治集团内部民主表现形式、权力分配方式与所谓"普世民主"的点缀而已。在美国,仅仅是数万甚至是数千富有的人或是他们的代理人在管理着美国。我们知道,在美国共和党的背后主要是军工、石油、制造等"传统商业"的支撑,而民主党的背后主要是金融、电信、传媒等"新兴商业"的支撑。

(二)资产阶级民主政治形式外壳上平等但实际内容上不平等

比如一人一票选举制的平等,也仅仅停留在形式上而已。现在美国的大选往往参选率仅有一半多一点,无论何种原因,这在实质上就是剥夺了近半数人的参选资格。此外,这种形式上的平等又往往掩盖着经济的不平等和随之而来的社会不平等。美国目前的百万富翁有 800 多万人,但生活在贫困线以下的人多达几千万。整日花天酒地和每天沿街乞讨的人之间,能说是平等的吗?另外,美国的联邦法律规定实行普选制,但又通过"选举人"制和州法律的"胜利者得全票"制即通吃制暗度陈仓地改变和相当程度地削弱了普选制。

让我们再打一比方,来进一步说说一人一票的选举制度。资产阶级民主制度下的无产阶级和广大劳动人民,就像一个偌大的发育不健全的股票市场里的一个个股民。在股票市场里,从形式上看,任何一个股民,都有权利决定在任何情况下出入股市的"民主权利";而实质上,大资本却有操控股市"坐庄"的"民主权利",从表面和形式上看,小股民与大资本,各自有各自的"民主权利",似乎并行不悖,十分平等;但在这表面十分平等的形式下,小股民有时会被大资本洗劫得倾家荡产。股市中这种表面上的平等,掩盖着大资本掌控小股民命运的实质上的不平等。在资本主义条件下,一人一票的普选制,形式上看,如同股民自由进出股市一样绝对平等,但实质上候选人只能在垄断资本事先圈定好的两个之间进行选择。即使在两人中间进行选择,看似自由,其实也极不自由,实际上垄断资产阶级早已通过舆论操纵了人们的思想,从而也无形地掌控了人们投票的这只手。这在后面将专门论及。

(三) 资产阶级民主政治本质上是金钱政治

曾帮助1896年威廉·麦金利赢得美国总统大选的马克·汉纳说过:"要赢得选举,需要两个东西。第一是金钱,第二我就记不得了。"① 美国一位作家兼评论家也说:"无论民主制度在理论上怎么讲,在实践上人们有时倾向于把它定义为标准化的商业情节剧。"② 从1789—1797年担任美国首届总统的乔治·华盛顿,到2004—2008年的第55届总统乔治·布什,绝大部分担任美国总统的人出身富豪,可以说总统职位是富人的"专利"。许多人印象中的"平民总统"其实都不贫穷。华盛顿去世后,传记作家试图把他描绘成出身卑微的农民,但是他实际上成长于拥有49个奴隶、占地1万多英亩(约40.5平方公里)的庄园。《福布斯》杂志说,华盛顿在任期间就已跻身"美国400富豪"之列。美国第7任总统安德鲁·杰克逊被认为是美国历史上第一位"平民总统"。但实际上杰克逊在南卡罗来纳一处庄园长大,庄园里拥有多名奴隶。第16任总统亚伯拉罕·林肯经常说自己年轻时穷困潦倒,但他出生时,他的父亲托马斯·林肯拥有两个占地600英亩(约2.4平方公里)的农场和几块城镇地皮,还有大量的家畜和马匹。林肯五岁时,他的父亲已成为肯塔基地区最富有的农场主之一。

共和党是1854年成立的,从1860—2004年,美国"驴象两党"先后进行39次总统选举。其中,绝大多数是竞选开支超过对方的一方获胜。1860年大选,共和党人林肯竞选费用为10万美元,而民主党人道格拉斯为5万美元,林肯胜出。2008年美国总统选举,同样是创美国总统选举历史上个人筹款纪录筹款多达6.41亿美元的奥巴马当选,而筹款仅3亿多的麦凯恩败北。美国总统竞选的费用在近些年不断刷新纪录。1980年的总统竞选耗费资金仅为1.62亿美元,到1988年翻了一番,达到3.24亿美元。到了2000年,竞选费用总额猛涨到5.29亿美元,而2004年再创新高,达

---

① 费利佩·萨阿贡:《美国的民主癌症》,西班牙《世界报》2000年8月16日。
② 丹尼尔·B.贝克:《权力语录》,凤凰出版传媒集团、江苏人民出版社2008年版,第35页。

到 8.81 亿美元,其中两党候选人布什和克里筹到的竞选费用总额就超过了 5 亿美元。2008 年的美国总统选举本身花费更是创下 24 亿美元新高。①

让我们再来看看美国的游说集团。建国伊始,麦迪逊在《联邦党人文集》中的第十篇阐明的主要论点是:美国人生活在利益集团的谜宫之中;废除冲突利益集团的斗争会损害自由;鉴于使全体人民拥有相同的意见、情感和兴趣又绝无可能,因此形成派别或利益集团也在情理之中;问题的关键是要把利益集团可能造成的负面影响控制在可接受的水平。② 为达到此目的,美国直到 1946 年才制定了《联邦管制院外游说活动法》。但就是这唯一的一部相关法律,也只是对利益集团的活动予以规范,而并非是要限制。比如该法律要求游说公司到国会秘书处登记,定期呈报活动记录报告和收支情况等。这部法律的最大弱点或漏洞,在于未责成任何机构负责该法的实施,以及对游说活动与议员关系的规定含混不清。这一切使得该法对利益集团活动的约束力大打折扣。③

被称作"旋转门"的机制,也是我们了解美国腐败的最便捷的切入点。所谓"旋转门",指的是个人在公共部门和私人部门之间双向转换角色、穿梭交叉为利益集团牟利的机制。大体而言,"旋转门"机制可以被归为两类。第一类是由产业或民间部门进入政府的"旋转门",这主要是指公司高级管理人员和商业利益集团游说者进入联邦政府并担任要职。在政策制定和实施的过程中,这就可能为他们曾经代表的团体谋取特别的好处。第二类是由政府进入私人部门的"旋转门"。以前的政府官员充当游说者后,也可以利用自己与政府的联系来为现在所代表的团体谋取特别的利益。在当今的美国,"旋转门"司空见惯,而且运转良好,并且已经成为当代美国腐败的加速器。这种深深植根于美国政治文化传统的、以游说来达到一己之私的现象或存在,便是被称作除行政、立法和司法之外的美

---

① 《美国大选共花费 53 亿创新高》,今日美国报网站,2008 年 10 月 24 日,参见 http://wwwbig5.hinews.cn/news/system/2008/10/25/010341513.shtml。
② 汉米尔顿、杰伊、麦迪逊:《联邦党人文集(一)》,九州岛出版社 2007 年版,第 117—133 页。
③ 李道揆:《美国政府和美国政治》,商务印书馆 2004 年版,第 310—312 页。

国"第四权力中心"。它不仅开创了一种腐败文化,而且为官商勾结、权钱交易的腐败行径披上了合法外衣。金钱是进入上述两种"旋转门"的入场券。很多团体在游说上每年都要花费上百万美元甚至更多。

(四)资产阶级的民主政治是金钱操纵舆论、舆论操纵民主的"民主"

为了进一步说明这一点,笔者在这里引用爱因斯坦早在1949年《为什么要社会主义?》一文中所说的较长的一段话:

> 私人资本趋向于集中到少数人的手里……这些发展的结果造成私人资本的寡头政治,它的巨大权力甚至连民主组织起来的国家也无法有效地加以控制。事实的确如此,因为立法机构的成员是由政党选出来的,而这些政党要不是大部分经费是由私人资本家提供的,也是在其他方面受他们影响的,他们实际上就把立法机构和选民隔离开来了。结果是,人民的代表事实上不充分保护人民中无特权的那一部分人的利益。此外,在目前的条件下,私人资本家还必然直接或间接地控制情报和知识的主要来源(报纸、广播电台、教育)。因此,一个公民要达到客观的结论,并且理智地运用他的政治权利,那是极其困难的,在大多数场合下实在也完全不可能。[①]

爱因斯坦绝不仅仅是一个伟大的物理学家,他上述这段话,把资本主义社会中资本的权力和所谓民主的关系讲得清清楚楚。正是在这个意义上,美国著名戏剧家帕迪·查耶夫斯基讲:"电视是最丑恶的民主。"[②]

事实的确如此。2008年5月,笔者到布鲁塞尔的欧盟总部访问,在与其几个议员和研究机构交谈时进一步认识到,在现代西方社会,垄断资本往往是通过金钱和所谓的公关公司、游说集团等控制立法、行政、司法机

[①] 爱因斯坦:《爱因斯坦文集》第3卷,商务印书馆1979年版,第272页。
[②] 丹尼尔·B.贝克:《权力语录》,凤凰出版传媒集团、江苏人民出版社2008年版,第44页。

构,通过控制各种新闻媒介控制社会舆论和民众意识。在近几次的美国大选中,有些主要电视台播出的竞选广告,平均每分钟竟达上亿美元。从表面上看,选举时,民众都有所谓的人人平等的一票,但实质上,事先已经有一双"看不见的手"即被灌输的意识在操纵着民众,去投垄断资本事先已经选定好的代理人。民众的所谓权利与自由,只不过是在他们事先设定好的资本统治集团内部少数不同代理人甚至仅在其两人之间进行选择罢了。这种极其有限的在几个人之间选择自己权力代理人的民主,在选举完结之后,便把民主又还给了辞典。

美国一是以从海外攫取的大量超额利润,在其国内建立所谓"福利社会"的"示范效应",以从根本上增强美国所谓民主制度的吸引力、向心力和凝聚力。二是投入大量金钱兴办各类媒体,在其国内特别是世界上大肆宣扬其"民主、自由、人权"等价值观念,拼命诋毁他们企图颠覆的国家的执政者,用名目繁多的罪名指责发展中国家"独裁""专制""暴政""侵犯人权""自闭"等,使广大发展中国家和人民丧尽自尊,无颜自立;然后,使其所谓的"民主""自由""人权""新自由主义"等价值观念和政治法律制度及政策在发展中国家畅通无阻,从而既达到西方国家和国际垄断资本对发展中国家残酷剥削压迫的目的,同时又能用这些巧妙动听的语言掩饰它们残酷剥削压迫的实质。三是拨出专款在对象国收买、培植代理人和所谓的"民主自由斗士",筹建、资助、利用各种非政府组织,使它们成为推行所谓"民主自由"的先锋。四是利用对外援助,诱使对象国自觉自愿地进行所谓的"民主改造"并同西方民主制"接轨"。这种援助,在它们的"民主价值观大潮"兴盛之际,往往会减少投入;而在"民主价值观"受到质疑之时,往往会加大投入。冷战结束后的1995—2000年期间,国际经济合作与发展组织/发展援助委员会(OECD/DAC)成员国净官方发展援助(ODA)总值逐年下降,从587.8亿美元下降到了537.49亿美元。随着美国等西方国家"硬实力"的碰壁,他们又开始重视发挥"金钱外交"的"软实力"的作用。后冷战时期的"援助疲劳症"至此不治而愈。自2002年起,世界主要援助国普遍增加了对外援助拨款,年均增幅在 100 亿美元以上,其中美国在 2001 年以后对外援助的增幅,超过了"马歇尔计划"以后的任何历史时期。

(五)资产阶级民主政治是少数人统治多数人的政治

我们还应注意,竞选费用正在扶摇直上,但是民众参选率却是江河日下。2004 年选举受到选民高度关注,据统计,60% 的选民(1.2 亿人)参加了投票。布什获得 51% 的选票连任,实质是只占全体选民 30% 多一点。这 30% 多一点的赞成票中,实质也有不少是对方的反对票。2008 年美国总统大选中民众的参选率可能比较高,原因主要是美国民众对美国金融危机出路的关切,其次是由于黑人奥巴马的参选。黑人奥巴马的当选,无疑也是美国资本主义民主的一次进步。

(六)资产阶级民主政治往往对内"仁慈"而对外野蛮,有时对内也显现出"独裁"和"霸道"的"本色"

马克思在《不列颠在印度统治未来的结果》中说:"当我们把目光从资产阶级文明的故乡转向殖民地的时候,资产阶级文明的极端伪善和它的野蛮本性就赤裸裸地呈现在我们面前,它在故乡还装出一副体面的样子,而在殖民地它就丝毫不加掩饰了。"① 实际上,美国等西方强国的民主制,与希腊、罗马的民主制是一样的,是建立在对外征战和奴隶的基础之上的,它们对内表现得分外"仁慈",而对外却特别残酷。因此,美国经济增长的真正奥妙并不在于高科技,而是通过金融、高科技、军事和文化等手段,企图在全球范围内对所有劳动领域的劳动者的绝对控制。近 40 年来,美国的香蕉公司、银行和石油公司通过种种渠道每年对哥伦比亚进行几千万甚至多达数十亿美元的军事援助,从而在哥伦比亚政府军的保护下掠夺其廉价资源,剥削该国的劳动力。

就是在对内"仁慈"的表面下,美国政府对人民来说,实质上并没有

---

① 《马克思恩格斯选集》第 1 卷,人民出版社 1995 年版,第 772 页。

民主，本质上是赤裸裸的专政。近几年，美国国务院都要发表对别国的人权报告，对包括中国在内的世界 190 多个国家和地区的人权状况进行指责，却对自身的人权问题只字不提。为了让世界人民了解美国真实的人权状况，响应美国国务院对中国人权状况的肆意歪曲和无理指责，敦促美国反思其所作所为，中国国务院新闻办公室连续九年发表美国的人权纪录。在《2007 年美国的人权纪录》中指出，美国暴力犯罪上升，严重危及人民的生命、自由和人身安全。2006 年，美国全国暴力犯罪为 141 万起，比 2005 年增加了 1.9%。美国拥有私人枪支达 2.5 亿支，美国每年约有 3 万人死于枪击。美国执法、司法部门滥用职权，严重侵犯公民人身自由权利。美国监狱的虐囚现象很普遍。2006 年，美国监狱共关押了超过 226 万犯人，人口仅占全世界人口的 5%，而囚犯占全球囚犯总数的 25%。美国公民享有的个人自由和权利正在逐步缩小。美国公民的经济、社会和文化权利没有得到应有的保障。到 2006 年底，美国贫困人口有 3650 万人，几乎相当于每 8 个美国人中就有 1 人生活在贫困中。美国家庭组织称，实际上，在 65 岁以下的美国人中，有近 9000 万人在 2006—2007 年之间（或其中某些时间段）没有医疗保险，占总数的 34.7%。[①] 透过此类事实和数据，我们还能够说美国的民主制度是我们应该仿效的普世民主吗？

西方强国的垄断资本为了达到自己的目的，有时在国内的选举中，甚至在表面和形式的选举程序上，所谓的民主与公正都会被抛弃，而显现出规制度上的"独裁"和"霸道"。让我们以英国 1979 年的大选为例：英国为了防止各个小党派联合执政，在其选举制度上就作出了极其不平等的规定。保守党只需 4 万张，工党只需 4.2 万张选票即可获得一个议员的席位，而其他小党联盟则需 40 万张选票才能获得一个议员的席位，其难度相当于保守党与工党的 10 倍。[②] 现在，这一极不合理的状况不仅没有改变，反而有恶化的趋势。我们也可以明显地看出，国际垄断资本为了进一步实现在

[①] 国务院新闻办公室：《2007 年美国的人权纪录》，新华网，2008 年 3 月 13 日。
[②] 应克复等：《西方民主史》（修订本），中国社会科学出版社 2003 年版，第 325 页。

全球的联合，进而巩固其在全球的统治地位，它们已开始在全球范围内削弱各国的多党制，企图推行垄断资本内部的诸如美国十分成熟的两党制。

美国的总统选举，不过是统治集团内部各个不同派别代表人物的角逐。在他们内部，有时会斗得你死我活，甚至无所不用其极。尼克松在美国政坛上活跃几十年，曾竞选过联邦众议员、参议员、州长、副总统和三次总统。当他离开白宫之后，在其《领导者》一书中，谈到竞选中的黑暗时，曾转引丘吉尔对政坛用语，三番五次说，资本主义国家的竞选"粗野而肮脏"①。美国总统选举中，肮脏内幕的极端，就是对竞选对手的暗杀。1968年，罗伯特·肯尼迪参选被暗杀身亡。1972年，乔治·华莱士参选，被暗杀致残。1974年，杰拉尔德·福特参选也曾被暗杀过。

资产阶级民主共和国虽然许诺并且宣告政权属于大多数人，但是它从来没有实现过。它与封建制度相比，只是改变了经济奴役的形式。封建制度是封建国家奴役制或依附农民租佃制，②资本主义民主制则是雇佣奴隶制。只是后者对其奴役作了特别漂亮的装饰，但并未改变也不会改变这种奴役的实质。

有人说，实行美国式的民主制度，贫穷国家的经济就能得到大发展。美国经济学家瑟罗曾统计了从1870—1988年这128年的历史跨度中，按人均GDP计算，全世界前20名最富裕国家排名几乎没有变动，而只有一个日本跻身其中。③ 瑟罗没有谈到，日本的崛起，其主要原因是美国为冷战之需要，在东亚培植同盟的结果。现在世界上有220多个国家和地区，除极少数社会主义国家外，其余几乎都是按照西方民主制在搞资本主义和所谓新一轮的"民主化"。但比较富裕的依然是那二十几个国家，其余190多个国家和地区不仅面貌依旧，甚至更加动荡频仍和贫穷有加。即使西方的民主制，在他们自己的金融甚至经济危机面前，也显得苍白无力，这是我们认识西方民主制所谓"优越性"的绝妙教材。

---

① 理查德·尼克松：《领导者》，世界知识出版社1998年版，第386页。
② "民可使由之，不可使知之"，就是典型的封建制度要为民作主，而不是由人民自己作主。
③ 莱斯特·瑟罗：《21世纪的角逐》，社会科学文献出版社1992年版，第213—214页。

有人说，实行美国式的民主制度，就可以有效地防止腐败。陈水扁的民进党靠反国民党腐败上台，但陈上台之后，洗钱横跨全球，比国民党更有过之。意大利曾经是三届总理361个内阁成员全部都是腐败分子。在所谓最"民主"的美国，前几年因党派之争，美国国会山上游说集团涉及政府腐败内幕的冰山一角，但一旦发现继续揭露将可能伤及美国政体乃至国体，这刚刚开始的相互揭露便戛然而止。在现代金融高度垄断的资本主义社会，现代金融隐匿运行加上经济高度虚拟，在客观上造成普通百姓与现代大资本所拥有的信息会越来越不对称，大资本侵蚀普通百姓权益的腐败现象会愈加容易发生。所谓"实行民主之初腐败难以避免，待民主逐渐稳定后必然清廉"说，也是没有道理和不符合事实的。

事实证明，美国式的民主没有普世性意义。

五　以美国为首的西方国家推行民主、自由及人权等战略的由来、实质和后果

在我国，名实之争已有几千年历史。看问题，不能仅听名词如何。举个例子，美国最大的国家担保的非银行住房抵押贷款公司"房利美"和"房地美"，仅从名字上听，很动人。但其所经手的抵押贷款总额为5.3万亿美元（几乎占美国住房抵押贷款总额的一半），绝大部分贷款无法回收，这是引起美国金融危机的主要祸根之一。"民主""自由""人权"等，这些语词听起来也很动人，尽管这些语词的本身并没有什么阶级性，而使用这些语词的不同的人、阶级、利益集团或国家，往往是站在不同的立场上，赋予了它们不同的甚至截然相反的含义。所以，在政治哲学领域和民主政治理论方面，我们对西方发达资本主义国家经常使用的一些词句和用语，首先不要犯过去"左"的错误，一切都草木皆兵，一概予以批判和排斥；但也不能完全放松警惕，不作任何分析地全盘照抄照搬，陷入西方主导的话语体系之中。我认为，正确的态度应当是，进行深入研究和辩证分析，弄清其确切含义，然后再确定哪些可以直接借鉴和使用，哪些需要加以辨

析和改造，哪些需要拒斥和抵制。特别是对"民主""自由""人权"等这样一些基本概念，我们更要如此。在这些基本概念的具体内涵里，实质上都直接或间接地涉及资产阶级或马克思主义的所有重大基本理论。

长期以来，美国是我们这个地球上最大的经济、政治、文化、科技和军事实体，在政治、经济、文化等诸多方面，一些话语体系也往往是由美国发明、主导与垄断。对于这一点，我们必须有一个清醒的认识。

让我们回溯一下资产阶级民主、自由、人权理论的起源及发展历程，这将有助于我们认识当今以美国为首的国际垄断资产阶级的民主、自由、人权的理论，有助于认识所谓"民主的普世性"。

可以说，以美国为首的当今国际垄断资产阶级的民主、自由、人权理论，是对自由资本时代资产阶级的自由、平等、博爱等理论的继承和发展。自由、平等、博爱，是18世纪法国资产阶级在其革命时期提出的政治口号。实质上，这是资本主义商品生产中自由贸易、等价交换原则在政治领域中的反映。当时，这一口号对摆脱封建王权和神权束缚、争取政治自由、民主平等具有重大意义。它不仅在法国资产阶级革命时期起到了号召、激发、团结革命群众向封建统治发动进攻的作用，而且产生了广泛的世界性的影响。但是，这一口号也具有很大的阶级局限性，它本身也是不真实、不科学的。因此，马克思在指出"自由、平等、博爱"这一口号具有反封建的进步意义的同时，总是不断地指出这一口号的极大欺骗性，指出这一口号的实质是资产阶级为了追求自身的利益，是为了保护和扩大资产阶级的私有财产，巩固资产阶级所赖以生存的政治和经济制度。

随着自身的不断发展壮大，各国资产阶级相继走上了侵略扩张之路。它们在扩张领土、建立殖民地、拓展利益范围的同时，也进行着政治制度和意识形态的扩张。资产阶级的民主、自由、平等、博爱等思想观念，以及由此制定的资产阶级政治和经济制度，也随之走向世界。

美国是上述侵略扩张行为的后起之秀。对外进行政治制度和意识形态渗透，并不仅仅是美国某些统治者的特殊癖好，而是有着其深厚的经济、政治和文化根源。绝大多数的美国人都自称基督徒。艾森豪威尔曾说：

"承认上帝的存在是美国精神的第一个也是最基本的一个表现。没有上帝就不会有美国式的政体,也不会有美国的生活方式。"[①] 几乎所有美国总统的就职演说都谈到了上帝(除了华盛顿第二次就职时的简短演说以外),在全世界流通的美元货币上,也印着"我们相信上帝"这样的语句。从实质上说,所谓"上帝",就是为美国资产阶级垄断集团根本经济利益和国体、政体服务的奴仆,这是美国国家意识形态的一个显著特点。其另一个特点是,美国各界上层也都深信美国是"新的耶路撒冷",美国人是"上帝的挑选"和"天之骄子",承担着上帝赋予的把他们自己的价值观与政治制度推广到全球的神圣使命。

早在第一次世界大战时,美国总统威尔逊便宣称:"'民主'是一个重要的指导原则,因为它代表着一种全新的国内秩序,由此当然也能普及于国际秩序";"新的自由民主"将是美国"重要输出品之一";要"确保民主在全世界通行无阻"。[②] 第二次世界大战结束后,美国中央情报局局长乔治·凯南和国务卿杜勒斯先后提出"和平演变"的理论,但美国当局重视不够。美国在经历主要运用"硬实力"的朝鲜战争和越南战争失败之后,便进一步知晓"民主、自由、人权"等"软实力"的重要性。美国对外战略从崇拜"硬实力"到着力运用"软实力"的转变是被迫的。这一转折发生在尼克松政府时期。1968年底,尼克松当选为美国第37届总统。此时的美国在世界上30个国家驻军100万,对全世界近100个国家提供军事或经济援助。特别加上已陷入近六年的越南战争,使其财政经济状况逐渐衰落,国际收支发生危机,美国不堪重负。1969年初,尼克松在其就职演说中说:"经过一段对抗时期,我们正进入一个谈判时代","历史所能赐予我们的最大荣誉,莫过于和平缔造者这一称号","我们邀请那些很可能是我们对手的人进行一场和平竞赛"。[③] 严峻的形势迫使尼克松政府采取"和

---

① 塞缪尔·亨廷顿:《我们是谁?》,程克雄译,新华出版社2005年版,第87页。
② 孔华润主编:《剑桥美国对华关系史》(上),新华出版社2004年版,第40页。
③ 《理查德·尼克松第一次就职演讲》(译文),东方博客,2006年3月25日,参见http://chouky.blog2.cnool.net/Article/2006/03/25/197380.html。

平竞赛",即"和平较量"的三项重大举措：一是决定与新中国关系逐步实现正常化；二是逐步从越南撤军；三是结束布雷顿森林体系，放弃固定汇率制度，放任美元充当国际货币。可以说，这三项"和平较量"的举措，是美国运用其"软实力"拯救和重振美国霸权地位的关键之举。

从一定意义上讲，结束布雷顿森林体系，放任美元"自由"地充当国际货币，对长达几十年的美国经济繁荣起到了至关重要的作用。

尼克松虽因"水门事件"于1974年辞职，但他的继任者福特却继承其思想遗产。1975年7月底，35个国家（33个欧洲国家加上美国和加拿大）在芬兰首都赫尔辛基召开欧洲安全与合作会议，通过了欧安会最后文件，又称《赫尔辛基协议》。该协议是美、苏缓和与妥协的产物，两国的政策目标在协议中都得以实现。《赫尔辛基协议》规定，第二次世界大战后形成的欧洲边界现状不可破坏，这就意味着美欧对苏联"硬实力"的承认，但同时美欧也提出了苏联要对西方"软实力"即"人权和基本自由，包括思想、道德、宗教或信仰自由"的"尊重"，并扩大东西方阵营的人员往来。对苏联而言，这实质上是把美国利用所谓"人权"等问题干涉苏联内政、支持和扶植苏联社会内部的反对势力合法化。至此，西方国家利用协议中规定的条款，给予苏联"持不同政见者"多方的支持。这种支持有物质的和金钱的，也有"荣誉"的和所谓"道义"的。在一定意义上甚至可以说，这就为日后苏联解体和苏共垮台打开了一条关键的通道。

1977年卡特政府上台后，则把"人权"明确作为一个国家外交政策的主要目标，并以所谓维护"人权"的名义，大肆干涉别国特别是社会主义国家的内政。

冷战结束后，美国称霸全球成为可能。处于冷战向后冷战过渡时期的老布什，对美国"对外人权理论"作了"创新和发展"。老布什说："促进自由、民主的政治体制的发展，作为人权以及经济和社会项目的最可靠的保障。"[①] 1989年1月20日，老布什在就职演说中强调："我们的愿望多过了我们的钱

---

① 周琪：《美国人权外交政策》，上海人民出版社2001年版，第9页。

袋子，但我们需要愿望。"这一矛盾如何解决，老布什又说："如果美国不致力于高尚的道德原则，那她就永远不是完整的美国。今天的美国人民有这样一个目标，那就是让国家的面孔更和善，让世界的面孔更慈祥。"[①] 此后，布什政府把支持民主和鼓励市场经济作为他们对外政策所追求的两个目标。

东欧剧变、苏联解体，充分说明了"民主、自由、人权"等"软实力"对于美国实现其战略的极端重要性。

克林顿政府上台后认为，卡特政府的人权政策是以个人为目的的，而冷战结束后，则应当从民主这个更基本层面上促进人权。据此，克林顿政府即把提高美国安全、发展美国经济与在国外促进民主作为国家安全的三大目标，从而进一步明确把在国外促进民主上升到了国家安全战略的高度。

为适应美国推行强权政治和霸权主义的需要，历经老布什和克林顿两任政府对其实践认识的升华，美国政府及学者的主流对人权的定义也就作了实质性的修改，"人权属于主权范围内的事务"的观点逐渐让位于"人权高于主权"的主张。因此，在冷战结束后，人权则更进一步被看作是美国在全世界推行民主战略的一个重要工具。

应该看到，冷战结束后，新一轮更大规模的经济全球化席卷全球。这就使得为竞争自由、贸易自由和金融自由服务的"民主""自由""人权"和"新自由主义"表面具有更广泛的所谓"普世性"。因此，也就重新唤起了美国对"硬实力"的崇拜。结果，美国在海湾、南联盟、阿富汗和伊拉克接连打了四场较大的局部战争。前三场，较为顺利，第四场开始也十分顺利。2002年1月20日，小布什在其第一个任期刚刚就职时，颇具"血气方刚"之势。他在就职典礼上说："美国有强大的国力作后盾，将会勇往直前"；"如果我们不领导和平事业，那么和平将无人来领导。"[②] 此时的美国，想通过"硬实力""让大家分享""民主"，结果碰得头破血流。

崇拜"硬实力"的教训，使得小布什回归到对"民主"等这类"软武

[①] 丹尼尔·B. 贝克：《权力语录》，凤凰出版传媒集团、江苏人民出版社2008年版，第105页。
[②] 《布什第一任总统就职演讲全文》，百度博客，2007年12月12日，参见 http://hi.baidu.com/2007fei/blog/item/05dbe40f24da15eeab6457fd.html。

器"的重视。从一定意义上讲,"软武器"的传递者是曾因从事协助苏联犹太人偷渡以色列而被判处九年监禁的原苏联犹太人纳坦·夏兰斯基,他曾是当年很"著名"的持不同政见者。夏兰斯基写过一本名叫《论民主:以自由的力量征服暴政和恐怖》的书。书中宣扬的主要观点是,世界分为两大类:一类是"自由社会",一类是"恐惧社会";前者是"推动和平的力量",后者是"战争与恐怖的根源"。民主是一种普世价值,只要可以选择,没有任何一个民族的人民会选择生活在独裁者的统治下。"恐惧国家""专制政权"不能靠自身的变化走向民主,西方国家必须把西方价值观的理想与西方国家的外交政策、经济援助挂起钩来,才能取得"胜利"。为了自由世界的安全,应采取任何必要手段来支持民主。夏兰斯基在书中一开始就开宗明义地写道:"现在我们已经进入了有些人称为的'第四次世界大战',我们必须重振曾帮助我们不发一枪一弹赢得上次世界大战的鲜明道义。"据说,小布什在第一任期即将结束之际拿到该书,嗣后便如饥似渴地阅读,对该书阐述的观点大加称赞:"如果你想搞清楚我在外交政策上的想法,你该去读读夏兰斯基的书,这家伙可是个英雄人物,这真是一部伟大的著作。"①夏兰斯基还被邀请到白宫做客,小布什也把此书推荐给国务卿赖斯,以至这本书在白宫和美国政界、军界迅速走红。这使美国的政治家们颇有一种迷航之舟得到罗盘的感觉,使懵懵懂懂的单边主义乱闯一下子获得了"精神的指导"和"震动后的动力"。

　　看过该书后,小布什立刻对他的第二任就职演说和国情咨文做了修改。2005年1月20日,小布什在仅有20分钟的第二任期就职演讲中,就塞进了40多个"民主""自由理念""民主权利""自由世界"等字眼。他说:"我们已明了自身的弱点,我们也深知其根源";"我们受常识的指引和历史的教诲,得出如下结论:自由是否能在我们的土地上存在,正日益依赖于自由在别国的胜利。对和平的热切期望只能源于自由在世界上的扩展";

---

① 刘见林:《评〈论民主:以自由的力量征服暴政和恐怖〉》,360doc网,2007年6月15日,参见 http://www.360doc.com/showWeb/0/0/560102.aspx。

"有鉴于此,美国的政策是寻求并支持世界各国和各种文化背景下成长的民主运动,寻求并支持民主的制度化。最终的目标是终结世间的任何极权制度";"那些面对着压制、监狱和流放的民主变革的参与者应该知道,美国知道你们的潜力:你们是自由国家未来的领袖"[1]。美国等西方国家主要以"民主、自由、人权"作武器,仅花费了46亿美元便在格鲁吉亚、乌克兰、吉尔吉斯斯坦"成功改造"中亚三国的实践,使得美国更加重视"民主、自由、人权"等软实力。

2008年8月7日,美国总统小布什在动身参加北京奥运会之前,在泰国曼谷就美国对亚太国家和地区的态度发表讲话时说:"我已通过明确、坦率和一贯的方式告诉中国领导人,我们高度关注宗教自由和人权","美国认为中国人民应该享有基本自由,这是全体人类的天赋权利","我对中国的未来表示乐观。在商品自由交易的环境下成长的年轻人最终会要求交流思想的自由,尤其是在不受限制的因特网上自由交流的思想","最终,只有中国才能决定它将走什么样的道路。美国及其伙伴采取现实的态度,为各种可能性作好准备"[2]。

共和党的小布什政府把推广民主当作了外交的中心任务,而民主党的奥巴马在其就职演说中却对推广民主轻描淡写。这是因为奥巴马政府面临的最急迫处理的问题是百年不遇的经济危机。奥巴马在就职之前接受记者采访时说,他要通过"为底层人民带来更好生活的方式"推广民主。[3] 美国国务卿希拉里2009年2月下旬访问中国时表示:"人权问题不应该成为世界性经济危机、气候变化和安全问题的障碍。"[4] 从一定意义上讲,美国当局十分注意结合形势的变化抓主要矛盾和及时调整自己的战略策略。但我们必须清醒认识,也正如他们所说的,"民主建设"始终是"美国的一

---

[1] 《布什第二任总统就职演讲全文》,百度博客,2007年12月12日,参见 http://hi.baidu.com/2007fei/blog/item/a877d18f0ccfe6f9513d92f8.html。
[2] 《美国总统布什8月7日在泰国曼谷的讲话》(全文),哲学人生网,2008年8月8日,参见 http://bbs.zxrs.net/dispbbs_61_115131_1.html。
[3] 彼得·巴克:《一种更安静地向国外推广民主的方式》,美国《纽约时报》2009年2月22日。
[4] 日本《东京新闻》2009年2月23日电:《希拉里的"倾听外交"取得成果》。

项核心价值",只是"应该用更温和、更低调的手段推动"。①

美国等西方国家拼命对外推销其民主、自由、人权等思想观念,说到底,仍然是为了维护和扩大它们的经济和政治利益。第二次世界大战结束以后直至20世纪70年代初期,西方世界有一个所谓黄金时期。

这一时期,发达国家作为整体,年均经济增长高达4.4%,其后20年(从70年代初到90年代初)的年均经济增长率2.2%。这使经济学界产生过很多乐观想法,例如劳资矛盾解决了,资本主义的经济周期被熨平了甚至是消失了,经济将实现自动和无限的增长。这就形成一个奇怪的循环,各国出口赚美国人的钱,然后又购买美国的股票和债券,借钱给美国人花,美国人花钱又支撑了美国和各国经济的增长。美元源源不断流向世界,世界又把美元送回美国的债市和股市。1948年,全球国际储备为478亿美元,到布雷顿森林体系解体前的1970年增长到932亿美元,22年间年均增长3%。从1971年初的932亿美元,增长到2007年底的64892亿美元,其间37年增长约70倍,年均为12%。

而与此同时,全球GDP仅增长16倍。过去十年,美元货币印刷总量超过过去40年印刷总量,全球官方储备增长更是达到了惊人的2倍之多。面额为100美元的一张纸钞,过去印刷成本为3美分,现在为6美分。美国用3美分或6美分的成本,到海外购买100美元的东西,发展中国家拿到这100美元,还舍不得花掉,往往又反存到美国。自1994年以来,美国贸易逆差逐年升高,1999年达3000多亿美元,而2006年对外贸易赤字已攀升到8830亿美元,经常项目赤字8567亿美元;1980年,美国财政赤字为762亿美元,而从2008年10月开始的2009财年预算赤字高达4820亿美元。这就是美国长期以来能够张着大嘴吃世界的根本奥妙。美国当局总是把这一现象解释为美国民主制度的优越,以进一步维持他们金融帝国的统治。

以美国为主导的经济全球化和他们所鼓吹的民主及自由、人权和新自由主义,也造成了全球范围内贫富的极端悬殊与国家民族的分裂。现在世界上

---

① 彼得·巴克:《一种更安静地向国外推广民主的方式》,美国《纽约时报》2009年2月22日。

最富有国家的人均收入比最贫穷国家的人均收入高出330多倍；世界南方欠世界北方的外债总额已经从1991年的7940亿美元急增至目前的3万多亿美元，短短十多年，翻了4倍多。根据联合国《2005年人类发展报告》数据，现在世界上最富有的500人的收入总和大于4.16亿最贫穷人口的收入总和。通过民主及自由、人权与新自由主义等手段，最终弱化第三世界国家，是西方强国最基本的战略手法。第一次世界大战结束时，世界上有30多个国家，第二次世界大战结束时，世界上50多个国家。冷战期间，特别是冷战结束后，现在世界上有220多个国家和地区，世界仍在分裂。可以说，美国拼命对外宣介和推销民主、自由、人权，竭力西化、分化世界，以进一步巩固其霸权主义和强权政治，从经济上掠夺世界的目的正在实现。

但是，美国采用的"空手（美元）套白狼（物美价廉的商品）"的战略，是不可能长久维持下去的。

如此下去，美国的债务越来越多，贸易逆差越来越大，世界经济的总需求越来越低迷。这一恶性循环的唯一可能结果，就是一场世界经济大萧条。人们常常混淆市场经济与新自由主义的关系，以为一国范围内无障碍市场经济行得通，国际范围内的无障碍市场经济也应该行得通。然而一国范围内的市场经济成功的前提，是政治上的一人一票可以制约经济上的一钱一票，使该国的地区差距与贫富差距得以有效调节，有足够的财政资金建设道路、桥梁、港口、机场，能实施内在协调一致的经济和民事、刑事法律，并且可以用凯恩斯主义的财政与货币政策调节经济周期。失去这一前提，市场经济将带来两极分化，假冒伪劣盛行（劣币驱逐良币），经济动荡、秩序混乱，以致社会无法存在下去。在缺乏一个由全世界人民投票选举的世界政府的前提下，在跨国公司不受民主力量制约的前提下，拆除各国对本国经济的保护，取消各国的经济主权，听任弱肉强食的经济逻辑无障碍通行，只能导致世界范围的两极分化和社会动荡。从2008年9月开始的美国金融危机乃至经济危机，现在不正是在全球范围内蔓延吗？

六　对民主的几个问题的思考

（一）民主是目的还是手段

恩格斯说："无产阶级为了夺取政权也需要民主的形式，然而对于无产阶级来说，这种形式和一切政治形式一样，只是一种手段。但是，如果在今天，有人要把民主看成目的，那他就必然要依靠农民和小资产者，也就是要依靠那些正在灭亡的阶级。"[①] 毛泽东说："民主这个东西，有时看来似乎是目的，实际上，只是一种手段。马克思主义告诉我们，民主属于上层建筑，属于政治这个范畴。这就是说，归根结蒂，它是为经济基础服务的。"[②] 在国家范畴之内讲民主，民主就是国家，就是一个阶级压迫另一个阶级的工具和手段，民主是手段，是政体，是国家形态，专政是目的，在这里民主的本质是专政，是政治制度，是一个阶级对另一个阶级的专政。在党内讲民主，民主是手段，是作风和方法，集中是目的，在这里，民主的本质是集中制，是为了集中正确意见。在这里，民主集中制不是什么"政治制度"，而是党的组织原则，党内没有一个阶级对另一个阶级的专政。

有观点认为，民主只是手段。民主既然是一种国家形态，那么按照历史唯物主义原理，上层建筑要为自己的经济基础服务，民主属于上层建筑范畴，它依附、作用于一定的社会经济，归根结底是为经济基础服务的。从这个意义上讲，民主是统治阶级用来达到自己基本目的的一种手段。当然，民主这种手段是要达到一定目的的，没有目的，这种手段也就失去其作用，但不能把民主的目的性误认为民主就是目的。

另一种意见认为，民主既是手段也是目的。理由是，民主不是一个狭小的概念，民主的性质、作用和与社会生活各方面所发生的必然联系，决定了它具有多方面的含义。马克思主义也是从各种角度、多种意义来考察

[①] 《马克思恩格斯选集》第4卷，人民出版社1995年版，第662页。
[②] 中共中央文献研究室编：《建国以来毛泽东文稿》第6册，中央文献出版社1992年版，第321页。

和解释民主的含义的。比如，民主是一种国家制度；民主是无产阶级人民群众享有的管理国家的权利；民主是正确处理人民内部矛盾的方法；民主是共产党的工作作风，等等。

由此可见，"民主只是手段"的论断是从一定角度出发，就民主的某一种意义而言的。如果从无产阶级解放世界的历史使命出发考察民主，就可以看出民主也是目的。民主是手段和目的的有机统一。

作为手段，民主体现了自身所包含的工具性价值；作为目的，民主则是人们对生存理想状态的一种价值追求。

（二）民主是国体还是政体

其一，政体论。在马克思、恩格斯那里，虽然没有直接地给民主下过定义，但他们是把民主看作一种政体的。恩格斯在《1891年社会民主党纲领草案批判》中明确指出："如果说有什么是勿庸置疑的，那就是，我们的党和工人阶级只有在民主共和国这种政治形式下，才能取得统治。"① 恩格斯在这里所说的"政治形式"，就是指政治统治形式，也就是政体。在这里，恩格斯不仅把民主共和国当作了一种政体，而且把建立这种民主的国家政体看作是无产阶级取得政治统治的前提。也就是说，无产阶级只有建立了民主的政治形式并使这种政治形式正常运转的条件下，才能说无产阶级真正取得了政治统治。由此可见，恩格斯也是在国家形式即政体的意义上使用民主这个概念的。

其二，既是国体也是政体。列宁曾明确指出："民主是一种国家形式，一种国家形态。"列宁说的"国家形式"即政体，"国家形态"即国体，都是指国家政治制度。民主作为国体，是指这个国家的阶级实质，即它是属于哪个阶级的，是哪个阶级在国家中掌握政权，占据统治地位。这是和专政紧密联系在一起的。民主作为政体，是指在国家中占据统治地位的阶级，采取何种政权形式来管理国家，实现自己的统治。作为政体的民主，是专

---

① 《马克思恩格斯全集》第22卷，人民出版社1965年版，第274页。

制独裁的对立面。我国的社会主义民主是国体和政体的统一。从国体来说，我国的社会主义民主是对人民实行民主和对敌人实行专政的统一，现阶段的民主制度是人民民主专政的社会主义国家政治制度。从政体来说，是全体人民通过自己选出的代表组成国家机关，行使管理国家的权力。

（三）民主与少数服从多数是不是一个东西

列宁在《国家与革命中》明确指出："民主和少数服从多数的原则不是一个东西，民主就是承认少数服从多数的国家（'国家'二字特别用黑体字予以强调——引者注），即一个阶级对另一个阶级、一部分居民对另一部分居民有系统的暴力的组织。"[1] 党内民主和国家民主本质上不是一个东西，因此不论是直接民主还是代表民主，两者仍然不是一个东西。同名同姓的人有很多，难道就是一个人吗？民主和民主价值观念不是一回事。少数服从多数是民主的基本原则，但不是民主的全部，民主不等于简单的"少数服从多数"。在许多人心目中，所谓"民主"，就是"投票"，就是"少数服从多数"。但是，"民主"是一整套社会制度的一部分，而且绝不只"少数服从多数"一条。民主对于它的主权者之间是非暴力的，民主制度本身设计了定期改选等自我纠错机制。

少数服从多数的民主原则，实质是决策主体行动的原则，不是思想的原则；是决定行动方案，不是讨论思想统一。少数服从多数的民主原则的价值取向是"合理"，而不是"正确"。少数服从多数的民主原则最精彩部分是民主讨论的过程，民主原则的精髓是尊重不同意见。少数服从多数的民主原则是有适用边界的，并不是所有场合都适用，更不能泛化。因此，在贯彻少数服从多数的原则中，必须要尊重保护少数。我们现在视为常识的思想，往往是前辈无数经验乃至流血教训的反复积累。在我们的实际生活中，有时往往是错误走得很快，真理常常落到错误的后面。在古雅典的民主中，曾把主张太阳是团燃烧的物质，月亮光借自太阳，并提出月食的正确理论的优秀哲

---

[1] 《列宁选集》第3卷，人民出版社1995年版，第184页。

学家、科学家阿那萨哥拉监禁，流放；也曾在公众法庭上，以281对220票通过，把著名的哲学家苏格拉底判处了死刑。通过民主的方式，对真理宣判死刑的历史没有终结。我们要尽量避免这种悲剧重演。

（四）民主的形态

根据摩尔根的研究，在原始社会，有过氏族社会民主制事实上的存在。这种民主制与进入阶级社会后的民主制有着根本的不同。如上所述，恩格斯曾明确肯定原始社会有过"古代自然形成的民主制"[①]。列宁也明确肯定过人类历史上曾经存在过的"'原始的'民主制"[②]。但列宁又说过："发展的辩证法（过程）是这样的：从专制制度到资产阶级民主；从资产阶级民主到无产阶级民主；从无产阶级民主到没有任何民主。"[③] 列宁说过，国家的消灭就是民主的消灭，国家的消亡就是民主的消亡。笔者认为，从广义上讲，人类社会产生依赖的民主可分三种形态：一是原始社会民主，二是国家形态民主，三是未来共产主义社会民主。三者都有其特殊性，因此构成了不同形态的民主。第一、第三种民主，形式上更有相似之处，是全部落或全社会所有成员之间都有平等的经济、政治和文化权利，因而可以说是"完全的民主"。我们现在经常说的民主，主要是指第二种，即国家形态的民主，在国家形态的民主中，有奴隶制民主、封建制民主、资本主义民主和社会主义民主。通常所争论的，主要是资本主义民主和社会主义的民主。上述民主，都不是全体成员的民主，因而也都是"不完全的民主"。从这个意义上讲，这是奴隶制民主、封建制民主、资本主义民主和社会主义民主的"共性"。

马克思主义认为，狭义的民主首先是一种国家形态。国家形态的民主是统治阶级的政治国家的民主，就是对统治阶级内部实行民主，而对被统治阶级实行专政的民主。在以往剥削阶级占统治地位的国家里，民主制度

[①] 《马克思恩格斯选集》第4卷，人民出版社1995年版，第103页。
[②] 《列宁选集》第3卷，人民出版社1995年版，第148页。
[③] 《列宁全集》第31卷，人民出版社1985年版，第156页。

都是建立在生产数据私有制的基础之上的,其实质在于确认和保障剥削阶级即统治阶级在国家生活中的主体地位及其各种权利,是占人口极少数的剥削阶级的民主。奴隶制民主的实质是奴隶主阶级的民主,封建制民主的实质是地主阶级的民主,资本主义民主的实质是资产阶级的民主。

在社会主义社会里,情况则发生了根本的变化。由于建立了以生产资料公有制和按劳分配为主体的基本特征的社会主义经济制度,建立了无产阶级专政(或人民民主专政)的社会主义国家制度,工人阶级和其他劳动人民不仅成了生产资料的主人,而且成了国家和社会的主人。社会主义国家是民主国家。社会主义民主是"更高类型的民主制"。社会主义民主的本质和核心,就是人民当家作主,真正享有各项公民权利,享有管理国家和企事业的权力。因此,毛泽东认为,就其实质而言,社会主义民主就是人民民主。社会主义在本质上是民主的。社会主义民主的核心内容和根本原则是一切权力属于人民。

马克思所主张的社会主义民主,就是不存在统治因素的真正的民主,即社会形态的民主。社会形态的民主在原始社会就存在。在原始社会时期,还不存在作为国家形态的民主制度,但却存在原始氏族社会形态的民主。社会形态的民主,是以社会个人的经济自由和政治自由为基础的;国家形态的民主,是以代表人民公意的统治阶级国家的自由为基础的。科学社会主义的民主,就是让每个人都获得自由的社会形态的民主,区别于以国家自由代替个人自由的国家形态的民主。现在我们常说的党内民主、企业民主、村民自治、小区民主、学术民主、军事民主等,同样也是非国家形态的民主。

当人类社会进入共产主义阶段,完全消灭了雇佣劳动所有制关系,因而也就消灭了阶级和阶级统治的国家。随着国家消亡时期的到来,国家形态的民主也会随之逐步消亡。从那时开始,人类社会就只有社会形态的民主了。

(五)"资产阶级民主不具备普世性,社会主义民主或马克思主义民主才具有普世性"

这实质上是混淆了马克思主义真理的普遍性与所谓阶级民主的普世性

的界限。马克思主义揭示了客观存在的自然界、人类社会与人的思维中最一般的规律，是对客观存在的事物矛盾及其展开过程的把握，并且这些最一般的规律始终是随着事物的不断发展变化而不断前进和发展着，这是无产阶级和最广大人民群众认识世界和改造世界的世界观与方法论。无产阶级和最广大人民群众运用这一世界观与方法论，来认识世界和改造世界的最终目的，是要与一切传统的所有制关系和传统观念实行最彻底的决裂，实现共产主义即每一个人的自由而全面的发展。这一具有鲜明阶级立场的世界观方法论，决不会为任何企图维护剥削制度的资产阶级所承认，更不会被他们所接受。

七 贯彻落实科学发展观，坚定不移地发展中国特色社会主义民主政治

胡锦涛在党的十七大报告中明确提出："深化政治体制改革，必须坚持正确政治方向，以保证人民当家作主为根本，以增强党和国家活力、调动人民积极性为目标，扩大社会主义民主，建设社会主义法治国家，发展社会主义政治文明。"这是在深刻总结我国政治建设的实践经验、借鉴国外政治领域经验教训的基础上，对我国政治体制改革作出的战略部署。我认为，学习贯彻十七大精神，深化政治体制改革，促进经济社会转入科学发展的轨道，要重点在以下四个方面下功夫。

（一）在坚持和完善党的领导中保证人民当家作主

坚持党的领导，是提高发展社会主义民主政治能力，保证人民当家作主的关键。建设中国特色社会主义，是要保证人民当家作主，逐步实现共同富裕的一项十分宏伟艰巨的事业，必须在最无狭隘性和自私自利性、最有远大的政治眼光和组织性的世界上最先进的无产阶级及其政党，即共产党领导下，按照社会主义发展的客观规律，有计划、有步骤地进行。只有坚持以马克思主义为指导和全心全意为人民服务作宗旨的共产党，才能真

正做到坚定地相信群众，紧紧地依靠群众，始终地为了群众，充分地发扬民主，以最大限度调动广大人民的积极性、主动性和创造性，依法管理国家和社会事务，管理经济和文化事业，从而确保人民当家作主。实现和保证人民当家作主，是一个需要不断发展、不断巩固的相当长的历史过程。我国现在仍处于并将长期处于社会主义初级阶段，由这一历史阶段的国际环境和我国经济与社会结构的条件所决定，我国社会还存在着阶级和阶层差别，各阶级阶层在根本利益一致的基础上，也存在着一些不同利益和要求之间的矛盾。在这种历史条件下，坚持共产党领导的重要性，还突出地表现在，只有中国共产党才能从中国最广大人民的根本利益出发，正确处理社会利益矛盾，协调社会利益关系，正确全面地反映和维护广大人民群众的利益。

人民群众的整体利益总是由各方面的具体利益构成的。在正确反映并妥善处理各种利益关系时，应认真考虑和兼顾不同阶层、不同方面群众的利益。但最重要的是，必须首先考虑并满足最大多数人的利益要求，优先保证占人口绝大多数的工农基本群众的利益。还需要强调的是，我国社会主义民主政治建设是一项前无古人的全新事业，无论是在理论还是在实践上，都具有极强的探索性。因此，只有在没有任何私利的共产党的统一领导下，才能高屋建瓴、审时度势、统筹全局、把握方向，并结合不断变化着的实际，正确处理党和人大、政府、政协、群众团体的关系，支持各方依法履行职能，做到总揽而不包办，协调而不代替，积极稳妥地推进社会主义民主政治建设。此外，也需要进一步讲清的是，我们必须坚持党的领导，坚持民主集中制这一我党我国的根本组织原则，但在党和国家的各项实际工作，尤其是在科学研究与学术探讨中，我们在尊重多数的同时，要十分注意保护少数。搞"家长制"和"一言堂"并不是坚持党的领导。

（二）紧紧依靠最广大人民群众，实现人民群众当家作主

抗战胜利前夕的 1945 年 7 月，毛泽东主席在延安与黄炎培那段著名的谈话值得我们永远铭记。

黄炎培说，一部历史，"政怠宦成"的也有，"人亡政息"的也有，"求荣取辱"的也有，总之没有能跳出"其兴也勃焉""其亡也忽焉"的周期率。毛泽东说："我们已经找到新路。我们能跳出这周期率。这条新路，就是民主。只有让人民来监督政府，政府才不敢松懈。只有人人负起责来，才不会人亡政息。"① 20 世纪 50 年代末 60 年代初，毛泽东在读苏联《政治经济学教科书》的谈话时说，管理国家、管理军队、管理各种企业、管理文化教育，这是社会主义制度下劳动者最大的权利。"没有这种权利，劳动者的工作权、休息权、受教育权等等权利，就没有保证。"② 他还说，社会主义民主的问题，首先就是劳动者有没有权利来克服各种敌对势力和它们的影响的问题。像报刊、广播、电影这类东西，掌握在谁手里，由谁来发议论，都是属于权利的问题。掌握在马克思列宁主义者手里，绝大多数人民的权利就有保证了。这就明确地告诉我们，人人负起责来，就是人民群众自己要为自己当家作主，而不是在人民范畴之外，选出另外一个管理集团。工人阶级及其政党，是人民群众中最先进的部分。共产党和政府的各级领导是人民中的先进分子，而不是人民范畴之外的"精英集团"。坚决相信、紧紧依靠最广大人民群众当家作主与坚持工人阶级及其政党的领导，具有内在的高度的一致性，这才是彻底的历史唯物主义。毛泽东关于人人负起责的思想，是对马克思主义关于社会主义民主政治思想的发展。社会主义民主政治的核心或根本目的是人民当家作主，而人人负起责来则是达到这一根本目的的根本途径，舍此别无他途。从一定意义上讲，社会主义事业惟其艰难，就是真正让人人负起责来的艰难。

以邓小平、江泽民为核心的中央第二、第三代领导集体和以胡锦涛同志为总书记的党中央，坚持和发展了毛泽东的上述思想。胡锦涛同志指出："相信谁、依靠谁、为了谁，是否始终站在最广大人民的立场上，是区分

---

① 《毛泽东传（1893—1949）》，中央文献出版社 1996 年版，第 719—720 页。
② 中共中央文献研究室编：《毛泽东文集》第 8 卷，人民出版社 1999 年版，第 129 页。

唯物史观和唯心史观的分水岭，也是判断马克思主义政党的试金石。"[①] 这一名言，我们也必须牢牢记取。生产资料公有制和按劳分配，是社会主义制度的经济基础。人民当家作主的最根本条件，是在经济上当家作主。没有这一条，其他民主权利都无从谈起。所以，我们必须坚持党的"一个中心、两个基本点"的基本路线不动摇，坚持以公有制为主体、多种所有制经济共同发展的社会主义初级阶段基本经济制度不动摇。只有这样，我们才能坚持国家一切权力属于人民，从各个层次、各个领域扩大公民有序政治参与，最广泛地动员和组织人民依法管理国家事务和社会事务、管理经济和文化事业，也才能最大限度地调动最广大人民群众的积极性和创造性，有力地推进改革开放和社会主义现代化建设事业健康快速地发展。我们还要支持人民代表大会依法履行职能，善于使党的主张通过法定程序成为国家意志；保障人大代表依法行使职权，密切人大代表同人民的联系。要支持人民政协围绕团结和民主两大主题履行职能，推进政治协商、民主监督、参政议政制度建设；把政治协商纳入决策程序，完善民主监督机制，提高参政议政实效，发挥政协协调关系、汇聚力量、建言献策、服务大局的重要作用。要坚持各民族一律平等，保证民族自治地方依法行使自治权。要发展基层民主，健全基层党组织领导的充满活力的基层群众自治机制，扩大基层群众自治范围，完善城乡小区和企事业单位的民主管理制度，保障人民依法直接行使民主权利。

要推进决策科学化、民主化，完善决策信息和智力支持系统，增强决策透明度和公众参与度，健全决策的制定和实施的规则和程序。总之，要通过健全民主制度，丰富民主形式，拓宽民主渠道，依法实行民主选举、民主决策、民主管理、民主监督，保障人民的知情权、参与权、表达权、监督权，正确反映和切实维护广大人民群众的根本利益，以不断增强党和国家的生机与活力。

[①] 胡锦涛：《在"三个代表"重要思想理论研讨会上的讲话（2003年7月1日）》，人民出版社2003年版，第16页。

(三) 正确实施依法治国的基本方略

依法治国是实现党领导人民当家作主的基本途径和法治保证意义重大。无论是坚持和完善党的领导，还是坚持和完善我国工人阶级领导的、以工农联盟为基础的人民民主专政的国体，坚持和完善我国人民代表大会制度的政体，坚持和完善中国共产党领导的多党合作和政治协商制度，切实保障人民群众的民主权利，都离不开社会主义法治。在当代中国，无论是党的领导还是人民当家作主，都必须得到法治的保障并在法治范围内实施，严格依法办事，任何组织和个人都不允许有超越宪法和法律的特权。因此，必须坚持依法治国这一党领导人民治理国家的基本方略。党的十六届四中全会提出了"科学执政、民主执政、依法执政"，这三者是一个完整有机的统一体，缺一不可。需要指出的是依法治国、依法执政、依法办事，是党采用什么执政方式开展执政活动的问题，是实现人民当家作主的方式、方法和途径问题，而绝不是社会主义民主政治建设的全部内容。我们应继续充分重视和坚决贯彻依法治国这一基本方略，充分重视执政方式的重要性，但不能用"依法治国"这一单项要求，来替代坚持党的领导、人民当家作主和依法治国这三者有机统一以及三者中的其他两项。不能仅讲依法执政，而忽略以科学的思想、科学的制度、科学的方法领导中国特色社会主义事业的科学执政，忽略贯彻全心全意为人民服务的宗旨、坚持为人民执政、靠人民执政的民主执政。

法律高于一切，是相对于任何个人和组织而言，但作为统治阶级意志体现的法律，在我们社会主义中国，就是为了维护最广大人民群众的根本利益。我们所做的一切包括所制定的法律，都是为了维护人民群众的根本利益。当情况发生变化，法律需要适应新的重大情况时，党就要通过国家机关，通过一定的法律程序，及时地修改或废除相关过时的法律，以更好地维护最广大人民群众的根本利益。所以，从根本上说，人民的利益高于一切；最广大人民群众的利益、需求和呼声，是我们宪法和法律合法性的全部来源，也是其得以永葆活力的动力和源泉。要按照有法可依、有法必依、执法必严、违法必究的方针，维护社会主义法制的统一、尊严、权威。要坚持科学立法、民主立法，完善中国特色社会主义法律体系。要推进依法行政，规范行政行为，健全政府职责体系，建立服务型、法治型政府。要推进公正司法，规范司法行为，保证审判机关、检察机关依法独立公正地行使审判权、检察权，建设公正高效权威的社会主义司法制度。要深入开展法制宣传教育，弘扬法治精神，形成自觉学法、守法、用法的社会氛围。要尊重和保障人权，依法保证全体社会成员平等参与、平等发展的权利。一切政党和社会组织，所有公民和社会团体，都必须以宪法和法律为准绳，自觉地在宪法和法律规定的范围内活动，牢固树立遵纪守法的良好习惯。要不断提高党委、人大、政府、政协、法院、检察院等党政国家机关活动的制度化、规范化、程序化水平，尽快形成行为规范、运转协调、公正透明、廉洁高效的党政领导体制和工作机制。

毫无疑问，广义的民主也是程序，是过程，是手段，是制度，但各种不同形式和性质的民主，必然都是为其不同的政治目的服务的。我们不能把程序和过程视为一切，而不谈实行民主的目的或目标。不能程序、过程走完了，结果勿须问，去搞什么"程序拜物教"。从表面和形式上看，不同民主的程序和过程本身，往往没有什么分别，但其本质和所要达到的目的则有着根本的不同，关键是看谁去运用、去达到什么目的。资本主义民主的目的是要资本即少数人当家作主，无产阶级或者社会主义民主的目的是要绝大多数的人民当家作主。依法、依规选举的程序与过程，无疑是社会主义民主政治十分重要的组成部分，必须不断加强和完善，而且要十分重视相关制度、法规的设计、改进与实施，以充分发扬民主，充分表达民意。但我们也要清醒认识到，这绝不是社会主义民主政治的全部。只有不断促进经济社会的全面进步，不断提高人们的政治思想觉悟和文化水平，不断促进人的自由全面的发展，才能充分保障最广大人民群众正确行使自己的民主权利，确保人民当家作主这一社会主义民主政治的本质和核心的不断实现。与此相辅相成，确保人民当家作主这一社会主义民主政治的本质和核心的不断实现，也有助于促进人的自由而全面发展最终目标的达到。

（四）积极稳妥地推进政治体制改革

完善的中国特色社会主义政治体制，是社会主义民主政治建设的载体。改革开放以来，我们在进行经济体制改革的同时，政治体制改革也已取得一系列成就，社会主义民主政治已显现出强大的生命力和优越性。现在，推进中国特色社会主义政治体制改革，有着不少有利条件，我们仍要继续坚定不移地推进。但也要清醒看到，政治体制改革涉及党的领导、政治思想、政治制度、行政管理、法制建设等方方面面，是一个内容广泛的系统工程，需要我们进行长期的努力。任何民主政治的发展都又从根本上受制于一定社会的经济和文化发展水平。我国正处于并将长期处于社会主义初级阶段，这就决定了中国特色社会主义政治文明建设是一个逐步发展的历史过程。此外，政治文明建设和政治体制改革是对各个不同阶级、阶层、集团、群体乃至个人利益关系进行调整的过程。我国有着地域广阔、人口众多、各民族各地域经济文化发展差异较大等特殊国情。这都需要我们在党的领导下，一切从我国国情出发。在我国的政治体制改革中，既要有时代的紧迫感，解放思想，勇于创新，又要贯彻落实科学发展观，有科学审慎的态度和稳妥求实的精神；既要大胆借鉴人类文明优秀成果，又决不能照抄照搬西方的政治模式。应根据我们的实际情况，来决定我们改革的目标、内容、方法和步骤，从而保证人民当家作主这一社会主义民主本质的实现。也只有这样，才能既坚持解放思想、实事求是、与时俱进，勇于变革、勇于创新，永不僵化、永不停滞，使我国的政治制度更加完善，政治生活更加充满活力，又能保持全国的集中统一，保持我国社会的政治稳定，推动我国经济社会又好又快发展。

我们的党、国家和人民已历经了种种磨难，取得了辉煌的成就，无论是在当代世界还是在当代中国，历史自身都加快了前进的步伐。我们深知，在阶级和有阶级的社会里，特别是在目前以美国为主导的经济全球化的时代里，对民主与普世民主的探讨、争论甚至较量都不会终结。我们坚信，有马列主义、毛泽东思想和中国特色社会主义理论的指引，在贯彻落实科学发展观中,我们也必将能够及时抓住各种大好机遇,正确应对任何严峻挑战,巍然屹立于世界民族之林。我国的社会主义民主政治建设有着强大的生命力和优越性,有着无比美好的明天。

(作者单位:中国社会科学院)
(原载《马克思主义研究》2009年第6、7期)

美国式的西方民主制度没有普世性

李慎明

在某些人眼里，所谓的"普世价值"往往等同于美国式的民主制度。然而，我们应当看到，在私有制条件下，以美国为首的西方国家的资产阶级民主政治，自身存在着不可克服的内在矛盾，并不具有普世价值。

一　口号平等下的实质不平等

1776年美国《独立宣言》一开始便宣称："我们认为这一真理是不言而喻的：人人生而平等，造物主赋予他们若干不可剥夺的权利，其中包括生命权、自由权和追求幸福的权利。"这就是著名的"天赋人权"说。而实际上，当时签署宣言的却是清一色的白色男人绅士，他们所说的人并不包括黑人与妇女。1920年美国妇女才有选举权，1965年美国黑人才真正拥有投票资格。资产阶级在宪法的旗帜上讲民主，而在宪法的细节里却是赤裸裸的专政；在宪法这个母法里讲民主，而在子法即工厂法典中，却通过私人立法确立了对工人的专制。

稍有政治常识的人，都会承认，在阶级或有阶级的社会里，不是对绝大多数人的专政，就是对极少数人的专政，所谓全民国家和所有成员的民主是不存在的。在现代资本主义社会，从本质上讲，多党制不过是统治集团内部民主表现形式、权力分配方式与所谓"普世民主"的点缀而已。在美国，仅仅是数万甚至是数千富有的人或是他们的代理人在管理着美国。不过在美国共和党的背后主要是军工、石油、制造等"传统商业"的支撑，而民主党的背后主要是金融、电信、传媒等"新兴商业"的支撑。

二 形式平等下的内容不平等

资产阶级民主政治的那种一人一票选举制的平等，仅仅停留在形式上的所谓平等。现在美国的大选往往参选率仅有一半多一点，无论何种原因，这在实质上就是剥夺了近半数人的参选资格。此外，美国的联邦法律规定实行普选制，但又通过"选举人"制和州法律的"胜利者得全票"制即通吃制暗度陈仓地改变和相当程度地削弱了普选制。

进一步来说，在资本主义条件下，一人一票的普选制，形式上看，如同股民自由进出股市一样绝对平等，但实质上候选人只能在垄断资本事先圈定好的两个之间进行选择。即使在两人中间进行选择，看似自由，其实也极不自由，实际上垄断资产阶级早已通过舆论操纵了人们的思想，从而也无形地掌控了人们投票的这只手。

三 金钱政治的本质

曾帮助1896年威廉·麦金利赢得美国总统大选的马克·汉纳说过："要赢得选举，需要两个东西。第一是金钱，第二我就记不得了。"从1789—1797年担任美国首届总统的乔治·华盛顿，到2004—2008年担任第55届总统的乔治·布什，绝大部分担任美国总统的人出身富豪，可以说总统职位是富人的"专利"。

美国总统竞选的费用在近些年不断刷新纪录。1980年的总统竞选耗费资金为1.62亿美元，到1988年翻了一番，达到3.24亿美元，到了2000年，竞选费用总额猛涨到5.29亿美元，而2004年再创新高，达到8.81亿美元，其中两党候选人布什和克里筹到的竞选费用总额就超过5亿美元。

2008年的美国总统选举本身更是创下24亿美元新高。在美国总统选举中，绝大多数是竞选开支超过对方的一方获胜。

再来看美国的游说集团。美国建国伊始，麦迪逊在《联邦党人文集》中的第十篇阐明的主要论点是：美国人生活在利益集团的迷宫之中；废除冲突利益集团的斗争会损害自由；鉴于使全体人民拥有相同的意见、情感和兴趣又绝无可能，因此形成派别或利益集团也在情理之中；问题的关键是要把利益集团可能造成的负面影响控制在可接受的水平。为达到此目的，美国直到1946年才制定了《联邦管制院外游说活动法》。但就是这唯一的一部相关法律，也只是对利益集团的活动予以规范，而并非是要限制。这部法律的最大弱点或漏洞，在于未责成任何机构负责该法的实施。

四 "金钱——舆论"操纵的"民主"

在现代西方社会，垄断资本往往是通过金钱和所谓的公关公司、游说集团等控制立法、行政、司法机构，通过控制各种新闻媒介控制社会舆论和民众意识。民众的所谓权力与自由，只不过是在他们事先设定好的资本统治集团内部少数不同代理人甚至仅在其两人之间进行选择罢了。正是在这个意义上，美国著名戏剧家帕迪·查耶夫斯基讲："电视是最丑恶的民主。"

美国一是投入大量金钱兴办各类媒体，在其国内特别是世界上大肆宣扬其"民主、自由、人权"等价值观念，拼命诋毁他们企图颠覆的国家的执政者，使广大发展中国家和人民丧尽自尊，无颜自立；然后，使其所谓的"民主""自由""人权""新自由主义"等价值观念和政治法律制度及政策在发展中国家畅通无阻，从而既达到了西方国家和国际垄断资本对发展中国家残酷剥削压迫的目的，同时又能用这些巧妙动听的语言掩饰他们残酷剥削压迫的实质。当金钱所垄断的媒体在世界铺天盖地都是一种声音和价值观念的时候，普通群众是很难区分对错的。二是拨出专款在对象国收买、培植代理人和所谓的"民主自由斗士"，筹建、资助、利用各种非政府组织,使他们成为推行所谓"民主自由"的先锋。三是利用对外援助,诱使对象国自觉自愿地进行所谓的"民主改造"并同西方民主制"接轨"。

五 "仁慈"的专政

早在1853年,马克思在《不列颠在印度统治的未来结果》中就说:"当我们把自己的目光从资产阶级文明的故乡转向殖民地的时候,资产阶级的极端伪善和它的野蛮本性就赤裸裸地呈现在我们面前,它在故乡还装出一副体面的样子,而在殖民地它就丝毫不加掩饰了。"西方资本主义强国以从海内外攫取的大量合法非法的超额利润,除了被少数垄断集团攫取外,拿出少量在国内建立所谓的"福利社会",这一方面是其国内长期稳定、长期统治的需要;另一方面是为在全世界"示范"西方强国的政治、经济制度的优越,以向全球更加有效地输出自己的所谓民主政治。因此,美国经济增长的真正奥妙并不在于高科技,而是通过金融、高科技、军事和文化等手段,企图在全球范围内对所有劳动领域的劳动者的绝对控制。

就是在对内"仁慈"的表面下,美国政府对人民来说,实质上没有民主,而本质上是赤裸裸的专政。近几年,美国国务院常常是每年度都要发表对别国的人权报告,对包括中国在内的世界190多个国家和地区的人权状况进行指责,却对自身的人权问题只字不提。为了让世界人民了解美国真实的人权状况,回应美国国务院对中国人权状况的肆意歪曲和无理指责,敦促美国反思其所作所为,中国国务院新闻办公室连续十年发表美国的人权纪录。其中列举了大量的事实与数据,说明美国暴力犯罪上升,严重危及人民的生命、自由和人身安全;执法、司法部门滥用职权,严重侵犯公民人身自由权利;监狱的虐囚现象很普遍;公民享有的个人自由和权利正在逐步缩小;贫富差距仍在急剧拉大,等等。透过这些事实和数据,我们还能够说美国的民主制度是我们应该仿效的普世民主吗?

西方强国的垄断资本为了达到自己的目的,有时在国内的选举中,甚至在表面和形式的选举程序上，所谓的民主与公正都会被抛弃，而显现出"独裁"和"霸道"的"本色"。1979年英国大选时，其当局为防止各个小党派联合执政，在其选举制度上就做出了极其不平等的规定。保守党只需4万张选票，工党只需4.2万张选票即可获得一个议员的席位，而其他小党联盟则需40万张选票，其难度相当于保守党与工党的10倍。现在，这一极不合理的状况不仅没有改变，反而有恶化的趋势。

六 美国式民主：发展中国家的良药？

有人说，实行美国式的民主制度，贫穷国家的经济就能得到大发展。美国经济学家瑟罗曾统计了1870—1988年这118年中，按人均GDP计算，全世界前20名最富裕国家排名几乎没有变动。现在世界上有220多个国家和地区，除极少数社会主义国家外，其余几乎都是按照西方民主制在搞资本主义和所谓新一轮的"民主化"。但比较富裕的依然是那20几个国家，其余190多个所谓的"民主后"的国家和地区不仅面貌依旧，甚至更加动荡频繁和贫穷有加。西方强国的民主制，在他们自己的金融危机面前，也显得苍白无力。这正是我们认识西方民主制所谓"优越性"的绝妙教材。

有人说，实行美国式的民主制度，就可以有效地防止腐败。陈水扁的民进党靠反国民党腐败上台，但陈上台之后，洗钱横跨全球，比国民党更有过之无不及。意大利曾经的三届总理及其361个内阁成员全部都是腐败分子。在所谓最"民主"的美国，前几年因党派之争，美国国会山上游说集团涉及政府腐败内幕的冰山一角，但一旦发现继续揭露将可能伤及美国政体乃至国体，这刚刚开始的相互揭露便戛然而止。在这次金融危机中，我们更多地看到了大资本侵蚀普通百姓权益的腐败现象。

还有人说，实行美国式的民主制度，国家就不会分裂。苏联按照西方开出的方子实现了所谓的民主制度，结果分裂为15个国家。2008年2月，科索沃在西方国家支持下，从塞尔维亚独立出去。

所谓实行美国式的民主制度，经济就能得到大发展、可以有效地防止腐败、就能防止国家分裂等，无非是想进一步论证美国民主制的普世性。而从上述分析中，我们只能得出这样的结论：以美国为首的西方国家的民主制度没有普世性。

（作者单位：中国社会科学院）

（原载《决策探索》2009 年第 6 期）

如何认识"民主普适论"的实质

陈红太

"普世价值"思潮在政治领域的表现主要就是宣扬"民主普适论"。这种论调在欧美资本主义国家并不是学界最热衷讨论的话题,也不是以自由宪政为主导价值和制度模式的主流话语,"民主普适论"主要是西方政界推行"人权外交"和"民主制度输出"的一种国家安全和扩张战略。

如何认识"民主普适论"的实质?民主是不是仅仅存在于人们头脑中的一种观念?如果回答是肯定的,那么从观念层面我们可以承认民主普世价值的存在。但实际上人们所讨论的民主从来就不是一种观念形态的存在,而是一种政治实践和政治制度。民主作为一种政治实践和制度从雅典城邦时期就已经存在。从19世纪开始经自由主义改造的"代议民主制度"被西方普遍接受,到20世纪以来更成为全世界的一种制度时尚。民主既然不是仅存在于人们头脑中的一种抽象的概念,那就不能仅仅在抽象的概念层面进行讨论,而应该放在具体的时空条件下和具体的历史发展进程中去讨论。不从不同历史时期、不同政治组织体追求的民主的不同价值定位和功能来讨论民主问题,不从民主的阶级性、实践性和科学性的有机统一的视角理解民主问题,这样的民主问题讨论其意义在哪里呢?但"民主普适论"的玄机就在这里。貌似抽象地讨论民主问题,实际在这种讨论的背后,有一种非常具体和实在的价值导向和制度模式暗含在里面。因为既然是"普世主义",总要有一种被较为普遍接受的制度模式,那么什么制度模式在世界民主发展进程中居于强势地位呢？很明显，这种具有强势地位的制度模式就是以西方发达国家，尤其是以欧美民主制度模式为样板。所以，"民主普适论"实质是政治全球化的一种思潮，是西方主导的经济全球化在政治层面的一种必然反映。"民主普适论"的客观效用是拷问我国社会主义政治制度的民主性质。你搞的这一套，与世界普遍认同的欧美民主模式不同，所以按欧美的一般的民主标准，你这个制度不符合民主要求，是属于不民主或专制体制的国家制度。有人写书论证我国的政治制度是"一党专制"的独裁国家，而大多西方学者也把我国分类在"专制国家"行列。这是某些人宣扬"民主普适论"真正的实质和玄机。

"民主普适论"与我国政治发展道路的趋向和要素关系不相符合。我国政治制度的实质是"党的领导、人民当家作主和依法治国的有机统一"。我国政治体制改革的性质是"社会主义政治制度的自我完善和发展"。实践充分证明，我国的政治制度是马克思主义民主的阶级性、实践性和科学性的有机统一，是马克思主义民主理论在新时代的继承和发展。既然实践是检验真理的唯一标准，我们就没有理由不坚持已经被实践证明取得成功的制度模式。"民主普适论"的主张不能够满足中国特色社会主义政治发展道路和民主法制化建设的实践需要，这个道理是很清楚的。

（作者单位：中国社会科学院政治学研究所）

（原载《政治学研究》2008年第6期）

西方关于不同制度与民主的新观点

邓纯东　冯颜利

金融危机与经济危机以来,西方重要政治家、学者等具有影响力的头面人物对不同制度与民主等提出了一系列新观点。密切关注国际政治思潮的这些新变化,采取切实可行的应对策略,对增强我国的话语权与文化软实力、树立良好的中国形象等都具有重要的理论与现实意义。

关于不同制度观点的新变化

美国杜克大学布鲁斯·W. 詹特森教授和加利福尼亚大学伯克莱分校史蒂芬·韦伯教授在《美国的硬推销》一文中指出,过去左右世界政治格局的是五大理念:一是和平比战争好;二是霸权比均衡好;三是资本主义比社会主义好;四是民主比专制好;五是西方文化比其他文化好。但这五大理念不再像过去一样掷地有声、引领潮流,世界政治中最重要、最基本的问题又一次成为公开讨论的议题,并强调除和平比战争好外,其余四大理念都在发生变化。

国际金融危机以来,国际政治思潮中对资本主义制度特别是新自由主义发展理念的反思不断增加。美国三位诺贝尔经济学奖得主都严厉批判了新自由主义。斯蒂格利茨认为,新自由主义既没有得到经济学理论的支持,也没有得到历史经验的检验,而只是"一直为特殊利益集团服务的政治教条"。关于新自由主义理论的有害作用，他说：一方面，它为银行家和投资者的行为提供"理论根据"，使他们相信追求私利会提高全社会的福利；另一方面，它为监管者和决策者提供"理论根据"，使他们相信解除或放松监管会促进私人部门繁荣，使大家都能从中获益。克鲁格曼教授对"里根经济学"进行了批判，指出全球性的金融危机彻底粉碎了人们对自由放任的市场经济的信仰。20世纪里根政府提出了"政府不能解决问题，政府本身才是问题"的口号，但现在"只有政府才解决问题"。萨缪尔森指责"那些完全指望市场力量的人"，并力主政府应干预经济，既要在微观经济领域"对企业进行规范"，又要在宏观经济领域"稳定经济"。

法国经济学家热拉尔·迪梅尼尔认为，此次危机不是简单的金融危机，而是新自由主义这一不可持续的社会秩序的危机。达沃斯论坛创始人克劳斯·施瓦布认为，"当下的资本主义形式已经无法适应我们的世界了"，"仅仅对资本主义所滋生的那些放任行为加以谴责是远远不够的，我们需要对此进行更深刻的分析，即为什么如今的资本主义体系不再适应现在的世界？"

关于不同民主政治的新论断

国际金融危机以来，西方学者对西式民主质疑声日渐增多。葡萄牙社会学家博阿文图拉·德索萨·桑托斯认为，目前的危机让全世界"有理由认为资本主义是反民主的"。与此同时，众多西方学者对中国特色社会主义民主政治的兴趣日浓，并认为中国特色社会主义民主已经成为世界民主政治制度的一种新形式。如在美国学者拉里·戴尔蒙德主编的《中国的选举与民主》一书中，不少西方学者认为，支持改革的精英分子将会同普通民众一起，最终形成一种新的民主政治体制，而且悠久的中国文化能够支持中国民主政治建设，并为中国民主政治的巩固做出贡献。英国诺丁汉大学郑永年强调，民主政治具有多种形式，发展民主政治的途径也是多样化的，中国要积极努力根据自己的实际情况来发展中国民主，也就是"中国特色社会主义民主"。这种民主的特点是要走自己的路，价值取向不能照抄照搬西方的民主理论。他强调"中国不拒绝民主，但也不简单输入民主，这是中国有序民主的希望"。对于中国农村村民直接选举，有西方学者指出，"在鲜为人知的选举试点村中，中国的民主在某些方面已经超过了美国"，中国农村村民直接选举制赋予占中国人口绝大多数的农民以政治权利，大大推动了中国社会主义民主政治的进程。

两点启示

第一，准确把握西方政治思潮的新变化，抓住提升我国软实力的重要机遇。

从西方政治思潮新变化看，西方学者意识到了自身存在的问题，提出了一些对策建议，但由于自身立场的局限性，以及传统宗教文化的影响，还只是停留在口头上，西方政治领域并没有真正地跨入一个新时代。

实际上，西方政治思潮建立在特定的文化基础之上，而西方文化有它的软肋。文化决定着人对自身的描述和期许，也决定着人们所持有的形而上学信念。西方"民主"等作为其文化价值观的招牌字眼似乎具有天经地义的正确性，思想领域不知不觉地悬挂着一道无形禁令："思维到此为止，禁止深入。"从禁令出发意味着西方学者的思维是不彻底的，不彻底的思维不具有与现实交手的力量，充其量是大批量生产伪善的烟雾弹，以巩固自身的软实力。其实民主本身不是目的，它们是适应社会的需要而产生的，是历史发展的产物，有它的合理性，也有它的局限性，把民主固定化，奉为神明就犯了主体形而上学的错误。从人类发展的历史来看，社会的进步和繁荣很大程度上依靠知识的增进，而对新知识的掌握往往是一个由少数到多数的过程，如果多数压制了少数的个性，也就扼杀了社会的创造性，不利于知识的增进。

总之，当今西方关于不同制度与民主的新变化，在某种程度上为中国的思想创新和提升软实力、增强话语权提供了机遇。

第二，提升我国软实力必须转变思维方式。

金融危机以来，国际社会对资本主义制度的反思成为一个普遍性的热点问题，我国对此也多有译介。然而，毋庸讳言，由于思维框架的局限性，我们的认识还有待深入，只挖掘了一些表面材料，大多停留在从道义上批判资本主义制度的立场，直接或间接地得出社会主义必将取代资本主义的结论。表面看来，这种思路站在了社会主义立场上，无论政治上还是道义上似乎都是正确的。但实际上，这种思路有些问题，其一，它没有遵循与时俱进、实事求是的思想路线，是用旧理论框架剪裁事实的结果。国外学者和政要确实对资本主义制度提出了批评，揭露了许多不平等的事实，但这只是冰山之一角，如果综合地整理和分析国外学者的文章，我们会发现，他们反思的重点不在于此，大多数学者认为，贫富不均非资本主义所独有，资本主义制度的危机并不必然会指向社会主义。其二，这种思路不利于中国特色社会主义道路、理论、制度的发展和完善。中国特色社会主义并不是已经固定化的东西，而是正在进行中的事业，它是解放思想、突破陈规的结果，有许多问题显然需要深入探讨，只有用开放的思路才能进一步完善它，而用教条的思路去框定它只能损害它；另一方面，如果我们忽略了国外学者对资本主义制度反思深层的、有意义的内涵，那么我们便不能够真正地把握他们的思想以提升我们的话语权。话语是靠深刻性而取胜的，浅层次话语说得再多也会被人不屑一顾，只能暴露出自身的狭隘和肤浅。如果我们不能站在理论制高点与国外对话，那么增强我国际话语权、提升我国软实力也只是一相情愿的一纸空谈。

简言之，提升我国软实力绝不能采取简单否定资本主义、肯定社会主义的思路，而必须首先掌握西方学者据以提出问题的思想文化基础，站在理论制高点来发出自己的声音。

（作者单位：中国社会科学院马克思主义研究院）

（原载《思想政治工作研究》2014年第10期）

西方"民主人权输出"的背后

侯惠勤　辛向阳　金民卿

1920年7月19日,在共产国际第二次代表大会上,列宁作了《关于国际形势和共产国际基本任务的报告》。那时,全世界的人口是17.5亿,其中被压迫的殖民地人口是12.5亿。列宁讲,殖民主义使世界上大多数人受奴役,"我们懂得,125000万人依附于一小撮富翁,处于无法生存的境地,这是意味着什么"。意味着"人民群众,首先是125000万人,即全世界70%的人口的贫困、破产达到了前所未有的程度"。今天的世界又怎样呢?我们看到,一些西方国家正在通过"民主人权输出"等各种新的手段继续干涉、控制、支配广大发展中国家和地区,力图建立以自身利益为核心的、确保其"独家处在整个社会生物链的最高端"的国际秩序。

一　西方"民主人权输出"的历史由来

从历史转向世界历史开始,资本开始了原始积累的过程。资本原始积累的过程就是早期殖民主义兴起的历史。马克思曾经说过:"资本来到世间,从头到脚,每个毛孔都滴着血和肮脏的东西。"殖民主义正是这种血和肮脏的东西的产物。为了1%人的利益,早期殖民主义者用野蛮的血与火在世界范围内对99%的人民进行征服和掠夺。

依靠军事力量,殖民主义者在世界各地进行掠夺。正是凭借着殖民扩张，葡萄牙和西班牙在16世纪实现了自己经济的繁荣和霸权。如葡萄牙在1493—1600年间，从非洲运回了27.6万公斤的黄金；在对巴西300年的统治中，又运回了价值6亿美元的黄金和3亿美元的钻石。葡萄牙对拉美国家300年的殖民扩张中，共运回黄金250万公斤，白银1亿公斤。而西班牙在1521—1544年中从美洲运回的黄金，每年平均为2900公斤，白银30700公斤；1545—1560年，则上升到每年黄金5500公斤，白银24.6万公斤。

依靠军事力量，殖民主义者在非洲贩卖黑人奴隶，上演了人类历史上最野蛮的暴行。据黑人著名历史学家W. E. B. 杜波依斯估计，被殖民主义者从非洲贩卖到美洲大陆的黑人奴隶，16世纪为90万人，17世纪为275万人，18世纪为700万人，19世纪为400万人，共计约1500万人。这只是活着到达美洲大陆的奴隶人数，在运输过程中被折磨致死的人数更是达到活着人数的数倍，很多学者认为奴隶贸易使非洲损失了1.5亿人口。马克思在《资本论》中指出："利物浦是靠奴隶贸易发展起来的。奴隶贸易是它进行原始积累的方法。"

殖民者完成了资本的积累，工业开始发展起来。进一步占领世界市场、倾销本国商品成为19世纪殖民主义的新要求。1818—1836年，英国输往印度的棉纱增加了5200倍。1850年，英国对印度的棉纺织品输出占英国棉纺织品输出总值的65%。殖民当局规定，英国输入印度的货物只收极低的税，甚至免税，印度纺织品在本国销售，却要交极高的内地税。在英国控制下，印度棉织工业急剧衰败，著名纺织业中心达卡，人口从15万减少到3万—4万，无数手工业者因此破产，挣扎在死亡线上。当时的印度总督本廷克也不得不承认："这种灾难，在商业史上几乎是绝无仅有的。棉织工人的白骨使印度平原都白成一片了。"英国为了获得中国的茶叶，从19世纪初开始对中国进行鸦片倾销。1800年，输入中国的鸦片是2000箱，1820年为5147箱，1821年为7000箱，1824年为12639箱，1834年为21785箱，1837年为39000箱，1856年已经超过56000箱（总值3500万美元，是英国政府1856年财政收入的1/6）。倾销鸦片给中国带来了巨大灾难，马克思在《鸦片贸易史》中引用英国人蒙哥马利·马丁的话说："不是吗，'奴隶贸易'比起'鸦片贸易'来，都要算是仁慈的。我们没有毁灭非洲人的肉体，因为我们的直接利益要求保持他们的生命；我们没有败坏他们的品格、腐蚀他们的思想，也没有毁灭他们的灵魂。"但鸦片贸易这两点都做到了。

进入20世纪，伴随着第一个社会主义国家苏联的建立，拉开了反殖民主义的民族独立和人民解放斗争的大幕。第二次世界大战后，在欧亚诞生了一批人民民主国家，形成了社会主义阵营，为战后殖民地半殖民地国家民族独立迅猛发展创造了有利的国际环境。亚非拉民族解放运动风起云涌，使得西方殖民主义体系终于土崩瓦解。但是，一些西方国家并不甘心在世界反殖民主义运动中的失败，而是更多地依赖"软实力"大行其道，向外输出西方的文化和价值观念、社会制度、发展模式、生活方式。冷战结束后，一些西方人士宣称冷战的胜利是自由民主的胜利，是"历史的终结"，证明西式的自由、民主、人权是不可抗拒的"普世价值"。

打着所谓"普世价值"的幌子，一些西方国家试图垄断别国的发展思路，控制别国的金融命脉，干涉别国的政治进程，切碎别国的文化传统，干预别国的内政，它们用普世主义的价值观抹杀文化多样化的现实，用经济全球化否定民族独立和国家主权，用西式民主模式冒充"普世民主"，用人权打压国权。它们先是从人类共同追求的价值理想上抽象地宣传自由、民主、人权，而后借助强大的文化软实力和舆论控制力，垄断对自由、民主、人权的解释权，把西方资产阶级的自由人权观和民主制度幻化为全人类共同追求的普世价值观和政治制度模式，诱导人们以西方价值观和政治制度来检视本国价值观和政治制度，发现本国的"差距"和"缺陷"，在质疑和批判本国价值观和政治制度的同时成为西方的"自觉"追随者。

二 "民主人权输出"是为了维护西方国家对世界的统治

"民主人权输出"输出的首要价值理念就是"人权高于主权"。"人权高于主权"意味着什么？意味着西方国家和垄断资本对世界的统治。因为权利来自国家制定的法律，它反映了作为社会基础的经济关系。一个国家丧失了主权，人民就没有尊严和地位，更谈不上人权。没有主权，就没有安居乐业的环境，更没有充满欢笑的家。家没有了，遮风避雨的茅屋都没有，何谈人权？怎能想象一个没有国家主权的人会有"世界警察"来保障他的人权的实现？削弱了发展中国家的主权，随着而来的就是西方"资本的主权"。1999年为了发动科索沃战争，西方打出了"人权高于主权"的牌，结果正如有的学者所讲：到2000年底，在东欧银行业，外资控股比例最高的达97%，最低的也超过50%，所谓社会转型不过是西方的Bank（银行）取代苏联的Tank（坦克），美国的M（Macdonald麦当劳）代替苏联的M（Missiles导弹）。人民不仅失去了原来的社会福利，而且遭受着西方资本的多重盘剥。"人权高于主权"带来的不是什么革命，而是血与火、死亡和泪水；这种"革命"通向的不会是繁荣之路，而是资本奴役之路。

"人权高于主权"的本质就是西方国家及其垄断资本的权利高于发展中国家的主权，这就是霸权主义的逻辑。说"人权高于主权"，那么是谁的人权高于谁的主权？自然是西方国家的"人权"高于发展中国家人民的人权，也高于这些国家的主权。谁在高唱"人权高于主权"的论调？我们看到，他们无一例外都是近几百年来的殖民主义国家、霸权主义国家和强权国家。美国《新闻周刊》文章就说："如果富国认为保护受压迫者而对任何地方实行干预都是正确的，那么怎么能避免被指责为帝国主义呢？上个世纪法国和英国发动殖民战争的部分理由就是要把欧洲之光带到黑暗的非洲和亚洲。"与历史不同的是，"欧洲之光"变成了"普世之光"或者叫"美国之光"。"人权高于主权"的"光明之光"是什么呢？是人格化装束的"资本之光"。

"人权高于主权"是一种霸权逻辑，但为什么还有那么多的人跟着高唱这一论调呢？因为它"新"，所以能够在世界上迷惑很多人。

它借用了"普世价值"这一外衣，把西方民主人权当作是普世的自由价值来歌颂，在自己国家人权并没有解决的时候不断"关注"其他国家的人权。2011年4月28日，为期两天的中美人权对话结束后，一位美国政要在当日的记者会上说，美国最资深的政府官员深切关注过去几个月中中国的人权恶化，"保护人权是我们要考虑的一个关键因素，就像在美国一样"。这让人想起皇帝的新衣，美国那样认真关注所谓中国的人权，那么怎么不去解决一下"占领华尔街"的那99%的人的人权问题呢？

它借用了经济全球化的浪潮。一些跨国垄断资本为了更好地攫取利益，就用经济全球化来肢解、消解民族国家。与此同时，他们提出所谓的经济全球化就是世界一体化、民族国家的理念是落后的理念、经济全球化终结了民族国家、世界进入了"后民族国家时代"等许多观点。这些理论在实践上造成"冷战"结束后不少民族国家的主权被削弱或者碎片化，出现了一系列势力非常弱小的国家，很多国家的GDP甚至不及一些国际跨国公司收入的1/10甚至1/100。弱小国家的存在有利于垄断资本更好地实现自身的利益。

它借用了西方话语体系的隐身衣。西方文化多元主义倡导所谓的"普遍人权"，呼吁人权国际化，实际上就是要由西方国家来为其他国家的人权提供所谓"国际保护"，干涉他国内政；后现代主义理论也不甘寂寞，提出"人权中心论"，认为现代人权观念之所以屡屡触礁，个中原因固然很多，其中主要的是由于"国家主权"概念在作祟，去除了国家主权，就有了"人权的新生"。这里去除的无非是发展中国家的主权，新生的是资本的人权。

它巧用了文化软实力。西方国家利用它在经济科技方面的优势，打造出了以好莱坞文化为代表的文化软实力。他们凭借梦幻般的故事、炫目的技巧、宏大的叙事、动人的情感，把其所谓自由、民主、博爱的价值观渗透其中。在人们欣赏变幻多端故事的同时，就自觉不自觉地接受了其价值观念。但是所有这一切，都掩盖不了一个基本事实，西方所谓自由、民主、人权的不断输出，并没有改善接受国人民的生活，而始终不变的只有资本的急剧膨胀，以及财富集聚在只占人口1%人手里的现实。

三 "民主人权输出"是没有硝烟的战争

输出民主人权似乎是当代西方国家的一个嗜好。冷战结束后的一些西方政要都相信：输出民主人权是西方国家义不容辞的责任。美国明确把在国外促进"民主"，作为国家战略的三大目标之一，进而提出：寻求并支持世界各国和各种文化背景下成长的民主运动，寻求并支持各国民主的制度化。西方国家为什么如此热衷于输出民主人权呢？因为它们相信，输出了民主人权就会使世界上的人们认可西方国家的经济政治制度。这样一来，西方国家就会便利地把自己的利益置于他国人民的利益之上，民主人权输送的正是垄断资本的利益。

输出了这种弊端丛生的所谓民主人权制度和体系带来的是什么呢？

"民主人权输出"，输出的是西方的经济与金融掠夺。输出民主人权就是输出用最不平等的手段来获取利益的权利。可以说，"民主人权输出"对资本而言是代价最小、获利最多的途径。打着自由、人权、民主的旗号，西方国家一直在一些国家推行所谓的"援助"。这些"援助"的背后都隐藏着苛刻的条件，例如实行金融自由化、贸易自由化，等等。2007年10月，美国批准了对蒙古提供2.85亿美元的援助，这项公共援助是所谓"世纪挑战"计划的一部分，该计划是小布什政府为鼓励经济自由化、促进人权而提出的动议。有了经济自由化，西方国家的企业和金融机构就可以畅通地进入这些国家的市场，攫取自己的利益。不仅如此，新兴市场国家通过出口得到的美元储备因受到种种限制而无法顺利地在美国实现直接投资和并购美国企业，只好大量购买美国国债、政府机构债券和其他金融产品，这些金融产品往往成为金融危机的牺牲品。

"民主人权输出"，输出的是西方国家的军事存在。借助21世纪初的所谓"颜色革命"，美国等国家在独联体国家和中亚地区建立了军事基地，在吉尔吉斯斯坦首都比什凯克设立过马纳斯空军基地。利用打击恐怖主义和推行"大中东民主计划"，美国先后军事占领了阿富汗和伊拉克等国家。

美国在阿富汗周围多个邻国建立了十多个军事基地。利用"阿拉伯之春"，美国以及其他西方国家已经军事打击了利比亚等国家，并在一些国家进行了新的军事扩张。

"民主人权输出"，输出的是政治混乱、民族仇恨和国家动荡。一些西方国家一直把马里列为良治和民主的典范。二十多年来，马里搞了多党制，大量援助资金纷至沓来。但是，这些资金并没有转化为经济社会发展的动力，马里始终没有摘掉非洲最贫困国家的帽子。2010年，马里人均国内生产总值只有600美元。2012年3月21日，马里部分军人发动政变，使这个西非国家陷入困境。这是对西方民主制度的一个响亮的耳光。20世纪90年代，许多国家举行自由选举后，便立即进入战争状态：亚美尼亚和阿塞拜疆开打、厄瓜多尔和秘鲁开打、埃塞俄比亚和厄立特里亚开打，还有布隆迪—卢旺达的大屠杀，导致100多万人丧生。这并不是图景的全部，可以说，"民主人权输出"造成的仇杀每天都在世界范围内上演着。二十多年来，"民主人权输出"产生的恶果越来越为世界人民所认识，白骨、鲜血、泪水催生着抗击"民主人权输出"运动的发展。

400年前起，在"开拓新疆界"的利益驱动下，西方国家用坚船利炮先后轰开了美洲的阿兹特克神庙和印度的泰姬陵；200年前起，在"自由贸易"的隆隆炮声中，西方国家开始用价格低廉的商品"来摧毁一切万里长城、征服野蛮人最顽强的仇外心理"；20年前起，在"普世价值"烟幕下呼啸而至的制导炸弹硝烟中，西方国家开始用民主人权来占领巴比伦的空中花园、埃及的金字塔。民主人权开路、巡航导弹开炸、垄断企业开业，几乎成为了一些西方国家的新战略。标签在变，口号愈发"动人"，但为达此目的交叉使用的软硬两手不变。对于一出上演了几百年的丑剧，全世界人民早已经不是"看热闹"的外行，而是能够清楚地看出其中"门道"的内行了。

（作者单位：中国社会科学院中国特色社会主义理论体系研究中心）

（原载《红旗文稿》2012年第10期）

民主与"普世价值"

田改伟

"普世价值"本来是一个传统的哲学范畴的命题。把"普世价值"命题引入政治领域,是和世界社会主义与资本主义两种制度、马克思主义与资产阶级两种思想斗争此消彼长密切联系的。尽管在不同历史时期,这两种思想和两种政治制度围绕"普世价值"争论的指称不同,但争论的实质内容是相近或相似的。俄国十月革命胜利不久,围绕着如何看待和建设无产阶级专政的政权问题,列宁就与考茨基等人就"一般民主""纯粹民主"等观点进行过激烈的争辩。戈尔巴乔夫改革的"新思维",就有"全人类的利益高于一切",建设"人道的、民主的社会主义"等主张,最终政权被葬送。

苏联解体、东欧剧变后,经济全球化趋势进一步加强,一些发达资本主义国家力图把西方民主作为"普世价值",作为向外输出价值观和干涉别国内政的理论依据。一些西方学者也加以配合,提出资本主义的民主政治制度和经济制度在全球取得了最终胜利,宣称"意识形态"终结,认为西方政治确立的民主思想和民主制度已经成为世界各国人民普遍认同的"普世价值"。

改革开放三十多年来,我国社会面貌发生了深刻的变化,中国社会主义民主政治建设取得了巨大的成就,同时也存在着一些需要解决的新问题、新矛盾。中国的民主政治究竟如何总结经验、如何进一步发展前进,不同的人从各自的利益出发提出了不同的主张和诉求。是遵循马克思主义的立场方法还是遵循所谓的"普世价值"的标准和方法，成为争论的焦点。尤其是2008年以后，"普世价值"论与"中国模式""中国道路"论等围绕中国政治理念、政治制度进行了多种阐述。要回答这个问题，我们必须明白民主究竟是否具有"普世价值""普世价值"论究竟主张什么。

一 国内两种主要观点

当前，国内关于民主是否具有"普世价值"的观点，概括起来大致有以下两类：

一类认为民主具有"普世价值"，实践中就是要走西方民主之路，实行西方自由民主制度。具体而言，这类观点认为，"包括民主在内的'人权'、'自由'等是人类共同的文明成果"，说明它们在这个地球上具有普世性，是一种普世价值。"民主就是民主，既不需像过去那样划分阶级，也未必需要像今天这样特别强调民族或国别。"在当代世界，民主没有东方西方之分、阶级之分，只有真假之分、多少之分、有无之分。具有"普世价值"的民主，其现实表现是英美式民主。英美民主是人类唯一优秀的政治文明成果。

持这类观点的人认为，"民主就意味着政党轮替，民主就意味着领导权的开放竞争"。中国如果撇开了普世民主、拒绝英美民主、自己另搞一套所谓"协商民主"，"就是用'中国特殊论'抵制民主进中国"。他们进而认为，"中国当前价值观落后的实质就是不能认同普遍人类价值"。"与普世价值为敌就是与自己为敌"，"拒绝普世价值，如同自拒人类"。如果"否定普世价值，拒绝民主自由，实质上就是否定改革的民主主义性质，否定民主革命"。

另一类观点承认相对的"普世价值"，反对把西方民主制度作为唯一的政治模式。这类观点认为，没有绝对的普世价值，只有相对的"普世价值"。那种所谓的适用于所有人、所有时间、所有地点，不以任何条件为转移的、必然性的"普世价值",事实上是不存在的。"普世价值只能是一种有限度的价值统一。"西方国家对"普世价值"作出了贡献,如民主、自由、人权等,中国也有自己的贡献,如"仁爱""和谐"等。换句话说,"普世价值"的标准不应该是具体哪个国家规定的。所以,我们应该警惕,"西方在承认普世价值存在的同时,也想向其他发展中国家推行这种所谓的'普世价值'"。

二 用马克思主义观点和方法辨析

如何看待民主具有"普世价值"的观点,必须运用马克思主义的辩证法和历史唯物主义的观点、方法。

总体上,"普世价值"是在理念上把某些国家、民族的价值或某些国家、民族在一定历史时期的价值当作人类普遍永恒的价值追求,具有明显的先验论色彩,是一个历史唯心主义的命题。它相信存在着超越时空的、普遍而永恒的价值体系或制度规范。

从历史发展来看,"普世价值"论是带有强烈的西方基督教文化特征的思想,是西方自由主义的主要特征之一。

其一,在方法论上,认为民主具有"普世价值",割裂了民主的一般性和特殊性,割裂的是事物的一般性和个别性、普遍性与特殊性。马克思主义辩证法告诉我们,任何事物都是一般性和特殊性的辩证统一,没有脱离特殊性的一般性,也没有脱离一般性的特殊性。主张民主具有"普世价值",只看到了民主的一般性,并且把一般性抽象出来,认为一般性和普遍性是民主的全部和实质,从而陷入了形而上的认识论陷阱。

这就是说,主张民主具有"普世价值"的错误在于,把民主的一般性与特殊性割裂、对立起来,认为存在着脱离特殊性的、脱离具体历史发展的民主的一般性。作为与"独裁""专制"相对立的政治主张和制度,民主承认广大人民群众平等享有管理国家事务的权利,是国家的主人,而不是一个人或几个人独断国家政权,这是共性。然而,人类不同的发展阶段,对于不同的国家和民族，不论民主的表现形式还是民主的实际内涵并不一样。我们承认，民主思想在资产阶级反抗封建专制的过程中曾经起到了非常积极的作用，但阶级性始终是民主的主要属性。"普世价值"论只讲民主的共性，不讲民主的特殊性，不讲它们之间的辩证关系，说明了这类观点的局限性。

于此，马克思主义提供了科学的方法论。马克思曾指出："生产一般是一个抽象，但是只要它真正把共同点提出来，定下来，免得我们重复，它就是一个合理的抽象。不过，这个一般，或者说，经过比较而抽出来的共同点，本身就是有许多组成部分的、分为不同规定的东西。其中有些属于一切时代，另一些是几个时代共有的。""对生产一般适用的种种规定所以要抽出来，也正是为了不致因为有了统一而忘记本质的差别。那些证明现存社会关系永存与和谐的现代经济学家的全部智慧，就在于忘记这种差别。"这是看待一般性和特殊性的科学的方法。按照这种方法，我们可以看出，民主具有一般性，这个一般就是把不同类型的民主的共同点抽象出来，如民主都有选举、监督等一样。但是，即使这些民主的一般本身也是有许多组成部分的、分为不同规定的东西，如民主思想、民主制度等。因此，古希腊的民主不同于资产阶级的民主，资产阶级的民主不同于无产阶级的民主，构成民主发展的恰恰是这些不同于民主一般性的民主的差异性。

其二，认为民主具有"普世价值"的观点，往往脱离各国实践谈抽象的价值，忽视了民主在不同历史时期的不同，忽视了不同民主、不同国家的历史发展阶段上的不同。对历史上各种具体的民主制度的共同性进行科学抽象，形成民主的一般性，是人们把握这种政治制度的科学方法，但这并不是一个价值判断。这种抽象便于我们整体认识历史上形成的不同形式的民主的本质，便于把民主制度与其他政治制度相区别。然而，我们不能因此把民主看作脱离各国历史实践的抽象价值。相反，只能把民主放在人类社会发展历程中，放在具体的社会生产关系中，认真考察各种类型民主的差异性。只有这样，才能科学认识不同历史时期的民主、不同类型的民主及其功能。就观念形态而言，无论民主以什么样的形式出现，本身都是一种历史的产物,这一"民主"观念的形成,需要一定的历史条件,而这种条件本身又以历史为前提,因此,从来没有什么"普世"的民主观或民主制度。

其三,认为民主具有"普世价值"的观点,具有"先验论"特点。它是从一个先验的永恒不变的原则出发分析现实世界,具有历史唯心主义的主要特征。相反,历史唯物主义认为,原则不是分析事物的出发点,而恰恰是分析事物的结果。认为民主具有"普世价值"的观点认为人类有一个先验的价值,用先验的原则、价值来分析、衡量现实世界,分析各国政治制度。"人性论"往往是一些人用来论证"普世价值"存在的理论依据。从抽象的人性论出发,而不是从现实的生产关系出发,企图得出不同国家和民族都适用的具体政治道路和政治制度,显然是荒谬的。即便在西方,这种思想也受到越来越多学者和民众的批评和质疑。

审慎对待民主具有"普世价值"观点民主是否具有"普世价值"作为一个学术命题,不妨研究。然而,如果把它作为国家政治发展的指导思想,结果只会把中国引向西方政治发展道路。从历史发展角度看,"普世价值"是西方观念史发展的产物,带有浓厚的西方基督教文化特征,被西方自由主义所继承和不断阐发。"普世价值"理论本身也很庞杂,不同历史时期、不同理论家强调的内容和重点不尽相同,没有统一的认识。认为民主具有"普世价值"的各种主张本身,往往也是相互冲突、不能自洽的,本身是一个充满矛盾的理论。

近代以来,"普世价值"论经常被西方统治者利用,成为对外输出西方价值观和政治制度、进行意识形态渗透的主要工具。美国著名政治学者亨廷顿就指出:"普世文明是西方文明的独特产物",是19世纪以来西方为扩大对非西方社会的政治经济统治作辩护的理论。在这个意义上,"普世主义是西方对付非西方社会的意识形态"。这一语道破了西方社会鼓吹"普世价值"的真实意图。国内一些人极力鼓吹"普世价值",其意图也在于认识到了此理论的上述功能。他们提出民主具有"普世价值"的主张往往带有强烈的政治目的。因为"普世价值"不讲界限、不讲差异、不讲情境、不讲条件，只讲抽象的普遍原则，极易导致教条主义和政治极端主义。用这种理论衡量中国民主政治的发展，自觉不自觉地把西方民主当作自然规律一样塞进中国，产生"洋教条"。当中国的民主发展同这种"普世价值"主张不一致时，他们不是认为关于"普世价值"的理念存在问题，而是认为中国的民主实践有问题；当中国决心不照抄、照搬西方政治制度，不搞多党轮流执政、"三权鼎立"、两院制，走中国特色社会主义民主政治发展之路时，就抱怨中国的民主实践没有按照他们的理论来进行，要求中国的政治实践生硬地去适应他们的理论。用这种理论指导中国民主政治发展，必然使中国走上西方民主道路，达到一些敌对势力"西化"中国的目的。

三 跳出"普世价值"误区

人民民主是社会主义的生命，也是中国共产党始终高扬的光辉旗帜。在成立之始，中国共产党就把领导全国人民进行革命斗争、争得民主作为自己的历史使命；在全国执政后，中国共产党引领全国各族人民建立了社会主义基本民主政治制度，为中国民主发展提供了制度基础；改革开放进程中，中国共产党提出"没有民主就没有社会主义"、"没有民主就没有社会主义现代化"，把民主建设提到了前所未有的高度。不可否认，我国还存在一些政治制度不完善，与社会主义经济发展要求、人民当家作主、民主参与愿望不相适应的地方。对于这些问题的解决，要在坚持完善我国的人民代表大会制度、共产党领导的多党合作和政治协商制度、民族区域自治制度、基层群众自治制度等基础上，坚持国家一切权力属于人民，不断推进政治体制改革，进一步完善各项制度和机制、程序，使我国政治上层建筑更加适应社会主义经济基础发展的要求，使人民当家作主得到更好的落实和体现。

总之，我们追求的民主、自由、人权等，是社会主义的民主、自由、人权。当然，我们一定要借鉴人类社会包括西方国家在发展民主政治上的一些有益做法，但决不能照抄、照搬西方民主制度。我们在宣传、发展社会主义民主的时候，一定要跳出"普世价值"的误区，如邓小平同志曾经指出的："一定要把社会主义民主同资产阶级民主、个人主义民主严格地区分开来，一定要把对人民的民主和对敌人的专政结合起来，把民主和集中、民主和法制、民主和纪律、民主和党的领导结合起来。"而反对用西方民主理念和民主制度，作为衡量、评价中国民主政治发展的标准和尺度。

（作者单位：中国社会科学院政治学研究所）

（原载《前线》2013 年第 7 期）

关于"民主"、"普世价值"与"普世民主"的思考

肖黎朔

不久前,在一些报刊、杂志和互联网上,在一些研讨会和报告会上,关于"民主""普世价值"和"普世民主"的讨论十分热烈,而美国乃至国际金融危机的爆发,使这一讨论及对其关注被冲淡。随着美国金融乃至经济危机在全球的蔓延,人们在追究这一重大经济现象的深层根源时,却很自然地又与"民主""普世价值"和"普世民主"联系在一起。在这种情势下,我们又面临着"全部问题在于确定民主的真正意义"和"必须再三研究,反复探讨,从各方面思考"民主"这个时代必不可免的事实"。

在经济全球化深入发展、政治多极化初显端倪、科技革命日新月异、各种新机遇新挑战层出不穷的今天,人们可以从不同角度和不同方面对民主下定义。而当前国内外意识形态领域在民主问题上的争论,本质上都是从民主是"国家形式和国家形态的一种"这个层次展开的。本文所讲的民主也是如此,其实质也是以社会政治制度和政治意识形态为内涵。

一 理论界当前争论不休的民主,实质是指社会政治制度层面的民主

1850年,马克思在《新莱茵报》发表评论,批驳英国作家托马斯·卡莱尔"不管我们怎样设想普遍民主,它是我们这个时代必不可免的事实"

的观点时说:"民主是什么呢?它必须具备一定的意义,否则它就不能存在。因此全部问题在于确定民主的真正意义。如果这一点我们做到了,我们就能对付民主,否则我们就会倒霉。"① 这充分说明,研究、弄懂民主问题并区分各种不同性质的民主,具有极端重要的意义。

1917 年,列宁在《国家与革命》中明确指出:"民主是国家形式,是国家形态的一种。"② 笔者认为,这一定义包括两个方面含义:一方面,民主是国家形式,指民主意味着在形式上承认公民一律平等,承认大家都有决定国家制度和管理国家的平等权利;另一方面,民主是国家形态的一种,指民主在实质内容上是在一定的阶级和有阶级的社会里一个阶级对另一个阶级、一部分居民对另一部分居民有系统地使用专政。

遵循这一理论逻辑,我们还可以从下引列宁关于国家的论述中,进一步认识探讨民主问题的极端重要性。1919 年 7 月 11 日,列宁应邀到斯维尔德洛夫大学作了关于国家问题的讲演。他在演讲中开始便说:"国家问题是一个最复杂最困难的问题,可以说,也是一个被资产阶级的学者、作家和哲学家弄得最混乱的问题。"③ "这个问题所以被人弄得这样混乱,这样复杂,是因为它比其他一切问题更加牵涉到统治阶级的利益(在这一点上它仅次于经济学中的基本问题)。人们总是利用国家学说来为社会特权做辩护,为剥削的存在做辩护,因此,在这个问题上指望人们公正无私,期望那些自以为具有科学精神的人会给你们拿出纯粹科学的见解,那是极端错误的。"④ 他还说,对国家问题必须再三研究,反复探讨,从各方面思考,才能获得明白透彻的了解。⑤ 马克思说:"'民主的'这个词在德语里意思是'人民当权的'"⑥;"国家是抽象的东西。只有人民才是具体的东西。"⑦ 列宁把无产阶级革命理论付诸实践,成功建立了苏维埃政权。他对

---

① 《马克思恩格斯全集》第 7 卷,人民出版社 1959 年版,第 304 页。
② 《列宁选集》第 3 卷,人民出版社 1995 年版,第 201 页。
③ 《列宁全集》第 29 卷,人民出版社 1956 年版,第 428 页。
④ 同上书,第 430 页。
⑤ 同上书,第 429 页。
⑥ 《马克思恩格斯选集》第 3 卷,人民出版社 1995 年版,第 312 页。
⑦ 《马克思恩格斯全集》第 1 卷,人民出版社 1965 年版,第 279 页。

民主有过大量精辟的论述。他认为，"任何民主，和任何政治上层建筑一样（这种上层建筑在阶级消灭之前，在无阶级的社会建立之前，是必然存在的），归根到底是为生产服务的，并且归根到底是由该社会中的生产关系决定的"①。"民主就是承认少数服从多数的国家，即一个阶级对另一个阶级、一部分居民对另一部分居民有系统的使用暴力的组织。"② 他还进一步论述说，民主"同任何国家一样，也是有组织有系统地对人们使用暴力，这是一方面。但另一方面，民主意味着形式上承认公民一律平等，承认大家都有决定国家制度和管理国家的平等权利"③。但是，"只要有不同的阶级存在，就不能说'纯粹民主'，而只能说阶级的民主"④。"资产阶级民主无论在何时何地都保证公民不分性别、宗教、种族、民族一律平等，但是它无论在什么地方也没有实行过。"⑤ "极少数人享受民主，富人享受民主——这就是资本主义社会的民主制度。"⑥ "无产阶级民主（苏维埃政权就是它的一种形式）在世界上史无前例地发展和扩大了的，正是对大多数居民即对被剥削劳动者的民主。"⑦ 毛泽东说："实际上，世界上只有具体的自由，具体的民主，没有抽象的自由，抽象的民主。在阶级斗争的社会里，有了剥削阶级剥削劳动人民的自由，就没有劳动人民不受剥削的自由。有了资产阶级的民主，就没有无产阶级和劳动人民的民主。"⑧

江泽民说："世界上的民主，都是具体的、相对的，而不是抽象的、绝对的。任何一种民主的本质、内容和形式，都是由本国的社会制度所决定的，并且都是随着本国经济文化的发展而发展的。"⑨ 马克思主义上述关于这种狭义民主的含义，主要揭示的是在阶级或有阶级的社会里，以国家形

---

① 《列宁全集》第40卷，人民出版社1985年版，第276页。
② 《列宁选集》第3卷，人民出版社1995年版，第184页。
③ 同上书，第201页。
④ 同上书，第600页。
⑤ 同上书，第700页。
⑥ 同上书，第189页。
⑦ 同上书，第605页。
⑧ 《毛泽东著作选读》（下），人民出版社1986年版，第761页。
⑨ 《江泽民文选》第2卷，人民出版社2006年版，第687页。

态所表现的民主的特殊本质。因此,民主的本意应该是多数人的统治,即"少数服从多数的国家",这就揭示了民主与国家在本质上的一致性。它一方面是有组织有系统地对人们使用暴力,另一方面也意味着在形式上承认一律平等。"民主"这两个字中,关键在"民"字。在不同的历史时期,在相同历史时期的不同历史阶段,人民具有不同的规定性。在奴隶民主制下,奴隶在法律上是物品,并不是人,只有奴隶主才是享有充分权利的公民。在封建民主制下,农民已不算地主直接占有的物品,他可以把一部分时间放在自己的土地上为自己劳动,但他们不享受其他社会权利,只有地主才是享有充分权利的公民。在资产阶级民主制下,从形式上看,无产阶级和其他劳动大众都是"民",实行的是"一人一票"的选举制,是多数人当家作主,但实质上是有产者少数人当家作主。资产阶级民主的实质,"就是容许被压迫者每隔几年决定一次究竟由压迫阶级中的什么人在议会里代表和镇压他们!"[①] 这就是资产阶级民主制下形式与内容、名与实的严重背离,是资产阶级民主制不可克服的内在矛盾,也是一切私有制条件下的民主制度不可克服的内在矛盾。

只有在真正的社会主义条件下,民主的多数人的统治才能变为现实,从而也才能实现民主的形式与内容、名与实的高度有机统一。

有人说,民主的实质是人民当家作主,这就是民主的定义。笔者认为,这是对民主的一般意义上的定义,并没有讲清它的实质性内涵,即"人民"的具体内涵。我们可以对民主下这样一个定义:任何民主,和任何政治上层建筑一样(这种上层建筑在理论热点述评阶级消灭之前,在无阶级社会建立之前,是必然存在的),归根到底是为生产服务的,并且归根到底是由该社会中的生产关系决定的。民主制的实质,是在统治集团内部承认少数服从多数的国家,是在整个社会上一个阶级对另一个阶级、一部分居民对另一部分居民有系统地使用暴力的国家。世界上从来没有抽象的、纯粹的民主,而只有具体的、历史的民主。不同的社会形态,有着发展着

[①] 《列宁选集》第3卷,人民出版社1995年版,第190页。

的不同社会类型和程度高下不同的民主。

广义民主的含义，指的是各种社会形态下社会生活各个领域民主所具有的基本特征，它适用于国家形态的民主，也适用于非国家形态的民主，还适用于国家形态下各个不同阶级内部的民主。原始社会没有国家形态的民主，但是有非国家形态的民主。恩格斯曾明确肯定原始社会有过"古代自然形成的民主制"[①]。列宁也明确肯定过人类历史上曾经存在过的"'原始的'民主制"。现在我们常说的党内民主、企业民主、村民自治、小区民主、学术民主、军事民主等，都是广义民主中国家形态下的人民内部民主精神的体现。我们通常所说的建设中国特色社会主义民主政治，既包括国家形态的民主，也包括非国家形态的民主，而注意力是在国家制度上。

民主是国家形式和国家形态的一种，其实质就是阶级的统治，是社会上层建筑中最核心的部分。而所谓的自由、人权都是在一定国家形式形态下公民权利的特定表现。所以，从一定意义上说，在民主、自由、人权的关系中，民主是前提、是核心。只有有了民主，才可能有自由和人权。这就如同民主是棵大树的树干，自由与人权是这棵树干上的枝杈，枝杈是附依于树干的，自由与人权是附依于民主的。只有有了一定的国家形式或形态，其阶级或个人的自由和人权才有可靠的保障。

理论界当前所争论不休的民主，其实质都是从社会政治制度和政治意识形态层面展开的，而不是指人民权利层面的广义民主权利或管理层面的民主管理原则，不是指思想观念层面的民主精神或民主观念，也不是指行为方式层面的民主作风和民主的工作方法等。

民主、自由和人权，都是在人类历史发展一定阶段形成的概念。无论是在阶级社会，还是在阶级社会向无阶级社会过渡的相当长的一个历史阶段，或是在世界上依然存在霸权主义和强权政治的情况下，根本就不可能有所谓全人类共同享有的民主、自由与人权。资产阶级是打着"民主、自由、平等、人权"的旗号上台的，它们的政府从来都把自己标榜为全体公

[①] 《马克思恩格斯选集》第4卷，人民出版社1995年版，第103页。

民的代表。但是，实践早已揭穿了资产阶级的这类谎言。在资本主义社会里，有了资产阶级的民主、自由与人权，就不会有无产阶级的民主、自由与人权。当然，马克思主义绝不斥抽象思维中的认识论意义上的民主、自由与人权的一般。但是，必须准确把握和揭示民主、自由与人权的内涵和实质，以利广大工人阶级和劳动人民争取自己的民主、自由与人权。争得这些权利，本来就是无产阶级和社会主义革命的一个重要目标。

因此，民主如同自由与人权一样，都是在人类历史发展一定阶段形成的概念。在不同社会形态里，不仅有民主发展程度高下的不同，而且民主的性质也有根本的不同，从来不可能有什么全人类共同享有的、抽象的、纯粹的或曰"普世民主"。在阶级社会或从阶级社会向无阶级社会过渡的历史阶段尤其如是。要弄清有无"普世民主"，首先需要厘清有无"普世价值"。

二 在阶级和有阶级的社会，根本不存在为一切国家、一切阶级和一切人所共同接受的普世价值

所谓普世，似乎应包括如下含义：一是指人类社会和人的世界；二是指古往今来，不分种族、民族、国家、阶级及阶层、文化、宗教等的异同，凡有人群的地方都被"普世"所覆盖。

所谓价值，政治经济学对价值的定义是指凝结在商品中无差别的人类劳动。一般意义上的价值是指客体对于人或人类这一主体所具有的意义和作用。那么，从上述意义上讲，一些人所谓的普世价值，就应该是指古今中外概莫能外的历史上和现实中所有的人都普遍需要和适用的东西。根据马克思主义经典作家的相关论述，笔者认为，价值观这一范畴不是抽象的，而是具有特定的社会属性。一切以往的价值观、道德观归根到底都是当时的社会经济状况的产物；在阶级或有阶级的社会里，人们自觉或不自觉地总是从他们阶级地位所依据的实际关系中，汲取并形成自己的价值观和道德观。

马克思、恩格斯说:"对资产者来说,只有一种关系——剥削关系——才具有独立自在的意义","这种利益的物质表现就是金钱,它代表一切事物,人们和社会关系的价值。"[①] 恩格斯还说,在资本主义社会里,"金钱确定人的价值"[②]。

因此,我们不仅应避免把政治经济学对价值的定义简单地引入政治和意识形态领域,更应该避免把资产阶级的"金钱即价值""有用即真理"的极端自私自利和庸俗实用的价值观作为共产党人的价值观。真正的共产党人的价值观,应该是眼前利益与长远利益、局部利益与全局利益、国家利益与全人类利益、最低纲领与最高纲领的有机统一。我们的最低纲领,是建设中国特色社会主义,我们的最高纲领是实现共产主义,是实现一切人的自由而全面的发展。共产党人没有自己所追求的特殊利益。在现阶段,我们的利益是与广大人民群众的根本利益即根本价值相一致的;从最高目标看,我们的根本利益即根本价值就是要与传统的所有制关系和传统的所有制观念实行最彻底的决裂,最终实现共产主义,实现每一个人的自由而全面的发展。因此,在当今时代,资本主义和社会主义、资产阶级和工人阶级、广大人民群众,不可能有统一的普世价值观念。

有人说,如果人类没有一个普世的价值,那不同民族、不同阶级的人为何能产生一见钟情的"纯真爱情"?这里需要弄清四点:一是不同民族特别是不同阶级的人之间产生一见钟情的"纯真爱情",往往存在于文学作品之中。文学作品尤其是那些反映社会生活本质的经典名著,都是来源于生活而高于生活的文学创作,它源于实际生活又比现实生活更高、更强烈、更有集中性、更典型、更理想,因此就更带有普遍性,这就是为什么即使人们读的不是同时代或同种文化作品,却依然能够从中发现自己生活的影子并为作品深深打动的根本原因。但也有一些文学作品误解甚至歪曲了社会生活的本质,只是作者脱离现实社会生活的情感抽象或寄托。二是

---

① 《马克思恩格斯全集》第3卷,人民出版社1960年版,第480页。
② 《马克思恩格斯全集》第2卷,人民出版社1957年版,第566页。

这种脱离现实社会生活的情感抽象，在社会生活中有时可能会变成一瞬间的现实。但是，在阶级或有阶级的社会里，这种男女双方所谓一见钟情的"纯真爱情"，一旦置身现实社会受到自身所处的一定的社会经济文化条件的根本性制约，便往往与社会现实生活发生碰撞而产生衰变、裂变甚至异化。三是不排除个别挣脱上述制约，把这种"纯真爱情"进行到底的现象。但套用马克思所说，如果对不同民族特别是不同阶级之间所谓的"纯真爱情"加以抽象，使性爱等这些机能脱离人的其他活动领域并成为最后的和唯一的终极目的，那往往仍然是动物的机能。有人往往把这种动物的机能误认成"纯真爱情"。四是爱情与性爱尽管有联系，但绝不能画等号。爱情是只有人类才具有的高尚情感。我们绝不否认人世间有冲破社会经济文化等根本性制约的樊篱而追求自己希冀爱情的"爱情至上主义"现象，但这种现象在现实社会生活中毕竟是极少数，根本不具有普世意义。

有人说，杰出人物所创造的一些非意识形态的东西，如自然科学、语言文字、形式逻辑、山水画、无标题音乐等反映人类社会生活与精神现象等东西，也可以为全人类一切人共同学习或欣赏。人类社会是以能制造生产工具从事生产劳动相区别于动物社会的。从能制造生产工具从事生产劳动这一点上说，这是人区别于动物的"一切人共有的东西"的"现实普遍性"。人都能制造生产工具，并能共同欣赏如自然科学、语言文字、形式逻辑、山水画、无标题音乐等一些反映人类社会生活与精神现象的非意识形态的东西，这在形式上看似乎有了一定意义上的普世性。但是，"一切人共有的"现实普遍性绝不能脱离人的社会性，即一定社会的生产关系和交换关系而单独存在。随着阶级社会的诞生，随着人的社会性的增强，"一切人共有的"现实普遍性便会被稀释，有时甚至荡然无存。比如，随着剥削的产生，少部分人由于逐渐脱离了生产劳动领域，进入了专事压迫剥削他人的食利者阶层行列，这样便使其区别于动物的从事生产劳动的能力逐渐蜕化。比如，在现实生活中，无论从作者创作和受众的角度讲，也确实存在不少毫无任何意识形态色彩的山水画、无标题音乐等文艺作品，这也可以被称之为"一切人共有的"现实普遍性。但也要看到，也有不少从形式和表面上看确实存在的毫无任何意识形态色彩的一些山水画、无标题音乐等文艺作品，但有时作者在创作时却是带着强烈的感情色彩甚至是强烈的意识形态色彩。不同的受众，会从相同的作品中读出不同的情感甚至意识形态的色彩来，这就就叫"一百个读者有一百个哈姆雷特"。"喜怒哀乐，人之情也"，从形式上看是一切人的"普遍性"或曰"普世性"。但是，鲁迅说得好："然而穷人决无开交易所折本的懊恼，煤油大王哪会知道北京捡煤渣老婆子身受的酸辛，饥区的灾民，大约总不去种兰花，像阔人的老太爷一样，贾府上的焦大，也不爱林妹妹的。"① 鲁迅虽然讲的是旧中国，但对试图把资产阶级统治者的价值观作为普世价值的人，是不是一个有力的回答呢？

有人说，人类除了各自的个性和特定群体的共性外，还存在着超越于一切差别的共同性，即通常说的"人性"，如珍惜生命、同情他人、尊老爱幼、"和而不同"、"己所不欲，勿施于人"等，正是这些共同的本性产生了对社会生活的共同追求：民主、自由、平等、博爱等这些普世价值。有时，人们在讨论一些抽象的理论问题时，花费了很多口舌仍无法厘清，若联系实际便不难解决问题。就珍惜生命、同情他人、尊老爱幼、"和而不同"、"己所不欲，勿施于人"是人类的普世价值而言，可从两个事例来看：一个是从个人看，2008年5月，我国汶川大地震中的"范跑跑"只珍惜自己和女儿的生命，连其老人和妻子的生命也全然不顾。这种人谈何尊老，谈何同情他人。另一个是从国家看，始于2003年的美伊战争，到2008年7月8日，美军已死亡4114人（不包括死亡数万人的雇佣军）；截至2007年底，战争造成近70万伊拉克平民死亡。那么，美国当局"和而不同"了吗？飞机枪炮"勿施于人"了吗？同情珍惜本国士兵与伊拉克人民的生命了吗？"己所不欲，勿施于人"，美国当局并不希望自己的国土上炮火连天，可是冷战结束之后的美国却放开手脚在海外其他国家连续发动海湾、南联盟、阿富汗、伊拉克四场规模较大的战争。可以说，珍惜生命、

---

① 《鲁迅全集》第4卷，人民出版社1973年版，第164页。

同情他人、尊老爱幼、"和而不同"、"己所不欲，勿施于人"等，也许只是部分国家或人们的"优秀文化传统"、一些人的"良好愿望"和少数人企图使他人甘受奴役的"麻醉剂"而已，而并非全人类各个国家、各个阶级、各个个人所共同承认并遵循的所谓普世价值。

还有人说，解决环境污染、反对恐怖主义、贩毒吸毒等全球性问题，可以被称之为"普世价值"或"全人类所共有的价值"。说到底，人们或国家的价值观念是由人们或国家的经济利益所决定的。治理大气污染，无疑涉及全人类和各个国家乃至每个个人的共同利益。1985年，人类开始认识到二氧化碳的增温作用，但由于各个国家的经济利益及由此带来的占主导地位的价值观念的不同，在采取实际行动时这一"普世价值"往往被虚化。美国以占全球5%的人口消费着全球25%的能源。在过去的20年，美国的人均二氧化碳排放量是中国的9倍，但美国却"果断"地拒绝加入全球任何就减排达成一致的国际协议，也不签署将于2012年到期的《京都议定书》。至于反对恐怖主义，现在各个国家及各个阶级对其定义都极不统一甚至截然相反。有的国家实质上是世界上最大的恐怖主义国家，却借着反恐的名义，公然到处践踏《联合国宪章》和公认的国际关系法准则，肆意侵犯他国主权甚至赤裸裸入侵他国。至于贩毒吸毒之所以成为全人类肌体上很难愈合的顽疾，同样是由于特定国家的社会制度及特定集团、人群的特殊利益所决定的。至于绝大多数国家和绝大多数人在经济社会生活中形成的共有利益和共有价值观念无疑在现实社会生活与观念形态中存在，但它与有人所说的"普世价值"有着根本的不同。在存在霸权主义和强权政治为主导的经济全球化时代，在阶级和有阶级的社会，为一切国家、一切阶级和一切人所共同接受的普世价值，是根本不存在的。

也有人说，奥运会倡导的"更高、更快、更强"的奥林匹克精神和北京奥运会确立的"同一个世界，同一个梦想"的主题超越了国家政治的局限，具有普世价值。实际上，奥运会的上空总弥漫着浓厚的政治对立空气。且不说1916年的柏林奥运会、1940年的东京奥运会和1944年的伦敦奥运会因为两次世界大战被取消，1936年柏林、1956年墨尔本、1968年墨西哥、1972年慕尼黑等奥运会都没有摆脱被政治化的命运。1980年莫斯科奥运会的政治化达到顶峰，美国带头对这届奥运会进行抵制，而当4年后在洛杉矶举办奥运会时，苏联则率领东欧社会主义阵营国家进行抵制，奥运会成为冷战的延伸战场。2008年的北京奥运会圣火在境外传递时屡遭干扰；奥运会举办前夕，西方大媒体铺天盖地地对中国所谓"西藏问题""人权问题"进行喋喋不休的指责；相当一些原先预测北京奥运会期间可能会发生重要事件因而报名参加北京奥运报道的西方记者，得知奥运会可能会举办得很成功后，即取消了行程安排。可见一些西方记者对报道奥运会上打破世界纪录的精彩赛事和"更高、更快、更强"的奥林匹克精神并无多大兴趣。2008年8月8日，北京奥运会开幕的日子，本应是世界休战日，格鲁吉亚正是选择在这一天对南奥塞梯发动进攻。北京奥运会的开幕式上布什与普京"谈笑风生"，而却在数千公里之外暗暗进行着政治军事的角力。"同一个世界，同一个梦想"的口号，集中体现了奥林匹克精神，充分反映了中国和世界各国广大人民的共同理想和强烈愿望，但却未成为当今国际世界的普世价值。

因此，我们完全可以说，在阶级社会和阶级社会向无阶级社会过渡的相当长的历史阶段内，具体的人、集团和阶级总是在不同的所有制形式和社会生存条件方面产生不同情感、价值观念、思想方式和世界观。其经济、政治、文学、哲学和道德等社会意识形式的内容主体和本质属性，都反映着一定社会的经济基础、利益结构和社会关系，都具有鲜明的阶级性、时代性和社会形态的质的规定性，根本不存在所谓普世价值。

关于"普世价值"的争论，实质上是普世价值观的争论。如果有人一定要讲"普世价值"，其实质是要想将其特定价值指定为普世价值。有人引用胡锦涛同志指出的"中国共产党85年的历史，就是为中华民族的独立、解放、繁荣，为中国人民的自由、民主、幸福而不懈奋斗的历史"的讲话，企图证明自由、民主、幸福是全人类的普世价值，这是没有道理的。胡锦涛同志在讲话中明确做出了"中国人民的自由、民主、幸福"的质的规定性。这对于有人企图论证全人类普世价值的存在不仅毫无裨益，倒恰恰说明了"自由、民主、幸福"的阶级和国家的本质属性，是对"自由、民主、幸福"所谓普世性的否定。

探讨清楚了并不存在所谓的普世价值，那么，作为从形式到内容完全具有强烈意识形态色彩的国家形式（或形态）的民主，也就更加失去了所谓的普世性。

三 在阶级社会或阶级社会向无阶级社会过渡的相当长的历史阶段，不可能有所谓全人类共同享有的普世民主

关于民主的普世性，一些媒体讨论得极为热烈。其中一种观点认为，各种不同民主政治的历史背景、阶级属性、实现形式有着很大甚至根本的不同，但是，它们之间总是存在着一些具有共性的东西，也就是所谓民主的一般特征，或称民主的普世性。这些特征包括：（1）主权在民，即人民当家作主；（2）在自由与平等的基础上进行协商；（3）按照多数人的意志进行决定；（4）程序化；（5）保护少数。当然，民主还有其他各种原则，譬如代议制原则、权力制约原则、选举原则等。而上述几个原则是其中最主要的原则，是民主普世性的集中体现。笔者认为，上述说法似乎有一定道理，但值得商榷。

其一，任何事物都是形式与内容的有机统一。形式是我们区别客观世界各种现象的外部标志之一，是事物运动的外在方式。而内容就是事物矛盾运动的本身，是构成这一事物的一切要素的总和。事物的性质，本质上是由其内容所规定的。相同的事物，可能有不同的外在表现形式；不同的事物，也可能有相同的外在表现方式。在人类进入阶级社会以来的历史中，各种不同民主政治的历史背景、阶级属性、实现形式有着很大甚至根本的不同，但是，不同民主的外在表现形式上也存在着一些相同的东西。我们也可以将其称之为各种不同民主的外在形式的一般特征，但还不能称之为民主的普世性。因为，任何形式与内容都紧密联系在一起的，须臾不可分离。而且，更为重要的是，内容决定形式，内容决定事物的性质。离开民

主的根本性质，仅凭性质根本不同的民主在形式上的某些相似之处，就把某种特定时代、特定阶级、特定国家的民主视为全世界普遍适用的民主制度，很不妥当。

我们可以按照马克思主义对"个别和一般"的思想方法来看一下"普世民主"。当我们把各种不同形式和形态的民主概括在民主这一概念下的时候，是把它们的质的差异撇开了。因此，民主这一概念本身与各种不同形式与形态的、特定的、实存的民主不同，它在社会历史的实际生活中并不是感性的存在。民主一般仅仅是民主的一切时代有某些共同标志、共同规定性的一个合理的抽象。经过比较而抽象出来的民主一般的共同点，本身就是有许多组成部分的、分为不同规定的东西。其中，有些属于一切时代，另一些是几个时代所共有的，有些规定是最新时代和最古时代所共有的。没有它们，任何民主都无从设想。但是如果说最发达的民主和最不发达的民主具有一些规律和规定，那么，构成民主发展的恰恰是有别于这个一般和共同点的差别。对民主一般适用的种种规定所以要抽象出来，也正是为了不致因为有了统一而忘记本质的差别。那种证明现存的某种民主制度具有"普世性"并将永存的人、集团或国家，就在于忘记了这种本质的差别。正是从这个意义上说，一切时代民主所共有的、被思维当作一般规定而确定下来的规定，是存在的。但是，所谓一切民主的一般条件，不过是这些抽象要素，用这些抽象要素不可能理解任何一个现实的历史的民主。因此，一说到民主，应该总是指在一定社会发展阶段上的历史的、具体的民主。

比如，所谓普世民主中的第一个原则"主权在民"，是在公元前6世纪初开始的雅典民主制中逐渐确立的。创立这一民主制的伯里克利明确宣称："我们的政治制度之所以被称为民主政治，是因为政权是在全国公民手中，而不是在少数人手中。"古希腊民主是人类古代民主的灯塔，但它的民主制的辉煌成就是建立在奴隶制基础上的。据相关统计，在伯罗奔尼撒战争发生时，雅典成年公民为4万人，其家属14万，异邦人7万，奴隶在15万—40万之间。其家属、异邦人和奴隶是不享受公民权的，真正享有公民权的仅有十几分之一。

现在，多数人也都认为民主是多数人的统治。我们从民主的构词上也可以看出，民主的本质是人民自己作主，它的对立面不仅仅是君主，而且还有资本主义民主即资本主导下的民主。这就是说，在资本主义制度下，主权在民即人民当家作主原则，体现和实现的实际上是资产者作主的原则；在自由与平等的基础上进行协商、按照多数人的意志进行决定等原则，主要是在资产者内部实现的。在这里，无产阶级和广大劳动人民这个"绝大多数"实际上没有任何地位。至于整个社会中有时候真正多数人享有的民主权利，并不是天赋的，也不是别人恩赐的，而是靠工人阶级和广大劳动者进行斗争争得的，比如八小时工作制、"三八"妇女节、"五一"劳动节等。也可能会有同志说，他们有"选举中的神圣一票"。其实，这神圣的一票仅是表面和形式上的。

资本主义虽然有口号上与形式上的平等，但要看到，资本主义既有一人一票这样的形式上的平等，又有经济上的实际不平等和随之而来的社会的不平等。列宁把这称之为"资本主义的基本特点之一"，并说这"是资产阶级的拥护者自由派用谎言掩盖着的而小资产阶级民主派却不了解的一个特点"[①]。口头上主张竞争自由、贸易自由、金融自由和信仰自由、宗教自由的人与国家，是否就不独裁和专制了呢？我们作判断，决不能依据他们口头上说什么，而更要看他们做什么。正因如此，列宁明确指出："在最民主的资产阶级国家中，被压迫群众随时随地都可以碰到这个惊人的矛盾：一方面是资本家'民主'所标榜的形式上的平等，一方面是使无产者成为雇佣奴隶的千百种事实上的限制和诡计。"[②] 他们形式上有"选举中的神圣一票"，但选举之后，便千方百计地排斥他们，把他们排除在管理国家之外。资产阶级议会对劳动人民群众来说，是资产者压迫无产者的工具。这是资产阶级民主的实质内容。列宁在批判谢德曼派和考茨基派总是谈论

---

① 《列宁全集》第38卷，人民出版社1986年版，第203页。
② 《列宁选集》第3卷，人民出版社1995年版，第605页。

"一般'民主'"时，曾尖锐地指出："剥削者营垒总是把资产阶级民主冒充为一般'民主'，而一切庸人，一切小资产者，直到……社会民主党的大部分领袖，都跟着这个营垒随声附和"；①"他们一谈到'多数'时，总以为选票的平等是被剥削者同剥削者平等，工人同资本家平等，穷人同富人平等，饥饿者同饱食者平等"；"善良、诚实、高尚、和气的资本家，从来就没有利用过财富的力量、金钱的力量、资本的权力、官僚政治和军事独裁的压迫，而真正是'按多数'来决定事情的！"列宁还说，他们如此对资产阶级民主进行粉饰，"一半是由于虚伪，一半是由于几十年从事改良主义活动所养成的极端愚蠢"②。列宁当年对考茨基等"一般'民主'""纯粹民主"的批判，对于我们今天讨论"普世民主"难道没有强烈的现实意义吗？

其二，同任何其他事物一样，民主也具有普遍性和特殊性，或者说共性和个性。共性寓于个性之中，并通过个性体现出来。民主的共性是从各种民主的国家管理形式或国家管理制度中抽象、概括出来的。但这种共性与个性一样，都是同时存在于每一种具体民主的历史形态之中的。如资产阶级民主和社会主义民主，既包含有某些共同的特点，更具有根本不同属性的个性；前者反映了民主形式的某些普遍性或共性，后者反映了民主本质的特殊性或个性。不能因为民主形式的某些普遍性而否认民主本质的特殊性，也不能因为民主的本质特殊性而否认民主形式的某些普遍性。需要强调的是，"普遍性"和"普世性"也不是一回事。"普遍性"是哲学用语，是自在的、内生的，存在于事物内部普遍性与特殊性相统一的客观存在的规律性；而普世性从概念的来源看，是个宗教用语，它强调的是社会及人类的共同价值观念。从原意上理解，是超越尘世，其真理性来自上帝赋予的启示。因此，是一个不需要前提和证明的虚幻。但它会被现实中的一些人、集团、国家所利用，它不仅是虚幻的主观意愿，而且更是想把这

---

① 《列宁全集》第 37 卷，人民出版社 1986 年版，第 203 页。
② 同上书，第 207 页。

一愿望变成所谓"普度众生"的现实。因此,可以说,以美国为首的西方国家极力鼓吹的所谓民主的普世性,实际上是新帝国主义对外侵略扩张和西化、分化、规制化中国,并最终把我们殖民化的政治主张和理论武器。

我们绝不能把需要借鉴和汲取的各种具体民主的形式中的某些普遍性,误认为需要把这种民主从形式到内容都要全部、整体地照抄照搬过来。资产阶级的民主,在形式上汲取了奴隶制民主和封建制民主的精华,并在其民主的形式上进行变革创新,以适应资产阶级自身的需要。对西方资产阶级民主的形式中包含的所有精华,我们应大胆吸收和借鉴,在这方面绝不能重犯"左"的错误。由于其历史的局限性和阶级的狭隘性,资产阶级民主根本不具有"普世价值"。我们不能简单地否认各种不同具体民主形式上的普遍性,更不能承认西方民主从形式到内容的"普世价值"。否则,我们在民主问题上,就会出现偏差而陷入被动,甚至如马克思所说"就会倒霉"。

邓小平曾说:"我们在宣传民主的时候,一定要把社会主义民主同资产阶级民主、个人主义民主严格地区分开来,一定要把对人民的民主和对敌人的专政结合起来,把民主和集中、民主和法制、民主和纪律、民主和党的领导结合起来。"① 他还说:"关于民主,我们大陆讲社会主义民主,和资产阶级民主的概念不同。……我们一定要切合实际,要根据自己的特点来决定自己的制度和管理方式。"② 因为,"资产阶级日甚一日地消灭生产资料、财产和人口的分散状态。它使人口密集起来,使生产资料集中起来,使财产聚集在少数人的手里。由此必然产生的结果就是政治的集中"③。财产集中必然带来政治集中,政治集中必然带来意识形态的集中。这就是从经济基础集中到上层建筑集中的必然路径。本来,民主是要彰显个性,结果却来了个"普世民主"的"统一"。一些国家为了推行"普世民主",甚至不惜动用战争手段。民主虽然是一个颇为动听的词汇,但在西方民主的

---

① 《邓小平文选》第 2 卷,人民出版社 1994 年版,第 176 页。
② 《邓小平文选》第 3 卷,人民出版社 1993 年版,第 220—221 页。
③ 《马克思恩格斯选集》第 1 卷,人民出版社 1995 年版,第 277 页。

辞典里，民主就是反共。所以，从一定意义上甚至可以讲，"普世民主"就是专制或专政，是与民主的本义完全相悖的。

人民民主或社会主义民主是与资产阶级民主相比较而存在的。不讲清楚资产阶级民主，就无法讲清楚人民民主或社会主义民主。资产阶级民主和社会主义民主都在自己的旗帜上写着多数人的民主或统治，都倡导多数人的平等。但在现实的经济政治社会生活中，资产阶级民主却是少数人享有的民主。大多数人处于被剥削被压迫者的地位。而社会主义民主从内容到形式都是人民当家作主，都是多数人之间的平等。我们讲，没有民主就没有社会主义，在这里所说的民主，已经不是所谓抽象的、纯粹的民主了，而是有着其具体的规定性，是对社会主义民主的省略或约定俗成。这里的本意与实质所指是社会主义条件下的人民民主或广大人民群众的民主。如果不省略，这句话的全部表述是：没有人民民主就没有社会主义。美国等西方发达国家的民主，主要是垄断资产阶级的民主，是垄断资本主导下的民主，与我们的人民民主或社会主义民主的性质是完全不同的。

对工人阶级和劳动大众而言，说资产阶级民主虚伪，也就是说，他们在政治旗帜上写的是"人民民主"，而在现实的经济和政治生活中，工人阶级和劳动大众却被排斥在民主之外，处于被剥削和被压迫的地位。这里还需要指出的是，我们说资产阶级民主是虚伪的，是指对于工人阶级和劳动大众的虚伪，而对于资产阶级本身来说确是真实的。当然，资产阶级的共和制、议会和普选制，从全世界社会发展来看，同农奴制和君主制相比，毫无疑问是一大进步。但是，在资本占统治地位的国家，不管怎样民主，都是资本主义国家，而且这种共和国越"民主"，资本的统治就越隐蔽、越巧妙、越厉害，也就越无耻。

如果承认了一些人所说的"普世民主"，也就等于承认了存在绝对的、超阶级的民主。列宁曾经指出："这种错误观念的根源就是从资产阶级那里继承下来的偏见"，"从无产阶级的观点看来，问题只能这样提：是不受哪个阶级压迫的自由？是哪一个阶级同哪一个阶级的平等？是私有制基础上的民主,还是废除私有制的斗争基础上的民主?如此等等"。[①] 任何民主,与任何政治上层建筑一样,这种上层建筑在阶级消灭之前,在无阶级社会建立之前,是必然存在的。在此之前,讲什么所谓的普世民主,就必然是愚弄人民的谎言。正如同列宁在批判考茨基鼓吹的"纯粹民主"的言论时所说:"如果不是嘲弄理智和历史,那就很明显:只要有不同的阶级存在,就不能说'纯粹民主',而只能说阶级的民主。"[②] 因此,一旦承认民主具有"普世性"或"普适性",即是承认有考茨基所说的"纯粹民主",就是有意无意重复一些人企图用来愚弄人民的谎言。

笔者认为,民主没有抽象的"普世性",但在其类型上分高下。奴隶民主制是对原始社会"古代自然形成的民主制"的进步,封建君主制是对奴隶民主制的进步,资本主义民主制是对封建君主制的进步,社会主义民主制又是对资本主义民主制的进步。社会主义民主制是人类历史上新的更高类型的民主。而一些人在社会主义问题上,总是否定其共性而高扬个性;在民主问题上,却总是否定其个性而大肆彰显共性。这实质是在理论逻辑上的双重标准。

(作者单位:中国社会科学院)

(原载《高校理论战线》2009 年第 4 期)

[①] 《列宁全集》第 37 卷,人民出版社 1986 年版,第 277 页。
[②] 《列宁选集》第 3 卷,人民出版社 1995 年版,第 600 页。

西方宪政民主理论来源探析

陈德顺

关于西方宪政民主的理论来源或理论前提的问题，学界向来存在不同的看法。有的学者主张两个来源说，即把近代启蒙思想家的自然法和契约论思想视为宪政民主当然的理论前提。而西方的宪政论者则更强调基督教文化是孕育现代宪政民主的文化母体。上述看法其实是从不同的视角揭示了宪政民主的某个方面的渊源，要完整解析西方宪政民主价值诉求，宪政民主构建的正当性，以及宪政民主的政治文化背景，就有必要对影响宪政民主产生的各种理论学说进行全面梳理。本文拟从以下四个方面阐述西方宪政民主的思想理论前提，并以此为基础，剖析西方宪政民主的实质。

一 罪感文化与制度设防

基督教文化被誉为西方立宪主义的政治文化母体。近年来，国内外政治学者围绕宪政民主与基督教文化相互关系的探讨日渐趋热，且也有不少成果问世。其中，较有代表性的是美国学者弗里德里希。J. 弗里德里希在分析宪政论的起源时，认为"它根植于西方基督教的信仰体系及其表述世俗秩序意义的政治思想中"。西方宪政的价值与特点主要反映了基督教文化，"西方的宪政论是基督教文化的一部分"。这一看法的理论依据何在呢？

以弗里德里希等为代表的宪政文化论者对此作了进一步的阐释。他们认为，首先，基督教的罪感文化对于西方政治文化的最大贡献，就在于它的原罪说包含着幽暗意识。所谓幽暗意识，就是认为人有与生俱来的罪恶和堕落性。幽暗意识包括两个思想层面：第一，以幽暗意识为出发点，基督教不相信人在世界上有体现至善的可能，因为人有着根深蒂固的堕落性，靠着自己的努力和神的恩宠，人可以得救，但人永远无法变得完美无缺。第二，这份完美无缺，这种至善，只有神有，而人神之间有着不可逾越的鸿沟。因此，在基督教的语境中，人既不可能神化，人世间就不能有"完人"。这种人性观对于西方政治文化有着极其重要的后果。幽暗意识经过嬗变，后来发展成为政治哲学和伦理学中人性自私与权力恶性的理念，并进一步演化为权力设防的制约逻辑。基督教的原罪说是整个基督教的理论与实践得以立足的基础。

其次，以幽暗意识的理念为基础，基督教所体现的个人主义和权力悲观主义成为西方宪政产生与存在的重要基础。瑞士神学教授布鲁内尔认为，基督教伦理学是作为神的行为兴起的，使宪政具有浓厚的个人主义色彩。个人主义是人们行为的一种方式和倾向，即把个人体验、个人的判断和个人意志作为衡量一切事物的标准和尺度。西方的个人主义在政治文化上必然表现为对"人性、对政府官员权力以及对国家或政府的怀疑态度和戒备心理"。在这种政治文化背景下，宪政自始至终就是一种"设防"的学说。由于人性恶或者个人主义引起政治生活中的各种矛盾，使得社会成员权利的保护和限制公共权力成为一种客观必要。英国19世纪的史学家阿克顿曾经指出："一个基督徒由于他的信仰，不得不对人世的罪恶和黑暗敏感。这种敏感，他是无法避免的。基督教对人世间罪恶的暴露可以说是空前的。我们因此才知道罪恶的根深蒂固，难以捉摸和到处潜伏。基督教的神示一方面是充满了慈爱和宽恕，另一方面也恶狠狠地晾出了人世的真相，基督教的福音使罪恶意识牢记于人心……他看到别人看不见的罪恶……（这种）原罪的理论使得基督教对各种事情都在提防……随时准备发觉那无所不在的罪恶。"基督教的幽暗意识不但使阿克顿对历史的种种黑暗面有着普遍的敏感，同时也使他对人世间权力这个现象有着特别深刻的认识。在他看来，要了解人世的黑暗和人类的堕落性，最值得我们重视的因素就是权力。他认为，人性本具罪恶性，权力既然是由人而生，便有它无法消除的毒素。地位越高的人，罪恶性也就越大。因此教皇或国王的堕落性便不可和一般老百姓同日而语。阿克顿将这种权力悲观主义发挥到了极致，他得出一个著名的结论："权力导致腐败，绝对权力导致绝对腐败。"

再次，权力悲观主义造成基督教国家重视法律制度的法治主义政治文化传统。弗里德里希曾经指出：自由主义的一个中心观念——"政府分权，互相制衡"的原则就是反映基督教的幽暗意识。因为人性既然不可靠，防止专制暴政的最好的方法就是把权力在制度上根本分开，并通过法治实现某种程度的平衡。权力悲观主义是美国宪法原理的一个重要的思想源泉。有美国"宪法之父"之称的麦迪逊曾提出一个很有意义的问题：政府之存在不就是人性的耻辱吗？如果每一个人都是"天使"，政府就没有存在的必要性了。是这份对人性的现实感使麦迪逊深感政府的权力不能集中。因为权力集中在一个人的手里，会造成独裁专制，集中在大多数人手里，也会产生"多数的暴政"。阻止权力集中最好办法就是"权力分立，相互制衡"这一制度。这就是所谓的"麦迪逊式民主"的精神。

可见，对人性幽暗与权力恶性的反思作为西方政治文化传统的重要组成部分，它对一切权力都表示了深深的忧虑。这种忧虑化为政治制度设计，就是权力的设置和使用必须设防。制度设防是权力文明的重要体现，制度设防意识构成西方宪政文化的重要前提。

二 政治文化嬗变与二元政治观的确立

正如弗里德里希所强调的那样：西方的自由宪政，从头到尾就是以基督教为其主要思想背景的。然而，在如何解析近代宪政理论形成与基督教文化的关系上，却有不同的理论解读。我国有学者就是从二元政治观这一新的理论视角来解析基督教文化与宪政民主之间关系的。他认为，把基督教二元政治观作为西方宪政民主理论的一个理论前提,可以说是一种以政治文化为分析工具的理论求证,是从"政治文化嬗变的角度来考察两者的深层联系。基督教二元政治观和自由主义首先是一种理论,特别是政治理论和政治哲学,但在我们这里,它们还是一整套政治信仰、政治价值、政治态度和政治情感体系,即一种类型的政治文化"。

中世纪"国家—教会"分离的二元政治及其观念是中世纪西方社会政治的现实。从中世纪的总体情况来看,国家控制了世俗领域,教会控制了精神领域,政权和教权交织,从本质上将人固定在社会生活的坐标系上。因此,西方基督教世界从本质上说是双重中心的。基督教二元政治本身就既是现实样式,又是观念形态。当基督宣布"恺撒的物当归给恺撒,上帝的物当归给上帝"时,他不但开创了二元政治,还为基督徒的二元政治观提供了一条"伟大的宣言"。

基督教二元政治观的流行,极大地改变了西方政治发展的方向,重新塑造了西方政治文化的精神和性格。当基督教信仰取得西方文化的主权之后,便将其二元主义的政治观念带给西方社会,从而给西方社会带来深刻的二元裂变。在基督教统治的一千多年中,这一系列的二元裂变是西方社会冲突与秩序、罪恶与圣洁、思辨的理性和创造性激情的根源。

在文艺复兴和宗教改革运动的推动下,西方社会走上了世俗化的道路。这样一来,基督教所坚持的二元对立在世俗化进程中渐趋消解:个人已经长大成熟,要求独立自主,上帝放弃了干预世俗生活的权力,从尘世中隐退;世俗王权蓬勃向上,步步扩张,教权衰竭不振,屡屡退让。政治秩序退去了神圣灵光,政治权力也摆脱了神的监护。基督教的二元论已成过时之物。

然而,二元政治观的影响并没有随着基督教时代的消逝而消失。在基督教二元政治观消逝的尽头,人们看到一种新的二元政治观浮出水面,这就是近代自由主义的二元政治观。继中世纪的二元之后,西方社会继续承受着新的二元裂变,一种宇宙二元论、人的二元论、社会的二元论以及政治的二元论仍然处于西方政治理论的核心。在政治领域,自由主义坚持在人的内在世界与外在世界、私人生活与公共生活、私域与公域、公民社会与国家、个人与社会、自由与权威、个人权利与国家（或政府）权力之间的二元分离和对立。这种二元分裂与张力，是近代自由主义的精髓。

在论及基督教与自由主义的二元政治观之间的内在联系时，中世纪政治思想史专家乌尔曼说："尽管政治思想总是采取不同的形式，但它们在本质上有着明显的遗传性。""因为中世纪占统治地位的政府和政治观念创造了我们今天的世界。我们现代的概念，我们现代的制度，我们的政治义务和宪政观念，或是中世纪理念的直接产物，或是通过反对它而成长起来的。"自由主义的二元主义取代基督教的二元主义是社会世俗化的产物。

对上述思想作进一步梳理和归纳可知，从基督教到自由主义的文化嬗变对于宪政理论的贡献主要是消极国家观的确立。基督教和自由主义的国家观对国家的认识都是消极的。这种消极性表现在：第一，对国家的道德评价不高。国家要么是神意的工具，要么是赤裸裸的权力组织。第二，国家程度不同地与某种恶相联系。国家植根于人类本性之恶，或人类固有的缺陷，是人们按"两害相权取其轻"的原则所作的选择，是不可避免的祸害。第三，相对于基督徒和近代自由主义者的终极价值追求而言，国家或直接地，或潜在地是某种威胁。第四，国家的职能是消极的，是防范性的、保障性的、低层次的。与个人所珍视的私域的自主相比较，将国家视为第二性的、服务性的和工具性的人类建构。

概而言之，在基督教二元主义被超越的地方，新的自由主义的国家观成为文化传承的接力棒。近代西方政治思想中关于私人领域与公共领域、社会与国家二元界分的观念得以牢固确立，保护私人领域自治的观念，以及作为"工具"的国家等观念成为西方宪政构思的出发点。

三 自然法的权利本位论与宪政的正当性

作为一种先验的正义观念，自然法是贯穿整个西方政治思想历程的一个核心理念。从古代希腊城邦时代起，它就像一把高悬于法学理论与现实法律之上的神剑，政论家和政治家们都试图从这个看似简单却又很难破解的且带有几分神秘色彩的自然法中去寻找依据。那么，什么是自然法呢？所谓"自然法"，就一般意义而言，它指全人类所共同维护的一整套权利或正义。作为普遍承认的正当行为的原则来说，它通常是"实在法"即经国家正式颁布并以一定的制裁来强制执行的法规的对称。这个释义有两层含义：第一层含义表明自然法的本质是一种正义论或者说是一套价值体系，是"一种对公正或正义秩序的信念，这种正义秩序普遍适用于所有为宇宙间最高控制力量支配的人"。第二层含义说明自然法并非实证意义上的法律。自然法思想家们莫不认为这种"自然法"高于一切"实在法"，是"实在法"的最终根据和来源，是人们观察、分析和评价"实在法"的准则和参照系。

近代自然法学说主要指17、18世纪西欧各国流行的用自然法的观点解释社会政治现象和理想的一种学说，其历史特征如下：其一，以人性为自然法的来源。近代的自然法学说从"人性"中寻找自然法的来源。格劳秀斯最先明确提出了"自然法之母就是人性"的观点。格劳秀斯在自然法领域开了资产阶级人性论的先河，自此以后的思想家继续以人性的范畴来说明和发展自然法学说。其二，以护卫个人权利为自然法的宗旨。虽然近代启蒙思想家们对自然法的具体内容有着各种各样的理解，但他们一般都比较强调个人的权利，特别是私有财产权。格劳秀斯已初步提出了自然权利的思想，认为生命、身体和自由是不可侵犯的，"自然法的根本原则：一是各有其所有，二是各偿其所负"，也就是保障个人的财产权利。霍布斯把自然法的首要法则规定为两个内容，即寻求和平的"自然律"和利用一切可能的办法保卫自己的"自然权利"，并认为这一自然权利是不可转让的。洛克是这个时期强调个人权利的典型代表，他把个人的生命、自由和财产看作自然法规定的不可让与、不可剥夺的基本权利，并强调政府的主要目的是保护人们的私有财产。其三，以契约说为自然法的国家起源观。近代的自然法理论既然带有明显的个人主义色彩，那么，在解释国家起源时，就必须把国家看作一个个原子或个人的结合,而这种结合只能通过相互订立契约的方式来实现。

自然法之于宪政的意义首先在于其所隐含的不存在人间绝对权威的观念。按照自然法的逻辑,自然法不受时空限制、不能被世俗的力量所改变,它"约束着人间的最高权力,它统治着教皇和皇帝,也同样统治着统治者和具有主权的人民,事实上,它统治着整个社会"。既然如此,人间便不存在绝对权威。这种观念恰好与宪政对绝对权力的否认不谋而合并实际上启发了后者的观念。在后来的历史中,许多对绝对权力的抗衡的主张都是借用了自然法的语言。13世纪,阿奎那便借用自然法理论来否认君主的绝对权力。他认为尽管君主制是最好的统治形式,但也不应该赋予它无限的权威;自然法是"永恒法"的一部分在人类理性上的体现,君主制的统治只有坚持了自然法,才是合法的。戴维·赫尔德对此评论道,"尽管主要关心是基督教共同体的发展,但是,他预见到了自由主义民主传统发展的核心——受限制的立宪政府的思想"。

自然法对于宪政思想的直接的理论贡献在于其中所蕴含的自然权利或"天赋人权"观念。就本质而言,自然法不是具体的成文法律,而是一种昭示绝对公理或终极价值的正义论。它作为具有理性禀赋的人所普遍认同的正当行为准则,发布着按人的内在价值看待人的道德律令。所以,马里旦讲:"人权的哲学基础是自然法。"正是因为自然法所具有的这种永远有效的价值正当性,使人权作为终极依归,向实在的法律体系、政治体系、社会体系发出"应该如何"的道德诉求。近代政治哲学家以此为逻辑起点,构织了以限制政府权力来保障人权的宪政理论。

西方自然法无论在理论上还是实践上都存在着无法回避的缺陷。它的致命弱点是其理论前提是一种假设,以此为出发点来演绎出理想的政治法律制度及原则。尽管自然法理论是有缺陷的,但有不少学者认为,人们不应也不必过度纠缠于其逻辑上的纰漏而视之为无稽之谈。正如梅因所言:"这个理论在哲学上虽然有缺陷,我们却不能因此而忽视其对人类的重要性。真的,如果自然法没有成为古代世界中一种普遍的信念,就很难说思想的历史,因此也就是人类的历史,究竟会朝哪个方向发展了。"

四 契约论的法治意蕴

契约论是西方政治思想史上一个具有独特地位与意义的理论,它孕育了现代民主法治的理念。我们今天对于民主法治的渊源的追问,都有离不开对契约论的探讨。

对契约理论的探讨,离不开中世纪的"政约"理论。所谓"政约"(governmental contract)即在国家生活中,以人民服从君主、君主保护人民为条件的统治者与臣民之间的约定。有学者对"政约"有比较深入的研究。他指出,"政约"是统治者与被统治者之间的约定。"政约"论是契约论在中世纪的一种特殊形态。作为中世纪封建统治秩序的理论支柱,"政约"具有两面性。一方面,它使封建统治制度化、法律化,将书面上极其有限的"契约自由"湮没于根本无法挣脱的人身依附关系和封建压迫之中;另一方面,它又给世俗政权提供了对抗教会统治的武器,因为"政约"理论在某种程度上包含着主权在民的思想内容。如果将国王、皇帝的权力说成是产生于人民的同意,那自然意味着对王权源于教权之说的排斥和批判,从而带有某种进步因素。

在"政约"论的基础上,近代西方启蒙学者将契约理论进一步发展为"社约"理论,即社会契约论。社会契约论是16世纪以来在西方乃至全世界都极有影响的一种国家学说,它的兴起与西方的契约文化传统、与西方的社会变革,特别是与资本主义上升时期日益发展的契约经济有着密切联系。契约所具有的世俗性,它所隐含的平等、自由、功利和理性的原则完全有可能作为一种新的模式被用来构建国家和社会。霍布斯、洛克正是把一般的契约理论作为原型和隐喻,细致地、富于创造性地论证了国家的发生及其权力的合法性。

近代社会契约理论是由格劳秀斯首创的。他以自然法为基础,认为在人民之间订立契约的基础上才产生统治者。格劳秀斯说:"遵守契约也是自然法的组成部分。因为在人群中间必然相互限制来建立社会关系,除此之外更无其他方法可以想象得出。"霍布斯以人性本恶为假设,认为自然状态是"一切人反对一切人"的战争状态。霍布斯将战争状态归因于没有公共权力,因此,人类若要走出这种相互争斗的"霍布斯丛林",就必须寻求能使人们畏惧并指导其行动以谋求共同利益的公共权力,具体途径就是通过立约,让大家的意志转化为一个人的意志。尽管霍布斯的这一结论使其理论最终导向专制主义的逻辑,但其关于君主必须保护臣民的私域自由的思想,还是在一定程度上启发了近代的宪政思维。洛克指出了自然状态的两重缺陷,即缺少作为判断是非的标准和裁判他们之间一切纠纷的共同尺度的法律,缺少一个公正而有权力的裁判者。因此他认为,改变这种状态的办法就是通过契约,组成政治体——国家。"只有一种方式,可以使一个人放弃他享有的这种天生的权利,接受公民社会的约束,这就是通过协议,同别的人联合成一个社会,以便使每个人都能享有舒适、安全和安稳的生活,保护他们的财产安全,并且有重大的力量来抵御外来侵略。"

美国思想家杰斐逊、潘恩等都笃信契约论并将之付诸政府设计的实践中。潘恩认为:"许多个人以他自己的自主权利互相订立一种契约以产生政府;这是政府有权利由此产生的唯一方式,也是政府有权利赖以存在的唯一原则。"政府本身不拥有主权,只负有义务。"宪法是一样先于政府的东西,而政府只是宪法的产物。一国的宪法不是其政府的决议,而是建立其政府的人民的决议。"国家产生于契约,政府则不过是人们的一种信托,就可以根据情况随时收回。

契约观念之所以得到广泛的传播并对现代民主政治产生重大影响,有两个基本原因。其一,契约观念以承认契约双方的平等地位为提前,它肯定各自的独立价值,尊重各自的主体意识,这符合近代以来历史发展的潮流。其二,契约观念是实行法治的客观要求。法治本身就是一个约束人们行为的契约,法治与契约观念不可分。法治被视为宪政秩序的基础,而自近代以来，权力分立与制衡已然成为法治的重要内涵。当代法学家昂格尔指出，滥觞于近代革命以前、以契约论为依托的法治观念至少有两个要义：其一，法律至上。依法而治不再仅仅是统治者的权宜之计。其二，权力分立与制衡。分权制衡及其规则有效地将权力的存在和运作置于法律之下。正是在这个意义上，后世把立法权、行政权、司法权的分立制衡当作法治的基本要求，甚至等同于法治本身。

社会契约论的理论贡献在于重构了权力起源的基础，对国家政治权力作了某种潜在的合法性的诠释，是对古老的"君权神授"论的沉重的毁灭性的打击。以自然法为基础的契约论学说还催生了近代的法治观念和分权制衡观念。宪法作为一种人民委托政府行使权力的契约的观念在西方牢固地树立起来。西方的立宪主义的产生和完善，在很大程度上是以契约论为动力的，这正如凯利所指出，统治权的维系以人民之间的契约为依托，社会契约论的存在"就使得对这一依托的违反将会使统治权归于消解，在更为深刻的意义上，它为未来的民主进程清理了道路"。

综上所述，西方宪政民主理论既是基督教政治文化嬗变的产物，又凝结着近代自然法学说与契约论思想的精华。它为现实的资产阶级民主制度提供了某种正当性证明。但是，必须指出，宪政民主毕竟是建立在西方特殊的政治文化基础上的一种政治文明。从宪政民主理论所赖以建立的理论前提可以看出，它是资产阶级革命时期的一种进步理论，并经过发展，成为资产阶级政权的价值基础。这一理论的基石是资产阶级人性论和个人主义价值观，其政治文化根基则是强调国家与社会分离的二元政治观。因其过度强调权力的内部制衡与政府"有限"，宪政民主理论在其展开过程中逐渐暴露出对人民主权的漠视和对政府手脚的过度束缚，并在制度实践中表现出种种矛盾和经济政治危机。可以说，在当代，宪政民主理论的种种价值矛盾及其制度实践上的尴尬，充分反映出这一理论的阶级局限性。宪政民主仅仅是建立在私有财产权基础上的一种较为精致的资产阶级民主。从实践的角度看，正如有的学者所指出的，它不过是一种"鸟笼民主"、一种"去势的、去功能化"的民主，而非真正的人民民主。因此，宪政民主并不是什么"普世民主"或"普世价值",我们不应将宪政民主理论简单地移植到社会主义民主研究的语境中,更不能用其来指导我国的政治发展和政府改革。

(作者单位:云南民族大学法学院)
(原载《政治学研究》2010年第1期)

从"占领华尔街"看"美式民主"的非民主本质特征

宋小川

起始于 2011 年 9 月 17 日美国华尔街"自由广场公园"的"占领华尔街"运动,在短短几个月的时间席卷欧美大地。抗议者的矛头直指以美国为首的西方社会政治、经济不平等,高失业率、公司贪婪和腐败,特别是金融寡头对美国内政外交的控制和影响。抗议者们最响亮的口号是:"我们是99%",直述美国社会1%最富有人口与99%人口在收入和财富等方面日益扩大的差距。

风起云涌的"占领华尔街"运动无疑是对"美式民主"的挑战。以美国为代表的西方民主制度实行200多年来,尽管被冠之为最优的制度设计,代表了普世的价值理念,但对于其内在的缺陷,政治学家们是心知肚明的。特别是近年来,两党政客出于政治需要,自觉和不自觉地将这些缺陷渲染夸大,挑战这些制度设计的法律、政治和道德的极限以及民众的心理底线和接受度,这些缺陷日益显露出来。

"占领华尔街"运动标志着"美式民主"模式运转的失灵。本文拟对五种广为流行的"美式民主"运转模式进行剖析,系统地揭露这些模式在实践中的扭曲和误导作用,并从平等、自由、人权和民主的关系等角度,揭露西方民主、自由和人权为本国少数特殊利益集团服务这一非民主的本质特征。

一 五种广为流行的"美式民主"运转模式

不可否认，美国民主政治制度的运转和操作模式有其积极的一面，比如联邦和地方政府提供满足民众需要的公共产品和服务，资助教育、基础科学研究、基础设施建设和环保工程等，但其在实践中的扭曲和误导也是昭然若揭的。

（一）为拉选票做空洞的许诺，愚弄选民，当选后以各种借口违背承诺

这种政客的空头许诺和食言与其说是司空见惯，不如说是无一例外。臭名昭著的是1992年大选时老布什总统"永不增税"的许诺——"读我的嘴皮子"和当选后食言的例子。政客们的空头许诺通常根据民意调查，对那些最受多数民众欢迎的议案作出大胆许诺，而不顾其可行性，当选后以各种借口违背或修改其承诺。林肯说过，"你可以永远愚弄一些人，你也可以暂时愚弄所有的人，但你无法永远愚弄所有的人"。但在选情非常接近的最后关头，"暂时愚弄一些人"足以胜出。

"竞选许诺"的广为流行，使得"中位数投票者"决定选举结果。通常选民们的偏好呈双尾分布，即便候选人的观点偏左或偏右，但为了赢得多数选票，他们也不得不违心地向中位数投票者的偏好靠拢，当选后再违背诺言。政客们的这种出尔反尔伎俩，使得越来越多的选民对政党政治产生厌恶感，导致近年来美国大选和中期选举的投票率呈日益下降的趋势。2008年美国总统大选的投票率只有63.6%，1960—1995年间美国国会选举的平均投票率只有54%。根据最新统计数字，2010年美国期中大选的投票率只有41.6%。20世纪90年代初，克林顿曾因丑闻被斥为"骗子"，一位著名主持人的脚注是，所有的政客都是骗子，克林顿堪称最大的骗子，因为他能够欺骗绝大多数选民而当选。

（二）特殊利益集团操纵选情，以伤害选民的利益为代价而获利

尽管现代西方民主采用的是一人一票制，但由于近一半的选民不去投票，而投票的选民又在很大程度上受到各种特殊利益集团操纵选票的影响，因此，这种一人一票制实质上是"美元投票制"的翻版。美国 NBC 电视台的晚间新闻中曾经有一个"剪美国羊毛"的系列专题报道，揭露美国的特殊利益集团如何通过政治献金和游说活动收买联邦和地方的议员，制定和通过相关法律和议案，从中获取巨额利益。

美国几个大的特殊利益集团有"大石油""大烟草"、全国步枪协会等。近年来石油集团、烟草公司的影响由于海湾漏油事件和烟草公司一系列诉讼案的败诉而转入低调，但全国步枪协会的影响却以维护公民的枪支拥有权为名日益扩大。克林顿曾因主张控制枪支而遭到全国步枪协会的致命攻击，戈尔也因类似的主张成为其竞选失败的一个重要原因。虽然美国的枪击事件与日俱增，但在近年来的大选中再也无人有勇气谈及枪击事件了。尽管奥巴马在竞选中低调回避控制枪支问题，美国的各大保守媒体却不断地恐吓选民：如果奥巴马当选，他会闯入美国的每一个家庭，夺走他们所拥有的枪支。在全国步枪协会铺天盖地的宣传和政治攻势面前，竟有越来越多的选民认同，枪击事件的不断发生是因为公民的枪支拥有率不足，如果更多的人拥有枪支，就能更好地保护自己，有效地阻止枪击事件的发生或减少枪击事件造成的伤亡率。

美国的特殊利益集团之所以如此猖獗，是因为他们的利益过于集中因而易于形成强大的势力集团。虽然他们通过游说活动得到的经济利益总和远远少于广大民众及纳税人损失的总和，但由于广大民众的利益过于分散，无法形成强大的游说集团与之抗衡。经典的例子是美国糖业的贸易保护政策。自 1816 年以来，美国政府对糖业种植主的保护政策使得美国糖的价格高出国际市场两倍、三倍甚至四倍多。据美国商务部的研究估算，美国消费者每年为此付出的损失超过了 30 亿美元。美国的糖业种植主仅有 1.1 万人，这种贸易保护政策相当于美国的消费者每年补贴每个糖业种植主 27 万美元。但对于3亿人口的美国来说，每个人的损失只有10美元，并且由于糖通常用作其他食品的原料，普通人是不会注意到其价格高出国际市场几倍多，而且也不会有人为了区区10美元去华盛顿游说国会。对糖业协会来说，只要游说的费用低于其超额垄断利润就值得这样做。美国糖业游说集团近200年慷慨的政治献金和游说活动，使得美国政客决心让消费者为"保护"糖业种植主承担任何负担和代价。在美国社会，只要有利益集团，就有游说活动。这种特殊利益集团对广大民众的掠夺不单单是少数人掠夺多数人的零和博弈，而且少数人的所得远远少于多数人所失，因为这种"寻租行为"产生了巨大的"效益损失"。据美联储达拉斯分行的统计数字，美国的贸易保护政策在苯型化工品业、皮箱行李业和软木业，平均为保护一个工作机会每年的成本超过了1亿美元，而服装和纺织业的年保护成本总额达336亿美元。

（三）各种地方议案名目繁多，混淆视听，劳民伤财

形形色色的利益集团雇用了大批的职业游说家，不断地炮制五花八门的地方议案来愚弄选民、从中获利。这些议案经过精心包装，措辞隐讳且极具蛊惑性、煽动性和误导性。反对方也会以同样的手段对其断章取义、恐吓选民。他们时常用名人和颇具影响力的政客支持提案的方式来拉选票，然后用铺天盖地的电话、传单、标语、报纸、电视广告宣传等对选民进行洗脑。在近年来盛行的"消极竞选"和"诽谤竞选"中，竞选双方花费巨额资金不是去宣传其候选人或议案可能会给选民带来的好处，而是使出浑身解数，用歪曲、夸大甚至恐吓等手段攻击对手，有针对性地渲染竞选对手的主张和议案对不同选民阶层可能带来的灾难性后果。近年来的竞选经费也年年刷新纪录，2010年11月美国的期中大选中，加州共和党州长候选人Whitman又以超过14亿美元的竞选支出刷新了美国州长竞选的经费纪录。

令人窒息的政治攻势迷惑了选民，使他们面临"两害相权取其轻"的无奈选择。多数选民或者对政治日益厌恶而放弃投票，或者盲目地追随他们的偶像，按他们所属的党派或工会的授意投票，而不了解他们投的票是否真正会给他们带来利益或符合他们的信仰。由于绝大多数选民没有时间和精力去搞懂五花八门的议案的真正含义，投票赞成的候选人和议案最终伤害选民自己利益的例子比比皆是。

（四）国内"民主"与国际独裁——借输出民主将本国利益凌驾于他国

美国政客在处理国内事务方面大谈民主、法制，但在国际事务中，当他们的利益与其他国家的利益发生冲突时，却避而不谈民主、法制，显然，其标榜的民主是为自己利益服务的。在许多重大的国际事务面前，他们不仅不遵守多数票规则，而且时常践踏国际关系的基本法则，粗暴地干涉别国内政，无视绝大多数国家和人民的意愿和根本利益。美国发动越战前，清楚地知道即将到来的公民投票结果会使胡志明领导的越共以压倒多数当选。由于这种民主制度不符合美国的全球战略利益，违反了他们的反共价值理念，于是，美国就一手发动了越南战争，把美国和越南人民带入了战争的深渊，而美国的垄断资本则趁机大发战争横财。人们记忆犹新的伊拉克战争也是同样，伊拉克本来没有大规模杀伤武器，美国却"深信不疑"，不顾联合国安理会的否决，公然违反《联合国宪章》，发动了伊拉克战争，造成了十几万无辜人民的死亡。原因很简单，因为伊拉克有美国需要的石油。

在对华政策上也是同样，美国政客清楚地知道绝大多数中国人民是反对"台独"和"藏独"的，但却以人权卫士自居，在"台湾"和"西藏"问题上不断干涉中国的内政。美国的所谓"对台关系法案"，名义上是保卫台湾的"民主、自由"，实质上除了在对华政策上打台湾这张牌外，主要是美国南部几个州的议员从对台"军售"中每年可为本州获得巨额利润。令人啼笑皆非的是，几年前联合国选举了一个美国不喜欢的拉美国家为联合国人权委员会成员国，美国竟以拒绝支付联合国会费要挟联合国推翻这一选举结果。这种公然践踏国际关系基本法和最基本民主原则的无赖嘴脸，让我们看清了这样一个事实：美国的民主定义并不是各国的事务由各国人民自己决定,也不是世界事务由世界人民决定,而是应当由美国人、美国政府归根结底由美国的利益集团决定。美国的特殊利益集团将自己的根本利益和意愿凌驾于美国人民、世界各国人民的利益之上,这就是美式民主的真谛。

(五) 为拉选票,转嫁国内矛盾,在国外寻找替罪羊

在近年来的这场全球金融危机中,房地产泡沫的破灭和日益严峻的失业问题使得越来越多的美国选民失去房屋和工作,"美国梦"化为泡影,满腹怨气无处发泄。随着火药味越来越浓的选战日近冲刺,两党政客们趁机借题发挥,使许多选民失去理性、近于疯狂。美式民主、制度和种族的优越感使他们再也无法保持冷静并深刻地反省自身,从社会、文化、制度中挖掘失业问题的深层原因,而是气急败坏地从新崛起的国家,特别是那些与他们的经济、政治制度、文化和价值观念不同的国家中寻找替罪羊。他们无法理性地接受一个长期被打压的东方大国正在崛起这一事实,竟然把他们的寅吃卯粮文化归罪于中国的勤俭持家传统。在2010年底的G20峰会上,他们声称目前世界贸易的不平衡是顺差国家而不是逆差国家造成的,应该由顺差国家承担责任。这就像一个输了钱的赌徒责怪借钱给他的人一样,这种赌棍逻辑遭到了中国、德国、俄罗斯、巴西等许多国家的谴责。

中国经济的强力反弹和回升,特别是近两位数字的增长率,招致了以美国为首的西方世界的嫉恨,他们纷纷指责中国用"操纵汇率"手段抢了他们的饭碗。据美国《纽约时报》2010年10月9日发表的《中国在竞选广告中成了替罪羊》一文揭露,美国的两党候选人忽然间在竞选广告中找到了新的"恶棍"——中国。在美国2010年11月期中选举前一个月,至少有29位竞选人(其中19位民主党竞选人,10位共和党竞选人)直接和间接地在竞选广告中将美国的失业问题归罪于中国。他们或者指责竞争对手将美国的工作"出口"给中国,或者以祝贺的方式嘲讽对方挥霍美国纳税人的钱为中国创造就业机会。这种愈演愈烈的保护主义声浪和反华情结在美国历史上是史无前例的。俄亥俄州的国会议员在大幅广告中展现了一条巨龙,用汉语"谢谢"共和党的竞选对手。美中商会前主席 Robert A. Kapp 感叹道,他"从未见过中国被美国政客作为如此明显的拳击袋"。

二 从平等、自由和人权看西方民主的虚伪性和欺骗性

尽管目前世界上还没有一个具体、普遍接受的民主定义,平等、自由和人权被普遍认为是民主制度的基本特征。平等是民主的前提,所谓"天赋人权",应当是所有的人,不分种族、肤色、性别、信仰、国界和文化,都享有同等的权利。而在西方国家的实践中,民主、自由和人权,包括投票权却采用了双重甚至多重的标准,人们拥有的权利和自由程度取决于他们的性别、种族、宗教信仰、民族和社会经济地位以及文化背景和价值取向。这些不平等和歧视渗透到社会生活的每一个角落,牵动着无数敏感的神经,充分暴露了西方民主和人权的虚伪性和欺骗性。

(一) 性别歧视

美国宪法开宗明义:"男人生下来就是平等的",但并不包括女人,直到 1920 年美国妇女才争取到普选权。而法国直到 1944 年,比利时、意大利等国家直到 1946 年,女性才争得了普选权。最晚的欧洲国家是瑞士和列支敦士登,这两个国家的女性直到 1971 年和 1984 年才分别获得了普选权。女性获得了普选权并不意味着女性与男性在政治、经济、社会和文化诸方面获得了完全平等的地位,例如美国的女性收入只相当于男性的 77%,虽好于日本(50%),但远低于欧洲的一些国家。

(二) 种族歧视

美国的黑人几百年来曾是不享有任何人权的"黑奴",经过长期的争取黑人人权运动的残酷斗争,他们才摆脱了被奴役的地位。林肯总统称《汤姆叔叔的小屋》的作者斯托夫人为"酿成一场大战的小妇人",但实际上酿成这场大战的并非这位小妇人,而是 1857 年的斯科特诉桑弗特(Scott

V. Sandford）司法大案。在该案中，美国最高法院裁决黑奴不是美国公民，并以违宪为由废除了旨在限制奴隶制扩张的 1820 年《密苏里妥协案》。"这个判决不仅从宪法高度维护了奴隶制，而且激化了本来已尖锐对立的南北争执，堵塞了以妥协手段解决南方奴隶制问题的道路，对南北战争的爆发起到了推波助澜的恶劣作用。"在美国社会，至今黑人、西裔等其他少数裔仍被普遍认为在法律、教育和就业等方方面面受到歧视，无法与白人一样享有同等的权利。

（三）宗教歧视

尽管美国号称宗教信仰自由，但非基督教派受到普遍的排挤和打压。据统计，美国的基督徒占人口的 76%，但其国会议员几乎无一例外地自称信仰基督教。很难相信在可预见的未来，美国会选举一个穆斯林或佛教徒的国会议员或总统。尽管奥巴马总统一再强调他是个基督徒，然而把他描述为"隐藏的穆斯林"已成了他的政敌攻击他的撒手锏。奥巴马总统不断地呼吁国民提高"宗教宽容度"，所谓的"宽容"，本身就意味着其他宗教被排挤、被打压的地位。美国历届总统每年国情咨文的最后一句话都是"上帝保佑美国"，显而易见，这里的上帝指的是耶稣基督，而不是释迦牟尼或穆罕默德。家庭和私人聚会时的祈祷无可非议，而将其作为国情咨文的结语，等同于把基督教定为国教。

美国的反恐战争在很大程度上是一场宗教战争，战争双方的动机都来自或假借上帝的旨意。本·拉登从不讳言这是一场"圣战"。布什曾把反恐战争描述为"十字军东征"，尽管白宫发言人将之辩解为口误，但当布什后来被问及入侵伊拉克前是否征求过他父亲的意见时，他毫不犹豫地回答，他征求过上帝的意见。"9·11"事件后，美国对穆斯林的打压和迫害愈演愈烈，越来越多的美国人把穆斯林等同于恐怖主义分子。2004 年大选时，美国民主党候选人戈尔因访问过洛杉矶的西来寺，他与一些和尚和尼姑在一起的电视镜头成为布什阵营攻击他的电视广告。其画外音是不言而喻的：一个与和尚和尼姑混在一起的人怎么有资格做一个基督教至上之国的领袖呢？不幸的是，几个台湾尼姑也因用省吃俭用积攒的一点钱做"政治献金"而锒铛入狱。

（四）民族歧视

如前所述，在国际事务中，美国从来不认为其他国家人民特别是穆斯林、中东人和巴勒斯坦人，与美国人享有同等的权利。在一次国际人权研讨会上，一位著名的印度学者提出了这样一个发人深省的问题，如果能够加速第二次世界大战的结束（这是美国在日本投原子弹冠冕堂皇的理由），要以杀害几十万无辜的美国人，特别是美国的妇女和儿童为代价，美国是否会这样做呢？近年来美国在阿富汗袭击"基地"组织领导人而误杀平民的事件时有发生，没有人会相信任何美国政客有胆量以同样的借口去冒险误杀美国的平民。据媒体最近披露，美国科学家在1946—1948年间，把696名危地马拉囚犯或精神病患者当作白鼠，在他们毫不知情的情况下使他们感染梅毒，以便测试青霉素的功效，令人触目惊心。不管口头上承认与否，美国人在骨子里从来都认为他们与其他国家人是不同的，他们的血统、价值观念是优越的，应当凌驾于其他民族之上。看来，世界范围内的人权运动，与马丁·路德·金在美国领导的人权运动一样，阻力仍然来自美国。

（五）政治平等与经济不平等

政治上的平等与经济上的平等是无法分离的。经济上的不平等决定了富人比穷人有更多的话语权，他们可以运用巨额资金，通过掌控的游说集团、媒体，使用前面提到的各种手段来选举他们的代言人或通过对他们有利的法案和议案，获取巨大利益。"钱能生权，权又能生更多的钱。"（约瑟夫·斯蒂格利茨）根据美国人口普查披露的最新资料，美国的贫困率已由2009年的14.3%增加到2010年的15.1%，生活在贫困线以下的人口由2009年的4360万增加到2010年的4620万，是该统计数字公布52年来的最大人口数量。美国20%最富有家庭的收入占全国家庭收入的份额达到

50.2%，其中5%最富有家庭的收入占全国家庭收入的份额达到21.3%，而20%最贫困家庭的收入占全国家庭收入的份额只有3.3%。美国的基尼系数也由1970年的0.394提高到2010年的0.469。据美国劳工部的预测，按此趋势，美国的基尼系数2043年会达到0.546。

三 关于民主和人权的几点思考

（一）西方的民主和人权是为其经济和政治利益服务的

如果说，在国与国交往中，没有永久的朋友，只有永久的利益，那么，美国在处理国际关系时，所标榜的民主、人权完全是为其经济和政治利益服务的。美国为了自身的利益支持其他国家的独裁者，操纵、控制甚至发动政变推翻民选合法政府的事件屡见不鲜。20世纪70年代末，美国为了与苏联抗衡，主动与中国建交，三十余年后中国在政治、经济和民主人权各方面取得了令人瞩目的成就和进步，美国却不断以"民主、人权"为借口干预中国的内政，这显然是为其全球战略利益服务的。奥巴马总统最近声称，美国在世界上的废气排放量居第二，却不提美国的人均排放量相当于中国的四倍、美国累计的排放量居世界之首的事实。2010年底，美国政府又向世界贸易组织起诉中国政府补贴太阳能和风能等环保行业，使美国的环保业在竞争中处于不利地位，这与奥巴马政府倡导绿色经济、反对温室效应的理念大相径庭。

美国这个国家从产生那天起，就是靠掠夺和屠杀印第安人起家，"用血与火写入人类编年史的"。这种充满邪恶的发家史和建国史造成的自卑感演变到今天，使得美国人无论做什么事情都要进行正义与否的争辩，最终的是非曲直判断更多的是基于辩术和许多荒谬的法律条文而不是确凿的事实。这也是为什么美国建立和发展了如此庞大、复杂的司法机构和司法程序的原因。1998年，以向中国出售核机密、威胁国家安全为由，美国华裔科学家李文和被逮捕入狱达9个月之久，但美国联邦调查局最后的调查结果却是，除了他是中国人外，"没有丝毫的证据"。滑稽的是，李文和是个来自台湾的科学家,按美国的逻辑,中国政府获得了核武机密后首先要对付的是台湾,因此,李文和比任何其他人都没有向中国大陆出售核武机密的动机。这与其说是无知,不如说是一种政治游戏。每当需要用中国作为靶子时,美国就会把台湾人说成是中国人,每当他们要打"台独"牌时,就会强调台湾人不是中国人,这种把戏在美国媒体运用得已是如此娴熟。

旷日持久的反恐战争也让世界人民进一步看清了西方民主、人权为其经济、政治、军事和战略利益服务的本质。尽管美国和其盟国在世界各地喋喋不休地兜售民主选举,但却气急败坏地将巴勒斯坦民选的合法政府——哈马斯政权宣布为恐怖主义组织。美国及其盟国在近一个时期的中东动乱中立场左右摇摆、见风使舵。在利比亚局势动荡之际,刚刚与利比亚经济升温的法国一反常态,第一个承认利比亚反政府武装,并率先对利比亚发动了空袭。一个重要的原因是,萨科齐此前被法国公众批评对突尼斯和埃及事态反应迟钝,为修补形象以赢得2012年的大选,萨科齐以此举做政治赌注。奥巴马选择击毙本·拉登的时机和其后声望的一路上升无疑为大选捞取了政治资本。美国最著名的保守派电台主持人 RushLimbaugh 在穆巴拉克倒台前,曾不厌其烦地告诫美国政府不要抛弃盟友穆巴拉克,不要支持由穆斯林极端组织"穆斯林兄弟会"操纵的反对派,不要上了"基地"组织的圈套。然而,就像伊拉克战争后没有找到"大规模杀伤武器"时一样,美国人虽然已经意识到上当受骗,吕伯奢已死,只能将错就错,杀其全家。可谓"宁可我负天下人,绝不让天下人负我"。

(二) 关于美国的言论自由

美国尽管自诩言论自由,但有许多禁区,涉及所谓的国家安全、种族等敏感问题,言论自由在那里会付出极大的代价。美国的许多名人曾因不小心谈论这些话题而被迫辞职、遭解雇的例子比比皆是。美国著名电视节目主持人 BillMahr 因把美国入侵伊拉克描述为"懦夫"的行为而被解雇;"9·11"事件后,一位纽约的律师因穿一件带有"给和平一个希望"口号的T恤衫被逮捕;一位出租车司机因把自己名字的拼法说成是"毁灭美国"（David-DestroyAmerica）被监禁。许多因有反犹太（anti-Semite）言论而丢了饭碗的政客、名人不胜枚举。最近闹得沸沸扬扬的维基解密事件证明，在美国这个"自由的国度"并没有什么信息自由。美国国务卿希拉里在2010年"谷歌事件"发生时曾振振有词地宣称，"充分的网络信息能够帮助人们发现事实，也让政府更加有责任感"。希拉里的这番评论用来解读和抨击英美和瑞典联手封锁信息、关押阿桑奇的卑劣行径，再恰当不过了。

美国的媒体自由有着浓重的商业色彩。在激烈竞争、优胜劣败的媒体行业，为了提高收视率，美国各大媒体基本上只报道听众喜欢的新闻，以迎合听众的喜好。笔者在美国生活了二十多年，几乎每天都花几个小时的时间阅读报纸、看电视新闻。我的感觉是，美国新闻中有关中国的报道几乎80%是负面的，其中50%是歪曲事实、凭空捏造。如果某电视台客观公正地报道中国取得的巨大成就，特别是在民主、人权方面的进步，相信很快就会失去绝大多数听众而赔钱。正是几十年来美国媒体受政客操纵，对广大民众进行政治洗脑，将中国妖魔化，构成了美国对华敌视政策的政治基础。

（三）民主和人权是个历史的过程

民主和人权的概念经历了一个发展和演变的历史过程。世界上并不存在着普世、永恒的民主和人权标准，就像我们不能用今天的民主和人权标准去评判历史事件一样，我们也不应当简单地用发达国家的标准来衡量发展中国家的民主和人权状况。如果按今天的标准，美国独立战争时期的总统华盛顿曾"拥用"大批的黑奴，应当以地道的种族主义分子罪名判刑入狱。同样，在前面提到的斯科特诉桑弗特案中，"被尊为镇国之柱的美国最高法院为何会做出这种在今天看来是荒谬绝伦的司法判决呢，被誉为社会良心和公平正义化身的最高法院大法官为何会容忍和保护像奴隶制这样不可思议的邪恶呢"，也是有其深刻的历史原因的。美国长期以来以关心西藏"民主、人权"为借口，支持"藏独"分子，难道达赖统治下的西藏，奴隶主可以随意割人舌头、挖人眼睛，用头颅作碗、用大腿骨作号角的制度是更民主、更自由、更博爱的制度？直至今日，美国的"人权卫士"们仍然采用双重的标准，尽管他们在国内倡导所谓的"政教分离"，但他们在吹捧达赖为西藏"精神领袖"的同时，支持达赖的所谓西藏"流亡政府"。这种"己所不欲，却施予人"的两面手法进一步暴露了美国政客们割断历史，用人权、民主为大棒，为其政治、外交利益服务的丑恶嘴脸。

（四）真正的民主和人权只有在全世界范围内才能实现

一国的民主是以本国的所有国民拥有平等的权利包括投票权为先决条件的。但是各国的利益不断地发生冲突，近代史上各个"民主"国家因利益冲突导致连绵不断的战争说明，真正的民主、人权只有在世界范围内才能实现。美国要想真正成为世界上最伟大的国家，必须率先承认和履行，国家不分大小、公民不分国界、种族、性别、信仰和贫富，都享有同等的权利，首先是投票决定自己和全球事务的权利。没有全球范围的大民主就没有一国的小民主，只有通过全球范围的人权运动，才能真正实现马丁·路德·金之梦。借用马克思的一句话来说，"无产阶级只有解放全人类，才能最后解放自己！"

（作者单位：重庆工商大学长江上游经济研究中心）

（原载《马克思主义研究》2012年第3期）

从列宁对"一般民主"的批判看"普世价值"

蔡亚志

"一般民主"或"纯粹民主",是第二国际机会主义者流行的小资产阶级观念。列宁运用马克思主义的立场、观点和方法,正本清源,对"一般民主"进行了有针对性的科学批判。赫鲁晓夫的修正主义观点,特别是戈尔巴乔夫的"新思维"以及"人道的民主的社会主义",与"一般民主"渊源颇深,关涉极大。重温列宁对"一般民主"的批判可以帮助深刻认识"普世价值"论的理论错误和实践危害。

一 列宁对"一般民主"的批判

"一般民主"具有多种名称。列宁在批判"一般民主"时,也把它并称为"纯粹民主",将二者在同等意义上对待。他把"一般民主"还称为"绝对的"民主[1]、"彻底民主"[2]、"和平的民主"[3]、"一切民主"[4]、"全民

---

[1] 参见《列宁选集》第4卷,人民出版社1995年版,第68页。
[2] 参见《列宁全集》第38卷,人民出版社1986年版,第6页。
[3] 参见《列宁全集》第37卷,人民出版社1986年版,第432页。
[4] 参见《列宁选集》第2卷,人民出版社1995年版,第748页。

的、全民族的、普遍的、超阶级的民主"①、"非阶级"的民主②，并指出，"一般民主"或"纯粹民主"，是马克思、恩格斯所批判过的"自由的人民国家"的另一说法。列宁对"一般民主"或"纯粹民主"的批判，主要体现在以下几方面：

（一）批判"一般民主"或"纯粹民主"的"超阶级性"

1918年，第二国际的机会主义代表考茨基出版《无产阶级专政》一书。考茨基在该书中"按自由主义观点③提出问题，只谈一般民主"④。他借口维护一般"民主""纯粹民主"，反对无产阶级专政，说什么"按字义来讲，专政就是取消民主"⑤。列宁指出，根本就不存在什么一般"民主""纯粹民主"。"无论在自然界或社会中，'纯粹的'现象是没有而且也不可能有的……纯粹这个概念本身就是人的认识的一种狭隘性、片面性，表明人的认识不能彻底把握事物的全部复杂性。"⑥他指出："对自由主义者来说，谈一般'民主'是很自然的。马克思主义者却决不会忘记提出这样的问题：'这是对哪个阶级的民主？'"⑦"如果不是嘲弄理智和历史，那就很明显：只要有不同的阶级存在，就不能说'纯粹民主'，而只能说阶级的民主（附带说一下，'纯粹民主'不仅是既不了解阶级斗争也不了解国家实质的无知之谈，而且是十足的空谈，因为在共产主义社会中，民主将演变成习惯，消亡下去，但永远也不会是'纯粹的'民主）。"⑧民主的阶级性是列宁民主概念的核心。持"一般民主"或"纯粹民主"观点的论者，

---

① 参见《列宁选集》第3卷，人民出版社1995年版，第721页。
② 同上书，第686页。
③ 所谓自由主义观点，主要是指资产阶级妄想用和平的、和谐的办法，不得罪任何人，与封建专制妥协，不经过激烈的、彻底的阶级斗争，就能够在政治自由方面，在广大劳动人民的地位方面，得到某些重大的改善（参见《列宁选集》第2卷，人民出版社1995年版，第297、298页）。
④ 《列宁选集》第3卷，人民出版社1995年版，第591页。
⑤ 考茨基：《无产阶级专政》，生活·读书·新知三联书店1963年版，第24页。列宁参考的版本是这样说的："按本义来讲，专政这个词意味着消灭民主。"（参见《列宁选集》第3卷，人民出版社1995年版，第592页）
⑥ 《列宁选集》第2卷，人民出版社1995年版，第483页。
⑦ 《列宁选集》第3卷，人民出版社1995年版，第593页。
⑧ 同上书，第600—601页。

其根本错误就在于，他们认为有一个超阶级或非阶级的，涵盖全民（即全体居民、公民、人民）的民主概念。

在历史上，"民主"一词源于古希腊语。"民主"（democracy）由 demokratia 演变而来，由 demos（民众、人民）和 kratos（统治）两部分组成，意思是人民的权力、人民的统治或人民当家作主。

列宁在使用民主这个概念时，也同意历史上关于民主是"人民的权力"或"人民的统治"这个解释。他在论述君主制和共和制，贵族制和民主制的区别时曾说："君主制是一人掌握权力，共和制是不存在任何非选举产生的权力机关；贵族制是很少一部分人掌握权力，民主制是人民掌握权力（民主制一词按希腊文直译过来，意思是人民掌握权力）。"① 他还说："民主就是人民的统治。"② "民主是多数人的统治。"③ 在这些场合，列宁是从民主这个概念原始的、直接的意义上来使用的。

但是，列宁扬弃了古希腊民主制关于民主就是"人民的统治"的内涵。他指出，民主在实质上，是统治阶级当家作主，而不是统治阶级与被统治阶级共同当家作主。

就享有古代民主灯塔盛誉的雅典城邦为例，在繁荣时期，其境内人口约 40 万，其中奴隶 20 万，外邦侨民 3.2 万，公民及其家属 16.8 万。有权参加议事和审判的公民约 4 万，仅占人口总数的 1/10。正如列宁所指出的，"奴隶占有制共和国按其内部结构来说分为两种：贵族共和国和民主共和国。在贵族共和国中参加选举的是少数享有特权的人，在民主共和国中参加选举的是全体，但仍然是奴隶主的全体，奴隶是除外的"④。奴隶始终是被压迫阶级，不仅不算是公民，而且不算是人，没有任何权利，"法律只保护奴隶主，只把他们看作是有充分权利的公民"⑤。显而易见，古希腊政治家、思想家们讲的"人民统治"，实际上是奴隶主的统治。他们讲

---

① 《列宁选集》第 4 卷，人民出版社 1995 年版，第 32 页。
② 《列宁选集》第 3 卷，人民出版社 1995 年版，第 65 页。
③ 《列宁全集》第 22 卷，人民出版社 1990 年版，第 53 页。
④ 《列宁选集》第 4 卷，人民出版社 1995 年版，第 32—33 页。
⑤ 同上书，第 32 页。

的民主，实际上是奴隶主的民主。在农奴制社会中，"当时的国家形式也是多样的，既有君主制也有共和制（虽然远不如前者明显），但始终只有地主—农奴主才被认为是统治者。农奴制农民根本没有任何政治权利"[①]。所以说，农奴制社会的民主，是地主—农奴主阶级的民主。在资本主义社会，资产阶级是统治阶级，资本主义社会的民主是资产阶级的民主，无产阶级和广大劳动人民实际上被排斥在民主之外并没有当家作主的权利。无产阶级夺取国家政权之后，无产阶级成为统治阶级，无产阶级政党领导人民当家作主，剥削阶级被排斥在民主之外。

质言之，只要存在阶级，就有哪个阶级"当家作主"、哪个阶级"被统治"的问题，就谈不上什么"一般民主""纯粹民主""全民民主"。在无阶级的社会里，生产资料由全社会共同占有，一部分人无偿占有另一部分人的劳动以及一部分人对另一部分人的政治统治，就既无必要也无可能，那时，民主即由哪个阶级当家作主的问题已经消亡，当然也谈不上什么"一般民主""纯粹民主""全民民主"。这是列宁研究民主问题根本的方法论。

（二）揭露"一般民主"或"纯粹民主"

关于全民自由、平等的观点的欺骗性持"一般民主"或"纯粹民主"观点的论者，不但认为民主是全部覆盖和普遍适用于全民（即所谓"普世""普适"）的，而且认为全民中的每一个人都是自由、平等的，就如同空气中随意飘浮的气体分子一样。在全民范围内，不分阶级，按照少数服从多数的原则，一人一票，多者胜出。这样一来，民主的阶级性就淡出了人们的视野，变得模糊甚至消失了，"民主的一般性"就成了理所当然的了，"民主的纯粹性"也就顺理成章了，民主就由"矢量"（即民主的阶级性）变成了"标量"（即民主的"超阶级"性）。所以，在批判"一般民主"或"纯粹民主"时，列宁往往把自由、平等作为与民主密切相关的问

[①] 《列宁选集》第4卷，人民出版社1995年版，第33页。

题来论证。① 他的基本观点是：自由、平等如果同劳动摆脱资本的剥削压迫相抵触，那就是骗人的东西②；只要阶级存在，自由和阶级平等就是资产阶级的欺人之谈③。列宁指出："人们通常认为'自由'和'民主'这两个概念是等同的，并且常常互相代用。……其实，民主是排斥自由的。"④全面领会列宁的思想，我们便可合乎逻辑地进一步得出结论："平等"与"民主"这两个概念并不等同，民主是排斥平等的。首先，在阶级社会，民主意味着统治阶级对被统治阶级的专政，自由是统治阶级的专利，民主所排斥的是被统治阶级的自由。其次，在阶级社会，被统治阶级不可能与享有民主权利的统治阶级平等。在剥削者执政的国家里，被剥削者不可能同剥削者平等；被剥削者夺取国家政权成为统治阶级后，被剥削者的国家必然要消灭剥削，改造剥削者，而这就是对剥削阶级不讲平等，把它排除于"民主"之外。⑤ 在无产阶级革命后的长时期内，"在一个阶级剥削另一个阶级的一切可能性没有完全消灭以前，决不可能有真正的事实上的平等"⑥。考茨基等人没有认识到资产阶级"民主仅仅意味着形式上的平等"⑦，法律意义上的平等。所以，列宁指出，苏维埃共和国刚一成立就抛弃了在国家问题上关于自由、平等的资产阶级谎言，公开声明说："你们把你们的国家叫作自由国家，其实只要私有制存在，你们的国家即使是民主共和制的国家，也无非是资本家镇压工人的机器，而且国家愈自由，这种情形就愈明显。欧洲的瑞士和美洲的北美合众国就是这样的例子。这两个都是民主共和国，粉饰得很漂亮，侈谈劳动民主和全体公民一律平等，尽管如此，任何地方的资本统治都没有像这两个国家那样无耻，那样残酷，

---

① 列宁指出，民主意味着平等，形式上的平等；"集会自由"可以看作是代表"纯粹民主"要求的典型口号；"出版自由"也是"纯粹民主"的主要口号之一。即使在最民主的资产阶级共和国，"自由""平等"即"纯粹民主"也是骗局（参见《列宁选集》第3卷，人民出版社1995年版，第695页）。
② 参见《列宁全集》第36卷，人民出版社1985年版，第334、340页。
③ 参见《列宁全集》第37卷，人民出版社1986年版，第101页。
④ 《列宁全集》第31卷，人民出版社1985年版，第155—156页。
⑤ 参见《列宁选集》第3卷，人民出版社1995年版，第608、609页。
⑥ 《列宁选集》第3卷，人民出版社1995年版，第611页。
⑦ 同上书，第201页。

那样露骨。"① 在共产主义社会，实现了生产资料的社会所有，消灭了阶级和阶级差别，国家消亡了，民主发展到极致，同时也意味着民主的消亡。人类社会才能组织成为"自由人的联合体"，实现由必然王国向自由王国的跨越；在物质财富多如泉涌的基础上，在消灭了阶级的前提下，平等才有物质保障，才会逐渐由形式上的平等进到事实上的平等。正因如此，列宁才说："消灭国家政权是包括马克思在内并以他为首的一切社会主义者所抱的目的。不实现这个目的，真正的民主即平等和自由就无法实现。"②他在这里所说的"真正的民主"，是指民主不再具有阶级性和政治含义的共产主义社会。

民主、自由和平等从来都是具体的、历史的。列宁历来反对笼统地、抽象地大谈一般"民主""自由"与"平等"③。他指出："只要阶级还没有消灭，对于自由和平等的任何议论都应当提出这样的问题：是哪一个阶级的自由？到底怎样使用这种自由？是哪个阶级同哪个阶级的平等？到底是哪一方面的平等？"④

列宁提示我们要认清资本主义的自由、平等的实质。他指出："即使在最自由最民主的共和国中，'自由'和'平等'只能表现为而且从来就表现为商品所有者的平等和自由，资本的平等和自由。马克思在他的所有著作中，特别是在《资本论》中，千百次地阐明了这一点，嘲笑了对'自由和平等'的抽象理解，嘲笑了看不到这一点的边沁分子的庸人，揭示了这些抽象概念的物质根源。"⑤因此，"在资产阶级制度下（就是说只要土地和生产资料的私有制继续存在），在资产阶级民主下，'自由和平等'只是一种形式，实际上是对工人（他们在形式上是自由的和平等的）实行雇佣奴隶制，是资本具有无限权力，是资本压迫劳动。这是社会主义的起码

---

① 《列宁选集》第4卷，人民出版社1995年版，第39页。
② 《列宁选集》第3卷，人民出版社1995年版，第701页。
③ 参见《列宁全集》第36卷，人民出版社1985年版，第335页。
④ 《列宁全集》第39卷，人民出版社1986年版，第423—424页。
⑤ 《列宁全集》第36卷，人民出版社1985年版，第361—362页。

常识"①。

(三) 揭露把民主抽象地解释为少数服从多数的观点的荒谬性

第二国际的机会主义代表考茨基提出，在现代民主（即资产阶级民主）中，"民主意味着多数派的统治。但是民主同样也意味着保护少数派"②。"无产阶级的最有效的武器就是它的人数。"③"通常只有在无产阶级构成居民大多数或者至少受到大多数居民支持的地方，无产阶级才会取得政权。"④ 这就是说，在考茨基看来，在资本主义社会，无产阶级应该而且可以按照少数服从多数的原则即"民主"的方法取得国家政权。

列宁高屋建瓴地指出，在民主问题上，"以被剥削者和剥削者的关系为基础"来推论，是马克思主义观点、社会主义观点；而"以多数和少数的关系为基础"来推论，是自由主义观点、资产阶级民主主义观点。他在1917年写的《国家与革命》中阐明了："民主和少数服从多数的原则不是一个东西。民主就是承认少数服从多数的国家，即一个阶级对另一个阶级、一部分居民对另一部分居民使用有系统的暴力的组织。"⑤ 当然，"我们并不期待一个不遵守少数服从多数的原则的社会制度"⑥。也即是说，民主的首要和核心的问题是哪个阶级当家作主，即民主的国体问题；然后才谈得上在统治阶级内部通过实行少数服从多数原则，决定政权的组织形式，即民主的政体问题。

列宁还指出："如果以为在比较深刻的、重大的革命中，可以简简单单地用多数和少数的关系来解决问题，那就是最大的愚蠢，就是庸俗的自由主义者的最愚蠢的偏见，就是欺骗群众，就是对群众隐瞒明显的历史真理。……剥削者没有在最后的、拼命的战斗中，在多次战斗中试验自己的

---

① 《列宁全集》第36卷，人民出版社1985年版，第362页。
② 考茨基：《无产阶级专政》，生活·读书·新知三联书店1963年版，第17页。
③ 同上书，第16页。
④ 同上书，第26页。
⑤ 《列宁选集》第3卷，人民出版社1995年版，第184页。
⑥ 同上书，第184—185页。

优势以前,决不会像甜蜜蜜的傻瓜考茨基所甜蜜蜜地幻想的那样,服从被剥削者多数的决定。"① 也就是说,在革命中,无产阶级要把夺取和巩固无产阶级政权作为首要的原则和目标,把阶级利益,即把劳动摆脱资本剥削压迫的利益放在首位,不能被少数服从多数的原则模糊了视线,作出错误的决策。

列宁还一针见血地揭穿了考茨基关于民主意味着"保护少数派"的错误。他指出:"博学的考茨基先生'忘记了'一件'小事情',就是资产阶级民主国的统治党仅仅对其他资产阶级政党才保护少数,而对无产阶级,则在一切重大的、深刻的、根本的问题上,不仅不'保护少数',反而实行戒严或制造大暴行。"②

总之,不能仅仅局限在与专制独裁相区别、相对立的意义上来理解民主。民主的实质是统治阶级当家作主,这是民主的第一要义。少数服从多数,多数保护少数的原则,事实上只适用于统治阶级内部。

(四) 揭露所谓全民投票选举的虚假性

少数服从多数的原则怎样体现呢?自由的、平等的、覆盖全民的民主怎样运行呢?考茨基认为,方法就是通过全民投票的选举。以普选来决定哪个阶级执掌政权,这样的民主才"纯粹"。

因此,他把普选制看作一个政权"最可靠的基础"、"伟大道义权威的深刻泉源"③。列宁指出:"由投票决定,这就是和平的民主或纯粹的民主的实质。事实上,在资产阶级民主制度下是由金钱决定。在摆脱资本、推翻资本时是由阶级斗争、国内战争决定。"④ 所以,不应把公民投票与民主混为一谈,民主不是简单地实行普选,普选也不意味着各阶级地位的平等。在资本主义国家,"普选制不能而且永远不会提供更多的东西"。那种认为

---

① 《列宁选集》第3卷,人民出版社1995年版,第612页。
② 同上书,第604页。
③ 考茨基:《无产阶级专政》,生活·读书·新知三联书店1963年版,第27页。
④ 《列宁全集》第37卷,人民出版社1986年版,第432页。

普选制"在现今的国家里"能够真正体现大多数劳动者的意志,并保证实现这种意志的想法是荒谬的。① "资产阶级专政是用立宪会议、各种选举原则、民主以及资产阶级的其他骗局掩盖起来的。这些东西都是用来迷惑傻瓜的,只有彻底成为和完全成为马克思主义叛徒、社会主义叛徒的人,现在才会把它们奉为至宝,用它们向人夸耀。"②

(五)批判把民主与专政对立起来的形而上学观点

为了反对无产阶级专政,考茨基说,"两个社会主义派别之间的矛盾",是"两种根本不同的方法之间的矛盾:即民主的方法和专政的方法"③,"按字义来讲,专政就是取消民主"④。列宁指出,统治阶级当家作主与对被统治阶级实行专政是有机统一的。民主与专政相互依存,没有民主就没有专政,没有专政也就没有民主。列宁驳斥了考茨基所说的"按本义来讲,专政这个词意味着消灭民主"的论调。他指出:"专政不一定意味着消灭对其他阶级实行专政的那个阶级的民主,但一定意味着消灭(或极大地限制,这也是消灭方式中的一种)被专政的或者说作为专政对象的那个阶级的民主。"⑤ 所谓民主,是统治阶级当家作主;所谓专政,是对被统治阶级的反抗实行镇压。所以,说民主,要明确是哪个阶级当家作主;说专政,要明确是对哪个阶级的专政。不能孤立地、笼统地谈(一般)民主,也不能孤立地、笼统地说(一般)专政。统治阶级内部越民主,越有利于对被统治阶级实行专政。

从哲学视角看,民主与专政是一体两面的东西。考茨基在方法论上的错误在于,他把同一事物内部既对立又统一的两方面,看成了绝然对立、水火不容的两个事物,将民主与专政割裂开来;他只谈"一般的、抽象的

---

① 参见《列宁选集》第3卷,人民出版社1995年版,第121页。
② 《列宁全集》第35卷,人民出版社1985年版,第429页。
③ 参见考茨基《无产阶级专政》,生活·读书·新知三联书店1963年版,第1页。列宁参考的版本是这样说的:"两个社会主义派别(即布尔什维克和非布尔什维克)的对立,是两种根本不同的方法的对立,即民主方法和专政方法的对立。"(参见《列宁选集》第3卷,人民出版社1995年版,第590页)
④ 考茨基:《无产阶级专政》,生活·读书·新知三联书店1963年版,第24页。
⑤ 《列宁选集》第3卷,人民出版社1995年版,第593—594页。

民主"与"一般的、抽象的专政",不说民主与专政的阶级性。一句话,他背弃了辩证法,拥抱了形而上学。

(六)揭穿"一般民主"或"纯粹民主"论的实质在于粉饰资产阶级民主,否定无产阶级专政

以考茨基为首的第二国际机会主义者,如此崇拜和鼓吹"一般民主"或"纯粹民主",其根本目的在于,一方面,粉饰资产阶级民主,掩盖资产阶级民主的专政实质。另一方面,反对无产阶级对资产阶级的阶级斗争和暴力革命,从而否定无产阶级专政。

所谓"一般民主""纯粹民主",是指资产阶级民主。列宁指出,考茨基之流,"都颂扬资产阶级民主,把它称为一般'民主',甚至更愚蠢更荒唐地称为'纯粹民主'"[①]。"'纯粹民主'是自由主义者用来愚弄工人的谎话",其主要目的之一是"回避现代民主即资本主义民主的资产阶级实质"[②],维护资产阶级专政。

将资产阶级民主称为"一般民主"或"纯粹民主",欺骗了许多善良的群众。民主以及"全民民主""一般民主""纯粹民主"概念本身,很容易模糊人们的视线。首先,民主这个概念,最容易令人产生错觉的地方在于,从这个概念本身看不出民主的实质是统治阶级当家作主,好像是全民当家作主。其次,将资产阶级民主称作"一般民主""纯粹民主",本来具有鲜明阶级性的资产阶级民主经过这么一抽象、提炼、"升华",阶级性消失了,似乎成了真正民主的代表和化身。

列宁指出,使用"一般民主"和"一般专政"概念的人,"站在非阶级的或超阶级的、似乎是全民的立场上提问题,就是公然嘲弄社会主义的基本学说——阶级斗争学说,那些投靠资产阶级的社会党人口头上承认这一学说,实际上却把它忘记了"[③]。考茨基在口头上承认阶级斗争,但是却

---

① 参见《列宁全集》第36卷,人民出版社1985年版,第295页。
② 参见《列宁选集》第3卷,人民出版社1995年版,第601页。
③ 《列宁选集》第3卷,人民出版社1995年版,第692页。

鼓吹"和平的阶级斗争方法"。他在1918年所著的《无产阶级专政》一书中说:"与资产阶级革命不同,无产阶级革命在民主已经生根的一切地方,都将以'和平的'经济上、法律上和道义上的手段来进行斗争。"① 也就是说,他主张无产阶级在资产阶级议会民主的框架内,按照少数服从多数的原则,通过选举来掌握国家政权,按照"一般民主"的方法来对待资产阶级,反对用革命暴力打碎资产阶级的国家机器并镇压资产阶级的反抗。列宁指出:"只有承认阶级斗争、同时也承认无产阶级专政的人,才是马克思主义者。……必须用这块试金石来检验是否真正理解和承认马克思主义。"②

"专政的必要标志和必需条件,就是用暴力镇压剥削者阶级,因而也就是破坏对这个阶级的'纯粹民主'即平等和自由。"③ "考茨基需要运用一切遁词、诡辩和骗人的伪造,正是为的避开暴力革命,为的掩盖他背弃这种革命的行为,掩盖他转到自由主义工人政策方面,即转到资产阶级方面的行为。"④

对资产阶级民主我们应有正确的认识。马克思主义一贯认为资产阶级民主有其历史进步性。但是,应看到,生产资料的资本主义私有制决定了资产阶级民主的历史局限性和欺骗性,"它始终是而且在资本主义制度下不能不是狭隘的、残缺不全的、虚伪的、骗人的民主,对富人是天堂,对被剥削者、对穷人是陷阱和骗局"⑤。因此,我们既要根据中国国情吸收、借鉴和利用资产阶级民主的有益成分,又决不能照搬照抄资产阶级民主制度。

"一般民主"或"纯粹民主"论是第二国际机会主义长期发展的产物。第一,"机会主义的主要内容就是阶级合作的思想"。"机会主义就是为着极少数工人的暂时利益而牺牲群众的根本利益,换句话说,就是一部分工

---

① 考茨基:《无产阶级专政》,生活·读书·新知三联书店1963年版,第21页。
② 《列宁选集》第3卷,人民出版社1995年版,第139页。
③ 同上书,第614页。
④ 同上书,第597页。
⑤ 同上书,第601页。

人同资产阶级联合起来反对无产阶级群众。"① 第二，具体而言，"保住和巩固自己的即小市民'上层'或工人阶级贵族（和官僚）的特权地位"和利益，是机会主义产生的内因，是机会主义的经济基础。"机会主义所扮演的真正角色就是资产阶级的同盟者"②，"是资产阶级在工人运动中的真正代理人，是资本家阶级的工人帮办"③。第三，存在决定意识，立场决定思想。工人贵族（和官僚）的生产生活环境、经济地位和利益，必然决定了他们同情、认同甚至崇拜资产阶级的生产方式、生活方式、意识形态及形形色色的价值观念，无视和抹杀资产阶级民主的阶级性，粉饰和掩盖资产阶级民主的欺骗性和虚伪性，把资产阶级民主美其名曰"一般民主""纯粹民主"。

二 关于苏联"人道的民主的社会主义"与我国的人道主义思潮

斯大林去世后，赫鲁晓夫成为苏共中央总书记。他提出的一整套修正主义观点，既与被列宁批得体无完肤的第二国际的错误思想和观点有许多共通之处，也为日后戈尔巴乔夫推出"新思维""人道的民主的社会主义"路线，最终导致苏联解体、由社会主义演变为资本主义埋下了伏笔。

（一）赫鲁晓夫全盘否定斯大林、否定阶级斗争和无产阶级专政学说，鼓吹"全民国家""全民党""全民民主"

赫鲁晓夫的错误观点主要表现在：

1. 把所谓"一切为了人、为了人的幸福"④作为党的纲领性目标，以人道主义作为苏共的政治意识形态和价值观。从俄国历史来看，俄国资产

---

① 参见《列宁选集》第2卷，人民出版社1995年版，第494、489页。
② 《列宁选集》第2卷，人民出版社1995年版，第504页。
③ 同上书，第582页。
④ 赫鲁晓夫：《关于苏联共产党纲领》，《苏联共产党第二十二次代表大会主要文件》，人民出版社1961年版，第298页。另见该书第111页。

阶级革命家曾打着人道主义的旗帜同封建专制进行斗争。但是俄国资产阶级革命民主主义者是把资产阶级的自由、平等、博爱看成全人类共同的人道主义价值观念，进而把它作为斗争的动力和目标的。赫鲁晓夫没有认识到人道主义的唯心主义错误和资产阶级政治本质，极力鼓吹抽象的人道和人性导致苏共和苏联的意识形态和政治价值观走上了蜕变道路。唯物史观在苏共的视野中消失了，似乎人道主义就是一切，阶级斗争，暴力革命，无产阶级专政则都成了需要反思、批判和抛弃的东西。

2. 宣布苏联已转变为"无阶级社会"，无产阶级专政的国家转变为"全民的国家"，马克思列宁主义的党转变为"全体人民的党"，无产阶级民主转变为"全民民主"。赫鲁晓夫对苏联的社会发展阶段作了错误的判断，他在苏共二十二大上说，社会主义社会关系正在逐渐发展为共产主义社会关系，苏维埃社会已经没有敌对阶级和阶级斗争了，"全民的国家——这是社会主义国家发展中的新阶段，是社会主义国家组织转变为共产主义社会自治的道路上的极重要的里程碑"①。"当社会主义在我国完全地和最终地获得了胜利之后，当我们进入了全面展开共产主义建设时期的时候，需要无产阶级专政的条件消失了，它的国内任务完成了。"② 因此，无产阶级专政的国家变成为全民的国家，"无产阶级民主正在变成全民的社会主义民主"③。在提出"全民国家"的基础上，赫鲁晓夫还提出"全民党"的理论。他在报告中说："作为工人阶级政党而产生的我们的马克思列宁主义的党，成了全体人民的党。"④

3. 在处理国际关系问题上，鼓吹无条件的"和平共处"论和"核时代"观，否定帝国主义的本性，淡化国际范围内的阶级斗争。他认为，在核武器出现以后，已经没有正义战争和非正义战争的区别了，"原子弹不

---

① 赫鲁晓夫：《关于苏联共产党纲领》，《苏联共产党第二十二次代表大会主要文件》，人民出版社1961年版，第352页。
② 同上书，第353—354页。
③ 赫鲁晓夫：《苏联共产党中央委员会向苏联共产党第二十二次代表大会提出的总结报告》，《苏联共产党第二十二次代表大会主要文件》，人民出版社1961年版，第120页。
④ 赫鲁晓夫：《关于苏联共产党纲领》，《苏联共产党第二十二次代表大会主要文件》，人民出版社1961年版，第399页。

遵循阶级原则","现今,任何战争,即使由普通战争、非核战争开始,也会变成毁灭性的火箭——核战争"①。因此,为了全人类的生存,为了全人类的利益,社会主义国家必须与帝国主义国家妥协。

(二)戈尔巴乔夫的"新思维"及"人道的民主的社会主义"是苏联演变的根本原因

戈尔巴乔夫主政以来,提出"新思维"和"人道的民主的社会主义"。主要观点是:

1. 以人道主义、一般民主为核心。戈尔巴乔夫说,"社会主义思想的核心是人,是人在摆脱了剥削和压迫的社会中的物质、精神和道德的全面发展"②,不能把人看作"党和国家机器的'螺丝钉'"③,"未来的社会就是实实在在的切实实施的人道主义"④,苏联正在建设的"不仅是人道的社会主义,而且是民主的社会主义"⑤。

2. 重申全民国家、全民党理论,主张"三权分立"。戈尔巴乔夫说,为了体现"全民国家"的精神,应实行人民的社会主义自治与代表制议会民主机制的辩证结合,保证行政权与立法权分开、司法权独立。他不仅否认而且坚决反对阶级观点、阶级斗争。他攻击无产阶级专政是"专制""独裁",鼓吹一般的、全民的民主。重申苏共是苏联社会的"政治先锋队",是按自愿原则联合苏联公民的全民的政治组织,是议会党。

3. 主张"国际关系人性化,人道主义化"⑥,"国际关系民主化"⑦,

---

① 参见《在战争与和平问题上的两条路线——五评苏共中央的公开信》,载《人民日报》1963年11月19日。
② 戈尔巴乔夫:《社会主义思想与革命性改革》,原载苏联《真理报》1989年11月26日。见《苏联东欧问题译丛》1990年第1期。
③ 同上。
④ 同上。
⑤ 同上。
⑥ 戈尔巴乔夫:《改革与新思维》,新华出版社1987年版,第177页。
⑦ 戈尔巴乔夫:《关于苏共二十七大决议的执行情况和深化改革的任务》,尧凌珊编《苏共第十九次全国代表会议文件和评论》,新华出版社1988年版,第29页。

"排除现代两大社会体系的对抗性"①。戈尔巴乔夫要求坚决抛弃与全人类共同价值相对立的简单化的阶级立场。他认为马克思"没有预见到未来的科技革命可能成为资本主义发展的新的泉源",也没有推测出社会主义与资本主义的长期共存"促使资本主义自我完善……使资本主义能够具有更大的力量,也能适应时代的挑战"②。因此,实行不同社会制度的国家应从对抗转为合作。

可见,戈尔巴乔夫与赫鲁晓夫的思想之间有直接的继承性。前者的观点直接来源于后者,又发挥了后者。他们的观点又与第二国际伯恩施坦及考茨基的修正主义观点一脉相承,是社会民主主义思想的继续。戈尔巴乔夫曾多次谈到自己是"二十大的产儿",说他这一代人的政治活动发端于苏共二十大。戈尔巴乔夫在《对过去和未来的思考》一书中,对第二国际的机会主义分子作了肯定,承认自己在对苏维埃政权的评价上,与他们在主要问题上有相同的认识。他说考茨基在十月革命后与布尔什维克首先是在民主问题上分手的,宣称考茨基是正确的。③ 考茨基、赫鲁晓夫以及戈尔巴乔夫的观点的共同之处,就在于鼓吹超阶级的、全人类共同的、一般的东西,而抽掉其具体的阶级内容,否定阶级斗争特别是无产阶级专政。

(三) 我国在20世纪80年代关于"人道主义与异化"的争论

20世纪80年代初,我国意识形态领域有一场关于人道主义与异化问题的争论。当时,有一股错误思潮,从抽象的人、人性和人道出发,抨击中国共产党和社会主义制度。他们认为马克思主义的出发点是人、人道主义,批判社会主义制度下所谓"人的价值的异化"。近几年,这种思潮的影响仍有一定市场,应引起我们的关注。

要弄清赫鲁晓夫、戈尔巴乔夫以及我国人道主义思潮的错误,有两个

---

① 戈尔巴乔夫:《社会主义思想与革命性改革》,原载苏联《真理报》1989年11月26日。见《苏联东欧问题译丛》1990年第1期。
② 同上。
③ 参见戈尔巴乔夫《对过去和未来的思考》,新华出版社2002年版,第45—47页。

根本问题回避不了，这就是如何认识人，如何认识民主。

首先应明确，没有抽象的人、人性和人道。唯物史观认为，人类为了生存和发展，必须满足自己的需要，因此必须进行物质生产劳动，在劳动过程中，必然结成一定的生产关系，从而形成一定的社会关系。从对生产资料占有关系的不同，人们划分为不同的阶级。所以，在现实世界，从来就没有抽象的人，只有从属于一定阶级、一定生产关系、一定社会关系的现实的人。因而在阶级社会，并不存在抽象的、全人类共同的人性和人道。马克思在对"真正的"社会主义进行批判时指出："他们不代表真实的要求，而代表真理的要求，不代表无产者的利益，而代表人的本质的利益，即一般人的利益，这种人不属于任何阶级，根本不存在于现实界，而只存在于云雾弥漫的哲学幻想的太空。"① 马克思还指出："人的本质不是单个人所固有的抽象物，在其现实性上，它是一切社会关系的总和。"② 列宁针对自由主义民粹派的思想领袖米海洛夫斯基所说的"社会学的根本任务是阐明那些使人的本性的这种或那种需要得到满足的社会条件"的论调，指出，这种说法是"以社会学自命的幼稚说教"。其次应明确，马克思主义并不否认作为伦理原则的人道主义，但反对作为社会历史观的人道主义。因为从根本上说，是生产关系与生产力、上层建筑与经济基础的矛盾运动而不是人性推动社会由低级向高级发展。正如列宁所指出的，"社会主义学说正是在它抛弃了关于合乎人的本性的社会条件的议论，而着手唯物主义地分析现代社会关系并说明现在剥削制度的必然性的时候取得成就的"③。

与"人"的问题紧密相关的是阶级、国家及党的问题。列宁的有关论述对我们看清"全民国家""全民党"的错误及危害具有重要指导作用。

列宁指出：现实的人是划分为阶级的，国家是阶级矛盾不可调和的产物。国家从来就是统治阶级的国家，当国家存在时，它就不是全民的；当

---

① 《马克思恩格斯选集》第1卷，人民出版社1995年版，第299页。
② 同上书，第56页。
③ 《列宁选集》第1卷，人民出版社1995年版，第52页。

国家是全民的时候，国家就不存在了。把"全民"与"国家"放在一起，本身就是一个错误。"'人民国家'像'自由的人民国家'一样，都是无稽之谈，都是背离社会主义的。"① 可见，赫鲁晓夫和戈尔巴乔夫的"全民国家"理论是站不住脚的。

列宁指出："资本主义社会中唯一真正革命的阶级是无产阶级。"② "党是阶级的先进觉悟阶层，是阶级的先锋队。"③ 赫鲁晓夫和戈尔巴乔夫的"全民党"的实质，是否定党的阶级性，与列宁的建党学说背道而驰。

"抽象的人性"与"抽象的民主""全民民主""一般民主"有着内在的逻辑关系。这些观点都早已受到列宁的批判。民主的实质，从来就是指统治阶级当家作主，说什么"一般民主""全民民主"，纯属无稽之谈。当国家存在时，民主是统治阶级的民主；当国家是全民的时候，国家就不存在了，"国家的消灭也就是民主的消灭，国家的消亡也就是民主的消亡"④。所以，永远也没有什么"全民民主"。

三 揭开"普世价值"的面纱

近几年，"普世价值"成了人们热议的一个话题。这个问题与列宁早已批判过的"一般民主"，以及"人道的民主的社会主义"有密切的关联。

何谓价值？何谓"普世价值"？简言之，价值是客体对于主体而言的有用性。普世价值是指普遍适用于全人类的、适用于任何时代的超时空的永恒的价值。

究竟有没有"普世价值"？在阶级社会里，人们隶属于不同的阶级，没有超历史的、超阶级的、一般的、抽象的人存在，而不同的阶级有不同的立场和利益，因而也就不可能形成超越不同阶级立场和利益的所谓"普

---

① 《列宁选集》第 3 卷，人民出版社 1995 年版，第 169 页。
② 《列宁全集》第 6 卷，人民出版社 1986 年版，第 376 页。
③ 《列宁全集》第 24 卷，人民出版社 1990 年版，第 38 页。
④ 《列宁选集》第 3 卷，人民出版社 1995 年版，第 184 页。

世价值"。现在有些人说的"普世价值"实际上是指西方资本主义的价值。我国一位领导同志一针见血地指出,所谓普世价值就是美国的价值,美国想用他们的价值观改造世界。

在人类历史的长河中,只有到了共产主义社会,消灭了生产资料私人占有制,消灭了阶级和阶级差别的时代,才能形成无阶级差别的全人类共同利益。因为,"代替那存在着阶级和阶级对立的资产阶级旧社会的,将是这样一个联合体,在那里,每个人的自由发展是一切人的自由发展的条件"①。这个"自由人的联合体",是所有人利益的真正共同体,到那时才会有全人类一致认同的"普世价值"。

当下某些人鼓吹的"普世价值"的核心是所谓"普世民主"或"一般民主""纯粹民主",实际上指的是西方资本主义民主及其制度模式。他们对资本主义顶礼膜拜,认为西方资本主义国家从理念到制度都已达到人类文明的顶峰,具有超阶级和超时空的"普世"性。他们说,民主、法治、自由、人权、平等、博爱,是人类共同追求的"普世价值",是具有普世意义的价值准则,由这些准则所规定的基本制度,是最高文明境界。西方的民主一经产生,就具有了普世意义。

他们把我党解放思想,以人为本误读和曲解为"普世价值"。认为解放思想就是要确立"普世价值",把解放思想解读为追求"普世价值";认为以人为本是个纲,要贯彻这个纲,就需要民主、自由、人权等一整套"普世价值","普世价值"不确立起来,就不会是以人为本。

宣扬"普世价值"的目的是什么?一言以蔽之,就是企图"西化"和"分化"中国,使中国的改革开放走上资本主义道路。

在认同、鼓吹"一般民主""普世价值"论的人中,大致有三种类型:第一类,国内外敌对势力企图以"一般民主""普世价值"为宣传工具,否定四项基本原则,把中国的改革开放引到资本主义道路。第二类,被"一般民主""普世价值"论所蒙骗,人云亦云,不明白其错在何处,看不

---

① 《马克思恩格斯选集》第1卷,人民出版社1995年版,第294页。

清其危害。列宁说："……还有一些头脑简单的人，他们常常由于考虑不周或者出于盲目的习惯维护在某些资产阶级人物中间占统治地位的观点。不，谁直接维护某些观点，这在政治上并不那么重要。重要的是这些观点、这些提议、这些措施对谁有利。"① 第三类，打着马克思主义的旗号偷运资产阶级的价值观。有论者在肯定资产阶级价值观的同时，又说马克思主义包括普世价值观，马克思、恩格斯所追求的未来的人类社会，正是实现了普世价值的社会。似乎马克思主义与普世价值不但不矛盾，而且是可以调和，互相包容的。对于这样的手法，列宁早就指出："科学的发展在提供愈来愈多的材料，证明马克思是正确的。因此要同他进行斗争就不得不加以伪装，不是去公开反对马克思主义的原理，而是假装承认它，却用诡辩来阉割它的内容，把马克思主义变为对资产阶级无害的神圣的'偶像'。"② 也就是说，通过把马克思主义偶像化、庸俗化，达到反马克思主义的目的。

历史已经证明并将继续证明，只要世界上还存在资本主义与社会主义两种制度的对立，只要资本主义还处于相对平稳的发展时期，没有出现全面的濒临灭亡的危机，只要无产阶级运动中有资产阶级豢养的已经"资产阶级化了"的工人贵族（及官僚）的存在，利用"一般民主""普世价值"这些看起来五彩缤纷、眼花缭乱，听起来婉转悦耳、似是而非的观念来麻痹无产阶级及广大人民群众的做法就不会停止，只要一有机会，就会沉渣泛起，蛊惑视听。这是一场没有硝烟的两种意识形态、两种价值观、两种制度的战争。

马克思主义理论工作者对资产阶级价值观的肆虐不应听之任之，对这场斗争，不应漠然视之。须知，"对斗争漠不关心，实际上决不是回避斗争，拒绝斗争或者保持中立。漠不关心是默默地支持强者，支持统治者"③。在西方势力总体强大且主导话语权的时候，如果我们立场不坚定，旗帜不鲜明，态度不坚决，客观上就是在支持西方敌对势力，把阵地拱手

---

① 《列宁全集》第23卷，人民出版社1990年版，第61页。
② 《列宁选集》第2卷，人民出版社1995年版，第470页。
③ 《列宁选集》第1卷，人民出版社1995年版，第676页。

让给资产阶级。让我们学习列宁对"一般民主"的批判，认清"普世价值"的错误和实质，深刻领会和坚持运用马克思主义的阶级观点和阶级分析方法，勇于和善于在这场没有硝烟的战争中履行自己应尽的职责。

（作者单位：中央财经大学马克思主义学院）

（原载《政治学研究》2010 年第 5 期）

无效民主与民主化研究背后的美国国家利益

张飞岸

无效民主是相对于有效民主生成的概念。有效民主顾名思义指的就是民主的有效性。经验数据表明，大多数发展中国家在第三波民主化过程中既没有解决政治腐败，也没有改善民众生活，更没有带来社会稳定。越来越多的人开始怀疑20世纪90年代初流行的公民社会解放东欧的观点，如今人们更多地认为，东欧转型是一场有利于精英并由精英主导的转型，在转型过程中，精英失去的只是锁链，得到的却是整个世界。对于其他地区发展中国家而言，民主化也没有像预期的那样与大众利益的扩张和国家的有效治理呈现稳定的相关性。从发展中国家民主化的实践效果来看，其主要成果仅仅表现为"选举民主"的确立和资本流动性的增强。前者尽管赋予了人民选择统治者的权利，但由于没有解决深层次的社会结构矛盾和形成不同阶级和族群之间共赢的经济增长模式和利润分配方式，这种选举权的竞争反而使阶级和族群之间的矛盾显性化，因而频繁在发展中国家引发暴力冲突。资本流动性的增强是发达国家资本扩张策略的一部分，这一策略随着第三波自由民主的推进以新自由主义规范药方的方式在新生民主国家推行，其在方便各国精英积累财富的同时加剧了发展中国家原本就存在的贫富分化和加重了底层人民的生存困境，而对这种生存困境的不满和改善这种困境的期待恰恰是发展中国家人民渴望和支持民主制度的初衷。

自由民主为何会陷入无效民主的困境？对于这一问题的解释和解决，西方民主化研究者并不是没有加以重视，否则就无法解释民主巩固学说的兴起。但问题的关键在于，西方民主化研究者从什么角度去解释和解决第三波民主化国家普遍出现的民主低质量、低绩效问题。他们的解释和解决方案是否有效？

一　主流民主化理论对无效民主的无效回应

面对第三波民主化国家出现的无效民主和治理危机，西方学术界并没有把研究重点放在如何解释和解决民主失效问题上，他们选择了一个合法性优先于有效性的视角，即研究自由民主如何在发展中国家得到巩固，而不是自由民主如何解决发展中国家的实际问题。

（一）无效回应之一：合法性优先于有效性

亨廷顿的民主巩固学最能体现这种合法性优先的取向。早在亨廷顿撰写《第三波——20世纪后期民主化浪潮》一书时，他就已经开始关注第三波民主化国家由于民主危机出现的民主回潮现象。但他并没有把关注点集中于如何解决新兴民主国家即将面对的各种问题上，如重大叛乱、种族和社会冲突、极端贫困、严重社会经济不平等、长期通货膨胀、巨额外债、恐怖主义、政治腐败。在他看来，经济发展、社会公正、遏制腐败等都不是发展中国家短期内能够解决的问题，所以对于大多数新生民主国家，在精英之间和大众之间确立民主的合法性就显得尤其重要。因为只有建立了民主的合法性，民主才可能在没有绩效的情况下还不会遭遇替代制度的挑战。亨廷顿指出："威权政权的合法性几乎完全建立在绩效之上，而民主政权的合法性却可以依靠程序而存在。对于民主政体而言，政绩合法性处于次要地位。"[1] 从这个角度出发,亨廷顿强调:"决定新兴民主国家能否生存基本上不是它们所面临问题的严重性或者政府有没有能力解决这些问题,而是政治领袖对他们没有能力解决这个国家所面临的问题作出反应的方式。"[2] 发展中国家的政治精英需要团结起来让公众意识到"对民主的支持和对民主选举出来的政府的支持是两码事",只要没有一个政党把造成问题的责任归咎于政府,只要没有一个政党声称,这些问题可以在民主之外找到更好的解决办法,那民主政体就是稳定的。[3] 因而,民主合法性的建立,首先需要统治精英和反对派精英保持清醒的头脑,轮流坐庄而不是彼此颠覆,这对他们而言是成本最低的统治手段;其次需要帮助被统治者建立程序民主的观念,这一观念将民主的成绩通过周期性选举体现出来,有了周期性选举,民众就容易将劣质的政绩和优质的政体进行区分,这种区分对民主的存亡至关重要,它能保证人们在利益受损时也不会挑战政体的合法性。[4] 亨廷顿还用20世纪80年代委内瑞拉中下阶层对民主政体的笃信做榜样,他强调在当时,中下阶层的高度挫折感并没有转化成非法的、暴力的政治行动,因为委内瑞拉民众已经学会通过四种方式从心理上解决面临的危机,这包括:合法的抗议、适应、听天由命和移民。[5]

正是基于合法性优先的取向,亨廷顿特别坚持在民主化研究中使用熊彼特选举民主的定义。在他看来,民主的巩固特别有赖于大众从民主万能论的幻想中走出来,接受民主的功能就是更换统治者。因此,他将"民众对民主统治者的失望与幻灭和对威权统治者的怀旧看作民主巩固的第一步",因为,"这意味着公民已经从短暂而快慰的民主化巅峰中降下来,并开始适应民主低谷中的凌乱与沉重。公众已经懂得,民主政府可能会失灵,民主并不意味着问题必须得到解决,但它意味着统治者可以被更换,民主

---

[1] [美]亨廷顿:《第三波——20世纪后期民主化浪潮》,刘军宁译,上海三联书店1998年版,第312页。
[2] 同上书,第312—313页。
[3] 同上书,第314—315页。
[4] 同上书,第316页。
[5] 同上书,第315页。

的实质是更换统治者,当公众意识到民主只是为专制问题提供了一种解决办法,而未必为所有其他问题提供解决办法时,民主就会变得巩固"[1]。

(二) 无效回应之二:民主范式的转换

亨廷顿这种对民主有效性的回避态度并不能从根本上捍卫民主的合法性。因为大众不可能像他所期待的那样仅仅满足于更换统治者,如果要发展中国家的大众真正建立起对民主合法性的信念,还需要对民主化进程中遭遇的问题给予一个有效的解释,给出一个民主改进的方向,并且这一方向还需要有具体的经验样板,以便大众能够有一个理想的彼岸。从1996年开始,以拉里·戴蒙德为代表,持自由民主观的学者确立了一个解释民主治理危机的新范式。这一新范式批评了熊彼特民主观存在的"选举主义谬误",提出民主化在发展中国家引发治理危机的原因是这些国家仅仅实现了竞争性选举,但并没有实现法治和保证公民的自由权利。他将治理良好的选举民主国家称作"自由民主"国家,将出现治理危机或者权威回归的选举民主国家称作"非自由民主"国家,声称非自由民主国家若想解决治理危机,需要向自由民主国家看齐。[2] 戴蒙德的这一新范式一提出就获得了广泛赞誉和支持,在此之后,民主巩固理论几乎都围绕着这一范式分析并展开论证。[3] 自由民主和选举民主的区分表明了美国民主理论家的倾向与立场。首先,它提供了一个可以对发展中国家民主实践进行量化评估的标准,这个标准就是美国民主制度本身;其次,它再次排除了对自由民主范式本身的审视,保证了民主研究的批判矛头始终是对外而不是对内;最后,它帮美国否定了敌对国家"选举民主"的合法性,即使一个国家没有出现治理危机,但只要它选举选出的是连续两届以上当选的同一个领导人,

---

[1] [美]亨廷顿:《第三波——20世纪后期民主化浪潮》,刘军宁译,上海三联书店1998年版,第317页。

[2] Larry Diamond, "Is the Third Wave Over", *Journal of Democracy*, Vol 7, No. 3, July 1996.

[3] 自由民主与非自由民主的区分是一个总体框架,具体在"非自由民主"中还有很多亚框架。关于分类标准和发展过程可参见 David Collier and Steven Levitsky, "Democracy With Adjectives: Conceptual Innovationin Comparative Research", *World Politics*, 49 April 1997。

那这个国家便不能被认定是完全民主（自由民主）国家，而只能被称为"非自由民主"国家中的"竞争性威权"国家。[①]

然而，对自由民主合法性的拯救并没有帮助发展中国家解决民主无效的问题，它只是转移了问题存在的方向，把民主化范式本身存在的问题转换成了发展中国家不符合民主化范式的问题。这种转移对于民主化理论家回避责任和捍卫美国标准都是成功的，但它却进一步妨碍了对真实问题的认知，加剧了民主合法性和有效性的分离。

民主巩固范式存在的最大问题在于解决方案的程序化和规范化，这在很大程度上源于他们采纳的民主概念——无论是熊彼特的选举民主概念还是达尔的自由民主概念——都仅从形式角度理解民主，当民主被等同于某种形式的制度安排，那无论是民主转型还是民主巩固，都从一个社会变迁问题变成一个制度移植问题。无论人们将制度移植的可能性寄希望于政治文化、政治行为还是政治态度的变迁，他们都忽视了一个重要的问题，就是政治结构变革只有在社会结构变革的基础上才能实现其有效性。西达·斯考切波在《国家与社会革命》一书中曾专门谈到过政治革命与社会革命的区别。她特别强调社会革命是一个社会的国家政权和阶级结构及其支配性的意识形态都发生根本转变的过程。社会革命不同于政治革命（政治转型），社会革命要求发生社会结构变迁、阶级结构变迁，而政治革命所改造的是政治结构而非社会结构，而且并不必然要经由阶级冲突来实现。[②]

民主巩固学局限于政治变革，是由其研究主体的身份意识决定的，从本质上说，美国的主流政治学者不可能从社会结构变革的角度探讨发展中国家的政治转型问题，当他们谈到这一点时，恰恰是在为威权主义的合法性做辩护。究其原因，是因为我们生存的世界存在一个整体上由资本主导的政治经济结构，这一结构有赖于发展中国家的精英与发达国家精英的结

---

① 竞争性威权的概念是针对普京和查韦斯等人提出的。参见 Steven Levitsky and Lucan A. Way, "Elections without Democracy: The Rise of Competitive Authoritarianism", *Journal of Democracy*, April 2002, Vol. 13.

② ［美］西达·斯考切波：《国家与社会革命：对法国、俄国和中国的比较分析》，何俊志等译，上海人民出版社2007年版，第4—5页。

盟，当发展中国家发生社会结构变革时，必然会损害这一结构性精英联盟的利益。为了规避这一本质问题，只有将民主去实质化，把民主变成一种与物质利益不相关的各种形式指标。这就是我们今天流行的自由民主所承载的最主要功能。而查尔斯·林德布罗姆早就指出："当政治学转向对诸如立法机关、行政机构、政党和利益集团的机构建制的讨论时，它实际上是在同次要的问题打交道。议会和立法机关、行政当局、政党及利益集团的活动，大多取决于政府代替市场或市场代替政府的程度。"①

自由民主范式的确立过程，实际上就是西方主流政治学利用次要问题遮蔽主要问题的过程，这一过程导致了民主去社会主义化，也造成了民主的无效。从这一意义上说，西方主流民主化理论其实是一种意识形态学说，而民主化研究如果想从意识形态变成科学，必须从次要问题转向主要问题的研究。在这一转向中，不仅要找回民主实质层面所应该针对的问题，即民主必须要有绩效合法性，即有效性，还要将民主的实质嵌入政府与市场、民主与政府、民主与市场的复杂关系之中，在这一关系中确认民主所能够并且应该解决的问题。要理解这一复杂关系，简单地将社会主义推到民主的对立面，将民主化看作一个从计划经济向市场经济、从人民民主向自由民主的转型过程，不仅是反政治的、而且是反历史的。

要解释清楚这一问题非常复杂，本文的重点是要指出，出于美国国家利益和意识形态偏见的动机，由美国主导的民主化研究不可能把问题的关注点集中于发展中国家的民主质量和国家治理，也就是说，发展中国家如果真的希望在自己国家推进民主，并使民主服务于本国最大多数人的利益，并保证国家的有效治理，就必须跳出由自由民主规范的美国主导的民主化研究范式，因为这一范式从动机上就存在着由美国国家利益导致的规范研究与经验研究的不可调和的矛盾，这一矛盾不仅导致自由民主在新兴民主国家的无效困境，也导致美国民主化研究对这一困扰大多数国家的无效民

---

① ［美］查尔斯·林德布罗姆：《政治与市场：世界的政治—经济制度》，王逸舟译，上海三联书店、上海人民出版社1994年版，第1页。

主的无效回应。

二 回应无效性的根本原因：民主化研究背后的美国利益

（一）民主化研究的"意识形态操纵"

凡是对美国现实政治有着深刻体验的学者都能意识到，在美国从政界到学界存在一种精英联盟，这一联盟的成员或者试图加入这一联盟进而获得美国各个领域主流地位的人士都掌握一种娴熟的技能，即心照不宣地对内对外采取两套不同的话语体系。在精英内部，大家非常明确作为一个利益共同体需要以维护共同体的利益和标准为目标，并且对于任何有可能损害共同体利益的国家、政党、联盟、个人都要尽可能加以孤立、排斥和打击，斯诺登事件就是一个例证。然而，精英的利益必须以一种民主的方式加以表达才能获得最大的合法性并消解公开的反对力量，所以当精英集团面对外部世界时，他们非常默契地运用一些演讲式的话语和符号，这些话语和符号给人一种印象：对内，美国是一个人民统治的国家，人民是这个国家的主人，这个国家服务于人民的利益；对外，美国是一个推动民主事业的自由国家，是和平与发展的捍卫者和推动者。这套话语被乔姆斯基称作"必要的幻象"[1]，被奥斯特罗姆称作"讨好投票者的抽象口号"[2]，被威廉·赖克称作"操纵的艺术"[3]，被查尔斯·赖特·米尔斯称作"公关修辞学"[4]，任何试图研究美国政治和社会的人，如果不懂或者意识不到这些双重话语符号对于美国统治集团的重要性，他就不可能做有主体意识的真正的科学研究，他不过是在重述别人希望他接受和理解的话语。

对于美国精英娴熟掌握的这种在实体利益和对外宣传两套话语之间游刃穿梭的技能，俄罗斯学者谢·卡拉－穆尔扎曾进行过精妙的分析。他引

---

[1] Noam Chomsky, *Necessary Illusions: Thought Controlin Democratic Societies*, London: Pluto Press, 1989.
[2] [美] 奥斯特罗姆:《民主的意义及民主制度的脆弱性》，李梅译，陕西人民出版社2011年版，第6页。
[3] William Riker, *The Art Political Manipulation*, New Haven: Yale University Press, 1986, p. ix.
[4] [美] 查尔斯·赖特·米尔斯:《权力精英》，王崑等译，南京大学出版社2004年版，第3页。

用著名作家戈尔·维达尔的话说:"美国的政治精英有个特点,就是拥有令人羡慕的本领,能说服人违反自身利益去投票。"① 谢·卡拉－穆尔扎将其称为意识操纵。"意识操纵是指通过对人的行为编制程序来对人施加精神影响的一种统治方式。这种影响用于人的心理结构,是暗中实现的,其任务是按照权力当局所需要的方向改变人们的意见、愿望和目的。"② 在美国,意识操纵是社会控制的基本手段,有一大批受过良好教育的职业脑力劳动者受雇于此。由于对意识操纵的重视,"美国专家在操纵事业上已达到炉火纯青的地步,他们甚至能够把那些看来正是反对权力圈的社会潮流转过来为统治圈效力"③。正因为意识操纵在美国已经发展成为娴熟的统治技巧,所以民主概念在美国很大程度上是一种纯象征性的东西,各路精英只是把它作为一种意识形态的印记来使用。"专业人士没人把它认真当一回事。"④

然而,无论美国精英支不支持民主,正如托克维尔所言,民主在美国是一种根深蒂固的民情,正因为有此民情,所以美国精英想进行统治,反而只能通过意识操纵的形式。在这个意义上,谢·卡拉－穆尔扎认为,意识操纵恰恰是民主社会精英统治必须具备的技能,专制社会是不需要意识操纵的,专制社会可以靠暴力进行统治。美国精英集团的意识操纵技能之所以能够发展得炉火纯青,恰恰在于从建国时起,美国精英面对的治理环境就容不得暴力操控,因而精英若想维护自身集团利益就必须转而进行意识操纵。"意识形态这个公民社会的宗教替代物作为科学革命和启蒙运动的产物诞生在欧洲,但美国从一开始便成为群众意识操纵这一概念和操作技巧的主要缔造者。在美国这个摆脱了旧的等级文化传统的社会,产生了最纯粹、最完整形式的个人。在美国的民族先辈和殷实阶层中,就出现过一种尖锐的需求,要求控制由个人组成的巨大群体,而不采取国家强制的

---

① [俄]谢·卡拉－穆尔扎:《论意识操纵》,徐昌翰等译,社会科学文献出版社2004年版,第41—42页。
② 同上书,第39页。
③ 同上书,第43页。
④ 同上书,第45页。

办法。因为这种强制办法根本行不通，而且与美国个人主义思想基础是相抵触的。与此同时，也无法号召人们去尊重权威这样的道德标准，因为欧洲否定权威的持不同政见者都跑到了美国，于是便产生了历史上崭新的，以诱导为基础的社会操纵类型。"① 当美国取得世界霸权之后，美国创制的意识操纵技巧，开始被运用于美国的外交战略和外交术语之中，成为美国进行世界秩序控制的主要手段。民主化研究很大程度上也很难摆脱服务于美国"意识操纵"工作的使命。

（二）民主化研究与美国国家利益

拉斯韦尔曾经指出："政治学的任务在于阐明情况，而政治哲学则要为政治选择提供辩护。"② 对于身负厚望因而众星云集的民主化研究而言，它非常荣幸又非常不幸地要承担起政治科学与政治哲学的双重使命，作为政治科学，它需要对现实进行经验性的研究，需要在价值中立的基础上承担起客观解释现实的使命，而作为美国对外推广自由民主的理论先导，它又要承担起为"某种选择提供辩护"的哲学使命，需要论证自由民主的普世性和其他民主模式的非民主性。正是这种双重使命，使民主化理论不断地陷入经验与规范的矛盾之中。在美国，"政治学向来以立场保守著称"，大量"佯装不偏不倚的作品实际上充斥着价值观偏见，而且是既保守又反政治的"③。作为美国的政治科学家，如果想获得学科主导权和主流地位，他们就必须游走于经验研究与规范研究之间。所谓经验研究，是指他们必须使用经验的研究方法以显示研究的科学性；所谓规范研究，是指他们必须保证经验研究的结论不能背离美国的核心价值。经验与规范在某些时候具有统一性，一项政治理论的科学性有时候同时表现为它的解释力和指导力，

---

① ［俄］谢·卡拉-穆尔扎：《论意识操纵》，徐昌翰等译，社会科学文献出版社2004年版，第41—42页。
② ［美］哈罗德·D. 拉斯韦尔：《政治学——谁得到什么？何时和如何得到？》，杨昌裕译，商务印书馆1992年版，第3页。
③ ［美］罗纳德·H. 奇尔科特：《比较政治学理论：新范式的探索》，高铦、潘世强译，社会科学文献出版社1998年版，第25、5页。

但这二者在大多数情况下是矛盾的,很多对现实具有解释力的理论,当它试图超越解释现实的动机去承担预言家甚至某种事业推动者的使命时,这一理论就从科学滑向了意识形态。

民主化研究起源于政治发展理论,这一理论从选题到结论都与冷战时期美国的国家利益息息相关,并在美国政府的直接介入和资助下发展起来。民主化的研究动机决定了在民主化研究领域存在着政府与社会科学家之间的双向选择关系。很多秉承学术独立和科学精神的社会科学家拒绝政府对社会科学研究的介入,并主动远离由政府主导的相关学科研究。于是最初从事民主化研究的学者如李普塞特、阿尔蒙德、亨廷顿、白鲁恂等都在从事科研工作的同时,在政府机构或政府主导的科研机构兼任某种职务,他们首先是政治战略家,其次才是学者。他们游走于学府和政府之间,并能主动自觉地在两种身份中游刃有余地转换。

在美国从事民主化研究的学者隐性地分为两类,一类是服务于政府对外政策的,一类是进行纯粹的学术研究的。总体而言,非政策性学者所进行的研究,无论采取的是历史结构主义的研究方法还是博弈论和结构主义综合的研究方法[①],都对现实具有较强的解释力,但是正因为他们的研究注重于对历史和现实的客观解释,所以他们的研究因为规范性不足很少被政府采用,他们的理论在学术界很有影响,在政界毫无影响。而政策性的学者[②]则占据民主化研究的主流,他们通过控制专业学会和专业刊物掌控着学科规范和学科评价体系。他们的研究首先服务于美国的国家利益,他们的任务在冷战期间表现为反共,在后冷战时期表现为向发展中国家推广自由民主。这一研究指向决定了其研究成果需要具有规范性和经验性的双重属性,前者服务于美国各个时期的政策需要,后者负责将这种政策指向

[①] 前者以巴林顿·摩尔的《民主与专制的社会起源》和迪特里希·鲁施迈耶等的《资本主义发展与民主》为代表,后者以达龙·阿塞莫格鲁等的《政治发展的经济分析:专制和民主的经济起源》和卡莱斯·鲍什的《民主与再分配》为代表。

[②] 他们占据民主化研究的主流,他们的研究经常与政府形成互动,并能被政府作为对外政策采纳。这些学者包括李普塞特、罗斯托、阿尔蒙德、亨廷顿、白鲁恂、霍尔珀林、布热津斯基、施密特、林茨、戴蒙德等。

性研究进行包装，使之尽量具有科学和价值中立的色彩。

在冷战时期，民主化研究领域的知名学者长期游走于政界和学界之间是一个公开的秘密。但这是否意味着民主化研究服务于国家利益仅仅是冷战时期不得已而为之的行为呢？事实上不是如此。只不过早期民主化研究的学者涉足政界的表现是直接在政府相关部门做兼职，而当今民主化研究的学者则体现于接受政府的项目资助和参与外交咨询工作。比如，戴蒙德等人就直接参与过伊拉克战后重建的咨询工作。此外，戴蒙德主编的民主化研究领域的重要刊物《民主杂志》就是美国国家民主基金会出资主办的，这个杂志创建于1990年，其第一期就把问题的关注点集中于中国的"六四风波"，之后的选题一直服务于美国对外推广自由民主的需要，成为民主化研究成果的发布平台和美国民主促进政策的理论诠释基地。它刊登的论文主要围绕两个主题：一是用自由民主解读第三波民主化进程中的问题，二是对一些不同于自由民主模式的民主实践进行负面解读和定性。

正因为自由民主规范着民主化研究的结论，所以学者们如果想进入学科主流获得学科资源和身份，就必须遵循自由民主这一政治正确的研究结论，即使这些结论本身偏离了他们对问题进行分析时的有效经验。我们说民主巩固学近30年几乎都在进行无效研究也是基于这一规范性规则的影响，这一影响导致民主巩固学中经常出现分析与结论脱节的现象。学者们在对某个国家或者发展中国家民主化中存在的问题进行经验研究时，常常能意识到问题的关键所在。例如林茨和斯泰潘在反思俄罗斯和拉美民主化问题时提出，主权国家的存在和国家对市场的干预对于任何国家的民主巩固都是必不可少的。[①] 但是，他们得出的解决东欧、拉美问题的方案却仍然是反对国家干预的，把国家干预行为称作迎合民意的民粹主义和民族主义。施密特在分析第三波民主化问题的多篇文章中都提到新自由主义在意识形态中的主导地位和市场的排他效应使第三波民主化过程精英化，这种

---

① ［美］胡安·J. 林茨、［美］阿尔弗莱德·斯泰潘：《民主转型与巩固的问题——南欧、南美和后共产主义欧洲》，孙龙等译，浙江人民出版社2008年版，第11—12页。

转型伤害了底层利益。他对此评价说,"对于推动民主,并没有一个民主的程序去决定改革的序列"①,因此,"改革往往是经济学家和精英主导,因精英利益而设"②。但在其提出的解决方案中却从未有过针对市场负面效应的制度设计和与新自由主义不同的意识形态取向。

所以,一方面,学者们普遍意识到,第三波民主化国家普遍存在的问题就是缺乏国家主权和有效政府。在一个政府没有统治和治理能力的国家,民主化和自由化只会加剧国家的混乱和放任非法力量掠夺国家和大多数人的财产。然而,另一方面,当俄罗斯真的出现普京那样的将国家凝聚起来的强势领导并提出"主权民主"的概念时,他们又会用自由民主的标准去否定"主权民主"的民主性质,将从叶利钦时代向普京时代的转型称为俄罗斯民主的倒退。这种充斥于理论研究和实践评估之间的冲突体现了美国政治学者的一种不由自主的身份意识。这种身份意识背后是美国的国家利益。正如伊多·奥伦教授所说:"美国政治学是具有意识形态性质的。它不被承认的支柱和理想就是美国。它附属于它的国家而不是民主本身。"③

(作者单位:华东政法大学政治学与公共管理学院)

(原载《马克思主义研究》2015 年第 5 期)

---

① Philippe C. Schmitter and Javier Santiso, "Three Temporal Dimensionsto the Consolidation of Democracy", *International Political Science Review*, Vol. 19, No. 1, 1998.
② Ibid.
③ [美]伊多·奥伦:《美国和美国的敌人:美国的对手与美国政治学的形成》,唐小松、王义桅译,上海人民出版社 2004 年版,第 275 页。

既有直接损害也有间接损害

——美式民主扩张伤及世界文化遗产

程恩富 刘志明

美式民主是为维护和拓展垄断资产阶级利益服务的,这决定了它为了实现资本的增值和扩张,必然侵占和损害其他国家和民族的利益,包括这些国家和民族宝贵的文化遗产。从世界范围来看,就是侵占和损害世界文化遗产。

美式民主扩张直接损害了世界文化遗产。美式民主扩张的一项重要内容,是借维护"民主""自由""人权"之名,行侵略扩张之实。这种侵略扩张使世界许多国家的文化遗产毁于一旦。例如,为了实现控制欧亚大陆和称霸世界的野心,以美国为首的北约先后对南联盟、伊拉克等国家进行狂轰滥炸。以南联盟为例,北约从1999年3月24日至6月10日的轰炸,使南联盟300多所学校、图书馆遭到严重破坏,约90处历史和建筑遗迹被损坏。伊拉克的文化设施也深受北约轰炸之害。位于巴格达市中心的巴格达博物馆是世界著名的博物馆之一,展品既有来自两河流域、希腊、波斯等地的文物,也包括犹太人始祖亚伯拉罕的遗物等稀世珍宝。海湾战争爆发前,为保护文物免遭战争破坏,伊拉克国家博物馆把收藏的数以万计从旧石器时代到伊斯兰时期的文物转移到各省博物馆收藏。但是战争爆发后,伊拉克各地先后有30座博物馆被以美国为首的多国部队空袭摧毁。2003年4月至

2004年12月，驻伊美军等甚至将巴比伦遗址作为军事基地，随便开挖壕沟，并利用含有陶器残片、砖块等古物的遗址内部沙土修建路障、填充沙袋，导致遗址严重受损。

美式民主扩张间接损害了世界文化遗产。美国通过在世界各地颠覆所谓"专制""独裁"政权，搞"颜色革命"，扶植亲西方政权；通过支持一些国家内部民族分裂主义的"全民公投"，激起这些国家和地区宗教、民族、种族的矛盾和冲突，使它们深陷政局动荡之中，从而对世界文化遗产造成了间接损害。以阿富汗为例，以美国为首的北约2001年底把曾经制造巴米扬佛像群被炸毁惨剧的塔利班政权赶下台后，人们原以为从此阿富汗那些属于全人类的历史文化遗产会得到更多尊重和保护，但情况并非如此。由于饱受战乱之苦和恐怖主义袭击，阿富汗国家博物馆、展览馆、美术馆、剧院等文化设施被焚毁或破坏，成千上万的雕像被损毁，许多文化项目也遭到破坏。美国等西方国家一手导演的"阿拉伯之春"，对利比亚、也门、叙利亚等国的文化遗产来说，也是一场不折不扣的灾难。利比亚的黎波里、兹利坦和米苏拉塔接连发生野蛮破坏伊斯兰教苏菲派清真寺、图书馆和圣徒陵墓的活动。也门的文化设施也因为政局动荡处于极为脆弱的境地，不仅得不到有效维护，而且由于空袭或炮弹的袭击而不同程度地受到损毁。在阿拉伯世界和整个伊斯兰世界，以清真寺和宣礼塔而声名远扬的叙利亚，自"阿拉伯之春"后，则开始以毁灭的清真寺数量之多而远近闻名。到2013年7月止，叙利亚各地有1450余座清真寺遭到毁灭性或局部破坏。据联合国2014年12月23日发布的一份报告，从2011年冲突爆发后，叙利亚境内至少有290处文化遗产被损毁或被盗。此外，叙利亚大量的珍贵文物也受到了无可弥补的破坏。

美式民主扩张常常以"破坏性地创造"自诩、自夸，但是，广大发展中国家弥足珍贵的文化遗产却因此而在动乱、战火中不断被毁灭。同时，很多发展中国家因为搞美式民主而负债累累，根本无暇、无力维护和修缮已有文化设施。在众多事实面前，谁也无法否认，对世界尤其是广大发展中国家的文化遗产来说，美式民主扩张带来的是破坏、留下的是创伤，这是应该引起深刻反思的。

（作者单位：中国社会科学院）

（原载《理论导报》2015年第6期）

斯诺登：西方"普世价值"观的黑色反讽

谭扬芳

近日，"棱镜"事件及爆料者成为全球媒体和各国政府关注的焦点。小人物引起如此巨大的关注，这正是互联网才能谱写出的时代传奇。巧的是，"棱镜"事件恰恰又与互联网有关，看来斯诺登注定要成为影响互联网发展的一位标志性人物。

"棱镜"事件错综复杂，其背后的故事可能更加精彩，可惜一般人看不到。我们所欣赏到的，是一个颇具反讽意味的黑色幽默：一方面，斯诺登是西方所谓的"普世价值"观培养出来的向"普世价值"观的捍卫者挑战的英雄；另一方面，斯诺登是西方科技文明培养出来的向科技文明的倡导者挑战的英雄。一句话，因为美国政府的言行不一，美国政府培养了向自己挑战的对手。

西方所谓的"普世价值"观宣扬"人权"高于一切。自由、平等、公平、正义、权利、民主等成为西方人最普遍的价值观。这种价值观的普及一方面得益于文化的巨大作用，另一方面也得益于政府的大力宣传和教育。斯诺登就是在这种情况下建立了"普世价值"观。他相信个人自由、权利不得受到任何侵犯。个人的隐私权必须得到国家的有效保护。但是，当他发现他的工作和他所在机构的工作就是监听通信电话、监视网络数据，一句话，就是侵犯公民隐私权的时候，他的价值观遭遇了挑战：要么彻底摧毁辛苦建立起来的价值观，要么维护自己的价值观，与违反这种价值观的美国政府作斗争。令人钦佩的是，他选择了后者。所以，我们说，斯诺登是美国政府按照它所维护的价值观培养起来的反叛者。

据媒体介绍，斯诺登是一个电脑高手，须臾离不开电脑，离不开互联网。为了让互联网"网络"全球，美国政府把现实社会的价值观搬到互联网上，宣称要维护互联网自由，要让每个网民"言论自由"，畅所欲言。美国前国务卿希拉里在接受《纽约时报》采访时称："我们发现越来越多全球各地的人使用互联网、移动电话和其他技术，使得他们反对不公正的声音能传播到世界各地，并寻求自身抱负的实现。现在有这样一个历史性的机会，可以产生积极改变，改变美国（对他们）的支持（方式）。所以我们现在着眼于帮他们这样做，帮他们实现与他们自己、他们的社区、他们的政府以及与世界的互相沟通。"为此，美国不惜干涉别国内政，指责别国管控互联网。斯诺登接受了美国政府宣讲的这套互联网价值观，认为美国政府正像它所宣称的那样在尽力维护互联网自由，但他没有想到事实全然不是这么一回事。于是，对斯诺登来说，"幻灭"必不可免。

斯诺登一离开美国，就向所有国家提出了一个难题：如何对待他自己？这很可能是他没有料想到的。英雄总是具有悲壮的色彩，但斯诺登这种悲壮看起来更像是一个鲁莽的结果。从这个意义上讲，斯诺登捍卫了个人的权利，却给国际社会出了一道难题。这道难题的解决，短期之内，看来很难圆满。

（作者单位：中国社会科学院世界社会主义研究中心）

（原载《中国社会科学报》2013年8月16日）

"普世价值"决非一般价值观念

迟方旭

我们所谈的"普世价值",一般是指西方国家以"普世"的名义向外兜售的西式"民主""法治""宪政"等东西。它不论是作为思潮,抑或是现实诉求,均与社会主义法治理论和实践不相兼容,乃至格格不入。识别、判断西方"普世价值"与社会主义法治的相互对立,在全面推进依法治国、建设社会主义法治国家的宏大历史背景下,意义尤为显著。

社会主义法治要求坚持中国共产党的领导,西方"普世价值"则主张在中国实行多党制。

社会主义法治视党的领导为中国特色社会主义最本质的特征,视党的领导为社会主义法治最根本的保证,这既是社会主义法治建设的一条基本经验,也为宪法所确定。党的领导与法治建设的一致性,在社会主义法治建设的全过程和各方面得到了充分的体现。西方"普世价值"与此完全相反,它以西方民主制度特别是其中的多党政治具有"普世"优越性为借口,试图在中国推行多党政治,形塑出多党竞争执政或两党轮流执政的政治格局。多党政治格局一旦获得启动,国家和社会生活法治化的有序推进将不再可能,法治国家在中国的实现必将遥遥无期。

社会主义法治要求坚持人民主体地位,西方"普世价值"却认为有产阶级才是国家和社会的主人。

社会主义法治坚持人民是依法治国的主体和力量源泉,以人民代表大会制度为保证人民当家作主的根本政治制度，以保障人民根本权益为社会主义法治建设的出发点和落脚点。西方"普世价值"与此完全不同，它以人是否具有私有财产以及拥有的私有财产数量的多少，作为人在国家生活和社会生活中是否具有话语权以及话语权分量大小的唯一判断标准，有产阶级当仁不让地成为了国家和社会的主人。若在中国采用西方"普世价值"的判断标准，则法治建设中的人民主体地位将不复存在，法治亦将沦为有产阶级谋取阶级私利的政治工具。

社会主义法治要求坚持法律面前人人平等，西方"普世价值"则默许特权、垄断阶级游离于法律平等原则之外。

社会主义法治认为平等是法律的基本属性，任何组织和个人都必须尊重宪法法律权威，都必须在宪法法律范围内活动，都必须依照宪法法律行使权力或权利、履行职责或义务，都不得有超越宪法和法律的特权，执政党也必须在宪法和法律的范围内活动。西方"普世价值"虽宣称"人人生而平等"，并以其作为承诺，但其法律平等原则的实践始终囿于性别、种族、民族等尤其是财产因素而无法得以实践和兑现。其对私有财产的社会整体性膜拜，使得少数拥有多数财产的垄断集团，借经济利益的垄断进而演化至政治权力的垄断，垄断的排他性必将滋生特权的出现，而特权的本质特征便是对法律平等原则的抗拒、排斥和破坏。假使西方"普世价值"在中国落地开花，垄断经济利益和垄断政治权力的特权阶层定会大行其道，法律平等原则难免成为一纸空文。

社会主义法治要求坚持依法治国与以德治国相结合，西方"普世价值"所蕴含的道德原理和方法论原则与社会主义道德背道而驰。

社会主义法治讲求国家和社会治理需要法律和道德共同发挥作用，社会主义核心价值观和中华传统美德的弘扬是题中应有之义，法治应与德治相提并举。很明显，西方"普世价值"中所含有的所谓"普世"的价值，与社会主义核心价值观中所体现的价值，存在本质上的重大不同。前者所谓的"普世"形式，实质上是为西方国家利益服务的，其本质内容依然是西方的特有价值理念，它的形式和内容之间存在不可调和的矛盾，而后者形式和内容的统一则完成于社会主义道德实践和法治建设中。若在中国强力推行西方"普世价值",社会主义核心价值则再无安身立命之所,以西方"普世价值"指挥道德建设,法治建设与道德实践将渐行渐远,法治与德治不是相得益彰,而是掣肘相损。

社会主义法治要求坚持从中国实际出发,西方"普世价值"则以所谓"普世"的西方模式为圭臬、为唯一正确的选择。

社会主义法治以中国特色社会主义道路、理论体系和制度为全面推进依法治国的根本遵循。基本国情基础之上法治经验的总结及其运用、与改革开放相适应的法治理论和实践的创新,是社会主义法治建设应秉承的方法论原则。在西方"普世价值"的框架内,中国的实际国情从未进入其考虑的范围之内,或虽已进入但却没有获得实质性的考虑,只是作为西方"普世价值"可以进入中国的借口而已。若忽略国情、否定经验、淡化创新,一味输入所谓能够"普世"的价值,中国的法治建设只能成为无根之木、无源之水,更遑论法治国家的建成。

西方"普世价值"中的价值不是一般意义上的价值观念,而是西方发达国家的一整套制度设计,它与中国社会主义法治建设的理论和实践从来就无任何有效的切合点,也无任何有效的融合度。建设中国特色社会主义法治体系,建设社会主义法治国家,需要排除西方"普世价值"的冲击和干扰。唯有如此,才能实现国家各项工作法治化,向着建设法治中国不断前进。

(作者单位:兰州大学法学院)

(原载《中国社会科学报》2016年1月28日)

四

坚定社会主义价值体系自信

马克思主义在中国的伟大胜利

王伟光

　　1921年，中国近代史上发生了一起从根本上改变中国人民历史命运的大事件，这就是以马克思主义作为指导思想的中国共产党的诞生。建党90年来，中国共产党始终勇立时代潮头，坚持将马克思主义与中国实际相结合，不断在实践创新进程中推进理论创新，推进马克思主义中国化、时代化、大众化，指导中国革命、建设和改革的正确航向，从根本上改变了中国的面貌和中华民族的命运。今天，一个昔日积贫积弱、受人宰割的旧中国已跃然成为日新月异、势头强劲的社会主义中国，巍然屹立在世界东方，在全球产生了广泛而深刻的影响。社会主义在中国的胜利，就是中国人民唯一历史选择的胜利，就是中国共产党的胜利，就是马克思主义在中国的伟大胜利。

一　只有马克思主义才能救中国

　　马克思主义传播到中国，为中国人民所接受，在中国的土地上生根、开花、结果，是世界时势和中国国情发展的必然结果。中国人民选择马克思主义作为解救中国的真理，成为中国工人阶级政党——中国共产党的理论基础和思想指南，马克思主义作为思想武器与中国人民的物质力量结合在一起，转化成巨大的革命的能动力量，改变了中国的历史命运，是中国近代以来历史发展的必然逻辑。

以1840年鸦片战争为转折，昔日曾经创造过世界辉煌的中华民族沦为受列强欺凌的"劣等民族"。以西方资本主义国家为主的外国列强恃强凌弱，为满足殖民掠夺和强占市场的贪欲，一次次发动血腥的侵华战争，包括两次攻陷都城北京，逼迫腐败无能的清政府签订一系列不平等条约，致使中国主权惨遭粗暴侵犯、领土被蚕食鲸吞，一步步跌入半殖民地的深渊。截至1905年，仅对西方列强的战争赔款便累计达十余亿两白银，而清政府将这笔负担转嫁到民众身上，地方官吏趁机进行敲骨吸髓式的压榨。在外国帝国主义侵略势力和本国封建统治者的双重压迫下，民生凋敝，时局动荡，国力衰微，社会矛盾空前激化，民族危机日趋深重。为了挽救中华民族、解救中国，再造富民强国辉煌，各方政治力量提出了种种解救方案，采取了不同方式和手段。

首先是中国农民阶级、广大劳苦大众向封建统治阶级和帝国主义发起了猛烈的武装斗争。1851年，洪秀全发起太平天国农民运动，提出纲领性文献《天朝田亩制度》，从解决土地问题入手，憧憬建立一个"有田同耕，有饭同食，有衣同穿，有钱同使，无处不均匀，无人不饱暖"的理想社会。太平天国与清政府对峙14年，先后攻克600多座城池，并在上海、苏州等地奋勇抗击进行武装干涉的英法侵略军。以农民为主体的义和团运动，掀起反帝爱国大潮，用原始武器殊死抵御八国联军，展示了中国人民不屈不挠的反抗精神，使列强受到极大震慑。鸦片战争以来，中国的农民阶级和劳苦大众的武装斗争风起云涌、前赴后继，但大多与太平天国运动命运一样，在封建统治阶级和帝国主义的联手镇压下失败。

其次是在封建统治阶级阵营内部，一些图强派人士企图实行改进措施，中兴清王朝封建统治。林则徐发动了禁烟运动，然而由于在软弱无能、反复无常的皇权下，内受腐败官僚的出卖，外受列强打击，终告失败。魏源提出"师夷长技以制夷"，洋务派官僚发起洋务运动，以"自强""求富"标榜，引进西方坚船利炮，仿效西方兴办军事、民用工业以及交通运输业等，但装备不落下风的清军却在甲午战争中惨败给日本，北洋水师全军覆没，洋务运动宣告破产。

以康有为、梁启超等人为代表的维新派吸取日本资产阶级明治维新的经验，推行改良主义，试图在保存清皇权的前提下通过变法挽救民族于危亡，虽在思想启蒙上发挥了重要作用，但维新派依靠没有实权的光绪帝推行新政，结果慈禧太后一声令下，戊戌变法仅维持103天便告夭折，谭嗣同等六君子身首异处。

伟大的资产阶级民主革命先行者孙中山先生抛弃改良主义方案，力图通过武装革命推翻清王朝统治，开创了近代旧民主主义革命。辛亥革命结束了在中国延续几千年的君主专制制度，促进了民众的思想觉醒和解放，意义非凡，影响深远。然而，"无量头颅无量血，可怜购得假共和"，这场革命果实很快被袁世凯窃取，随后发生袁世凯、张勋复辟帝制和曹锟贿选等丑剧，帝国主义列强操纵中国政治、把持中国经济命脉，军阀割据混战的格局远未被撼动，中国社会性质并没有得到实质性改变。以上各种努力和尝试均以失败告终，各种处方皆不能解救中国。到底什么办法才能救中国，实现中国的现代化？

在近代中国历史上，旨在救国救民的斗争和探索，每一次都在一定的历史条件下或多或少推动了社会进步，但一次一次又归于失败。究其主观上的根本原因就是没有正确的理论指导。除了旧式农民起义方案和局部改良方案以外，旧民主主义的民族复兴方案，其指导思想不过是资产阶级政治理论，是资产阶级启蒙和革命时期的人权、民主、博爱、自由等思想武器，其主要目标是发展资本主义的经济、政治和文化，建立现代资本主义国家。然而，为什么西方在资产阶级思想武器指导下可以成功地进行资本主义民主革命，建立资产阶级国家，走现代化的强国之路，旧中国却办不到，资产阶级思想武器为什么在旧中国失灵？这是由中国所处的具体客观条件所决定的。中国在明朝已经开始了资本主义生产方式的萌生，如果没有国际资本主义的干涉，中国也可以按照一般历史发展规律，走资产阶级民主革命之路。当中国向资本主义发展之时，西方资本主义国家的先行发展使得世界进程进入了帝国主义和无产阶级革命的时代，帝国主义已把世界殖民地分割完毕。考察国内外条件，帝国主义列强、封建统治阶级和官僚买办阶级都不允许中国建立独立富强的资产阶级民主共和国。帝国主义列强入侵中国的目的，是从其自身利益考虑，要永久地控制、剥削中国，绝不容许中国成为强大的资产阶级民主共和国，必须维持和强化中国的半殖民地半封建制度。这决定了帝国主义列强需要与封建势力和官僚资本勾结，不允许中国民族资产阶级强大起来，不允许在中国这块土地上进行资产阶级民主革命。在帝国主义、官僚买办资产阶级和封建统治阶级的强压下，中国民族资产阶级必然是一个软弱的、两重性的阶级，担当不起民主革命的领导任务。在资产阶级思想指导下，由软弱的民族资产阶级及其政党领导的旧式民主革命是不可能解救中国的。

毛泽东同志指出："十月革命一声炮响，给我们送来了马克思列宁主义。十月革命帮助了全世界的也帮助了中国的先进分子，用无产阶级的宇宙观作为观察国家命运的工具，重新考虑自己的问题。走俄国人的路——这就是结论。"中国人民选择俄国人所走的社会主义道路，选择中国工人阶级政党——中国共产党的领导，选择马克思主义指导，是世界历史和中国社会矛盾发展的必然结果，是中国人民同帝国主义、封建主义的社会主要矛盾激化的必然结果，是中国人民唯一的正确选择。从国际时代大格局来看，中国人民对社会主义、对马克思主义、对中国共产党的历史选择，受到处于十月革命爆发和社会主义革命前夜的世界局势的深刻影响。辛亥革命之后，帝国主义国家日益走向腐朽和无产阶级革命方兴未艾的世界局势，以及旧中国继续延续甚至更加恶化的黑暗现实，特别是1914年爆发的帝国主义战争，使中国先进知识分子对资本主义制度及其思想武器产生了怀疑，感到资产阶级的民主、自由、平等、博爱等思想武器解决不了中国问题，中国民族资产阶级旧民主主义无法解救中国。辛亥革命为什么失败，救中国的目的为什么达不到？到底什么思想武器能够解决中国问题？马克思主义和十月革命的成功对中国先进知识分子产生了巨大的震撼和影响，开阔了眼界，使他们探索中国民主解放之路的方向发生了根本转折，经过对西方各种思潮、各种社会主义思想的比较，认识到决定中国人民命运的不是资产阶级，不是资本主义，不是资产阶级思想武器，而是工人阶级、科学社会主义和马克思主义。中国先进知识分子冲破了资产阶级民主思想的樊篱，冲破了旧民主主义民主、科学、爱国主义的精神界限，接受了马克思主义，在马克思主义中找到了答案。他们选择马克思主义作为唯一思想指南，选择社会主义为中国唯一出路，选择中国工人阶级及其政党作为唯一领导。历史潮流不可阻挡。中国最早的马克思主义者李大钊豪放地预言："试看将来的环球，必是赤旗的世界！"以马克思主义为指导、代表工人阶级这一新生先进阶级的中国共产党应运而生，担负起领导中国革命、建设和改革，建设社会主义强国的伟大使命，中国面貌历经九十载焕然一新。

二 一定要实现马克思主义的中国化

马克思主义是外来的先进思想，用以指导中国人民的社会实践，就有与中国国情和中国人民的具体实践相结合的问题。只有为中国人民所接受、所消化、所使用，成为中国化的马克思主义，才能起到科学指南的作用。

中国革命到底怎样搞，中国道路怎么走，中国现代化怎么实现？马克思主义经典作家没有现成的答案，他们着重论述了在西方发达资本主义国家进行无产阶级革命和社会主义建设问题。尽管十月革命是在帝国主义统治的薄弱环节——俄国率先取得突破，但俄国已经进入资本主义发展阶段，发动社会主义革命走的是依靠工人阶级发动城市暴动的具体道路。中国是一个半殖民地半封建社会，农民占总人口的绝大多数，近代中国的产业工人仅有200万人左右，在这样一个东方落后大国取得革命成功，建设社会主义，是一个极为艰巨复杂的新课题。中国共产党90年的历史经验教训告诉我们，不能照抄马克思主义经典作家的原有结论，也不能照搬俄国和别国的革命模式和建设道路，必须走一条符合中国国情的革命和建设道路，这就迫切需要把马克思主义与中国实际相结合，创立中国化的马克思主义，武装全党，指导实践。

在中国共产党早期，由于理论准备和斗争经验不足，曾走过弯路，尤其是1927年、1934年两度遭受惨痛挫折。陈独秀右倾机会主义错误，主张先搞资本主义革命、再搞社会主义革命的"两次革命"论，对国民党右派一味妥协退让，放弃中国革命的领导权，导致1927年大革命失败。王明"左"倾冒险主义错误，把马克思主义教条化，将共产国际决议和苏联经验神圣化，主张毕其功于一役的社会主义"一次革命论"，推进军事冒险主义和政治关门主义，导致党在苏区、白区好不容易积蓄起来的力量严重折损，导致1934年第五次反围剿失败，根据地版图急遽萎缩，中国革命几乎濒临绝境。一"左"一右，错误表现不同，但实质都一样，主观与客观相脱离，离开了中国国情。

只有把马克思主义与中国实际相结合，实现马克思主义中国化，才能引导中国革命走向胜利。毛泽东同志科学分析了中国社会的性质和中国具体国情，指出中国半殖民地半封建的社会性质，强调中国革命的实质是农民问题，制定了新民主主义革命总路线，科学论述了中国革命的性质、对象、任务、动力、前途以及策略等重大问题。同时，毛泽东同志提出中国革命要实行革命阶段论与不间断革命论相结合，通过新民主主义革命迈向社会主义的"两步走"战略：第一步，完成反帝反封建任务的新民主主义革命，新民主主义革命是由工人阶级及其政党——中国共产党所领导的新型的资产阶级民主革命；第二步，完成新民主主义革命之后，再不间断地进行社会主义革命，经过新民主主义向社会主义的过渡，进入社会主义建设时期。

在具体革命道路上，是走武装占领城市夺取政权的道路，还是走农村包围城市最后夺取政权的道路？以毛泽东同志为主要代表的中国共产党人从具体国情出发，指出中国革命的中心问题是农民问题，必须以农村为根据地，以农民为主要依靠力量，将工作重点由城市转入农村，创建工农红军和农村革命根据地，开展土地革命和游击战争，在农村保存、恢复和发展力量，走出了一条中国革命成功之路。

毛泽东同志领导全党以巨大的政治和理论勇气，运用马克思主义基本原理深刻分析中国国情、科学总结正反两方面经验，苦苦探索中国革命的新路，大胆进行马克思主义与中国实际相结合的理论创新。他集中全党智慧，在革命实践以及抵制和纠正党内"左"、右倾错误的斗争中实现了马克思主义中国化的第一次历史性飞跃，形成了毛泽东思想，为中国革命指明了前进方向。

经过28年艰苦卓绝的探索与奋斗，我们党带领人民成功地走出一条救亡图存新路，赢得新民主主义革命的胜利，实现了近代以来无数仁人志士孜孜以求的民族独立和人民解放的目标，创立了新中国，开辟了中国历史的新纪元、新时代。在毛泽东思想指引下，党领导新中国迅速医治战争创伤，基本完成对农业、手工业、资本主义工商业的社会主义改造，建立了社会主义制度，从此走上社会主义道路。这是中国历史上最广泛最深刻的一次社会变革，为中国发展进步奠定了根本政治前提和制度基础。

三　必须不断推进马克思主义中国化的理论创新

马克思恩格斯揭示了资本主义必然灭亡、社会主义必然胜利的历史规律，曾预言社会主义革命将首先同时在西欧北美少数发达资本主义国家发生。他们在晚年研究俄国和东方国家发展道路时再次预言，在一定条件下，落后国家可以不经过资本主义的"卡夫丁峡谷"，充分利用资本主义创造的文明，直接过渡到社会主义，走上社会主义道路。马克思的科学预见在20世纪初的俄国有了十月革命的实践案例。第二次世界大战之后，又有了一系列社会主义阵营的案例，有了苏联和若干国家社会主义建设初步成就的案例。然而在20世纪下半叶，形势发生了逆转，苏东剧变社会主义阵营不复存在，社会主义建设遭受严重挫折，社会主义处于低潮。但是20世纪七八十年代以来，在中国共产党领导下的中国，通过改革开放，成功地取得中国特色社会主义的伟大成就，马克思的预言成为活生生的现实。中国特色社会主义的成功经验深刻表明：必须不断地推进马克思主义中国化的理论创新，才能成功指导社会主义建设的实践创新。

在新中国成立前夕，毛泽东同志展望党的执政使命，充满豪情地宣告

"我们不但善于破坏一个旧世界,我们还将善于建设一个新世界"[①]。如何在一个人口众多、社会生产力水平十分落后的东方大国,跨越资本主义发展阶段,建设社会主义,是一个极具挑战的崭新课题。在马克思恩格斯的经典著作中没有现成答案。以毛泽东同志为核心的第一代中央领导集体在新的历史征程上积极带领人民探索改变贫穷落后状况、建设现代化社会主义国家的正确途径。在社会主义建设之初,更多的是向苏联经验和模式学习。鉴于苏联在建设中暴露出的问题,毛泽东同志和党中央很快意识到不能照搬苏联经验,必须摸索适合自己国情的发展道路。毛泽东同志相继发表《论十大关系》《关于正确处理人民内部矛盾的问题》等,指出在社会主义改造完成后,我国根本任务已经由解放生产力变为在新的生产关系下保护和发展生产力,提出了一系列社会主义建设方针、政策、原则和策略。毛泽东同志领导全党关于社会主义建设道路的理论和实践探索,为中国特色社会主义建设提供了具有重要借鉴意义的历史经验和理论认识,为中国特色社会主义理论体系的形成奠定了思想基础和理论前提,推进了马克思主义的中国化。

党带领全国人民通过克服重重困难,建立起独立的比较完整的工业体系和国民经济体系,取得包括"两弹一星"那样的伟大成就,古老神州发生翻天覆地的变化,为今天中国特色社会主义奠定了重要的物质技术基础。由于社会主义现代化建设是一项全新的事业,加上当时复杂严峻的国际环境的影响,党在探索中也有曲折和失误。随着指导思想上的"左"倾错误逐渐占据主导地位,乃至发生"文化大革命",致使我国建设事业遭受严重挫折,耽误了宝贵时间,拉大了与发达国家的差距。

面对十年浩劫造成的严峻局面,在中国面临向何处去的重大历史关头,党召开十一届三中全会,彻底否定"以阶级斗争为纲"的错误理论和实践,确立解放思想、实事求是的思想路线,拨乱反正。党顺应全党全国人民搞建设、谋发展的迫切愿望,敏锐地抓住和平与发展已成为世界两大主

[①] 《毛泽东选集》第4卷,人民出版社1991年版,第1439页。

题这一机遇,做出把党和国家工作重点转移到社会主义现代化建设上来、实行改革开放的战略决策,实现了党的历史上具有深远意义的伟大转折,开启了我国改革开放的历史新时期。以邓小平同志为核心的党的第二代中央领导集体大力倡导解放思想,及时总结党带领人民在实践中形成的新经验新认识,提出了许多具有开创意义的新思想、新观点、新理念。邓小平同志抓住"什么是社会主义,怎样建设社会主义"这个首要的基本问题,深刻揭示了社会主义的本质,提出了社会主义改革开放的总国策和党在社会主义初级阶段的基本路线,第一次比较完整地初步回答了在中国这样经济文化比较落后的国家如何建设社会主义、如何巩固和发展社会主义等基本问题,使党的指导思想实现了与时俱进,将马克思主义中国化推到一个新境界,创立了邓小平理论,创立了中国特色社会主义理论体系的开篇。

理论创新极大地推动了实践创新。改革首先在农村展开、从经济领域入手,随后扩展到城市、延伸为全面的综合性改革,对外开放则从沿海辐射到内地,亿万人民的建设和创造热情到充分调动与空前释放。仅十年左右时间,沿着建设中国特色社会主义这条新路,我国实现了持续快速发展,综合国力跃上新台阶,人民生活从温饱不足向小康迈进,整个国家充满新的生机和活力。

20世纪80年代末90年代初,国内发生严重政治风波;国外发生东欧剧变、苏联解体,不少长期执政的共产党相继垮台,世界社会主义运动骤然陷入低潮。国外有人谬称资本主义制度是人类历史的终点,国内也有不少怀疑、否定四项基本原则的声音,我国的发展面临空前困难和巨大压力。以江泽民同志为核心的党的第三代中央领导集体受命于这一重大历史关头,明确表示将坚定不移、毫不动摇地继续贯彻执行党的十一届三中全会以来的基本路线和基本政策,科学判断党的历史方位新变化,高度重视加强党的建设、巩固党的执政地位,将新时期党的建设提到"新的伟大工程"的高度,郑重提出党的建设两大历史性课题,即提高党的领导水平和执政水平,提高党的拒腐防变和抵御风险能力。江泽民同志集中全党智慧,科学地总结历史、思考现实、规划未来,提出了"三个代表"重要思想。"三个代表"是我们党的立党之本、执政之基、力量之源。这一创新理论以党的执政地位作为连接点，将党的建设新的伟大工程与党领导的中国特色社会主义伟大事业结合起来进行研究和思考，进一步回答了"什么是社会主义，怎样建设社会主义"的问题，创造性地回答了"建设什么样的党，怎样建设党"的问题，丰富和发展了中国特色社会主义理论体系，将马克思主义中国化又推向前进。

在邓小平理论和"三个代表"重要思想指导下，我们党以伟大工程带动伟大事业，经受住国内外政治风波、经济风险等严峻考验，创建社会主义市场经济新体制，开创全面开放新格局，成功地稳住改革和发展的大局，人民生活总体上完成由温饱到小康的历史性跨越，胜利实现现代化建设"三步走"战略的前两步目标，进入全面建设小康社会、加快推进社会主义现代化建设新的发展阶段，将中国特色社会主义事业全面推向21世纪。

进入新世纪新阶段，世情、国情、党情发生深刻变化，我国发展呈现出一系列新的阶段性特征，所面临的机遇与挑战均前所未有。以胡锦涛同志为总书记的党中央迎难而上，开拓奋进，在新的历史起点上大力发展中国特色社会主义，集中体现了马克思主义关于发展的世界观和方法论，有针对性地提出了科学发展观等一系列新的重大战略思想，继续回答了"什么是社会主义，怎样建设社会主义"，以及"建设什么样的党，怎样建设党"的问题，创造性地回答了"实现什么样的发展，怎样发展"的问题，进一步深化了中国特色社会主义理论体系，开拓了马克思主义中国化的新境界。

我们党在中国化马克思主义最新成果指导下，成功应对各种风险和挑战，包括有效应对国际金融危机冲击，经济总量已跃居世界第二位，综合国力、人民生活水平以及国际地位、国际影响力，均得到进一步提升，开创了中国特色社会主义事业新局面。

改革开放新时期以来，我们党立足社会主义初级阶段这一基本国情，紧紧围绕建设和发展中国特色社会主义这一主题，相继推出邓小平理论、"三个代表"重要思想和科学发展观等重大战略思想这三大理论成果，形成一个既一脉相承又与时俱进的系统科学的理论体系——中国特色社会主义理论体系，继承并发展了马克思列宁主义、毛泽东思想，实现了马克思主义中国化的第二次历史飞跃。实践告诉我们，一定要不断实现马克思主义中国化的理论创新，这是马克思主义在中国取得胜利的关键所在。

四　归根到底是坚持实事求是思想路线

中国共产党领导中国人民在革命、建设和改革的 90 年历程中，实现了马克思主义两次历史性飞跃，创造了马克思主义中国化既一脉相承又丰富发展的两个理论形态——毛泽东思想和中国特色社会主义理论体系，取得了中国革命、社会主义建设和社会主义改革开放三个伟大成就，实践创新带动理论创新，理论创新引导实践创新。我们从中可以得出许多重要启示。

1. 马克思主义中国化的实质与精髓就是实事求是思想路线，坚持马克思主义，说到底，必须坚持实事求是思想路线。实行党的正确领导，关键在于是不是以马克思主义作指导；以马克思主义为指导，关键在于是不是把马克思主义与中国实践相结合；把马克思主义与中国实践相结合，关键在于是不是贯彻落实实事求是思想路线。实事求是是马克思主义活的灵魂，是中国化马克思主义的精髓。一旦偏离实事求是的思想路线，再好的理论也会成为僵化空洞的教条，在实践中就会犯经验主义、教条主义的错误。马克思主义中国化的不断创新，实现于不同的历史时期，面对不同的时代主题，解决不同的时代课题，但都贯穿了马克思主义实事求是思想路线这条红线。只有坚持实事求是思想路线，才能长期坚持并不断发展中国化的马克思主义，中国特色社会主义道路才会越走越宽广。

2. 坚持实事求是思想路线，不断推进马克思主义中国化，最重要的就是坚持理论联系实际的学风和密切联系群众的作风。理论联系实际、密切联系群众是实事求是思想路线的一壁两面，是贯彻实事求是思想路线的两条密不可分的基本原则。是从本本出发，还是从实际出发，是联系群众，还是脱离群众，是对待马克思主义根本态度的分歧点，是采取什么样学风、作风的分水岭。坚持实事求是思想路线，推进马克思主义中国化，必须弘扬理论联系实际的马克思主义学风。学风问题是对待马克思主义的根本态度问题，是第一位重要问题。坚持实事求是，就一定要从实际出发，从中国国情出发，把马克思主义同中国实际相结合。如果学风不正，对待马克思主义的根本态度出了问题，把马克思主义变成教条，脱离实际，就会给党的事业带来灾难性的危害。作风问题是学风问题在工作上的具体化。联系实际与联系群众是一致的，联系实际最根本的就是联系群众，坚持理论联系实际的学风，就要坚持密切联系群众的作风，一切为了人民群众，一切依靠人民群众，从群众中来，到群众中去。全党树立了优良的学风和作风，才能做到实事求是，才能不断推进马克思主义中国化。

3. 坚持理论联系实际和密切联系群众，必须密切联系不断发展的实践，永不脱离群众，不断推进马克思主义中国化的理论创新。人民群众永远追求进步，实践永无止境，理论创新也就无止境。理论创新一旦停滞或中断，就会迷失方向，就会遭遇挫折或失败。只有坚持理论创新，才能使马克思主义始终保持蓬勃生命力，使党的工作体现时代性、把握规律性、富于创造性。90年来，我们党努力开创马克思主义在中国发展的新境界，归根到底，是科学回答了"什么是马克思主义，怎样对待马克思主义"这一核心问题，故而能够带领人民战胜一切艰难险阻，闯过一个个关口，取得中国革命的伟大胜利以及社会主义建设和改革的辉煌成就。一定要在群众实践活动中坚持马克思主义，发展马克思主义，不断推进马克思主义中国化、时代化、大众化，用发展着的马克思主义指导新的实践。

高度重视马克思主义指导高度重视马克思主义中国化，高度重视马克思主义中国化的不断创新，是始终保持党的先进性的思想源泉和活力所在，是我们党的优良传统和政治优势。没有马克思主义和马克思主义中国化就没有中国共产党，没有中国共产党就没有中国特色社会主义。只要我们党始终坚持马克思主义和马克思主义中国化,高举中国特色社会主义伟大旗帜,就一定能够实现 2020 年全面建设小康社会的奋斗目标,迎来中华民族伟大复兴更加光明的前景。

(作者单位:中国社会科学院)
(原载《中国社会科学》2011 年第 4 期)

坚持人民民主专政，并不输理

王伟光

党的十八届三中全会明确提出全面深化改革的总目标是完善和发展中国特色社会主义制度，推进国家治理体系和治理能力现代化，这就涉及社会主义国家制度、国家治理体系、民主与专政及其实现形式等重大问题。为了搞清楚这些重大问题，有必要重温马克思主义的国家和无产阶级专政学说。

一 为什么提出国家与专政问题

"一个中心，两个基本点"是党在社会主义初级阶段的基本路线。中国特色社会主义的成功实践经验告诉我们，始终不渝地坚持贯彻党的基本路线，就能保证中国特色社会主义事业不走偏、不走样、不变色，不断取得新的胜利。坚持人民民主专政是党的基本路线的一个重要原则。邓小平同志明确指出，运用人民民主专政的力量，巩固人民的政权，是正义的事情，没有什么输理的地方。然而，国家与专政问题是一个被资产阶级的学者、作家和哲学家弄得最混乱的问题。在一些人眼中，一提到国家，总是冠以全民的招牌，把资产阶级国家说成是代表全民利益的、超阶级的国家，而把无产阶级国家说成是邪恶的、暴力的、专制的国家；一提到专政，不论是无产阶级专政，还是我国《宪法》规定了的人民民主专政，总是都不那么喜欢。这里有两种情况。一种情况是，一些"好心人"总是认为民主比专政好，认为"专政"这个字眼，是暴力的象征，不像"民主"那么美妙、招人喜欢；另一种情况则是，某些别有用心的人打着反对专政的幌子，把一切专政都说成是坏的，根本不提还有资产阶级专政，只讲资产阶级民主，把资产阶级民主粉饰为"至善至美"的反专制、反一党制、超阶级、超历史的普世的民主，其实质是反对社会主义制度的无产阶级专政（在我国是人民民主专政）。

这些看法如果仅仅是一个喜欢不喜欢的爱好问题，就没必要兴师动众地长篇大论地讨论国家、专政问题。按照马克思主义国家学说，民主与专政实质上只不过是构成国家本质属性的两个方面。对于一个国家来说，有民主，就须有专政；有专政，就须有民主，二者有机统一于国家。那么，什么是国家，什么是专政，什么是资产阶级专政，什么是无产阶级专政，什么又是人民民主专政？这是关系到我国社会主义前途命运的重大理论和现实问题，需要从理论和现实的角度把这个问题说清楚，以廓清人们的糊涂认识。而要说明这些重大理论与现实问题，则有必要从理论上说清楚马克思主义国家学说，进而说清楚马克思主义关于无产阶级专政、毛泽东思想关于人民民主专政的正确观点，划清历史唯物主义和历史唯心主义的界限。

二 马克思主义国家学说的基本观点和精神实质

民主与专政、无产阶级专政与人民民主专政，这些问题都涉及怎样认识国家的起源、发展与消亡，涉及国家的本质与作用等基本问题，这就需要我们重温马克思主义国家学说的主要内容和基本观点，恢复马克思主义国家学说的本来面貌。

第一，国家是历史发展到一定阶段，阶级矛盾不可调和的产物。

恩格斯在《家庭、私有制和国家的起源》中指出，国家不是从来就有的，在人类之初的原始共产主义社会，没有剥削、没有阶级，也就没有国家。当人类社会生产力发展到一定阶段,有了剩余劳动和剩余产品,出现了私有制,社会分裂为经济利益互相冲突的对立阶级,出现了剥削者和被剥削者、压迫者和被压迫者、统治者和被统治者的分裂和对立,统治阶级就需要一种表面上凌驾于社会之上的力量来统治被统治阶级,缓和冲突,于是国家就产生了。社会分裂为阶级之后,才出现了国家。国家不是外部强加给社会的某种力量,也不是像黑格尔所说的什么"伦理理念的现象",更不像封建统治阶级宣传的那样,是上帝赐给的。国家是社会发展到一定阶段,出现了阶级和阶级对立,为了有利于统治阶级不至于在阶级冲突中与被统治阶级同归于尽应运而生的。

国家是阶级分裂、阶级斗争的产物,是随着阶级的产生而产生的。国家是从社会冲突中产生但又自居于社会之上并且日益同社会相脱离的力量。国家是阶级矛盾不可调和的产物和表现。在阶级矛盾客观上达到不能调和的地方、时候和程度,便产生了国家。反过来说,国家的存在表明阶级矛盾的不可调和。科学地讲,国家是人类社会生产力发展到一定阶段阶级和阶级斗争不可调和的产物,即它不是从来就有的,也不是永远需要的。

第二,国家是阶级统治的机关,是一个阶级剥削、压迫另一个阶级的工具。

国家又是一个政治的、阶级的范畴,国家是一种政治组织,是统治阶级的权力组织,是建立在一定经济基础之上的政治上层建筑,是上层建筑中最主要的部分,是阶级统治的暴力工具。国家的核心是政权。自从国家产生以来,历史上的统治阶级从来都把国家描绘成至上的、绝对的、不可侵犯的,同时又是超历史、超阶级的力量。譬如,封建君主宣称"朕即是国家"。资产阶级则把国家说成是代表全民利益的超历史、超阶级的全民国家,把国家说成是阶级调和的工具。这些说法都掩盖或歪曲了国家的阶级本质,国家既然是阶级斗争的产物,那么国家就不可能是超历史的、超阶级的、全民的,而是具有阶级性的本质。有奴隶制国家,也有封建制国家,还有资本主义国家、社会主义国家,而从来就没有什么超历史的、超阶级的抽象民主、抽象的全民的国家。实际上,国家是建立一种社会秩序,使统治阶级的压迫合法化、固定化,而这种秩序的建立不是阶级调和,而是一个阶级压迫另一个阶级的表现。

在阶级社会中,国家对内的主要职能是依靠暴力和强制机关统治被统治阶级,以保证统治阶级的经济基础、政治地位和根本利益。对外的主要职能是抵御外来侵略,保护本国利益不受侵犯。剥削阶级国家还担负对外侵略、掠夺的作用。国家除了这些主要职能外,还担负调整国内各阶级阶层关系、维护秩序、组织生产、发展经济、繁荣文化、统一道德、保障公平等职能。

国家是阶级斗争的工具,主要是就国家的阶级实质、主要特征而言。恩格斯说,国家官吏掌握了社会权力和征税权,就作为社会机关而凌驾于社会之上。剥削阶级的国家之所以对劳动人民进行剥削,是因为它照例是最强大的、在经济上占统治地位的阶级的国家,这个阶级借助于国家而在政治上也成为占统治地位的阶级,因而获得了镇压和统治被统治阶级的新手段。列宁认为,国家是占统治地位的阶级用来剥削被压迫阶级的工具,一切剥削阶级的国家都是剥削劳动人民的工具,是一个阶级对另一个阶级进行统治的工具。奴隶制国家是奴隶主压迫统治奴隶的工具,封建制国家是封建地主阶级压迫统治农民阶级的工具,资产阶级国家是资产阶级压迫统治工人阶级的工具。

第三,特殊的军队,还有监狱、法院、警察是国家政权的主要强力工具。

恩格斯指出,国家同原始社会比较,有两个基本特征,一是原始氏族组织是按血缘来区分它的居民,而国家则是按地区来划分它的国民;另一个是氏族组织有自己的武装组织,没有军队、警察和官吏等专门从事统治和压迫的社会权力,而国家却设立社会权力,构成这种权力的不仅有武装的人,而且还有监狱和各种强制机关。由于社会分裂为不可调和的敌对阶级,统治阶级为了维护其统治地位,建立了专门用以镇压被统治阶级的特殊的武装队伍、法庭、监狱、警察等强力工具,且特殊的武装队伍等强力工具随着剥削阶级国家国内阶级矛盾的尖锐化和对外侵略竞争的加剧而日益加强起来。

第四,国家随着阶级的消失而消亡,而国家的最终消亡必须经过无产阶级专政国家的过渡。

按照唯物辩证法的观点来看,任何一个事物都是一个过程,都有生、有死。无论是自然界的事物,还是社会领域的事物,都是如此,国家也不例外。恩格斯在《反杜林论》中深刻地揭示了国家产生、发展和消失的经济根源,指出国家是随着阶级的产生而产生的,也将随着阶级的消失而消失。国家不是永恒的、不是永存的。马克思主义认为,国家消亡的前提是阶级消亡,阶级消亡的前提是生产力高度发展,并在高度发展的生产力基础上,建立公有制的经济基础,国家阶级压迫的职能不需要了,国家才可以消亡。可见,国家完全消亡的经济基础就是共产主义公有制和社会化大生产的高度发展。

但有人曲解恩格斯关于国家消亡的思想,认为资产阶级国家也可以"自行消亡"。列宁坚决反对这种观点,认为这种观点是"对马克思主义的最粗暴的歪曲,仅仅有利于资产阶级"。列宁认为,资产阶级国家是不会"自行消亡"的,而要由无产阶级在革命中消灭它。因为国家是"实行镇压的特殊的力量",资产阶级国家由无产阶级国家代替,决不能靠"自行消亡"来实现。

恩格斯所说的"自行消亡"的国家是指实行了社会主义革命以后的无产阶级国家。列宁根据马克思在《哥达纲领批判》中的分析强调指出,由于国家是阶级统治、阶级压迫的工具,在从资本主义过渡到共产主义的整个历史时期,必须坚持无产阶级专政,只有到了共产主义阶段,无产阶级专政的国家才可以"自行消亡"。国家消亡是需要一定的经济基础的,一定要把国家消亡同社会经济基础联系起来考察。当社会发展到不再有需要加以镇压的任何阶级的时候,也就不再需要国家这种实行镇压的特殊力量了。那时"国家"的政治形式是最完全的民主,而最完全的民主也只能自行消亡,这就根本不需要国家了。在社会主义条件下,由于社会主义经济基础的建立,实现了生产资料公有制和按劳分配制,社会主义民主将进一步发展,劳动群众参与国家管理和经济管理,学会管理社会生产和社会事务,这就逐步为国家消亡创造了条件。

三 无产阶级专政是新型的国家

马克思主义的阶级斗争和国家学说告诉我们,阶级的存在仅仅同生产发展的一定历史阶段相联系;阶级斗争必然导致无产阶级专政;这个专政不过是达到消灭一切阶级和进入无阶级社会的过渡。马克思主义指明了无产阶级反对资产阶级的斗争必然导致无产阶级专政,无产阶级专政担负着最终消灭阶级与国家的历史使命。

在《哲学的贫困》《共产党宣言》等著作关于国家问题论述中,马克思恩格斯指出,无产阶级用暴力推翻资产阶级统治而建立自己的统治;无产阶级革命的第一步就是使无产阶级变为统治阶级,争得民主;无产阶级国家,即无产阶级成为统治阶级的国家。这些表述表达了马克思主义在国家问题上的一个最卓越最重要的思想,即"无产阶级专政"的思想。无产阶级在历史上革命作用的"最高表现是无产阶级专政",其具体表现为,无产阶级要求建立的国家就是"组织成为统治阶级的无产阶级";只有无产阶级才能推翻资产阶级,使自己成为统治阶级;只有使无产阶级变为统治阶级,实现无产阶级专政,才能消灭资产阶级;无产阶级专政必须有以马克思主义为指导的无产阶级政党的领导。

1871年,巴黎无产阶级举行武装起义,建立了巴黎公社。这是人类历史上建立无产阶级专政的第一次伟大尝试。马克思科学总结和分析了巴黎公社的革命经验,在《法兰西内战》中提出"工人阶级不能简单地掌握现成的国家机器,并运用它来达到自己的目的"的著名结论,认为这是对《共产党宣言》必须做的唯一"修改"。马克思总结的巴黎公社这个基本原则具有重大意义。马克思的意思是说工人阶级应当打碎、摧毁"现成的国家机器",而不只是简单地夺取这个机器。所谓"现成的国家机器",就是指资产阶级的"官僚军事国家机器"。用什么来代替被打碎的资产阶级国家机器，就是用新型的国家政权来代替之，由无产阶级专政代替资产阶级专政。无产阶级专政实质是无产阶级政权，是"生产者阶级同占有者阶级斗争的结果，它是终于发现的、可以使劳动者在经济上获得解放的政治形式"。

无产阶级专政是作为统治阶级的无产阶级实行阶级统治的工具，是新型的国家，是由剥削阶级国家到消灭阶级、消灭国家的必经阶段。不经过无产阶级专政的阶段，就不可能消灭阶级，乃至最终消灭国家。

无产阶级专政的国家也是阶级统治的工具。不过它在阶级性质、历史使命、基本内容上都同以往一切剥削阶级专政根本不同。它是为无产阶级消灭剥削阶级、建立社会主义、向共产主义过渡创建条件的主要工具。

无产阶级专政是新型的国家，之所以是新型的，因为它在根本性质上不同于奴隶主阶级专政的国家、封建地主阶级专政的国家和资产阶级专政的国家，它是占统治地位的无产阶级及广大劳动人民对少数反动分子实行专政的国家，是工人阶级、劳动人民享有最高程度民主的国家，是新型民主与新型专政的统一体，即对无产阶级和广大劳动人民实行最广泛的民主；对一切反动阶级、敌对分子实行专政。无产阶级专政的核心问题是无产阶级通过它的先进组织——共产党，掌握国家政权。

由于各国情况的差异和历史条件的不同，无产阶级专政的国家政权可以有不同的形式。从历史上来看，有巴黎公社无产阶级专政组织形式的最初尝试；有列宁总结俄国革命经验所肯定的俄国无产阶级专政最适宜的形式——苏维埃共和国；有中国工人阶级和人民大众经过长期革命斗争建立起来的工人阶级领导的、以工农联盟为基础的人民民主专政的国家政权形式……

无产阶级专政具有两个基本职能和属性，一是担负对内镇压被统治阶级、对外抵抗外来侵略的阶级工具职能，具有鲜明的阶级属性；二是具有组织生产、发展经济、协调关系、保证公平、繁荣文化、统一道德、提供保障等公共服务职能，具有公共服务的属性。无产阶级专政是建立在消灭了阶级对阶级的压迫基础上的，阶级矛盾和阶级斗争不是主要矛盾的社会主义制度条件下的新型国家。无产阶级专政新型国家的阶级工具职能，其范围和作用会逐步缩小、减少，而公共服务职能会逐步扩大、加重。但这不等于放弃阶级工具的职能，在某些特殊情况下，这个职能有可能加重、加大。比如，当出现大规模的外国军事侵略的情况下，当外部敌对势力与内部敌对力量相互勾结，严重威胁社会主义国家安全，包括意识形态安全时，无产阶级专政阶级压迫的作用丝毫不能减轻。

四 实行人民民主专政是我们的主要经验

毛泽东把马克思主义关于国家和无产阶级专政的一般原理同中国具体实际相结合，发展了无产阶级专政的学说，提出了人民民主专政的思想。他指出，总结我们的经验，集中到一点，就是工人阶级（经过共产党）领导的以工农联盟为基础的人民民主专政。这个专政必须和国际革命力量团结一致。这就是我们的公式，这就是我们的经验，这就是我们的主要纲领。人民民主专政是我国社会主义国家政权的实质和主要内容，坚持人民民主专政是我国社会主义制度的基本保障，是中国特色社会主义必须坚持的一个基本原则。

人民民主专政是中国特色的无产阶级专政。这是中国人民在中国共产党领导下，根据中国具体国情，对新中国国家本质及其形式的唯一正确的政治选择。旧中国是半殖民地半封建性质的国家。中国共产党在中国要取得社会主义的胜利，就要打碎旧中国的国家机器，建立一个新型的国家机器，而要做到这一点，必须把革命的实际行动分作两步：第一步进行新民主主义革命，第二步进行社会主义革命。通过革命战争，打碎旧中国的国家机器，建立新的国家机器，这个新型的国家机器就是人民民主专政。中国社会的性质决定中国新民主主义革命的敌人是封建主义、官僚资本主义和帝国主义，领导阶级是工人阶级，革命的主要同盟是农民阶级，其他同盟还有城市小资产阶级和民族资产阶级，只有结成最广泛的统一战线，集中全民众的力量，才能战胜压在中国人民头上的"三座大山"。中国新民主主义革命的胜利，历史地导致不仅仅只是无产阶级的专政，而是以无产阶级为领导的、以工农联盟为基础的，包括城市小资产阶级和民族资产阶级的最广泛联盟的人民民主专政。人民民主专政的实质还是无产阶级专政，但它不是单一的无产阶级的专政，而是以工人阶级为领导的、以工农联盟为基础的，包括最广泛同盟者的对少数敌人的专政。

毛泽东科学地阐明了人民民主专政的任务、目的和作用。他说，在中国现阶段，人民是什么，是工人阶级、农民阶级、城市小资产阶级和民族资产阶级，这些阶级在共产党领导下，团结起来，共同奋斗，赢得了新民主主义革命胜利，建立自己的国家，即人民民主专政的国家。人民民主专政的国家在人民内部实行民主，对人民的敌人实行专政，这两个方面是分不开的，把这两方面结合起来，就是人民民主专政。人民民主专政是专政与民主的辩证统一。人民民主专政的基础是工人阶级、农民阶级、城市小资产阶级和民族资产阶级的联盟。当然，人民民主专政必须由工人阶级领导，主要基础是工农联盟。

马克思主义无产阶级专政学说、毛泽东人民民主专政思想告诉我们，不能把民主与专政割裂开来、对立起来，认为专政是对民主的否定，讲专政就是不要民主，从而否定人民民主专政的根本性质和作用。对敌人的专政是对人民民主的保障，坚决地打击敌人的破坏和反抗，才能维护人民民主，才能保卫社会主义民主。当然，也不能认为民主是对专政的否定，讲专政就是否定民主，从而否定社会主义的民主本质，对人民民主是对敌人专政的前提，只有在人民内部充分发挥民主，才能有效镇压敌人。没有广泛的人民民主，人民民主专政就不能巩固。人民民主专政作为政治手段、阶级工具的第一个任务，就是压迫国家内部的反动阶级、反动派和反抗社会主义的势力，对蓄意破坏和推翻社会主义制度的各种敌对分子实行专政；第二个任务就是防御国家外部敌人的颠覆、"和平演变"、西化、分化活动和可能的侵略，对企图颠覆和推翻社会主义制度的外部敌对势力实行专政。因此，必须强化军队、警察、法庭、监狱等国家机器，以巩固社会主义制度，保证全体人民和平劳动，将我国建设成为一个具有现代工业、现代农业、现代国防和现代科学文化的社会主义国家，最终达到消灭阶级、消灭"三大差别"、实现共产主义的目的。

组织社会主义经济建设、政治建设、文化建设、社会建设、生态文明建设，发展科学、文化、教育和社会保障事业，大力发展社会生产力，建设社会主义物质文明、政治文明、精神文明和生态文明，走共同富裕道路，是人民民主专政长期的、根本的任务。

人民民主专政的要义为：第一，坚持以工人阶级为领导阶级，以工人阶级的先锋队中国共产党为领导核心；第二，坚持以马克思主义、中国化的马克思主义作为人民民主专政的理论基础和思想指南；第三，坚持以工人阶级和农民阶级联盟为最主要的基础；第四，以一切热爱祖国、热爱社会主义事业的社会主义建设者为最广泛的联盟；第五，对少数敌人实行专政，对大多数人民群众实行最广泛的人民民主；第六，通过社会主义法制实施民主与专政。

人民民主专政是中国特色社会主义须臾不可离开的法宝。今天，我们中国特色社会主义国家仍然处于马克思主义经典作家所判定的历史时代，即社会主义与资本主义两个前途、两条道路、两种命运、两大力量生死博弈的时代，这个时代仍贯穿着无产阶级与资产阶级、社会主义与资本主义阶级斗争的主线索，这就决定了国际领域内的阶级斗争是不可能熄灭的，国内的阶级斗争也是不可能熄灭的。在这样的国际国内背景下，人民民主专政是万万不可取消的，必须坚持，必须巩固，必须强大。否则，不足以抵制国外反动势力对我西化、分化、私有化、资本主义化的图谋，不足以压制国内敌对力量里应外合的破坏作用。必须建设强大的国防军，必须建设强大的公安政法力量，以人民民主专政的力量保卫和平、保卫人民、保卫社会主义。

当然，在巩固人民民主专政的同时，必须大力发展社会主义民主。建立高度的社会主义民主，是社会主义的本质，是社会主义政治上层建筑的基本内容，是中国特色社会主义的根本目标和根本任务之一。没有民主，就没有社会主义。

坚持人民民主专政，保障社会主义民主，必须加强社会主义法制建设。社会主义法制是人民民主专政的国家所制定的各种法律、法令等法的规范，以及按照法律规定建立起来并贯彻实施的种种法律制度，它的实质是工人阶级及其领导的广大人民当家作主、管理国家、进行社会主义建设的共同意志的集中体现。执政党、参政党和一切参加社会主义建设的人民群众都必须在宪法和法律规范内活动，任何违反法律的行为，都要受到法律的制裁。

（作者单位：中国社会科学院）

（原载《红旗文稿》2014年第18期）

人民政协是社会主义民主政治制度的伟大创造

王伟光

中国人民政治协商会议是中国人民爱国统一战线的重要组织，是中国共产党领导的多党合作和政治协商的重要机构，是我国政治生活中发扬社会主义民主的重要形式，体现了中国共产党人在社会主义民主政治实践和制度设计上的独创性贡献。人民政协成立65年来，与人民共和国一道前行，为我国社会主义现代化建设和改革开放事业作出了重大贡献。在全面深化改革的新形势下需要继续发展完善这一中国特色社会主义基本政治制度，推进人民政协事业不断向前发展，为谱写中国特色社会主义事业新的历史篇章，实现中华民族伟大复兴的中国梦做出新的更大贡献。

一 以丰富的政治功能实现"人人起来负责"的新型民主

中国人民政治协商会议是同新中国一起诞生的。新中国成立前夕，随着中国人民革命的全面胜利，建立人民当家作主的全国政权、带领全国各族人民建设新生活的历史重任摆在了我们党面前，落在了我们党的肩上。要建设新中国、新社会迅速荡涤反动政权留下来的污泥浊水，有组织、有步骤地在全国范围内开展各项建设工作，必须广泛调动全民族的积极性和创造性，凝聚起全社会的智慧和力量。

早在夺取全国政权之前，毛泽东同志就已经明确提出建立"人人起来负责"的新型民主的思想。在与黄炎培的那段关于旧时代王朝更替的历史周期律的著名对话中毛泽东同志曾经自信地说："我们已经找到新路，我们能跳出这周期律。这条新路，就是民主。只有让人民来监督政府，政府才不敢松懈。只有人人起来负责，才不会人亡政息。"毛泽东同志提出的这条"民主新路"，不是那种名义上人人都有一票而实际上有许多限制因而并非人人都能够享有的民主，而是"人人起来负责"的民主，也就是人民民主。这是一种全新的民主，是最大多数人的民主，而不是一部分人的民主更不是少数人的民主。

在夺取全国政权、建立新中国的历史过程中，我们党将革命实践中逐步建立起来的统一战线加以制度化，通过召开中国人民政治协商会议，形成中国共产党领导的多党合作和政治协商制度，并且在新中国成立初期的一段时间里，由作为中国共产党领导的多党合作和政治协商制度组织机构的中国人民政治协商会议全体会议代行国家权力机关职权。1949年9月21日至29日，中国人民政治协商会议第一届全体会议召开，标志着人民政协正式成立。这次会议代行全国人民代表大会的职权，通过了具有临时宪法性质的《中国人民政治协商会议共同纲领》，选举了中国人民政治协商会议全国委员会和中华人民共和国中央人民政府委员会，宣告了中华人民共和国的成立。新中国成立后，人民政协为恢复和发展我国国民经济、巩固新生的人民政权、促进社会主义革命和建设作出了重大贡献。

1954年，第一届全国人民代表大会召开后，中国人民政治协商会议作为民主协商机构和统一战线组织，继续在国家政治生活和社会生活中开展了卓有成效的工作。毛泽东在《关于政协的性质和任务》的谈话中，针对政协是否还有存在的必要以及政协的性质、任务等问题指出："政协仍有存在的必要。""政协的性质有别于国家权力机关——全国人民代表大会，它也不是国家的行政机关。""政协是全国各民族、各民主党派、各人民团体、国外华侨和其他爱国民主人士的统一战线组织，它的成员主要是党派、团体推出的代表。"当时，毛泽东同志就意识到，人大的代表性尽管很大，但不能包括所有的方面，因此决定在召开全国人大后继续保留人民政协，以实现我们党"人人起来负责"的民主追求。

由此，以毛泽东同志为核心的第一代中央领导集体，创造了人民政协制度，并就人民政协的共同政治基础、党对统一战线和人民政协的领导、人民政协的性质和任务等，提出了一系列开创性的重要思想。在社会主义建设和改革开放进程中，我们党始终高度重视和关心人民政协事业的发展，以邓小平同志为核心的第二代中央领导集体，提出了新时期统一战线和人民政协的任务及工作原则，确立了中国共产党与各民主党派"长期共存、互相监督、肝胆相照、荣辱与共"的方针。以江泽民同志为核心的第三代中央领导集体，提出中国共产党领导的多党合作和政治协商制度是我国的一项基本政治制度，并在宪法中予以确认。以胡锦涛同志为总书记的党中央，提出加强同民主党派合作共事，更好地发挥中国特色社会主义政党制度的特点和优势。十八大以来，以习近平同志为总书记的党中央，充分肯定协商民主是我国社会主义民主政治的特有形式和独特优势，提出了推进协商民主广泛多层制度化发展的目标和任务，把人民政协事业进一步推向前进。

从65年来人民政协发展的实践历程看，作为实现多党合作和政治协商的主要机构，人民政协发挥了以下重要功能。

一是政治参与功能。人民政协为各民主党派以及无党派人士开辟了制度化参与渠道，把多种积极的社会力量纳入政治体制，巩固和扩大了人民民主专政国家政权的基础；调动各方面积极性，广集民智，广纳良策，推动执政党和政府决策的民主化科学化，从而推进社会主义民主积极稳步发展。

二是利益表达功能。我国是一个人口众多的大国，特别是随着社会主义市场经济的发展，社会发生深刻变革，日益分化出不同的利益群体，人民内部在根本利益一致的基础上不可避免地存在着具体利益的差别和矛盾，社会结构及利益格局渐趋多元，思想观念日益丰富多样。人民政协因其广泛的代表性，能够有效反映社会各方面的利益、愿望和诉求，畅通和拓宽社会利益表达渠道，协调各方面利益关系，从而有助于保持社会和谐稳定。

三是社会整合功能。我国社会主义现代化建设的艰巨性和复杂性，要求政治制度不仅能够调动各方面积极性，更要具备高度的社会整合功能，以便"集中力量办大事"。人民政协以中国共产党的坚强领导为前提，在建设中国特色社会主义大目标下，紧密团结各民主党派及无党派人士，形成高度的政治认同，促进政治资源的优化配置，从而引导、组织和调动各方面社会力量为社会主义现代化建设做出贡献。

四是维护稳定功能。人民政协以合作、协商代替对立、争斗，避免了党派互相倾轧造成的政局不稳、政府频繁更迭的现象，最大限度地减少社会内耗，维护安定团结的社会政治局面。同时，人民政协既坚持中国共产党的坚强领导，又有各民主党派的广泛参与，能够有效化解各种社会矛盾，保持政治稳定，营造良好政治生态。

五是民主监督功能。民主监督是人民政协的基本职能之一。中国共产党与各民主党派互相监督，有利于强化体制内的监督功能，避免由于缺乏监督而导致的种种弊端。各民主党派反映和代表着各自所联系群众群体的具体利益和要求，能够反映社会上多方面的意见和建议，能够提供一种中国共产党自身监督之外更多方面的监督，有利于执政党决策的民主化科学化，更加自觉地抵制和克服官僚主义和各种消极腐败现象，加强和改进执政党的工作。

发展社会主义民主政治，推进国家治理体系和治理能力现代化，需要我们更加善于运用人民政协这一政治组织和民主形式。

二 以独特的政党制度夯实执政体系的制度基础

中国特色社会主义的政党制度是中国特色社会主义民主政治的重要组成部分。一个国家实行什么样的政党制度，是由该国国情、国家性质和社会发展状况所决定的。我国是人民民主专政的社会主义国家，同这种国体相适应的政权组织形式是人民代表大会制度，同这种国体相适应的政党制度是中国共产党领导的多党合作和政治协商制度。这是一种具有中国特色的社会主义政党制度，是在中国长期的革命、建设、改革实践中形成和发展起来，适合中国国情的一项基本政治制度，是中国社会主义民主政治的重要组成部分。这个制度既不同于西方国家的两党或多党竞争制，也有别于有的国家实行的一党制。经过65年的实践发展，这一具有中国特色的社会主义政党制度已经成型。

一方面，中国共产党同各民主党派在国家政权中团结合作，支持他们发挥参政党作用，履行参政议政、民主监督职能，推动国家政权建设。

人民代表大会是中国人民行使国家权力的机关，也是民主党派成员发挥作用的重要机构。民主党派成员和无党派人士在各级人大代表、人大常委会委员和人大专门委员会委员中均占有适当比例，在各级人大领导班子成员中均有适当数量，包括在全国和省级人大常委会中均有民主党派成员或无党派人士担任副秘书长。

民主党派成员和无党派人士担任政府和司法机关领导职务，也是实现中国共产党领导的多党合作制度的一项重要内容。县级以上地方政府均选配民主党派成员或无党派人士担任领导职务，重点在涉及行政执法监督、与群众利益密切相关、紧密联系知识分子、专业技术性强的政府工作部门领导班子中选配民主党派成员、无党派人士担任领导职务。符合条件的可以担任正职。各级人民法院、人民检察院逐步选配符合任职条件的民主党派成员和无党派人士担任领导职务。此外，还有许多民主党派成员、无党派人士在高等院校、人民团体、科研院所和国有企业中担任领导职务。

国务院和地方各级人民政府重视加强与民主党派的联系，为民主党派发挥参政议政作用开辟了新渠道。国务院召开有民主党派负责人参加的座谈会，就拟提交全国人民代表大会审议的政府工作报告、有关重大政策措施征求意见，通报国民经济和社会发展的有关情况；根据需要邀请民主党派负责人列席政府全体会议和有关会议；政府组织有关廉政建设、社会治安综合治理和规范市场经济秩序等检查工作，邀请民主党派成员参加；政府有关部门根据工作业务范围同相关民主党派建立和加强联系，重要专业性会议和重要政策、规划的制定，需要邀请相关的民主党派负责人参加。

民主党派成员担任特约人员的领域进一步扩大。政府有关部门和司法机关聘请民主党派成员担任特约人员，是发挥民主党派民主监督作用的一项重要举措和制度安排。目前，最高人民检察院、教育部、监察部、国土资源部、审计署、税务总局分别聘请民主党派成员、无党派人士担任特约检察员、教育督导员、特约监察员、特约国土资源监察专员、特约审计员、特约税务监察员。地方各级政府部门也聘请民主党派成员、无党派人士担任特约人员。特约人员参加有关执法检查和执法监督工作，参与有关法律法规的研究、制定，参加对重大案情的调查，发挥参谋咨询作用和联系人民群众的桥梁纽带作用，充分履行民主监督职责。

民主党派参加重要外事、内事活动制度进一步规范，作用进一步发挥。近年来，中共中央和国家领导人会见外宾时，通常都会邀请民主党派中央领导人参加；出席重要庆典、慰问、纪念活动，通常也会邀请民主党派中央领导人参加。

另一方面，民主党派作为人民政协的重要界别，在人民政协中的作用得到了充分发挥。

权利得到充分保障。在人民政协的组织构成中，民主党派成员在各级政协委员、常务委员和政协领导成员中占有较大比例，在政协各专门委员会负责人或委员以及政协机关中，民主党派成员均占有一定数量。不仅如此，各民主党派在政协的各种会议上以本党派名义发表意见，开展视察、提出提案、进行举报、反映社情民意以及参与调查和检查活动的权利得到充分尊重和保障。

积极参与政治协商。各民主党派充分运用人民政协的各种协商方式，对国家和地方的大政方针以及政治、经济、文化和社会生活中的重要问题，对各民主党派参加人民政协工作的共同性事务、政协内部的重要事务以及有关爱国统一战线的其他重要问题，进行协商讨论，提出意见和建议。中共中央主要领导人每年元旦和全国政协全体会议期间都要同各民主党派共商国是；担任政协委员的民主党派成员与其他政协委员一起列席人民代表大会的主要会议,参加国家重大问题的协商讨论,就事关国计民生的大政方针和重大问题提出意见建议;政协的常务委员会会议、主席会议、秘书长会议、专门委员会会议内容不断丰富,为各民主党派更加广泛地参与政治协商创造了条件。

认真开展民主监督。各民主党派运用政协视察、大会发言或以其他形式对国家宪法、法律和法规的实施,重大方针政策的贯彻执行、国家机关及其工作人员的工作,通过建议和批评进行监督。政协委员中的民主党派成员还通过参加中共党委和政府有关部门组织的调查和检查活动或应邀担任司法机关和政府部门特邀监督人员等开展民主监督。

深入参政议政。参加人民政协的各民主党派成员对政治、经济、文化、社会生活中的重要问题以及人民群众普遍关心的问题开展调查研究,反映社情民意,通过调研报告、提案、建议案或其他形式向中国共产党和国家机关提出了大量的意见和建议,许多意见建议被采纳或付诸实施。

由此可见,中国共产党与各民主党派已经形成了团结合作的新型政党关系。中国共产党的基本理论、基本路线、基本纲领、基本经验得到各民主党派的认同,建设中国特色社会主义成为中国各政党的共同目标。在宽松稳定、团结和谐的政治环境中,中国共产党与各民主党派实现了广泛的政治合作。这一制度与人民代表大会制度相适应,体现了社会主义民主的本质要求,保障人民民主权利的充分行使。

三 以先进的协商民主彰显社会主义民主政治的独特优势

十八届三中全会通过《中共中央关于全面深化改革若干重大问题的决定》指出:协商民主是我国社会主义民主政治的特有形式和独特优势,是党的群众路线在政治领域的重要体现,应发展广泛的多层的协商民主。长期实践探索的经验表明,以协商民主为主要民主政治形式,更符合我国的国情,更适应现阶段我国经济社会发展的要求。十八届三中全会关于社会主义协商民主的科学论述,既是我国协商民主实践经验特别是人民政协协商民主实践经验的总结，同时也为我们指明了人民政协协商民主理论和实践的发展方向。

从根本上说，协商民主是我们党对社会主义民主政治理论的伟大创造，是对我们自己的社会主义民主政治实践的经验总结。20世纪80年代以来，西方学术界提出了类似于我国政治协商的"协商民主"概念。但到目前为止，西方国家所谓的协商民主，更多的还是停留在少数思想家、理论家的书本上和口头上，其社会实践也是分散而又零碎的。协商民主在西方国家的地位和作用，远远不能与当代中国的政治协商所达到的完备形态和发挥的重要作用相提并论。尽管西方协商民主理论所强调的平等、理性、审慎、宽容、开放的公民意识，对于我国协商民主的实践有一定的借鉴和参考意义，但我国的协商民主并不是效法西方的协商民主理论，更不是照抄照搬。

从文化渊源上看，协商民主与我国几千年积淀下来的历史文化传统相契合，体现了中华文化的鲜明特征。同时也是对中国共产党的革命实践传统的继承和发扬。一方面，任何国家的民主形式都与本国历史文化传统密切相关。我国历史上就有"明堂议事"的传统，一些开明的统治者通过"广纳众言""察民所恶"，能够化解矛盾，维护大一统的政治局面。另外，我国传统文化倡导"和合"思想，崇尚"和而不同"和中庸思想。这些思想观念强调把握事物合适的"度"，对不同意见持宽容态度，这些都与协商民主的意涵相暗合。据有关调查结果显示，我国公众具有明显的通过协商解决问题的心理倾向。可见，协商民主在我国具有相当深厚的文化基础。

从历史进程上看，发端于中国共产党领导中国人民追求独立、解放的革命实践的统一战线理论与实践，为新中国成立后协商民主的建立和发展奠定了思想基础，创造了政治传统。中国共产党在革命实践中逐渐认识到，团结一切可以团结的力量，是中国革命胜利的重要法宝。新中国成立后，统一战线继续在社会主义革命和建设事业中发挥重要作用。随着中国特色社会主义民主政治建设的推进，统一战线的基本精神和具体形式都成为发展协商民主的基础。在一定意义上可以说，协商民主是统一战线理论和实践在新的历史条件下，在民主政治建设中的延续、扩展和升华。

从现实实践上看，协商民主完全适应现阶段我国经济社会发展的需要。当前和今后一段时间，我国正处于现代化、工业化、城市化发展和社会转型时期，社会矛盾多发，非常需要建立健全多种最有利于缓解矛盾、促进社会整合的措施和途径。协商民主就其本质而言就是寻求利益交集，寻求社会的"最大公约数"，照顾各方利益，促进共同利益的形成。有利于化解社会冲突、调和社会矛盾，有利于求同存异、扩大共识，从而促进和维护社会和谐。相比较而言，以竞争性选举和票决为基本表现形式的选举民主，虽然在意愿表达等方面具有自身优点，但也有明显的弱点，最主要的一点就是容易造成矛盾和分歧的公开化，而这种公开化容易使分歧强化，并且使具体问题抽象化、原则化，进而形成价值对立和道德评判，其结果就是提高达成共识的成本，甚至造成利益排斥，有损于社会整合。协商民主因其独特的优势，完全符合当前"最大限度集中全党全社会智慧，最大限度调动一切积极因素"的改革要求，应当成为我国现阶段发展社会主义民主政治的重点和主要方向。

人民政协构建了协商民主的重要渠道。在我国革命、建设、改革进程中发生发展起来的协商民主实践，在人民政协的发展进程中表现得尤为突出。经过65年的发展，各级政协形成了比较完备的制度体系、工作方法、实践模式和工作网络，作为社会主义协商民主的开创者和探索者，对社会主义协商民主制度建设起着示范、带动、推进作用，具有鲜明的特点和优势。它坚持中国共产党领导的多党合作和政治协商制度，依据宪法、中共中央文件、政协章程和规定开展协商；以团结和民主为两大主题，在发扬民主过程中增进团结，在巩固团结的基础上夯实民主基础；协商主体包括各党派、各团体、各民族、各宗教、各阶层、各界别代表人士，党派合作性和界别代表性有机结合，具有广泛代表性、巨大包容性和智力密集性；在政治体制运行中与党委、人大、政府共同构成四大系统，具有全国、省、市、县四级组织体系；围绕党和国家工作中具有综合性、全局性、前瞻性的重大课题，通过履行政治协商、民主监督、参政议政职能和提案、视察、专题调研、反映社情民意信息、大会发言等经常性工作，开展协商议政活动。

依据中国共产党领导的多党合作和政治协商制度开展的人民政协的协商民主和多党合作的协商民主，是社会主义协商民主的重点，必须加强而不能削弱。只要我们坚持不懈地推进人民政协的协商民主发展，并把它同选举民主有机结合起来，中国特色社会主义民主一定能够以一种崭新的姿态，在人类政治文明史上写就不朽的篇章。

（作者单位：中国社会科学院）

（原载《中国政协理论研究》2014年第Z1期）

让玫瑰花和紫罗兰散发不同的芳香

——尊重和维护世界文化与文明的多样性

李慎明

2005年9月15日,中国国家主席胡锦涛在联合国成立60周年首脑会议上发表重要讲话,明确指出:"文明多样性是人类社会的基本特征,也是人类文明进步的重要动力";"应该以平等开放的精神,维护文明的多样性"。这些重要论述,反映了我国政府和人民对于世界文明的基本立场,指明了世界文化、文明发展的历史趋势。我们应当和全世界人民一道,为维护世界文化、文明的多样性,为人类文化、文明的繁荣发展,进行持续不懈的努力。

一

在世界经济、科技日益迅猛发展的今天,热带雨林和湿地锐减、极地冰川缩小、臭氧层空洞扩大、濒危及灭绝物种数量增加,亟须全人类采取共同行动,保护生物的多样性。可以肯定地说,全人类对于这一涉及文化和文明的问题,已经基本上取得共识,而没有多少分歧。但是在其他方面,特别是维护人类文化和文明的多样性方面,却未能形成共识,并引起足够的重视。即以语言而论,据专家预测,如果按目前的消失速度,在未来100年间,世界上现存的6700多种语言将有一半消失,另有2000多种语言的生存也将面临极其严重的威胁。这是一组令人触目惊心、发人深省的数字。

之所以出现这种现象,其根源就在于世界上存在不平等的经济秩序、政治秩序和文化秩序。伴随着科技革命的发展和经济全球化的进程,国际垄断资本在全球迅速扩张,使我们这个星球上越来越多的国家、民族和地区被吸纳到以超级大国为中心的世界经济体系中。经济是基础,决定政治并派生文化等各种现象,但是政治制度、思想文化等也会反作用于经济基础。因此,我们必须看到,在当今世界,以国际垄断资本为主导的经济全球化,绝非一个纯粹的经济过程,它同时又是一个通过经济扩张而推行政治扩张和文化扩张的过程。经济上的单边主义者,也是政治上、文化上的单边主义者。推行后两个单边主义,是为其经济上的单边主义服务的;推行经济上的单边主义,又是推行政治、文化上的单边主义的后盾或基础。无论是推行经济上的单边主义还是推行政治、文化上的单边主义,其根本目的都在于垄断资本的扩张和增殖。弄清这一点,有助于我们理解当今世界政治上、文化上单边主义抬头的根本缘由,也有助于我们理解绝大多数国家积极推动世界政治多极化和世界文化与文明多样性的重要意义所在。

二

如何对待世界上不同的文化和文明?西方政治理论界给出了许多答案。其中,"文明冲突论"和"历史终结论"就是颇具代表性的两种。"文明冲突论"为人类未来勾勒了一幅充满冲突、争斗以致战争的图景。其潜在逻辑是,世界文化和文明多样性所需要的和平共存的土壤根本不存在,弱势文化和文明只能接受被淘汰的命运。"历史终结论"则说得更为直接:世界文化和文明的多样性是一个完全不需要讨论的问题,帝国即单边主义的文化和文明已经一统天下,历史到此终结。

当然,世界历史不会按照他们的逻辑和愿望发展,但是我们却不能回避:世界文化交流确实存在严重的不平等现象。比如,在当今全球信息流动中，90%以上的新闻是由以美国为首的西方控制的。美国的电影、电视生产仅占世界总量的6.7%左右，但电影却占世界市场份额的50%以上，电视占70%以上。1985年，其影视和音像产品产值在国民经济中排行第11位，1994年跃居第6位，成为仅次于飞机出口的第二大出口产品，2000年前后则超过航天航空业，成为第一大出口产品。在全世界互联网服务器的内存中，美国提供的一般信息占80%，服务信息占95%；而中文信息却只有4%，其中还包括新加坡、中国台湾地区等华语区。作为世界上最大发展中大国的中国尚且如此，其他发展中国家的情况更是可想而知。这种严重的不对称性，导致全球文化产品的单一化，使西方文化中的一些腐朽、消极的东西借助现代传播手段在一些发展中国家到处泛滥，同时又使其本土优秀文化传统和"文化基因"萎缩甚至消亡。正如物种基因单一化会造成整个物种的退化一样，这无疑将带来全人类文化和文明创造力的逐渐衰竭。

马克思曾经说过："你们赞美大自然令人赏心悦目的千姿百态和无穷无尽的丰富宝藏，你们并不要求玫瑰花散发出和紫罗兰一样的芳香，但你们为什么却要求世界上最丰富的东西——精神只能有一种存在形式呢？"[1] 各种不同的文化、文明，都有其独特的意蕴和风采，正如山峰巍巍、溪水潺潺，如果硬要把山峰削平、溪水堵塞，壮美的山和秀美的水还有什么灵性呢？还有什么人愿意登临呢？

维护世界文化、文明的多样性，不单是人类文化、文明发展的需要，也是维护全球公正、公平的需要。以个别超级大国为主导的国际垄断资本的扩张，使得富国、富人愈来愈富，穷国、穷人愈来愈穷，乃至部分发达国家和部分富人也开始变穷。与此同时，这些国家和人民的政治、文化等诸多权益也遭到渐进的剥蚀。有作用力，就必然有反作用力；作用力越大，反作用力也就越大。就连西欧的许多政治家和学者对超级大国强行推行自己的文化和价值观念也极为不满。法国、德国和加拿大等国舆论界兴起抵

---

[1]《马克思恩格斯全集》第2版第1卷，人民出版社2002年版，第111页。

制超级大国"文化入侵"的浪潮,应该说是顺理成章之事。前不久,在联合国教科文组织154个参与投票的国家和地区中,148票赞成,4票弃权,仅有两个国家投票反对,以压倒性多数通过由法国和加拿大倡议的《文化多样性公约》,应该说这是反作用于文化单边主义的一个很好的例证。

三

我们不赞成"文明冲突"和"历史终结"论,我们充分尊重和维护世界文化、文明的多样性。那么,如何才能实现世界文化、文明的多样性呢?

第一,必须尊重和维护各国自主选择社会制度和发展道路的权利。社会制度和发展道路是一个国家文化、文明的核心和本质所在。尊重一个国家的文化、文明,首先必须尊重其自主选择的基本社会制度和发展道路;尊重和维护世界文化、文明的多样性,必须尊重和维护世界的政治多极化。但是,国际垄断资本和单边主义政治无视世界各国的历史传统、民族关系和社会环境的多样性及复杂性,肆意扩张,粗暴干涉别国内政,甚至为自身的战略利益任意发动战争。如果听任这种倾向继续发展下去,世界文化和文明的多样性就无从谈起。事实证明:仅靠文化和文明的多样性不可能改变经济上和政治上的单边主义威胁;缺少了经济多样性和政治多样性,文化和文明的多样性就根本无法单独存在。即使存在一时,也不过是只供展览的标本,或者可资游览的景观,而不会有任何生机和活力。

第二,要坚持和维护不同文化和文明间的平等对话。世界是丰富多彩的。每个国家和民族都有自己的文化传统和发展模式。各个国家、各个民族都为共同构建几千年的人类文明史大厦作出了自己的贡献。各国、各民族的优秀文化,都是全人类的宝贵精神财富。承载文化和文明的国家与民族有大有小,各种不同文化和文明的发展有先有后,但是都应当在世界文化的百花园中占据平等的地位,这就如同联合国每一个成员国都有平等的表决权一样。坚持和维护不同文化和文明间的平等对话权利,是维护世界和平发展的根本途径。要加强不同文明的对话和交流,在竞争比较中取长补短，在求同存异中共同发展，努力消除相互的疑虑和隔阂，使人类社会更加和睦，让世界更加丰富多彩。要真正做到平等对话，关键是强国、大国的态度。2000多年前，中国哲人老子说："大者宜为下"，"大国者下流，天下之交，天下之牝"，意思是大国尤其应当有谦虚、谦和的态度，就像江河下流那样开阔、平和。这样一来，天下就很容易太平，人类就很容易和平相处。应当说，能否善待他国，不仅是衡量一个国家和民族文化与文明的标尺，而且是一个国家文化和文明能否长盛不衰的决定性条件之一。历览人类历史文明的兴衰更替，可以清楚看到，一种文明和文化兴起后，若对其他文化和文明平等相待，并积极学习借鉴，就会更加发展繁荣，直至如日中天。若企图侵蚀甚至用强力铲除其他国家和民族的文化、文明，则必然窒息自己的文化和文明，逐步走向衰落，直至最终毁灭。这一现象在人类历史的长河里绝不鲜见。当年横跨亚、非、欧的奥斯曼帝国，曾经不可一世，但是不可避免地走向了衰亡的结局。环视当今世界，个别超级大国所奉行的"文明逻辑"，不正在造成更多的流血、苦难和冲突，导致更多的恐怖主义发生吗？世界上任何国家和任何民族的文化传统和特性，都积淀在这些国家和民族的骨髓里，奔腾在这些国家和民族的血液中。这些传统和特性，并不是外来文化能够随意更改替代的。所有国家和民族，都应尊重其他国家和民族不同特色和风格的文化、文明。国际社会对于地区优秀文化、少数民族优秀文化，特别是发展中国家的优秀传统文化，应给予更多的尊重、理解和支持。当今，经济全球化的发展使人类面临的经济和社会问题更加复杂。各国都应以开放和平等的精神，承认世界的多样性，加强不同文化和文明间的对话与交流，以和平方式处理国际和地区争端，促进国际关系民主化，协力构建各种文明兼收并蓄的和谐世界。

第三，各种不同文化、文明要相互学习和借鉴。世界上不同文化和文明不仅需要各个国家与各个民族的代代相传，而且需要相互学习、借鉴，取长补短，共同发展。这就需要具有海纳百川的胸怀和强大的吸收消化能力。在这种交流过程中，平等相待是一条不可逾越的原则。任何一种文化或文明，都不应凭借背后的经济、政治和科技的优势，去阻碍、封锁其他人类文明精华的传播。相互借鉴而不是刻意排斥，取长补短而不是定于一尊，这是各国根据国情繁荣发展本国文化、文明，进而实现世界文化、文明繁荣发展的重要途径。迄今为止，没有哪一种文明是在完全封闭的环境中发展起来的。可以说，任何一种文化、文明的产生和发展过程都是与其他文明碰撞、交流、融合的过程。可以想象，如果没有来自东方四大发明的传播，近代西方文明赖以自豪的地理大发现和工业化进程将根本无从说起。第二次世界大战以后，西方资本主义在制度建设、文化建设上所取得的进步，也有不少是在竞争中借鉴社会主义文明的结果。当然，新中国成立 50 多年特别是改革开放 20 多年来经济社会发展所取得的巨大成就，同样离不开对包括发达资本主义文明在内的全世界各种文明的借鉴。在高新技术飞速发展的今天，我们更不能夜郎自大、闭关锁国，否则就必然落后甚至挨打。但在学习的过程中，又必须结合各自国家和民族的特点，坚持以我为主、为我所用的原则，有所取舍，趋利避害，决不能照抄照搬，否则同样会从根本上危及自己的生存。

第四，对本国文化和文明，要坚持自尊、自爱、自信、自立，做到固本守源。霸权主义文化存在已久，而且在一定时期内还可能发展。因此，所有的国家和民族，尤其是发展中国家和人民，对本国的文化和文明必须做到自尊、自爱、自信、自立，坚决维护和弘扬本国、本民族的优秀文化和文明。文化和文明有着十分丰富而深刻的内涵，决不能仅仅把科技和物质发展水平作为衡量文化先进与落后的尺度。否则，便可能把个别超级大国的意识形态作为普世的文化和文明去顶礼膜拜，也会把他们向全世界进行的文化扩张看成是向"未开化"国家和民族传播"文明"。其实，当今世界那些所谓的普世文明，说到底，是霸权主义对全世界实施"西化""分化"的工具。这种观念的侵蚀，也使得发展中国家某些人产生一种"文化自卑感"，对西方文化如醉如痴，而对本国文化却是苛求甚至鄙视有加。越是民族的，便越是世界的。我们所有的中国人，都应该倍加珍惜我国科学的民族的大众的社会主义文化，并使之发扬光大、生生不息。我们中华民族历来平等对待一切平等待我之民族，十分注意学习借鉴其他国家和民族的文化与文明。同时，对那些敌视甚至妄图摧毁我们的文化和文明的人，我们历来的态度是"威武不能屈"。

中华民族悠悠五千年的文化和文明波澜壮阔，也曾跌宕起伏，甚至几度危难当头，但始终得以传承并正在展现出新的风姿，这也是我们为世界文化和文明的多样性作出的独特贡献。而今，和平与发展仍是当今时代的主题，世界正向着光明和进步的目标迈进，但我们这个地球仍然很不太平。我们既面临文化、文明发展的难得机遇，又面临严峻的挑战。我们要遵照彼此尊重、相互借鉴、共同繁荣的原则，继续扩大对外文化交流，增进人民之间的友谊，推动国际关系的发展。

（作者单位：中国社会科学院）

（原载《求是》2006年第2期）

贯彻科学发展观 坚定不移发展社会主义民主政治

李慎明

发展社会主义民主政治是我们党始终不渝的奋斗目标,是中国特色社会主义伟大事业的有机组成部分。党的十七大站在新的历史起点上,从党和国家抓住国内外前所未有机遇、应对国内外前所未有挑战的全局高度,对深入贯彻落实科学发展观,切实推进社会主义民主政治建设做出了全面部署。实际上,贯彻科学发展观,坚定不移发展社会主义民主政治,二者相辅相成,互为促进,密不可分。

一 贯彻科学发展观对社会主义民主政治建设提出了新的更高要求

作为马克思主义关于发展的世界观和方法论的集中体现,作为发展中国特色社会主义必须坚持和贯彻的重大战略思想,科学发展观既是推进社会主义经济建设、文化建设、社会建设必须坚持的重要指导方针,也是推进社会主义政治建设必须坚持的重要指导方针。

以人为本的科学发展观,为巩固人民当家作主的政治地位奠定了更为坚实的理论基础,同时为实现人民民主为本质内容的社会主义政治建设指明了前进方向,注入了强大动力。人民是推动历史发展的根本动力,这是历史唯物主义的最基本原理；坚持以人为本，就是我们党依据这一基本原理提出来的。它蕴含着发展的主体是人民群众，发展的动力是人民群众的需要，发展的尺度是人民需要满足的程度，发展的目的是最大限度地满足人民群众的物质文化需要，发展的最终目标是实现人的全面发展等思想观点。这集中体现了我们党全心全意为人民服务的根本宗旨和立党为公、执政为民的执政理念，集中体现了我们党坚持以最广大人民群众的根本利益为基本出发点和落脚点的政治立场。

科学发展观中的"以人为本"是与"以物为本""以 GDP 为本""以少数人利益为本"等错误思想根本对立的。坚持以人为本，就要反对"重物轻人""GDP 崇拜""以资本为本"等错误倾向，真正以最广大人民群众的根本利益为本，尊重人民主体地位，发挥人民首创精神，保障人民各项权益，走共同富裕道路，促进人的全面发展，做到发展为了人民，发展依靠人民，发展成果由人民共享。坚持以人为本，是指导我国经济社会发展的一个核心理念，也是必须贯穿于社会主义政治建设的一个根本原则。科学发展观明确地规定了中国特色社会主义政治建设的根本价值取向，这就是：必须实现和维护人民当家作主，尊重和保障人权。

全面协调可持续的科学发展观，还要求我国的政治建设必须与经济建设、文化建设、社会建设相适应，进而有力地推动社会主义物质文明建设、精神文明建设与和谐社会建设。马克思主义昭示人们，政治与经济、文化、社会既有各自的特殊领域和规律，又有不可分割的紧密联系。政治建设为经济建设、文化建设和社会建设提供政治保障，经济建设、文化建设和社会建设又分别为政治建设提供物质基础、精神支撑和社会条件。依据科学发展观的要求，我们的政治建设必须按照中国特色社会主义事业"四位一体"的总体布局，有序扩大公民政治参与，充分发扬社会主义民主，深入落实依法治国基本方略，更好地保障人民权益，促进现代化建设各个环节、各个方面相协调，促进生产关系与生产力、上层建筑与经济基础相协调，推动整个经济社会的全面协调可持续发展。

二 坚持走中国特色社会主义政治发展道路是贯彻科学发展观的根本前提

科学发展观是中国特色社会主义的发展观。从其丰富的内涵看，科学发展观首先是一种注重效率的发展观，而社会主义制度的一个显著的优越性就是效率高，能够做到全国一盘棋，集中力量办大事。其次，科学发展观强调公平正义，要求发展的成果惠及全体人民。而做到这两点，关键是坚持公有制经济占主体、多种所有制经济共同发展的经济制度，坚持人民民主专政的国家制度和民主集中制的组织原则，加强党的先进性建设和执政能力建设，不允许少数利益集团垄断生产生活资料、控制国民经济命脉、左右国家政策法规。

贯彻科学发展观，推动经济社会又好又快发展，必须坚持走中国特色社会主义政治发展道路，充分发挥我们党和国家的政治优势。一个国家选择什么样的政治发展道路，只能从本国国情和实际出发。中国特色社会主义政治发展道路是中国共产党带领全国人民，通过长期奋斗和实践才找到的正确道路。这就是坚持党的领导、人民当家作主、依法治国有机统一，坚持和完善人民代表大会制度、中国共产党领导的多党合作和政治协商制度、民族区域自治制度以及基层群众自治制度，不断推进社会主义政治制度自我完善和发展。这条道路既有科学的指导思想，又有严谨的制度安排，既有明确的价值取向，又有有效的实现形式，集中体现了中国特色社会主义民主政治的特点和优势。

坚持中国特色社会主义政治发展道路，最根本的是坚持党的领导、人民当家作主、依法治国有机统一。党的领导是人民当家作主和依法治国的根本保证，人民当家作主是社会主义民主政治的本质和核心，依法治国是党领导人民治理国家的基本方略。我们在任何时候都必须牢牢记住这一点。党的领导、人民当家作主、依法治国的有机统一，是对中国特色社会主义政治文明的本质特征和发展规律的科学概括，反映了当代中国共产党人在长期实践探索的基础上,初步找到了适合我国具体国情的社会主义政治建设的基本框架。

坚持党的领导、人民当家作主、依法治国有机统一,最重要、最关键的是坚持党的领导。而要坚持党的领导,其根本前提和先决条件,是必须始终保持党的先进性。如何始终保持党的先进性呢?我认为,最主要的有四条:一是始终坚持党是中国工人阶级的先锋队,同时是中国人民和中华民族的先锋队的性质;二是始终坚持全心全意为人民服务的宗旨;三是始终坚持以马克思列宁主义、毛泽东思想、邓小平理论和"三个代表"重要思想作为自己的行动指南和指导思想,深入贯彻落实科学发展观;四是始终坚持党的最高理想和最终目标是实现共产主义这一党的最高纲领,并始终坚持党的最低纲领和最高纲领的有机统一。从一定意义上讲,无论是坚持党的领导,还是保持党的先进性,或是提高党的执政能力,如果离开了上述四条,都会成一句空话,甚至还可能走上邪路。中国共产党是中国最广大人民根本利益的忠实代表者和坚定维护者,是中国特色社会主义事业的领导核心。这不仅体现在党的理论、纲领、路线和方针、政策上,而且体现在党的各项实际工作中。

坚持中国特色社会主义政治发展道路,还必须坚持和完善我国的社会主义政治制度。新中国成立近60年来,我们党领导人民在长期实践中,逐步建立起一套适合国情的社会主义政治制度,包括人民代表大会制度、中国共产党领导的多党合作和政治协商制度、民族区域自治制度以及基层群众自治制度。实践已经证明,这套政治制度有利于解放和发展生产力、增强综合国力、改善人民生活;有利于维护国家统一、增进民族团结、促进社会和谐;有利于巩固党的执政地位,增强党和国家的活力,实现经济社会又好又快发展。

三 深化政治体制改革,为实现科学发展提供政治保障

党的十七大报告明确提出:"深化政治体制改革,必须坚持正确政治方

向，以保证人民当家作主为根本，以增强党和国家活力、调动人民积极性为目标，扩大社会主义民主，建设社会主义法治国家，发展社会主义政治文明。"这是在深刻总结我国政治建设的实践经验、借鉴国外政治领域的经验教训的基础上，对我国政治体制改革做出的战略部署。深化政治体制改革，促进经济社会转入科学发展的轨道，我认为要重点做好以下几方面工作：

第一，在坚持和完善党的领导中保证人民当家作主。坚持党的领导，是提高发展社会主义民主政治能力，保证人民当家作主的关键。实践已经证明，新民主主义革命需要共产党的领导。建设中国特色社会主义，是要保证人民当家作主，逐步实现共同富裕的一项十分宏伟艰巨的事业。这就必须继续在最无狭隘性和自私自利性、最有远大的政治眼光和组织性的无产阶级及其政党即共产党的领导下，按照社会主义发展的客观规律，有计划、有步骤地进行。只有坚持以马克思主义为指导和全心全意为人民服务作为宗旨的共产党才能真正做到坚定地相信群众，紧紧地依靠群众，始终地为了群众，充分地发扬民主，以最大限度调动广大人民的积极性、主动性和创造性，依法管理国家和社会事务，管理经济和文化事业，从而确保人民当家作主。实现和保证人民当家作主，是一个需要不断发展、不断巩固的相当长的历史过程。我国现在仍处于并将长期处于社会主义初级阶段，由这一历史阶段的国际环境和我国经济与社会结构的条件所决定，我国社会还存在着阶级和阶层差别，各阶级阶层在根本利益一致的基础上，也存在着一些不同利益和要求之间的矛盾。

在这种历史条件下，坚持共产党领导的重要性，还突出地表现在，只有中国共产党才能从中国最广大人民的根本利益出发，正确处理社会利益矛盾，协调社会利益关系，正确全面地反映和维护广大人民群众的利益。人民群众的整体利益总是由各方面的具体利益构成的。在正确反映并妥善处理各种利益关系时，应认真考虑和兼顾不同阶层、不同方面群众的利益。但最重要的是必须首先考虑并满足最大多数人的利益要求，优先保证占人口绝大多数的工农群众的基本利益。

还需要强调的是，我国社会主义民主政治建设是一项前无古人的全新事业，无论是在理论还是在实践上，都具有极强的探索性。因此，只有在没有任何私利的共产党的统一领导下，才能高屋建瓴、审时度势、统筹全局、把握方向，并结合不断变化着的实际，正确处理党和人大、政府、政协、群众团体的关系，支持各方依法履行职能，做到总揽而不包办，协调而不代替，积极稳妥地推进社会主义民主政治建设。

第二，紧紧依靠最广大人民群众当家作主。早在1945年7月，毛泽东在回答黄炎培提出的"历史周期率"问题时，就讲道：我们已经找到新路，这条新路，就是民主。让人民来监督政府，让人人负起责来。这就明确地告诉我们，人人负起责来，就是人民群众自己要为自己当家作主，而不是在人民范畴之外，选出另外一个管理集团。工人阶级及其政党，是人民群众中最先进的部分。共产党和政府的各级领导是人民中的先进分子，而不是人民范畴之外的"精英集团"。做到坚决相信、紧紧依靠最广大人民群众当家作主与坚持工人阶级及其政党的领导，具有内在的高度一致性，这才是彻底的历史唯物主义。

以邓小平、江泽民为核心的中央第二、第三代领导集体和以胡锦涛为总书记的党中央坚持和发展了毛泽东的上述思想。胡锦涛同志指出："相信谁、依靠谁、为了谁，是否始终站在最广大人民的立场上，是区分唯物史观和唯心史观的分水岭，也是判断马克思主义政党的试金石。"我们必须坚持党的"一个中心、两个基本点"的基本路线不动摇，坚持以公有制为主体、多种所有制经济共同发展的社会主义初级阶段基本经济制度不动摇。只有这样，我们才能坚持国家一切权力属于人民，从各个层次、各个领域扩大公民有序政治参与，最广泛地动员和组织人民依法管理国家事务和社会事务、管理经济和文化事业，也才能最大限度地调动最广大人民群众的积极性和创造性，有力地推进改革开放和社会主义现代化建设事业健康快速地发展。

我们还要支持人民代表大会依法履行职能，善于使党的主张通过法定程序成为国家意志；保障人大代表依法行使职权，密切人大代表同人民的联系。要支持人民政协围绕团结和民主两大主题履行职能，推进政治协商、民主监督、参政议政制度建设；把政治协商纳入决策程序，完善民主监督机制，提高参政议政实效，发挥政协协调关系、汇聚力量、建言献策、服务大局的重要作用。要坚持各民族一律平等，保证民族自治地方依法行使自治权。要发展基层民主，健全基层党组织领导的充满活力的基层群众自治机制，扩大基层群众自治范围，完善城乡社区和企事业单位的民主管理制度，保障人民依法直接行使民主权利。要推进决策科学化、民主化，完善决策信息和智力支持系统，增强决策透明度和公众参与度，健全决策的制定和实施的规则和程序。

第三，正确实施依法治国的基本方略。依法治国是实现党领导人民当家作主的基本途径和法治保证，意义重大。在当代中国，无论是党的领导还是人民当家作主，都必须得到法治的保障并在法治范围内实施，严格依法办事，任何组织和个人都不允许有超越宪法和法律的特权。要推进依法行政，规范行政行为，健全政府职责体系，建立服务型、法治型政府。要推进公正司法，规范司法行为，保证审判机关、检察机关依法独立公正地行使审判权、检察权，建设公正高效权威的社会主义司法制度。要深入开展法制宣传教育，弘扬法治精神，形成自觉学法守法用法的社会氛围。要尊重和保障人权，依法保证全体社会成员平等参与、平等发展的权利。一切政党和社会组织，所有公民和社会团体，都必须以宪法和法律为准绳，自觉地在宪法和法律规定的范围内活动，牢固树立遵纪守法的良好习惯。要不断提高党委、人大、政府、政协、法院、检察院等机关活动的制度化、规范化、程序化水平，尽快形成行为规范、运转协调、公正透明、廉洁高效的党政领导体制和工作机制。总之，必须坚持依法治国这一党领导人民治理国家的基本方略。

党的十六届四中全会提出了科学执政、民主执政、依法执政，这三者是一个完整有机的统一体，缺一不可。需要指出的是，依法治国、依法执政、依法办事，是党采用什么执政方式开展执政活动的问题，是实现人民群众当家作主的方式、方法和途径问题，而绝不是社会主义民主政治建设的全部内容。我们应继续充分重视和坚决贯彻依法治国这一基本方略，充分重视执政方式的重要性，但不能用"依法治国"这一单项要求，来替代坚持党的领导、人民当家作主和依法治国这三者有机统一以及三者中的其他两项。不能仅讲依法执政，而忽略以科学的思想、科学的制度、科学的方法领导中国特色社会主义事业的科学执政，忽略贯彻全心全意为人民服务的宗旨，坚持为人民执政、靠人民执政的民主执政。法律高于一切，是相对于任何个人和组织而言，但作为统治阶级意志体现的法律，在我们社会主义中国就是为了维护最广大人民群众的根本利益。我们所做的一切包括所制定的法律，都是为了维护人民群众的根本利益。当情况发生了变化，法律需要适应新的重大情况时，党就要通过国家机关依照法律程序，及时地修改或废除相关过时的法律，以便更好地维护最广大人民群众的根本利益。

第四，积极稳妥地推进政治体制改革。完善的中国特色社会主义政治体制，是社会主义民主政治建设的载体。改革开放以来，我们在进行经济体制改革的同时，政治体制改革也已取得一系列成就，社会主义民主政治已显现出强大的生命力和优越性。现在，推进中国特色社会主义政治体制改革，有着不少有利条件，我们仍要继续坚定不移地推进政治体制改革。但也要清醒看到，政治体制改革涉及党的领导、政治思想、政治制度、行政管理、法制建设等方方面面，这是一个内容广泛的系统工程，需要我们进行长期的努力。

同时，任何民主政治的发展都根本受制于一定社会的经济和文化发展水平。我国正处于并将长期处于社会主义初级阶段，这就决定了中国特色社会主义政治文明建设是一个逐步发展的历史过程。加上政治文明建设和政治体制改革是对各个不同阶级、阶层、集团、群体乃至个人利益关系进行调整的过程，我国又有着地域广阔、人口众多、各民族各地域经济文化发展差异较大等特殊国情，这都需要我们在党的领导下，一切从我国国情出发。

在我国的政治体制改革中，既要有时代的紧迫感，解放思想，勇于创新，又要贯彻落实科学发展观，有科学审慎的态度和稳妥求实的精神；既要大胆借鉴人类文明优秀成果，又决不能照抄照搬西方的政治模式。应根据我们的实际情况，来决定我们改革的目标、内容、方法和步骤，从而保证人民当家作主这一本质的切实实现。只有这样，才能既坚持解放思想、实事求是、与时俱进，勇于变革、勇于创新，永不僵化、永不停滞，使我国的政治制度更加完善，政治生活更加充满活力，又能保持全国的集中统一，保持社会的政治稳定，推动我国经济社会又好又快发展。

（作者单位：中国社会科学院）

（原载《理论前沿》2009年第1期）

关于"依法治国"十个理论问题的思考

——学习习近平总书记系列讲话精神和党的十八届四中全会精神的体会

李慎明

2014年10月23日,习近平总书记在党的十八届四中全会第二次全体会议上的讲话中明确指出:"全面推进依法治国,必须走对路。如果路走错了,南辕北辙了,那再提什么要求和举措也都没有意义了。全会决定有一条贯穿全篇的红线,这就是坚持和拓展中国特色社会主义法治道路。"他还说:"一个政党执政,最怕的是在重大问题上态度不坚定,结果社会上对有关问题沸沸扬扬、莫衷一是,别有用心的人趁机煽风点火、蛊惑搅和,最终没有不出事的!所以,道路问题不能含糊,必须向全社会释放正确而又明确的信号。"2015年2月2日,习近平总书记在省部级主要领导干部学习贯彻十八届四中全会精神全面推进依法治国专题研讨班开班式上又强调:"全面推进依法治国,方向要正确,政治保证要坚强。""我们要坚持的中国特色社会主义法治道路,本质上是中国特色社会主义道路在法治领域的具体体现;我们要发展的中国特色社会主义法治理论,本质上是中国特色社会主义理论体系在法治问题上的理论成果;我们要建设的中国特色社会主义法治体系,本质上是中国特色社会主义制度的法律表现形式。"这三段论述十分重要。

什么是中国特色社会主义法治道路?其本身是中国特色社会主义道路

的重要组成部分,又与中国特色社会主义理论和制度紧密相连。党中央特别强调道路、理论和制度这三个自信。笔者认为,从一定意义上讲,在"三个自信"中,最为基础、最为重要和最为关键的是理论自信。没有正确的理论指导,也就不会有正确的行动,就不会找到正确的道路和建立正确的制度。没有正确的理论自信,道路和制度自信也会变成盲目的自信。因此,当前在学习贯彻党的十八届四中全会精神、全面推进依法治国之时,亟须结合学习马克思主义经典作家相关论述和习近平总书记系列讲话精神,进一步弄清全面推进依法治国中一系列基本理论问题,这既可以加深对中央作出的关于全面推进依法治国若干重大问题决定的认识,又可以在坚持和拓展中国特色社会主义法治道路向全党、全社会释放正确而又明确的信号。

一 党的领导、人民当家作主与依法治国三者的关系

在党的领导、人民当家作主与依法治国三者的有机统一中,党的领导是关键,人民当家作主是目的,依法治国是途径。

在三者的有机统一中,我们为什么要反复强调坚持党的领导是关键呢?习近平总书记明确指出:"中国共产党是领导和团结全国各族人民建设中国特色社会主义伟大事业的核心力量,肩负着历史重任,经受着时代考验,必须坚持立党为公、执政为民,坚持党要管党、从严治党,全面加强党的建设。"也就是说,我们特别强调党的领导的根本原因不仅在于这是历史和人民的选择,而且主要在于党的宗旨是全心全意为人民服务;党的性质是工人阶级的先锋队,同时又是中国人民和中华民族的先锋队;党的指导思想是马克思主义;最高纲领是实现共产主义即最终目的是解放全人类,最终实现每个人自由而全面的发展。这是迄今为止人类历史上已经开始的但远未完成的最深刻彻底、最完整系统、最伟大壮丽的一次变革,这就是我们要特别强调坚持共产党领导和执政的最根本的、最重要和全部的合法性所在。最终实现每个人自由而全面的发展,这就是对全人类中每个人的

真正的公平、公正。这是一个多么美好、崇高而又宏伟的理想呀！而一些别有用心的人利用无产阶级政党领导人民在解放全人类探索建立美好社会的过程中所犯过的错误甚至是他们蓄意制造的破坏，歪曲、攻击共产党和共产主义，其本质是为了维持或恢复资本对劳动的永久的独裁和暴政。

正因为党的领导是中国特色社会主义最本质的特征，是社会主义法治最根本的保证，是社会主义法治的根本要求，是党和国家的根本所在、命脉所在，是全国各族人民的利益所系、幸福所系，所以我们在强调依法治国的时候，必须更加重视和强调坚持党的领导。2014年12月13日，习近平总书记在调研时把全面从严治党与协调推进全面建成小康社会、全面深化改革、全面推进依法治国相并列，形成了"四个全面"的战略布局。从一定意义上讲，全面从严治党是"四个全面"的灵魂与关键。

在党的领导、人民当家作主与依法治国三者的有机统一中，党的领导和依法治国都是手段，但这两个手段不是并列关系，依法治国是在党领导下的依法治国。依法治国是人民民主专政的国家政权行使职能的具体反映和体现，是推进国家治理体系和治理能力现代化的重大方略，是为实现人民当家作主这一目的万万不可或缺的手段，但这绝不等于人民当家作主本身。比依法治国更高一个层次的，还有一个性质即方向道路的问题。所以，依法治国所依据的法和所要实施的法治，必须是"良法"和"良治"，即真正体现人民意志、维护人民利益的法律和治理，也就是确保人民当家作主的法和治。

我们常说，法律高于一切，但这是相对于任何个人和组织的行为而言；任何法律都是统治阶级意志的体现，在社会主义中国，我们所做的一切其中包括所制定的法律，都是为了维护人民群众的根本利益。当社会环境发生了变化，法律需要适应新的形势时，党就要依靠人民，通过立法机关和一定的法律程序，及时地制定、修改或废除相关法律，来更好地维护最广大人民群众的根本利益。什么是最广大人民群众的根本利益？就是最广大人民群众的眼前与长远，局部与全局，个人、集体与国家利益的有机统一。所以，从根本上说，不是法律高于一切，而是人民的利益高于一切；最广大人民群众的利益,是我国宪法和法律合法性的根本来源,也是其得以永葆活力的动力和源泉。因此,习近平总书记在十八届四中全会的讲话中指出:"改革要于法有据,但也不能因为现行法律规定就不敢越雷池一步,那是无法推进改革的,正所谓'苟利于民不必法古,苟周于事不必循旧'。需要推进的改革,将来可以先修改法律规定再推进。"

正确理解和处理党的领导、人民当家作主与依法治国三者有机统一的关系十分重要。鉴于党内和社会上出现的十分严重的腐败现象,有人主张应该借鉴西方通常作法,在我国也实行两党制甚至多党制;也有人主张应尽快实行多党参与、多名候选人竞争的直选制。他们认为,只要在我国实行多党制或在全党和全国实行"一人一票"的竞选制,就可以从根本上解决腐败问题。笔者认为,这仅仅是良好的个人愿望而已。要回答我国为什么不能实行多党制和当今中国不能实行"一人一票"的直选制,都需要写出专门文章论述。这里,笔者仅概述如下。

习近平总书记指出,我们治国理政的根本,就是中国共产党领导和社会主义制度。我们之所以反复强调坚持党的领导,除了党的性质、宗旨、指导思想和纲领是世界上政党中最先进的之外,还由于我国是工人阶级领导的、以工农联盟为基础的人民民主专政的社会主义国家这一根本制度的性质所决定的,这一制度性质决定了在现阶段我国必须实行以生产资料公有制为主体的经济制度和对人民的民主与对敌对势力的专政的政治制度。因此,在工人阶级和广大人民群众内部,不存在根本利益的冲突。工人阶级通过共产党这一先锋队的领导,通过党内和国家的民主集中制这一组织原则,通过全国人民代表大会、共产党领导的多党合作、民族区域自治这些组织形式,把工人阶级和全国各族人民高度团结统一起来,从而更好地代表和体现最广大人民群众的根本利益与要求。大规模的社会竞选活动,必然需要大量的金钱作支撑。如果在工人阶级队伍中组建几个政党竞选,就可能造成国内外资本的介入甚至操纵,造成人民力量的削弱乃至阶级的分裂,造成经济的停滞不前和社会的动荡不安,还可能使党和国家政权很快改变自己的性质。党的十八大以后,中国共产党在反腐败方面所取得的显著成就，已经充分证明共产党领导的多党合作和民主协商制度同样可以有效遏制并逐步消除腐败现象。而在资本家和私人占有生产资料的资本主义社会，资产阶级内部虽然在整体利益上是一致的，但存在着不同的利益集团，从而需要不同的党派作为他们的政治代表。多党竞选轮流执政这一资产阶级民主专政的形式，与三权分立相配合，既可以调节具有不同经济利益和要求的阶层与集团之间的矛盾，又可以防止工人阶级政党利用议会夺取政权。我们需要借鉴人类文明其中包括资产阶级文明的一切成果，但是，绝对不能照搬资本主义多党竞选轮流执政制度。

在新民主主义革命时期的革命根据地，我们曾经实行一人一票（豆）的选举制度，人民群众用一粒粒大豆选举自己的村长、乡长，效果很好。原因之一，是因为直选的范围很小，选举者和被选举者彼此非常了解和熟悉。笔者认为，在经济社会全面发展的将来，在广大人民群众思想认识水平和物质文化水平极大提高的将来，我们也会实行"一人一票"的直接选举制度。现在，我们党在一定范围内实行的差额选举，已经是朝这一方向迈出了一步。但是我国是一个大国，不仅目前而且在今后相当长的一段时间内，经济社会和物质文化的发展，将依然处于发展中国家的水平，还不具备实行全国范围的"一人一票"选举制度的条件，因为我们还做不到使所有选举人对被选举者（将要担任重要职务的领导人）有充分的了解。目前西方许多国家形式上实行的"一人一票"制也并不能真正地体现民主。爱因斯坦在1949年的《为什么要社会主义？》一文中就指出："立法机构的成员由政党挑选，政党的大量经费由私人资本家提供，其他方面也受私人资本家的影响。这样，资本家实际上就把立法机构和选民分离开来。结果，人民的代表不能充分保护没有特权的那部分人的利益。还有，私人资本家必然直接或间接地控制着报纸、电台和教育等重要信息来源的载体。一个公民想要得出客观结论和理智地运用他的政治权利，是极端困难的，在大多数情况下是完全不可能的。"爱因斯坦绝不仅仅是伟大的物理学家，其对西方民主本质的揭露一针见血。当今世界的经济全球化是以西方国家为主导的，西方还以互联网霸权为主要工具进行意识形态的渗透。现在，国内外敌对势力企图按他们的意志推动我国的政治体制改革，让我国国体、政体都与西方接轨，本质上是要把我国重新变成它们的殖民地或半殖民地。从我国已经实行的村级选举看，不少地方存在着金钱交易，黑社会势力、非法宗教势力、家庭宗法势力影响其中。在当今我国经济社会文化发展现状和以西方为主导的经济全球化的条件下，如果把这种直选制度从村级一直往上推，并在全党全国铺开，我国则有可能很快进入混乱甚至动乱状态。这正是国内外敌对分子给我国设置的与西方资本主义制度尽早"接轨"的具体的"路径图"。在已经推行"一人一票"直选竞争制度的非洲、南亚诸多国家以及2011年春以来不少阿拉伯国家造成乱局的残酷现实已经证明，不顾本国实际而盲目推行"一人一票"的直选竞争制度，结果就是金钱操控选举、官员贪污腐化、经济停滞倒退、政权频繁更迭、民众遭殃受难。

二　坚持中国特色社会主义制度与建设社会主义法治国家的关系

十八届四中全会作出的《中共中央关于全面推进依法治国若干重大问题的决定》（以下简称《决定》）指出："全面推进依法治国，总目标是建设中国特色社会主义法治体系，建设社会主义法治国家。这就是，在中国共产党领导下，坚持中国特色社会主义制度。"请注意上述论述中的后两句话，也就是说，全面推进依法治国，建设中国特色社会主义法治体系，建设社会主义法治国家，这都不是我们的目的，而是手段和途径，根本目的则是坚持中国特色社会主义制度，也就是为了确保人民当家作主。

什么是中国特色社会主义制度？它首先体现在《宪法》总纲第一条："中华人民共和国是工人阶级领导的、以工农联盟为基础的人民民主专政的社会主义国家。社会主义制度是中华人民共和国的根本制度。"这就是我们的国体。在这一根本制度之下，有经济和政治的根本制度、基本制度及体制等。人民代表大会制度是我国的政体，这是我国的根本政治制度。

那么，什么叫国体，什么叫政体？1954年，在制定中华人民共和国第一部宪法时，范文澜问："主席，您总讲国体、政体，我对此还不甚明白。"毛泽东回答说："国体就是内容，政体就是形式"。范文澜当即说："主席，我明白了。"毛泽东用哲学中形式与内容这一对基本范畴把十分抽象的国体与政体的关系讲得清清楚楚、明明白白。

国体讲的是内容，即各个阶级在国家经济政治生活中的不同地位，是为什么人的问题，而政体讲的则是形式或者形态即如何"为"的问题。国体这一内容决定政体这一形式，而政体这一形式也必然反作用于国体这一内容，并在一定条件下起着决定性的反作用。这就是国体和政体既相互联系又相互区别的辩证统一的关系。中国共产党领导的多党合作和政治协商制度、民族区域自治制度以及基层群众自治制度是我国的基本政治制度所包括的不可或缺的、非常重要的内容。因此，在论述我们的制度自信时，首要的就是社会主义这一根本制度即人民民主专政这一国体的自信，其次是人民代表大会这一根本政治制度即对我国政体的自信。我们的政治体制必须随着情况的不断变化而不断进行改革，根本制度和根本政治制度以及基本政治制度的实现方式可以随着条件的变化而变化，但制度本身的根本原则和根本性质决不能改变。这也就是说，一方面，我们一定要勇于改革创新，决不能僵化保守；另一方面，我们也要勇于坚守真理。只讲一面和一点，就不是唯物辩证法。国内外有些人想通过推动我们的政治体制改革来达到改变我们的国体和政体的目的，对此应高度警惕。

现在，有的文件在讲制度时，仅讲人民代表大会这一政体，而不讲工人阶级领导的、以工农联盟为基础的人民民主专政的国体，这是很不准确、很不全面的，是把最重要和最本质的东西忽视了。从理论上弄清国体与政体的关系，才能有助于我们正确实施依法治国的方略。

习近平总书记作为党的总书记，带头遵守宪法，在涉及对以上问题的表述时，都十分准确、科学和严谨。比如，2012年12月4日，他在首都各界纪念现行宪法公布施行30周年大会上的讲话中明确指出：我国宪法中确认和体现了"国家的根本制度和根本任务，国家的领导核心和指导思想,工人阶级领导的、以工农联盟为基础的人民民主专政的国体,人民代表大会制度的政体,中国共产党领导的多党合作和政治协商制度、民族区域自治制度以及基层群众自治制度,爱国统一战线,社会主义法制原则,民主集中制原则,尊重和保障人权原则,等等,这些宪法确立的制度和原则,我们必须长期坚持、全面贯彻、不断发展"。

这样的表述是很值得我们认真学习、准确理解、深刻领会和遵循的。

三 依宪治国与西方宪政的关系

十八届四中全会的《决定》指出,"宪法是党和人民意志的集中体现,是通过科学民主程序形成的根本法。坚持依法治国首先要坚持依宪治国,坚持依法执政首先要坚持依宪执政","一切违反宪法的行为都必须予以追究和纠正"。

有人说,依宪治国就是接受了西方宪政的提法。这是极大的误解,或是极少数人的故意歪曲。

我们所讲的依宪治国与西方宪政至少有以下五点根本的不同:(1)领导力量不同。我们是在以全心全意为人民服务为宗旨的共产党领导下的依宪治国,而西方宪政的本质是由掌握国家政权的资产阶级主导的。(2)宪法的性质根本不同。我们是人民民主专政的社会主义性质的宪法,而西方宪法是资产阶级专政的资本主义性质的宪法。(3)经济基础不同。在社会主义初级阶段,我们是以公有制为主体、多种经济成分共同发展为基本经济制度,而西方宪政是以生产资料私有制为经济基础。(4)运行机制不同。我国的全国人民代表大会是最高权力机关,而西方是三权分立。(5)根本目的不同。我们依宪治国的根本目的是保证人民当家作主,是为占人口绝大多数的人民服务,而西方宪政则是资本当家作主,是为极少数人服务的。

西方宪政是一个伴随西方资本主义的产生而发展起来的政治范畴,发源、形成于欧美等国,后演变成为西方资产阶级的主流政治和自由主义的制度安排，这不仅涉及国家宪法、政体、政权组织方式等内容，而且也根本体现包括国体即国家性质等一系列基本的政治问题，是为资本当家作主服务的，其中包括"一、二、三、多、'两杆子'、一独立"：即"一个总统""两院制""三权分立""多党制"以及"新闻自由"即笔杆子、"军队国家化"即枪杆子、"司法独立"等一整套资产阶级的国家理念、政治模式和制度设计。当然，无可否认，这样逐渐形成的一整套资产阶级的国家理念、政治模式和制度设计，在资产阶级民主制取代封建等级特权制的过程中，当然是一种历史的大进步，也曾为人类文明作出重要贡献。但现在西方资本主义国家这样的制度安排，既有维护整个资产阶级统治的一面，也有欺骗广大人民群众的一面。正如列宁所指出的："资产阶级民主同中世纪制度比较起来，在历史上是一大进步，但它始终是而且在资本主义制度下不能不是狭隘的、残缺不全的、虚伪的、骗人的民主，对富人是天堂，对被剥削者、对穷人是陷阱和骗局。""无产阶级民主比任何资产阶级民主要民主百万倍；苏维埃政权比最民主的资产阶级共和国要民主百万倍。只有自觉的资产阶级奴仆，或是政治上已经死亡、钻在资产阶级的故纸堆里而看不见实际生活、浸透资产阶级民主偏见、因而在客观上变成资产阶级奴才的人，才会看不到这一点。"我国现在已经是社会主义国家，实现的是对绝大多数人的民主和对极少数人的专政，是在为最终实现每个人的自由全面发展而准备条件，这是人类文明的重大进步。如果在我国推行西方宪政，其实质是想让人民民主专政的国家倒退为资产阶级专政的国家，让人民当家作主的国家倒退为资本当家作主的国家，则必然带来如苏联亡党亡国般的灾难。

2013年中办9号文件发出后，在我国公开提倡"西方宪政"的人不多了。但讨论"社会主义宪政"的人还有不少。有人认为："宪政就是落实宪法、依宪治国，这不挺好吗？"其实，制定并落实宪法的国家，既可能是资产阶级专政的国家，也可能是无产阶级专政的国家，还可能是个人独裁的国家或是某教派专政的国家。因此，不能笼统说，这个国家有宪法并依宪治国就是一个宪政国家。从一定意义上讲，宪政已经是资产阶级建立和治理国家特定的专用和专有名词。

其实，一些人在讲宪法时，只讲宪法中的个人权利与自由而不顾其他。例如，（1）不讲公民义务。（2）不讲我国是工人阶级领导的、以工农联盟为基础的人民民主专政的社会主义国家这一社会主义根本制度，即我国的国体。（3）不讲生产资料的社会主义公有制这一中华人民共和国的社会主义经济制度。（4）不讲在社会主义初级阶段，坚持以公有制为主体、多种所有制经济共同发展的基本经济制度。（5）不讲坚持以按劳分配为主体、多种分配方式并存的分配制度。（6）不讲国有经济，即社会主义全民所有制经济是国民经济中的主导力量等。

多年来，我们一直沿用并为广大干部群众所熟知的马克思主义国家学说中的科学用语即"人民民主专政"或"人民民主政治"或"社会主义民主"，其本质内涵是党的领导、人民当家作主与依法治国三者有机统一。这与"社会主义宪政"的表述一样，都很简洁，都是六个字，但"社会主义宪政"却囊括不了"人民民主专政"或"人民民主政治"或"社会主义民主"的全部，尤其是本质。一些人所理解的"社会主义宪政"仅仅是"依宪治国"，而且其中还不包括除宪法之外的其他各项法律，这一提法本身甚至连"依法治国"的全部内涵都没有包括，为什么要用"社会主义宪政"这一提法来代替内涵十分丰富厚重的"人民民主专政"或"人民民主政治"或"社会主义民主"提法呢？

更为重要的是，现在有些人所讲的"宪政"并不是要依据中华人民共和国的宪法治国，它的本质是不要党的领导、社会主义制度和人民当家作主，实质上是要抛弃我国社会主义宪法中最为根本和本质的东西，是要照搬西方的政治经济制度。"宪政"已是有着特定的约定俗成的内涵，不是在其前面添加一个"社会主义"的名词就能轻易改变其性质和特定内容的。例如，有"社会主义的资本主义"这样的提法吗？

西方要用"软实力"解决中国问题，在理论上是费了不少心思的。从一定意义上讲，"新自由主义"即私有化是其经济纲领，"社会民主主义"亦即"民主社会主义"是其社会纲领，"普世价值"是其理论纲领，而

"宪政"其实已经成为西方颠覆我国国体政体的政治纲领,而"历史虚无主义"则是推行其经济、政治、社会和理论纲领的总的开路先锋。"宪政"的鼓吹者是让你先行接受"社会主义宪政"这一提法,之后再引导你说,宪政本身没有阶级性,资本主义可以用,社会主义也可以用,去掉"社会主义"这四个字得了,他们是要把有着特定内涵的"宪政"变为似乎是任何国家和阶级都可以共用的"普世价值",从而用来误导我们的政治体制改革,进而推翻共产党的领导,改变我国的社会主义制度,实行资本主义。

习近平总书记在十八届四中全会上明确指出:现在,社会上对我国法治建设应该走什么样的道路不是没有争议,而且噪音还不小。长期以来,围绕"宪政"等问题,国内外遥相呼应,有些人把法治作为招牌,大肆渲染西方法治理念和法治模式,目的就是企图从法治问题上打开缺口,进而否定中国共产党的领导和我国的社会主义制度。习近平总书记这一论述具有强烈的现实针对性。

四 人治和法治的关系

要透彻理解人治与法治的关系,绝不能沉迷于当今的西方话语体系。马克思主义话语体系与西方话语体系中的"人治"与"法治"的内涵和本质有着根本的不同。

首先,应厘清法与法治的内涵。马克思主义认为,法不是从来就有的,是在私有制产生以后阶级矛盾不可调和的产物,是阶级和有阶级社会的特有现象。法与法治是统治阶级意志的体现,是维护社会秩序的工具。一定的法律与法治由一定的物质生活条件所决定并为一定的经济基础服务,即一定的法律与法治对一定的经济基础起着反作用,甚至在一定条件下起着决定性的反作用。任何国家都有自己的法并以法治之,只是法与法治的根本性质不同而已,还有法的完善程度与治理力度和治理方式有所区别而已。法与法治并不是超阶级、超国家、超社会的永恒现象,它既随着私有制、剥削、阶级和国家等现象的产生而产生,也必将最终随着私有制、剥削、阶级和国家的消亡而消亡。因此，法与法治和自由、平等、博爱、民主、人权等概念一样，在阶级和有阶级的社会里，总是有着特定的阶级性和具体内容的，抽象的超阶级、超国家的所谓有着"普世价值"的法与法治并不存在。

其次，应厘清人与人治的内涵。马克思主义认为，在阶级存在的社会里，每个人总是在特定的阶级地位中生活；人既能动地认识客观世界，同时又能动地改造客观世界；在马克思主义的理论视野中，根本的问题是，人为什么而活着和怎样做人的问题。因此，"良人""良法""良治"应该是一个辩证的统一体，三者缺一不可。如果只有"良法"而没有"良人"，"良法"就不可能贯彻执行，"良治"也就无从谈起。1959年4月，毛泽东在谈到浮夸现象和高指标时说："现在人们胆子太大了，不谋于群众，不谋于基层干部，不考虑反面意见，也不听上级的，就是他一人能断，实际上是少谋武断。"习近平总书记在十八届四中全会的讲话中尖锐地指出："一些党员、干部仍然存在人治思想和长官意识，认为依法办事条条框框多、束缚手脚，凡事都要自己说了算，根本不知道有法律存在，大搞以言代法、以权压法。这种现象不改变，依法治国就难以真正落实。"

2015年2月2日，习近平总书记在省部级主要领导干部学习贯彻十八届四中全会精神全面推进依法治国专题研讨班上又明确指出："每个党政组织、每个领导干部必须服从和遵守宪法法律，不能把党的领导作为个人以言代法、以权压法、徇私枉法的挡箭牌。"因此，在马克思主义的语境下，在社会主义国家里，我们党所要坚决反对的"人治"已经有着特定的含义，这就是置党和国家的民主集中制原则、群众路线与党纪党规、社会主义法律法规于不顾，以言代法、以权压法的行为。我们社会主义国家坚持法治、反对人治与西方国家坚持法治、反对人治的本质内涵是根本不同的。说到底，我们坚持法治、反对"人治"，是要反对任何个人忽视甚至企图剥夺绝大多数人的民主权利和主宰人民群众的命运；西方国家坚持法治、反对"人治"，则是要反对人民的逐步觉醒，并企图更好地维护资本永久统治的法律秩序和社会秩序。我们所倡导的法治与西方所说的法治的标准和本质内涵不同,我们所反对的人治与西方所说的人治的标准和本质内涵同样根本不同。我们不能用西方所谓的"普世价值观"作为我们衡量、界定人治与法治的标准。

从一定意义上讲,相同的客观条件,不同的历史主体和主观能动性,就可能有着完全不同的历史进程和结果。古希腊哲学家柏拉图曾竭力主张"贤人政治",他认为人治优于法治。而亚里士多德在批评柏拉图"人治论"的基础上建立起"法治论",认为"法治应当优于一人之治"。其实,亚里士多德所主张的法治,只不过是指奴隶被奴隶主所治的"法治",而不是我们现在所说的为着人民当家作主的"法治"。

综上所述,在马克思主义的理论视野里,从更广阔的历史角度看,从另一种比较广阔的意义上讲,人治和法治的关系如下。

一是人治强调的是群众、阶级、政党和领袖等社会治理主体的自觉性、能动性和权变性,法治强调的则是社会治理规则(主要是法律形式的规则)的稳定性、权威性和连续性。因此,无论人治还是法治都是相对的;广义的人治要达到其所要达到的最佳效果,必然要立法、用法;法治的各个环节,如立法、执法、司法、守法,也都离不开人这一核心要素,没有人这一核心要素在各个环节起决定性作用,法治则无从谈起。即使在法制健全的资本主义国家,也往往要通过一定的人治形式来进一步加强其对外的霸权主义和强权政治,加强其内部对广大劳动人民群众的有效统治。西方国家几年一次的议会和总统的选举,不就是要发挥其中人治的作用吗?2015年2月2日,习近平总书记在省部级主要领导干部学习贯彻十八届四中全会精神全面推进依法治国专题研讨班的讲话中强调,各级领导干部的信念、决心、行动,对全面推进依法治国具有十分重要的意义;各级领导干部在推进依法治国方面肩负着重要责任,全面依法治国必须抓住领导干部这个"关键少数"。这就抓住了这个"关键少数"的人。这也可以叫作"改造人"或"治人"。因此,我们反对专断专制的"人治",而绝不是反对广大人民群众其中包括各级领导干部的正确的主观能动性即积极性、主动性和创造性的发挥。所以,我们可以理直气壮地说,我们要的是人民当家作主的"法治"和人民群众积极性、主动性、创造性的发挥，反对的是资本当家作主的"法治"和专断专制的"人治"。

二是在阶级存在的社会里，人与法、人治与法治，都有着鲜明的阶级性，不存在抽象的"人"与"人治"和抽象的"法"与"法治"。在剥削阶级占统治地位的社会，无论"人治"还是"法治"，在本质上都是极少数人对绝大多数人的统治和对统治阶级内部的民主即治理。封建皇帝的所谓"一人治"，其实是作为地主阶级的总代理人统治广大农民并协调其内部关系。资本主义国家的总统和议会成员其实是作为资产阶级的总代理人对广大劳动人民的专政并协调其内部关系，只不过是穿上了宪法和宪政的制服，打着为全民的自由、平等、博爱的旗号在欺骗中进行而已。而人民民主专政，则是绝大多数人对极少数人的统治和人民的民主与人民内部矛盾的恰当处理。西方话语体系总是把人民民主专政的社会主义国家称为"人治社会"和"专制社会"，而把资产阶级专政的西方国家称为"法治社会"和"民主社会"。这样来定义"人治社会"和"法治社会"的根本目的，是企图把人民民主专政的社会主义国家演变为资产阶级专政的资本主义国家。

有人认为，我国只有人治传统、没有法治传统。这是误解。我国原始社会末期的祭祀祖先仪式就逐渐形成了"礼"这一"习惯法"。自公元前21世纪的夏王朝进入奴隶社会开始，直到封建制的各个朝代的统治者，都在不断加强立法和司法，以维护他们的政治和经济的统治。研究发现，我国迄今所见最早的诉讼判决书是青铜器铭文，叙述了西周晚期一场诉讼案件的始末。目前已知的、我国最早的封建社会成文法典是由魏国李悝集当时各国法律编制而成的《法经》。公元前359年，秦孝公重用商鞅对政治、经济诸方面进行了一次卓有成效的改革，史称"商鞅变法"。商鞅变法之初"徙木立信"的故事大家都较为熟知。因为，商鞅变法符合历史发展的潮流，《史记》记载，"商君虽死，而秦卒行其法"。泱泱中华，光辉璀璨。在中华文明中，不仅有上述先进的典章制度、礼仪文化，还有蕴含其中的制度文明、政治文明、法治文明及其人本思想。习近平总书记在十八届四中全会上的讲话中指出:"我国古代法制蕴含着十分丰富的智慧和资源,中华法系在世界几大法系中独树一帜。要注意研究我国古代法制传统和成败得失,挖掘和传承中华法律文化精华,汲取营养、择善而用。"在我国古代,一般说来,儒家主张以人治为主,其代表性言论是《礼记·中庸》中的"为政在人……其人存,则其政举;其人亡,则其政息"。道家主张"无为而治",也是以人治为主的一种。但从整体上说,儒家与道家仅仅是一种主张而已,在当时的国家政治生活中并不起主导作用。也就是说,无论在古代的我国还是在较早的西方,都有着法治的传统;但只是适应当时的经济与社会的发展,不如现在依法治国那么健全而已。有学者认为,我国古代的法治实际上是刑治,而西方较早的法治则民法起的作用比较大。笔者赞成这一看法。

一个国家的治理体系和治理能力是与这个国家的历史传承与文化传统密切相关的。解决中国的问题只能在中国大地上探寻适合自己的道路和办法。我们推进国家治理体系和治理能力现代化,当然要学习和借鉴全人类文明的一切优秀成果,但绝不是照搬其他国家的政治理念和制度模式,而是要从我国的现实条件出发来创造性前进。

中华法系影响深远,源远流长。中国古代政治也绝不是专制这一个概念所能概括的。比如,中国古代的"礼法合一"和"德主刑辅"的法治主张,中国古代治理中的"仁孝"思想、"恤老爱幼"等具体规定,无不体现当时我国法治中的智慧与艺术。又如,"水能载舟,亦能覆舟"这一体现君民辩证关系的"舟水论"更是维护封建制国家安定的核心治理思想,是悬挂在君主头上的一把无形的利剑。再如,在体制机制上,汉朝有内外朝治理,明朝有内阁治理,至于"明德慎刑""用法务在宽简",还有诉讼上的"登闻鼓直诉制度",史官的"秉笔直书"和"不杀言官",等等,这些虽然其阶级属性是封建的,但却属于中华法系中的优秀传统。还如,现在的所谓利用各种私人关系为罪犯求情,我国古代法律对此是严格禁止和严加处罚的;我国古代关于监察监督制度的法律规定,也一直为外国学者所称道。以孔子为代表的早期儒家,虽然倡导"人治",但并非不重视规则制度的作用，孔子也说："礼乐不兴，则刑罚不中；刑罚不中，则民无所措手足。"儒家的"礼治"也是一种规则治理。汉朝以后，作为我国主导思想的儒家和封建统治者，更重视"法治"，只不过是"儒表法里"而已。

有人说，毛泽东只讲人治，不讲法治。这同样也是误解。早在1920年，毛泽东在湖南"省宪运动"中就曾倡导制定一部反映民意的省宪法。之后又亲自领导和参与拟定了1931年的《中华苏维埃共和国宪法大纲》、1941年的《陕甘宁边区施政纲领》、1946年的《陕甘宁边区宪法原则》和1949年的《中国人民政治协商会议共同纲领》等。更为重要的是，毛泽东亲自主持起草了新中国第一部宪法即1954年宪法。1954年10月17日，毛泽东在阅读中共中央统战部的一份材料时批示道："从宪法的规定看，中央和地方颁布的法令中有问题的不少，对这些有问题的法令，由全国人大常委会处理还是由政府处理，应加以确定。"1956年4月初，毛泽东在修改《关于无产阶级专政的历史经验》时明确指出：斯大林在晚年特别"欣赏个人崇拜，违反党的民主集中制"，不可避免地犯了一些重大错误，如，肃反扩大化；反法西斯战争前缺乏必要的警惕；对农业的发展和农民的物质福利缺乏应有的注意；在国际共产主义运动中出了一些错误思想，特别是在南斯拉夫问题上作了错误的决定，等等。毛泽东接着说："我们要是不愿意陷到这样的泥坑里去的话，也就更加要充分地注意执行这样一种群众路线的领导方法，而不应当稍为疏忽。为此，我们需要建立一定的制度来保证群众路线和集体领导的贯彻实施，而避免脱离群众的突出个人和个人英雄主义，减少我们工作中的脱离客观实际情况的主观主义和片面性。"毛泽东在这里所说的建立一定的制度来保证群众路线和集体领导的贯彻实施，其中的"制度"既包括了国家法律又包括了党内法规。1962年3月22日，毛泽东听取有关人员关于公安工作的汇报时指出："刑法需要制定，民法也需要制定，没有法律不行，现在是无法无天。不仅要制定法律，还要编案例，包公、海瑞还是注重亲自问案，进行调查研究的。"1963年5月5日，毛泽东在会见朝鲜法律工作者代表团时说："社会主义的法律工作是一项新的工作,至今我们还没有制定出社会主义的民法和社会主义的刑法,需要积累经验。"这就是说,毛泽东主张,必须制定社会主义的民法和社会主义的刑法,但不能操之过急,应当通过实践,"积累经验"后才能制定。这说明,一定的法律,是一定社会发展到一定水平的产物。"社会主义的法律工作是一项新的工作",当经验的积累达到一定程度之时,民法典和刑法典才能制定出来,否则,则是揠苗助长。

毛泽东犯过错误,我们当然不能为毛泽东的错误辩护,但谁又是不犯一点错误的"圣人"呢?认真研究之后,就可以发现,毛泽东有着自己的法治思想和法律体系构想。断言毛泽东只讲人治,不讲法治,显然不符合实际。

为什么人的问题,是根本的问题、原则的问题。用历史唯物主义的眼光看,将其放到对人类社会和人类文明是促进还是阻碍的角度去度量,在特定的条件下,真理在一开始的时候,则往往是掌握在少数人手中。1959年4月,毛泽东在党的八届七中全会上说,"多数时候是多数人胜过少数人,但是有些时候,个别的人要胜过多数人";"一个人有时胜过多数人,这是因为真理在这个人手里,而不在多数人手里"。因此,我们在强调党内法规和法律法治权威性的同时,也要兼顾群众、阶级、政党和领袖的正确的主观能动性的发挥。另外,无论人治还是法治,都有"善法"和"善治"或是"恶法"和"恶治"之分。所以,习近平总书记在十八届四中全会的讲话中引用了"立善法于天下,则天下治;立善法于一国,则一国治"这一中国的古训。这也说明,不仅一国的法律法规,就是国际法律法规,都有善法和恶法之分。这就是阶级分析方法在国际国内法治问题上的具体运用。

正如《决定》所指出的,我们坚持走的是中国特色社会主义的法治道路,建设的是中国特色社会主义法治体系。我们的原则是:坚持中国共产党的领导,坚持人民主体地位,坚持法律面前人人平等,坚持依法治国和以德治国相结合,坚持从中国实际出发。说到底,"人治"与"法治",并不是区分"善治"或是"恶治"的根本标准。环视当今世界,两制并存,此消彼长，在各种的人治与法治中，都有一个是为人民当家作主还是为资本当家作主的问题，这才是区分善治还是恶治的根本标准。也就是说，在当今时代，无论在人治还是法治中，不是劳动治资本，就是资本治劳动。一般来说，从整体上讲，剥削阶级处于上升时期的"法治"多是"良法"，而处于没落阶段，其"法治"都逐渐堕入"恶法"。

笔者认为，从严格意义上讲，所谓"法治"与"人治"不是对应关系，与法治相对应的应该是礼治、德治、宗教治、习俗治等治理的社会规范和原则标准；与人治相对应的应是鬼治、神治等治理主体。各种"治"其中包括各种法制或法治都是以人为主体和依据什么原则、规则治理的问题。

五　依法治国与以德治国的关系

依法治国是实现党领导人民当家作主的基本途径和法治保证，意义重大。无论是坚持和完善党的领导，还是坚持和完善我国的国体、政体或是基本政治制度，切实保障人民群众的民主权利，都离不开社会主义法治。

但依法治国不是党领导人民实现自己当家作主的唯一方式和途径，也不是党的领导的全部内容。在党的领导中很重要的是靠正确的理论武装，靠共产主义的远大理想和中国特色社会主义共同信念，靠党员的先锋模范作用，靠基层党组织的战斗堡垒作用，靠各级党组织和各级领导对群众的思想政治工作。正因为如此，习近平总书记特别强调"革命理想高于天"。因为最高理想是最终目的，而任何法律法规则总是体现其一定的阶段性。从这个意义上讲，革命理想管长远，管全局，管根本；革命理想高于法。

一般来说，依法治国主要是他律，以德治国主要是自律。而"德主刑辅"则是我国一种优秀的法律文化传统。

1958年，毛泽东指出："法律这个东西，没有也不行，但我们有我们这一套，调查研究，就地解决，调解为主。不能靠法律治多数人，多数人要靠养成习惯。我们每个决议案都是法。治安条例也靠成了习惯才能遵守，成为社会舆论。"

习近平总书记明确指出："法律是成文的道德，道德是内心的法律，法律和道德都具有规范社会行为、维护社会秩序的作用。"

一些人认为人的本质是自私的。其实，人之初，性本不善，也本不恶。人的生理特征是有遗传性的，但善恶观念并不会遗传。其实，不是人的本质是自私的，而是资本的本质及其所形成的观念是自私的。马克思说："如果按照奥日埃的说法，货币'来到世间，在一边脸上带着天生的血斑'，那么，资本来到世间，从头到脚，每个毛孔都滴着血和肮脏的东西。"所以，马克思在《资本论》中又引用了英国经济学家托·约·登宁所说的话："资本逃避动乱和纷争，它的本性是胆怯的。这是真的，但还不是全部真理。资本害怕没有利润或利润太少，就像自然界害怕真空一样。一旦有适当的利润，资本就胆大起来。如果有10%的利润，它就保证到处被使用；有20%的利润，它就活跃起来；有50%的利润，它就铤而走险；为了100%的利润，它就敢践踏一切人间法律；有300%的利润，它就敢犯任何罪行，甚至冒绞首的危险。如果动乱和纷争能带来利润，它就会鼓励动乱和纷争。"

现在我国的反腐败形势依然严峻，反腐倡廉仅靠法治行不行？如果仅靠法律这唯一准绳，那也就是说，"有300%的利润，它（资本）就敢犯任何罪行，甚至冒绞首的危险"。从一定意义上讲，这也是一条铁的经济、社会法则。换言之，如果超过300%利润的话，法律就可能失去作用。再说，对那些贪赃枉法的人其中包括一些领导干部，"利润额度"何止300%呀！有一些简直是无本万利或亿利。这也就是说，反腐倡廉不能只讲法治，不讲德治。如果只讲法治，不讲德治，这是不教而诛，既与我们党的光荣传统不相容，也与中华民族优秀法律文化传统背道而驰。在西方的制度设计中，资本主义法治设计了资本代理人上台的渠道，官员与资本、腐败与资本主义制度本身，是没有根本性冲突的，资本家的代理人上台，从一定意义上说，是"名正言顺"的"合法"腐败，而在社会主义的制度理念中，腐败与社会主义，与党的宗旨是根本对立、水火不容的。只不过在资本主义社会中，某些官员的贪腐行为触犯了资本主义法律的底线，危及资本主义社会制度的生存，为了维护资产阶级的整体利益，也为了更好地统治、欺骗人民群众，所以也提倡反腐，例如大多数资本主义国家所实行的"官员财产申报"制度就是在维护资本主义根本制度统治下的反腐倡廉的重要、有效的举措。我们当然也应该借鉴资本主义国家反腐的经验，但资本主义国家的反腐与社会主义国家的反腐有着本质的区别。拒绝借鉴其经验，是僵化保守，断然不可取；但如果全盘照搬，则无疑是缘木求鱼，甚至带来灾难。

其实，我国宪法也把以德治国的实质内容赫然载入其中。《宪法》第24条规定："国家通过普及理想教育、道德教育、文化教育、纪律和法制教育，通过在城乡不同范围的群众中制定和执行各种守则、公约，加强社会主义精神文明的建设。国家提倡爱祖国、爱人民、爱劳动、爱科学、爱社会主义的公德，在人民中进行爱国主义、集体主义和国际主义、共产主义的教育，进行辩证唯物主义和历史唯物主义的教育，反对资本主义的、封建主义的和其他的腐朽思想。"第53条强调："中华人民共和国公民必须遵守宪法和法律，保守国家秘密，爱护公共财产，遵守劳动纪律，遵守公共秩序，尊重社会公德。"这实质上是分别从国家和公民两个不同层面所强调的德治。坚持依法治国和以德治国相结合，这不仅是《决定》所强调的全面推进依法治国中必须坚持的一个基本原则，更是宪法本身所明确载入的规定和要求。奇怪的是，有的人很赞成依宪治国，但又很反对提依法治国与以德治国相结合，这不是把整部宪法规定的基本原则按照自己的意愿割裂开来甚至对立起来了吗？

笔者认为，反腐倡廉要预防为主，关卡前设，至少要有四道防线，第一道是正确的理想信念。习近平总书记特别强调共产党员要牢固树立共产主义远大理想，公民要坚定中国特色社会主义共同信念。第二道是道德。因此，中华人民共和国公民都应该学习践行社会主义核心价值观。而共产党员则必须按照《党章》所要求的那样，具有共产主义的道德修养和品质。第三道是狭义上的制度规章，即党规和行政纪律。第四道才是法律。

中央提出要建立领导干部"不想腐、不能腐、不敢腐"的防线。从一定意义上讲,这是反腐倡廉的成套制度设计。正确的理想信念和高尚的道德,是不想腐的防线,这两道防线,是反腐倡廉的思想防线;制度规章是不能腐的防线,而法律则是不敢腐的防线,这两道防线是反腐倡廉的制度防线,而法律则是反腐倡廉的最后一道防线。在经济社会生活中,我们万万不能只讲法律这一道防线,从而在整个社会生活领域特别是政治和文化领域提倡所谓"法无禁止皆可为",最终的结果则极可能是法律这最后一道防线也守不住。取乎其上,往往才能得乎其中。腐败的最终结果,必然是亡党亡国。四道防线健全,腐败现象才能得到有效遏制,并随着经济社会的发展,使其逐渐减少。但腐败现象及其观念,从根本上来说是私有制的产物。真正要完全根除,必须等到与私有制及其观念实行彻底决裂之时。

1980年8月,邓小平在《党和国家领导制度的改革》中明确指出:"领导制度、组织制度问题更带有根本性、全局性、稳定性和长期性。这种制度问题,关系到党和国家是否改变颜色,必须引起全党的高度重视。"1992年,邓小平在视察南方谈话中说:"中国的事情能不能办好,社会主义和改革开放能不能坚持,经济能不能快一点发展起来,国家能不能长治久安,从一定意义上说,关键在人。"从根本上说,制度是人制定的,又要靠人来执行。因此,德治与法治同样重要。

2014年1月20日,习近平总书记在群众路线教育实践活动第一批总结会上指出:"对共产党人来说,理想信念是精神之'钙'。精神上缺了'钙',就会得'软骨病',就会导致政治上变质,经济上贪婪,道德上堕落,生活上腐化","'四风'问题归根到底就是理想信念出现动摇所致"。这说明仅仅依靠法律彻底解决腐败问题,是很不现实的。

六　依法治国与经济社会全面发展的关系

马克思曾指出:"选举是一种政治形式,在最小的俄国公社和劳动组合中都有。选举的性质并不取决于这个名称,而是取决于经济基础,取决于选民之间的经济联系。"

我们应时刻牢记,依法治国是手段,绝不是目的,而人民当家作主才是目的。我们既不能重复伯恩施坦的"运动就是一切,最终目的算不了什么"的错误,也决不能搞"依法治国是一切,目的是没有的"那一套。

说到底,依法治国的根本目的是为着社会主义的中华人民共和国经济社会的协调、全面发展,是为着广大人民群众逐步实现共同富裕。

依法治国的活动属于上层建筑的范畴,它既是为着巩固和完善我们人民民主专政的国体和人民代表大会制度的政体服务,又与国体、政体一起,被中国特色社会主义经济基础所决定并为之服务。

另外,依法治国是我们的治国方略,正因为如此,我们就必须把它贯彻到经济、政治、文化、社会、生态和党的建设的方方面面的整个社会系统之中,切忌仅仅是为着社会建设尤其仅仅为着保持社会稳定。但是经济、政治、文化、社会、生态和党的建设并不是并列关系,在这几方面中,经济又是基础,是重中之重。所以,依法治国,最为重要的是首先贯彻到经济领域。《宪法》第6条规定:"中华人民共和国的社会主义经济制度的基础是生产资料的社会主义公有制,即全民所有制和劳动群众集体所有制。社会主义公有制消灭人剥削人的制度,实行各尽所能、按劳分配的原则。国家在社会主义初级阶段,坚持公有制为主体、多种所有制经济共同发展的基本经济制度,坚持按劳分配为主体、多种分配方式并存的分配制度。"《中共中央关于全面推进依法治国若干重大问题的决定》(以下简称《决定》)明确写道:"坚持依法治国首先要坚持依宪治国,坚持依法执政首先要坚持依宪执政。"依宪治国,在经济领域必须"坚持公有制为主体、多种所有制经济共同发展的基本经济制度";在政治领域,必须坚持党的领导和人民民主专政;在意识形态领域,必须坚持以马克思主义为指导。但在经济领域坚持以公有制为主体、多种所有制经济共同发展的基本经济制度,更具根本性。依法治国的原则之一就是坚持法律面前人人平等。法律面前人人平等,仅仅是就法律适用环节而言的,作为体现统治阶级意志和利益的法制定出来了,任何人都要严格执行,在这里,无论对于统治阶级还是被统治阶级，没有任何政党、团体和个人能够例外。但就立法环节而言，没有也绝不可能有人人的平等，法总是统治阶级的意志和利益的体现，不可能既反映统治阶级的意志和利益，又反映被统治阶级的意志和利益。因此，我们在讲"法律面前人人平等"时，无疑是讲法律适用过程中的人人平等。人人平等是我们最终实现的崇高理想，而平等的最深厚基础是生产资料占有权的平等。它通过生产资料所有制及分配而体现，最根本的是对生产资料占有的平等。因此，对生产资料占有的平等权应该是社会主义国家公民最基础和最根本的权利，这是每个公民都拥有的权利。对生产资料占有权的平等是人与人之间社会平等的基础，没有对生产资料占有的平等，就没有真正的平等，也无法根本实现其他各方面的平等。只是因为现在我国还处于社会主义初级阶段，生产要素中还必须保留资本，我们也需要且必须在一定范围内调动资本的积极性。但对资本也必须实行必要的节制。连孙中山先生都提出要节制资本。如果不节制资本，以公有制为主体的所有制结构很快就会动摇，人们价值观念不仅会多元化，而且私有观念，即"为人民币服务"而不是"为人民服务"的观念就会逐渐占据甚至主导整个社会，还会逐渐侵蚀我们的各级干部队伍甚至高级干部队伍，并在党和国家各级政权决策时起这样或那样甚至是主导的作用。有的人甚至置党的政治纪律于不顾，被国内外资本所左右。这样下去，党和国家政权就会逐渐脱离、背离乃至背叛人民，人民最终就会作出其他选择。苏联亡党亡国就是这样一路走下来的。正因为如此，在贯彻依法治国的过程中，社会主义初级阶段的基本经济制度必须不折不扣地坚持，否则，社会主义的经济基础就必然遭到破坏，最终则是国家衰败，社会动乱，人民遭殃，我们的一切包括依法治国都无从谈起。

现在，不少同志非常关注国有企业管理中出现的腐败现象。也有不少同志担心，我们要坚持以公有制为主体，那么如何有效遏制公有制企业中的腐败现象呢？有的人还把避免国有企业出现腐败现象作为推行私有化的理由。1960年2月9日，毛泽东在读完苏联《政治经济学教科书》下册结束语后的批注中说："所有制问题基本解决以后，最重要的问题是管理问题，即全民所有的企业如何管理的问题，集体所有的企业如何管理的问题，这也就是人与人的关系问题。这方面是大有文章可做的。"毛泽东又说："生产关系包括所有制、劳动和劳动生产中人与人之间的相互关系、分配形式三个方面。经过社会主义改造，基本上解决了所有制问题以后，所有制性质具有相对的稳定性；但人们在劳动生产中的平等关系，是不会自然出现的。"毛泽东的这一判断完全正确。实践证明：所有制性质在一定时期可以处于相对稳定的阶段，但劳动生产中人与人之间的关系却处在不断变化之中。这种变化存在两种可能：一是按照社会主义公有制的要求，不断完善和发展人与人在劳动生产中的关系；二是也存在着违背社会主义公有制要求的逆向发展的可能。两者都会对社会主义公有制的性质产生影响。所以，在所有制问题基本解决以后，管理问题即人与人的关系问题就凸显出来，核心问题是如何防止管理人员由社会公仆变为官僚老爷，如何确保已经建立起来的新的生产关系能够适应和促进生产力的发展。所以，毛泽东明确要求："等级森严，居高临下，脱离群众，不以平等待人，不是靠工作能力吃饭而是靠资格、靠权力，干部之间、上下级之间的猫鼠关系和父子关系，这些东西都必须破除。""如果干部不放下架子，不同工人打成一片，工人就往往不把工厂看成自己的，而看成干部的。干部的老爷态度使工人不愿意自觉地遵守劳动纪律，而且破坏劳动纪律的往往首先是那些老爷们。"这样下去，企业的社会主义性质就有可能受到损害甚至变质，结果是名义上的国有企业或集体企业，实质上是资本主义企业了。这也就是说，企业的管理权与所有权是密切相关、相辅相成、互相作用的。所谓管理问题，首先是管理权掌握在谁手里的问题，群众应不应该参加管理的问题。笔者认为，在马克思主义发展史上，毛泽东是第一个从理论上提出社会主义所有制的生产资料管理权问题的人，并且把它和所有权的变化、发展放在一起来说明社会主义所有制问题"大有文章可做"。纵观毛泽东的一生包括在瑞金和延安时期特别是在新中国成立以后对经济特别是对马克思主义政治经济学所作出的新的重大贡献（笔者认为，这一重大贡献，集中反映在1958—1960年在读斯大林《苏联社会主义经济问题》、苏联

《政治经济学教科书》时的批注和谈话,《毛泽东年谱》作了较为详尽的反映),我们完全可以把毛泽东称之为伟大的马克思主义经济学家。只是我们现在对他在马克思主义政治经济学上的伟大贡献认识和理解得还远远不够罢了。通过毛泽东以上一系列论述,我们完全可以说,国有企业中出现的腐败现象,并不是公有制自身存在的问题,而是私有观念对公有制侵蚀的结果。这也充分说明,对于公有制企业,必须培育和树立相应的公有观念才能搞好。国有企业中出现的腐败现象,并没有为全盘私有化和资本的永久统治提供任何理由,反而印证了马克思恩格斯在《共产党宣言》中所说的必然与传统的所有制关系和传统的所有制观念实行"两个彻底决裂"的正确,说明今天以习近平为总书记的党中央强调牢固树立正确理想信念的迫切性和重要性。

讲依法治国,不仅要依法管理经济、依法管理政治,还要依法管理文化。思想文化领域也应当讲依法办事。思想无禁区,实事求是地讲,也无法设定禁区。依法管理文化,必须首先做到宪法中要求的坚持以马克思主义为指导,把意识形态领域的领导权牢牢掌握在忠诚于马克思主义者的手中。对于表现出来的思想问题如何处理?毛泽东说:"对于思想问题采取粗暴的办法、压制的办法,那是有害无益的……我们一定要学会通过辩论的方法、说理的方法,来克服各种错误思想。"其实,辩论、说理的办法就是争论。有人说,邓小平对思想问题不主张争论。其实,这是误解。邓小平反对的是就一些具体方针政策和探索性、实验性的改革举措进行无休止的、无原则的争论。但对重大原则和大是大非问题,邓小平历来主张必须争论清楚。比如,大家都知道的 1978 年对真理标准问题的讨论,邓小平多次给予高度称赞:"这个争论很有必要,意义很大……是个政治问题,是个关系到党和国家的前途和命运的问题。"改革开放以后,针对资产阶级自由化思潮,邓小平不断强调要旗帜鲜明地加以批判,指出:"某些人所谓的改革,应该换个名字,叫作自由化,即资本主义化……我们讲的改革与他们不同,这个问题还要继续争论的。"对公开反对四项基本原则的言论如何办?在这里,不应误读邓小平"不争论"的思想而采取"不炒热"的"鸵鸟政策"。我们一是旗帜鲜明地倡导"理论研究无禁区，宣传教学有纪律，具体行为守法律"。二是敢于和善于通过辩论即争论的办法力争教育当事人，同时通过争鸣有效地提高广大干部群众辨别大是大非的能力。特别是现在网络发达，搞好网上的舆论引导，至关重要。网上的舆论，绝对不能让国内外资本所主导，否则，将有亡党亡国之可能。这不是危言耸听。这就更加需要依靠人民，特别是培养和依靠忠诚于党、忠诚于人民、忠诚于社会主义祖国的青年一代。三是依纪依法处理当事人，并不再为其提供阵地和讲坛。从一定意义上讲，依法管理文化，也是为以德治国创造良好的环境。

七 依法治国与紧紧依靠人民群众的关系

依法治国的主语和主体是人民群众，而不能仅仅只是司法机关，特别仅仅是几个法学家（当然，人民的法学家，人民会永远尊敬和依靠）。人民当家作主不仅应体现在立法的全过程，而且应完全体现在依法治国的全过程。

习近平总书记在十八届四中全会上的讲话中说："我国社会主义制度保证了人民当家作主的主体地位，也保证了人民在全面推进依法治国中的主体地位。这是我们的制度优势，也是中国特色社会主义法治区别于资本主义法治的根本所在。"

抗战胜利前夕的 1945 年 7 月，毛泽东在延安与黄炎培那段著名的"窑洞对"，值得我们永远铭记。黄炎培说，一部历史，"政怠宦成"的也有，"人亡政息"的也有，"求荣取辱"的也有，总之没有能跳出"其兴也勃焉""其亡也忽焉"的周期率。毛泽东说："我们已经找到新路。我们能跳出这周期率。这条新路，就是民主。只有让人民来监督政府，政府才不敢松懈。只有人人负起责来，才不会人亡政息。"这就明确地告诉我们，人人负起责来，就是人民群众自己要为自己当家作主。工人阶级及其政党，是人民群众中最先进的部分。共产党和政府的各级领导是人民中的先进分子，而不是人民范畴之外的"精英集团"。紧紧依靠最广大人民群众当家作主与坚持工人阶级及其政党的领导，具有内在的高度的一致性，这才是彻底的历史唯物主义。

人人负起责来，负什么责？20世纪50年代末60年代初，毛泽东在读苏联《政治经济学教科书》的谈话时说，"劳动者管理国家、管理军队、管理各种企业、管理文化教育的权利"，"实际上，这是社会主义制度下劳动者最大的权利。没有这种权利，劳动者的工作权、休息权、受教育权等等权利，就没有保证"。"社会主义民主的问题，首先就是劳动者有没有权利来克服各种敌对势力和它们的影响的问题。像报纸刊物、广播、电影这类东西，掌握在谁手里，由谁来发议论，都是属于权利的问题。""掌握在马克思列宁主义者手里，绝大多数人民的权利就有保证了。"毛泽东的看法极富远见，他50多年前的论述对今天的现实仍然具有指导意义。现在有的报刊、网站、文艺作品等问题不少，这都存在一个是不是人人负起责来的问题。人人负起责来是内容，而总要找到一种或几种好的形式来体现和实现才行。

针对人民群众的作用，列宁明确指出，"苏维埃的法律是很好的，因为它使每一个人都有可能同官僚主义和拖拉作风作斗争"；但"就连相当多的共产党员也不会利用苏维埃的法律去同拖拉作风和官僚主义作斗争，或者去同贪污受贿这种道地的俄国现象作斗争"；"法律制定得够多了！那为什么这方面的斗争没有成绩呢？因为这一斗争单靠宣传是搞不成的，只有靠人民群众的帮助才行"。

新中国成立后，人民群众在社会治理中的作用非常明显，创造了不少好的经验。20世纪60年代初，浙江省诸暨市枫桥镇干部群众创造了"发动和依靠群众，坚持矛盾不上交，就地解决。实现捕人少，治安好"的"枫桥经验"。1963年，毛泽东批示"要各地仿效，经过试点，推广去做"。2013年10月11日，习近平总书记为纪念毛泽东批示"枫桥经验"50周年作出批示，充分肯定浙江枫桥"依靠群众就地化解矛盾"的经验，要求各级党委和政府要充分认识"枫桥经验"的重大意义，并要求根据形势变化不断赋予其新的内涵，以把党的群众路线坚持好、贯彻好。

在党的十八届四中全会上，习近平总书记特别强调，人民权益要靠法律保障，法律权威要靠人民维护。要充分调动人民群众投身依法治国实践的积极性和主动性，使全体人民都成为社会主义法治的忠实崇尚者、自觉遵守者、坚定捍卫者，使尊法、信法、守法、用法、护法成为全体人民的共同追求。习近平总书记的这一论述，完全是相信人民群众、依靠人民群众、为了人民群众的历史唯物主义观点在依法治国战略中的运用。

从根本上说，依法治国是亿万人民群众自己的事业；只有全心全意依靠人民群众，才能确保依法治国的正确政治方向，依法治国才能取得应有的成效。

八　我国司法机关依法独立公正行使审判权和检察权与西方司法独立的关系

应当承认，我国司法领域存在着较为严重的司法不公的问题。这与司法领域存在的腐败现象直接相关，而这些腐败现象又往往与外部的不法分子的腐蚀和少数领导干部干预司法有关。为了保证司法机关能够依法独立公正行使职权，必须将领导干部的权力关进制度的笼子里。《决定》明确指出："完善确保依法独立公正行使审判权和检察权的制度。各级党政机关和领导干部要支持法院、检察院依法独立公正行使职权。建立领导干部干预司法活动、插手具体案件处理的记录、通报和责任追究制度。"

《决定》的上述精神，并不是新的制度规定，而是我们宪法相关条款的具体化。我国《宪法》第126条规定："人民法院依照法律规定独立行使审判权，不受行政机关、社会团体和个人的干涉"；第131条指出："人民检察院依照法律规定独立行使检察权，不受行政机关、社会团体和个人的干涉。"这充分说明，审判机关检察机关依法独立公正行使审判权和检察权是我国法治建设的一项重要原则。

依法公正行使审判权和检察权比较好理解，审判机关检察机关为什么要独立行使审判权和检察权呢？这是因为一个案件的发生，往往有着复杂的因素，这就需要具有很高的职业素养和专业水平的司法人员深入调查方方面面，根据每一个案件具体的事实、性质等各种因素依法给予综合考量，然后给予科学认证，这绝不是任何人的行政命令就能替代和解决的，所以审判机关检察机关在处理案件时，决不能受到任何行政机关、社会团体和个人的干涉。在法治实践中，有的党政领导基于个人关系和利益，有的部门基于一方利益插手干预司法案件，这就必然影响案件的公正处理。所以，我国的《宪法》及《决定》，庄严地把审判机关检察机关独立行使审判权和检察权写入其中。

但是，审判机关检察机关依法独立公正行使审判权和检察权，绝不是不要党的领导。首先，审判机关检察机关及其工作人员在独立行使审判权和检察权的过程中，必须接受党在思想政治上的领导。这是因为，法律规定这一过程要通过一定的人去落实，而这些人的行为总是由其所具有的世界观、人生观和价值观左右。为了确保独立行使审判权和检察权结果上的公正，《决定》明确指出：要"建设高素质法治专门队伍。把思想政治建设摆在首位，加强理想信念教育，深入开展社会主义核心价值观和社会主义法治理念教育，坚持党的事业、人民利益、宪法法律至上，加强立法队伍、行政执法队伍、司法队伍建设。"其次，审判机关和检察机关独立行使审判权和检察权，是体现在各个具体案件中的审判权和检察权，但是审判工作检察工作绝不仅仅是对各个具体案件的审判检察，而是体现在机关和人员建设的方方面面。再次，不同职能的司法机关积极主动地、独立负责地、协调一致地工作，也必须在党的统一领导下进行。最后，党的性质、宗旨和执政地位决定其必须领导社会主义法治建设的全过程和各方面，审判机关检察机关是人民民主专政国家机器的重要组成部分，承担着巩固人民民主专政的政权、党的执政地位的重大政治责任；审判机关检察机关的社会主义性质也决定了必须坚持党对审判工作检察工作的领导。因此，绝不能把依法独立公正行使审判权和检察权与坚持党的领导对立起来。否则，不可能真正做到依法治国。笔者在这里想强调的是，在苏联法治建设的过程中，最终取消了司法机关中的党组织。事实证明，此举不但没有保证司法机关独立公正地行使职权并最终建设成社会主义法治国家，反而为苏联解体和苏共亡党埋下了伏笔。前车之鉴，令人深思。

笔者认为，我们在强调审判机关检察机关依法独立公正行使审判权和检察权时，还必须注意这一"独立"仅仅是相对的独立，这一权力在行使过程之中、之后，也必须接受方方面面的监督：一是人民的监督。在我国，一切权力属于人民，所有审判机关和检察机关及其工作人员必须依靠人民的支持，倾听人民的意见和建议，接受人民的监督，努力为人民服务。我国的公民对审判机关和检察机关及其工作人员，有提出批评和建议的权利；对审判机关和检察机关及其工作人员的违法失职行为，有向国家有关机关提出申诉、控告或者检举的权利，并且这一权利是宪法中明确规定的基本权利。二是国家权力机关的监督。在我国，各级人大及其常委会根据宪法和法律的规定，有权对审判机关和检察机关的工作实施监督，以促进司法公正。各级人大及其常委会还享有对审判机关和检察机关工作人员进行任职和撤职的权力。最高审判机关和最高检察机关作出的属于审判、检察工作中具体应用法律的司法解释，应当向全国人大常委会备案，若该解释与法律规定相抵触，全国人大常委会有权进行审查并作出决定。三是司法机关之间的监督。其中最为典型的，就是检察机关作为享有法律监督权的机关，有权对审判机关的审判行为和审判结果进行法律监督。

正因为如此，我们完全可以说，确保依法独立公正行使审判权和检察权的制度，是实现我国人民当家作主在司法制度上的安排，也是社会主义制度对司法的基本要求，而绝不是让司法独立于党的领导和人民的监督之外。

我国依法独立公正行使审判权和检察权的制度与西方的司法独立有着根本的不同。独立公正行使审判权和检察权与司法独立，也完全是两个概念。

司法独立是西方国家经常自我炫耀的其司法制度的最大特点。应当承认，司法权、行政权和立法权分立，是维护资本当家作主的十分成熟的制度之一。"司法独立"在新兴资产阶级反抗封建帝王的专制统治时，无疑起过进步作用。但它对社会和人民群众具有一定的欺骗作用。恩格斯明确指出："资产阶级的力量全部取决于金钱，所以他们要取得政权就只有使金钱成为人在立法上的行为能力的唯一标准。他们一定得把历代的一切封建特权和政治垄断权合成一个金钱的大特权和大垄断权。"在资本主义国家，资本总是用金钱明里暗里操纵行政机关和立法机关的选举，而三权分立中的司法权，在美国是由九名大法官组成的联邦最高法院所体现，大法官直接由总统任命，且是终身，并有推翻议会立法的最高裁定权。英国没有独立的司法体系，其司法制度仍保留许多封建痕迹，其最高上诉法院的职能由上院行使，法官一律采用任命制。大法官、常任法官、上院议员和上诉法院法官由首相提名，英王任命。无论是在美国还是在英国，大法官的产生，就连形式上的选举这一程序也被完全免除，美国甚至赋予这些大法官以宪法解释权即"违宪审查权"或"司法审查权"这一最高最终的裁决职能。美英这些法官终身享受高薪，既不受议会控制，也不受民众监督，更不对民众负责，唯一听命的，就是在其后操纵的资本。这就为代表极少数人的垄断资本统治加上了一道可靠的保险。

有人说，司法独立虽然产生于资本主义但并非一定姓"资"，它所揭示的是现代法治的共同规律，已成为人类政治文明的有益成果，理应为我所用。这种观点如不是糊涂，就是想误导我国的依法治国与司法改革。

法院、检察院是国家机器的重要组成部分，社会主义中国的司法机关是共产党领导人民依法治国的重要依靠和保证，把依法独立公正行使审判权和检察权的制度解释甚至偷换成"司法独立"，就是要把司法权从共产党和人民的手里夺走，并将其偷梁换柱到国内外资本手中。如果放弃了党的领导和人民的监督，实行所谓的"司法独立"，那些与人民为敌、为资本服务的司法人员，就会在国内外资本的操控下，假借所谓合法的司法途径，修改我们既定的宪法和各种法律，甚至把共产党全心全意为人民服务的各种战略举措宣布为"非法"，这种没有硝烟的战争将导致亡党亡国。

九　宪法的实施与实施监督的关系

我国宪法以国家根本法的形式，确立了中国特色社会主义道路、中国特色社会主义理论体系、中国特色社会主义制度的发展成果，反映了我国各族人民的共同意志和根本利益，成为新时期党和国家的中心工作、基本原则、重大方针、重要政策在法制上的最高体现。习近平总书记曾强调，宪法的生命在于实施，宪法的权威也在于实施。我们要坚持不懈地抓好宪法实施工作，把全面贯彻实施宪法提高到一个新水平。

宪法的实施简而言之就是要将宪法文本上的抽象的权利义务关系转化为实际生活中具体的权利义务关系。在法治实践中，宪法的实施通常有四种具体的表现形式：国家立法机关在立法活动中对宪法的贯彻和落实、国家行政机关在依法行政过程中对宪法的贯彻和落实、国家司法机关在从事司法活动时对宪法的援引和适用、其他一切组织和个人在作出行为时对宪法的遵守。而以上每一种表现形式都是全面推进依法治国所不可或缺的、至关重要的方面或环节。实施宪法的上述四种情形，对于全面推进依法治国具有十分重要的意义。

在我国，谁来监督宪法的实施最为科学和合理呢？中华人民共和国的宪法是维护最广大人民群众根本利益的根本大法。宪法实施的监督，首先是人民的监督。只有让人民来监督政府，政府才不会懈怠；只有人人起来负责，才不会人亡政息。所以，《决定》指出："全国各族人民、一切国家机关和武装力量、各政党和各社会团体、各企业事业组织，都必须以宪法为根本的活动准则，并且负有维护宪法尊严、保证宪法实施的职责。一切违反宪法的行为都必须予以追究和纠正。"

除了人民的监督之外，还需要专门机关的监督。所以，《决定》又明确指出："完善全国人大及其常委会宪法监督制度，健全宪法解释程序机制。"《决定》的这一表述十分正确和准确。我国《宪法》第 62 条关于全国人民代表大会行使的职权中，有"监督宪法的实施"的职能；《宪法》

第67条关于全国人民代表大会常务委员会行使的职权中,有"解释宪法,监督宪法的实施"的职能。有人说,中国没有宪法监督制度和宪法解释程序机制,亟须建立一个跨越任何党派利益之上的专门机构,比如"宪法法院"或"宪法审查委员会"或"宪法监督委员会"等来承担这一任务。这一说法,完全不对。我国《宪法》已经明确规定,在我国,监督宪法的实施和解释宪法的权力与职能在全国人民代表大会及其常委会。不需要在此之外,成立一个独立的既不接受党的领导,又不接受全国人民代表大会及其常务委员会监督的专门机构来承担这一使命。当然,随着经济全球化和我国社会主义市场经济的深入发展,也出现了不少新的情况和新的问题迫切需要加以解决。正因为如此,《决定》提出的是"完善全国人大及其常委会宪法监督制度,健全宪法解释程序机制",这一方面完全排除了一些人关于设立与人大常委会并列的新的"宪法法院"或者"宪法委员会"或者"宪法监督委员会"等来监督宪法实施与解释的设想;另一方面又提出,在全国人民代表大会及其常务委员会的框架内积极探讨完善和健全新的办法与方法。除了宪法实施的监督外,全国人大及其常委会还应加强备案审查制度和能力建设,把所有规范性文件纳入备案审查范围,依法撤销和纠正违宪违法的规范性文件。

全国人民代表大会及其常委会是我国的最高权力机构与常设机关。任何机构都不能代替全国人民代表大会及其常委会的宪法解释权和监督权,不能再设立一个与全国人民代表大会及其常委会相并列的"宪法法院"或"宪法委员会"或"宪法监督委员会"。若如是,这就等于我国有了两个最高权力机构,这在本质上是西方"三权分立"政治制度的框架,是西方司法独立的翻版。若如是,我国现有的行之有效的政体必将遭到破坏,国家的政治稳定也必将化为泡影。

十 党大还是法大即党与法的关系

习近平总书记在对《决定》所作的"说明"中特别强调:"党和法治

的关系是法治建设的核心问题。"因此,处理好党与法的关系,事关法治建设的制度属性和前进方向,事关社会主义法治建设能否成功。

究竟是党大还是法大?笔者个人认为,这要具体分析,不能一言以蔽之。

其实,关于党与法的关系,习近平总书记在省部级主要领导干部学习贯彻十八届四中全会精神全面推进依法治国专题研讨班上已经讲得十分清楚。他明确指出:"中国共产党是中国特色社会主义事业的领导核心,处在总揽全局、协调各方的地位。社会主义法治必须坚持党的领导,党的领导必须依靠社会主义法治。法是党的主张和人民意愿的统一体现,党领导人民制定宪法法律,党领导人民实施宪法法律,党自身必须在宪法法律范围内活动,这就是党的领导力量的体现。党和法、党的领导和依法治国是高度统一的。"结合这一论述,联系学习《决定》精神,就可以清晰地认清党与法在不同情况下的相互关系。

习近平总书记指出:中国共产党是中国特色社会主义事业的领导核心,处在总揽全局、协调各方的地位;党领导人民制定宪法法律,党领导人民实施宪法法律。《决定》指出:"党的领导是中国特色社会主义最本质的特征,是社会主义法治最根本的保证。把党的领导贯彻到依法治国全过程和各方面,是我国社会主义法治建设的一条基本经验。我国宪法确立了中国共产党的领导地位。"从党领导人民制定并修订宪法法律的意义上讲,可以说党比法大。但是,这里所指的党,是党中央,并不是指地方党委。

习近平总书记指出,党自身必须在宪法法律范围内活动。《决定》也指出:"宪法是党和人民意志的集中体现,是通过科学民主程序形成的根本法";"各政党和各社会团体、各企业事业组织,都必须以宪法为根本的活动准则,并且负有维护宪法尊严、保证宪法实施的职责。一切违反宪法的行为都必须予以追究和纠正"。从任何政党都必须在宪法和法律范围内活动的角度讲,法又比党大。

这也就是说,在立法过程中,法为党领导人民所制定,因此,法不是高于一切的，而是党和人民大于法律；法律制定出来后，在法的适用过程中，任何政党和人民中的任何分子，又必须遵守法律，在法律范围内进行活动，法律又大于任何政党和个人。

习近平总书记指出："社会主义法治必须坚持党的领导，党的领导必须依靠社会主义法治。法是党的主张和人民意愿的统一体现"，"党和法、党的领导和依法治国是高度统一的。"《决定》还指出："把党领导人民制定和实施宪法法律同党坚持在宪法法律范围内活动统一起来。"从党领导人民制定和实施宪法法律同党坚持在宪法法律范围内活动都是为了人民当家作主这一根本目的的角度讲，不存在谁大谁小的问题，党和法应该高度统一，党与法一样大。一些干部群众在党与法的关系问题上有模糊认识并不奇怪。我们的一些干部甚至是高级干部，把自己置于法律之外甚至之上，法治观念不强，决策不讲程序，办事不依法依规，甚至以言代法、以权压法、徇私枉法，严重损害和败坏了党的声誉。但也绝不排除少数别有用心之人利用党内的一些腐败现象，人为制造党与法之间本不存在的对立，进而为否定、推翻党的领导和社会主义制度制造舆论。

在党与法的关系之中，还嵌入一个国家法律与党内法规的关系。有同志提出，既然要依法治国，那么，要不要依法治党？也有同志提出，国家法律与党内法规哪个大？党内法规如果违背国家法律怎么办？

其实，国家法律与党内法规既有联系，又有明显的不同。其相互联系是，党内法规既是管党治党的重要依据，也是建设社会主义法治国家的有力保障。国家法律与党内法规都是为了维护最广大人民群众的根本利益。因此，在经济社会发展中，我们要十分注意党内法规同国家法律的衔接和协调，通过提高党内法规执行力，把党要管党、从严治党落到实处，就能有力促进党员和干部带头遵守国家法律法规。正如《决定》所指出的那样，国家法律与党内法规之所以能够有机地统一在一起，最直接的原因便是党依法执政的根本要求，即"依法执政，既要求党依据宪法法律治国理政，也要求党依据党内法规管党治党"。

当然，国家法律与党内法规也有明显的不同。

第一,制定主体和适用范围不同。国家法律是指有立法权的国家机关根据《宪法》和《立法法》及有关法律的规定所制定的具有普遍约束力的规范性法律文件的总称。它的制定主体有全国人大及其常委会、国务院及其各组织机构（各部、委员会、中国人民银行、审计署和具有行政管理职能的直属机构）、省（自治区、直辖市）人大及其常委会和人民政府、较大的市的人大及其常委会和人民政府、民族自治地方的人大、中央军事委员会及其各组织机构（各总部、军兵种、军区）；它的渊源或具体表现形式有宪法、法律、行政法规、地方性法规、自治条例和单行条例、国务院部门规章、地方政府规章、军事法规和规章等。根据法治建设的具体实践,最高人民法院和最高人民检察院所作出的司法解释通常也被归入国家法律的范畴之内。国家法律适用于国家主权范围内的全体组织（包括一切国家机关和武装力量、各政党和各社会团体、各企事业组织）和所有个人。党内法规是指有制定权的党组织根据《党章》和《中国共产党党内法规制定条例》制定的规范党组织的工作、活动和党员行为的党内规章制度的总称。它的制定主体有党的中央组织以及中央纪律检查委员会、中央各部门和省、自治区、直辖市党委；它的渊源或具体表现形式有党章、准则、条例、规则、规定、办法和细则。通常认为,有关党组织对党内法规所作的、与相应党内法规具有同等效力的解释也属于党内法规的范围之内。党内法规则适用于全体党员和各级党的组织。由此可见,国家法律与党内法规在制定主体和适用范围上存在着明显的不同。

第二,价值观念的层次不同。依法治国要求全体公民弘扬的是社会主义核心价值观:富强、民主、文明、和谐,自由、平等、公正、法治,爱国、敬业、诚信、友善。而《党章》中明确要求:"中国共产党党员是中国工人阶级的有共产主义觉悟的先锋战士。中国共产党党员必须全心全意为人民服务,不惜牺牲个人的一切,为实现共产主义奋斗终生。"法律不仅是每一位公民价值观的底线,而且也是必须遵守的行为准则;而党章不仅是每一位共产党员价值观的凝结,而且也是必须遵守的行为准则。要依法治国，必须从严治党。1937年10月，毛泽东在为黄克功案件致雷经天的信中曾明确指出：共产党与红军，对于自己的党员与红军成员不能不执行比一般平民更加严格的纪律。1941年5月1日，由中共边区中央局提出，中共中央政治局批准的《陕甘宁边区施政纲领》第8条规定："共产党员有犯法者从重治罪。"有的党员甚至是党员领导干部，误认为自己只要遵守法律便可以，早把党的性质与宗旨抛到了一边。这种状况亟待改变。所以对于全党和全国来说，仅仅讲依法治国还远远不够，还必须严肃提出从严治党。从一定意义上讲，依法治国中存在的所有问题，都可以从党的建设特别是党风中存在的问题找到影子甚至是根源。其根子都在理想信念动摇和价值观发生变化。党与社会不是"两张皮"。从一定意义上讲，党风决定着民风。党风不正，民风必堕。

第三，宽严层次程度不同。在同时适用国家法律和党内法规时，党员特别是党员领导干部具有双重身份，既是国家公民，更是执政党的一分子，既要遵守国家法律，又必须服从党内法规。中国共产党不同于一般意义上的政党团体，中国共产党党员也不同于一般意义上的国家公民，他们所肩负的带领全国各族人民实现共产主义的伟大历史使命，决定了他们较一般意义上的政党团体和国家公民承担更多的义务和责任，享有更少的权利和权力。因此，党规党纪严于国家法律，党的各级组织和广大党员干部不仅要模范地遵守国家法律，而且要按照党规党纪以更高标准严格要求自己，坚定理想信念，践行党的宗旨。当然，党内法规严于国家法律，也并不意味着党员不享有国家法律所规定的公民权利和党章所规定的党员权利，国家法律和党内法规依法依规保障党员的公民权利和党员权利不受剥夺，并保证党员合法合规的权益不受侵害。

第四，承担的责任不同。党的各级组织和全体党员都应当遵守和维护党的纪律，对于违犯党纪的党组织和党员，必须严肃处理；党内不允许有任何不受纪律约束的党组织和党员，凡是违犯党纪的行为，都必须受到追究；应当受到党纪处分的，必须给予相应的处分。全体公民、一切国家机关和武装力量、各政党和各社会团体、各企业事业组织都必须遵守宪法和法律，一切违反宪法和法律的行为，都必须予以追究。违犯或违反国家法律和党内法规的监督处理在主体、程序、后果等方面有着明显的不同。在主体方面，违反国家法律的，因违犯法律的性质（民事法律、行政法律、劳动法律、刑事法律等）的不同，分别由不同的主体（民事权利人、行政主体、人民法院）追究其法律责任；违反党内法规的，则由具有不同检查和处理权限的党组织作出处分决定。在程序方面，违犯国家法律的，分别依照相关法律承担法律责任；违反党内法规的，则应依相关党纪党规给予相应纪律处分。在后果方面，违犯国家法律的，依照国家法律、法规和规章承担相应的法律责任；违反党内法规的，党员应受到警告以至开除党籍的纪律处分，党组织应受到改组或解散等纪律处分。在理解国家法律和党内法规在责任承担方面的不同时，还必须注意对违反党内法规的行为进行处理，应坚持防止违纪行为演变为违法行为的原则。

第五，在国家政治生活中的地位与作用不同。从根本上说，党内法规是为了保持党的鲜明的无产阶级性质和全心全意为人民服务宗旨的制度安排。而国家法律则是为了保障我国社会主义国家的性质进而确保人民当家作主的制度安排。

毛泽东说，领导我们事业的核心力量是中国共产党。邓小平说，中国要出问题，还是出在共产党内部。所以，只有首先严格党内法规，进而从严治党，依法治国才能有坚定正确的政治方向。正是从这一意义上讲，党内法规严格执行了，国家法律才能严格执行。但是，国家法律与党内法规的执行状况，不可能彼此绝缘，而是相辅相成，相互影响。只有严格党内法规，才能厉行法治；而严格执法，也可以反作用于从严治党。党内风气与社会风气的好坏，紧密相连，甚至是党风决定民风。

所以，国家法律与党内法规，既有高度的一致性，又有鲜明的区别，是相辅相成的，但决不能相互代替，缺了哪一方面都不行。国家法律与党内法规，不存在谁大谁小的问题。党和国家的宗旨都是全心全意为人民服务，如果国家法律和党内法规有违背这一宗旨的现象，党领导人民都有权加以纠正。同样也根本不存在用国家法律来匡正党内法规的问题。有人想误导我们,说到底,是为了改变我们党和国家的性质,重新回到资本统治劳动的天下罢了。

(作者单位:中国社会科学院)

(原载《马克思主义研究》2015年第5、6期)

坚持人民民主专政，完全合理合情合法

李崇富

党的十八届三中全会通过的《中共中央关于全面深化改革若干重大问题的决定》指出："全面深化改革的总目标是完善和发展中国特色社会主义制度，推进国家治理体系和治理能力现代化。"[①] 2014年2月17日，习近平总书记在省部级主要领导干部学习贯彻十八届三中全会决定的专题研讨班开班式上的讲话中指出：这是两句话组成的一个整体，必须完整理解和把握全面深化改革这个总目标。他还强调，看待政治制度模式，必须坚持马克思主义政治立场。马克思主义政治立场首先就是阶级立场，进行阶级分析。我们治国理政的根本，就是中国共产党的领导和社会主义制度。推进国家治理体系和治理能力现代化，绝不是西方化、私有化、资本主义化。我国的人民民主专政与西方所谓的"宪政"在本质上是不同的。

近期有些人挑起了一场与此相关的争论。其中，有极少数人公开反对我国人民民主专政的"国体"，并对论述《坚持人民民主专政，并不输理》的文章，疯狂地加以围攻、歪曲和无限上纲。这种反常举动，恰好体现了我国人民民主专政与主张西方"宪政"之争的实质，事关我国全面深化改革的大方向，是争夺推进治理体系和治理能力现代化的解释权和话语权的一场政治博弈。这些反对人民民主专政的言论，违背了四项基本原则，是

[①]《十八大以来重要文献选编》（上），中央文献出版社2014年版，第512页。

根本站不住脚的。而我国坚持人民民主专政，则是完全合理合情合法的。

一　坚持人民民主专政，必须理直气壮

我们说人民民主专政"合理"，是指其符合马克思主义所揭示的客观真理。人民民主专政即无产阶级专政，是新中国的国体和根本的政治制度，是开创和坚持中国特色社会主义的政治前提。其理论根据，是马克思主义的阶级观点及其国家观，是邓小平提出并成为党在现阶段基本路线的"两个基本点"之一的"坚持四项基本原则"中的一项基本原则。

（一）坚持无产阶级专政符合阶级斗争的发展规律之"理"

关于现代社会中存在阶级和阶级斗争，是由一些资产阶级学者在其革命时期发现和论述过的客观事实。马克思的新贡献，是立足于历史唯物主义，对之做出科学解释，从而揭示了人类阶级社会产生、发展和经过无产阶级专政，走向消灭阶级和实现共产主义的客观规律。马克思对于阶级和阶级斗争的发展规律，曾做出过精辟概括。1852年3月5日，马克思在致约瑟夫·魏德迈的信中，高度评价这位学生和友人此前在《纽约民族主义者报》上，针对海因岑把"阶级斗争"说成是"共产主义者的无聊捏造"，嘲笑马克思主义者"玩弄阶级"等谬论所发表的一篇批驳文章，进而对阶级斗争学说做出了简明的科学概括。他写道："至于讲到我，无论是发现现代社会中有阶级存在或发现各阶级间的斗争，都不是我的功劳。在我以前很久，资产阶级的历史学家就已叙述过阶级斗争的历史发展，资产阶级的经济学家也已对各个阶级作过经济上的分析。我的新贡献就是证明了下列几点：（1）阶级的存在仅仅同生产发展的一定历史阶段相联系；（2）阶级斗争必然导致无产阶级专政；（3）这个专政不过是达到消灭一切阶级和进入无阶级社会的过渡。"[①]

[①] 《马克思恩格斯全集》第28卷，人民出版社1973年版，第509页。

马克思这三句话，作为对整个阶级社会历史的高度概括，深刻地揭示了阶级和阶级斗争产生、发展和灭亡的客观规律。其中第一句话——"阶级的存在仅仅同生产发展的一定历史阶段相联系"——所内蕴的历史逻辑是：阶级"这种划分是以生产的不足为基础的，它将被现代生产力的充分发展所消灭"①。无产阶级专政的整个政治前史，都是源于生产力逐步有所发展之推动，才导致原始公社解体后家庭、私有制和阶级社会，即奴隶社会、封建社会、资本主义社会的先后产生、发展和更替。随着社会形态这种历史发展和更替，相应地也使奴隶与奴隶主、农民与地主、工人与资本家之间的阶级矛盾和阶级斗争先后产生、发展和更替，都成为客观和必然的历史事实；直至最终形成无产阶级埋葬资产阶级、社会主义代替资本主义，以使人类社会经过无产阶级专政进入无阶级社会所必需的物质前提，即"现代生产力的充分发展"。

马克思的第二句话——"阶级斗争必然导致无产阶级专政"——是由资本主义生产方式的基本矛盾，即社会化生产与私有制的矛盾运动的客观经济逻辑，所必然衍化出的政治逻辑。它表现为代表现代化生产力发展要求的工人阶级，要摆脱其受剥削、受压迫的雇佣奴隶地位，以争得无产阶级和人类的彻底解放，就必须使反抗资本家剥削的阶级斗争，发展为社会革命。而"工人革命的第一步就是使无产阶级上升为统治阶级，争得民主"②，即用革命手段，打碎剥削阶级国家机器，建立无产阶级国家，由无产阶级专政取代资产阶级专政。这是无产阶级捍卫革命政权，"剥夺剥夺者"，开创和发展社会主义事业，最终消灭一切阶级和过渡到共产主义社会的根本政治前提，是防范和制止资本主义复辟的唯一法宝。

马克思的第三句话——"这个专政不过是达到消灭一切阶级和进入无阶级社会的过渡"——是对无产阶级历史使命及其实现途径的简明概括。据此，实行无产阶级专政的历史正当性就在于：一是作为工人阶级劳动结

---

① 《马克思恩格斯文集》第3卷，人民出版社2009年版，第563页。
② 《马克思恩格斯选集》第1卷，人民出版社1995年版，第293页。

晶的现代大工业,为"消灭一切阶级和进入无阶级社会"提供了必需的物质基础;二是现代无产阶级作为"大工业本身的产物"和资产阶级的"掘墓人"①,作为最具先进性和革命彻底性的领导阶级,才能在马克思主义理论武装下,认识和运用历史规律,以自觉承担起完成无产阶级专政的历史使命;三是无产阶级国家"向前发展,即向共产主义发展,必须经过无产阶级专政,不可能走别的道路,因为再没有其他人也没有其他道路能够粉碎剥削者资本家的反抗"②。因此,实行无产阶级的革命和专政,是人类由阶级社会走向无阶级社会的历史必由之路。

(二) 坚持无产阶级专政符合自己国家的阶级实质之"理"

马克思主义国家学说,依据历史唯物主义及其阶级分析,科学地揭示了国家政权与其统治阶级的根本利益之间的本质联系,并阐明了区别于一切剥削阶级国家的无产阶级国家,在发展社会主义民主的基础上,必须承担和履行无产阶级专政职能。

唯物史观认为,"国家"是一个与阶级产生和存在密切相关的历史性范畴。当原始公社后期有了生产力和商品交换的一定发展,因而在有了少量剩余产品可供上层人物剥削的条件下,就导致了家庭、私有制的产生和阶级分化。于是在历史上,首先出现了反抗剥削和压迫的奴隶阶级同奴隶主阶级的矛盾与斗争。而奴隶主阶级为了维护其阶级利益和统治秩序,用以镇压奴隶们反抗,就需要和建立奴隶制国家。后来,由于社会生产力的发展,又使封建制国家和资本主义国家,先后代替了奴隶制国家和封建制国家。必须肯定,家庭、私有制和国家的出现、发展和社会更替,是以生产力发展及生产关系变革为基础的社会进步,是文明时代的重要标志。但这种历史进步性,并不能否定一切剥削阶级国家,都要为维护其阶级利益和阶级统治而履行专政职能。

---

① 《马克思恩格斯文集》第 2 卷,人民出版社 2009 年版,第 41、43 页。
② 《列宁专题文集·论社会主义》,人民出版社 2009 年版,第 28—29 页。

马克思主义在国家学说史上，第一次阐明了"超阶级"国家的虚伪性，从而揭示了国家起源和本质的"历史之继"。对此恩格斯概括说："国家是社会在一定发展阶段上的产物；国家是承认：这个社会陷入了不可解决的自我矛盾，分裂为不可调和的对立面而又无力摆脱这些对立面。而为了使这些对立面，这些经济利益互相冲突的阶级，不致在无谓的斗争中把自己和社会消灭，就需要有一种表面上凌驾于社会之上的力量，这种力量应当缓和冲突，把冲突保持在'秩序'的范围以内；这种从社会中产生但又自居于社会之上并且日益同社会相异化的力量，就是国家。"① 列宁对此作出了更为简明的概括："国家是阶级矛盾不可调和的产物和表现"②，即"系统地使用暴力和强迫人们服从暴力的特殊机构……就叫作国家"③。国家的这种专政职能，同现代资产阶级共和国所宣扬的人人平等、多党竞选和议会民主等光鲜外表，以及在日益强化中的社会管理职能，似乎是不太一致的。

然而，这并不矛盾。因为，历来剥削阶级的"政治统治到处都是以执行某种社会职能为基础，而且政治统治只有在它执行了它的这种社会职能时才能持续下去"④，才能更好地维护剥削阶级的根本利益和统治秩序。正如恩格斯所说："实际上，国家无非是一个阶级镇压另一个阶级的机器，而且在这一点上民主共和国并不亚于君主国。"⑤ 虽然当代西方国家总是宣扬其"民主"和"人权"，但在镇压劳动人民反抗之时，从来都是毫不手软的。

当然，无产阶级革命在推翻剥削阶级统治以后，也需要建立新型的国家和新型的专政，才能为消灭剥削制度、建设社会主义社会提供政治前提。马克思说："在资本主义社会和共产主义社会之间，有一个从前者变为后者的革命转变时期。同这个时期相适应的也有一个政治上的过渡时期，这

---

① 《马克思恩格斯文集》第 4 卷，人民出版社 2009 年版，第 189 页。
② 《列宁选集》第 3 卷，人民出版社 1995 年版，第 114 页。
③ 《列宁全集》第 37 卷，人民出版社 1986 年版，第 62—63 页。
④ 《马克思恩格斯选集》第 3 卷，人民出版社 1995 年版，第 523 页。
⑤ 《马克思恩格斯文集》第 3 卷，人民出版社 2009 年版，第 111 页。

个时期的国家只能是无产阶级的革命专政。"① 不过,社会主义国家已经不是原来意义上的国家。因为,此前所有国家都只有极少数剥削者才真正享有阶级特权,而对广大劳动人民实行专政,以维护其剥削阶级利益。恰恰相反,无产阶级国家则是在广大人民内部实行民主,而只对反抗社会主义的极少数剥削者实行专政。当"无产阶级上升为统治阶级"和"争得民主"以后,为了解放和发展生产力,必须"一步一步地夺取资产阶级的全部资本,把一切生产工具集中在国家即组织成为统治阶级的无产阶级手里,并且尽可能快地增加生产力的总量"②。只有创造出高于资本主义的劳动生产率,社会主义才能最终战胜资产阶级。但在这之前,正如列宁所说,"从资本主义过渡到共产主义是一整个历史时代。只要这个时代没有结束,剥削者就必然存在着复辟希望,并把这种希望变为复辟尝试。被推翻的剥削者不曾料到自己会被推翻,他们不相信这一点,不愿想到这一点,所以他们在遭到第一次严重失败以后,就以十倍的努力、疯狂的热情、百倍的仇恨投入战斗,为恢复他们被夺去的'天堂'、为他们的家庭而斗争"③。因此,社会主义国家必须在发展人民民主的基础上,实行无产阶级专政,捍卫社会主义事业。否则,其初创的社会主义制度,就会在国内外敌人联合进攻下而夭折。苏联和东欧国家被颠覆,就是前车之鉴。

所以,不承认无产阶级国家具有镇压反社会主义敌对势力的专政职能,在理论和实践上都是错误与有害的。当然也应看到,随着社会主义事业在更多国家的开创、巩固和发展,包括社会主义民主和法治的逐步扩大和健全,相应的,该社会的阶级斗争也将逐步趋向和缓。故而从长远看,社会主义国家是走向自行消亡中的"新型民主的"和"新型专政的"国家,列宁称之为"半国家"④。

---

① 《马克思恩格斯文集》第 3 卷,人民出版社 2009 年版,第 445 页。
② 《马克思恩格斯文集》第 2 卷,人民出版社 2009 年版,第 52 页。
③ 《列宁选集》第 3 卷,人民出版社 1995 年版,第 612 页。
④ 同上书,第 124、140 页。

(三）坚持无产阶级专政符合社会主义"不断革命"之"理"

在新时期，由于彻底否定"文化大革命"和"无产阶级专政下的继续革命理论"，有些人就走向另一个极端，出现了"告别革命"的错误思潮。例如，对于我们党已由"无产阶级革命党"转变为"马克思主义执政党"，就有个如何理解的问题。因为"无产阶级革命党"与"马克思主义执政党"，以及社会主义的革命与建设、民主与专政，在本质上是一致和统一的。"改革是中国的第二次革命。"[①] 如果有人把这两者割裂开来、对立起来，那就曲解了无产阶级及其政党的历史使命，从而否定和违背了马克思主义的"不断革命论"。马克思在《1848年至1850年的法兰西阶级斗争》一文中，把《共产党宣言》中关于"共产主义革命"必须同"传统的所有制"及其"传统的观念"实行"最彻底的决裂"的思想，发展为"不断革命论"。所以，科学社会主义就是不断革命的社会主义。对此，马克思写道："这种社会主义就是宣布不断革命，就是无产阶级的阶级专政，这种专政是达到消灭一切阶级差别，达到消灭这些差别所由产生的一切生产关系，达到消灭和这些生产关系相适应的一切社会关系，达到改变由这些社会关系产生出来的一切观念的必然的过渡阶段。"[②] 在共产党人看来，必须坚持马克思主义不断革命论与革命发展阶段论的统一，必须通过无产阶级专政把无产阶级的"共产主义革命"进行到底。而这个"底"，就是实现马克思所讲的这"四个达到"。只要社会主义中国尚未实现这"四个达到"，那么，我国无产阶级革命就不能停步，就不能放弃无产阶级专政。相反，如果我们不坚持马克思的不断革命论、不坚持无产阶级专政，那么我国改革开放和中国特色社会主义就会变形走样，就会无法保护劳动人民的根本利益，同时也势必会抛弃马克思主义。

因此，从理论和实践上看，无产阶级专政与消灭阶级的革命过程是共

---

① 《邓小平文选》第3卷，人民出版社1993年版，第113页。
② 《马克思恩格斯文集》第2卷，人民出版社2009年版，第166页。

始终的，而且它在马克思主义科学体系中居于核心地位。对此，列宁说："只有懂得一个阶级的专政不仅对一般阶级社会是必要的，不仅对推翻了资产阶级的无产阶级是必要的，而且对介于资本主义和'无阶级社会'即共产主义之间的整整一个历史时期都是必要的，——只有懂得了这一点的人，才算掌握了马克思主义国家学说的实质。"这还是判别真假马克思主义者的"试金石"。他指出："只有承认阶级斗争、同时也承认无产阶级专政的人，才是马克思主义者。马克思主义者同平庸的小资产者（以及大资产者）之间的最深刻的区别就在这里。必须用这块试金石来检验是否真正理解和承认马克思主义。"①

故而，我国在阶级和阶级差别完全消灭以前，中国共产党人、马克思主义信奉者都应理直气壮地坚持无产阶级专政，即人民民主专政。

二 坚持人民民主专政，完全切合国情和世情

我们说人民民主专政"合情"，是指其完全切合我们的国情和世情。新时期，我国在改革开放和社会主义现代化建设中坚持人民民主专政，是源于当代国情和世情的需要。如果我国不坚持社会主义道路，不坚持人民民主专政，不坚持共产党的领导，不坚持马列主义、毛泽东思想，那么，社会主义中国就会被国内外敌对势力所西化、分化和颠覆。这绝不是危言耸听。

恩格斯在《共产主义原理》中曾指出："无产阶级革命将建立民主的国家制度，从而直接或间接地建立无产阶级的政治统治。在英国可以直接建立，因为那里的无产阶级现在已占人民的大多数。在法国和德国可以间接建立，因为这两个国家的大多数人民不仅是无产者，而且还有小农和小资产者，小农和小资产者正处在转变为无产阶级的过渡阶段，他们的一切政治利益的实现都越来越依赖无产阶级，因而他们很快就会同意无产阶级

---

① 《列宁选集》第3卷，人民出版社1995年版，第139—140页。

的要求。"① 毫无疑问，恩格斯这里讲的"直接地……建立无产阶级的政治统治"，即是其后马克思和他表述为"无产阶级专政"的主张，并直接适用于像当时英国那样工业化国家的革命；至于像当时法国和德国那样尚未完成工业化国家的革命，可以"间接地建立无产阶级的政治统治"。至于这究竟宜于采取何种实现形式，马克思恩格斯尚未有过明确预见。

从理论上切合国情看，毛泽东首先提出和阐明新中国必须实行人民民主专政，是他对马克思主义的坚持、运用和发展。新中国成立前夕，毛泽东在《论人民民主专政》中得出结论说："总结我们的经验，集中到一点，就是工人阶级（经过共产党）领导的以工农联盟为基础的人民民主专政。这个专政必须和国际革命力量团结一致。这就是我们的公式，这就是我们的主要经验，这就是我们的主要纲领。"② 这正是通过对无产阶级专政理论的坚持、运用和创新，而找到了切合我国国情的无产阶级专政的实现形式。

毛泽东关于我国"人民民主专政"的"国体"设计的真理性和创新性就在于：第一，这充分体现了"无产阶级专政"的实质性要求，因为这个专政坚持"工人阶级（通过共产党）领导"，从而实际地建立起"无产阶级的政治统治"；第二，同样根据中国"大多数人民不仅是无产者，而且还有小农和小资产者"的国情，这个专政"以工农联盟为基础"，就意味着其"最高原则就是维护无产阶级同农民的联盟，使无产阶级能够保持领导作用和国家政权"③，同时也是"间接地建立无产阶级的政治统治"的最好形式；第三，"人民民主专政"更明确地表达了对人民实行民主、对敌人实行专政的科学内涵，这样更容易为人们所理解和接受。

在新时期，邓小平结合我国国情和具体实践，坚持和发展了毛泽东人民民主专政的理论和实践。在改革开放之初，他针对刚刚露头的资产阶级自由化而提出坚持"四项基本原则"，就包括"必须坚持无产阶级专政"。邓小平指出："中央认为，我们要在中国实现四个现代化，必须在思想政

---

① 《马克思恩格斯文集》第1卷，人民出版社2009年版，第685页。
② 《毛泽东选集》第4卷，人民出版社1991年版，第80页。
③ 《列宁全集》第42卷，人民出版社1987年版，第49—50页。

治上坚持四项基本原则。这是实现四个现代化的根本前提。"[1] 其后，在改革和建设的实践探索中，所逐步形成的党在社会主义初级阶段基本路线中，"坚持四项基本原则"作为其中的"两个基本点"之一，而成为我们的立国之本。

邓小平认为，"四项基本原则"是一个有机整体。"在四个坚持中，坚持人民民主专政这一条不低于其他三条。"[2] "如果动摇了这四项基本原则中的任何一项，那就动摇了整个社会主义事业，整个现代化建设事业。"[3] 1992年初，邓小平在南方谈话中指出："依靠无产阶级专政保卫社会主义制度，这是马克思主义的一个基本观点。马克思说过，阶级斗争学说不是他的发明，真正的发明是关于无产阶级专政的理论。历史经验证明，刚刚掌握政权的新兴阶级，一般来说，总是弱于敌对阶级的力量，因此要用专政的手段来巩固政权。对人民实行民主，对敌人实行专政，这就是人民民主专政。运用人民民主专政的力量，巩固人民的政权，是正义的事情，没有什么输理的地方。"他强调，党的"基本路线要管一百年，动摇不得"，"关键是坚持'一个中心、两个基本点'"。他还要求："在整个改革开放的过程中，必须始终注意坚持四项基本原则。"[4] 可见，坚持党的基本路线，就必须把包括"坚持人民民主专政"在内的"四项基本原则"，贯穿于我国改革开放和现代化建设的全过程。邓小平在晚年，还结合发挥"社会主义市场经济优越性"和"防止两极分化"的问题，再次强调"四个坚持"。他说道："社会主义市场经济优越性在哪里？就在四个坚持。四个坚持集中表现在党的领导。这个问题可以敞开来说，我那个讲话没有什么输理的地方，没有什么见不得人的地方。当时我讲的无产阶级专政，就是人民民主专政，讲人民民主专政，比较容易为人所接受。现在经济发展这么快，没有四个坚持，究竟会是个什么局面？……没有人民民主专政，党的领导

---

[1] 《邓小平文选》第2卷，人民出版社1994年版，第164页。
[2] 《邓小平文选》第3卷，人民出版社1993年版，第365页。
[3] 《邓小平文选》第2卷，人民出版社1994年版，第173页。
[4] 《邓小平文选》第3卷，人民出版社1993年版，第379页。

怎么实现啊？四个坚持是'成套设备'。"能否防止和解决"两极分化"问题，事关改革开放和中国社会主义的前途命运，所以邓小平说："我们讲要防止两极分化，实际上两极分化自然出现。要利用各种手段、各种方法、各种方案来解决这些问题。"① 当然，这只能主要靠经济手段，同时也要适当运用国家政权的力量，来逐步加以解决。

从理论和实践的深层次看，坚持人民民主专政的现实根据，是我国的阶级斗争在一定范围内仍将长期存在。党的十一届六中全会通过的《中国共产党中央委员会关于建国以来党的若干历史问题的决议》指出："在剥削阶级作为阶级消灭以后，阶级斗争已经不是主要矛盾。由于国内的因素和国际的影响，阶级斗争还将在一定范围内长期存在，在某种条件下还有可能激化。"② 这种正确的政治估量，以及我国现阶段实行以公有制为主体、多种所有制经济共同发展的基本经济制度等基本国情都表明，我国要在生产力高度发展的基础上，逐步消灭私有制和一切阶级，完成人民民主专政的历史任务，仍然任重道远，需要长期奋斗。

据此可以说，"阶级斗争还将在一定范围内长期存在"是我国现阶段的基本国情之一。正如邓小平所说："社会主义社会中的阶级斗争是一个客观存在，不应该缩小，也不应该夸大。实践证明，无论缩小或者夸大，两者都要犯严重的错误。"③ 在阶级斗争中，往往是"树欲静而风不止"。尽管我们主观上想回避和淡化阶级斗争，但不管人们承认与否，阶级斗争该来的总要到来。即使我们不想斗，可国内外敌对势力照样会找上门来，同马克思主义斗、同社会主义斗。

例如，我国意识形态领域的斗争，一直十分复杂、尖锐和激烈。这是阶级斗争在思想领域的反映。国内"左"和右的种种错误思潮总是时隐时现、此起彼伏，企图干扰和误导改革开放和现代化建设。特别是资产阶级

---

① 《邓小平年谱（1975—1997）》（下），中央文献出版社2004年版，第1363—1364页。引文中说"我那个讲话"，是指邓小平1979年3月在党的理论工作务虚会上的讲话《坚持四项基本原则》。
② 《改革开放三十年重要文献选编》（上），中央文献出版社2008年版，第213页。
③ 《邓小平文选》第2卷，人民出版社1994年版，第182页。

自由化，虽然25年前在"八九风波"中严重受挫，但并未销声匿迹、偃旗息鼓，而是在西方敌对势力渗透、鼓动和操纵下，利用有些媒体想淡化意识形态的心态，一再变本加厉地在歪曲、篡改和抹黑我们党的历史和革命史，在诋毁、丑化和"妖魔化"共产党、党的领袖和英模人物，在攻击、否定和反对马克思主义、党的领导和社会主义制度的同时，千方百计地宣扬和鼓动在我国搞"全盘西化"。这包括鼓吹和推销经济上的私有化，政治上的资产阶级多党制和西方"宪政"，在思想文化上的"新自由主义"、历史虚无主义和"普世价值"等。党和人民同这些错误思潮所进行的交锋和较量从未停止过。

又如，全党全国各族人民为了维护国家主权、领土完整和民族团结，正在同企图西化和分化我国的国内外敌对势力和民族分裂势力进行斗争，这既是一种严重的政治斗争，也是一种特殊的阶级斗争。尽人皆知，"台独""藏独""疆独"到"港独"势力的衍生，不仅都有当年帝国主义侵略中国的历史背景，而且这些民族分裂势力之所以至今能苟延残喘，有些人还在搞"暴恐"式的民族分裂活动，就在于有国外敌对势力在豢养、鼓动和支持。中华民族的团结统一和繁荣富强，是全国各族人民的共同心愿。假如没有外部势力为了阻挠我国富强起来而为其撑腰，这些民族败类在伟大祖国面前，都是一天也混不下去的。

再如，改革开放以来，在如何看待我们党员干部中出现大面积腐败及其原因的看法上，只有坚持马克思主义的阶级观点和阶级分析，才能揭示问题的本质。但现在比较流行的，往往是用西方的犯罪成本理论即"寻租"来解释，这属于偏颇之理，更未触及问题的要害和本质。即便以体制有漏洞和监督有缺失，来解释腐败现象的滋生蔓延，虽然有一定的解释力，即看到了问题产生的外部条件，也没有揭示腐败现象产生的根本原因和政治实质。其实，这个问题并不复杂，而且在党的文献中早有明确论断，只是出于某种顾虑而不愿正视和深究而已。江泽民多次指出："从本质上说，腐败现象是剥削阶级和剥削制度的产物。""这些消极腐败现象是资产阶级和其他剥削阶级思想作风在党内的反映。"[1] 正是由于作为资产阶级等剥削阶级思想之集中表现的拜金主义、享乐主义、极端利己主义等腐朽没落意识的恶性膨胀，逐渐腐蚀了一些党员干部的思想和灵魂，才使其丧失了应有的阶级立场、党性原则和理想信念，从而抵挡不住权欲、金钱、美色等"糖弹"的诱惑和攻击，以致有些人"前腐后继"地走上以权谋私、违法犯罪、腐化堕落的不归之路。我们在反腐斗争中，如果抓不住问题的本质和要害，从而无法有效地遏制其迅猛蔓延，那就不只是使党脱离群众和形象受损问题，而是可能导致亡党亡国的特大政治问题。因此，我们党和国家的反腐败斗争，是国内外一定范围内的阶级斗争，特别是意识形态斗争在党内的表现和反映。

鉴于"阶级斗争还将在一定范围内长期存在"是我国现阶段的基本国情之一，鉴于我们党要完成消灭阶级的任务——"就是要造成使资产阶级既不能存在也不能再产生的条件"，"这个任务是重大无比的"[2]——在短期内既不可能提上议事日程、更不可能实现。所以，坚持人民民主专政完全切合我国国情。

从世界形势看，我国坚持人民民主专政也完全契合当今之世情。和平与发展是当代世界的主题。经济全球化、世界多极化、社会信息化是历史性趋势。我国作为社会主义国家，又处于改革开放、现代化建设、实现中华民族伟大复兴的关键性发展阶段，所以始终不渝地坚持和平共处五项原则，继续奉行独立自主的和平外交政策，坚定地走和平发展之路，以达到平等合作、互利共赢之目的。这样，既有利于营造我国现代化建设所必需的国际和平环境，维护地区稳定和世界和平，以利于团结世界人民，反对霸权主义和强权政治，谋求发展中国家平等发展和人类社会进步。

但是，当今世界并不太平和安宁。自从东欧剧变和苏联解体以来，世界社会主义运动仍将长期处于低潮和战略守势。而面对美国"一超独大"、

---

[1] 《江泽民论有中国特色社会主义（专题摘编）》，中央文献出版社 2002 年版，第 425、433 页。
[2] 《列宁专题文集·论社会主义》，人民出版社 2009 年版，第 85 页。

谋求"单极化"和世界霸权，却缺乏遏制它的力量。当今世界190多个国家大体上可分为三类：一类是5个社会主义国家，这是俄国十月革命以来硕果仅存的新型国家；另一类是以美国为首的西方少数垄断资本主义大国，其社会上层对社会主义事业大多持有本能的对立乃至敌视态度；而介于这两者之间的，则是广大发展中的民族资本主义国家。由于其中多数国家都有过受西方殖民剥削和欺凌的历史，至今还在遭受西方大国不同程度的歧视，所以它们既有同情社会主义的一面，也有易受西方国家笼络和利用的另一面。虽然这三类国家本身以及它们之间可能从本国利益出发，而实际发生多种形式和多方面的分化组合、纵横捭阖，但贯穿其中的历史主旋律，则是世界各国无产阶级与资产阶级、社会主义与资本主义、马克思主义与反马克思主义这样两个阶级、两种社会制度、两种思想体系之间的本质对立、反复较量、政治博弈和力量消长。这个大背景既要求我国加强国防建设，也需要我们运用马克思主义的阶级观点和阶级分析方法，来观察和对待与之相关的国际现象。否则，我们就是自我解除理论武装，也就不易看清国际政治的实质和底蕴，而可能缺乏正确的政治估量和长远的战略眼光。

目前，尽管我们社会主义国家代表着人类未来，但当今世界在总体上仍然是受丛林法则支配的阶级社会。对于我国来说，来自外部的严重威胁，就是以美国为首的西方敌对势力企图对我国实施西化和分化，即"和平演变"的战略图谋。我国真诚希望构建同西方平等交往、合作共赢的新型大国关系。然而，美国垄断资产阶级和主政者却对我国实行"接触和遏制"的两手政策：一方面，他们在"接触"和"战略对话"中，声称欢迎一个繁荣和负责任的中国"和平崛起"，以捞得巨量的经济利益；另一方面，美国当局在关键时刻和关键问题上，却作梗添乱。近几年，美国把战略重点从西欧转向东亚，宣布把60%的舰艇及其兵力部署到亚太地区，重点是西太平洋地区，公然在中国大门口实施"再平衡战略"，并想拼凑"东方北约"，围堵我国，企图"以压促变"。

其实，邓小平对美国等西方大国的战略图谋，早就洞若观火。他在苏联解体之前，当不少人为美苏缓和、"冷战"结束而欢呼之际，就已指出：

"我希望冷战结束,但现在我感到失望。可能是一个冷战结束了,另外两个冷战又已经开始。一个是针对整个南方、第三世界的,另一个是针对社会主义的。西方国家正在打一场没有硝烟的第三次世界大战。所谓没有硝烟,就是要社会主义国家和平演变。"① 鉴于其主谋是美国,故而他又揭露说:"美国,还有西方其他一些国家,对社会主义国家搞和平演变。美国现在有一种提法:打一场无硝烟的世界大战。我们要警惕。资本主义是想最终战胜社会主义,过去拿武器,用原子弹、氢弹,遭到世界人民的反对,现在搞和平演变。"② 实际情况正是这样。美国和其他西方敌对势力,对中国社会主义事业历来是两手交替、软硬兼施,从未间断。苏联和东欧被搞垮以后,他们把"和平演变"的主要矛头转向中国。对此,我们要牢记毛泽东和邓小平的有关教导,提高警惕,正确应对,严密防范。

坚持人民民主专政,是无产阶级国家政权的一项政治职能。这就是在工人阶级(经过共产党)领导下,必要时运用人民民主专政的力量,用以捍卫和保障国家安全,维护中国特色社会主义事业。这包括国家运用人民军队、警察、法庭、监狱和整个社会主义法制体系,依法镇压和改造一切反抗社会主义的敌人,预防和惩处一切犯罪活动,维持法制秩序和社会稳定,保护人民的和平劳动。同时,要严格区分和正确处理两类不同性质的矛盾。对于犯有一般过错的人,要进行教育和批评;而对于在反动思潮鼓动下所引发的社会动乱等反抗社会主义的违法犯罪活动,则必须运用人民民主专政来应对。邓小平对此早有明示:"我不止一次讲过,稳定压倒一切,人民民主专政不能丢。你闹资产阶级自由化,用资产阶级人权、民主那一套来搞动乱,我就坚决制止……坚持社会主义就必须坚持无产阶级专政,我们叫人民民主专政。"③

---

① 《邓小平文选》第 3 卷,人民出版社 1993 年版,第 344 页。
② 同上书,第 325—326 页。
③ 同上书,第 364—365 页。

三　坚持人民民主专政，就是坚持我国法定的国体

我们说人民民主专政"合法"，就是指它既符合我国现行宪法和整个中国特色社会主义法律体系，也符合中共党章的根本政治规范。我们作为公民就要守法，首先要遵守宪法；凡是共产党员，都必须遵守党章；凡是国家公职人员，以及他们所在的党政机关，都要带头"依宪治国""依法办事"。任何人的言行，都不能违宪和违法。

《中华人民共和国宪法》规定了"国体"：

"第一条　中华人民共和国是工人阶级领导的、以工农联盟为基础的人民民主专政的社会主义国家。社会主义制度是中华人民共和国的根本制度。禁止任何组织或者个人破坏社会主义制度。"

宪法既规定人民的民主权利，也规定了专政对象和主要职能：

"第二条　中华人民共和国的一切权力属于人民。人民行使国家权力的机关是全国人民代表大会和地方各级人民代表大会。人民依照法律规定，通过各种途径和形式，管理国家事务，管理经济和文化事业，管理社会事务。"

"第二十八条　国家维护社会秩序，镇压叛国和其他危害国家安全的犯罪活动，制裁危害社会治安、破坏社会主义经济和其他犯罪的活动，惩办和改造犯罪分子。"

"第二十九条　中华人民共和国的武装力量属于人民。它的任务是巩固国防，抵抗侵略，保卫祖国，保卫人民的和平劳动，参加国家建设事业，努力为人民服务。"[①]

所以，一切反对我国人民民主专政的言行，都是违宪的，为法理所不容。我国宪法遵循了马克思主义国家观。因为它如实地揭穿了剥削阶级政治家和御用学者把"国家"说成是"超阶级"的"全民国家"的政治骗

---

① 《改革开放三十年重要文献选编》（上），中央文献出版社2008年版，第304页。

局,从而才能以"国体"的科学概念,进一步阐明了国家的阶级实质。对此毛泽东指出:"这个国体问题,从前清末年起,闹了几十年还没有闹清楚。其实,它只是指的一个问题,就是社会各阶级在国家中的地位。""至于还有所谓'政体'问题,那是指的政权构成的形式问题,指的一定的社会阶级取何种形式去组织那反对敌人保护自己的政权机关。"①

这就从"国体"上表明,当代所有西方国家,都是资产阶级特别是垄断资产阶级作为统治阶级的国家,是资产阶级对广大劳动人民实行专政的资本主义国家;所谓"多党制"、两院制和"三权分立"的制衡制等体制,则是资产阶级国家所采取的"政权构成的形式","去组织那反对敌人保护自己的政权机关"。而社会主义中国在"国体"上,规定了"工人阶级领导"地位,并形成"工人阶级领导的、以工农联盟为基础的人民民主专政",即是使工人阶级"上升为统治阶级"的社会主义国家。我国的人民代表大会制度作为一项根本的政治制度,是社会主义国家的"政体"。因此,当今世界从根本上说,只有工人阶级领导的和资产阶级统治的两类国家,即或者是无产阶级专政(我国称之为人民民主专政)的社会主义国家,或者是资产阶级专政的资本主义国家两类。社会主义国家是取代资本主义而建立的新型民主和新型专政的国家,从长远看,还是处于"自行消亡"中的国家。这就是说,一切国家都是具有阶级性的。将来在"国体"上一旦丧失阶级性之日,也就是国家完全"自行消亡"之时。

就我国全体人民(公民)而言,人民民主专政是社会主义中国的"国体",是宪法赋予和保障的,作为领导阶级的工人阶级、以工农联盟作为基础的全体人民、各级人民政府、人民武装力量等,都必须依法履行其神圣的权力和职能。因此,从理论和实践上坚持人民民主专政,是拥护宪法、实施宪法的合法行为,是我国宪法和整个中国特色社会主义法律体系所要求、所保护的行为。相反地,凡是反对、违反人民民主专政的所有言行,都是违宪和违法的言行。有些所谓"公知"主张,以所谓"人民民主宪

---

① 《毛泽东选集》第 2 卷,人民出版社 1991 年版,第 676、677 页。

政"来取代我国"人民民主专政"。其实质就是要否定我国宪法所规定的社会主义"国体",即"人民民主专政"。因为,任何时候都没有"超阶级"的国家,我国一旦抛弃了人民民主专政即无产阶级专政,就只能是资产阶级专政。显然,有些"公知"和"精英"所讲的"宪政",绝不是要实践社会主义中国宪法的"民主宪政",而是要照搬西方资本主义的"宪政";其所谓的"民主",是要照搬西方资产阶级的"多党制""议会民主""三权分立"及其所谓"宪制民主",并且主张对广大劳动人民实行资产阶级的、法西斯的野蛮专政。从他们一听到别人讲"坚持人民民主专政,并不输理",一听到别人讲要坚持马克思主义的"阶级观点"和"阶级分析",就气急败坏地发出要对之进行"审判",要施"绞刑"等类似法西斯的论调,就足见他们主张的"宪政",到底是何等货色。

"人无信不立。"所有共产党员既要带头守法,又要把党章作为更高的行为规范。这是我们入党宣誓时所做出的庄严而神圣的政治承诺。共产党的先进性和战斗力,来源于"中国共产党党员是中国工人阶级的有共产主义觉悟的先锋战士"①,来源于党的组织性和纪律性,是工人阶级先进性和革命性的集中表现。所以,共产党员都必须遵守党章和党纲,以指导和约束自己的言行。任何共产党员如果有反对"人民民主专政"的言行,不仅是违宪和违法,而且是违背党章。因为《中国共产党章程》的"总纲"规定:"坚持社会主义道路,坚持人民民主专政,坚持中国共产党的领导,坚持马克思列宁主义毛泽东思想这四项基本原则,是我们的立国之本。在社会主义现代化建设的整个过程中,必须坚持四项基本原则,反对资产阶级自由化。"②

坚持包括"人民民主专政"在内的"四项基本原则",之所以是"我们的立国之本",不仅在于它是我们社会主义国家立足的政治基石,而且从根本上说,工人阶级政党——共产党的历史使命,就是通过创建和执掌

---

① 《中国共产党第十八次全国代表大会文件汇编》,人民出版社2012年版,第73页。
② 同上书,第66页。

无产阶级国家政权,以带头履行工人阶级的历史使命。这是共产党成为无产阶级革命的领导核心,成为社会主义国家执政党之合法性的政治基础。而工人阶级的历史使命,就是利用"无产阶级的政治统治",在领导人民发展生产力的前提下,逐步消灭私有制和一切阶级,以建成社会主义和共产主义社会。所以,假如一个共产党员反对运用马克思主义的阶级观点和阶级分析,反对人民民主专政,那么,这既否定了共产党存在的历史正当性,同时也否定了他们作为共产党员的历史资格和政治资格。因为,当一个社会不存在阶级和阶级差别之时,才不需要阶级观点和阶级分析,因而也就不需要任何政治国家,当然就更不需要任何政党了。所以,只有当工人阶级及其政党正处于履行其历史使命之时,才必须去研究、宣传和实践包括"坚持人民民主专政"在内的"四项基本原则";同时这也是党章赋予每个党员的政治权利和神圣义务。故此,凡是否定、攻击和损害包括"坚持人民民主专政"在内的"四项基本原则",凡是鼓吹"资产阶级自由化"的言行,都是违背党章和党的基本理论的错误言行,都应该受到批评、教育和追究。

在我国社会主义初级阶段,当我们党在马克思列宁主义、毛泽东思想和中国特色社会主义理论指导下,坚持"一个中心、两个基本点"的基本路线,团结和带领全国各族人民,为建成"够格"的社会主义而努力之时,也就是要创造条件,朝着逐步消灭私有制、消灭阶级和阶级差别,最终实现共产主义的方向前进之际,有些人明目张胆地散布歪曲和攻击马克思主义,诋毁和谩骂人民民主专政,这些张狂言论本身,就是当前我国在一定范围内存在的阶级斗争在意识形态上的表现与反映。

(作者单位:中国社会科学院马克思主义研究院)

(原载《马克思主义研究》2015 年第 1 期)

"普世价值"与核心价值观的反渗透

侯惠勤

"普世价值"问题现在仍然困扰着一些人,原因就在于偏离了这一讨论的关键所在。这一关键就是为什么"践行普世价值"必然导致"全盘西化",而坚持改革开放则必须批判抵制所谓"普世价值"。实际上,关于"普世价值"问题无论存在着多少歧见,认为争论的要害不在有无价值共识(或人类共同的价值追求),而是这些共同价值能否成为行动指南,能够成为谁的行动指南,却成为真正争论双方的唯一共识。在极力推行"普世价值"的人看来:"以自由、理性和个人权利为核心的'启蒙价值'成为推动人类社会从传统走向现代的精神力量,成为现代性社会的价值基础。"[1] "批判普世价值的人士所反对的,不是普世价值这个概念,甚至也不是自由、民主、平等、人权这些价值理念;他们所反对的,是根据这些价值理念来设计和建设的制度。他们反对按照自由、民主、人权等价值理念来改革政治体制和社会体制。这才是问题的本质所在。"[2] 而在我们看来,在今天,推行"普世价值"不仅是西方进行意识形态渗透的主要方式,也是我们坚持中国特色社会主义、深入改革开放所必须克服的重大干扰。因此,问题根本不在于是否承认人类有否某些共同的价值追求,而在

---

[1] 秦晓:《秉承普世价值开创中国道路》,凤凰网财经讯息,2010年8月2日。
[2] 杜光:《试析"批温高潮"的来龙去脉》,中国论坛,2010年7月15日。

于为什么不能用"普世价值"来指引我国的改革实践。

一

人类的某些共同价值追求，无非以两种方式存在：一是作为美好的愿望存在，例如关于人类"大同"一类的理想等，可以说是各民族世世代代的一种追求。其对于人类的道德进步和人性修养具有一定的积极意义，但也只限于道德价值，而不能作为实践的行动指南，因为愿望不能代替现实。历史发展并不以人们的主观愿望为转移，不以人性的诉求为路径，只有客观条件已经具备的理想才具有实践意义。正如恩格斯指出的："自从资本主义生产方式在历史上出现以来，由社会占有全部生产资料，常常作为未来的理想隐隐约约地浮现在个别人物和整个整个派别的头脑中。但是，这种占有只有在实现它的实际条件已经具备的时候，才能成为可能，才能成为历史的必然性。正如其他一切社会进步一样，这种占有之所以能够实现，并不是由于人们认识到阶级的存在同正义、平等等等相矛盾，也不是仅仅由于人们希望废除阶级，而是由于具备了一定的新的经济条件。社会分裂为剥削阶级和被剥削阶级、统治阶级和被压迫阶级，是以前生产不大发展的必然结果。只要社会总劳动所提供的产品除了满足社会全体成员最起码的生活需要以外只有少量剩余，就是说，只要劳动还占去社会大多数成员的全部或几乎全部时间，这个社会就必然划分为阶级。"[1] 人们的主观愿望可以超越客观历史条件，想象美好的社会和完善的人性，也可以据此对现实作道德批判，但历史只能解决客观条件已经具备的问题，科学理论只能回答已经进入实践视野的课题。这就是说，作为美好愿望的人类共同价值不是科学理论，不能作为现实运动的行动指南。正是在这个意义上，马克思恩格斯认为，"共产主义对我们来说不是应当确立的状况，不是现实应当与之相适应的理想。我们所称为共产主义的是那种消灭现存状况的现实

---

[1]《马克思恩格斯选集》第3卷，人民出版社1995年版，第755—756页。

的运动。这个运动的条件是由现有的前提产生的"①。

二是作为一个时期社会的主流价值存在，例如封建社会的荣誉、门第，资本主义社会的自由、民主等。其作为具体时代的价值共识，甚至获得了并不适合该价值的一些社会群体的认同，因而成为思想统治的最好方式，成为维护特定社会秩序的手段。正如马克思恩格斯所说："任何一个时代的统治思想始终都不过是统治阶级的思想。"② 在当今世界，西方资本主义凭借其在经济科技上的优势，依然维系着其思想上的统治，把持着强势话语权，有资格以"普世价值"名义推行自身价值观。因此，在今天鼓吹践行"普世价值"，就是打着人类文明大势的旗号，向英美为代表的西方资本主义回归，从而背离中国特色社会主义；反过来说，只有对于当今流行的"普世价值"持批判抵制态度，才能有共产主义的一席之地。

由此不难理解，何以不能把共产主义视为"普世价值"。在有些人看来，西方能打"普世"牌，我们为什么不能；西方把它的价值观说成"普世价值"，我们为什么不能把共产主义作为"普世价值"。道理很简单。由于在今天西方国家没有对于共产主义价值的任何认可，共产主义因此不仅被它们严重妖魔化而打压，而且不为其影响下的多数民众所认可。在这种情况下，即便出于最良好的愿望，试图用"普世性"为共产主义争夺思想阵地，也只能是弄巧成拙的败笔，只能是模糊了自己的旗帜、扰乱了自己的阵脚。恩格斯在晚年纠正了自己年轻时的一个认识，即认为"共产主义不是一种单纯的工人阶级的党派性学说，而是一种最终目的在于把连同资本家在内的整个社会从现存关系的狭小范围中解放出来的理论"。他指出："这在抽象的意义上是正确的，然而在实践中在大多数情况下不仅是无益的，甚至还要更坏。只要有产阶级不但自己不感到有任何解放的需要，而且还全力反对工人阶级的自我解放，工人阶级就应当单独地准备和实现社会革命。……现在也还有不少人，站在不偏不倚的高高在上的立场向工人

---

① 《马克思恩格斯选集》第 1 卷，人民出版社 1995 年版，第 87 页。
② 同上书，第 292 页。

鼓吹一种凌驾于一切阶级对立和阶级斗争之上的社会主义，这些人如果不是还需要多多学习的新手，就是工人的最凶恶的敌人，披着羊皮的豺狼。"[1] 我们至今还无法断定西方资产阶级能否以及何时产生"解放的需要"，但至少可以断定它在今天完全没有这种需要，并且以共产主义为死敌。因此，不能用"普世"的人类性模糊共产主义的阶级性，否则，就是帮西方意识形态的忙。

这里也暴露了"普世价值"的一个玄机，它看似意味着人心所向、大势所趋，实际上只是统治思想的外衣，与普遍真理、客观规律有本质的区别。作为体现历史必然性的普遍真理，具有不以人们的主观意志为转移的客观普遍性，它不以人们的主观认同状态为依据，换言之，历史发展的客观真理为大多数人所接受，往往是结果，而不是前提。因此，邓小平在苏东剧变后坚定地表示："一些国家出现严重曲折，社会主义好像被削弱了，但人民经受锻炼，从中吸收教训，将促使社会主义向着更加健康的方向发展。因此，不要惊慌失措，不要认为马克思主义就消失了，没用了，失败了。哪有这回事！"他充满信心地预言："我坚信，世界上赞成马克思主义的人会多起来的，因为马克思主义是科学。"[2] "普世价值"则不然，它的力量主要来自某一时段大多数人的主观认同。我们常常可以听到主张照搬西方制度的一个似乎很充分的论据，就是认为虽说西方制度并非完美无缺，但它毕竟为现下绝大多数国家认可并实行，中国为什么要例外呢？然而历史反复证明，如果大多数人的认同就等同于历史规律，人类社会可能就止步于原始社会了；新制度、新道路的开辟，总是由小到大、由弱变强；历史潮流不取决于一时的人数多少，而取决于是否遵循客观真理和历史规律；甚至可以从一定意义上说，历史的每一个进步，都是对于某种"普世价值"的颠覆。

恩格斯曾经高度评价黑格尔关于"恶"在历史中的作用的思想，他指

---

[1] 《马克思恩格斯选集》第 4 卷，人民出版社 1995 年版，第 423—424 页。
[2] 《邓小平文选》第 3 卷，人民出版社 1992 年版，第 382—383 页。

出:"在黑格尔那里,恶是历史发展的动力的表现形式。这里有双重意思,一方面,每一种新的进步都必然表现为对某一神圣事物的亵渎,表现为对陈旧的、日渐衰亡的、但为习惯所崇奉的秩序的叛逆,另一方面,自从阶级对立产生以来,正是人的恶劣的情欲——贪欲和权势欲成了历史发展的杠杆,关于这方面,例如封建制度的和资产阶级的历史就是一个独一无二的持续不断的证明。"[1] 关于贪欲的历史作用问题我们这里暂且不论,而历史的进步总是在挑战曾经的价值共识中实现则是再也清楚不过的事情。资本主义必然是对封建社会的"尊贵血统"和"家族荣誉"一类价值共识的颠覆,而社会主义则必然是对资本主义"自由""民主"一类价值共识的颠覆,这难道还需要论证吗?反过来,成功颠覆了资本主义社会价值共识的共产主义,就必然被现今依然占据统治地位的"价值共识"视为洪水猛兽般的"恶",这同样是不争的事实。这也驳斥了一些人试图通过划分价值和价值观、把普世价值冒充为普遍真理的辩称。如果把"普世价值"视同普遍真理,就必须具体分析共产主义对于西方"自由、民主、人权"的超越,而不是抽象地谈论和全盘接受当今流行的民主、自由价值观。

上述分析表明,工人阶级和人民大众的解放,就我们今天而言,就是要把中国特色社会主义不断向前推进,不能依赖时下人类的价值共识,或所谓的"普世价值",而只能依赖马克思主义,或直呼共产主义。如同恩格斯在谈到马克思的伟大功绩时所指出的,"正是他第一次使现代无产阶级意识到自身的地位和需要,意识到自身解放的条件"[2]。在这样一个根本性问题上,不能有任何的含混不清。

二

除了一些蓄意制造混乱的人外,还有许多并无恶意的人通过"普世价

---

[1] 《马克思恩格斯选集》第4卷,人民出版社1995年版,第237页。
[2] 《马克思恩格斯选集》第3卷,人民出版社1995年版,第777页。

值"绕进了人类共同价值的旋涡而难以自拔。这也从一个侧面折射出当前意识形态斗争的深刻复杂，而我们不少人对此认识不足。从世纪之交，尤其是进入新世纪以来，意识形态冲突的一个重要变化，就是在综合国力的竞争中文化软实力的竞争在加大，而核心价值观的冲突首当其冲。2008年底的国际金融危机爆发以来，一个值得深思的现象是，资本主义各国在承认其存在各种各样的缺陷的同时，却异口同声地捍卫和宣扬其核心价值观，并极力贬损在危机中表现最好的中国。"美国依然代表着全世界民众向往的普世理想——自由和民主。美国人一直在向世界传达着一种清晰的理念。与美国人不同，中国人自己都没有明确的价值观，更别提影响世界了。"① "普世价值"之争表明，核心价值观上的渗透与反渗透，既是当前意识形态冲突的动向，也是我们借以判断当前意识形态态势的重要依据。

核心价值观可以简要地概括为"制度精神"，它实际上是一种国家制度、一个国家运作模式赖以立足、借以扩展、得以持续的灵魂，因而是国家意识形态的内核。核心价值观有三大作用：第一，核心价值观奠定了国家制度的道义基础，构成其合法性的依据，决定了其国家形象。现在西方对一些国家进行所谓人道主义的干预，之所以似乎是理直气壮，就因为其核心价值观还在被广泛认同，因而被干预的国家都戴上了野蛮、流氓国家的帽子，而维护人权、维护西式民主体制，则似乎是时代的潮流。因此，核心价值观之争，首先是道德制高点之争。马克思主义在深刻揭示出西方自由、民主、人权的阶级实质和历史局限的同时，也就成功地抢占了当代人类文明的道德制高点。

第二，核心价值观为相应国家制度的构建提供了基本思路，决定了其国家制度变革和调整的基本方向。核心价值观看似抽象的共性话语，与具体的制度构架无涉，实际上并非如此。作为特定社会经济形态的观念表达，尽管披着全民性话语的外衣，其利益导向却明白无误。以西方核心价值观

---

① 海伦·王：《中国还不是超级大国》，美国《福布斯》杂志网站，2010年6月8日，转引自《参考消息》2010年6月10日第16版。

为例，其自由，首先或本质上就是资本流转的自由、买卖自由，其实质是资本对于劳动的支配；其民主，要害就是金钱做主、商品投票，其实质是金钱对民意的操纵；其人权，首要或本质上就是维护异化状态下人格独立的外观，其实质就是资本人格化和劳动非人化的权力。这样，私有制或私有产权、议会民主制和个人主义价值观就成为不可替代和或缺的制度要素，这也是赞同（无论是自觉还是不自觉）西方核心价值观所必然导致的结果。因此，核心价值观之争，从根本上说是制度建构权之争。

第三，核心价值观奠定了相关社会的主导价值，决定了一定历史条件下的主流民意。统治阶级思想转化为统治思想，主要通过核心价值观的渗透。当人们把本来从属于一定阶级、一定社会形态的核心价值观视为当然如此的"普世价值"时，统治阶级思想就化成了社会广泛认同的统治思想。这种隐性的价值共识，成为人们日常生活准则并由以培育生活方式，成为人们判断善恶、是非、美丑的内在尺度，并在重大关口左右着主流民意。这就是为什么通过议会道路、以"合法反对"方式难以撼动资本主义的原因。只有通过"批判的武器"颠覆其核心价值体系，再通过"武器的批判"推翻其国家政权，才能建立新社会。可见，核心价值观之争，就是思想主导权之争。没有核心价值观，就不可能引领社会思潮。

核心价值观、国家软实力的竞争成为当前意识形态冲突的焦点，对我们而言，既是机遇，也是挑战。从机遇上说，以中国特色社会主义为旗帜的当代中国，其迅速而持续地发展壮大从根本上改变了"苏东剧变"后的世界历史格局。尤其是2008年全球金融危机爆发以来，西方意识形态已经从全面展示（甚至是炫耀）其制度优越，退缩到了力图保住"底线"，表明其在意识形态上全面进攻的格局开始松动，从而给社会主义扩大其影响力提供了机遇。事实表明，今天的西方思想界不仅有马克思主义复活、复兴的迹象，而且对中国特色社会主义的兴趣也在加大。我们应当抓住这一机遇，很好地向世界展示马克思主义中国化的最新理论成果。但是，意识形态的冲突聚焦核心价值观，本身就有对我们不利的一面。西方核心价值观由于披着"普世"的外衣，以广泛认同为筹码，不仅因此而淡化其意识形态性，而且一些重大理论界限也因此不易划清。这就给我们提出了两大挑战：一是如何有效抵制批判西方核心价值观的渗透，使我们在这场更为隐蔽、复杂的意识形态较量中立于不败之地；另一是如何培育、怎么提炼我国的核心价值观，以及如何围绕着这一核心价值观，增强我国的文化软实力。

三

以马克思主义还是所谓"普世价值"指导我国继续解放思想、坚持改革开放、推动科学发展、促进社会和谐，绝不是空洞的名词、概念之争，而是有着十分确定的政治内涵。概括地说，我国的改革开放，以至当代人类的实践，是趋同、止步于现今的欧美文明，还是必然超越这一文明而迈向共产主义。这是当代中国几乎所有思想、国策争论的源头，也是重大的道路之争。实际上，"十月革命"以来，西方意识形态就把所谓"苏俄式共产与专制"视为对以"英美式自由与民主"为代表的所谓"现代人类文明主流"的背离，根本否认科学社会主义的文明价值和进步意义。如果说，它们把"苏东剧变"视为社会主义的显性溃败的话，那么中国的改革开放就被其视为是隐性地放弃社会主义而向西方文明回归，因此，中国的改革在其辞典里就成为"西化""分化"的代名词。虽然它曾一百次、一千次地宣传已经把共产主义彻底清除，可是，又不得不一百零一次、一千零一次地再向共产主义宣战，用"普世价值"消解"中国特色社会主义"可以视为最新的一次宣战。鼓吹"普世价值治国"的人毫不掩盖这点。在他们看来，许多争论"在表面上是经济问题和管理问题，但是在深层次上都是是否认同'普世价值'的问题"。他们毫不掩饰地用"普世性"否定"中国特色"，从而否定中国特色社会主义的基本实践和基本经验，宣称"'特殊论'是以特殊性消解普遍性。……而'取代论'则宣称'中国价值'可以取代'启蒙价值'……'普世价值'与'中国模式'之争，是在中国现代化进程关键时刻的一次具有方向性的重大交锋"①。这确实是关系到中国以致世界前途的重大交锋,我们有必要(只能以最简明的方式)阐明这其中的根本分歧。概括地说,这里涉及三大根本问题上的道路之争:一是社会和谐之路,或叫人类和解之路;二是共同富裕之路,或叫财富还民之路;三是人民当家作主之路,或叫公共权力回归社会之路。

追求社会和谐可以说是人类古已有之的美好愿望,更是空想社会主义孜孜以求的社会理想。可是,资本主义诞生以来,阶级的划分和阶级斗争的趋势更为分明,因而在社会和谐的目标及其实现上就有了两种根本对立的主张:消灭阶级与阶级合作。在当代西方主流意识形态看来,"消灭阶级和阶层实质就是消灭社会分工,消灭社会不同行业,这完全是违反社会规律,是反人类反社会的理论"②。而在马克思恩格斯看来,"消灭阶级是我们的基本要求,不消灭阶级,消灭阶级统治在经济上就是不可思议的事"③。从历史事实上说,虽然阶级的划分与社会分工的扩大,从而与生产发展的一定阶段相联系,但是在马克思恩格斯那里,基于生产力和技术需要的社会分工,同基于社会等级(阶级)的划分而形成的分工之间有着明确的界限。他们所说的"消灭分工",就是消灭"社会活动的固定化",因为它限制了人的自由全面发展。换言之,阶级并不是生产和社会发展的永恒条件,从本质上说,它是以特殊利益集团的存在为前提的社会等级。正因为如此,消灭阶级就是实现社会平等的必然要求,也是对资产阶级平等要求的彻底发挥。"它是从对资产阶级平等要求的反应中产生的,它从这种平等要求中吸取了或多或少正当的、可以进一步发展的要求,成了用资本家本身的主张发动工人起来反对资本家的鼓动手段;在这种情况下,它是和资产阶级平等本身共存亡的。"④ 上述对立在今天的表现,集中在关于社会和谐的根本思路上。西方今天反复向我们推销的,是所谓两头小、中

---

① 秦晓:《秉承普世价值开创中国道路》,凤凰网财经讯息,2010年8月2日。
② 中国改革论坛,2004年4月14日。
③ 《马克思恩格斯选集》第4卷,人民出版社1995年版,第409页。
④ 《马克思恩格斯选集》第3卷,人民出版社1995年版,第448页。

间大的"橄榄型社会",把壮大"中产阶级"视为社会和谐的根本保障。这里有两个问题需要弄清:一是中产阶级的一时扩大,是特殊历史条件下的特例,还是普遍通行的趋势?二是"橄榄型社会"是稳定的社会形态,还是不断变动中的过渡形态?就第一个问题而言,谁也不能否认,所谓的"橄榄型社会"始终止步于少数发达国家,而其对于广大欠发达国家来说则始终不过是"橄榄枝"而已,当今世界的"两极化"局面并未改变。就第二个问题而言,就连欧美学界也普遍认为,"中产阶级"不仅难以界定,而且自身在不断分化中,而"拯救中产阶级"则已经成为包括美国总统奥巴马在内的统治上层的焦虑。[1] 事实不断证明,不消灭阶级,社会和谐就只能是空中楼阁。

与此相应的是社会共富之路。西方意识形态制造的又一神话,就是所谓"人间正道私有化",只有私有制能够"还富于民"。然而,我们只要看看那些稍微敢于正视现实的对手们的观点,就不难看出号称自由民主代表的美国,也依然没有消除两极分化。华盛顿自由派智库美国进步中心的经济学家希瑟·鲍施伊说:"过去的30年中,美国的经济增长只是'养肥'了那些站在收入阶梯顶层的人。目前美国的贫富差距问题并非是几只'肥猫'把美国的收入水平抬高了,而是余下的大部分美国人几乎看不到自己收入能增长的机会,甚至是不得不眼睁睁地看着工资因通货膨胀一年一年往下掉。"罗特格斯大学经济和公共政策教授威廉姆·罗杰斯也表示:"贫富不均的继续恶化将给美国带来双重后果:一是美国经济的长期不健康;另外,美国的整体繁荣指数也会下降,教育,健康等社会福利水平会被影响。"结论是:"没有人愿意提及的阶级战争仍在继续,没有减弱。"[2] 分歧仅仅在于,这种贫富分化是否根源于私有制,而对此不同的回答又源于不

---

[1] 据统计,从1983年到2004年,美国中产阶级的负债/收入比率从0.45上升到1.19。可以说,过去二三十年来美国经济的繁荣,很大程度上是建立在中产阶级靠信贷支撑的过度消费基础之上。而此次经济危机给中产阶级带来更加沉重的打击,累计失业人数超过800万人,多达200万户美国家庭由于无力支付房贷而失去住房。(转引自中国发展门户网,2010年9月7日)

[2] 转引自张茉楠《如何拯救正在塌陷的美国中产阶级》,中国发展门户网,2010年9月7日;另据美《纽约时报》2010年11月27日,转引自《参考消息》2010年11月19日第3版。

同的立场和方法。马克思一再指出,当资产阶级成为既得利益者的时候,就失去了彻底探求真理的勇气,用现象掩盖真相就成为其最高方法论原则,它"不去揭示事物的内部联系却傲慢地断言事物从现象上看是另外的样子的时候,他们自以为这是作出了伟大的发现。实际上,他们所断言的是他们紧紧抓住了外表,并且把它当作最终的东西"。更为重要的是,把表象当作终极真理是其阶级立场的绝对需要,因为"内部联系一旦被了解,相信现存制度的永恒必要性的一切理论信仰,还在现存制度实际崩溃以前就会破灭。因此,在这里统治阶级的绝对利益就是把这种缺乏思想的混乱永远保持下去"[1]。我想,这仍然是今天西方主流话语用阶层掩盖阶级、用分配关系掩盖生产关系、用局部调和掩盖根本冲突的基本原因。

公共权力向社会回归之路的核心是国家问题。列宁曾认为"国家问题是一个最复杂最难弄清的问题,也可说是一个被资产阶级的学者、作家和哲学家弄得最混乱的问题"[2]。最大的混乱就在于他们把国家视为公平正义的化身,而不是阶级统治的工具。当前国家问题的混乱集中在民主问题上,它制造出民主是目的、民主制度就是人民当家作主的神话。马克思主义对于民主最为重要的观点有二:第一,民主本质上是国家的统治方式,而国家作为特殊的公共权力,本质上是少数人对于多数人的统治。因此,当我们还需要民主的时候,就意味着人民还没有真正当家作主,而当人民已经当家作主的时候,民主也就随着国家的消亡而消亡了。这就是说,民主从根本上说是手段,更是历史现象,当公共权力还表现为国家权力的时候,当越来越精致的暴力和越来越职业化的官僚依然是权力的依托时,它就不可能是真正为社会所拥有的公共权力,因而人民当家作主不可能在"民主国家"的框架中实现。列宁明确指出,"我们赞成民主共和国,因为这是在资本主义制度下对无产阶级最有利的国家形式。但是,我们决不应该忘记,即使在最民主的资产阶级共和国里,人民仍然摆脱不了当雇佣

---

[1] 《马克思恩格斯选集》第4卷,人民出版社1995年版,第581页。
[2] 《列宁选集》第4卷,人民出版社1995年版,第24页。

奴隶的命运"①。他还对比了在国家权力不存在的情况下，公共权力是如何运作的："在与现代文明人类相距几千年的时代，还看不到国家存在的标志。我们看到的是风俗的统治，是族长所享有的威信、尊敬和权力。"② 第二，民主共和制是少数人统治多数人的最好和最后形式。它造成了一种民意掌控其表、资本操纵其里的功效，给人们一种似是而非的、当家作主的满足。"民主共和制是资本主义所能采用的最好的政治外壳，所以资本一掌握这个最好的外壳，就能十分巩固十分可靠地确立自己的权力，以致在资产阶级民主共和国中，无论人员、无论机构、无论政党的任何更换，都不会使这个权力动摇。"③ 我们可以利用民主共和国的形式让人民学习民主，但是不能陷入资产阶级民主的幻觉。我国人民民主专政的国家制度，虽然也可借鉴西方民主政体的一些做法，但从根本上说是另一条民主道路，这就是人民群众以共产党及其他相关组织为依托，通过自我教育、自我提高、不断学习，真正实现当家作主。因此，我们在现阶段必须坚持党的领导、人民当家作主和依法治国三者的统一，最终是促进国家权力的自行消亡。把所谓"法治国家"永恒化，公共权力向社会回归就只能是一句空话。

四

以马克思主义为指导建构社会主义核心价值体系，为我们把握新形势下主流意识形态建设的主动权奠定了基础。但也毋庸讳言，我们今天在核心价值观方面还不够明晰，不够凝练，甚至还缺乏共识。如何从中提炼出简单、明了、制度特征鲜明而又与优秀传统、人类文明未来相一致的核心价值观，并着力加以培育，是当务之急。正因为核心价值观是一种"制度精神"，因而在进行社会主义核心价值观的概括中，最忌以简明、时代性、

---

① 《列宁选集》第 3 卷，人民出版社 1995 年版，第 125—126 页。
② 《列宁选集》第 4 卷，人民出版社 1995 年版，第 27—28 页。
③ 《列宁选集》第 3 卷，人民出版社 1995 年版，第 120 页。

人类性为由，抹杀其社会主义制度特征。当然，社会主义本质上是不断改变、不断进步的东西，因而社会主义核心价值观必然是现实性和理想性的统一。基于这点，我们在具体的文字表述上还可以斟酌，但似应体现以下"精神"：

一是劳动优先，这是马克思主义历史唯物主义的根本观点和核心价值。劳动"是整个人类生活的第一个基本条件，而且达到这样的程度，以致我们在某种意义上不得不说：劳动创造了人本身"[①]。不仅如此，马克思还认为劳动是人的全面发展的前提，他说："生产劳动同智育和体育相结合，它不仅是提高社会生产的一种方法，而且是造就全面发展的人的唯一方法。"[②] 以资本主义为代表的剥削制度对社会造成的最大的损害，就是在对劳动者进行剥夺的过程中使劳动成为奴役人的手段，使鄙视劳动成为社会主流价值观。因此，科学社会主义的根本价值追求，就是通过"劳动的解放"（联合起来的工人共同占有生产资料）和"劳动的复归"（使劳动成为生命的第一需要），实现每一个人的自由而全面的发展。

二是"人民至上"，这是由我们的国体、我们党的性质等根本制度属性决定的基本价值。"人民"是以先进阶级为根基的社会大群体，因而是和绝大多数个人的命运紧密相连的具体概念，而绝不是一个空洞的集合名词。坚持人民的历史主体地位，才使得历史客观规律的发现成为可能（突破个体主体的局限性），使得历史规律性和选择性的统一成为可能，使得超越个人利益和献身共同理想具有坚实的基础，因此，"人民"实际上就是每一个共产党员心中的"上帝"。"人民至上"是中国共产党人对于"以人为本"的准确解读，是中国共产党全心全意为人民服务宗旨的根基，也是每个人超越自我的力量源泉。

三是共同富裕，这是社会主义的本质特征和具有持久吸引力的价值基

[①] 《马克思恩格斯全集》第 20 卷，人民出版社 1973 年版，第 509 页。
[②] 《马克思恩格斯全集》第 23 卷，人民出版社 1972 年版，第 530 页。

础。共同富裕就要逐步消除剥削、防止两极分化，并最终消灭阶级。因此，没有共同富裕就不是社会主义；反过来，社会主义为共同富裕奠定了制度前提，没有社会主义就没有共同富裕。共同富裕不是追逐物质占有的共同发财，更不是物质至上主义，而是在消灭剥削基础上通过全面发展、促使阶级差别消灭的过程，从而为每一个人的自由全面发展奠定社会条件。可见，共同富裕是建立在社会利益最大化上的价值追求，体现了开阔的眼界和崇高的精神。

四是公平正义，这是社会主义的本质规定和价值追求。社会主义的公平，表现为形式平等和事实平等相统一、"做蛋糕"和"切蛋糕"相协调的历史过程，并最终达到为每一个人的自由全面发展提供充分的社会保障；社会主义的正义，源自代表人民的根本利益，以满足其日益增长的物质文化需要为最高命令，体现了真正的以人为本。因此，公平正义是社会主义生机勃勃的价值源泉。

五是和谐进步，这是社会主义的本质属性和价值特征。消除了根本利益上的对抗和冲突，为社会和谐奠定了经济基础；坚持人民当家作主、依法治国和党的领导相统一，为社会和谐奠定了政治基础；坚持人民充分享受物质文化生活和自我教育、自我提高相结合，为社会和谐奠定了精神和社会基础。可见，社会主义的和谐，以进步为动力，以创造出高于资本主义文明的新型文明为追求，因而构建社会主义和谐社会，既不是文化浪漫主义，更不是文化保守主义。

我们要把社会主义核心价值观的提炼过程，变为广大人民群众认同和践行这一核心价值观的过程，使得它真正在人们心中、在我们的社会生活中、在内外交往中积极地发挥作用，使得它在国家的道义宣示、制度构建和向社会生活的各个方面全面地渗透中全面地发挥作用。这是我们今天思想战线上面临的最重要的任务和最根本的挑战。换言之，我们在21世纪中叶所要实行的现代化和中华民族的伟大复兴，究竟是走向共产主义的更为坚实的基础，还是成为以资产阶级"启蒙价值"为基础的现代性社会，这一问题在今天尖锐地摆在了我们面前。这就是意识形态聚焦于核心价值观对于当代中国的问题所在,也是新形势下的"中国向何处去"。社会主义核心价值观的培育、推行,必将更加有力地推动我国沿着中国特色社会主义道路胜利前进。

(作者单位:中国社会科学院马克思主义研究院)

(原载于《马克思主义研究》2010年第11期)

中国道路的民主经验

房　宁

民主政治是工业化时代政治发展的普遍趋势。中国正处于实现工业化、现代化的历史进程中。民主政治是中国工业化、现代化发展的必然产物，为当代中国社会发展所需要。探索和建立起适应时代需要、适合中国国情、符合发展要求的民主政治，将为中国的工业化、现代化发展提供政治保证。

但是，中国在历史上是一个缺乏民主政治实践和经验的国家，当代中国的民主政治建设要在中国社会发展的实践中逐步探索，在探索中建设，在建设中发展和完善。总结中国民主政治建设的实践经验十分重要，是中国民主政治建设和发展的重要条件。

一

中国的民主政治建设和发展植根于中国的历史与现实。历史环境、现实国情为当代中国民主政治建设和发展提供了起点和基础；而满足当代中国工业化、现代化发展的要求，则是推动和塑造当代中国民主的决定性因素。

表面上看，民主似乎是一种"普世价值"，似乎"条条大路通罗马"，当今世界上多数国家采取的政治制度在形式上是类似的，都被称为民主政治。实际上，各国实行民主政治的历史原因是有差别的，民主政治在各国近现代历史发展中所起的作用也不尽相同。从近代民主政治的发祥地英国的历史情况看，英国民主政治最早起源于统治集团内部的政治斗争，因此，权利保护成为英国民主的起点和重点。法国民主政治起源于法国社会内部阶级阶层之间的矛盾，出现在下层阶级反抗上层阶级的革命斗争中。因此，长期以来争取自由成为法国式民主的主题与鲜明特色。美国民主诞生于反抗外来压迫的独立战争，由于历史和地理条件等特殊原因，美国独立建国时，比欧洲国家有更多的制度选择和建构空间，使得许多源于欧洲的民主观念与政治原则在新大陆上的表现胜于旧大陆。美国民主制度建立之初，即实行公民权利与国家权力的双重开放，这是历史赐予美国的礼物。后世各国的民主政治鲜有建立之初即实行权利与权力的双开放，这主要也是后世诸国难有美国的历史和地理条件。

"条条大路通罗马"，条条大路路不同。导致各国走上民主政治道路的原因是具体的，是有差别的。开端包含目的性，历史起点不同，历史任务不同，深远地影响着不同国家的民主政治道路。中国的民主政治的起点是由于外来殖民主义侵略引发的民族生存危机，救亡图存是中国近现代一切政治建设的历史起点和逻辑原点。在挽救民族危亡和争取民族独立的斗争中，产生了民主政治的诉求，出现了最初民主实践。新中国成立后，寻求国家的快速工业化、建立富强的新国家成为新的历史任务。民主政治成为调动人民建设国家、实现现代化的积极性、主动性的政治机制。中国民主政治建设的主题，也从救亡图存转变为建设社会主义强国。历史起点和历史主题的输入，深刻地影响了中国民主政治发展的历史轨迹和现实道路。

民主政治是人们的选择，但选择不是任意的，人们只能在历史任务和国情条件等客观因素设定的可能性空间中进行选择。中国的历史和基本国情深刻地决定和影响着当代中国的政治制度。当代中国面临的根本任务，是实现国家工业化、现代化。中国的基本国情要求在工业化、现代化阶段的政治制度与体制，必须能够调动和发挥广大人民群众建设国家、追求美好生活的积极性、主动性、创造性，同时又能够集中民力和民智，有利于在全国范围内合理有效地调配资源、有利于保卫国家安全和保障社会的安定团结。对于当代中国的政治制度来说，只有满足国家与社会发展所需要的这两方面的基本需求，才是一个可供选择和有生命力的制度，才是一个真正为中国人民所需要的制度，因而也才是一个真正民主的制度。

二

中国的民主有着与其他国家的民主相通的地方，也有与其他国家的不同之处。中国的民主，是在追求民族独立、国家富强和社会进步的长期奋斗和探索中逐步形成的，历史文化传统和基本国情对当代中国民主有着深刻影响。在长期和反复的探索中，中国民主建设取得了自己的重要经验。民主的中国经验，在与其他国家民主进行比较的意义上，反映了当代中国民主的特点。根据笔者多年的观察、思考与比较，民主的中国经验中，有四条值得人们关注。

第一，在经济社会发展进程中，把保障人民权利与集中国家权力统一起来。

改革开放给中国人民带来了前所未有的经济、社会自由，权利的开放和保障激发了亿万人民的积极性、主动性和创造性。在资源禀赋没有发生根本性变化的条件下，由于人民生产积极性的变化，中国经济出现了历史性的飞跃。这是中国民主政治产生的巨大社会推动力的结果。改革开放以来，中国巨大的经济成功，中国大地上不可胜数的从无到有、脱颖而出、卓尔不群的成功故事，就是以权利开放为取向的政治改革的最有说服力的注脚。

然而，权利保障还只是中国改革开放和民主建设的一个方面。如果说，世界各国民主政治都包含权利保障的因素而并不为中国所独有，那么，中国民主政治建设的另一方面——集中国家权力则是当代中国民主政治最具特色之处。中国是后发国家，是一个大国，中华民族是一个有着辉煌历史和文化记忆的民族。因此，中国的工业化、现代化不仅要改变自己的落后面貌，还要追赶世界先进水平。中国梦不是田园牧歌，而是一个伟大民族立于世界之巅的雄心。"三代不同礼而王，五伯不同法而霸。"中国要想后来居上，就不能跟在西方发达国家后面亦步亦趋，就一定要走出一条自己的路。从民主政治的角度看，中国道路的另一个特点就是国家权力的集中。中国共产党的长期执政地位，即"共产党领导"是国家权力集中的制度体现。

西方舆论将中国模式称为"威权主义"，并将所谓"威权主义"定义为经济自由与政治专制的结合。尽管在西方甚至中国国内，有不少人是这样理解中国的，但这却远不是事实。中国模式与所谓"威权主义"根本不同，二者的根本区别在于：中国现行政治体制，并非如专制政治下以一人、一党、一集团的一己之私为目的的体制，中国现行政治体制，是用以集中资源，统筹安排，实现工业化、现代化的战略性发展的体制。在中国，权力集中是现象，权力目的是本质。中国集中程度较高的政治权力与政治体制，是用于国家的战略性发展，保证中国实现更具效率的集约化发展的政治体制。这是中国民主模式中与保障人民权利同等重要的另一要素。

第二，在工业化阶段，选择协商民主为民主政治建设的主要方向和重点。

将民主政治在形式上分为"选举民主"和"协商民主"，在很大程度上是一个中国式的分类方法。西方一些国家的学术界，有人针对西方普遍实行的竞争性选举存在的缺陷和导致的问题，提出以审议式民主或民主协商来补充和调适西方政治制度。但这些讨论更多地停留在思想理论上，议论于非主流学者的沙龙中。在中国则不同，协商民主已经在中国有了长期而广泛的实践，已经成为中国民主的重要形式。

在工业化阶段重点发展协商民主是中国取得的重要经验。重点发展协商民主，可以在一定程度上避免因选举民主给工业化进程中的社会增加矛盾和冲突的可能性。现阶段发展协商民主的主要价值在于：其一，有利于减少社会矛盾，扩大社会共识。竞争性民主由于强化分歧和"赢家通吃"效应，容易造成利益排斥。而协商的本质是寻求利益交集，寻求最大"公约数"，照顾各方利益，促进妥协，促进共同利益形成。而这也正是处于工业化转型时期、社会矛盾多发时期，唯一可以缓解社会矛盾、促进社会和谐的方法。其二，有利于提高民主质量。协商民主与选举民主、多数决定的民主机制也不是截然对立和矛盾的，协商民主可以让各种意见充分发表出来，通过交流讨论使各种意见取长补短，避免片面性，尽可能趋于一致，也有助于把"服从多数"和"尊重少数"统一起来。其三，有利于提高决策效率，降低政治成本。竞争性民主以及票决民主、选举民主的前提是公开的竞争与辩论，这种民主形式具有自身的优点，但也有明显的弱点，这就是分歧与矛盾的公开化。分歧与矛盾的公开化会使具体问题抽象化、原则化，形成价值对立和道德评判，其结果是提高了达成妥协与共识的交易成本。而协商民主是求同存异，在一般情况下回避尖锐矛盾，不公开分歧，结果是有利于妥协和共识的达成，有利于减少妥协的交易成本。

第三，随着经济社会发展进步，循序渐进不断扩大和发展人民权利。

民主的中国经验首要的部分就包含了保障人民的权利，但人民权利的实现和扩大并不是一蹴而就的。人民权利的实现和扩大是一个历史过程。发展民主政治是世界各国人民普遍追求，但在众多的发展中国家，民主政治之路并不平坦，许多国家经历了坎坷和曲折，遭遇了"民主失败"。民主的本意是实现多数人的统治，为什么推行和扩大民主会在一些国家导致混乱？其中一个重要原因，是人民权利的扩大超过了政治制度和体制的承载能力，形成了权利超速现象。

在中国的意识形态和社会实践中，从未把权利神圣化、绝对化，从未以先验的、教条主义的态度对待人民的权利问题。马克思主义的权利观认为，权利不是观念的产物，而是经济社会发展的产物，权利是伴随着经济社会文化的发展而不断扩大和增长的，并非与生俱来，也不是单纯靠政治斗争争取来的，权利在本质上是历史的、相对的。人们只有在具备了条件的情况下，才有可能享有相应的权利。中国主张要随着经济、社会和文化的进步，逐步地发展和扩大人民的权利，逐步提高人民享有各种经济、政治、社会和文化权利的质量。

第四，在民主政治建设和政治体制改革中，采取问题推动和试点推进的策略。

采取正确的策略进行民主政治建设和政治体制改革至关重要。经过多年的反复探索，中国形成了以问题推动改革和通过试点推进改革的重要经验，成为推进民主政治建设所采取的基本策略。

民主政治建设和政治体制改革是艰巨的社会工程。从比较理想的状态设想，民主政治和体制改革应预先进行准备和计划，然后付诸实行。这也被称为"顶层设计"。但是从现实情况看，在政治建设领域实施顶层设计所需要的条件往往是难以满足的。顶层设计需要经验积累和理论准备，顶层设计的基础是具有足够的同一领域的经验和在一定经验基础上形成科学理论。但在社会领域，尤其是在政治领域，实践对象的重复性低，又不能像自然科学和工程学那样，人为制造相似环境进行实验。在政治建设领域中进行顶层设计并加以实施并非完全不可能，历史上亦有先例，如法国大革命后的《人权法案》，美国独立建国后创制的美国宪政体制，中华人民共和国成立后以人民代表大会为代表的新中国的一系列政治制度等。这些都是人类政治发展是上重要的关于政治制度的"顶层设计"和实施，但它们都具有不可或缺的重要历史机遇，这就是社会革命开辟的历史新起点和发展新空间。政治制度的顶层设计往往产生于新旧制度更替的革命年代。而改革与革命不同，改革是在原有基础上的变动与完善，不是"推倒重来"。改革是继承了原有制度中的众多既定因素，是在现有基础上的变革。因此，改革必须面对既有的制度、既定的格局等因素，被束缚于客观的规定性之中，而不能完全按照主观行事。形象地说，革命好似"新区开发"，而改革好似"旧城改造"。与革命时代不同，改革时代的"顶层设计"是罕见和困难的。

改革开放以来，中国政治体制改革策略被形象地称为"摸着石头过河"，即从实践中的问题出发而不是从观念出发，通过实验分散进行，而不是轻易采取"一揽子"方案。所谓从问题出发，是将改革的起点设定于具体问题，从现象入手。现象大于本质。改革从现象入手不会偏离事物本质，而是在尚未认识事物本质的情况下，圈定本质的范围，由表及里、由浅入深地进行改革的尝试，通过部分地解决问题，从量的积累到质的改变。

改革必须尽可能地通过实验、试点，逐步推广，这也是中国改革和民主建设一项重要的、成功的策略。政治体制改革和推进民主政治具有高度的风险和重大责任，政治体制改革一旦失误，后果严重甚至难以补救。当然，改革不可能没有风险，任何改革都必然要面对风险，但政治体制改革不能冒没有退路的风险，不能冒后果不可挽回的风险。政治体制改革一旦遭遇重大挫折甚至全面失败，国家和人民就要承受不可弥补的损失，几代人的生活就有可能受影响。这种风险是任何负责任的政党、政府和政治领导人不应当也不可能承受的。因改革失误和失败而导致国家解体、人民遭殃的惨痛教训，在世界上并非没有先例，苏联的改革与崩溃可谓殷鉴不远。因此，政治体制改革必须规避可能导致政权与国家倾覆的风险。政治体制改革的所有设想、方案和实验，都必须遵守"退路原则"，应预先进行风险评估，提前准备退回预案，以作为风险防范的重要措施。而民主建设和政治体制改革要经过试点加以实施和推进的目的之一，就在于分散风险。试点可以规避整体风险，可以规避颠覆性风险。改革难免失误，只要在一定范围内就可以承受。失败和失误是探索和认识的一部分，只要不牵动全局，失误或失败会加深对事物规律性的认识，反而有利于找出更加科学、正确的方法。

三

民主有价值与实践之分。民主在价值层面的含义是人民主权，这一点在当今世界获得了广泛共识和普遍的法律确认。在人民主权得到法律确认的条件下，民主就成为一个实践问题。民主作为实践问题，意味着寻求和建立实现人民主权的民主形式、政治制度。然而，无论历史还是现实之中，无论在西方还是第三世界，探索和建立适合需要的民主形式都非一帆风顺。在实现人民主权的共识和政治正确性之下，具体的民主形式探索、选择和建立，要受到诸多历史与现实条件的制约。纵观世界民主政治发展的历史，各国民主之路无不犹如群山之中一条狭路，蜿蜒曲折，坎坷前行。

在可以预见的未来，由于工业化发展的阶段性等诸多历史与现实条件制约，中国民主建设不能采取扩大竞争性选举的策略，这是中国民主政治建设和政治体制改革在未来长时期中都要面对的一个重要限制性因素。在这样的历史性的约束条件下，中国的民主建设只能采取积极稳妥地扩大和推进有序政治参与、重点发展民主协商，以及建立、完善权力制约和监督体系的总体策略。

第一，分层次扩大有序政治参与。

政治参与是民主政治的一项重要内容。在我国的民主政治实践中，政治参与占有重要地位，是人民群众在共产党领导下实现当家作主的民主权利的重要途径。我国的政治参与的主要途径是政策性参与，即通过民意征询系统，把国家的法律与政策建立在征询和反映人民群众意愿基础之上，通过征询人民群众的意愿，使党的执政方略和各级政权的法律法规、政策能够准确地反映和代表各族人民的根本利益。实行分层次的政治参与，是保证政治参与的有序性的关键。在现代的民主形式之下，即间接民主政治实践中，要处理的一个基本关系是"精英"与"群众"的关系问题。民主的题中应有之义是人民群众的政治参与，但由于信息不对称、经验不对称以及利益局限性，客观上限制了人民群众进行政治参与的能力与范围。分层次政治参与方式是克服和超越群众参与局限性的根本方法。所谓分层次参与，是以利益相关性、信息充分性和责任连带性为标准，设计和确定政治参与的主体、对象和方式。区分不同的政治事务，以利益相关程度、信息掌握程度和责任连带程度为尺度，引导相关性强的群体及代表进行分层次的政治参与，而不是不分层次、不看对象的所谓全面的政治参与。这样做既从总体上保证了人民群众参与国家政治生活的权利，又可以防止无序参与带来的无效与混乱。

第二，推进协商民主，提高协商民主质量。

党的十八大正式提出中国式的协商民主概念，提出完善协商民主制度和工作机制，把推进协商民主广泛、多层、制度化发展作为未来中国民主政治建设的重点。发展协商民主，需要进一步扩大协商民主范围，推进民主协商的体制化、制度化。提升协商民主的质量是未来中国协商民主发展的关键问题。在未来发展中国式的协商民主中，社情民意的客观、准确、全面的发现和反应机制，是发展协商民主、提升协商民主质量的重要相关制度，应纳入中国民主政治建设的议事日程。协商民主较之选举民主，其表达机制相对薄弱。因此，在重点发展协商民主的背景下，加速建设中国的社情民意调查系统就显得十分必要。当前，我国社情民意调查工作存在缺陷和不足，尚未建立起专业、系统和完善的社情民意调查系统，由此导致协商民主的基础并不牢固。在这方面，我国应广泛学习借鉴国外相关经验，结合本国国情和现实需要，加快建立和完善专业化的社情民意调查机构和体系，特别是应当建立相对独立的专业化、职业化的民意调查机构，以促进协商民主质量的提高。

第三，建设和加强权力制约和民主监督体系。

在现阶段不以扩大竞争性选举为民主建设策略选项的条件下，权力制约与民主监督具有更加重要的地位和作用。人类的长期政治实践表明，权力制衡作为一项防止权力蜕化、保障权力性质的基本措施是有效和可靠的。权力制衡属于人类政治文明的优秀成果，是一种在民主政治体制下的普遍适用的原则。权力制衡的基本原理是相同或相似的权力主体间的相互监督和制约，而民主监督的基本原理，是授权者或被代表的主体对于委托者或代理人的监督和制约。权力制衡和民主监督是两个性质不同、功能相近的制约与监督政治权力的管理机制，在未来民主建设中都需要进一步加强。

所谓"把权力关进制度的笼子"，核心思想是建设和完善制度性的权力制约体系。在我国未来的政治体制改革中，应沿着分类、分层、分级建立权力制约机制的方式，推进权力制约体系的建设。所谓"分类"，是分别在党委、政府、人大、司法等主要权力机关首先建立完善的内部权力制约机制。所谓"分层"，是区别中央和地方以及部门，根据条件和需要，建立各具特色的权力制衡机制。所谓"分级"，由于中国当前所处发展阶段以及处于当前发展阶段的政治制度历史的限定原因，中国的政治权力将长期处于相对集中的形态，因此，中国政治体系中的权力制衡机制并非均衡和均质的，处于权力不同层级上的制衡机制应有所区别。

在缺乏竞争性选举的民主形式类型中，民主监督的地位和作用更加突出。特别是在我国实行社会主义市场经济的条件下，民主监督作为一种重要的民主政治形式更是不可或缺。民主监督是保障人民赋予执政党、国家权力机关和政府机关的各项权力不变质，保证权为民所用、利为民所谋的根本方法。从一定意义上讲，民主监督是保障现阶段我国民主政治发展正确方向的关键因素之一。只有实行有效的民主监督，其他的民主形式才能真正发挥效力；进一步讲，只有实行和加强有效的民主监督，我国社会主义民主政治的性质才能得到真正体现。因此，民主监督是现阶段中国特色社会主义民主政治建设需要大力加强的重要领域。

（作者单位：中国社会科学院政治学研究所）

（原载《红旗文稿》2014年第6期）

树立科学的马克思主义民主观

姜　辉　赵培杰

建设中国特色社会主义民主政治，是我国社会主义政治文明建设的重要内容，是中国共产党和中国人民所面临的一项长期而艰巨的历史任务。早在改革开放之初，邓小平就曾强调，中国的民主问题主要包含两个方面：一是纠正"文化大革命"时期的错误，"采取各种措施继续努力扩大党内民主和人民民主"，"没有民主就没有社会主义，就没有社会主义的现代化"①。二是强调必须向人民讲清楚，什么是中国人民所需要的民主。"中国人民今天所需要的民主，只能是社会主义民主或称人民民主，而不是资产阶级的个人主义的民主。"②他还说："我们实行的是社会主义民主，不是资本主义民主。"③

改革开放30多年来，中国特色社会主义民主政治建设，就是遵循这样的原则，既始终坚持正确方向，又坚定不移地推进。民主是社会主义的本质要求和内在属性。胡锦涛在党的十七大报告中明确提出："社会主义愈发展，民主也愈发展。"他同时强调："深化政治体制改革，必须坚持正确政治方向，以保证人民当家作主为根本。"党的十七届四中全会提出"坚持以党内民主带动人民民主"，要求全党同志划清中国特色社会主义民主

---

①《邓小平文选》第2卷，人民出版社1994年版，第168页。
② 同上书，第175页。
③ 同上书，第256页。

同西方资本主义民主的界限。这是我们党面对国际国内新形势，坚定不移地发展中国特色社会主义民主政治的必然要求。我们认为，划清界限，推进民主，首先要牢固树立科学的马克思主义民主观。

一 正确把握认识民主问题的几个基本点

要正确认识民主问题，首先必须弄清民主的真正含义。马克思和恩格斯曾经指出："民主是什么呢？它必须具备一定的意义，否则它就不存在。因此，全部问题在于确定民主的真正意义。"① 时代背景不同，现实条件不同，利益和立场不同，对于民主的看法和态度也就不同。马克思主义是指导中国特色社会主义事业的理论基础，马克思主义的民主理论，是正确认识民主的性质、目的、内容、形式和意义的指南，对于发展中国特色社会主义民主政治有着极为重要的现实指导意义。从我国实际出发，稳步推进社会主义民主政治建设，要求我们必须准确把握马克思主义关于民主问题的几个基本点。

一是民主的阶级性。民主不是纯粹的、抽象的、绝对的，它作为一种国家制度和政治制度，以及作为意识形态，属于上层建筑的范畴，归根到底是由一定的经济基础决定的。在阶级社会里，民主表现出鲜明的阶级性，代表阶级利益，是阶级统治的工具和手段。在阶级社会里，抽象地谈"一般民主""纯粹民主"，是没有什么实质意义的。马克思和恩格斯指出："国家内部的一切斗争——民主政体、贵族政体和君主政体相互之间的斗争，争取选举权的斗争等等，不过是一些虚幻的形式——普遍的东西一般说来是一种虚幻的共同体的形式——，在这些形式下进行着各个不同阶级间的真正的斗争。"② 列宁也曾说："马克思主义者却决不会忘记提出这样的问题：'这是对哪个阶级的民主？'"③ 在历史上，先后出现过奴隶主阶级

---

① 《马克思恩格斯全集》第7卷，人民出版社1959年版，第304页。
② 《马克思恩格斯选集》第1卷，人民出版社1995年版，第84页。
③ 《列宁选集》第3卷，人民出版社1995年版，第593页。

内部的民主、替代封建专制制度的资本主义民主、替代资产阶级民主的社会主义民主。西方资本主义民主，不管形式如何，其实质是资产阶级的统治，是少数人的民主。今天的一些所谓"民主国家"，都打着民主、自由的旗号，在国内实行资产阶级剥削和统治，对外实行扩张、侵略和掠夺而发展起来的，如今又利用经济全球化，打着民主、自由、人权的旗号，"输出民主"，干涉别国内政，实际上是为了实现国际垄断资产阶级的全球霸权和统治。社会主义民主的实质和核心是人民当家作主，同资本主义民主有着根本性质的不同，同时也是对资本主义民主的继承、扬弃和超越，是更高类型的民主形态。中国特色社会主义民主，坚持马克思主义民主理论，并与中国实际和时代特征相结合，是中国最广大人民根本利益的集中反映，是最有利于国家发展和民族振兴的民主。

二是民主的目的性。民主是形式与目的的结合，目的决定形式，形式为目的服务。比如选举、竞选等，是形式和方法，而不是目的。在现代社会，绝大多数国家的统治阶级都要通过选举制度取得和维护领导权、执政权，其目的在于为实现本阶级的利益服务，使本阶级的利益"普遍化"、合法化。我们必须正确看待选举、政党竞选等问题。在阶级社会里，从来没有超越阶级利益的选举。有人认为，只要是经过选举的，就是好的，就是合理合法的，实行普选的制度，就是好的制度，就是彻底的民主制度。这种认识是片面的、偏颇的，实际上混淆了形式和目的，或者是只顾形式，不看目的。西方一些人士推崇或推销西方民主的一种方法，就是将形式与目的分离，只片面论证形式的绝对性，把形式说成目的本身。一些发展中国家和地区，在一些西方国家的鼓动或引诱下，不顾自己的国情及经济社会条件，盲目按照西方设定的"民主程序"，推行所谓的竞选和全民公决，导致政党之间无原则地争斗，街头政治愈演愈烈。而一些政客和学者却认为，这是向"民主社会"的过渡，为了尽快完成这一过渡，付出一定的经济社会代价和"必要的民主成本"是必然的，也是值得的。民主当然要通过一定的形式和程序才能得到实现，但这种不顾目的和内容、只讲形式和程序的"民主"，是我们坚决反对的。社会主义的民主政治，其目的是通过实现广大人民在经济、政治、社会上的平等，推动生产力的发展，实现国家制度和人民权利的有机统一，实现人们在经济、政治和社会上的彻底解放，最终实现马克思所说的人的自由而全面的发展。这里，形式和目的在本质上是一致的，但实现它们的统一是个长期的过程。中国特色社会主义民主政治建设，就是在坚持社会主义民主根本性质的前提下，随着经济社会的发展和社会主义制度的不断完善，积极探索人民民主的实现形式，逐步达到民主形式和目的有机结合。

三是民主的差异性。在历史和现实中，民主制度和体制从来就没有固定的、单一的、不变的模式。每个国家的政体一方面受国体所制约，另一方面又由各自的实际条件所制约，所以民主制度和体制也千差万别。民主的形式是多样的，实现一定政治目的，完成一定政治任务，总是有多种方式、方法，多种体制机制。比如政权构成、选举方式等方面，都不可能一样。无论是资本主义民主还是社会主义民主，都是如此。在西方资本主义国家，无论从历史还是现实看，由于各国的实际情况和条件不同，政体的形式也不同。西方政体上有君主制和共和制；共和制下，还有总统制、内阁制等。同样实行代议制和政党轮流执政，英国实行君主立宪制，美国是民主共和制；同样是民主共和制，美国是总统制，法国是半总统半内阁制，瑞士是委员会制。社会主义民主的制度和道路也有各自的特点和多样性。列宁说过："一切民族都将走向社会主义，这是不可避免的，但是一切民族的走法却不会完全一样，在民主的这种或那种形式上，在无产阶级专政的这种或那种形态上，在社会生活各方面的社会主义改造的速度上，每个民族都会有自己的特点。"[1] 他还强调，要"彻底发展民主，找出彻底发展的种种形式，用实践来检验这些形式"[2]。我们研究借鉴别国的民主制度和体制，一定要看到民主的差异性、多样性、复杂性，看到民主是具体的、历史的，切忌简单化、单一化、绝对化。

---

[1] 《列宁全集》第28卷，人民出版社1990年版，第163页。
[2] 《列宁选集》第3卷，人民出版社1995年版，第181页。

四是民主的有效性。在特定的社会制度下，在特定的历史时期和社会发展阶段，一个国家究竟选择什么样的民主制度，怎样对待民主，就要看它的有效性。对于资本主义民主来说，其有效性是能够维护资产阶级的统治，实现资产阶级的利益。如果人民争取真正民主的斗争触犯了统治阶级的根本利益，对统治阶级的利益和地位构成挑战时，资产阶级国家就会千方百计压制、取消这样的民主。毛泽东在20世纪40年代末评论西方民主的时候，就有一段深刻精彩的话。他认为西方的法西斯政府实行专制独裁，就是取消人民的真正民主，"取消了或者索性不用那片资产阶级内部民主的幕布，是因为国内阶级斗争紧张到了极点，取消或者索性不用那片布比较地有利些，免得人民也利用那片布去手舞足蹈"。"美国政府现在还有一片民主布，但是已被美国反动派剪得很小了，又大大地褪了颜色……这是阶级斗争迫紧了几步的缘故。再迫紧几步，美国的民主布必然要被抛到九霄云外去。"[①] 60多年前毛泽东的论述，对于我们今天认识资本主义民主的实质和功能，仍具有启示意义。而社会主义民主的有效性，就是要看是否适应本国条件，符合本国实际，有利国家发展，造福本国人民。邓小平在谈到我们的基本政治制度时曾指出，我们不搞西方的多党竞选、三权分立、两院制，"我们实行的就是全国人民代表大会一院制，这最符合中国实际。如果政策正确，方向正确，这种体制益处很大，很有助于国家的兴旺发达，避免很多牵扯。当然，如果政策搞错了，不管你什么院制也没有用"[②]。在当代中国，适合国情、有利于人民当家作主、有利于社会稳定和谐发展、有利于国家统一的民主制度，就是有效的，就是好的；脱离国情、脱离实际，背离广大人民的根本利益，造成经济停滞、社会动荡、民族分裂、危害国家统一和安全的，就是有害的，是绝对不能采取的。

---

① 《毛泽东选集》第4卷，人民出版社1991年版，第1503页。
② 《邓小平文选》第3卷，人民出版社1993年版，第220页。

二　破除在民主问题上的几种错误认识

随着中国特色社会主义民主建设的持续推进和民主问题研究的不断深入，人们对民主问题的理解，特别是对中国特色社会主义民主同西方资本主义民主之本质区别的认识更加深刻。但是，仍然存在着诸如"民主万能论""民主永恒论""民主普世论"等错误认识，必须予以澄清和纠正。这是划清中国特色社会主义民主同西方资本主义民主界限的重要前提。

一是破除"民主万能论"。关于民主在国家政治、经济、社会生活中的地位和作用，应当说已经形成广泛的共识。但是，一些人竭力宣扬对民主的"热爱"，言必称"民主"，把被他们泛化和抽象化了的民主说成是推动经济发展、解决社会问题的灵丹妙药。一些人总结世界历史"经验"，说凡是民主制度发展成熟的国家和地区，也就是经济发达的国家和地区，同时也是国内矛盾缓和、社会长期稳定的国家和地区。还有一些人把民主绝对化，以为民主越彻底越好，越纯粹越好，越广泛越好，可以无条件地运用于人类社会的一切领域，可以解决一切问题。其实，早在若干年前，美国等发达资本主义国家就把"民主国家无战争""民主国家经济持续发展"等，作为它们向别国尤其是发展中国家推销西方资本主义民主的重要说辞。因此可以说，一些人所宣扬的"民主万能论"，实质上是"西方资本主义民主万能论"。

无论在西方还是东方，无论是在资本主义国家还是社会主义国家，民主不是万能的，而是像市场一样，有时也会失灵。超出一定的条件和限度，民主甚至还会走向自己的反面。古希腊哲学家苏格拉底是因为倡导新思想而被通过民主的方法判处死刑的，希特勒是通过民主选举上台而成为法西斯独裁者的，一些国家和地区的政客是在行使民主权利时大打出手的。在一些国家和地区，民主还导致政治效率的降低甚至社会的长期动荡。

二是破除"民主永恒论"。在一些资产阶级思想家和政治家看来，西方资本主义民主是人类迄今最好的国家形态和政治制度，因为"历史的终结",它也将成为这个世界永恒的政治制度和社会制度模式。在我国,也有人认为,既然说没有民主就没有社会主义,就没有社会主义的现代化,人民民主是社会主义的生命,那么民主就是社会主义的一个永恒主题。问题只在于民主的不断完善,而无所谓民主的消亡。

马克思主义认为,民主作为上层建筑的范畴,是具体的、历史的,而不是抽象的、绝对的。任何一种民主的本质、内容和形式,都是由一个国家的社会制度决定的,都要随着一个国家经济文化的发展而发展。从来不存在超越具体历史发展阶段、永恒不变的所谓"一般民主""绝对民主",也不存在超历史的适合于一切民族和时代的民主观念。民主作为一种国家制度、国家形态,作为一种政权组织形式,将随着国家的消亡而消亡。列宁曾经指出:"从专制制度到资产阶级民主,从资产阶级民主到无产阶级民主,从无产阶级民主到没有任何民主,这就是民主发展的辩证法。"[①] 在未来共产主义社会,人们将建立起真正意义的民主管理制度,但那时的民主制度将完全失去阶级社会中国家政治制度的性质。到那时,民主将成为人们的一种生活习惯,将成为社会的一种生活方式,这也就意味着民主将因此作为政治范畴从人类的日常语言中消失。这不是一些人所歪曲的"怪论",而是历史唯物主义的常识。

三是破除"民主普世论"。"普世价值论"是美国等发达资本主义国家运用政治、经济、军事、文化等手段,推销其社会政治制度和价值观的重要战略之一。一些西方学者给资本主义民主制度披上了一层"普世民主""永恒民主""全民民主"的华丽面纱,使之成为西方政客叫卖推销的政治商品。近年来,"普世价值论"在我国也产生较大影响,成为冲击我国主流意识形态的几大社会思潮之一。

马克思主义认为,不存在超越具体历史发展阶段、永恒不变的所谓"一般民主""纯粹民主""绝对民主",也不存在适用于一切国家、适合于各个民族的唯一的政治制度和民主模式。一个国家实行什么样的民主政

[①] 《列宁全集》第31卷,人民出版社1985年版,第155—156页。

治，选择什么样的民主发展道路，是由这个国家的国情和国家性质决定的。在民主建设问题上，采取"拿来"和"移植"的办法行不通，生搬硬套很可能造成十分严重的后果。适合一个国家的民主制度和民主形式，不一定就适合其他国家；适合于一个国家一定历史发展阶段的民主形式，则未必适合这个国家的其他历史发展阶段。世界民主发展的历史和实践一再表明，照抄照搬别国民主政治模式从来不能成功；而强行推销和输出西方民主政治模式，只会为别国带来动荡和灾难。第二次世界大战结束特别是20世纪80年代以来，在民主政治发展进程中，有多少国家遭受了西方资本主义民主的欺骗，又有多少国家吃尽了照抄照搬资本主义民主模式的苦头！当前，西方大国策动的"颜色革命"纷纷褪色，美国主导的"大中东民主计划"几近溃败。这一系列国际政治的现实告诉人们，建设好我们自己的民主政治，必须深刻认识和高度警惕"民主普世论"。

三 坚定不移地走中国特色社会主义民主政治发展道路

新中国成立60多年以来，特别是改革开放30多年以来，党领导人民立足国情、不懈奋斗、开拓创新，逐步建立起一个比较系统完备的民主政治制度框架，这就是：坚持中国特色社会主义政治发展道路，坚持党的领导、人民当家作主、依法治国有机统一，坚持和完善人民代表大会制度、中国共产党领导的多党合作和政治协商制度、民族区域自治制度以及基层群众自治制度，不断推进社会主义政治制度自我完善和发展。加强中国特色社会主义民主政治建设，深化政治体制改革，就是不断坚持、完善和丰富这个制度。

一是坚持和完善人民民主专政的国体。所谓国体，就是国家的根本性质，或者说国家的阶级性质和阶级内涵，亦即社会各阶级在国家中所处的地位，它决定着一个国家的统治阶级选择什么样的政权组织形式维护和服务本阶级的利益。资产阶级为掩盖其阶级专政的国家实质，往往只讲政体不讲国体，即只讲政权的组织形式和管理形式，回避和歪曲资本主义国家民主政治的阶级本质。《中华人民共和国宪法》明确规定：我国是工人阶级领导的、以工农联盟为基础的人民民主专政的社会主义国家，就是在中国社会主义民主制度下，包括全体社会主义的劳动者、拥护社会主义的爱国者和拥护祖国统一的爱国者在内的最广大的人民享有广泛的民主权利，同时依法对少数敌对分子实行专政。这里说的就是我国的国体，是人民民主专政的含义，也就是中国特色社会主义的民主政治。在现实生活中，不少人谈人民民主多，讲人民民主专政少；一些人避而不谈专政问题，甚至认为"专政"是一个很不合时宜的提法，应该放弃。其实，这是对无产阶级专政或其当代中国的实现形式即人民民主专政的错误认识和解读。在社会主义条件下，人民民主专政是国家职能的一个重要方面，它本身不是目的，而是维护人民民主的一个重要手段，而且必须是以法律和法制的形式施行的。在仍然存在阶级划分的社会历史发展阶段，无论是资本主义国家还是社会主义国家，都必然具有"专政"的职能。在当代中国，只讲人民民主，不讲人民民主专政，不是真正马克思主义者的态度。

二是坚持和完善人民代表大会制度的政体。所谓政体，就是国家政权的组织形式和管理形式，亦即统治阶级采取什么样的方式组织自己的政权机关，实现自己的政治统治。实行以民主集中制为组织原则和活动原则的人民代表大会制度的政体，是与我国人民民主专政的国体相适应的。人民代表大会制度是实现和保证我国人民当家作主的根本政治制度，是我国国家政权的有效组织形式，体现了社会主义制度的优越性和社会主义民主的广泛性。人民代表大会制度坚持民主集中制，而非西方所谓的"三权鼎立"；坚持一院制，而非西方的议会制和两院制；坚持多民族团结统一的单一制国家形式和"一国两制"方针，而非西方的联邦制或邦联制。历史和现实都证明，人民代表大会制度是最具中国特色的民主政治制度，也是最有利于实现人民当家作主的民主政治制度。深化政治体制改革，就是要在坚持人民民主专政的国体和人民代表大会制度的政体的前提下，不断推进社会主义政治制度的自我完善和发展，而不是以西方资本主义民主为坐标，来"衡量"和"比对"中国特色社会主义民主政治制度，更不是照抄照搬西方政治制度模式。脱离甚至改变我国国体和政体的所谓政治体制改革是很危险的，一些社会主义国家进行改变国体的政治体制改革而导致国家变质和解体，为我们留下了应吸取的教训。

三是坚持和完善中国共产党领导的多党合作和政治协商制度。政党制度是民主政治制度的重要内容。一个国家的发展和进步，必须有适合自己的根本政治制度和基本政治制度，这其中当然包括建立和实行适合其国家性质、基本国情、社会发展状况的政党制度。中国共产党领导的多党合作和政治协商制度，是我国的一项基本政治制度，也是独具中国特色的政党制度。它是我国社会主义民主政治建设的伟大创造，是中国共产党同各民主党派和无党派人士长期团结奋斗的政治成果。这一制度既顺应了中华民族走向社会主义、建设社会主义的历史潮流，又体现了中国共产党和中国人民的政治智慧；既体现了社会主义民主的本质要求，又保障了人民民主权利的充分行使，因而具有强大的生命力和显著的优越性。这一制度为各民主党派和各种社会力量提供了参政议政的重要舞台，在这一政党制度的框架之下，中国共产党领导、多党派合作，中国共产党执政、多党派参政，各民主党派同共产党亲密合作。这一制度能够有效反映和表达社会各方面的利益诉求，能够充分调动社会各方面的积极性，能够有效避免政党之间的相互倾轧，减少内耗，维护政治稳定和社会和谐。因此，对于这一制度，我们必须倍加珍惜，长期坚持，不断发展和完善。应当强调，这一制度不是西方资本主义国家所说的一党制，也与西方资本主义国家的两党制、多党制、多党多派轮流执政有着根本的不同。

四是坚持和完善民族区域自治制度。实行民族区域自治，是中国共产党带领中国人民经过长期实践探索而得出的必然结论，是多民族国家政治制度的一个重大创新，也是妥善解决我国民族问题的唯一正确的制度选择。在国家统一领导下实行民族区域自治，体现了国家尊重和保障少数民族自主管理本民族内部事务的权利，体现了民族平等、民族团结、各民族共同繁荣发展的原则，体现了民族因素与区域因素、政治因素与经济因素、历史因素与现实因素的统一。胡锦涛明确指出："民族区域自治，作为党解决我国民族问题的一条基本经验不容置疑，作为我国的一项基本政治制度不容动摇，作为我国社会主义的一大政治优势不容削弱。"从纳入我国宪法规定起，民族区域自治制度已走过半个多世纪的发展历程。实践证明，这一制度是完全符合我国国情和民族问题实际的基本政治制度。建设中国特色社会主义伟大事业，推进社会主义政治文明建设，实现中华民族伟大复兴，既要求我们继续坚持这一制度，也要求我们总结经验，进一步丰富和完善这一制度。

五是坚持和完善基层群众自治制度。发展基层民主，完善基层群众自治，是发展社会主义民主政治的一项基础性工程，是我国基层社会组织与治理方式改革的必然要求。党的十七大在认真总结我国基层民主建设经验的基础上，把基层群众自治制度作为我国一项基本政治制度，纳入中国特色社会主义政治制度范畴。这是中国共产党领导人民不断推进社会主义政治制度自我完善和发展的重要成果，是以胡锦涛为总书记的党中央对中国特色社会主义民主理论及制度体系的重大创新。基层民主是人民民主的精髓和要义所在，基层群众自治是社会主义民主的直接体现，是实现人民当家作主最有效、最广泛的途径。基层群众自治制度通过以村民自治为核心的农村基层民主、以居民自治为核心的城市基层民主、以职工代表大会为核心的企事业单位的基层民主等形式，把人民民主渗透和扩展到社会生活的各个领域，使人民群众直接参与公共事务和公益事业的管理。这一制度有利于充分反映人民群众的利益诉求，有利于充分调动人民群众参与民主政治建设的积极性。坚持中国特色社会主义政治发展道路，必须进一步坚持和完善基层群众自治制度。要积极推进基层民主选举、民主决策、民主管理和民主监督的制度化、法律化、规范化，切实保证人民群众依法直接行使自己的民主权利，创造自己的幸福生活。

六是服从服务于中国特色社会主义事业。实践表明，中国特色社会主义政治发展道路是中国共产党领导中国人民经过长期实践探索而选择的符合我国国情和实际的唯一正确的道路，是我国发展社会主义民主政治的唯一正确道路，是实现国家富强、民族振兴、人民幸福、社会和谐的唯一正确道路。衡量中国政治制度和政党制度,最根本的是要从中国国情出发,从中国革命、建设和改革实践的效果着眼,一是看能否促进社会生产力的持续发展和社会全面进步;二是看能否实现和发展人民民主,增强党和国家的活力,保持和发挥社会主义制度的特点和优势;三是看能否保持国家政局稳定和社会安定团结;四是看能否实现和维护最广大人民的根本利益。这四个标准相辅相成,缺一不可。

七是充分借鉴人类政治文明优秀成果。在我国社会主义民主政治建设问题上,既要坚决反对照抄照搬别国政治制度模式,也要重视学习和借鉴人类政治文明的优秀成果,以不断丰富和完善自己,增强社会主义民主制度的生命力。这其中,当然包括西方资本主义民主的有益成果。西方资本主义民主有着其必然的历史局限性和不可克服的内在矛盾,但与封建专制相比,它显然是人类政治文明的一大进步。而且,从资产阶级登上历史舞台到今天,资本主义国家在民主政治上的每一个进步、每一项成就,都有工人阶级和劳动人民的功劳。在社会主义政权诞生后,资产阶级在理论、制度、体制等方面,也采纳和吸收了社会主义国家的许多东西。经过200多年的发展,西方资本主义民主在制度形式和运行机制方面有不少值得学习和借鉴的成功经验。我们应当根据我国国情,深入研究西方资本主义民主,大胆吸收和借鉴其有益成果,为中国特色社会主义民主建设服务。全盘否定、一概拒斥,不是马克思主义者应有的态度。

建设中国特色社会主义民主,是中国共产党和中国人民面临的一项长期历史任务。实现社会主义民主取代资本主义民主的目标,充分展现社会主义民主的优越性,还需要一代又一代人付出相当艰苦的努力。在新的历史起点上,中国共产党人和中国人民有信心、有能力把中国特色社会主义民主建设好、发展好,为世界政治文明发展和人类进步做出更大的贡献。

(作者单位:中国社会科学院)

(原载《政治学研究》2010年第3期)

马克思主义视阈中普世价值争论的基本问题

赵学琳

2008年以来，我国社会思想领域掀起了一场普世价值的争论。围绕人类社会有没有普世价值、普世价值包括哪些基本内涵、谁来界定普世价值、普世价值的实质与动机等问题，中国学界展开了广泛而深入的争论，不同立场、观点和结论众说纷纭，莫衷一是，甚至形成了针锋相对、不可调和的局面。但是，全面纵览普世价值争论的来龙去脉，深入了解普世价值的种种主张，我们可以发现，马克思主义是普世价值激烈争论中谁都无法绕开的核心话语。在马克思主义理论视野中，如何准确辨析普世价值存在与否，如何深刻界定马克思主义的"普世性"，如何科学探讨对待普世价值的立场和态度，成为人们在普世价值争论中着力思考和解决的实质性问题。

一 马克思主义是否认为世界上存在着普世价值

价值是满足人们需要的一种属性，因此，价值的本质属性就是有用性。马克思曾指出："'价值'这个普遍的概念是从人们对待满足他们需要的外界物的关系中产生的"。普世价值具有广义和狭义之分，广义的普世价值是人类创造的一切体现普遍有用性的现代文明成果，一切有利于社会进步的思想、技能、技术对于人类都具有共同的有用性，都属于广义上普世价值的范畴。在全球化进程不断深入的今天，这个层次上的普世价值不但在内容上不断积聚和丰富，而且也越来越成为各个国家和民族不断吸收和共享的资源。狭义的普世价值则是指近代以来起源于西方国家的民主、自由、平等、人权、博爱等价值理念以及在这个价值基础之上构建起来的政治实践方式。近些年来中外思想界争论的普世价值，就是狭义上的普世价值，2008年5月以来，它在中国进入一个激烈竞争的时期，这一争论持续到今天仍然方兴未艾。

实际上，普世价值的争论远远不是简单地讨论世界上是否存在着人类共同认可和值得共同遵守的价值，而是中国与西方在政治语境中围绕民主、自由、平等、人权及其相关问题而展开的争论，是双方意识形态矛盾与话语权斗争在思想界不断深化和激化的表现。马克思、恩格斯并不反对民主、自由、平等和人权，反而高度重视它们在推翻旧世界、建设新世界中的社会意义。他们摒弃的只是资产阶级虚伪的民主、自由、平等，而没有摒弃民主、自由、平等本身。马克思认为，自由是全部精神存在的类的本质，取代资本主义社会的新社会将是"以每个人的全面而自由的发展为基本原则的社会形式"，在那里，每个人的自由发展是一切人的自由发展的条件。

由此可见，马克思主义的最终目的，是为了通过工人阶级解放而推动和实现全人类的解放，在未来社会实施全人类的普世价值，这个未来社会也是由（更高层次的）民主、自由、平等构建起来的。所以，普世价值争论中的民主、自由、平等、人权、博爱等价值，正是全人类解放的应有之义，也是马克思主义始终坚持和追求的价值理念。周书俊副教授对此做了进一步地强调和说明："马克思主义也强调'民主、自由、平等'，但是马克思主义的'民主、自由、平等'比资产阶级的'民主、自由、平等'要广泛得多，要真实得多。"因为，对于马克思来说，"真正的自由是在一个'自由人的联合'中最高联合行动的自由。……只有对现存的实存关系的一种彻底革命才能够也造就一个扩大为世界城邦的城邦，即无产阶级社会的'真正民主'。"

在马克思、恩格斯设想的未来社会到来之前，世界上是否存在着普世价值呢？马克思主义应该如何认识自身价值的普世性在当今人类社会的历时性反差呢？马克思认为，人的本质并不是单个人所固有的抽象物。在其现实性上，它是一切社会关系的总和。人之所以为人，并不在于其自然的肉体特征，而在于其社会属性，即现实的社会关系。而具体到一些抽象的东西，"离开了现实的历史就没有任何价值"。换句话说，离开了对人的具体的现实需要的考察，人们就根本无法回答人应该选择什么价值或者需要什么价值。恩格斯批判杜林先验主义的"永恒道德"论时指出："人们自觉地或不自觉地，归根到底总是从他们阶级地位所依据的实际关系中——从他们进行生产和交换的经济关系中，获得自己的伦理观念。"道德观念是随着历史条件的变化而变化的，没有超历史的道德，在阶级消灭以前也没有超阶级的道德。

在普世价值的争论中，绝大部分马克思主义学者继承了恩格斯批判杜林"永恒道德"的观点，运用阶级分析的方法来否定当下普世价值的存在。如李崇富、邱少明等认为，在私有制与阶级差别消亡之前，真正的"普世价值"是无法实现的。"人类自从进入阶级社会以来，直至阶级完全消灭为止，凡是反映一定社会的经济基础、利益结构和社会关系的经济、政治、文学、哲学和道德等社会意识形式的内容主体和本质属性，都具有阶级性、时代性和社会形态的质的规定性。……从根本上看，其实不存在、也不可能存在所谓'普世价值'。"邱少明认为，马克思主义是"普世价值"深层本质的最佳透视镜。"何时才真正有普世的价值？唯有在消灭了阶级对立，而且在实际生活中也忘却了这种对立的社会发展阶段，才具有可能。"

阶级分析法是马克思主义理论的基本分析方法，人的基本社会属性是阶级性，阶级性决定了人们不同的利益诉求、理论主张和价值取向。因此，在阶级分化的社会中，人们必然以阶级属性为分野，在全社会的思想图景内部形成清晰的价值边界。阶级和阶级分析的观点和方法"始终是我们观察社会主义同各种敌对势力斗争的复杂政治现象的一把钥匙"。不同主体之间的需要冲突，是价值冲突的一个深刻根源，正如"狼的自由往往是羊的末日"一样，同一客体属性对不同主体具有不同的价值。在国内外还存在敌对势力的情况下，在二元阶级对立的社会中，意识形态和价值理念的对立是截然分化、一目了然的；而在阶级多元化程度比较深、融合比较强的社会中，社会价值不但会从二元走向多元，呈现多样共存、"众神狂欢"的局面，而且多元价值观之间在恪守自身独立主张的同时，也会出现一定的交叉与渗透，价值观边界也会出现模糊的迹象，从整体上区别价值分化的格局，或从个体上确定人们的价值归属，就会变得更加困难。

二　马克思主义理论体系自身有没有普世性

马克思主义是具有全球影响和世界意义的理论体系，在亚非拉乃至欧美发达国家产生了广泛而深刻的变革。马克思主义的基本问题就是研究如何使人摆脱剥削、压迫和异化，实现人的自由、解放和全面发展，并把它作为工人阶级和人类奋斗的价值理想和目标。郭明俊指出，马克思主义的价值理念和价值诉求具有普世意义。因为"它所蕴涵的自由、民主、平等、公正、和平等人类文明的基本价值以及人的自由全面发展思想、社会和谐理念、共同富裕目标自始至终是人类共同的向往和追求，它必将成为人类共同遵循和维护的行为准则"。

但是，马克思主义的普世性与当今如何对待普世价值的问题，显然是两个不同层次的问题，在逻辑和动机上也有云泥之别。因为马克思主义的普世性，在于表达这一理论对于人类整体命运的终极关怀和对于人类社会变革与发展的指导价值。而今天争论的普世价值，则影射着西方文明在人类现代文明成果中处于主导优势甚至支配地位，隐含着西方国家在政治上乃至全球政治发展问题上的主张与声调，以至于在这场争论中彰显的是中西方在各自意识形态、发展道路上的不同理解、认同和实践向度，在"东西"之辨、"社资"之辨问题上，集中体现着强烈的政治张力。

有人认为，既然马克思主义也提倡自由、平等、民主、人权，那就意味着马克思主义认同这些理念是普世价值，马克思主义是认可普世价值的存在。汪亭友指出:"这种思维方法是只看共性,不讲个性,只认一般性,不看特殊性,是形而上学的做法。"他认为,马克思主义是无产阶级的思想体系,不是适用一切人、适应一切时代的普世价值。"马克思主义只是无产阶级政党以及社会主义国家的指导学说。如果把马克思主义看成适应于一切时代、一切社会的'普世价值',岂不荒谬?!"而且,从马克思主义的发展史特别是从马克思主义本土化进程来看,马克思主义并不是抽象静止的"放之四海而皆准"的真理,马克思主义只有与实践结合,马克思主义的普遍真理只有和各国具体国情结合,才能在现实生活中具体地表现出来和发生作用。用不断发展的马克思主义指导不断发展的实际情况,才是对待马克思主义的科学方法。

马克思、恩格斯在《德意志意识形态》中,揭示了统治阶级进行思想统治的一个趋势,就是"占统治地位的将是越来越抽象的思想,即越来越具有普遍性形式的思想"。任何时代的统治思想都是统治阶级的思想,但在不同的时代,统治思想却有不同的思想表达。侯惠勤指出,在当今,"统治思想越来越采取'软实力'的方式,'普世价值'就成为其最为理想的选择"。在普世价值的争论中,西方意识形态的这一策略也得到了充分的体现,"普世性"背后掩盖着"西方化"的动机,以至于2009年美国第一位黑人总统奥巴马访华时,在与中国青年看似轻描淡写的聊天中,也毫无保留地阐释自己对于普世价值的见解,隐含着举足轻重的意识形态的目的,在张扬西方针对普世价值问题的话语权和界定权问题上表现得淋漓尽致。

有的学者自觉地剥离关注人类共同命运的马克思主义与今天普世价值的联系,进而指出,拘泥于普世价值的范畴中探讨和确认马克思主义具有普世性是一个理论陷阱,目的并不在于实现马克思主义的普世性,而是"维护'普世价值'这个伪命题的存在",借用相同的逻辑,推进对于普世价值的认同与传播。李慎明就反对"社会主义民主或马克思主义民主才具有普世性"的说法,这实质上是混淆了马克思主义真理的普遍性与所谓阶级民主的普世性的界限。马克思主义是"具有鲜明阶级立场的世界观方法论，决不会为任何企图维护剥削制度的资产阶级所承认，更不会被他们所接受"。刘书林直截了当地指出："任何具有马克思主义理论常识的人都知道，在马克思主义理论体系中，绝对找不到支撑抽象'人性论'和抽象的'自由、平等'的根据，更找不到所谓'普世价值观'。"马克思主义对于资产阶级普世价值的虚伪空话历来是采取批判的态度。换言之，马克思主义是事关人类命运的理论体系，是一种广义层面上的普世价值，而不是今天人们争论的普世价值，或者说，今天人们讨论的普世价值容纳不了马克思主义。

三　马克思主义如何认定普世价值的实质

如何根据纷繁复杂的主张认识普世价值的实质，是普世价值争论中不可回避的核心问题，体现了人们在普世价值问题上本真性的诉求与追问。回答关于"普世价值到底是什么"的疑问，关键是把握好马克思主义的政治立场和价值圭臬，始终坚持马克思主义的原理、立场和方法去分析普世价值的性质，才能得出正确的结论。如果分析普世价值的理论依据动摇不定，甚至采取多元相对的态度，那么对普世价值的认识就会出现"此亦一是非，彼亦一是非"的状况，从而脱离本质主义诉求，而陷入不可知论的困境和混乱。

马克思主义哲学认为，共性寓于个性之中，没有脱离了个性而独立存在的共性，共性总是与个性结合在一起。人们可以在思维中把不同事物的共同点抽象出来，形成概念，但能够在现实生活中看得见、摸得着的只是个性的东西。具体到价值同样如此，能够为全人类所认同和遵守的普世价值，只能抽象地存在于人们的头脑中，而在社会现实中人们能够构建起来的、能够体会得到的都是具体价值。而且，人们对客观事物和社会形成的价值判断，其内容和标准是随着社会经济关系的变化而不断改变的。在不同的社会历史阶段，人们的价值观是不一样的，即使在相同的历史阶段、不同的社会经济条件下，人们的价值观也不会完全一致。也就是说，价值是一个历史的范畴，不是永恒不变的。马克思恩格斯指出："人们的观念、观点和概念，一句话，人们的意识，随着人们的生活条件、人们的社会关系、人们的社会存在的改变而改变，这难道需要经过深思才能了解吗？"

无论是从普世价值争论的来龙去脉来看，还是从普世价值争论的内容来看，普世价值具有浓郁的西方色彩和西方背景。由于人们的国家归属不同，阶级地位不同，利益要求不同，所以世界上不可能出现普世价值。周新城指出，现在人们宣扬的普世价值是由资本主义的社会经济关系决定的。"他们正是把西方发达资本主义国家里的民主、自由、人权、公平等称之为'普世价值'的，而这些价值观念的内涵不就是反映了资本主义的政治经济关系吗？"他直截了当地指出，一些人鼓吹的"普世价值"，实质上就是西方的价值。

正如前文所讲，当前普世价值的争论主要是围绕如何看待民主、自由、平等、人权等问题上。但是，这里争论的民主问题不是指国家或社会的民主观念问题，不是指人们的民主行为与作风问题，甚至也不是指国家赋予民众的民主权利，而是社会政治制度和政治意识形态层面的民主。毋庸讳言，自由、民主、人权是人类共同的价值追求，也是人类在长期奋斗中共同创造的政治文明成果。"问题在于，不同的阶级、不同社会地位的人们，对自由、民主、人权的理解和要求是不同的；不同的国家、不同的历史发展阶段，自由、民主、人权的实现形式和途径也各不相同，没有统一的模式。"国内外有人只是把英美等西方国家的民主、自由、人权等称之为"普世价值"，把西方国家的普世价值等同于人类应该共同遵循的普世价值，只是认为资本主义的自由、民主、人权、平等、博爱等意识形态，是人类具有普遍世界意义的价值准则。针对于此，王福民认为，"普世价值"说是西方文化傲慢与偏见的最新版本。"由资产阶级自由、平等、民主、人权构成的话语系统，实质上是反映资产阶级根本利益的意识形态。资本主义文化价值普世主义的内在意图与外在努力在于宣扬并力图证明资本主义制度是人类永恒的最为美好的社会制度。这当然是一种意识形态偏见与文化陷阱。"

四 马克思主义如何认定普世价值的动机

既然马克思主义是认识普世价值实质的科学武器，那么不言而喻，它也是认清普世价值动机的理论工具。普世价值在实质上是资本主义的话语体系，那么，宣扬普世价值的真实动机是什么呢？只有运用马克思主义这把透视镜，才能透过纷纷扰扰的言论，把普世价值的动机看得清清楚楚。

普世价值之所以在当前成为我国社会科学界深入研究、激烈争论的问题，是因为它不只是一个纯粹的理论问题和学术问题，而且也是一个涉及政治立场、理论旗帜的重大思想问题，是一个意识形态斗争在理论领域的前沿问题。宣扬非政治化、非意识形态化，往往是制造反马克思主义和反社会主义制度舆论的一种遮掩性手段。究其实质，普世价值是"意识形态中间化""去意识形态化"的理论变种。

在这个问题上，侯惠勤的分析和观点具有代表意义。他对普世价值的"所指"和"能指"做了区别，尽管"普世价值"的"能指"十分宽泛，其"所指"却十分明确，这就是在政治方向、基本道路和根本制度上对我国进行颠覆，是当前敌对势力利用价值渗透对我实行"分化""西化"图谋的集中表现。我们批判的"普世价值"，有着明确的本质界定。一是从理论上看，"普世价值"以消解共产主义理想、确立资本主义不可超越为前提，其立脚点是资本主义的核心价值及其制度架构是历史的终点，人类在这方面将不可能再有真正的进步和突破。二是从实践上看，"普世价值"根本否定中国特色社会主义的民主政治建设，完全割裂中国改革开放、中经济体制改革和政治体制改革间的内在联系，力图把中国的改革开放引导到"回归西方文明"的方向，把中国的政治体制改革引导到西方"民主化"的陷阱。

正因为如此，在普世价值的争论中夹杂着反对一党制、主张多党轮流执政、要求三权分立、全面推进票决制等声音也就不足为奇了。普世价值的主张远远不是针对于民主、自由、平等、人权等思想理论问题，而是在把这种价值基础上政治运行体制是否应该得以推广作为自己最终的理论使命，为推行西方的民主政治制度铺垫合法性。江泽民指出："世界上的民主，都是具体的、相对的，而不是抽象的、绝对的。任何一种民主的本质、内容和形式，都是由本国的社会制度所决定的，并且都是随着本国经济文化的发展而发展的。"宣扬普世价值的动机，是在思想上企图废除马克思主义指导地位，引进西方资产阶级价值观，干扰社会主义核心价值体系建设，鼓吹指导思想的多元化；在政治上，企图按西方的民主模式改变我国发展民主政治和深化政治体制改革的指导思想，根本改变我国民主政治建设的社会主义方向。否认、抵制还是认同和接受西方普世价值，是中国举什么样的旗帜、走什么样的道路的实质性问题，是在"中国向何处去"问题上发生的一场看不见硝烟的交锋。

五 马克思主义如何对待这场普世价值争论

对于普世价值实质和动机的科学判断，目的是进一步坚定马克思主义政治立场，指导我们解放思想的进程和社会改革的方向，更加科学地探索解决思想矛盾与冲突的方法。对于普世价值的争论，我们应该把握好以下几个方面的问题。

一是坚持马克思主义的立场和方法，深入准确地认识普世价值的实质与动机，反对全盘西化的错误倾向。宣扬普世价值的舆论具有鲜明的政治指向性，我们对此要有清醒的认识，要注意同用普世价值体系取代马克思主义指导地位的倾向划清界限。普世价值在当前流行的一个重要原因，就是一些理论工作者和干部淡化意识形态，忽视马克思主义基本理论的学习与运用。在面对国内外甚嚣尘上反马克思主义或非马克思主义思潮时，不能坚定地运用马克思主义的立场、观点和方法进行分析，而是人云亦云，亦步亦趋。

西方所谓"普世价值"是西方资本主义的话语体系，无法代替马克思主义和中国特色社会主义理论体系作为指导思想。我们必须自觉捍卫马克思主义在中国的指导地位，始终坚持马克思主义指导思想的一元化，完善中国特色社会主义的民主政治，澄清普世价值问题上的是非，揭示普世价值观的政治实质，抵制和制止普世价值思潮的泛滥。

二是高举中国特色社会主义伟大旗帜，加强社会主义核心价值体系建设和话语权建设，在全球化进程中占据道德制高点。

普世价值争论的一个文化背景，就是全球化进程和社会转型的过程中，人们的政治感日益模糊，思想信仰出现危机和"真空"，道德和价值的源泉出现枯竭。今天普世价值的争论"就不仅是科学与幻想之争，同时还是科学信仰与自我麻醉间的较量"。我们在不断深化对于人类社会发展规律、社会主义建设规律和共产党执政规律的认识中，要特别注重总结我国的实践经验，用生动丰富的感性事实，激发人们的理想热情，增强中国特色社会主义伟大旗帜的凝聚力，坚定中国特色社会主义的共同信念。这才是对普世价值作出的釜底抽薪式的批判。

我们在反对普世价值过程中，需要做到以我为主，加强马克思主义的理论建设，推进中国共产党的理论创新，使马克思主义理论能够更加有效地解释广大人民所关注的几乎所有重大问题，使不同阶层的人都能从中获得历史的方向感，形成科学指导实践活动的思想体系和话语体系，真正成为挑战资本主义意识形态的精神力量。在今天抢占道德制高点，关键在坚持作为工人阶级自我意识的马克思主义的指导地位，加强社会主义核心价值体系建设，首要的是构建社会主义的核心话语体系。

三是发扬辩证法精神，培养科学成熟的政治自觉和政治理性，辩证对待普世价值中的思想糟粕和有益启示。

俞可平认为，这场争论中有两种极端观点是令人担忧的："一种认为普世价值就是没有任何差别的共同价值，其极端就是简单地把西方价值当作'普世价值'；另一种认为人类社会根本不存在任何共同的价值，其极端就是幼稚地认为中国特色与人类的普遍价值格格不入。"辩证法是马克思主义的精神内核，具体问题具体分析是马克思主义的灵魂。为此，我们应该培养科学成熟的政治自觉和政治理性，提高我们对于异质文明的政治鉴别力，正确处理坚持什么、反对什么、拒绝什么、吸收什么等问题。我们既不能全盘接受西方的普世价值，也不能忽视我国对于现代政治文明成果的有分析的吸收和借鉴；既不能完全肯定西方的普世价值，也不能忽略民主、法治、公平等价值在中国特色社会主义政治发展过程中的重要意义。钟哲明指出："普世价值'问题讨论中有不同看法，这是正常现象，应通过学术研究和争辩逐步解决。"因此，反对普世价值不能动摇改革开放，不能良莠不分，全面否定和批判，也不能揪辫子、扣帽子、打棍子，否则就会导致洗澡水和孩子一起泼出来的错误。

党的十六大报告指出，要"借鉴人类政治文明的有益成果，绝不照搬西方政治制度的模式"。人类政治文明的有益成果是指人类在社会政治实践中所取得的一切积极成果，当然包括资本主义政治文明中的积极成果。我们绝不照搬西方政治制度模式，但对西方政治文明成果则要认真研究，科学分析，批判吸取其合理因素，为我所用。这也是我们反对把西方价值等同于普世价值的重要原因。西方文化对普世性文化的贡献只是构成普世性文化的一个组成部分，不能替代普世性文化的全部。我们既"不能把需要借鉴和汲取的各种具体民主的形式中的某些普遍性，误认成需要把这种民主从形式到内容都要全部、整体地照抄照搬过来"，又不要把人类优秀文明成果、政治文明的有益成果全部等同于西方成果，夜郎自大，闭关自守，借反对普世价值反对对外开放。

四是着力挖掘和推进中国特色社会主义的普世性，扩大中国模式的世界意义，提高中国制度和中国道路的软实力。

利益是价值之母，现实是价值之父。造成资本主义价值备受瞩目的现实基础，是当代世界发达资本主义国家经济、政治和科技优势。只要东西方在全球力量对比的格局没有从根本上得到扭转，西方价值普世假象就不会自行消失。中国特色社会主义事业的蓬勃发展以至逐渐超越西方国家的经济科技优势，是一个解决普世价值问题的科学逻辑和必然过程。当今中国进入一个迅猛发展的新阶段，中国崛起成为举世瞩目的重要现象，中国话语成为世界范围内人们讨论的重要话题。这为中国特色社会主义理论体系、社会主义核心价值体系展现自身的时代价值提供了胜于雄辩的物质资源和史无前例的历史契机。广义上，普世价值不是西方国家的专利，当代中华民族正在进行的社会主义现代化建设，正以自己的特殊方式实践与丰富着普世价值精神，并为普世价值精神做出自己的独特贡献。

中国模式是中国最大的软实力。发展是解决一切问题的钥匙，要想在政治上和文化上处于主动地位，关键在于发展。中国特色社会主义不仅需要向外部学习，借鉴和吸收人类优秀文明成果，同时也需要向世界证明自己的生命力和时代性。我们应当通过实践清楚地表明，"中国特色的社会主义本身就包含了最深刻和最真实的普世价值，即人的自由全面发展"。中国特色社会主义世界意义的实现并不是要强迫人家接受我们的模式和价值，而是通过中国特色社会主义理论体系的国际化，让世界了解中国模式的理念、价值、结构和运行方式，体现中国模式对于世界上其他国家的借鉴意义，愿意在求同存异的和平竞争中与其他文化共同发展。

（作者单位：河北师范大学法政学院）

（原载《马克思主义研究》2011年第1期）

社会主义核心价值观与资产阶级"普世价值"的比较

——基于马克思主义经典著作

余 斌

党的十八大报告提出,倡导富强、民主、文明、和谐,倡导自由、平等、公正、法治,倡导爱国、敬业、诚信、友善,积极培育和践行社会主义核心价值观。中共中央办公厅随后印发《关于培育和践行社会主义核心价值观的意见》,将24字核心价值观分成3个层面:富强、民主、文明、和谐,是国家层面的价值目标;自由、平等、公正、法治,是社会层面的价值取向;爱国、敬业、诚信、友善,是公民个人层面的价值准则。

由于上述的一些词汇在资产阶级"普世价值"中也曾出现,因此,社会上有些人企图将社会主义核心价值观与资产阶级"普世价值"混为一谈,并借社会主义核心价值观的宣传来推销资产阶级"普世价值"。但是,恩格斯早就指出,在存在剥削阶级的社会里,"统治阶级把自己与整个社会等同起来了。所以文明时代越是向前进展,它就越是不得不给它所必然产生的种种坏事披上爱的外衣,不得不粉饰它们,或者否认它们——一句话,即实行流俗的伪善"。恩格斯还指出,随着马克思彻底弄清了资本和劳动的关系,"有产阶级胡说现代社会制度盛行公道、正义、权利平等、义务平等和利益普遍和谐这一类虚伪的空话,就失去了最后的立足之地"。

本文借助马克思主义经典著作来逐一比较上述词汇在社会主义核心价

值观与资产阶级"普世价值"中的不同含义，明确社会主义核心价值观与资产阶级"普世价值"的本质差别。

一　国家层面的价值目标比较

（一）富强

恩格斯指出："国民财富这个用语是由于自由主义经济学家努力进行概括才产生的。只要私有制存在一天，这个用语便没有任何意义。英国人的'国民财富'很多，他们却是世界上最穷的民族。"而资本主义国家的官僚也承认，财富和实力的令人陶醉的增长，完全限于有产阶级。富强起来的资产阶级国家通过基于商业角逐而引起的战争表明："贸易和掠夺一样，是以强权为基础的；人们只要认为哪些条约最有利，他们就甚至会昧着良心使用诡计或暴力强行订立这些条约。"

相反地，解放和发展生产力、最终实现共同富裕，则是社会主义的富强目的。在国际关系上，邓小平同志指出："中国现在属于第三世界，将来发展富强起来，仍然属于第三世界。中国和所有第三世界国家的命运是共同的。中国永远不会称霸，永远不会欺负别人，永远站在第三世界一边。"

同样是追求富强，资本主义国家是出于贪婪和自私，而社会主义国家不是。

（二）民主

《共产党宣言》指出："工人革命的第一步就是使无产阶级上升为统治阶级，争得民主。"也就是说，在无产阶级成为统治阶级之前，是谈不上民主的。恩格斯进一步指出："如果不立即利用民主作为手段实行进一步的、直接向私有制发起进攻和保障无产阶级生存的各种措施，那么，这种民主对于无产阶级就毫无用处。"

对于一些人鼓吹的选举式民主，马克思指出："选举是一种政治形式，在最小的俄国公社和劳动组合中都有。选举的性质并不取决于这个名称，而是取决于经济基础，取决于选民之间的经济联系。"

"资产阶级自从面对着一个有觉悟、有组织的无产阶级以来，就陷入了无法解决的矛盾之中：一方面是它的自由和民主的总倾向；另一方面是它对无产阶级进行防御斗争所需要的镇压。""英国资产阶级，只要它还垄断着表决权，总是表现得很愿意接受多数做出的决定。但是，请注意，一旦它在自己认为是生死攸关的问题上遭到多数否决，我们在这里就会看到一场新的奴隶主战争。"

今天一些人对"无产阶级专政"这个词很反感，甚至把它跟"文化大革命"时期的打砸抢联系在一起。但是，列宁明确指出："训练劳动者不靠资本家过日子＝无产阶级专政下的民主。"而"在保持资本主义的压迫、桎梏、奴役的条件下用形式上的平等来欺骗劳动者＝资产阶级民主"。

（三）文明

资产阶级把人的尊严变成了交换价值，用公开的、无耻的、直接的、露骨的剥削代替了由宗教幻想和政治幻想掩盖着的剥削。但是，资产阶级的政党却"把资产阶级的阶级统治以及这个阶级统治的条件描绘为文明的统治，描绘为物质生产以及由此产生的社会交往关系的必要条件"。"每当资产阶级秩序的奴隶和被压迫者起来反对主人的时候，这种秩序的文明和正义就显示出自己的凶残面目。那时，这种文明和正义就是赤裸裸的野蛮和无法无天的报复。"法国资产阶级政府对巴黎公社的镇压、得到西方资产阶级支持的蒋介石对中国共产党和革命群众的"四·一二"大屠杀都是如此。

在中国近代史上，西方资产阶级国家对我国的鸦片战争给中国人民带来了巨大的灾难。马克思指出："中国皇帝为了制止自己臣民的自杀行为，下令同时禁止外国人输入和本国人吸食这种毒品，而东印度公司却迅速地把在印度种植鸦片和向中国私卖鸦片变成自己财政系统的不可分割的部分。半野蛮人坚持道德原则，而文明人却以自私自利的原则与之对抗。……在这场决斗中，陈腐世界的代表是激于道义，而最现代的社会的代表却是为了获得贱买贵卖的特权——这真是任何诗人想也不敢想的一种奇异的对联式悲歌。"

从物质文明的角度来讲，在资本主义国家的商业危机期间，不仅有很大一部分制成的产品被毁灭掉，而且有很大一部分已经造成的生产力被毁灭掉。资本主义社会所拥有的生产力已经不能再促进资产阶级文明和资产阶级所有制关系的发展；相反，生产力已经强大到这种关系所不能适应的地步，它已经受到这种关系的阻碍。社会主义文明，首先就是要解放生产力，把生产力从资产阶级文明和资产阶级所有制关系的束缚中解放出来。在国际事务中，社会主义国家层面的文明，就是遵守和平共处五项原则来处理国与国之间的关系。

（四）和谐

"现代资产阶级社会并没有消灭阶级对立。它只是用新的阶级、新的压迫条件、新的斗争形式代替了旧的。"马克思指出："既然这三种形式〔工资、地租、利润（利息）〕是土地所有者、资本家和雇佣工人这三个阶级的收入来源，结论就是阶级斗争。"

关于劳资和谐的老调，在西方国家已经谈了很多年。其中一个原因是，"企业规模越大，雇用的工人越多，每次同工人发生冲突时所遭受的损失和经营方面的困难也就越多。因此，工厂主们，尤其是那些最大的工厂主，就渐渐产生了一种新的想法。他们学会了避免不必要的纷争，默认工联的存在和力量，最后甚至发现罢工——发生得适时的罢工——也是实现他们自己的目的的有效手段。于是，过去带头同工人阶级作斗争的最大的工厂主们，现在却首先起来呼吁和平与和谐了"。但是，"所有这些对正义和仁爱的让步，事实上只是一种手段，这种手段可以使资本加速积聚在少数人手中，并且压垮那些没有这种额外收入就活不下去的小竞争者。……这样一来，下面这个重大的基本事实就越来越明显了：工人阶级处境悲惨的原因不应当到这些小的弊病中去寻找，而应当到资本主义制度本身中去寻找"。

相比之下，社会主义通过消灭资本主义私有制，消灭阶级和阶级对立，致力于消灭剥削、消除两极分化，这样才能真正达到和谐。

在国际关系上，"共产党人到处都努力争取全世界民主政党之间的团结和协调"。

二　社会层面的价值取向比较

（一）自由

资产阶级"普世价值"鼓吹人权，其首选是自由。然而，"自由这一人权不是建立在人与人相结合的基础上，而是相反，建立在人与人相分隔的基础上。这一权利就是这种分隔的权利，是狭隘的、局限于自身的个人的权利。自由这一人权的实际应用就是私有财产这一人权。……私有财产这一人权是任意地、同他人无关地、不受社会影响地享用和处理自己的财产的权利；这一权利是自私自利的权利。这种个人自由和对这种自由的应用构成了市民社会的基础。这种自由使每个人不是把他人看做自己自由的实现，而是看做自己自由的限制"。

这样一来，资产阶级就"用一种没有良心的贸易自由代替了无数特许的和自力挣得的自由"。于是，"这是谁的自由呢？这不是一个人在另一个人面前享有的自由。这是资本所享有的压榨工人的自由"。

对于工人来说，"工人只有在成了他们的劳动资料的占有者时才能获得自由；这可以采取个体形式或集体形式；个体占有形式正在被经济的发展所排斥，而且将日益被排斥；所以，剩下的只是共同占有形式"。因此，"无产阶级将取得公共权力，并且利用这个权力把脱离资产阶级掌握的社会化生产资料变为公共财产。通过这个行动，无产阶级使生产资料摆脱了它们迄今具有的资本属性，使它们的社会性质有充分的自由得以实现。从此按照预定计划进行的社会生产就成为可能的了。生产的发展使不同社会阶级的继续存在成为时代错乱。随着社会生产的无政府状态的消失，国家的政治权威也将消失。人终于成为自己的社会结合的主人，从而也就成为自然界的主人，成为自身的主人——自由的人"。

于是，"代替那存在着阶级和阶级对立的资产阶级旧社会的，将是这样一个联合体，在那里，每个人的自由发展是一切人的自由发展的条件"。

（二）平等

马克思曾经写道，我们来听听伦敦《每日电讯》怎样说："应该教训中国人尊重英国人，英国人高中国人一等，应该做他们的主人。"而鼓吹资产阶级"普世价值"的一些人与一些西方国家的政要一样，也正是拿西方国家那一套，居高临下地教训甚至威胁中国人。

历史上，"资产阶级在反对封建制度的斗争中和在发展资本主义生产的过程中不得不废除一切等级的即个人的特权，而且起初在私法方面，后来逐渐在公法方面实施了个人在法律上的平等权利，从那时以来并且由于那个缘故，平等权利在口头上是被承认了。但是，追求幸福的欲望只有极微小的一部分可以靠观念上的权利来满足，绝大部分却要靠物质的手段来实现，而由于资本主义生产所关心的，是使绝大多数权利平等的人仅有最必需的东西来勉强维持生活，所以资本主义对多数人追求幸福的平等权利所给予的尊重，即使有，也未必比奴隶制或农奴制所给予的多一些"。

另外，"从消灭阶级特权的资产阶级要求提出的时候起，同时就出现了消灭阶级本身的无产阶级要求——起初采取宗教的形式，借助于原始基督教，以后就以资产阶级的平等理论本身为依据了。无产阶级抓住了资产阶级所说的话，指出：平等应当不仅仅是表面的，不仅仅在国家的领域中实行，它还应当是实际的，还应当在社会的、经济的领域中实行。尤其是从法国资产阶级自大革命开始把公民的平等提到重要地位以来，法国无产阶级就针锋相对地提出社会的、经济的平等的要求，这种平等成了法国无产阶级所特有的战斗口号"。

"工人阶级的解放斗争不是要争取阶级特权和垄断权，而是要争取平等的权利和义务，并消灭一切阶级统治。""资产者的平等（消灭阶级特权）

完全不同于无产者的平等（消灭阶级本身）。如果超出后者的范围，即抽象地理解平等，那么平等就会变成荒谬。"而"随着阶级差别的消灭，一切由这些差别产生的社会的和政治的不平等也自行消失"。

（三）公正

在谈到由于拆毁不适用的房子而把工人从某个街区赶出去时，马克思写道："让我们来赞美资本主义的公正吧！土地占有者、房主、实业家，在他们的财产由于进行'改良'，如修铁路、修新街道等等而被征用时，不仅可以得到充分的赔偿，而且按照上帝旨意和人间法律，他们还应得到一大笔利润，作为对他们迫不得已实行'禁欲'的安慰。而工人及其妻子儿女连同全部家当却被抛到大街上来，如果他们过于大量地拥到那些市政当局要维持市容的市区，他们还要遭到卫生警察的起诉！"

资产阶级学者认为，靠吸掉工业资本家汤里的油水来刺激工业资本家去积累是不公正的，但同时却觉得，必须尽可能地把工人的工资减到最低限度。这就是资产阶级"普世价值"的公正。

"按照资产阶级经济学的规律，产品的绝大部分并不属于生产这些产品的工人。如果我们说，这是不公平的，不应该这样，那么这首先同经济学没有什么关系。我们不过是说，这个经济事实同我们的道德情感相矛盾。所以马克思从来不把他的共产主义要求建立在这样的基础上，而是建立在资本主义生产方式的必然的、我们眼见一天甚于一天的崩溃上；他只说了剩余价值由无酬劳动构成这个简单的事实。但是，从经济学来看形式上是错误的东西，从世界历史来看却可能是正确的。如果群众的道德意识宣布某一经济事实，如当年的奴隶制或徭役制是不公正的，那么这就证明这一经济事实本身已经过时，另外的经济事实已经出现，由此原来的事实就变得不能忍受和不能维持了。因此，从经济学来看的形式上的谬误背后，可能隐藏着非常真实的经济内容。"

"在共产主义制度下和资源日益增多的情况下，经过不多几代的社会发展，人们就一定会达到这样的境地：侈谈平等和权利就像今天侈谈贵族等等的世袭特权一样显得可笑；同旧的不平等和旧的实在法的对立，甚至同新的暂行法的对立，都要从实际生活中消失；谁如果坚持要求丝毫不差地给他平等的、公正的一份产品，别人就会给他两份以示嘲笑。"

邓小平同志也指出："我们为社会主义奋斗，不但是因为社会主义有条件比资本主义更快地发展生产力，而且因为只有社会主义才能消除资本主义和其他剥削制度所必然产生的种种贪婪、腐败和不公正现象。"

（四）法治

在资本主义国家，"整个立法首先就是为了保护有产者反对无产者，这是显而易见的。只是因为有了无产者，所以才必须有法律。这一点虽然只是在少数法律条文里直接表现出来，例如取缔漂泊流浪和露宿街头行为的法律就宣布无产阶级本身是不受法律保护的，但是，敌视无产阶级却是法律的重要基础，因此法官，特别是本身就是资产者并且是和无产阶级接触最多的治安法官，立刻就会看出法律本身所包含的这种意图。如果富人被传唤，或者更确切些说，被请到法庭上来，法官便会为打搅了这位富人而向他深致歉意，并且尽力使案件变得对他有利；如果不得不给他判罪，那么法官又要为此表示极大的歉意，如此等等，判决的结果是让他交一笔微不足道的罚款，于是资产者轻蔑地把钱往桌上一扔，就扬长而去。但是，如果是一个穷鬼被传唤到治安法官那里去，那么他几乎总是被带到拘留所，和其他许多这样的人一起过一夜，他一开始就被看做罪犯，受人叱骂，他的辩护被一声轻蔑的'啊，我们懂得这些借口'制止，最后被处以罚款，他付不出这一笔钱，于是只好在监狱里做一个月或几个月的苦役来抵罪。即使不能给他加上任何罪名，他还是会被当做流氓和流浪汉（arogueandavagabond——这两个词几乎总是连在一起用）送去做苦役。……和治安法官一样，警察也是这样做的。资产者无论做什么，警察对他总是客客气气，并且严格地依法办事，但是对无产者却粗暴而又残酷；贫穷本身就已经使无产者受到犯有各种罪行的怀疑，同时也剥夺了他对付当局专横行为的法律手段。因此，对无产者来说，法律的保护作用是不存在的，警察可以直接闯进他家里，逮捕他，粗暴地对待他。只是在工人协会聘请了辩护人，例如煤矿工人聘请了罗伯茨以后，大家才知道，法律的保护作用对无产者说来是多么微小，无产者经常不得不肩负法律的全部重担，而享受不到法律的一点好处"。

另外，在那里，"工人的整个状况和周围环境都强烈地促使他们道德堕落。他们穷，生活对于他们没有任何乐趣，几乎一切享受都与他们无缘，法律的惩罚对他们再也没有什么可怕的。……当无产者穷到完全不能满足最起码的生活需要，穷到处境悲惨和食不果腹的时候，那就会更加促使他们蔑视一切社会秩序"。"工厂制度的扩展到处引起犯罪行为的增加。我们能够精确地预计一个大城市或者一个地区每年会发生的逮捕、刑事案件，以至凶杀、抢劫、偷窃等事件的数字，在英国就常常这样做。这种规律性证明犯罪也受竞争支配，证明社会产生了犯罪的需求，这个需求要由相应的供给来满足；它证明由于一些人被逮捕、放逐或处死所形成的空隙，立刻会有其他的人来填满，正如人口一有空隙立刻就会有新来的人填满一样；换句话说，它证明了犯罪威胁着惩罚手段，正如人口威胁着就业手段一样。别的且不谈，在这种情况下对罪犯的惩罚究竟公正到什么程度，我让我的读者去判断。我认为这里重要的是：证明竞争也扩展到了道德领域，并表明私有制使人堕落到多么严重的地步。"

既然如此，那么社会主义的法治理念和价值取向就是，"应当消灭产生犯罪行为的反社会的温床，使每个人都有社会空间来展示他的重要的生命表现"。

三　个人层面的价值准则比较

（一）爱国

"资产阶级的纯正的爱国主义，对各类'国有'财产的实际所有者说来是很自然的，但是，由于他们的金融、商业和工业活动已带有世界的性质，这种爱国主义现在已只剩下一个骗人的幌子。"

在普法战争期间，马克思曾经指出："根据我从法国得到的种种消息来看，整个资产阶级都宁愿让普鲁士占领，而不愿让带有社会主义倾向的共和国取得胜利。"这一点，与中国抗战期间，国民党的高官公然叫嚣"宁亡于日，不亡于共"是一致的。而普法两军对巴黎公社的联合镇压也表明，"资产阶级旧社会已经完全腐朽了。旧社会还能创造的最高英雄伟绩不过是民族战争，而这种战争如今被证明不过是政府用来骗人的东西，意在延缓阶级斗争，一旦阶级斗争爆发成内战，这种骗人的东西也就会立刻被抛在一边。阶级的统治再也不能拿民族的军服来掩盖了；面对无产阶级，各民族政府乃是一体！"

相比之下，《共产党宣言》指出："因为无产阶级首先必须取得政治统治，上升为民族的领导阶级，把自身组织成为民族，所以它本身还是民族的，虽然完全不是资产阶级所理解的那种意思。""人对人的剥削一消灭，民族对民族的剥削就会随之消灭。民族内部的阶级对立一消失，民族之间的敌对关系就会随之消失。"因此，对社会主义国家来说，爱国主义与国际共产主义是一致的。

（二）敬业

"资产阶级抹去了一切向来受人尊崇和令人敬畏的职业的神圣光环。它把医生、律师、教士、诗人和学者变成了它出钱招雇的雇佣劳动者。"而对不受人尊崇的雇佣劳动者来说，是谈不上什么敬业的，尤其是对最正宗的雇佣劳动者——雇佣工人来说。"工人颓废堕落的另一个根源是他们的劳动的强制性。如果说自愿的生产活动是我们所知道的最高的享受，那么强制劳动就是一种最残酷最带侮辱性的折磨。没有什么比必须从早到晚整天做那种自己讨厌的事情更可怕了。工人越是感到自己是人，他就越痛恨自己的工作，因为他感觉到这种工作是被迫的，对他自己来说是没有目的的。他为什么工作呢？是由于喜欢干活？是由于本能？决不是这样！他是为了钱，为了和工作本身毫无关系的东西而工作。他工作，因为他不得不工作，而且他要长时间地、不间断地做这种单调的工作，如果他还保有一点人的性情，仅仅这一点就足以使他在最初几个星期内感到工作是一种折磨。……这种强制劳动剥夺了工人的一切可支配的时间，工人只有一点时间用于吃饭和睡觉，而没有时间从事户外活动，在大自然中获得一点享受，更不用说从事精神活动了，这种工作怎能不使人沦为牲口呢！"这样的工作又怎么能让人去敬业呢？

相比之下，习近平同志在同全国劳动模范代表座谈时指出，人民创造历史，劳动开创未来。劳动是推动人类社会进步的根本力量。幸福不会从天而降，梦想不会自动成真。实现我们的奋斗目标，开创我们的美好未来，必须紧紧依靠人民、始终为了人民，必须依靠辛勤劳动、诚实劳动、创造性劳动。在迈向未来的征程上，我们必须充分发挥我国工人阶级的重要作用，焕发他们的历史主动精神，调动劳动和创造的积极性。实现我们的发展目标，不仅要在物质上强大起来，而且要在精神上强大起来。全国各族人民都要向劳模学习，以劳模为榜样，发挥只争朝夕的奋斗精神，共同投身实现中华民族伟大复兴的宏伟事业。显然，这样的劳动才能激发广大工人群众的爱岗敬业，才能使敬业成为个人层面的价值准则。

（三）诚信

资本主义"商业所产生的第一个后果是：一方面互不信任，另一方面为这种互不信任辩护，采取不道德的手段来达到不道德的目的。例如，商业的第一条原则就是对一切可能降低有关商品的价格的事情都绝口不谈，秘而不宣。由此可以得出结论：在商业中允许利用对方的无知和轻信来取得最大利益，并且也同样允许夸大自己的商品本来没有的品质。总而言之，商业是合法的欺诈。任何一个商人，只要他说实话，他就会证明实践是符合这个理论的"。"在发达的资本主义生产方式下，谁也搞不清楚到哪里为止算是诚实，从哪里起就算是欺诈。"

而在小资本同大资本相对立的激烈竞争中，"商品质量普遍低劣，伪造、假冒，无毒不有，正如在大城市中看到的那样，这是必然的结果"。

马克思和恩格斯在《共产党宣言》中指出："共产党人不屑于隐瞒自

己的观点和意图。他们公开宣布：他们的目的只有用暴力推翻全部现存的社会制度才能达到。让统治阶级在共产主义革命面前发抖吧。无产者在这个革命中失去的只是锁链。他们获得的将是整个世界。"显然，只有这样的共产党人以及在共产党的领导下获得整个世界的人民群众，才有可能讲诚信，因为他们将不是靠损人利己来谋取私利，而是共享经济社会发展的成果。

（四）友善

资产阶级"使人和人之间除了赤裸裸的利害关系，除了冷酷无情的'现金交易'，就再也没有任何别的联系了。它把宗教虔诚、骑士热忱、小市民伤感这些情感的神圣发作，淹没在利己主义打算的冰水之中"。"资产阶级撕下了罩在家庭关系上的温情脉脉的面纱，把这种关系变成了纯粹的金钱关系。"相反地，"在日常生活中，工人比资产者仁慈得多。……乞丐通常几乎只向工人乞讨，工人在帮助穷人方面总是比资产阶级做得多"。

"但是，千万不要以为'有教养的'英国人会公开承认这种自私自利。相反，他们用最卑鄙的伪善把它遮盖起来。""这种伪善，无论在较早的那些社会形式下还是在文明时代初期阶段都是没有的，并且最后在下述说法中达到了极点：剥削阶级对被压迫阶级进行剥削，完全是为了被剥削阶级本身的利益；如果被剥削阶级不懂得这一点，甚至想要造反，那就是对行善的人即对剥削者的一种最卑劣的忘恩负义行为。"而"把世界范围的剥削美其名曰普遍的友爱，这种观念只有资产阶级才想得出来"。

相比之下，毛泽东同志在给西北各族人民抗美援朝代表会议的复电中指出："从中华人民共和国成立的那一天起，中国各民族就开始团结成为友爱合作的大家庭，足以战胜任何帝国主义的侵略，并且把我们的祖国建设成为繁荣强盛的国家。"正是在社会主义制度之下，个人之间的普遍友善和团结友爱才成为了可能。

四　小结

有人会说什么"存在着一切社会状态所共有的永恒真理，如自由、正义等等。但是共产主义要废除永恒真理，它要废除宗教、道德，而不是加以革新，所以共产主义是同至今的全部历史发展相矛盾的。"针对于此，马克思和恩格斯指出："不管阶级对立具有什么样的形式，社会上一部分人对另一部分人的剥削却是过去各个世纪所共有的事实。因此，毫不奇怪，各个世纪的社会意识，尽管形形色色、千差万别，总是在某些共同的形式中运动的，这些形式，这些意识形式，只有当阶级对立完全消失的时候才会完全消失。共产主义革命就是同传统的所有制关系实行最彻底的决裂；毫不奇怪，它在自己的发展进程中要同传统的观念实行最彻底的决裂。"

事实上，社会主义核心价值观与资产阶级"普世价值"就存在着最彻底的决裂。只不过，由于资产阶级"普世价值"伪善地使用了人类思想史上的美好名词，这两者才在一些词汇上存在着表面上的重合。这种重合的确会被一些人拿来混淆视听，尽管如此，我们并不应当把这些词汇"让"给资产阶级的意识形态家们，而应当彻底揭露资产阶级"普世价值"的虚伪，高扬社会主义核心价值观。

（作者单位：中国社会科学院马克思主义研究院）
（原载《中共杭州市委党校学报》2015年第2期）

从对资产阶级民主政治的剖析探索中国政治体制改革的正确道路

——访中国社会科学院马克思主义研究院特聘研究员李士坤

本刊记者

李士坤，男，1939年生，江苏建湖人。北京大学马克思主义学院教授、博士生导师。曾任北京大学马克思主义学院副院长、北京大学社会科学学部委员。现为北京大学邓小平理论研究中心研究员、中国社会科学院马克思主义研究院特聘研究员、中国历史唯物主义学会副会长。著有《历史唯物主义教程》《现代西方人论》《〈共产党宣言〉讲解》等，在《求是》《人民日报》《光明日报》《北京大学学报》等报刊上发表《论科学发展观对〈共产党宣言〉基本原理的坚持和发展》《小康社会是中国特色社会主义的具体社会形式》和《改革开放30年中国特色发展理论的思考》等论文近百篇。

▲（采访者简称为▲，下同）：我们注意到，时下关心我国民主政治建设的人不少，这方面的文章也很多。相当部分的文章根据马克思主义政治理论和我国现代的实际，发表了许多思想深刻的见解，对于如何进一步搞好我国政治体制改革和民主政治建设提出了一些正确的建议。然而，也的确有人提出了另一些意见，集中起来就是一点：主张在中国实行多党竞选，建立三权分立的政治制度。

●（被采访者简称为●，下同）：对于这个问题，我们首先需要深化对资产阶级民主政治理论和民主制度的认识，这是探索我国政治体制改革的正确道路的一项前提性工作。

众所周知，一种政治制度的建立，总是在一定政治理论指导下进行的。例如：古希腊奴隶主民主政治制度，是在奴隶主政治理论基础上建立起来的；封建专制制度，是在封建政治理论指导下建立起来的；资产阶级政治制度，是在启蒙运动思想家和后来资产阶级理论家所创立的政治理论的基础上创建起来的。应当承认，这些政治理论以及在此理论指导下所建立的政治制度，都是历史的产物，都有其合理性，都是人类政治文明的重要组成部分。从人类文明史的角度考察，人们没有理由对任何时代的政治文明成果加以蔑视或抛弃。

在上述三个历史时期政治文明中，由资产阶级的政治理论以及资产阶级的民主政治制度所构成的资产阶级的政治文明，特别值得我们关注。这是因为，资产阶级思想家的政治理论直至今日仍然具有巨大的影响。从历史发展来看，资产阶级是靠"自由""平等""人权"起家的。这些概念起源于欧洲早期资产阶级思想家的"天赋人权"思想，特别是18世纪法国启蒙运动思想家，极大地丰富和发展了"天赋人权"理论。"天赋人权"的核心思想是人生而自由、平等，这是自然赋予人的权利，又称自然权利。这些思想是资产阶级思想家为反抗封建专制制度对人们思想的束缚、反抗宗教神学对人们的禁锢而提出来的，具有历史的进步意义。后来，资产阶级的政治家运用这种理论，把它提炼成"自由、平等、博爱"的政治口号，动员人们起来革命，推翻封建贵族的统治。资产阶级在革命过程中，不断丰富和发展启蒙运动思想家的思想，使得自由、平等、人权的理论内容更加充实，影响更加广泛。尤其是1789年法国制宪会议通过的《人权宣言》，公开宣称"在权利方面，人生来是而且始终是自由和平等的"；"整个主权在根本上存在于国民之中"。《人权宣言》宣布的这一根本原则，具有非常重大的历史意义，是新兴资产阶级发动人民推翻封建贵族统治最有力的思想武器。不仅在法国，后来世界其他国家的进步人士无不受其影响，都运用这一思想武器去反抗本国的封建统治。经过同封建势力的反复较量，欧洲一些主要国家的资产阶级最终取得了政权，在资产阶级政治理论指导下，建立了资本主义的政治制度。资产阶级利用他们所创建的政治制度，扫除和消灭了封建壁垒，使得这些国家资本主义生产关系迅速发展。资产阶级出于发展的需要，不断发动对外侵略战争，掠夺殖民地、世界市场和其他国家的资源，把世界历史真正推进到了一个新的时代——资本主义时代。这是资产阶级的历史功绩。

然而，当我们看到人类历史的这些发展，肯定资产阶级思想家政治理论的进步意义的时候，不能忘记这种理论的历史局限性和存在的严重缺陷。

它的历史局限性表现在：资产阶级只能从它本阶级的利益出发去设计、规划封建专制制度后的政治制度，而这种政治制度的基础是资本主义的生产关系，这种生产关系的特征是资产阶级无偿占有无产阶级的剩余劳动。这是资产阶级及其思想家不可逾越的界限。这个基础决定了资产阶级建立的政治制度必然要为维护资产阶级的剥削和特权服务，必然要成为统治、压迫无产阶级的机器。因此，在革命时期所宣扬的民主、自由、平等、人权，在革命后建立起来的资产阶级国家中，统统只能是资产阶级一个阶级的权利，对于其他阶级，如无产阶级来说，除了出卖劳动力的自由以外，一切都不存在。列宁指出："最民主的资产阶级共和国从来都是而且不能不是资本镇压劳动者的机器，资本政权的工具，资产阶级的专政。资产阶级民主共和国许诺并且宣告政权属于大多数人，但是它从来没能实现过，因为存在着土地和其他生产资料的私有制。"①

此外，资产阶级政治理论存在严重的缺陷，这表现在：他们所讲民主、自由、平等是一般的民主、自由、平等，是超历史、超阶级的，因而是抽象的。所谓抽象性，是说他们脱离了这些概念的经济基础，不懂得或者是有意识地掩盖这些概念的物质根源。资产阶级及其思想家竭力鼓吹这种抽象的民主、自由、平等、人权，欺骗广大劳动人民群众。对于这种缺陷，马克思曾经指出，商品交换领域是天赋人权的真正乐园，在这个乐园中的确存在自

---

① 《列宁选集》第3卷，人民出版社1995年版，第795页。

由、平等、所有权,一离开这个领域,"就会看到,我们的剧中人的面貌已经起了某些变化。原来的货币所有者成了资本家,昂首前行;劳动力所有者成了他的工人,尾随于后。一个笑容满面,雄心勃勃;一个战战兢兢,畏缩不前,象在市场上出卖了自己的皮一样,只有一个前途——让人家来鞣"①。这就是说,在资本主义社会实践中,抽象的一般的自由、平等、人权是根本不存在的,一到具体的社会实际中,有的只是资本的自由、平等和人权。恩格斯也曾指出,只要生产资料私有制继续存在,资产阶级所宣扬的自由、平等、博爱对于无产阶级来说,就只能是一种虚无缥缈的幻想。

所有研究、谈论资产阶级政治理论的人,除了要肯定它的历史进步意义以外,必须承认它的局限性和严重缺陷。看不到前者,就是不尊重历史,不是一个历史唯物主义者;看不到后者,同样是不尊重历史,就会掉进唯心史观的泥坑。

▲:除了您刚才谈到的这一点,关于资本主义政治文明还有哪些方面值得我们关注?

●:必须承认,今天资本主义政治制度仍然具有一定的生命力,仍然具有很强大的势力。尽管无产阶级作为一种政治力量登上历史舞台已有 150 多年,社会主义制度也有近百年的历史,但由于历史的原因和国际共产主义运动这样那样的失误,使得社会主义至今未能取得世界性的决定性的胜利。当今的世界仍然是资本主义占据统治地位的世界。特别是 20 世纪末叶,苏联解体和东欧剧变,使得世界社会主义运动遭受严重挫折,极大地打击了人们对社会主义和共产主义的信仰。一时间,社会主义的悲观论调甚嚣尘上。与此同时,资本主义重新获得了声誉,有论者甚至认为资本主义制度是人类最美好的社会制度,是人类历史最终存在形式。正是在这样的背景下,美国走上了独家称霸世界的舞台,极力推行"单边主义",狂妄宣称"不赞成我,就是反对我(即我的敌人)"。它向世界显示武力,先后发动两次伊拉克战争,企图用武力在阿拉伯国家建立所谓"民主

---

① 《马克思恩格斯全集》第 23 卷,人民出版社 1972 年版,第 200 页。

制度"。

美国的倒行逆施和在世界各地遭受挫折的事实，本应唤醒那些盲目崇拜美国民主制度的人；然而令人失望的是，这些人非但未能改变自己的错误认识，反而使他们产生了一种错觉，似乎世界历史的发展真的已经走到了尽头，将永远不再前进。这些人追随着现代资产阶级的脚步，给资产阶级抽象的民主、自由、平等、人权等冠以普世的意义，完全不顾马克思主义对这些理论所做过的阶级分析，鼓吹这些理论的普遍适用性即具有普世价值，把美国式的民主政治吹捧为人类"主流文明"。不遵照他们的主张去进行政治体制的改革，就是对人民的"欺骗"，就是对历史犯下了"罪行"。

▲：听得出，您从总体上对资产阶级政治文明采取了辩证分析的态度。

●：应当承认，民主、自由、平等、人权在其自身的意义上，都是极好的东西。作为历史的产物，在当今时代仍然具有价值，但绝不是普世价值。马克思主义、无产阶级绝不简单地拒绝这些东西，也绝不笼统地加以照搬，而是对之进行具体分析，认为应在特定历史条件下的特定社会中把它具体化。无产阶级、社会主义应拥有自己的民主、自由、平等和人权，无产阶级正是为此而斗争的。中国共产党带领着中国人民进行近30年的革命斗争，就是为了推倒压在中国人民头上的三座大山，使中国人民获得真正的民主、自由、平等和人权。新中国成立以后，建立了以工人阶级为领导、工农联盟为基础的国家政权，就是保证人民真正享有这些权利。尽管在这一过程中出现过这样那样的失误，但这个政权的根本性质——人民当家作主——没有改变。一切尊重历史的人都不能无视这一事实。

▲：您可能也了解到当下中国有一种这样的论调，即当初在中国为什么不能建立资产阶级民主共和国，为什么不能实行资本主义民主政治制度呢？

●：其实这并不是什么新问题，而是早在一个半世纪以前就已经争论过，并且中国现代的历史发展已经回答了这个问题。走不走西方资本主义国家发展的道路，是不是建立资产阶级民主共和制度，这不由人们的主观意志来决定，不是哪个人想走什么道路，想建立什么国家制度，就能够真正实现的，这一切都是由中国具体国情及世界的总体走势决定的。1949年6月，中华人民共和国成立前夕，毛泽东写了一篇题为《论人民民主专政》的名文。在这篇文章中，毛泽东论述了从1840年鸦片战争失败时起到1921年中国共产党成立这段时间，先进的中国人向西方寻求救国真理的经过。他写道："自从一八四〇年鸦片战争失败那时起，先进的中国人，经过千辛万苦，向西方国家寻找真理。"① 结果怎样呢？这些从西方学来的真理在中国行不通，理想总是不能实现。多次奋斗，包括辛亥革命那样全国规模的运动，都失败了。资产阶级民主主义，资产阶级共和国，外国有过，但中国不能有。一切别的东西都试过了，都失败了。最后，以中国共产党人为代表的中国先进分子，在俄国"十月革命"的影响下，找到了马克思列宁主义（当然它也是西方的）。走俄国人的路，建立人民共和国，经过人民共和国达到社会主义和共产主义，这就是结论。在中国共产党的领导下，以毛泽东为代表的共产党人，把马克思列宁主义与中国革命的具体实际相结合，带领全国人民经过28年的浴血奋战，终于取得了革命的胜利，成立了新中国。新中国成立后又建立了社会主义制度，使得社会生产迅速恢复，逐步建立起我国自己的工业、农业、科学和国防系统。这一切，为20世纪70年代末中国的改革开放奠定了根本的政治前提和物质基础。事实证明，只有社会主义才能救中国。

历史是一面镜子。过去资产阶级民主主义、资产阶级共和国在中国行不通，没有能够挽救和振兴国家，今天是不是就可以了呢？答案是否定的。原因最主要的有两个：第一，中国国情不允许。新中国成立初期，我们国家"一穷二白"，又处于世界资本主义的包围和封锁之中，根本没有资本发展资本主义，更谈不上同资本主义国家竞争，在这种情况下走资本主义道路必将仰人鼻息，唯资本主义大国之命是从，实际上就是重新回到殖民地半殖民地的老路。而今我们的确有了很大发展，国力也有所增强，但不

---

① 《毛泽东选集》第4卷，人民出版社1991年版，第1469页。

可忘记，我们是在坚持社会主义道路下发展起来的。第二，国际条件不允许。随着经济全球化的发展，世界越来越成为一个有机联系的整体，西方发达资本主义国家无疑处于这一整体的核心，不发达和发展中国家处于这个整体的边缘或半边缘，处于中心地位的发达资本主义国家在与欠发达或不发达国家的交往中处于极有利的地位，它们千方百计强化这种地位，而不允许任何不发达或欠发达国家挑战这种地位。西方发达资本主义国家过去不允许中国通过资本主义发展强大起来，现在更不希望有一个独立强大的中国屹立于世界的东方。一句话，资本主义道路今天在中国更加行不通，根本不能带领中华民族走向振兴之路。

中国是一个社会主义国家，虽然它尚处于并将长期处于社会主义初级阶段，但与资本主义制度有着本质的区别。因此，中国的政治体制改革不能以资产阶级政治理论为指导，而只能以马克思主义政治理论为指导。这是一个最基本的前提，没有这个前提，一切就无从谈起。时下一些谈论中国民主政治建设的文章，动辄说西方国家特别是美国的民主制度如何美好，如何完善，如何应当学习和效仿。美国的民主制度是否真的那么美好暂且勿论，仅就中美是两个社会制度完全不同的国家这一点，也不能把美国的民主制度照搬到我们国家中来。中国和美国在民主政治建设的问题上不属于同一个坐标系统，尽管西方国家包括美国民主政治建设的经验我们可以吸取和借鉴，但它们不能成为我国政治体制改革可以直接参照的榜样，更不能成为我们前进的目标。中国特色社会主义民主政治制度的建设，要靠中国人民依据马克思主义的政治理论，根据中国的具体实际去探索，去创造。

▲：在西方自由主义政治理论的冲击下，什么是马克思主义政治理论已经成为一个需要澄清的问题。

●：我认为马克思主义政治理论的主要内容有以下几个方面。

第一，对资产阶级政治理论进行扬弃。民主、自由、平等、人权是资产阶级政治理论的基础和核心，马克思主义坚持辩证唯物主义和历史唯物主义，既肯定这一理论的进步性，又深刻揭示了它的局限性和严重缺陷。

作为观念形态的民主、自由、平等、人权，归根到底是由特定的经济基础决定的。在经济领域占统治地位的阶级，在意识形态领域也一定占据统治地位。因此，民主、自由、平等、人权必然是统治阶级的民主、自由、平等、人权，抽象的民主、自由、平等、人权是不存在的。把民主、自由、平等、人权普世化，鼓吹它具有"人类共同的普世价值"，是重操资产阶级思想家的故伎，并不是什么新鲜货色。

第二，社会主义民主政治是对资产阶级民主政治的否定。马克思主义认为，政治是在阶级、国家产生以后才有的，它不是指个别人的个别行为，而是指阶级与阶级之间的斗争和参与国家事务。政治属于上层建筑中的意识形态部分，它是由经济基础决定的，是经济的集中表现。在意识形态中，政治同哲学、宗教、艺术等意识形式相比，具有重要的决定性意义，处于支配的地位。政治能够直接地实现统治阶级的统治。因此，无产阶级特别关注政治，在夺取政权以后，为了维持和巩固自己的统治，要特别用心进行民主政治制度的建设。我们应引为教训的是，在所有的社会主义国家中，这一点做得都非常不充分，甚至犯了许多错误。

第三，民主与专政是一对矛盾的两个方面，是不可分割的。世上既不存在脱离专政的所谓"纯粹"的民主，也不存在脱离民主的专政。民主是一种政治制度，其实质是对被统治阶级实行专政。民主是具体的，资产阶级思想家把民主一般化，宣扬抽象的民主，表面上承认人人都享有民主权利，实际上，在资本主义社会，民主的权利只是资产阶级一个阶级的权利。宣扬一般的、抽象的民主是为了欺骗无产阶级和广大劳动人民。在阶级存在的条件下，民主只能是阶级的民主，即统治阶级享有民主的权利，对被统治阶级实行专政。

第四，在资本主义制度下，无产阶级可以利用民主、自由、平等、人权这些口号进行反抗资本压迫的斗争，或多或少地争得以上这些权利。无产阶级只有推翻资产阶级统治，使自己上升为统治阶级，建立起无产阶级的政治统治，才能实行社会主义民主，获得真正意义上的民主、自由、平等和人权，把幻想变为现实。但必须认识到这是一个历史过程，不可能一蹴而就。

第五，社会主义民主政治就是无产阶级的国家对无产阶级和广大劳动人民实行民主，使他们真正成为国家的主人；同时对反抗社会主义的敌对分子实行专政。社会主义民主最根本的特质，就是它是社会绝大多数人的民主，彻底否定了少数剥削阶级的特权，剥夺了少数剥削阶级对广大人民群众进行政治压迫的权力。

以上这些马克思主义政治理论的基本原理，是我们进行政治体制改革和社会主义民主政治建设所必须遵循的。马克思主义政治理论是建立社会主义民主政治制度的理论基础。脱离这个理论，我们政治体制的改革和民主政治建设就不可避免地会走上错误的道路。

▲：关于中国政治制度的社会主义属性的认识，在今天实际上也成为一个问题。

●：根据马克思主义政治理论的基本原理，社会主义民主政治制度只有在推翻资本主义统治，使无产阶级上升为统治阶级以后，才能建立起来。由于社会主义革命不是像马克思最初预料的那样，首先在发达的资本主义国家同时取得胜利，反而是在生产力相对落后然而国内矛盾尖锐的东方国家爆发并取得成功，而这些国家的国情各不相同，所以，在取得社会主义革命成功的国家所建立的社会主义民主政治制度，也各有特点。

1949年中华人民共和国成立以后，中国共产党以马克思主义政治理论作指导，结合我国实际，建立了以工人阶级为领导、以工农联盟为基础的人民民主专政的国家。这是我们国家的国体，它决定了我们国家的根本性质。适应国家的这种性质，根据具体国情，在共产党的领导下，建立起了人民代表大会制度。这一制度为广大人民享有民主、自由、平等和人权提供了制度的保证，是人民当家作主的最好组织形式。我国宪法规定："中华人民共和国的一切权力属于人民"，这不是一句空洞的口号，而是有制度保证的，人民具有行使权力的机关。宪法规定："人民行使国家权力的机关是全国人民代表大会和地方各级人民代表大会。"这样就把人民当家作主具体化了，人民是通过人民代表大会掌握国家政权，行使管理国家的权力。

人民代表大会制度，是根据马克思主义民主理论与中国具体实际相结合而建立的一种政治制度，鲜明地体现了中国特色社会主义民主政治的本质和特点，它的核心是坚持共产党的领导，本质是人民当家作主，根本途径是依法治国，是三者的有机结合。人民代表大会实行民主集中制的原则，坚持在集中指导下的民主，在民主基础上的集中，是民主和集中的统一。根据这样的原则，进行民主选举、民主决策、民主管理和民主监督，保证广大人民享有与我国现在发展水平相当的民主、自由、平等和人权。民主、自由、平等、人权都是历史地发展的，不同历史时期所能达到程度和水平也不相同。在现阶段，如同我国的经济发展水平还较低一样，我国在民主政治建设方面的水平也不可能很高，还远远不能适应我国社会主义现代化建设的需要。因此，在我国社会主义现代化建设过程中，必须使民主、自由、平等、人权的水平随着经济社会的发展而不断有所提高，不断完善这方面制度的建设。

▲：时下有一种论调，提出用民主社会主义救中国、发展中国，公然要共产党改旗易帜，把中国的政治体制改革和民主政治建设引向资本主义的邪路。

●：所谓民主社会主义就其现代形式而言，是为改良资本主义制度服务的资产阶级思潮，就是"永恒的修正主义"，说到底就是资本主义。主张在中国推行民主社会主义，实际上就是重蹈已经在历史上遭到失败了的道路的覆辙，是注定要破灭的迷梦。提出民主社会主义的人最推崇"瑞典模式"，他们常常拿"瑞典模式"说事，摘取"瑞典模式"中一些带有社会主义性质的东西，其中特别是福利制度，用来蛊惑人心。他们不顾中国有 13 亿人口这一基本的国情，不顾我国还是一个发展中国家，人均 GDP 仍处于世界较低水平的事实，硬拿发展了几十年、资源丰富、人口很少的瑞典来同我国参比。在大事渲染瑞典福利措施的同时，却有意回避瑞典社会制度的性质问题，而"瑞典模式"基本制度的属性是资本主义，这一点，瑞典社民党自己都是承认的，而我国主张民主社会主义的人却不向人民讲清楚这一点，反而讳莫如深。不可否认，"瑞典模式"中的确包含一些社会主义的东西，这些可以学习和借鉴。但"瑞典模式"从思想理论上分析，与科学社会主义有原则区别；从社会制度上考察，与马克思主义所说的社会主义制度是根本对立的。在今天中国，主张民主社会主义，就是要抛弃科学社会主义，就是反对中国特色社会主义理论体系，改变中国特色社会主义道路。

一个半世纪以前，帝国主义的侵略打破了中国人民独立自强的迷梦；一个半世纪后的今天，西方发达的资本主义国家就能容忍中国真正独立富强起来吗？只要对全球化的形势进行认真的考察，对当今世界经济、政治形势作深入了解和正确分析，答案是清楚的。西方发达资本主义国家，过去是侵略、掠夺中国的罪魁，而今也绝不会"立地成佛"。它们一直在实施对中国进行"分化"和"西化"的策略，它们"亡我之心"从来就未改变过。只有我们自身足够强大，才能抵御这种罪恶的图谋。美国人自己都认为："希望中国将发展成民主国家的这个观点，一直是美国对华政策的基础，是美国与一个不以为然的独裁政权保持密切联系的主要原因。"如此公开坦白的态度还不能使人们醒悟吗？什么"民主国家"？就是要我们改旗易帜，放弃中国特色社会主义道路，重新成为当今资本帝国主义的附庸。对此，每一个中国人必须有充分的认识和足够的警觉，这是我们将长期面临的最严重的挑战之一。

▲：那么，如何应对这种挑战？

●：最根本的途径就是坚持中国特色社会主义理论体系，坚定地走中国特色社会主义道路不动摇。在政治体制改革和民主政治建设方面，坚持马克思主义的政治理论的指导，坚持和不断完善我国人民代表大会制度，不断满足人民当家作主的要求。

胡锦涛同志在党的十七大报告中指出："人民当家作主是社会主义民主

政治的本质和核心。"① 这一重要论断突出了人民当家作主在社会主义民主政治建设中的重要性。我国的政治体制改革必须紧紧抓住这个"本质和核心",决不能离开或抛弃这个"本质和核心"去另搞一套。实现人民当家作主,最根本的是要进一步健全和完善民主制度,要根据我国的具体国情和人民的实际需求,创造多种多样的民主形式,提供各种方便有效、简单易行的渠道和方法,让人民真实地享有知情权、参与权、表达权和监督权,让管理国家大权真正掌握在人民的手中。人民当家作主是国家长治久安的根本保证,是国家兴旺发达的根本保证。坚持人民当家作主,是我国政治体制改革建立社会主义民主制度唯一正确的道路。

(原载《马克思主义研究》2009 年第 7 期)

---

① 胡锦涛:《高举中国特色社会主义伟大旗帜 为夺取全面建设小康社会新胜利而奋斗》,人民出版社 2007 年版,第 29 页。

提升中国文化软实力与反对"普世价值"

宁德业

近年来，有关全球化背景下提升我国文化软实力、确保我国文化安全的问题，已经日益成为举国关注的热点。但是，由于受各方面因素的影响，一股把西方"民主、自由、人权、平等、博爱"等价值观念鼓吹为"普世价值"的思潮在当前甚嚣尘上。这种错误思潮被一些人热捧，严重影响着我国文化软实力的提升。我们应该针对其在当前的突出表现、主要原因、实质目的和消极影响，切实采取各项有力措施，通过坚决反对这种错误思潮来不断提升我国文化软实力。

一 中国文化软实力建设必须以社会主义核心价值体系为统领

在当今时代，经济全球化加强了世界上各个国家和地区之间的经贸往来与人员流动，加速了各种文明之间的交流与融合，但同时也进一步强化了国与国之间综合国力的竞争与较量，凸显了不同文化之间的矛盾与冲突。尤其是以美国为首的西方强势文化利用其资本、技术和市场优势，对世界上其他弱势文化加强渗透和控制，通过推行所谓文化"新干涉主义"，企图谋求世界文化霸权，构建文化帝国主义。这种情况严重威胁到我国及广大发展中国家的文化生存与发展，使我国和世界上一些弱势民族国家的文化安全问题日益突出地显现出来。为了确保我国文化安全,党中央高度重视国家文化软实力建设。在十七大报告中,胡锦涛强调指出:"当今时代,文化越来越成为民族凝聚力和创造力的重要源泉、越来越成为综合国力竞争的重要因素,丰富精神文化生活越来越成为我国人民的热切愿望。要坚持社会主义先进文化前进方向,兴起社会主义文化建设新高潮,激发全民族文化创造活力,提高国家文化软实力。"[1]

这标志着我们党已经把提高国家文化软实力确立为新时期实现中华民族伟大复兴的战略着眼点。

什么是文化软实力呢?我国一些学者指出:"文化软实力是一个国家文化体现出来的凝聚力、吸引力、影响力。"[2]"文化软实力是指一个国家或地区文化的影响力、凝聚力和感召力,是国家软实力的核心因素,包括凝聚力、吸引力、创新力、整合力、辐射力五方面。"[3]"文化软实力包括文化吸引力、文化亲和力和文化规制力。"[4] 根据上述专家、学者的理解,我们可以认识到:文化软实力,主要是指一个国家借助文化媒介同化与引领其受众的价值观念及生活方式以实现共同目标的能力,换言之,文化软实力就是一国主流文化对其受众价值观念及生活方式所具有的同化力和引领力。

文化软实力突出表现为一国文化及价值观等意识形态方面的吸引力和感召力,尤其是突出表现为一国主流文化对其受众价值观念及生活方式所具有的同化力和引领力,因此,承认有主流文化、大众文化等多种文化形态的存在,承认有价值观等意识形态方面的差异,这是发展壮大一国文化软实力的前提。当前,中国文化软实力主要体现为当代中国主流文化——中国特色社会主义文化对于我国各族人民的同化力和引领力,它除了必须

---

[1] 胡锦涛:《高举中国特色社会主义伟大旗帜 为夺取全面建设小康社会新胜利而奋斗》,人民出版社2007年版,第10页。
[2] 骆郁廷:《我国文化软实力的发展战略》,《光明日报》2010年1月18日。
[3] 洪晓楠:《文化软实力:语义分析与要素分析》,《西安交通大学学报》(社会科学版)2009年第3期。
[4] 杨威:《"2009文化哲学论坛:国家文化软实力建设学术研讨会"综述》,《马克思主义研究》2009年第7期。

建构在以经济力为主的硬实力基础上以外，还必须紧紧围绕当代中国主流文化对于其他亚文化形态的同化和引领作用这一目标的实现，特别注重加强社会主义核心价值体系建设。

加强社会主义核心价值体系建设这一重要思想的提出，是我们党在思想文化建设上的一个重大理论创新，是我们党在认真总结经验、科学分析形势的基础上提出的加强社会主义意识形态工作的新理念、新举措，必将进一步增强当代中国主流文化的同化力和引领力，对于进一步增强民族凝聚力、确保我国文化安全，无疑具有非常重大的理论和现实意义。可以说，社会主义核心价值体系是和谐文化建设的根本，在我国文化软实力建设中起着非常重要的统领作用。如果没有社会主义核心价值体系的统摄和引领，我国文化发展就会迷失方向、失去根本。只有抓住了社会主义核心价值体系这一根本，我们才能形成全社会的共同理想，才能树立全社会的和谐理念，才能营造全社会的良好舆论氛围；只有努力建设具有广泛感召力的社会主义核心价值体系，我们才能在尊重社会差异中扩大社会认同，才能在包容多样中增进思想共识，才能打牢全党全国人民团结奋斗的强大思想基础，才能进一步增强全体人民抵御各种腐朽思想文化和落后价值观念侵蚀的意识和能力，才能扩大中华文化的影响力，提升我国文化软实力，真正有效地维护我国文化安全。

当然，社会主义核心价值体系在我国文化软实力建设中具有的强大统领作用并非无中生有，首先是由其深刻内涵决定的。马克思主义指导思想、中国特色社会主义共同理想、以爱国主义为核心的民族精神和以改革创新为核心的时代精神、社会主义荣辱观，这四个方面构成了社会主义核心价值体系的基本内容，它们相互联系、相互贯通、相互促进，共同构成了一个有机统一的整体，鲜明地回答了我们党用什么样的精神旗帜来团结和引领全国各族人民不断开拓前进的重大问题。正是社会主义核心价值体系这一精神旗帜规定了它在我国思想文化建设中所具有的引领和导向功能，规定了它所肩负的树目标、指方向的远大历史使命，从而体现出了它在我国文化软实力建设中所起的强大统领作用。

同时，社会主义核心价值体系在我国文化软实力建设中具有强大的统领作用，这也是文化软实力自身发展的根本要求。一个国家的文化软实力主要表现为以其统治阶级意识形态为主体的文化对于其民众价值观念、行为方式所具有的同化力和引领力，提高国家文化软实力的关键，在于增强与其政治经济制度相适应的主流意识形态的吸引力和凝聚力。要发展和壮大我国文化软实力，就必须充分发挥社会主义主流意识形态对于当代中国社会思潮的引领作用，努力在全社会形成统一的指导思想、共同的理想信念、强大的精神支柱和基本的道德规范。作为我国主流意识形态本质体现的社会主义核心价值体系，已经获得了全国各族人民的广泛认同，具有强大的吸引力和凝聚力，从而很好地显示出了它在我国文化软实力建设中具有的强大统领作用。

因此，在新世纪新阶段，我们要在充分认识到提升国家文化软实力的重要性、紧迫性的基础上，积极响应党中央提出的提升我国文化软实力的号召，把加强社会主义核心价值体系建设作为第一位的任务，大力增强其在我国文化软实力建设中的统领作用，通过促进多元文化交流融合来增强当代中国主流文化的同化力和引领力，从而努力改变我国文化在世界文化发展中的弱势地位。

二 "普世价值"论是西方话语霸权及其价值渗透方式的表达

就在当前我国人民关注国家文化安全和文化软实力建设的关键时刻，一股竭力鼓吹"普世价值"的思潮却逐渐传播开来。根据李崇富教授的概括，当前在我国鼓吹"普世价值"论的人大肆散布的言论主要包括三大类型：第一类是崇拜和迷信西方民主、自由、人权等抽象价值观念，将资本主义制度说成是"历史的终结"；第二类是借口中国实行改革开放而强调，要让中国实现向资本主义的"价值回归"；第三类是将中央提出的"解放思想""以人为本"歪曲为确立"普世价值"。有人说："民主、法治、自由、人权、平等、博爱，是人类社会共同追求的普世价值，没有必要去区分是姓'资'还是姓'社'；民主一经产生，就具备了普世意义，从英国、美国推行民主以来，全世界 2/3 的地区都实行了民主，可见其普世的程度……经过 30 年的改革开放，中国已经重新融入世界文明，人权、法治、公平、正义、自由、平等、博爱等普世价值日渐成为我们文明中的核心价值，无论是经济、政治还是社会、文化的理论创新，我们都必须以普世价值为尺度……解放思想应该有个核心目标，这个核心目标就是价值体系，解放思想就是要确立普世价值；以人为本是个纲，要贯彻这个纲，就需要民主、自由、人权等一整套普世价值，就是需要价值观的转变，普世价值不能确立起来，就不会是以人为本。"①

此外，当前在我国鼓吹"普世价值"的代表性言论还包括：以人类共同本性、共同利益与价值追求为借口，将"市场化、民主化、自由化、平等化"说成是"普世价值"的要求。有人说："我们承认普世价值，是因为人类除了各自的个性和特定群体的共性外，还存在着超越于一切差别的共同性，就是通常说的'人性'，也可以说是人的天性，是人类与生俱来的本性，例如趋利避害、珍惜生命、恻隐之心、对真善美的追求等等，正是这些共同的本性，产生了对社会生活的共同追求。"因此，"实现经济市场化、政治民主化、文化自由化、社会平等化，都是普世价值所要求的"②。

"普世价值"论鼓吹者散布的上述言论，一方面使我们认识到了这种错误思潮在当前我国社会泛滥的严重性，另一方面也使我们深入了解到："普世价值"论"在本质上是当代西方话语霸权及其价值渗透方式的表达"③，是西方敌对势力对我国实行"和平演变"的最新伎俩，是一股干扰和冲击社会主义核心价值体系领地位的破坏性力量。

众所周知，东欧剧变及苏联解体的重要原因之一，是由于西方敌对势

---

① 参见李崇富《关于"普世价值"的几点看法》，《马克思主义研究》2008 年第 9 期。
② 杜光：《普世价值：一个时代性的重大课题》，《炎黄春秋》2009 年第 1 期。
③ 侯惠勤：《"普世价值"的理论误区和实践陷阱》，《马克思主义研究》2008 年第 9 期。

力对社会主义国家实行"和平演变"的结果。虽然20世纪80年代末西方敌对势力对我国实行"和平演变"的图谋未能最终得逞,但他们围绕意识形态而对我国实行"和平演变"的图谋却依然暗流涌动。在当前全球化日益向纵深方向发展的条件下,以美国为首的西方国家凭借其经济、军事、文化的强势地位,向外大肆推行文化霸权主义,向世界上经济文化落后国家和地区大肆推销其"民主、自由、人权"等价值观念,大打所谓"普世"牌,大力加强西方价值观的渗透,从而企图构建文化帝国主义、谋求西方话语霸权,这是他们以全球化为借口而对我国及其他社会主义国家实行"和平演变"的新花招。为了加强其价值观对我国的有效渗透,西方敌对势力在对我国实行新一轮"和平演变"的过程中,不断抛出所谓"文化冲突论""中国文化威胁论",刻意歪曲、丑化我国主流文化和主流意识形态,在国际社会乃至我国大陆内部大肆培养和扶植反对社会主义核心价值体系的所谓"思想文化斗士",竭力设置阻滞我国文化软实力发展的"屏障"。这既严重损害了我国的国际形象,也直接妨碍了西方社会对我国文化的认同与接纳,从而构成了对当前我国文化软实力发展的深层次挑战。

"普世价值"论在当前我国社会被一些人热捧,正是这种深层次挑战的主要体现。从"普世价值"论鼓吹者散布的上述言论中,我们可以非常清醒地认识到,"普世价值"论的核心是以抽象的人性论作为立论基础,以当今人类社会确实存在一些共同利益与共同价值追求、面临着一些需要采取一致行动来加以解决的共同问题为借口,竭尽所能地想将所谓美国式"民主、自由、人权、平等、博爱"等价值观念强加给当今国人,以期"通过扰乱我国意识形态阵地,改变我国社会主义发展方向,适应西方垄断资产阶级对我国推行和平演变战略的需要"[1],从而迎合了西方价值观对我国进行有效渗透的要求。从本质上看,这种错误思潮有着非常明确的思想指向,就是企图废除马克思主义的指导地位,鼓吹指导思想多元化,将

---

[1] 周新城:《论"普世价值"是否存在及"普世价值"鼓吹者们的政治目的》,《政治学研究》2008年第5期。

西方资产阶级价值观念奉为圭臬,干扰社会主义核心价值体系建设。同时,这种错误思潮还有着非常明确的经济和政治目的,不仅在经济领域为全盘私有化制造舆论,企图釜底抽薪,搞垮我国以公有制为主体、多种所有制经济共同发展的社会主义基本经济制度,而且在政治领域竭力为实行资产阶级多党制造势,还公然站在国家统一和中华民族整体利益的对立面上去支持"藏独""疆独""台独"等分裂势力,企图从根本上改变我国政治体制改革的社会主义方向,企图借所谓"民主、自由、人权"来破坏我国完全统一,从而迎合了西方敌对势力颠覆我国社会主义国家政权的要求。这正如侯惠勤教授所指出的那样:"'普世价值'根本否定中国特色社会主义民主政治建设,完全割裂中国改革开放中经济体制改革和政治体制改革间的内在联系,力图把中国的改革开放引导到'回归西方文明'的方向,把中国的政治体制改革引导到西方'民主化'的陷阱",这"是'普世价值'贩卖者坚定而明确的追求"[①]。因此,这样一种错误思潮影响了统一的指导思想、共同的理想信念、强大的精神支柱和基本的道德规范在我国社会的形成,不利于在我国社会营造团结互助、和谐友好的氛围,极大地冲击和破坏了社会主义核心价值体系在我国文化软实力建设中的统领作用,应该引起我们的高度警惕。

三 "普世价值"论严重影响了我国文化软实力的提升

在对经济、政治和文化辩证统一关系的认识问题上,毛泽东曾经指出:"一定的文化(当作观念形态的文化)是一定社会的政治和经济的反映,又给予伟大影响和作用于一定社会的政治和经济;而经济是基础,政治则是经济的集中的表现。这是我们对于文化和政治、经济的关系及政治和经济的关系的基本观点。"[②]

[①] 侯惠勤:《我们为什么必须批判抵制"普世价值观"》,《马克思主义研究》2009年第3期。
[②] 《毛泽东选集》第2卷,人民出版社1991年版,第663—664页。

依据这一观点，我们可以非常明确地认识到：一个国家文化软实力的大力提升，需要有物质基础、政治保证、和谐环境等保障条件，没有这些必要的、强大的保障条件，文化软实力发展就失去了根基。但是，"普世价值"论在当前我国社会被一些人热捧，却极大地削弱了这些方面的保障作用，从而对我国文化软实力的提升带来了极为不利的影响。

首先，"普世价值"论，严重影响着我国社会主义市场经济体制的进一步完善和我国国民经济又好又快发展目标的实现，削弱了提升我国文化软实力的经济基础。一个国家的文化软实力强大与否，一定程度上主要依赖于其经济硬实力是否强大。自从改革开放以来，我国经济建设取得了巨大成就，经济实力显著增强，但仍然存在一些问题和不足。因此，我国正在进一步完善社会主义市场经济体制，强调通过深化经济体制改革、转变经济发展方式来实现国民经济又好又快发展。但正是在这样的关键时刻，鼓吹"普世价值"论的人却以我国经济体制改革的目标是建立和完善社会主义市场经济体制为借口，竭力抹杀我国市场经济体制的制度属性及其与西方资本主义自由市场经济的本质区别，大肆宣扬所谓"经济市场化""公民有产化"，企图在经济制度方面为全盘私有化制造舆论，从而达到搞垮以公有制为主体的社会主义初级阶段基本经济制度的目的。这种所谓"市场自由化""经济私有化"的言论，否定我国政府对市场进行的宏观调控作用，否定我国公有制经济和按劳分配的主体地位，必将使我国经济体制改革背离社会主义方向，走上一条"西化"的绝路，从而使我国在经济上成为西方强国的附庸。

其次，"普世价值"论，严重影响着我国社会主义基本政治制度的进一步巩固和我国政治体制改革目标的实现，动摇了提升我国文化软实力的政治保障。通过30余年改革实践的摸索，当代中国共产党人已经深刻领会了政治文明建设对物质文明建设、精神文明建设的政治保证作用，现在正在通过深化政治体制改革来大力发展社会主义民主政治，从而为我国经济发展、文化软实力的提升提供强有力的政治保障。但那些鼓吹"普世价值"论的人，却想要借我国深化政治体制改革之机，彻底否定我国的人民民主专政制度和人民代表大会制度，在我国实行西方资本主义制度和所谓"三权分立"制度；想要迫使中国共产党放弃执政地位，搞多党制，通过实行所谓"普选"来实现多党轮流执政。其政治企图昭然若揭，就是要改变我国发展民主政治和深化政治体制改革的社会主义方向，就是要按照西方政治理念和制度模式来改造我国的政治制度。如果让这样一种错误思潮放任自流，就必将动摇我们党的执政地位，断送社会主义国家政权，走上亡党亡国的不归路，最终导致提升我国文化软实力的政治保障丧失。

最后，"普世价值"论，干扰了社会主义核心价值体系建设和我国完全统一目标的实现，影响了我国的人心稳定和全国各族人民的团结，破坏了提升我国文化软实力的和谐环境。人既是文化的创造者，又是文化的享有者和传承者。我们建设中国特色社会主义文化、大力提升中国文化软实力，归根到底是为了满足人民群众日益增长的精神文化需要，不断丰富人们的精神世界，增强人们的精神力量，促进人的全面发展。这就要求我们认真抓好当前我国的主流意识形态建设，始终坚持以马克思主义为指导，全面贯彻科学发展观，坚持"二为"方向、"双百"方针和"三贴近"原则，坚持做到"古为今用、洋为中用"，通过加强社会主义核心价值体系建设、思想道德建设和教育科学文化建设来培育有理想、有道德、有文化、有纪律的公民，切实提高全民族的思想道德素质和科学文化素质，从而为我国各方面发展提供强大的智力支持、精神动力和思想保证作用。但那些鼓吹"普世价值"的人，却要搞指导思想多元化，企图放弃马克思主义指导地位；大力推崇西方资产阶级价值观念，否定中国特色社会主义共同理想信念；公开支持民族分裂势力，破坏祖国完全统一的大好局面；迷信西方资产阶级生活方式，基本丧失明辨是非耻辱的道德规范标准；从而严重背离了当前我国加强社会主义核心价值体系建设的基本要求。因此，这种错误思潮必将导致我国人民的价值观念、价值判断出现严重紊乱，导致西方个人主义价值观的盛行，导致集体主义、爱党爱国提升中国文化软实力与反对"普世价值"爱社会主义等无产阶级价值观的式微，导致人们出现严重的心理失衡，导致祖国分裂势力进一步抬头，从而严重影响我国人民的思想稳定，严重影响我国的主权独立、领土完整，最终破坏提升我国文化软实力的和谐环境。

四 应对"普世价值"论影响我国文化软实力提升的策略选择

第一，应该自觉加强政治理论学习，高度重视意识形态领域的斗争，坚决粉碎西方敌对势力对我国实行"西化""分化"的图谋；同时，我们还应该坚持马克思主义阶级分析方法，正确对待一定范围内的价值共识，坚持以科学态度对待西方资产阶级文明成果。针对"普世价值"论的阶级实质、政治企图，我们首先必须坚定政治立场，通过自觉加强政治理论学习，始终保持与党中央的高度一致，切忌人云亦云、随波逐流，决不为"普世价值"论呐喊助威、推波助澜，而是要勇做反对"西化""分化"我国图谋的先锋，通过认真揭批"普世价值"论来防止这种错误思潮扰乱人们的思想认识。同时，我们要坚持运用马克思主义阶级分析法来批判"普世价值"论，要使人们深刻认识到：价值是客体对主体的意义和作用，会因人而异；而人的本质属性是其社会性，在阶级社会中具有鲜明的阶级性。因此，价值总是具体的、相对的，而不是抽象的、绝对的，不存在超阶级的所谓"普世价值"。当然，人类在一定范围内、一定时间段也会形成对一定问题的某种价值共识，但这种价值共识是社会自身实践成果在理论上的反映，具有鲜明的时代性、相对性。"在当代，民主、法制、自由、人权、平等、博爱、和谐等观念就是一些价值共识，它们适用的范围可大可小，实现的程度可高可低，而不像所谓'普世价值'那样具有普适性、无差别性。"[①] 而且，价值共识是各民族文化长期交流、传播、学习、借鉴的结果，在各民族共同创造的文明成果中，包含着一些能为其他民族所认同的带有共识性的价值，这些共识性价值推动着世界上不同类型文明、不同

---

① 陈先达：《论普世价值与价值共识》，《哲学研究》2009年第4期。

民族文化相互学习、相互借鉴、相互融合，从而推动着人类文明不断向前发展。因此，我们拒斥带有西方话语霸权特征的"普世价值"论，但是我们绝不是简单地采取否定一切的态度对待西方文明成果，而是在尊重世界文明多样性的基础上，在坚持独立自主的前提下，在实践中坚持去粗取精、去伪存真、取其精华、去其糟粕的科学方法，通过吸收和借鉴世界先进文明成果中的合理成分和有益内容，不断提升我国文化软实力。

第二，应该进一步完善社会主义市场经济体制，在坚持社会主义初级阶段基本经济制度的前提下，通过认真落实科学发展观来促进国民经济又好又快地发展。现阶段我国要建立和完善的社会主义市场经济体制与资本主义市场经济体制，无疑具有某些方面的共性：都强调以市场作为资源配置的基础性手段，都把企业作为独立的市场主体和法人实体，都主张按照市场经济规律要求来实现公平自由竞争，都强调主要通过经济手段、法律手段来实现国家对经济活动的管理。但社会主义市场经济体制是社会主义基本制度与市场经济的结合，必然具有社会主义的制度特征：在所有制结构上强调坚持以公有制为主体不动摇，在分配制度上强调坚持以按劳分配为主体不动摇，在宏观调控上强调更好地发挥计划和市场这两种资源配置手段的长处。因此，虽然市场经济没有"姓社"和"姓资"的区分，似乎具有所谓的"普世"性，但社会主义市场经济体制却具有鲜明的制度属性。现阶段我国的经济体制改革，正是坚持以公有制为主体、多种所有制经济共同发展的基本经济制度，坚持以按劳分配为主体、多种分配方式并存的收入分配制度，通过充分调动起各方面的劳动积极性、投资积极性而使我国的经济建设取得了巨大成就，初步显示出了社会主义制度所具有的无可比拟的优越性。当然，我国经济发展过程中仍然存在一些突出的矛盾和问题，但只要我们坚决反对"普世价值"论鼓吹的"私有化"论调，认真贯彻落实科学发展观，真正坚持公有制和按劳分配的主体地位不动摇，努力转变经济发展方式，大力建设创新型国家，切实做到统筹区域之间、城乡之间、人与自然之间的和谐发展，就一定能够更好地实现我国经济又好又快发展的目标，从而为提升我国文化软实力提供更加坚实的经济基础和物质前提。

第三，必须自觉坚持深化政治体制改革的正确方向，发展中国特色社会主义民主政治。我国社会主义革命、建设和改革的历史经验与现实实践证明，只有社会主义才能救中国，只有中国特色社会主义才能发展中国；实行民主集中制的人民代表大会制度，是具有显著优越性的我国的根本政治制度；中国共产党领导下的多党合作和政治协商制度，是适合我国国情的政党制度。从总体上看，我国现行政治制度具有无可比拟的优越性，但在一些具体的体制机制方面仍然存在一些不足，需要通过深化政治体制改革来不断加以完善。但是，我们所实行的政治体制改革，并不是要按照"普世价值"论者鼓吹的那样，彻底否定社会主义基本政治制度，而是对社会主义政治制度的自我完善。我们必须把坚持党的领导、人民当家作主、依法治国有机统一起来，坚持和完善人民代表大会制度、中国共产党领导的多党合作和政治协商制度、民族区域自治制度以及基层群众自治制度。惟其如此，我们才能不断推进社会主义民主政治健康发展，从而为提升我国文化软实力提供更加强大的政治保证。

第四，必须加强社会主义核心价值体系建设，确保马克思主义理论的指导地位不动摇。虽然超越现实、超越时空的"普世价值"并不存在，但是，任何一种社会制度的国家都有自己的核心价值，它是一个国家政权得以巩固的精神支柱，是一个社会系统得以运转、社会秩序得以维持的精神依托。当代中国共产党人正在努力建设社会主义核心价值体系，这不仅是发展中国特色社会主义理论体系的需要，而且是推动我国文化大发展、大繁荣、不断提升我国文化软实力的必然要求。只有充分发挥社会主义核心价值体系的统领作用，我们才能进一步扩大当代中国主流文化的同化力和引领力，我国文化软实力才能不断得以提升和壮大。虽然说社会主义核心价值体系是由四个方面的内容构成的统一整体，但是，坚持马克思主义的指导地位，抓住了社会主义核心价值体系的灵魂，对于中国特色社会主义事业成败来说，具有至关重要的作用。因此，我们一定要高举起马克思主义伟大旗帜，始终坚持马克思主义在意识形态领域的指导地位不动摇，不断加强社会主义核心价值体系建设，而不能像"普世价值"论鼓吹者那样，搞指导思想多元化。这是提升我国文化软实力的关键。

（作者单位：湖南大学马克思主义学院）

（原载《马克思主义研究》2010年第9期）

马克思主义国家学说的战斗性

苑秀丽

马克思主义国家学说实现了人类政治思想史上的科学发展。第一次把对国家的认识奠定在客观的历史发展基础上，对国家的起源、发展及其消亡的客观规律，以及国家的类型、本质、职能及其在社会发展中的地位和作用做出了科学的阐述。党的十八届三中全会将"完善和发展中国特色社会主义制度，推进国家治理体系和治理能力现代化"作为全面深化改革的总目标，丰富和发展了马克思主义的国家学说。但是，当前对"国家治理体系和治理能力现代化"的认识和理解并不一致。一些人或提出宪政民主，或重提民主社会主义，打着"中立""宪政""民主"的旗号，意图否定国家的阶级性，否定中国共产党的领导和人民民主专政，企图用西方的民主观、超阶级的国家观来指导中国的国家治理体系和治理能力建设。回顾历史，从巴枯宁主义、拉萨尔主义到第二国际的修正主义和民主社会主义，再到今天的"国家中立论""宪政民主"思潮，可以看出，它们在否定马克思主义的阶级斗争理论和国家学说上有着不少共同之处。历史总是那么惊人地相似，种种错误思潮的一再活跃警示我们，现实的政治斗争依然没有停息，我们必须以马克思主义国家学说为指导，认清真相，澄清迷惑，批判错误，大力反击。

一 关于国家的两个基本问题

在马克思和恩格斯的时代,围绕国家问题的理论斗争和政治斗争十分尖锐。马克思恩格斯的国家学说主要受到了两方面的攻击和歪曲:一是来自资产阶级和小资产阶级,二是来自工人运动中和党内的机会主义。马克思恩格斯的国家学说在与各种错误思想观点的斗争中,在与各种歪曲和诋毁的斗争中,以其科学性赢得了广大无产阶级的认同。此后,马克思主义经典作家继续在与各种错误思想观点的斗争中推动国家学说的发展。当代中国关于国家的认识依然充满着分歧和对立。社会中不断出现攻击、否定马克思恩格斯国家学说特别是列宁关于国家的学说的言论。"阶级、革命、人民民主专政等马克思主义国家学说的核心概念和学术话语体系,似乎成为保守、落后的代名词,而宪政民主、三权分立、普选制度成为一部分学者追逐著述的目标,马克思主义政治学及其国家学说好像已成为明日黄花。"[①] 拨开纷乱的表面,可以看到,无论是过去的历史中还是在当今时代,马克思主义国家学说与各种错误思想观点的分歧,主要在两个基本问题上:一是国家的性质,一是国家的职能。

(一) 关于国家的性质

当前中国关于国家性质存在根本对立的观点。一些人极力抹杀现代资产阶级国家的阶级性,夸大其社会管理职能。他们认为,国家是超阶级的、中立的。因为现代资本主义国家已经没有一个统一的掌握统治权的阶级或阶级集团了,只有阶层或利益集团,没有任何特殊的阶级或阶级集团能将国家权力据为己有。在这种社会阶层结构中,国家是超阶级的中立者,是全社会的管理者和保障者。

事实上,这不是什么新鲜的言论。这些观点依然是那些早已被马克思、

[①] 王广:《马克思主义国家学说没有过时》,《中国社会科学报》2014 年 9 月 29 日。

恩格斯和列宁所彻底批判过的。由于"马克思把阶级斗争学说一直贯彻到政权学说、国家学说之中"①，由于马克思的国家学说揭露了资本主义国家依然是阶级压迫的工具的本质，这一学说不断遭到资产阶级的猛烈攻击。形形色色的资产阶级极力把资产阶级国家说成是超阶级的、永恒的、不可侵犯的，其目的是力图掩盖国家的阶级本质，消磨劳动人民的阶级意志，转移工人运动的斗争方向，使资本主义制度永存。马克思总结革命经验提出，只有打碎资产阶级国家机器，才能实现真正的无产阶级革命，才能推动历史的前进。马克思告诫无产阶级，资产阶级一定会用武器来反对无产阶级的要求，无产阶级不能仅仅在观念中、在想象中越出资产阶级共和国范围，而必须采用实际的革命斗争来改造现实社会。

在国际工人运动中也存在着对国家的错误认识。马克思先后批判了蒲鲁东主义反对无产阶级进行政治斗争的主张，批判了巴枯宁主义反对无产阶级进行任何政治行动、反对一切国家的无政府主义，批判了拉萨尔的唯心主义国家观，为国际工人运动树立起一面战斗的旗帜。但是，否定国家阶级性的论调并未消失。马克思逝世后，在国家问题上的斗争依然很激烈。资产阶级也加强了向马克思主义的进攻，极力维护资本主义制度和散布对资产阶级国家的幻想。他们宣扬私有财产和父权制的一夫一妻制家庭等古已有之，而且今后也不会变。他们极力美化资产阶级民主，把资产阶级国家宣扬成超阶级的、为全民服务的机构。在当时，这类言论对刚刚兴起的工人运动产生了很大的腐蚀作用。第二国际的社会民主党人也提出，资产阶级国家的本质已经改变，党的任务不再是无产阶级专政，而是合法的议会斗争了。这种认识混淆了原则问题，模糊和掩盖了阶级差别，麻痹了无产阶级的革命意志。面对在国家问题上的混乱和对立，恩格斯再版了《法兰西内战》，出版了《哥达纲领批判》，写作并出版了《家庭、私有制和国家的起源》，阐述马克思的基本思想，批判错误观点，并告诫广大无产阶级必须认清国家的阶级实质，破除对资产阶级国家的迷信，进行坚决的革

---

① 《列宁选集》第3卷，人民出版社1995年版，第131页。

命斗争，无产阶级才能取得国家政权，才能实现无产阶级的革命目标。

否定国家阶级性的论调依然在延续。特别是第二次世界大战以后，一些人夸大资本主义国家政治、经济制度发生的一些非本质的变化，宣扬其中立性和公共性，宣扬资本主义国家正逐渐克服阶级局限而日益成为全民利益的代表者和维护者。在工人运动内部，也有一些人把国家说成是超阶级的，是维护全社会利益的机关，否认国家的阶级性。对此，列宁坚决批驳："在马克思看来，如果阶级调和是可能的话，国家既不会产生，也不会保持下去。"①"国家是阶级矛盾不可调和的产物和表现。在阶级矛盾客观上不能调和的地方、时候和条件下，便产生国家。反过来说，国家的存在证明阶级矛盾不可调和。"② 马克思主义认为，社会主义和资本主义这两种类型的国家的领导阶级不同，但它们都是有阶级性的，超阶级的国家是不存在的。国家的社会性从属于国家的阶级性，因此，当国家以民主、自由、法治的面目出现时，依然不能抹杀其阶级性质和意识形态属性。同时，不能把国家的阶级性仅仅理解为政治领域存在阶级斗争，在国家的经济、文化、社会等领域之中，不难看到阶级斗争的身影。恩格斯曾无情地讥笑把"自由"和"国家"连在一起的荒谬。"自由国家"完全是一个矛盾的概念，二者根本不可能联系在一起。"当无产阶级还需要国家的时候，它需要国家不是为了自由，而是为了镇压自己的敌人，一到有可能谈自由的时候，国家本身就不再存在了。"③

（二）关于国家的职能

一些人片面理解马克思主义的国家观，认为马克思仅仅将国家视为阶级统治和阶级压迫的暴力工具，而当前资本主义国家和社会主义国家的现实都表明，国家已经越来越不再需要阶级统治了，而需要发挥它的社会管理职能。党中央提出的积极推进国家治理体系和治理能力的现代化，也被

---

① 《列宁选集》第3卷，人民出版社1995年版，第114页。
② 同上。
③ 《马克思恩格斯选集》第3卷，人民出版社1995年版，第324页。

一些人进行了片面的解读,认为中国只需要进一步强化国家的社会职能就可以了,不能再谈什么阶级性和专政职能。这类观点颇有市场。

这类观点早在从西欧资产阶级革命和民主革命完成到社会主义革命时期,就已经出现了。这一时期的相对和平为机会主义的滋生提供了土壤。第二国际内部出现了一股鼓吹改良主义、反对暴力革命的修正主义思潮,代表人物是德国社会民主党和第二国际的领袖伯恩施坦。他们认为,资本主义内部社会性因素在不断产生和发展,可以通过议会斗争和平地长入社会主义,不需要阶级斗争和社会革命。他们反对无产阶级将革命目标集中在打碎资产阶级国家机器上,认为,如果说马克思的时代,国家确实是资产阶级的阶级统治工具,那么在实行了普选制之后情况发生了变化,以民主手段建立的国家,成了具有平等权利的各阶级实行共同管理的工具,它具有调节和缓和各社会阶级之间矛盾的职能。"在一百年前需要进行流血革命才能实现的变革,我们今天只要通过投票、示威游行和类似的威逼手段就可以实现了。"[①] 伯恩施坦认为,应当保存资产阶级这个国家机器并使之完善化。这些思想极大地阻碍了工人运动的发展,受到了恩格斯和列宁的坚决批判和驳斥。"在资本主义国家里,在民主共和国特别是像瑞士或美国那样一些最自由最民主的共和国里,国家究竟是人民意志的表现、全民决定的总汇、民族意志的表现等等,还是使本国资本家能够维持其对工人阶级和农民的统治的机器?这就是目前世界各国政治争论所围绕着的基本问题。"[②] 资本主义国家民主制度的不断完善是伯恩施坦、考茨基等机会主义者迷恋阶级合作和议会道路的社会土壤。但是,仔细考察一下资本主义民主的结构,到处可以看到对民主制度的重重限制,"资本主义社会里的民主是一种残缺不全的、贫乏的和虚伪的民主,是只供富人、只供少数人享受的民主"[③]。列宁批判了"议会民主"主张的错误,论述了民主和国家的关系。民主是一种国家制度,它的存在总是与不民主、专政联系在一

---

① 《伯恩施坦文选》,人民出版社 2008 年版,第 106 页。
② 《列宁选集》第 4 卷,人民出版社 1995 年版,第 36 页。
③ 《列宁选集》第 3 卷,人民出版社 1995 年版,第 191 页。

起的。任何民主都只是阶级的民主。"民主就是承认少数服从多数的国家，即一个阶级对另一个阶级、一部分居民对另一部分居民使用有系统的暴力的组织。"① 民主是相对于专政而存在的，扩大到一切人的民主，也就是民主的消亡。所谓排除了一切镇压功能的"自由的人民国家"是对资产阶级民主共和制的美化和对广大劳动人民的欺骗。

马克思主义认为，国家必然为统治阶级的利益服务。随着现代资本主义的发展，实现其统治职能的方式、统治职能的表现形式也必然会随之而变化，但是这些形式的改变并不会改变国家为资产阶级统治服务的本质。在现代资产阶级民主的外表下，无产阶级尤其需要保持清醒的认识，深入到国家的本质。恩格斯指出，历史上的剥削阶级国家，政治权力大都是以财产状况为基础的，归根到底都是财富的统治，只是具体形式在不同国家有区别。在奴隶制国家和封建制国家，政治权力和财产状况直接合一，是直观就能看出来的。在某些资产阶级代议制国家的初期，也曾有过按财产状况规定选举资格的情况。而在国家发展的高级阶段——资产阶级民主共和国，已经不再公开讲财产的差别，而是财富的间接统治了，"财富是间接地但也是更可靠地运用它的权力的"②。在这一阶段，这些国家，以"自由、平等、博爱"为旗帜，标榜在法律面前人人平等。名义上全体公民都有平等的民主权利，有选举权和被选举权等，但实际上，由于各种附加条件的限制，很大一部分穷人被排斥在政治生活之外。所以，"现代国家，不管它的形式如何，本质上都是资本主义的机器，资本家的国家，理想的总资本家"③。

马克思主义经典作家从未忽略过国家是两个职能的统一。国家在坚持其统治职能的同时，必须履行、发展和完善它的社会管理职能。社会管理职能是统治阶级维护统治的重要基础，"政治统治到处都是以执行某种社会职能为基础，而且政治统治只有在它执行了它的这种社会职能时才能持

---

① 《列宁选集》第 3 卷，人民出版社 1995 年版，第 184 页。
② 《马克思恩格斯选集》第 4 卷，人民出版社 1995 年版，第 173 页。
③ 《马克思恩格斯选集》第 3 卷，人民出版社 1995 年版，第 629 页。

续下去"①。无产阶级国家虽然已经不是原来意义上的国家了，但依然是"半国家"。"无产阶级需要国家政权，中央集权的强力组织，暴力组织，既为了镇压剥削者的反抗，也是为了领导广大民众即农民、小资产阶级和半无产者来'调整'社会主义经济。"② 在社会主义国家，必须保持国家的专政职能，积极巩固和捍卫社会主义革命、建设和改革的胜利果实，为实现向更高社会形态的过渡提供根本保障。否则，国家的社会主义性质和人民群众的根本利益就难以保障。社会主义国家也必须发展和完善它的社会管理职能。中国共产党提出，要进一步提升国家的社会管理能力，建构具有中国特色的社会主义国家治理体系，推进国家治理体系和治理能力现代化是在发展和完善社会管理职能。同时，我们要认清："无论是把国家治理现代化与人民民主专政对立起来，还是把法治国家与人民民主专政对立起来，都是错误的，都是没有看到国家的阶级职能在当今世界上依然是客观存在的。国家的阶级性告诉我们：推进国家治理现代化，建设法治国家，一刻也不能放弃人民民主专政。"③

二 科学理解马克思主义国家学说，积极发挥战斗性作用

回顾马克思、恩格斯、列宁在国家问题上的战斗历程，可以看到，马克思主义国家学说的发展处处闪耀着科学性和战斗性的光辉。当今时代，我们依然需要高举马克思主义的科学旗帜，回应和批判各种错误思潮，发挥马克思主义理论的战斗性。当今国际共产主义运动处于低潮，我国作为一个社会主义大国，依然处在资本主义占优势的严峻的国际环境中。当前的新自由主义、民主社会主义、历史虚无主义和宪政民主等思潮的活跃，正是西方意识形态渗透影响的反映。在各类宣扬"客观""中立"的国家治理言论的背后，是日益激烈的国际话语权的争夺以及政治对立。一些人

---

① 《马克思恩格斯选集》第3卷，人民出版社1995年版，第523页。
② 《列宁选集》第3卷，人民出版社1995年版，第131页。
③ 辛向阳：《〈德意志意识形态〉的国家理论及其当代启示》，《马克思主义研究》2015年第3期。

极力否认国家的阶级属性，粉饰资产阶级国家，颂扬资产阶级民主，美化西方的"民主宪政"，其根本意图在于攻击社会主义国家政权，攻击共产党的执政地位，歪曲和否定无产阶级专政。有研究者的认识相当清醒："'宪政'作为学术层面的介绍和讨论无可非议，但用'宪政民主'干扰我国的政治体制改革就需要警惕。我们党历来强调宪法是国家的根本法、治国安邦的总章程，具有至高无上的法制地位，任何组织和个人都必须以宪法为根本的活动准则。有人主张所谓的'宪政民主'并不是为了维护宪法地位、推进依法治国，而是'醉翁之意不在酒'，他们攻击我国'有宪法，无宪政'、'共产党一党执政不具合法性'、'党大于法'等，恰恰是要否定我国的宪法，其目标指向就是推行西方制度模式、取消中国共产党的领导、改变我国的社会主义制度。我们要充分认识'宪政民主'的虚伪性、欺骗性。"① 列宁指出，国家问题"它比其他任何问题更加牵涉到统治阶级的利益（在这一点上它仅次于经济学中的基本问题）。国家学说被用来为社会特权辩护，为剥削的存在辩护，为资本主义的存在辩护"②。种种关于国家问题的争论、对国家本质、职能及作用的对立认识和评价，实际上反映着不同阶级之间的对立和斗争。习近平总书记在主持中共中央政治局第十四次集体学习时强调：我们正在进行具有许多新的历史特点的伟大斗争。必须清醒地看到，新形势下我国国家安全和社会安定面临的威胁和挑战增多，特别是各种威胁和挑战联动效应明显。我们必须保持清醒头脑、强化底线思维，有效防范、管理、处理国家安全风险，有力应对、处置、化解社会安定挑战。习总书记的话，为我们推进国家治理体系和国家治理能力现代化提供了清醒的警示。

有研究者指出了当前马克思主义研究中存在的问题："一些所谓马克思主义研究者不在马克思主义基本文献上努力钻研，而是自觉转向'西马'，只能在'西马'那里才能寻求学术灵感、理论援助和思想资源，其结果是

---

① 邱炜煌：《在抵制错误思潮中坚定道路自信》，《求实》2014 年第 1 期。
② 《列宁选集》第 4 卷，人民出版社 1995 年版，第 26 页。

'言必称西方马克思主义';一些马克思主义哲学的研究者忽视和轻视对当代中国和当今世界重大现实问题的研究,而是跟着西方学术热点跑,结果形成'种别人的地,荒了自己家的田'的怪现象。"[1] 这种评价也适用于一些人对马克思主义国家学说的态度和做法。一些人不去认真地研读和学习马克思主义的著作,而是主观臆想、任意篡改、肆意歪曲和彻底否定马克思主义国家学说。

马克思主义国家学说的战斗性的发挥是以科学性为基础的。这是科学的理论,而且正是基于对国家的科学认识,恩格斯深刻指出:国家是阶级统治的工具,"任何国家都是对被压迫阶级'实行镇压的特殊力量'。因此任何国家都不是自由的,都不是人民的"[2]。国家具有"祸害"的一面。"国家再好也不过是无产阶级在争取阶级统治的斗争胜利以后所继承下来的一个祸害;胜利了的无产阶级也将同公社一样,不得不立即尽量除去这个祸害的最坏方面,直到在新的自由的社会条件下成长起来的一代能够把这全部国家废物完全抛掉为止。"[3] 现存的仍然处于初级阶段的社会主义国家,由于生产力发展水平和现实的阶级状况,无法完全避免一些问题,但必须努力促进国家治理体系和治理能力的现代化,积极推进经济建设、民主政治建设和社会建设,在建设中要防止和逐步消除同国家存在相联系的种种弊病,才能最终实现恩格斯所说的"在新的自由的社会条件下成长起来的一代有能力把这全部国家废物抛掉"。把国家的产生和消亡都看作生产力发展到一定历史阶段的结果,这是马克思主义的基本观点。马克思主义认为,国家是一个历史的范畴。到了共产主义社会,随着阶级对立和阶级差别的消灭,国家也将消亡。

综观当前思想理论界关于国家的种种错误思想观点,一方面,我们必须发挥马克思主义理论的战斗性,坚决揭露这些错误思想观点的实质、意图,揭露他们攻击社会主义制度,攻击共产党的执政地位,歪曲和否定无

---

[1] 张艳涛:《马克思哲学跨学科研究的方法论启示》,《求实》2015 年第 7 期。
[2] 《列宁选集》第 3 卷,人民出版社 1995 年版,第 126 页。
[3] 同上书,第 182 页。

产阶级专政的目的。另一方面，还要看到它们有其孕育形成和发展的社会土壤。列宁指出，机会主义的主要内容是阶级合作。但是，机会主义的产生不是偶然的现象，不能归因于个别人物的罪孽、过错和叛变，而是当时社会历史时代的产物。资本主义相对和平发展的客观条件，产生并培植了机会主义。第二国际的领袖们在"统一""团结"的名义下，采取调和、纵容和庇护的态度，使机会主义巩固和发展起来，逐渐占了上风。第一次世界大战爆发后，机会主义者完全背叛了社会主义，堕落成为社会沙文主义和社会帝国主义。第二国际的破产不是偶然的，它是机会主义长期侵蚀的必然结果。因此，对于当代中国各种错误思想的一再抬头，也必须认识到这些思想产生的社会现实根源，这才是历史唯物主义的基本精神。不容忽视的是，当前资本主义国家的发展，的确对现实社会主义国家提出了一些挑战，社会主义国家既要更好地推进社会主义的经济、政治和文化建设，又要深入地认识当代资本主义的新变化，科学阐释资产阶级国家的本质。马克思主义国家学说既是理论的科学发展，也是应对现实的理论斗争和政治斗争的光辉典范。"中国推进国家治理体系与治理能力现代化必须以马克思主义国家理论为指导，偏离了这一理论，就会走弯路。"[①] 科学理解马克思主义的国家学说，辨析和驳斥国家问题上的种种错误观点，解答和回应来自不同立场的种种责难与攻击，才能使中国特色社会主义伟大事业走向新的辉煌。

（作者单位：中国社会科学院马克思主义研究院琼州学院理论创新基地）

（原载《马克思主义研究》2015 年第 8 期）

[①] 辛向阳：《〈德意志意识形态〉的国家理论及其当代启示》，《马克思主义研究》2015 年第 3 期。

"普世价值"无法解决中国问题

杨世利

认可"普世价值"的人，往往把"普世价值"作为价值中性的概念，认为属于理性范畴。但所谓的"普世价值"，实际上并非价值中性，而是基督教文化的产物，属于意识形态范畴。"普世价值"之所以看上去显得中性，是因为基督教文明有政教分离的传统。"普世价值"是世俗现实主义，清教精神则是宗教理想主义。"普世价值"作为一种意识形态是不完整的，它必须与清教伦理结合起来才是完整的价值体系。西方之所以奉行宪法至上的原则，是因为宪法体现了宗教精神。"普世价值"作为一种现实主义的价值观，它的上面有理想主义的新教伦理作引领，下面有宪政制度框架作依托，可以说是三位一体，绝对不像它的中国支持者想象的那样简单：仅仅是放之四海而皆准的价值中性的公共理性。

不加区别地宣传西方的"普世价值"，实际上就是否定马克思主义，否定中国特色社会主义。在中国必须毫不动摇地坚持中国特色社会主义，这是由中国国情所决定的。中国共产党以马克思列宁主义为指导思想，带领全国各族人民完成了新民主主义革命，进行了社会主义改造，确立了社会主义基本制度。在新时期，中国共产党带领全国人民进行改革开放，探索并确立了中国特色社会主义道路、理论和制度，取得了社会主义建设的伟大成就。马克思主义作为中国共产党的指导思想，是建立在正确把握自然发展规律、社会发展规律和人类思维发展规律基础之上的科学理论。马克思主义既包括共产主义远大理想，又包括社会主义共同理想，中国特色社会主义理论是当代中国真正的马克思主义。

党的十八大报告指出："中国特色社会主义道路是实现途径，中国特色社会主义理论体系是行动指南，中国特色社会主义制度是根本保障，三者统一于中国特色社会主义伟大实践。"我们的价值观、路线、方针、政策、法律、制度都不能偏离中国特色社会主义，离开中国特色社会主义就将失去合法性、正当性。以宪法为核心的法律体系，离不开中国特色社会主义理论体系的指导，也不能偏离中国特色社会主义道路。

"普世价值"所提倡的自由、平等、人权是纯粹的形式，是形式上的自由、平等，而不是实质上的自由、平等。对于封建社会末期已经在经济上成为社会主人的资产阶级来说，只要取得法律上的平等地位和权利就足够了，但对于资本主义社会中的无产阶级来说，仅仅拥有法律上的自由、平等、权利只不过是画饼充饥而已。无产阶级不仅需要政治、法律上的平等、权利，还需要经济上的平等、权利，不仅需要形式上的自由，还需要实质的自由，而这些只有在社会主义制度下才能实现。所以，贯穿了"普世价值"的资本主义社会不能彻底解决贫富分化，也不能彻底解决腐败问题，只有社会主义才能消除贫困、消除两极分化，最终实现共同富裕；也只有社会主义民主、法治才能真正让人民当家作主。有了人民群众的监督，才能从根本上解决腐败问题。当然，现在我国还处于社会主义初级阶段，社会主义的优越性还没有充分发挥出来，社会上还存在一些令人民群众不满意的问题，但只要我们坚持中国特色社会主义方向，坚持改革开放，艰苦奋斗，就一定会取得超过发达资本主义国家的建设成就，我们要有这个信心、这个志气！相反，如果因为发展中存在一些问题，就干脆放弃中国特色社会主义，转而认同"普世价值"，走资本主义的老路,那就不仅丧失了我们的理论自信,更会让中国道路越走越窄,离民族复兴越来越远。一切关心民族命运的人都要对这种倾向保持高度警惕。

(作者单位:河南省社会科学院历史与考古研究所)

(原载《中国社会科学报》2013年11月29日)

"普世价值"论追求的是别一种价值

戴立兴

近些年来,"普世价值"论已经成为时髦的理论包装,除了一些人抽象地强调民主、自由、平等、人权等所谓的"普世价值"以外,新自由主义、民主社会主义,以至某些现代新儒家的那一套陈腐主张,一时间都以"普世价值"为包装而招摇过市。在当今世界还是阶级社会的历史条件下,根本不存在所谓"普世"的、超阶级的价值体系和价值观。鼓吹"普世价值"论者,一部分是为时髦所惑,另一部分则别有他图,对此我们必须旗帜鲜明地予以澄清和批判。

(一) 四种错误表现

"普世价值"论主要宣扬以下几种歪理学说。

一是崇拜和迷信西方的抽象价值观念和基本制度,说资本主义是人类"终极制度归宿"。如有人说,民主、法治、自由、人权、平等、博爱,是人类社会共同追求的"普世价值","没有必要去区分是姓'资'还是姓'社'"。又有人说,西方的民主一经产生,就具备了"普世"意义,从英国、美国推行民主以来,全世界2/3的地区都实行了民主,可见其"普世"的程度。还有人说,资产阶级意识形态是人类文明的核心,是人类在长期进化发展中形成的具有普遍世界意义的价值准则,以及由这些准则所规定的基本制度,是"高文明境界",是任何民族最终的制度进化归宿。

有人甚至说，西方是人类的西方，不是西方的西方；西方的观念，不仅是西方的，也是全人类的观念。这些人都把西方资本主义的经济、政治制度及其意识形态，称为"世界文明的主流"或"人类文明的主流"，公然为"全盘西化论"翻案。

二是认为中国搞社会主义是"离开甚至背离了人类近代文明主流"，改革开放是向资本主义的"价值回归"。如有人说，中国实行改革开放，必须融入人类文明主流，承认"普世价值"，同世界文明接轨。又有人说，经过30年的改革开放，中国已经重新融入世界文明，人权、法治、公平、正义、自由、平等、博爱等"普世价值"，日渐成为我们文明中的核心价值。还有人说，无论是经济、政治还是社会、文化的理论创新，我们都必须以"普世价值"为尺度。这些说法，显然是对于我国社会主义改革开放的误解，企图误导中国的发展。

三是认为"解放思想"就是要"确立普世价值"，并把党中央提出的"以人为本"，归结和歪曲为"普世价值"。有位大学教授认为，解放思想应该有个核心目标，这个核心目标就是价值体系，解放思想就是要确立"普世价值"。他说："以人为本是个纲，要贯彻这个纲，就需要民主、自由、人权等一整套'普世价值'，就是需要价值观的转变。'普世价值'不能确立起来，就不会是以人为本。所以价值观问题是决定中国命运的一个基础性问题。"

四是以"学术"或"理论"的方式宣扬"普世价值"，公开主张中国实行资本主义制度。一方面，他们宣扬"普世价值"和所谓"解放思想"，鼓吹"要从'用生产资料公有制来界定社会主义'这个观念中解放出来"，"要从公有制主体的错误观念中解放出来"，其目的就是希望私有制经济成为我国经济的主体，实现私有化。另一方面，他们宣扬"普世价值"，主要锁定在所谓"政治体制改革的目标"上，美其名曰"民主宪政"，妄图在中国实行西方的特别是像美国那样的资产阶级"现代民主制度"。他们甚至公然要中国共产党"放弃列宁'无产阶级先锋队'的提法"，说"中国共产党要获得新生，也必然要走国民党走过的宪政之路"。显然，问题的实质是这些人通过他们所曲解的"解放思想"和"改革开放",要误导中国走上他们向往的资本主义道路,还美其名曰,"应该走向以瑞典为代表的民主社会主义道路"。

(二)问题实质所在

"普世价值"论甚嚣尘上这个事实,突出表明,其中一些人并不认同党中央关于中国的发展道路、发展方向的历史总结和重要论断,而要从别的方向去寻找出路,并且认为已经到了"决定中国命运的关键时刻"。于是,就从美国和西方话语霸权的体系中捡起了关于"普世价值"的观点,作为鼓吹改旗易帜和进行论证的思想武器。为此,他们极力歪曲、抹黑、否定中国革命和新中国的历史,打着"普世"的旗号来消解马克思主义的指导地位。有学者指出:"普世价值"论的宣扬者"想方设法用西方的'普世价值'取代马克思主义基本原理和中国共产党人的理论创新成果,以所谓人类文明中一切美好的东西就是'普世价值'为幌子,以学术自由的名义行使思想专制",企图获得一种至上性和主导性的姿态,其目的无非是将马克思主义驱除出当代中国的话语语境,彻底改变中国社会制度的性质。

进一步分析可以看出,我国意识形态领域存在的斗争,集中表现在四项基本原则与资产阶级自由化的对立,"普世价值"论和新自由主义、民主社会主义等错误思潮,矛头都是指向四项基本原则的。正如中宣部编写的《六个"为什么"》中所说,近些年来,一些人不顾我国国情,不顾大多数人民群众的利益和愿望,无视改革开放的成功经验和历史结论,鼓吹要搞新自由主义、民主社会主义;声称西方所说的民主、自由、人权是"普世价值",我国的发展要以它们为准则。这些观点和社会思潮的实质,就是要否定马克思主义指导地位,取消中国特色社会主义理论体系的指导。

显然,所谓"普世价值",其实质上就是美国的价值观,目的是要求中国从经济到政治和文化都实行资本主义制度,即实现他们的所谓"融入世界主流文明"。有学者从几个方面概括了"普世价值"论的实质:"普世价值"的政治实质是企图改变我国发展民主政治、深化政治体制改革的指导思想和社会主义方向，按所谓"普世价值"即借西方政治理念和制度模式，改造中国的政治制度。其思想上的指向是企图废除马克思主义的指导地位，以西方资产阶级价值观为圭臬，冲击社会主义核心价值体系建设。在经济制度方面，为全盘私有化制造舆论，力图搞垮以公有制为主体的社会主义初级阶段的经济基础。在国家统一问题上，迎合西方敌对势力，支持、配合"藏独""台独"等分裂势力，站在了国家统一和中华民族整体利益的对立面上。这些概括，对于"普世价值"实质的揭示基本上是客观的。

事实上，"世界上没有放之四海而皆准的发展道路和发展模式，也没有一成不变的发展道路和发展模式"。我们要始终坚持党的基本路线不动摇，决不走封闭僵化的老路，也决不走改旗易帜的邪路，而要坚定不移地走中国特色社会主义道路。这是我们党和全国人民对于在中国到底"举什么旗""走什么路"的根本问题的又一次庄严宣示。由此也可以看出，"普世价值"论追求的正是别一种价值。

（三）基本因应之策

从根本上批判"普世价值"论，必须树立两个方面的思想认识。

一方面，必须坚持以马克思主义的历史分析和阶级分析方法为指导。列宁指出："必须牢牢把握住社会划分为阶级的事实，阶级统治形式改变的事实，把它作为基本的指导线索，并用这个观点去分析一切社会问题，即经济、政治、精神和宗教等等问题。"不同的利益主体之所以会有不同的价值观，归根到底，价值观的根源是一定的经济关系，社会存在的发展变化决定社会意识的发展变化。正如《共产党宣言》中所说，人们的观念、观点和概念，一句话，人们的意识，随着人们的生活条件、人们的社会关系、人们的社会存在的改变而改变。所以，把在一定的经济关系和社会存在之上产生出来的自由、民主、人权等观念普遍化、神圣化、绝对化为适用于一切社会所有主体的"普世价值"，在理论上是根本站不住的。

一些人热衷鼓吹的"普世价值"观在理论上的根本错误，就是否认价值观的历史性和阶级性。既然拒绝对一定的价值观和价值体系进行历史的、阶级的分析，就不可避免地走到迷恋超历史、超阶级的所谓"全人类共同价值"的方面去。

目前我国意识形态领域中的一个"软肋"，就是广泛地存在非意识形态化的倾向，即一些人在反对"以阶级斗争为纲"的错误口号的同时，走向另一个极端——"阶级斗争熄灭论"，对于我国"在一定范围内长期存在的阶级斗争"的客观事实，他们熟视无睹；对于当今世界整体上还是阶级社会，他们不以为然。因此，一些人极力回避和放弃马克思主义的阶级观点和阶级分析方法。其实，马克思主义的阶级观点和阶级分析方法，是我们观察国内外与阶级斗争有关的复杂社会现象的"钥匙"和"指导线索"；马克思主义的阶级观点和阶级分析方法，在世界各国的阶级和阶级斗争完全消灭以前，是不可能"过时"和失效的，必须结合各国当时的实际情况，加以应用和不断发展。

另一方面，不奢谈"普世价值"的同时，又要在实践中通过扬弃，吸收历史上和外国有进步作用的价值观、道德观的有益内容。人们的价值观念、伦理观念，虽然归根到底是当时社会的经济状况的产物，但首先必须从已有的思想材料出发。因此，我们既否定凌驾于历史和民族差别之上的"永恒道德""普世价值"，认为对于道德传统、伦理文化应当进行历史的、阶级的分析；又强调必须立足于今天新的时代实践，通过扬弃，吸收外国文明优秀成果，弘扬祖国传统文化精华。

比如，关于对待传统文化特别是儒家文化，当今新儒家的代表人物宣扬："要建立一种强有力的意识形态，把儒学重塑为遍及全球的现代宗教"，俨然视其为"普世价值"。新儒家的那一套儒家原教旨主义的主张，历史倒退色彩浓厚且荒唐，而且被他们纳入了"用儒学取代马列主义"的意识形态斗争的轨道。这样就势必曲解传统文化的精华，严重妨害对于真正优秀传统文化的扬弃和利用。再如，对历史文化遗产包括对伦理文化的扬弃，是一个很复杂的问题。要看它对于人民的态度如何、在历史上有无进步的意义而分别采取不同的态度，把批判、继承、创新有机地统一起来，从而立足于新的时代实践，促成传统从旧质向新质转化，实现对古代优良传统的批判继承与超越。

总之，要尊重历史的辩证法的发展，既反对全盘抛弃的历史虚无主义，又反对全盘吸收的文化保守主义，努力在批判继承中实现创新。

（作者单位：中国社会科学院马克思主义研究院）

（原载《中国社会科学报》2015 年 12 月 22 日）

清除"普世价值"对社会科学研究的影响

姜迎春

在全面建成小康社会、基本实现社会主义现代化、实现中华民族伟大复兴的历史进程中,哲学社会科学起着引领方向、凝聚力量、推动发展的重要作用。哲学社会科学能否健康发展,事关党和国家的命运,事关社会主义事业的成败。但是,近年来,"普世价值"思潮在哲学社会科学领域不断渗透、发酵,在一定程度上妨碍了哲学社会科学的健康发展。这一错误思潮最显著的特点,是以西方自由主义理论为标准,评价我国近代以来的历史发展和社会实践,特别是用西方核心价值评价中国特色社会主义实践,用所谓"普世价值"反对"中国特色"。这种错误的理论和思想方法受到了广大哲学社会科学工作者的广泛批评,"普世价值"思潮的政治本质和错误方法被深入揭露。但是,"普世价值"思潮对哲学社会科学研究的影响,难以在短期内消除,需要我们高度重视。

一 直面问题:"普世价值"论在一些学科领域仍有市场

"普世价值"思潮对哲学社会科学的影响不限于一个或几个学科,政治学、经济学、法学、历史学、新闻传播学、社会学、文学等学科受"普世价值"思潮的影响较大。具体而言,"普世价值"思潮对哲学社会科学的影响主要集中在以下几点。

第一,政治上,用西式民主反对社会主义民主。"普世价值"思潮认为西式民主具有普世性,或者说它是一种"普世价值",认为不同国家民主发展的目标只有一个,那就是西式民主,所谓"殊途同归"。而西式民主的标准是什么?多党轮流执政、一人一票的"自由选举"等就是标准,"普世价值"思潮用这一标准,将全世界的国家分为民主国家和非民主国家。我们知道,作为西方现行制度的民主,在其自身的实践中暴露出许多矛盾,已受到西方学者中的有识之士的质疑和反思,"西式民主"的制度神话正在破灭。有学者指出:"不能把民主制度只说成是搞'自由选举'。对民主制度的衡量,全看它有没有充分的能力提出社会需求,并使社会的需求变得合乎情理……如果把民主政治界说为对社会的需求做出制度上的反应的能力,那我们就必须承认:我们目前是生活在前面所说的民主制度倒退的时期。"但是,有些人仍然信奉"西式民主"的制度神话,醉心于所谓"制度移植",认为只要移植了西方民主制度,一切矛盾和问题就解决了。在西方国家的全球民主化战略中,民主价值观输出和民主制度移植是一个整体。价值观输出是先导,制度移植是具体实践和结果。

第二,经济上,用自由主义市场经济反对社会主义市场经济。"普世价值"论者认为,市场经济具有普世性,市场经济形成于西方,西方国家的市场经济制度是市场经济的典范和标准。而西方市场经济制度有特定的核心要素,最重要的是宪政制度和私有产权制度,中国要发展好市场经济,必须实行西方宪政制度和完全私有化。"普世价值"论者用这一尺度衡量我国社会主义市场经济,认为社会主义市场经济是不合格的市场,因为我国没有实行西方宪政制度和完全私有化。社会主义市场经济体制是我国社会主义经济制度的重要组成部分,它服务于中国特色社会主义伟大事业,不能将发展市场经济同发展中国特色社会主义事业对立起来,社会主义市场经济是一个完整的概念,这里的"社会主义"不是一个可有可无的定语。

第三,在文化上,用西方文化反对社会主义文化。"普世价值"论者认为，西方文化具有普世性，文化也要全盘西化。有人提出推动文化体制改革就是要使文化去政治化，"如果当下的中国谋求文化繁荣，不能不汲取历史上的经验教训，彻改阻碍文化发展的制度安排，为文化勃兴创造自由、宽松的社会环境。首先，这要求给文化松绑，让文化不再为政治服务，让文化不再是宣传的工具，让文化脱离意识形态的桎梏，让文化获得独立的价值和地位"。这样的文化观所主张的文化，只能是一种"想象的文化"，就是在西方资本主义国家也不存在。关于当代文化问题的讨论中，存在许多抽象文化观，其特点就是将西方文化价值观视为"普世价值"，既然是"普世价值"，中国的文化发展和改革就应该以此为指导。为了传播这种抽象文化观，有人断章取义地解读党的十二届六中全会通过的《中共中央关于社会主义精神文明建设指导方针的决议》（以下简称《决议》）："《决议》肯定了自由、民主、平等、博爱等现代政治文明的观念。《决议》在第五个问题中写道：'在人类历史上，在新兴资产阶级和劳动人民反对封建专制制度的斗争中，形成民主和自由、平等、博爱的观念，是人类精神的一次大解放。'这个观点在整个《决议》中最具世界眼光和现代意识，它一反我们党长期以来对这些西方现代文明理念拒斥和批判的态度，以超越传统意识形态的胸襟，正面肯定和赞扬了自由、民主、平等、博爱的普世价值。这在中华人民共和国建立以来是又一个全新的观念。"

与此相似的"普世价值"论还有不少，有的人提出，中国的改革必须以"普世价值"为指导才能取得实效，"我们在经济上取得了巨大的成就，但在政治、文化、社会诸领域，却仍然坚持着计划经济时代的意识形态，严重地阻碍了改革的全面而深入的发展。为什么会这样？最根本的原因是没有找对改革开放的指导思想，没有找准改革开放的前进方向。在某种意义上说，就是没有在指导思想上确立普世价值的观念"。具体分析《决议》，根本得不出上述错误结论，因为《决议》进一步指出："马克思主义批判地继承资产阶级的这些观念，又同它们有原则的区别。从根本上说，资产阶级民主是为维护资本主义制度服务的。社会主义在消灭阶级压迫和剥削的基础上，为充分实现人民当家做主，把民主推向新的历史高度开辟了道路。"在这里,《决议》明确指出了资产阶级自由、民主、平等、博爱的阶级本质和历史局限性,何来"普世价值"一说?可见,这种所谓"解读"根本就是断章取义、恶意歪曲。

二 消极影响:严重削弱和破坏哲学社会科学的育人功能

社会主义事业需要一代代人接续奋斗。不断培养社会主义事业的合格建设者和可靠接班人,是社会主义事业的重要内容,也是哲学社会科学的基本功能之一。青年学生自觉接续奋斗的最重要前提是他们要有扎实的政治理论基础和正确的政治理想,要自觉抵制"普世价值"的侵蚀渗透。

但是,由于受到"普世价值"思潮潜移默化的影响,有的高校领导干部模糊社会主义办学方向,片面强调专业化和国际化,对"普世价值"思潮在哲学社会科学领域的传播扩散听之任之。一些高校在培养计划和课程设置中,弱化马克思主义类课程,中文专业的"马列文论"、政治学专业的"马克思主义政治学"、历史学专业的"马克思主义史学理论"等传统基础专业课程被忽视,致使这些课程后继无人。有的教师公开传播"普世价值"思潮、对西方民主理论推崇备至,认为"这本书(指亨廷顿的《第三波》)语言流畅,看完后触动很大,从中获得了很多有益的启示和收获。总体而言,也就是顺应作者的逻辑思维,从对民主进程分析的角度讲,这本书洋洋洒洒从第三波的起因讲到发展趋势,具有完整性和统一性,任何深入其中的人都会被作者精辟的分析所折服"。在这样的学术环境下,有的学生对亨廷顿的民主理论也是佩服不已:"亨廷顿在《第三波》中带有预言性地总结道:'时间属于民主一边。'当他说出这句话的时候,他所预设的前提大概就是民主是一种值得期待的优良政体,至少是一种相比较而言最不坏的政体。也许,凭借着《第三波》这本书我们可以称亨廷顿为宣传民主的伟大旗手,正如他自己所说的,他并不避讳别人称他为民主的马基雅维利。"

这样的言论、传播、影响,在高校并不是个别现象,如不加以足够重视，并采取坚决的措施，哲学社会科学的育人功能将被严重削弱和破坏。这样说并非危言耸听。

三 解决之道：不断巩固马克思主义在哲学社会科学领域的指导地位

马克思主义是中国学术的旗帜和灵魂。坚持马克思主义在哲学社会科学领域的指导地位，是发展哲学社会科学的首要前提。

"普世价值"思潮反对用马克思主义指导和推动哲学社会科学的研究与发展，在"普世价值"思潮的影响下，有些人将马克思主义指导视为对哲学社会科学研究的束缚，"远离马克思主义"被一些人视为学术研究的"正途"。事实上，正是因为放弃马克思主义指导，一些人才会走上邪路。在哲学社会科学领域，之所以会出现唯心主义和形而上学的回潮，根本原因就是一些人主动放弃了马克思主义的立场、观点和方法。所以，要切实抵制"普世价值"思潮，就必须不断巩固马克思主义在哲学社会科学领域的指导地位，要将"马克思主义指导"制度化，将其同学科建设制度和人才培养制度紧密结合起来，把马克思主义立场观点方法贯穿到哲学社会科学研究的各个领域，融入哲学社会科学研究的全过程，使哲学社会科学研究始终沿着正确方向发展。要科学研究和制定哲学社会科学评价制度，坚决摒弃简单量化标准，制定马克思主义指导哲学社会科学的评价制度，使马克思主义对哲学社会科学工作的指导真正落细落实。

（作者单位：南京大学哲学系）

（原载《中国社会科学报》2015年12月29日）

中国人民的抗震救灾精神不容"普世价值"鼓吹者曲解

林青

在国内思想政治领域,一股宣扬"普世价值"的思潮近年出现,并悄然蔓延。这股思潮借汶川大地震之后的抗震救灾之机,大肆炫耀。这股思潮用所谓"普世价值"来曲解抗震救灾的精神实质,其消极影响不容低估,学术理论界对此不可忽视。在汶川抗震救灾过程中,党和政府反应速度快、指挥效率高、救灾效果好。大部分民众感到,汶川地震后中国人民表现出来的抗震救灾精神体现了中华民族精神的空前凝聚,是政府的动员能力的空前检阅,中国共产党和中国政府在人民群众心目中的形象进一步提升,在国际上产生了积极的反响。2008年6月30日胡锦涛出席抗震救灾先进基层党组织和优秀共产党员代表座谈会,指出了抗震救灾精神的内涵:"这就是万众一心、众志成城,不畏艰险、百折不挠,以人为本、尊重科学的伟大抗震救灾精神。"同时他也揭示了抗震救灾精神的实质:"抗震救灾精神,是爱国主义、集体主义、社会主义精神的集中体现和新的发展,是我们党和军队光荣传统和优良作风的集中体现和新的发展,是中华民族民族精神在当代中国的集中体现和新的发展。"[①] 我们要在全党全社会

---

① 胡锦涛:《在抗震救灾先进基层党组织和优秀共产党员代表座谈会上的讲话》,新华网,北京6月30日电。

大力弘扬抗震救灾精神,为中国特色社会主义事业不断发展提供强大精神动力。胡锦涛的重要讲话高度概括了伟大抗震救灾精神的科学内涵,全面深刻地揭示了抗震救灾精神的实质,是我们认识抗震救灾精神的总纲。

但是,面对同样的现实,不但出现了所谓"天谴中华"的敌对性噪音,更出现了用所谓"普世价值"来曲解和改造共产党人执政理念的思潮。有人提出:"国家正以这样切实的行动,向自己的人民,向全世界兑现自己对于普世价值的承诺。显而易见,这是一个拐点,执政理念全面刷新的拐点,中国全面融入现代文明的拐点。"① 还有人提出了根据这种"普世价值",实现"制度重建""文化重建""价值重建""生活重建"。这实际上就是试图把属于社会主义的精神财富引导到背离社会主义意识形态的方向上去。这些声音和倾向离开社会主义的核心价值体系,很容易误导青年。因此,进一步明确抗震救灾的精神实质,对于正确引导大学生的思想政治教育的方向是很有必要的。

一 抗震救灾的精神实质上体现了共产党人执政为民的精神

抗震救灾的精神,诠释的是我们党执政为民的精神,是我们党和军队光荣传统和优良作风的集中体现和新的发展。在这次抗震救灾中,各级党组织和广大共产党员的英勇表现,为我们党 87 年的光辉历史书写了新的篇章。党中央英明果断的决策,广大党员的表现,充分显示了我们党执政为民的根本理念。在我们党的历史上,这种精神曾经出现在 20 世纪 60 年代的邢台大地震和 70 年代的唐山大地震之后的抗震救灾的过程中。虽然我们党抗震救灾的工作越做越好,但其精神实质却是一脉相传,始终如一的。

为了增强抗震救灾的实力,表达共产党员对灾区人民的深切关心,2008 年 5 月 18 日,中共中央组织部办公厅印发了《关于做好部分党员交

---

① 《南方周末》社论:《汶川震痛,痛出一个新中国》,《南方周末》2008 年 5 月 22 日。

纳"特殊党费"用于支援抗震救灾工作的通知》。在中组部文件的号召下，截至5月25日，短短一周时间之内，中组部共收到基层党员捐助的抗震救灾的"特殊党费"17.73亿元。这是任何西方资产阶级政党不可能做出的决策，也不可能完成的这种以政党的名义进行的有力的捐助。中央组织部门和广大党员的这种行为，体现的是党组织内在的优良传统的力量，而不是从西方学到了什么"普世价值"。正是由于历次重大自然灾害面前党组织和广大党员的英雄主义表现，才能把信任深深留在广大群众心中。据新闻报道，汶川灾区被救出的受灾群众对着前来救援的解放军官兵说："我就等你们能来救我，我相信你们会来救我。"这就反映了人民对党和军队的信任。这种信任就不是在汶川地震灾难发生后临时出现的，而是在漫长的共产党执政的历史过程之中培育出来的。

胡锦涛指出，抗震救灾斗争能够迅速取得重大阶段性胜利有多方面的原因，其中最重要的一个原因就是党的坚强领导，各级党组织和广大共产党员发挥了中流砥柱作用。面对特大地震灾害，各级党委快速反应、果断决策、有力指挥，充分发挥了领导核心作用；参加抗震救灾的基层党组织紧急动员、迅速行动、有力组织，充分发挥了战斗堡垒作用；参加抗震救灾的各级干部挺身而出、身先士卒、靠前指挥，充分发挥了模范带头作用；参加抗震救灾的广大共产党员舍生忘死、无私无畏、勇往直前，充分发挥了先锋模范作用；全国各级党组织和广大党员、干部同心同德、和衷共济、共渡难关，充分发扬了全国一盘棋的大团结大协作精神。在各级党组织和广大党员、干部引领和带动下，从城市到乡村、从场矿到部队、从街道到学校，规模空前的生命大营救，历经险阻的千里大驰援，处处涌动的爱心大奉献，共克时艰的社会主义大协作，汇聚成全民族风雨同舟、生死与共的强大合力。然而，面对党的优良传统在发扬光大的现实，有媒体受西方"普世价值"说的影响，提出：这次党中央之所以搞得好，是因为从这次开始向西方学会了"尊重人的生命"，"接受了尊重生命的普世价值"。一份报纸这样说："在抗击这场天灾中，中国共产党人、中国政府、中国人民用生命至上、人性至尊，向人类递交了一份答卷。生命至上，这是中国的态度，也是人类的共同价值观。"① 这样把中国共产党人一贯立场和优良传统作风的体现，曲解为从西方所谓"普世价值"学来的思想起了作用。这是不符合事实的。西方资本主义国家既没有创造"生命至上"的"普世价值"，也没有一贯坚持这样的所谓"普世价值"。西方在对待人民群众的生命问题上，一贯服从于统治阶级的基本利益，有时甚至为此草菅人命，并不是"生命至上"。资本主义世界爆发的人类空前大厮杀的两次世界大战就不待说了。即使日常所宣传的自由、平等、博爱，也难以回避其虚伪性。近代资本主义的法国一面高举自由、平等、博爱的旗号，一面血腥地镇压巴黎公社的起义，把成千上万的工人浸泡在血泊里。近代美国一面高举自由、平等、博爱的旗帜，一面残酷地、不加认真审判就成批地绞死争取八小时工作制的工人领袖。即使在现当代，西方国家在发生严重的自然灾害的时候，政府的举措和救灾效果也远远不能和我国历届政府相比。2005 年美国发生的卡特里娜飓风袭击，造成有史以来罕见的大灾难，但是当时的美国总统小布什并没有马上结束休假返回白宫，也没有及时发表演讲安慰受惊吓的美国人民，大规模的援助是在 5 天之后才接近受灾中心地域。小布什 5 个多星期的休假仅仅提前两天结束，创下了美国 40 年来总统长时间度假时间之最。小布什在飓风事件中的表现成为共和党的"负资产"②。无论怎么说，这也不能成为中国共产党人学习和"接受尊重生命的普世价值"的样板。

值得注意的是，西方的一些主流媒体，并没有对中国的抗震救灾得出皈依西方所谓"普世价值"的说教。相反，西方的一些媒体倒是敢于正视现实，把中国抗震救灾的功劳归于共产党领导的社会主义制度。美国《洛杉矶时报》5 月 17 日发表文章说："中国领导人关心民众疾苦，重视民情，身体力行以贯彻以人为本精神。中国各地群众为了帮助灾区人民，捐钱捐物献血，要求到灾区救援的人排起了长队。这一切表明中国是一个充满生

---

① 言立仓：《中国在抗震救灾中诠释普世价值》，新华网，2008 年 5 月 30 日。
② 《21 世纪经济报道》，《金融界》，http://www.jr.j com，2008 年 9 月 3 日。

命力的国家。"① 联合国秘书长发言人 5 月 13 日说,联合国获悉,大规模救灾行动已经在中国展开,以最大限度地拯救中国人民生命。联合国对中国政府和紧急救援机构的迅速反应表示赞赏,一些外国媒体在高度关注灾情的同时也积极评价中国政府的救灾工作。他们从现实出发,没有得出我们党的这种行动是向西方"普世价值"学习的结论。

即使在西方,尊重事实、比较客观的媒体也是存在的。《纽约时报》撰文将中国政府在四川地震的表现与美国政府在 2005 年的"卡特里娜"飓风的救灾工作做了比较,批评了美国那次救灾行为的不力和迟缓,看到了那里的救灾与中国救灾行为的相形见绌;美国《侨报》发表评论指出中国政府负责指挥救灾,国有企业听从中央统一调遣,使得中国体制的优点被充分发挥出来;《洛杉矶时报》称赞此次救灾使西方媒体渐渐看到中国特色社会主义制度的优越性。这种客观的观察丝毫没有把我们党的救灾行为归功于从西方学到的"普世价值"。

可以说,抗震救灾斗争直接检验了我们党的领导水平和执政能力,直接检验了各级党组织的战斗力和广大共产党员的模范作用。因此,这次抗震救灾的经验就是:必须坚持正确的理想信念,始终把教育全党坚定不移地为发展中国特色社会主义而奋斗作为党的建设的根本任务;必须坚持立党为公、执政为民,始终把实现好、维护好、发展好最广大人民的根本利益作为党的建设的核心价值。只有通过抗震救灾突出执政党为人民服务的精神,执政为民的精神,才能正确把握这次抗震救灾精神的实质。

二 抗震救灾的精神实质上体现了社会主义集体主义的精神

社会主义集体主义精神在新中国的历史上已经成为我党意识形态的传统内容。无论在新中国的任何一个发展时期,我国都坚持了社会主义的集

---

① 天涯社区网,2008 年 6 月 5 日。

体主义精神为主流的意识形态。改革开放以来的30年里，我们党仍然强调社会主义的集体主义是建设社会主义精神文明的总原则。在这次抗震救灾斗争中，广大人民群众在党的领导下，振奋精神，顾全大局，本着一方有难，八方支援的社会主义集体主义精神，全力投入抗震救灾之中，这充分体现了社会主义国家占主导地位的集体主义的价值观。成千上万的军人、青年志愿者、当地的干部群众，不顾个人的安危，不顾自己家庭的损失和不幸，热心投入抗震救灾的社会公共事业，小我服从大我，个人服从集体，以集体的利益为重，坚持了集体主义的原则。全国人民在集体主义原则下的集体行动，谱写了抗震救灾的凯歌。这是西方奉行的个人主义价值观无法理喻和比拟的。面对灾难，灾区的绝大部分党员干部遭受着亲人离散甚至去世的痛苦，但是他们依然先人后己、舍小家顾大家，他们的行为体现了崇高的社会主义集体主义的原则。

汶川大地震发生之后，全国人民不但按照社会主义集体主义原则来行动，而且也是按照社会主义的集体主义原则来判断是非的。广大人民群众对于体现了集体主义精神的行为给予赞扬，对于那些体现了西方社会主导方向的个人主义行为和言论，给予批评和唾弃。人民群众的整体行为证实，他们不但未曾接受西方的"普世价值"观念，而且坚持了社会主义集体主义精神和原则。人民群众根据集体主义的原则，衡量着大灾面前捐款行为表现出来的道德底线。汶川地震后，社会各界积极开展了救灾募捐活动，企业界和娱乐界的捐款被汇总排行，个别企业老总因为在捐款数额上处理不当，遭到广大人民群众的批评和谴责，声誉大受损毁。这种批评和谴责的出发点就是社会主义的集体主义原则。国家在线（Nation Online. com）赈灾企业英雄榜显示，大型企业的捐款都达到数以亿计或几千万元的时候，国内名气颇大的地产龙头万科仅仅捐助了200万元人民币。面对网友发出的质疑，万科董事长王石在其博客中撰文回复，称万科捐出的200万是合适的："中国是个灾害频发的国家，赈灾慈善活动是个常态，企业的捐赠活动应该可持续，而不成为负担。"王石还透露，"万科对集团内部慈善的募捐活动中，有条提示：每次募捐，普通员工的捐款以10元为限。其意就是不要让慈善成为负担。"① 在大灾面前,王石的这种超人的"冷静"和惯常的商人逻辑,遭到网友的尖锐的批评,连续6年最受尊敬的企业——万科集团也因此沦落为最受鄙视的企业之一。有的网友批评说:"王石先生!你猥琐、抠门甚至装孙子我们都可以原谅,谁知你却振振有词抛出这么无耻和卑劣的言论。万科的员工平均工资低吗?难道多为国家、为急需帮助的人们多捐一点微不足道的金钱就加重个人负担了吗?难道那些舍弃自己父母和孩子生命投入抢险的普通的救灾人员他们就不知道自己的家庭应该可持续发展吗?在国难当头的危急时刻,在灾区最需要帮助的时刻,你问问全国的老百姓,包括还没有经济能力的学生,他们为灾区人民捐了多少钱?出了多少力?哪个人想到了可持续?"② 人民群众对王石的批评,体现了社会主义的集体主义的正义感。

在大灾面前,那些宣传西方价值观的人,同样被追问其有悖于中国人民为人道德的责任。汶川大地震前夕,2008年5月4日,《南方都市报》曾发表了某经济学家的特约稿,公开宣扬西方价值观:"我不赞成为了大家牺牲自己造福别人,牺牲自己造福别人是愚蠢的想法。"③ 这样的宣传在大灾之后就受到网友的道德追究。有的网友指出:"当前全国人民同心协力抗震救灾,从总理的身先士卒,从前线将士的奋不顾身,从全国人民的捐款捐物献血,还有国际社会的关心支持,这一切都在用事实批驳着茅老先生的谬论,包括那些奉行着丛林法则的国家,也不能不在面子上有所表示,也不敢把茅老先生的理论坚持到底。也就是说,他们也不认为自己所一向坚持的法则很光明很堂皇。"④ 这样的文章和评论在网络世界里形成了强势主流舆论,足以看出我们社会的主导价值观仍然是集体主义,而非个人主义。

在大灾面前,足以说明中国人民群众主流价值观的是关于"范跑跑"

---

① 世界经理人社区网,http://bbs.icxo.com,2008年5月6日。
② 世界经理人社区网,http://bbs.icxo.com,2008年5月16日。
③ 南方新闻网,http://news.hsw.cn,2008年5月4日。
④ 乌有之乡网,www.wyzxsx.com,2008年5月19日。

的讨论。四川都江堰某中学教师范美忠在地震时甩开学生自己先逃跑,而后在自己博客中得意地写道:"我从来不是一个勇于献身的人,只关心自己的生命,你们不知道吗?我是一个追求自由和公正的人,却不是先人后己勇于牺牲自我的人!在这种生死抉择的瞬间,只有为了我的女儿我才可能考虑牺牲自我,其他的人,哪怕是我的母亲,我也不会管的";"救助别人、先人后己和牺牲是一种选择,但不是美德,无所谓高尚"[1]。广大群众对这些言论普遍表达了自己的厌弃和反感,普遍认为这种言论是完全违背社会主义道德的,是自私自利思想的体现。范美忠的言行,为广大群众所不齿,很快就被广大群众送给一个"范跑跑"绰号,并受到一致的谴责。网友评论击中了范跑跑的要害:"范跑跑没有半点羞愧之心,反而强词夺理地表白自己是在实践所谓'普世价值'。范跑跑'我是追求自由公正的人''哪怕是我的母亲我也不会管'等无耻表白,充分体现了其自私自利的世界观和价值观。这种观念,与这些年来那些所谓精英们一直在灌输的自私是人的本性、丛林法则、民主自由、人权自我、人间正道私有化,等等所谓普世价值是一丘之貉。在这些所谓普世价值的启蒙下,我们中华民族和新中国多年培育形成的见义勇为、助人为乐、公而忘私、先人后己等优良传统和价值观念遭到了空前的诋毁和奚落。于是,我们就看到了众多见死不救的社会现象,看到了许多荣辱颠倒的让人痛心的悲剧。让人欣喜的是,在最近一系列突发事件中,尤其是在四川特大地震灾害面前,中国人久违了的团结互助、一方有难八方支援、舍己救人、助人为乐的良好社会风气得到恢复和发扬,全国军民乃至世界许多国家的人民都向地震灾民伸出了援助之手。从官员到企业家、从平民百姓到衣不遮体的乞丐,有钱出钱,有力出力,共克时艰。"[2] 这充分说明,范跑跑实践和鼓吹的西方的个人主义的所谓"普世价值观",为中国人民所不齿。人民群众的主流价值观仍然是社会主义集体主义。

---

[1] 忠言:《范跑跑,践行"普世价值"的楷模》,21CN社区网,2008年6月2日。
[2] 同上。

在社会主义集体主义价值观的引导下，抗震救灾过程中，在灾区的教育、医疗、警察、军队等各条战线涌现了一大批先进模范人物，全国各地的志愿者也奋不顾身的投入救灾，形成了一支巨大的救援大军，爆发了无比强大的力量。美国的一位著名军事家发表评论文章惊呼："中国人一瞬间由一盘散沙凝聚成铁板一块，真是太可怕了。"这位美国军事家所觉察到的这种"可怕"的精神就是社会主义的集体主义精神。这正是抗震救灾精神的本质。

三 抗震救灾的精神实质上体现了爱国主义精神

爱国主义在当代中国是一个公民应该具备的基本国格、基本人格。中华民族在漫长的发展历史上就潜在着一种自强不息、愈挫愈勇的强烈的爱国主义精神。每当遇到大敌当前或大灾大难的时候，这种爱国主义精神就特别强烈地表现出来。这种精神的爆发常常使得其他国家和民族的旁观者为之一惊，对我们民族的力量刮目相看。这次汶川大地震之后焕发出来的万众一心、上下一致、自力更生、艰苦奋斗的精神就是这种爱国主义精神的生动体现。

大灾激发了中国人民的爱国主义精神，也提高了人民的政治觉悟。全国各地、各条战线、各族人民爆发的援助灾区的捐献活动就是这种精神的体现。同时，人们的心往一起想，劲往一处使，不允许离心离德情绪的萌发。抗震救灾过程中，出现了千家网络媒体一起倡议，共同抵制汶川地震中各类谣言的举动，得到了广大群众的认同和赞赏。广大群众共同认识到，抗震救灾中出现的谣言严重离散人心，干扰抗震救灾工作，应当予以坚决的制止。

人民群众的爱国主义精神，还表现在对于那些敌对性的言论的反感和谴责。汶川地震后，人民群众纷纷向同胞伸出了支援的双手，献血、捐款，面对天灾，不怨天尤人，用行动给灾区百姓带去希望。爱国之情，团结一家的同胞的亲情，得到充分体现。这期间，国内外的敌对势力却散布汶川大地震是"报应"、是"天谴中华"的言论，激起了广大群众的强烈反感。这就是人民群众强烈的民族精神和爱国主义的体现。汶川地震之后，广州的《南方都市报》发表了朱学勤的言论："这不就是天谴吗？死难者并非作孽者。这不是天谴，为什么又要在佛诞日将大地震裂？爱中华者，当为中华哀。华南雪灾，山东车祸，四川地震，赤县喧嚣该清醒了。"[1] 一些网友对于这样的有悖于中国人国格的言论，对发表这种言论的报纸和作者发出了质问："美国卡特里娜飓风肆虐之时，不见你《南方都市报》和朱学勤跳出来说美国遭了天谴，怎么中国汶川大地震，就是受了天谴呢？汶川地震前，最近的一次7级以上地震发生在日本本州东海岸近海。如果大地震就是天谴的话，那么本州近海的地震谴的又是谁呢？朱学勤之所以这么说，完全就是为了挑事儿，想让国家因灾难而混乱。这厮嘴里的民主、自由、科学，在平时就像自动售货机里的可乐，每天掉个没完，可在汶川大地震后，这厮又胡扯什么天谴，你的科学跑哪去了？"这位网友还揭示朱学勤这样的人，"其专业是歌颂殖民史，副业是为美国阿公舔痔。《南方都市报》豢养了一批这样的人，想干什么，路人皆知。你在民族大义上总搞不阴不阳的歪风邪气，就是自己找踹！"[2] 这种正义的呼声、公平的评论、才是中国爱国之心的反映。

在国内的抗震救灾斗争取得胜利的形势下，曲解抗震救灾精神，宣扬所谓"普世价值"的声浪开始泛滥。很可惜，一位担任党的宣传工作的官员公开鼓吹"普世价值"："什么是普世价值，就是普世接受的价值认同，美元，就是经济领域里的普世价值。"[3] 这在现在所有鼓吹"普世价值"的潮流之中，是最带有官方色彩，也是最露骨的表现。王小东先生就对这位思想已经远远离开党的意识形态的人进行了很有说服力的嘲弄："'美元就是普世价值'……可现在这个'普世价值'有点麻烦了，不知这位国际主义的吴宣传官员准备拿出多少自己的家产来保卫'普世价值'？我自己感

---

[1] 朱学勤：《天佑吾民》，《南方都市报》2008年5月14日。
[2] 中国教育在线，新华网，http://www.eo.1cn，2008年6月4日。
[3] 新浪博客，http://search.blog.sina.com.cn/blog，2008年9月13日。

到非常庆幸的是，我在一年多之前几乎把所有的美元都抛光了，只留下几张纸币作观赏用。比之几年之前就抛掉，我已经蒙受了不小的损失，但比之今天才抛，我至少挽救了一部分损失。如果你说美元就是普世价值，那我就对不起了，我只能把这个普世价值抛了。"[1] 这就是一位有国格的中国人对"普世价值"的回答。

在这一抗震救灾工程中，我国吸收和接纳了国际上友好人士和慈善团体的救援参与。这是新时期出现的一个新的举措，收到了很好的国际影响和效果。但是广大群众同时都能够清醒地认识到，国际救援队伍的参与，与其说增加了救援的力度，不如说他们的参与主要作用是帮助了国际社会更加真实地了解了中国的抗震救灾工作。真正的救援主体还是我们党领导的力量，真正可靠的主力还得靠自力更生。这种民族自立、民族自决、民族自救的精神，正是爱国主义精神的体现。这正如胡锦涛强调的：实践再一次有力地证明，中华民族具有高度的凝聚力，历经曲折而愈挫愈勇，饱受磨难而自强不息；我国社会主义制度具有巨大的优越性，能够集中力量办大事、团结各方度难关；中国共产党具有强大的战斗力，能够应对各种风险考验、驾驭各种复杂局面；各级党组织和广大共产党员具有鲜明的先进性，对党充满忠诚，对人民充满感情，对事业充满责任。

正是抗震救灾所体现的这些精神，构成了新时期社会主义核心价值体系的主要内容。我们应该在大学生和广大群众之中深入宣传教育抗震救灾斗争中体现出来的这些精神，弘扬社会主义核心价值的主旋律。

（作者单位：清华大学高校德育研究中心）

（原载《政治学研究》2008 年第 5 期）

---

[1] 新浪博客，http://search.blog.sina.com.cn/blog，2008 年 9 月 17 日。